Wolfram von Eschenbach
PARZIVAL

DIE ANDERE BIBLIOTHEK
Herausgegeben von Hans Magnus Enzensberger

P · A · R · Z

DER
EINHUNDERTSTE
BAND

WOLFRAM
VON ESCHENBACH

I·V·A·L

AUS DEM
MITTELHOCHDEUTSCHEN
VON PETER KNECHT

Mit einem Brief
des Übersetzers an
den Lektor

Eichborn Verlag
Frankfurt am Main 1993

mîn tiutsch ist etswâ doch sô krump,
er mac mir lîhte sîn ze tump,
den ichs niht gâhs bescheide:
dâ sûme wir uns beide.

ARTUS-
und GRALSFAMILIE

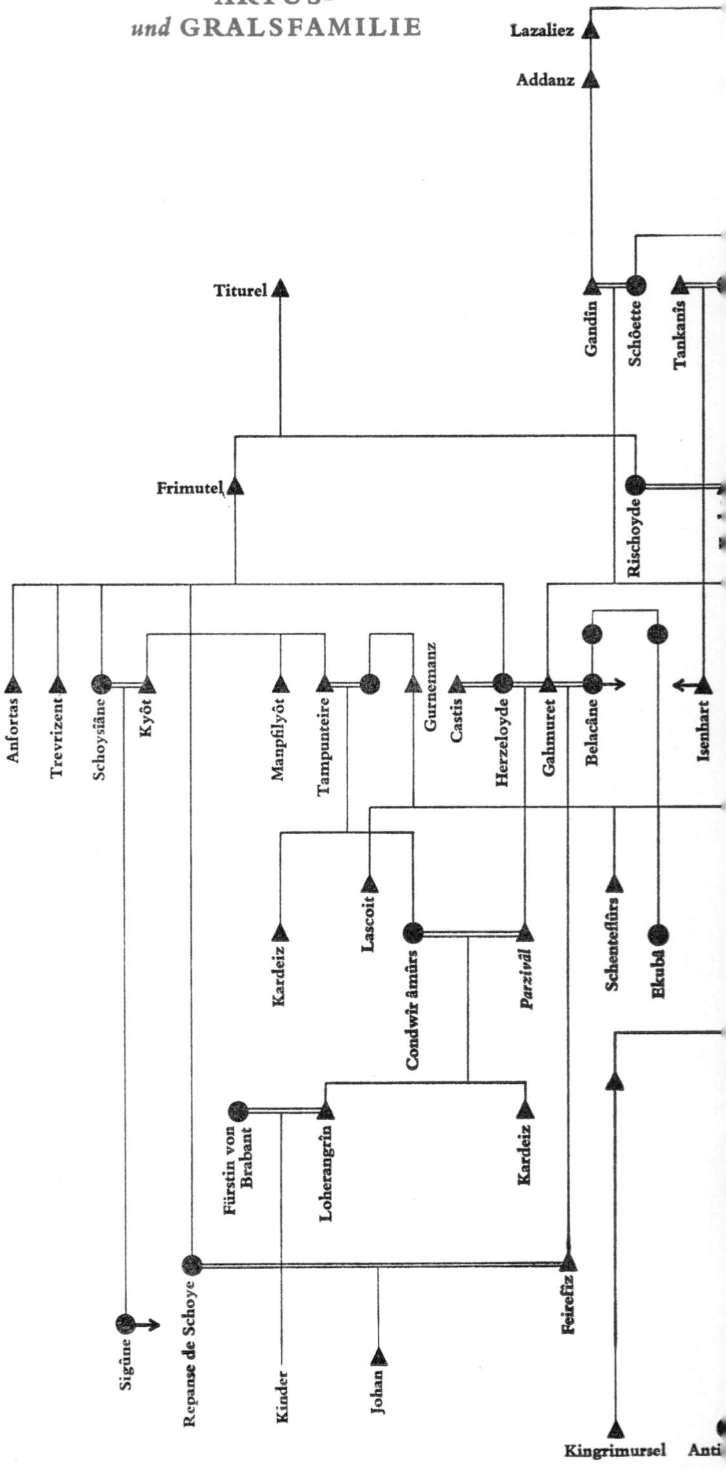

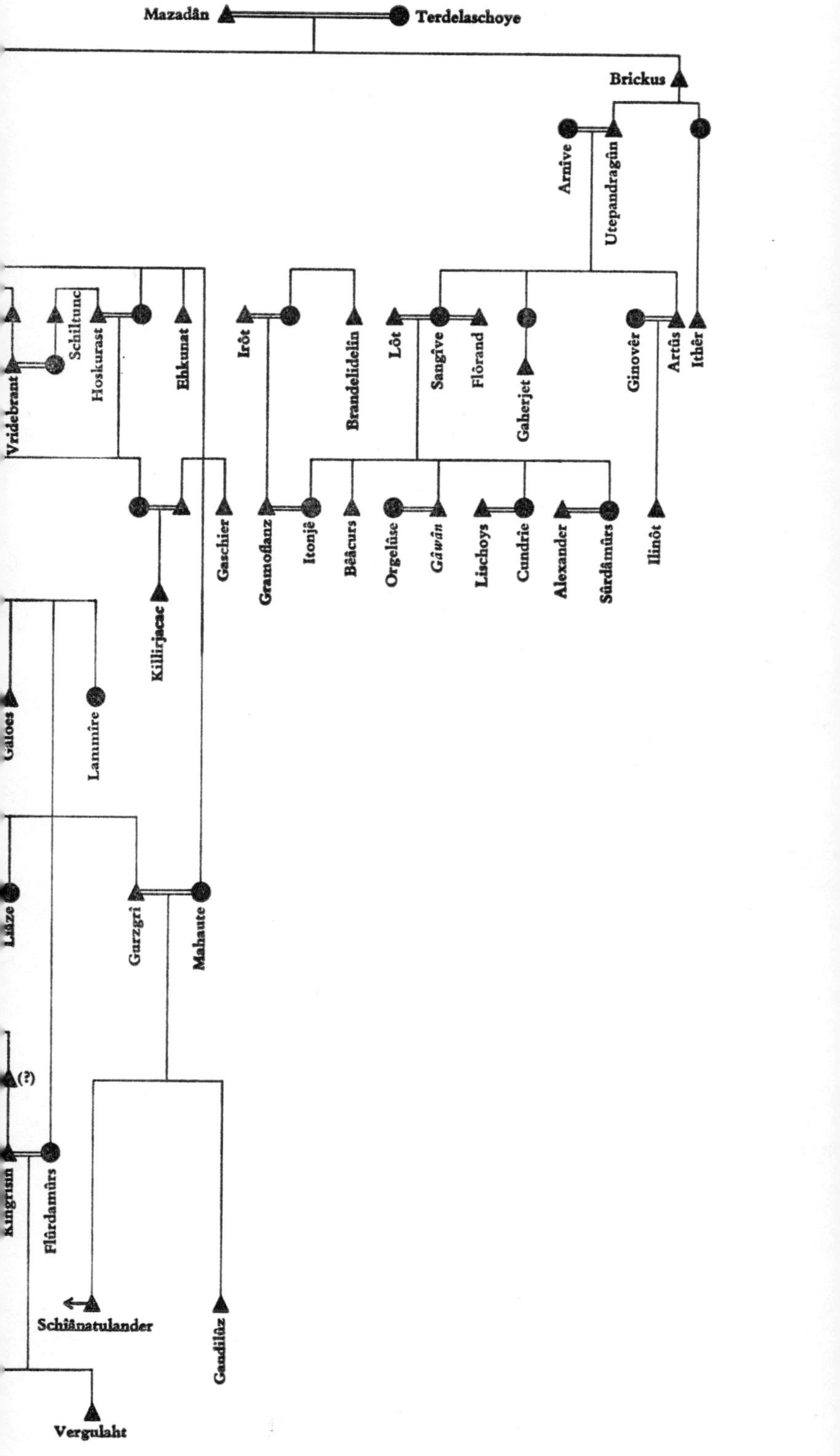

Mazadân
Terdelaschoye
Brickus
Arnive
Utepandragûn
Vridebrant
Schiltunc
Hoskurast
Ehkunat
Irôt
Brandelidelîn
Lôt
Sangîve
Flôrand
Gaherjet
Ginovêr
Artûs
Ithêr
Killirjacac
Gaschier
Gramoflanz
Itonjê
Bêâcurs
Orgelûse
Gâwân
Lischoys
Cundrîe
Alexander
Sûrdâmûrs
Ilinôt
Gâloes
Lammîre
Liâze
Gurzgrî
Mahaute
(?)
Kingrisin
Flûrdamûrs
Schîânatulander
Gandilûz
Vergulaht

ERSTES BUCH

1 Wenn Zweifel nah beim
Herzen wohnt, das muß der Seele sauer werden. Schande
und Schmuck sind beieinander, wo eines Mannes unver-
zagter Mut konfus gemustert gehen will wie Elstern-
farben. Trotzdem, der kann doch noch glücklich sein,
denn an ihm ist etwas von beiden: vom Himmel und von
der Hölle. Wer sich mit der Treulosigkeit zusammentut,
der hat die schwarze Farbe ganz und muß auch nach der
Finsternis geraten. Und so hält der, der fest steht und
treu, es mit den Weißen.

Dieses fliegende Beispiel ist zu flink für dumme Men-
schen, sie bringen es nicht fertig, ihm nachzudenken;
denn es kann vor ihnen Haken schlagen grade so wie ein
verstörter Hase. Zinn, hinten am Glas, macht trügerisch
tanzende Lichter und ebenso des Blinden Traum: Die
geben einem die Haut, die obendrauf schwimmt auf den
Bildern. Doch kann dieses stumpfe, leichte Scheinen
nicht in Festigkeit dauern: es macht ein kurzes Glück,
das ist wohl wahr.

Wer rupft mich da, wo mir kein Haar gewachsen ist,
innen an meiner Hand? Der kennt die Kunst der ganz
besonders feinen Griffe. Wenn ich vor solchen Nöten
»aua« schreie — das sieht dem Geist, den *ich* begreife,
2 ähnlich. Will ich denn dort die treuen Gewißheiten fin-
★ den, wo sie gekonnt verschwinden wie Feuer in branden-
dem Wasser, wie Tau von der Sonne?

Immerhin, ich kenne niemand, mag er noch so klug
sein, der nicht gern erführe, was diese Geschichte von
den Ihren fordert und was an guter Lehre sie geben will.
Was das betrifft, ist sie ganz unbekümmert: mal flieht sie,
mal stürmt sie nach vorn, sie zieht sich zurück, sie kehrt
sich um; die einen stürzt sie in Schande, die anderen hebt
sie empor. Wer da noch mithalten kann bei sämtlichen
Kadenzen, den hat die Weisheit lieb — das ist der, der

sich nicht verhockt und nicht verrennt, er macht was
andres: Er versteht sich drauf.

Ein Mut, der an den Seinen zum Verräter wird, ist gut
fürs Höllenfeuer und ist ein Hagelschlag für allen hohen
Wert und Adel. Seine Treue hat einen allzu kurzen
Schwanz: So konnte sie nicht einmal jeden dritten von ★
den Stichen rächen, als sie ins Holz fuhr mit den Schna-
ken.

Wenn ich hier mancherlei Dinge auseinanderklaube,
so spreche ich nicht allein von Männern. Auch den
Frauen stecke ich die Bahn ab: Die aufpassen will, wenn
ich ihr rate, wird dann wissen, wohin sie zielen soll mit
ihrem Glanz und ihrer Ehre, und auch, für wen sie nach-
her ihre Liebe und ihren Adel bereithalten soll, so daß 3
ihre Keuschheit, ihre Treue sie nicht reut. Vor Gott
bitte ich darum, daß die guten Frauen *Modestia* in ihr
Gefolge nehmen möchten. Schamgefühl schließt alle
guten Sitten in sich ein: Es ist nicht nötig, ihnen noch
mehr und andern Segen zu erbitten. Eine Verräterin er-
wirbt sich verräterischen Ruhm. Wie treu ist denn dün-
nes Eis in der augustheißen Sonne? Genauso zergeht
auch ihr Lob sehr schnell.

Die Schönheit vieler Frauen wird weit und breit ge-
feiert. Wenn da aber das Herz bloß nachgemacht ist,
dann lobe ich sie so, wie ich ein Stückchen Glasfluß, in
Gold gefaßt, zu loben schuldig wäre. Es ist kein leichtes
Ding, so meine ich, wenn man in schwaches Messing den
edlen Rubin einfaßt und alle Wunder, die er hat — dem
vergleiche ich die Seele einer rechten Frau. Eine, die ihr
Frausein in der rechten Weise lebt, deren Farbe will ich
nicht prüfen und nicht ihres Herzens Decke, die man
sieht. Wenn nur das innen in der Brust sich sehen lassen
kann, so wird ihr Wert und ihre Ehre ohne Scharte
bleiben.

Müßte ich nun Weib und Mann vor euch so prüfen, wie
ich es wohl kann, dann kämen wir mit Reden lange nicht
zu einem Ziel. Hört lieber, was es mit dieser Geschichte
auf sich hat: Sie wird euch Glück und Leiden zeigen,
Freude geht mit ihr und Angst. Stellt euch nun vor, ich 4
einer wäre drei, und jeder einzelne von denen hätte soviel
Kunst, wie ich alleine auf die Waage bringe: Man müßte
dazu noch wilde Erfindung tun, bevor sie es versuchen
könnten, euch zu berichten, was ich ganz alleine
euch berichten will — den dreien würde es sauer wer-
den.

Eine Geschichte will ich euch neu vorführen, die erzählt von großer Treue, von weiblichem Weibestum und von eines Mannes Mannheit, die so gerade war, daß sie sich vor Gewalt nie bog: Da hat sein Herz ihn nicht enttäuscht. Er war ein Stahl in jedem Streit, wo immer er auch hinkam. Seine Hand hat mit dem Recht des Siegers manche Ehre und viel Ruhm an sich genommen; kühn und spät erst weise war der Held, den ich so begrüße. Süßigkeit in Frauenaugen, doch Siechtum in ihren Herzen war er und eine wahre Zufluchtsstätte vor dem Bösen. Den ich hier im Auge habe, der ist von der Geschichte her noch ungeboren, von dem man diese Abenteuer sagt und die vielen Wunder, die da geschehen werden.

Es ist noch heute üblich, wie es damals üblich war, überall wo französisches Recht gilt oder galt, und auch auf deutscher Erde ist es hie und da so Brauch — doch wißt ihr das auch ohne mich:
5 Wer immer dort des Landes Herr war, der befahl mit gutem Recht und ohne alle Schande — es ist kaum glaublich, aber wahr —, daß dem ältesten Bruder seines Vaters ganzer Besitz, den man doch Erb*teil* nennt, gehören sollte. Das war das Unglück der Jüngeren, wenn sie dann der Tod aus ihrem Recht vertrieb, das ihres Vaters Leben ihnen gönnte: Vorher war ihnen alles gemeinsam gewesen, jetzt hat es der große Bruder alleine. Das war aber doch ein weiser Mann, der es so eingerichtet hat, daß dem Alter der Besitz gehören soll. Die Jugend hat viel Adel in sich selber, das Alter hat Seufzen und Schmerzen. Ein böseres Ding hat man noch nicht gesehen als Alter und Armut zusammen. Könige, Grafen, Herzöge — das ist wahrhaftig so, wie ich's euch sage —, denen wird dort ihr Erbe weggenommen, sie alle bleiben ohne Land bis auf das älteste Kind: Die Ordnung kommt uns wahrlich sehr fremd vor.

Keusch wie ein Lamm und kühn war Gahmuret, der Held. Der verlor so Burgen und das Land, wo sein Vater stolz und in großer königlicher Macht Szepter und Krone getragen hatte, bis er in einem ritterlichen Kampf getötet wurde. Da betrauerte man ihn sehr: Treue und
6 Ehre brachte er ohne Scharte bis an seinen Tod.

Der ältere von seinen Söhnen befahl die Fürsten aus dem ganzen Reich zu sich. Die kamen alle in ritterlichem Aufzug; sie sollten ja nun nach ihrem Recht von ihm große Lehen in Empfang nehmen, das durften sie erwarten. Als sie sich am Hof eingefunden hatten, als man ihre Ansprüche gehört und jeder sein Lehen empfangen hatte — hört zu, wie sie es dann anfingen. Sie sprachen einen Wunsch aus — das riet ihnen ihre Treue —, und zwar die großen und die kleinen Herren des Landes, alles Volk; wenig war es, worum sie mit Bestimmtheit baten: Der König möge doch an Gahmuret der Brudertreue Respekt erweisen und sich so selber ehren; er möge ihn nicht ganz fortstoßen, sondern ihm eine Herrschaft in seinem Land lassen, damit er adeligen Namen und Herrenrecht behalte.

Die Bitte kränkte den König nicht im geringsten, er
sprach: »Klug habt ihr gemessen beim Fordern; ich will
es euch geben und noch mehr. Warum nennt ihr meinen
Bruder Gahmuret nicht Anschevîn? Anschouwe ist
mein Land: davon sollen wir beide den Namen haben.«
So sprach der König in seiner Macht. »Mein Bruder darf
noch mehr von meiner Treue erwarten, als ich hier in der 7
Eile sagen kann: Er soll bei mir gehalten werden wie das
Kind im Haus. Glaubt mir, ihr sollt sehen, daß uns beide
eine Mutter trug. Er hat wenig, ich habe sehr viel: das
wird meine Hand so mit ihm teilen, daß mir die Seligkeit
nicht gepfändet werden soll von jenem Herrn, der gibt
und nimmt; das eine wie das andere kann Er tun nach
Seinem Recht.«

Als die großen Fürsten alle gesehen hatten, daß ihr Herr mit Treue verfuhr — das war für sie ein Freudentag! Jeder von ihnen ging hin und dankte.

Gahmuret schwieg nun nicht länger. Was sein Herz
ihm sagte, dem schloß er sich an, und er sprach in aller
Freundlichkeit zum König: »Herr und Bruder, wenn ich
bei einem andern Mann im Haus — bei Euch oder bei
sonst jemand — leben wollte, dann hätte ich's gewiß
bequem. Nun urteilt aber selber, ob mir das Ehre
brächte — Ihr meint es gut mit mir, und Ihr seid klug —,
und ratet mir jetzt, und zwar zur Ehre: da soll Eure
Hilfe anpacken. Nichts als meine Rüstung besitze ich.
Hätte ich darin nur Größeres getan, Taten, die mir weit
in der Welt Ruhm einbrächten, wenn man vielleicht
hier oder dort von mir spräche!« Und Gahmuret sprach 8
weiter: »Sechzehn Knappen habe ich, sechs davon in

Eisen. Gebt mir dazu noch vier Kinder, adelig erzogen und aus hohem Haus. Vor denen soll von alledem, was meine Hand nur irgend erbeuten kann, nichts weggesperrt werden. Ich will in die Länder hinaus, ich bin auch früher schon ein bißchen in der Welt umhergezogen. Wenn das Glück auf mich achtgeben will, dann bringe ich's so weit, daß eine edle Frau ein Auge auf mich wirft. Wenn ich dann um sie dienen darf und edel genug für sie bin, dann tu ich, was mein bester Sinn mir rät, und diene ihr mit guter Treue. Gott möge mir die Straßen des Glücks weisen. Wir waren gute Freunde auf unseren Fahrten — damals gehörte Euer Reich noch unserm Vater Gandîn. Wir beide haben viel Schmerzen und Gefahren ausgehalten für die Liebe. Ihr wart Ritter und Dieb, Ihr wußtet zu dienen und heimlichzutun. Könnte ich nur jetzt auch Liebe stehlen, ach, hätte ich nur Eure Meisterschaft in dieser Kunst und fände auf der andern Seite wirkliche Freundlichkeit!«

Der König seufzte und sprach: »Ach, daß ich dich so
erleben mußte! Mit Scherzen hast du mir das Herz, das
9 ganz war, zerschnitten, und du tust es nun erst recht,
wenn wir uns trennen müssen. Mein Vater hat uns beiden große Schätze hinterlassen. Davon messe ich dir eine gleiche Hälfte ab, ich meine es von Herzen gut mit dir. Leuchtende Steine, rotes Gold, Leute, Waffen, Pferde, Kleider, von alledem nimm aus meiner Hand so viel, daß du nach deinem Willen ziehen kannst und ein Herr bleibst, der seinen Leuten was zu schenken hat. Deine Stärke ist etwas ganz Besonderes: Wärst du auch im fernen Gylstram geboren oder von Ranculat hergekommen, so hielte ich dich doch hier bei mir, genausogern, wie ich dich jetzt hierbehalten möchte. Du bist wirklich und wahrhaftig mein Bruder.«

»Mein Herr, Ihr lobt mich, weil Ihr müßt, weil Eure Courtoisie es Euch befohlen hat. So laßt denn jetzt auch Eure Treue erscheinen. Wenn Ihr und meine Mutter so gütig sein wollt, mir von der beweglichen Habe etwas zu geben, so steige ich auf und nimmer ab. Mein Herz aber strebt immer weiter nach dem Hohen. Ich weiß nicht, warum es sich gar so lebendig regt, daß mir die linke Brust so schwillt. Ach, wohin jagt mich meine Falkengier? Ich muß es erfahren, wenn ich irgend kann. Jetzt kommt der Tag, an dem ich Abschied nehme.«

Der König war mit allem einverstanden und schenkte
10 ihm noch mehr, als er verlangt hatte: Fünf ausgesuchte

Schlachtrosse — man kannte keine besseren im ganzen Land —, mutig waren die und stark und nirgends ohne Rasse; viel teures Tischgeschirr aus Gold und eine Menge Gold in Klumpen. Der König ließ es sich nicht reuen, vier Tragekästen füllte er ihm, und viele Edelsteine mußten noch dazu hinein. Als diese Kästen dann gefüllt dastanden, da waren auch die Knappen, die das Gepäck zu hüten hatten, wohl gekleidet und beritten.

Jetzt wurde nicht gespart mit Tränen, jetzt ging er zu seiner Mutter, und die umarmte ihn ganz fest. »*Fils du roi* Gandîn, willst du nicht länger bei mir sein?« so sprach das weibliche Weib. »Ach, dich hat doch mein Leib getragen, du bist auch Gandîns Kind. Ist Gott an seiner Hilfe blind, oder ist er taub auf diesem Ohr geworden, daß er mir nichts zuliebetun will? Muß ich nun neues Leid erfahren? Meines Herzens Kraft, die Süße meiner Augen habe ich begraben: Will er mir jetzt noch mehr rauben? Und er ist doch zugleich Richter! Dann ist mir das gelogen, was man von seiner Hilfe sagt, da er mich so feige verrät.«

Da sprach der junge Anschevîn: »Gott tröste Euch, 11
meine Dame, über den Tod meines Vaters; den müssen und wollen wir beide beklagen. Von mir aber gibt es nichts zu berichten, das schmerzlich wäre und ein Grund zum Weinen. Ehre zieht mich fort, zu Rittertaten reise ich in fremde Länder. Meine Dame, es ist mir so bestimmt.«

Da sprach die Königin: »Da du dein Schwert und deinen Mut gebrauchen willst, um Liebe hoher Damen zu gewinnen, lieber Sohn, sei nicht zu stolz, Geschenke von mir anzunehmen auf die Fahrt. Schicke deine Kämmerer zu mir, die sollen vier schwere Tragekästen in Empfang nehmen. Darin liegen ganze Bahnen breiter Seide, die hat man nie verschnitten, und es sind viele teure Samtstoffe drin. Süßer Mann, laß mich hören, wann du wiederkommst; so kannst du meinem Glück aufhelfen.«

»Meine Dame, ich weiß ja noch gar nicht, in welchem Land man mich sehen wird. Doch wohin ich auch komme, wenn ich fort bin von Euch: Ihr habt an mir so edel gehandelt, daß jeder Ritter sich davon geehrt fühlen müßte. Auch der Abschied vom König war so, daß ich es ihm mit meinem Dienst danken muß. Ich vertraue
fest darauf, daß Ihr ihn nun desto mehr in Ehren haltet, 12
wie immer meine Sache ausgehen mag.«

Wie die Geschichte uns erzählt, hat da der unerschrokkene Held von jener Kraft des Schenkens, die aus der Liebe entspringt und aus der Zärtlichkeit der Frauen, noch kostbare Dinge bekommen, die waren tausend Stangen Silber wert. Auch heute würde jeder Jude, der Geld gegen Sicherheit herleiht, diese Dinge für eine solche Summe annehmen. Das alles hatte seine Geliebte ihm geschickt. Sein Rittertum brachte ihm nicht wenig ein an Frauenliebe und an Liebesnächten; doch wurde er nie geheilt von seiner Sehnsucht.

Abschied nahm der Held. Die Mutter und den Bruder mitsamt seinem Land sah sein Auge niemals wieder. An ihm verloren viele viel. Bei allen, denen er in irgendeiner Weise verbunden war von früherer Zeit her, bevor es ihn forttrieb, bedankte er sich sehr, wenn sie ihm auch nur den kleinsten Gefallen getan hatten. Er fand, sie täten an ihm mehr, als recht ist, und so fein gebildet war er, daß es ihm gar nicht in den Sinn kam, daß sie ihm das schuldig waren. Glatt und noch grader als gehobelt war sein Sinn.

Wenn einer von sich selber sagt, wie edel er doch sei,
dann ist Mißtrauen am Platz; so etwas müssen die ande-
ren sagen, die, mit denen man umgeht, und besonders
13 die, die seine Taten in der Fremde mit angesehen haben.
Dann glaubt man eine solche Rede. Und so hielt es
Gahmuret: Rechte Bescheidenheit glich seine Waage
aus, und andere Trümpfe hatte er nicht nötig. Prahlerei
gab's bei ihm wenig; wenn man ihn rühmte, nahm er es
hin, doch war es ihm peinlich. Der Trieb zum Großtun
war ihm ganz fremd. Doch hatte dieser Schöne bei sich
beschlossen, daß er bei keinem, der eine Krone trüge,
Dienst annehmen wolle, sei es König, Kaiser oder Kai-
serin, bei keinem oder doch nur bei dem, in dessen Hand
die höchste Macht auf Erden läge, so weit man auch
schauen mochte über die Länder. Dieser Wille lag in
seinem Herzen.

Ihm war gesagt worden, in Baldac gebe es einen Mann, der sei so mächtig, daß ihm die zwei anderen Teile der Erde untertan seien und sogar noch mehr. Sein heidnischer Name war gewaltig — man hieß ihn den Bâruc. Seiner Macht konnte nichts widerstehen: Viele Könige waren seine Vasallen, gekrönte Häupter waren ihm untertan. Die Würde des Bâruc besteht bis heute. Wenn ihr die Religion der Christen anschaut, so seht ihr: die hat ihren Sitz in Rom, so schreibt es unser Glaube vor.

Und dort in der heidnischen Ordnung ist es so eingerich-
tet, daß man sich in Baldac alles das holen muß, was zu
vergeben bei uns dem Papst zusteht; das finden sie ganz
recht und nicht im geringsten uneben. Der Bâruc gibt 14
ihnen Ablaß für ihre Sünden.

Da waren zwei Brüder aus Babilôn, Pompeius und Ipomedôn, denen nahm der Bâruc Ninivê weg; die Stadt hatte aber schon von alters her der Familie jener beiden gehört: Sie wehrten sich mit aller Kraft. Dahin kam nun der junge Anschevîn, und der Bâruc war überaus freundlich zu ihm. Ja, da geschah es, daß der edle Gahmuret in seinen Dienst für Sold trat.

Ihr werdet nichts dagegen haben, wenn er sich nun ein neues Wappen wählt und nicht länger jenes führt, das ihm sein Vater Gandîn gegeben hatte. Zur Hoffnung passend, die ihn trieb, führte der Herr Anker auf seiner *Couvertüre,* die wurden aus leuchtend weißem Hermelin geschnitten. Ebenso mußten die übrigen Wappenzeichen auf dem Schild und auf der Kleidung sein. Noch grüner als Smaragd fand man seine ganze Ausrüstung, grün wie Achmardî: Das ist ein Seidenstoff, noch feiner als der Samt, und daraus ließ er sich Waffenrock und Kursît machen. Anker aus Hermelin wurden draufgenäht, dazu drehte man Taue von Gold.

Seine Anker hatten aber noch kein Land für ihn gefun-
den, ja nicht einmal den Zipfel eines Landes, er hatte 15
nirgends festgemacht. Ihr Herr mußte seine Wappenlast immer weitertragen in viele Länder, fremd blieb der Edle mit dem Bild des Ankers, denn er hielt sich nirgends auf und machte nirgends Rast. Wie viele Länder er durchritt und in Schiffen umfuhr? Ich könnte nun zwar anfangen zu schwören, dann hättet ihr meinen Eid darauf und alle Sicherheiten, die ein Ritter geben kann, doch sage ich ja nichts als das, was mir die Geschichte erzählt, andere Zeugen habe ich nicht. Die aber, die Geschichte, sagt, daß seine gewaltige Kraft bei den Heiden den höchsten Ruhm behielt. In Marroch und in Persien, aber auch überall sonst, in Damaskus und in Aleppo etwa, überall wo sich Gelegenheit zu Rittertaten bot, in Arabien und vor Arabien, las seine Hand Ehren auf, und zwar so, daß er schließlich keinen Mann mehr fand, der es als einzelner mit ihm aufgenommen hätte; solchen Ruhm hatte Gahmuret erworben. In seinem Herzen war die Leidenschaft des Jägers, die wollte höchste Ehre packen. Die Taten aller anderen fielen vor

ihm in den Staub und wurden zu nichts, oder doch zu fast nichts. Das mußten sie alle erfahren, die gegen ihn zur Tjost kamen.

16 So sprach man von ihm in Baldac. Seine Heldenkraft
wollte aber immer weiter, ohne abzuweichen von ihrer
Bahn: fort zog er in das Königreich Zazamanc. Dort
weinten sie alle um Isenhart, der im Dienst für eine Frau
den Leib verloren hatte. Schuld daran war die süße
Belacâne, die den Verrat nicht kannte. Die verweigerte
ihm ihre Liebe, seine Sehnsucht nach ihrer Liebe brachte
ihm den Tod. Ihn rächten seine Verwandten in offener
Schlacht und auch mit Hinterlist. Hart bedrängte ihr
Heer die Dame — sie wehrte sich mit starken Kräften.
Da nun kam Gahmuret in ihr Land. Mit seinem Schiffsheer
hatte das der Schotte Vridebrant in Asche gelegt,
bevor er wieder fortzog.

Jetzt hört, wie es unserem Ritter ergeht. Das Meer
hatte ihn mit Sturm dorthingeworfen, so daß er kaum,
doch immerhin, am Leben geblieben war. Vor dem
Palas der Königin kam er in den Hafen gesegelt. Viele
Augen schauten ihm von dort oben zu. Er sah hinaus
übers freie Feld: Da waren viele Zelte aufgeschlagen
rund um die Stadt herum, nur nicht auf jener Seite, die
zum Meer hin ging; zwei starke Heere hatten da ihr
Lager. Da ließ nun der Held fragen, wer der Herr der
17 Burg sei, denn er hatte noch nie etwas von ihr gehört und
ebensowenig jemand von den Schiffsleuten.

Seinen Boten sagten die dort drinnen, es sei die Burg Pâtelamunt; das ließen sie ihm ausrichten mit vielen Freundlichkeiten, und sie beschworen ihn bei ihren Göttern, er möge ihnen doch zu Hilfe kommen, sie hätten ihn dringend nötig, es gehe bei ihrem Kampf um nichts anderes als um Tod und Leben.

Als der junge Anschevîn ihre Klagen vernommen hatte und ihre Not, da bot er ihnen seinen Dienst für Geld, wie es noch heute oft die Ritter tun, oder, so meinte er, sie sollten ihm sagen, was sonst sie ihm geben wollten, damit er den Haß ihrer Feinde auf sich nähme. Da sprachen Kranke und Gesunde wie aus einem Mund: Alles, was sie an Gold und Steinen besäßen, solle er haben; das alles solle ihm gehören, und er werde nicht schlecht mit ihnen fahren. Doch hatte es bei ihm mit Schätzen wenig Not: Er hatte aus Arabien so manchen Klumpen Gold mitgebracht. Dunkel wie die Nacht waren alle diese Leute in Zazamanc. Bei denen hier, dachte er, würde die Zeit ihm lang werden. Doch immerhin: er befahl seinen Leuten, für Unterkunft zu sorgen. Es versteht sich von selbst, daß man ihm das beste Quartier gab, das zu haben war.

Da lagen nun die Damen noch immer in den Fenster- 18
nischen und schauten hinunter. Seine Knappen sahen sie,
und es entging ihnen nicht, wie prächtig seine Rüstung
war. Auf dem Schild von Hermelin trug der generöse
Held ich weiß nicht wie viele Zobelbälge; es war, so
meinte der Marschall der Königin, das Bild eines großen
Ankers. Dieses Zeichen hier zu erblicken war ihm nicht
im geringsten ärgerlich, denn seine Augen sagten ihm
sofort, daß er diesen Ritter, oder doch das Blitzen der
Erscheinung, schon einmal gesehen hatte, und zwar in
Alexandria, als der Bâruc die Stadt belagerte. Da hatte
es keinen gegeben, der sich mit diesem berühmten Ritter
messen konnte.

So hielt nun der große Mann zum allgemeinen Wohl-
gefallen Einzug in die Stadt. Zehn Lasttiere ließ er be-
laden, die zogen dahin durch die Gassen, dahinter ritten
zwanzig Knappen. Vor dem Zug sah man sein Diener-
volk gehen, die Pagen und die Köche mit ihren Lehr-
buben hatten sich da vorne aufgestellt. Prächtig waren
die Leute, die ihn begleiteten: Zwölf adelige Kinder
kamen hinter den Knappen geritten, mit Eleganz, sehr
feine junge Leute; es waren etliche heidnische Türken
darunter. Hinterdrein führte man dann acht Streitrösser, 19
und da war keines, das nicht mit einer Decke aus Zindel
geschmückt war. Ein neuntes Roß trug den Sattel des
Helden. Einen Schild, ebenjenen, von dem schon die
Rede war, trug daneben ein schöner Knappe. Hinter den
beiden ritt die Blasmusik; die darf bei einem solchen Er-
eignis nicht fehlen. Ein Tambour war auch da, der
schlug sein Tamburin und warf es hoch in die Luft.
Lumpig wäre es dem Herrn erschienen, wären nicht auch
Flötenspieler mitgeritten; es waren drei, und dazu drei
gute Fiedler. Ohne Eile ging der Zug dahin. Der Herr
selber ritt hinterdrein, mit ihm der Kapitän seines
Schiffs, der war sehr klug und ein berühmter Mann.

Alles Volk in dieser Stadt, die Frauen genauso wie die Männer, das waren lauter Neger und Negerinnen. Als der Herr sich umschaute, sah er eine Menge demolierter Schilde, mit Speeren überall durchstochen; viele solcher Schilde hatte man an den Mauern und an Türen aufgehängt: dort gab es Jammer und Geschrei. In den Fen-

sternischen, zur frischen Luft hinaus, hatte man man-
chem verwundeten Mann das Bett bereitet, der doch
nicht wieder gesund werden konnte, mochte er den Arzt
auch noch so oft kommen lassen. Die waren bei den
20 Feinden gewesen. So kann es jedem ergehen, der nicht
viel Lust zum Fliehen hat. Oft begegneten ihm Pferde —
die führte man vorbei — mit schweren Wunden von
Speeren und Schwertern. Viele dunkle Damen sah er
links und rechts, rabenfarben war ihr Schimmer.

Sein Wirt empfing ihn mit viel Liebe. Der Gast war ihm, wie man noch hören wird, zu seinem Glück ins Haus gekommen. Er war ein großer Held und hatte manchen Stich und Schlag mit seiner Hand getan: Er führte den Befehl an einem von den Toren. Bei ihm daheim fand Gahmuret viele Ritter, die den Arm in einer Schlinge trugen und die zerschrammte Köpfe hatten. Es waren Leichtverwundete, die doch noch kämpfen konnten; sie hatten ihre Kraft nicht auf dem Schlachtfeld lassen müssen.

Der Burggraf der Stadt bat jetzt freundlich seinen Gast, er möge, wenn er irgend etwas wünsche, nur ja nichts verschweigen aus Rücksicht auf Leib und Gut seines Wirtes. Er führte ihn zu seiner Frau: Die küßte Gahmuret, der aber wenig Sehnsucht danach hatte. Dann ging man zum Essen.

Kaum war das zu Ende gebracht, da eilte der Mar-
21 schall fort zur Königin. Ein großes Trinkgeld hoffte er
mit seiner Botschaft zu verdienen. Er sprach: »Meine
Dame, unsere Not hat sich mit Freuden aufgelöst. Den
wir hier in unsern Mauern haben, das ist ein solcher
Ritter, daß wir immerfort dankbar zu unsern Göttern,
die ihn brachten, beten müssen; sie meinen es gut mit uns.«

»Jetzt sag es mir doch, bei deiner Treue, wer kann dieser Ritter wohl sein?«

»Meine Dame, das ist ein edler Kämpfer. Er steht beim Bâruc im Sold, ein Anschevîn und aus hochadeliger Familie. Das solltet Ihr sehen, wie der sich ausgibt und den Leib nicht schont, wenn man ihn losläßt. Da stürmt er vor, dort kommt er, und zurück und wieder an den Mann und bringt den Feinden Verderben! Ich habe ihn herrlich kämpfen sehen dort vor Alexandria, als die von Babylôn den Bâruc fortjagen wollten, die Stadt zu befreien. Wie viele von denen da niederfallen mußten mit Schande! Da tat der Schöne mit seinem Leib so große Taten, daß ihnen nichts anderes mehr half als Fliehen.

Ich habe von ihm sagen hören — und das muß jeder zu-
geben, der ihn sieht —, daß er und niemand sonst in noch 22
so vielen Ländern den höchsten Ruhm in Händen hat.«

»Dann sieh nur zu, wie und wann du es anstellen kannst, daß er hierherkommt, um mit mir zu sprechen. Wir haben ja den ganzen Tag lang Waffenruhe. Da kann es der Held doch gut so einrichten, daß er heraufreitet zu mir, oder soll lieber ich hinunter? Er hat eine andere Farbe als wir — ach, und wenn er es nun abstoßend findet? Und dann möchte ich auch gerne vorher erfahren, ob meine Leute damit einverstanden sind, daß ich ihn mit Ehren empfange. Wenn er aber wirklich herkommt, wie soll ich ihn begrüßen? Ist sein Adel hoch genug für meinen Kuß, so daß der nicht verschwendet ist?«

»Meine Dame, er ist ganz ohne Zweifel aus königlichem Geschlecht; dafür bürge ich mit meinem Leben. Meine Dame, ich will Euren Fürsten sagen, daß sie ihre Staatsgewänder anlegen und ihn vor Eurem Thron erwarten sollen. Wir kommen dann zu Euch geritten. Und Ihr sollt das auch allen Euren Damen sagen. Denn wenn ich jetzt hinuntergehe in die Stadt, dann nur, um Euch den edlen Gast zu holen. Dem fehlt nichts an jenen Kräften, die einen Mann angenehm machen.«

Und sehr wenig von dem, was er versprochen hatte,
blieb leer dahingesagt: Mit viel Geschick ging es der
Marschall an, die Wünsche seiner Herrin zu erfüllen.
Flink holte man Gahmuret herrschaftliche Kleider her, 23
die zog er an. Ich habe sagen hören, kostbar seien sie ge-
wesen. Schwere Anker aus arabischem Gold waren
draufgenäht, wie er es wollte. Dann setzte er, der alles
reichlich wert war, was die Liebe schenken kann, sich
auf ein Roß. Einer aus Babylôn hatte es gegen ihn zur
Tjost geritten: Den hatte er heruntergestochen, das war
dem arg gewesen.

Was? Ob der Wirt mit ihm hinaufgeritten ist? Ja freilich, er mit allen seinen Rittern, und sie sind sehr vergnügt dabei. Sie ritten also miteinander dahin, und vor dem Palas stiegen sie ab. Viele Ritter waren dort oben, die alle schöne Kleider trugen. Gahmurets Pagen liefen vor ihm hinein, immer zwei zusammen, die sich an den Händen hielten. Ihr Herr fand viele Damen in herrlichen Gewändern.

Der Königin, der großen Dame, brachten ihre Augen hohen Schmerz, als sie den Anschevîn erblickte. Man mußte ihn lieben, wenn man ihn sah, und also schloß

er ihr Herz ganz auf — ob es ihr süß war oder weh, sie
konnte nicht anders. Früher hatte mädchenhafte Schüch-
ternheit es immer verschlossen gehalten. Sie ging ein
Stückchen auf ihn zu, sie bat den Gast, sie zu küssen.
24 Sie nahm ihn bei der Hand. An der Wand den Feinden
gegenüber setzten sie sich in die weiten Fenster auf eine
gesteppte Decke von Samt, darunter lag ein weiches
Federbett. Wenn etwas heller wäre als die Sonne, so
sieht die Königin dem ganz gewiß nicht ähnlich. Ihr
Sinn war der einer rechten Frau, und auch sonst war sie
edel genug für jeden Ritter. Der tauigen Rose aber glich
sie nicht, von schwarzer Farbe war ihr Schein, ihre
Krone ein leuchtender Rubin: Ihr Haupt sah man da
schön durchscheinen.

Die Wirtin sprach zu ihrem Gast davon, wie lieb sein Kommen ihr sei. »Mein Herr, ich habe viel Gutes von Euren Rittertaten gehört. Habt die Güte und nehmt es nicht übel auf, wenn ich Euch jetzt meinen Kummer klage, der geht mir sehr zu Herzen.«

»Meine Dame, meine Hilfe wird Euch nicht verfehlen. Was Euch arg ist oder war, was es auch sei — wo mein Arm die Macht es fortzujagen hat, da soll er sein Werk verrichten. Ich bin nur ein einzelner Mann: wenn aber einer Euch was Böses tut oder getan hat, da streckte ich dem den Schild entgegen — bloß wird halt meine schwache Kraft allein auf die Feinde keinen großen Eindruck machen.«

Mit Courtoisie sprach da ein Fürst: »Wenn wir nur
25 einen Hauptmann hätten! Wir würden nicht viel Feder-
lesens mit den Feinden machen, jetzt, da Vridebrant fort-
gefahren ist, sein eigenes Land zu befreien. Ein König,
der heißt Hernant, den hat er erschlagen im Kampf um
Herlinde. Mit den Verwandten dieses Königs hat er jetzt
Krieg genug, sie sind voller Erbitterung. Doch hat er
Helden hiergelassen, den Herzog Hiutigêr zum Beispiel,
der uns mit Rittertaten viele Wunden schlägt, und dann
noch dessen Leute, die führen die Waffen mit Kunst und
Gewalt. Viele Söldner hat auch Gaschier aus der Nor-
mandie, ein kluger Kämpfer und ein großer Herr. Noch
mehr Leute hat Kaylet von Hoskurast hier, viele wilde
Kämpfer von weit her. Der Schottenkönig Vridebrant
und seine vier Genossen brachten die alle in dies Land
und viele Söldner mit dazu.

Auf der Westseite dort am Meer lagert das Heer von Isenhart, da fließen immerfort die Tränen: Ob offen vor

den Leuten oder in der Stille — kein Mensch hat sie je
anders als weinend gesehen, seit ihr Herr in jener Tjost
starb. Es ist ein Wunder, wie sehr sie trauern können:
In Gießbächen verströmt sich der Regen dieser Herzen.«

Der Gast sprach zur Königin, und er sprach als ein 26
rechter Ritter: »Sagt mir, wenn Ihr so freundlich sein
wollt, warum man Euch so zornig heimsucht mit Krieg.
Ihr habt da viele tapfere Ritter. Es tut mir weh, daß sie
von der Gewalt der Feinde so schwere Last zu tragen
haben und Verlust.«

»Mein Herr, das sag ich Euch, da Ihr es wünscht: Ein
Ritter warb um mich, der war von Adel; sein Leib ein
Zweig, der Frucht trug an allen Kräften. Dieser Mann
war stark und klug: ein Edelreis der Treue, das so recht
angegangen ist. Seine Sitten waren noch feiner als die
Courtoisie selber. Noch keuscher als eine Frau war er,
doch wachen Stolz und Stärke trug sein Leib. Es wuchs
vor seiner Zeit nie eine Hand an einem Ritter, die so
bereit zu schenken war wie seine, so weit man auch
schaut in der Welt — ich weiß natürlich nicht, was nach
uns noch geschehen wird, davon mögen dann andere
reden —, und er war taub auf jenem Ohr, in das man ihn
zu Schlechtigkeiten rief, und schwarz wie ich, ein Mohr.
Sein Vater hieß Tankanîs, ein König, der war auch ein
großer Held. Mein Geliebter, der hieß Isenhart. Weib-
lich naiv und unberaten war ich, als ich seinen Dienst um
Liebe annahm, da der ihm doch nie zu seinem Glück
geriet; darum muß ich nun immer trauern und klagen.
Jene dort glauben, ich hätte dazugeholfen, daß er er-
schlagen wurde. Ich weiß aber wenig vom Verrat, wenn 27
mich auch seine Leute noch so sehr anklagen. Ich habe
ihn mehr liebgehabt, als sie es tun. Und es ist nicht so,
daß ich keine Zeugen hätte, das zu beweisen; die rechte
Wahrheit wissen doch meine Götter und die seinen:
Viele Schmerzen habe ich von ihm. Nun hat meine
mädchenhafte Scham die Zeit bis zur Belohnung immer-
fort gestreckt und auch meine Leiden. So brachte meine
Jungfernschaft dem Helden viel Ehre ein in Ritterkämp-
fen.

Da stellte ich ihn dann auf die Probe, ob er mein Ge-
liebter sein könne. Das wurde sehr schnell offenbar:
Seine Rüstung schenkte er weg, um mir zu gefallen, und
alles Kriegsgerät, auch das, was dort steht wie eine Burg,
es ist ein hohes Zelt: Die Schotten brachten es auf dieses
Feld. Als der Held nun ohne Rüstung war, so wurde erst

recht der Leib nicht viel geschont. Das Leben war ihm da fast widerwärtig, vielen Abenteuern bot er die bloße Brust.

Als dies so war, da ritt einmal ein Fürst — Prôthizilas
hieß der, mein Lehensmann, er kannte keine Feigheit —
hinaus auf Abenteuer: Da gab es ein schlimmes Unglück,
das verfehlte ihn nicht. Im Wald von Azagouc log jene
28 Tjost nicht, die ihm vom Sterben sprach. Die zielte er
auf einen kühnen Mann, der auch an diesem Ort sein Ende
fand; das war mein Geliebter Isenhart. Jeder von den
beiden mußte ein Speereisen fühlen, das fuhr durch den
Schild und durch den Leib. Das ist es, was mich weinen
macht, mich arme Frau. Der Tod dieser beiden Männer
tut mir immer weh. Jammer blüht auf meiner Treue.
Ich bin nie eines Mannes Weib geworden.«

Da kam es Gahmuret so vor, als wäre nie — obwohl sie doch eine Heidin war — eine Seele mit so viel wahrer Frauentreue in ein Herz geschlüpft wie hier. Ihre Unschuld war ein reines Taufwasser und dazu der Regen, der sie begoß, jener Strom, der von ihren Augen auf den Zobelpelz floß und an ihre Brust. Trauer zu begehen war ihre ganze Lust und rechter Jammer ihr Meister.

Sie sprach zu ihm noch weiter: »Da kam dann übers Meer der König der Schotten mit seinem Heer und suchte mich heim; er war der Sohn von Isenharts Mutterbruder. Sie konnten mir nichts Schlimmeres mehr tun, als mir geschehen war an Isenhart, das muß ich sagen.«

Die Dame schluchzte oft. Durch die Tränen ließ sie
immer wieder verschämt neugierige Blicke blitzen auf
29 Gahmuret. Da meldeten ihre Augen dem Herzen: er sei
ein schöner Mann. Sie verstand sich drauf, auch helle
Haut recht anzuschauen, denn sie hatte auch früher schon
hellhäutige Heiden gesehen.

Es entstand dort zwischen den beiden ein Einverständnis und Begehren; sie sah hin, und er sah her.

Endlich befahl sie, den Abschiedswein zu bringen — sie wagte es bloß nicht, sonst hätte sie das bleibenlassen. Es tat ihr leid, daß es nicht zu vermeiden war; dieser Brauch pflegt ja die Ritter aus dem Haus zu treiben, wenn sie sich gerade recht angenehm mit den Damen unterhalten. Doch war ihr Leib sein Leib geworden, auch hatte er ihr seine sterbliche Seele gegeben — sein Leben war das Leben dieser Dame.

Da stand er auf und sprach: »Meine Dame, ich will Euch jetzt nicht weiter lästig sein. Ich neige dazu, länger als höflich ist sitzen zu bleiben, das tue ich ohne Verstand. Ich stehe Euch gern zur Verfügung, denn es schmerzt mich, daß Euer Unglück so groß ist. Meine Dame, gebietet über mich. Da wo Ihr wollt, wird meine Rache zuschlagen, Euch zuliebe tu ich alles, was ich soll.«

Sie sprach: »Mein Herr, Ihr habt mein ganzes Vertrauen.«

Sein Gastgeber, der Burggraf, will nun nichts ver-
säumen, was dem Gast die Zeit vertreiben könnte. Er
fragte ihn, ob er Lust habe, spazierenzureiten, »und 30
schaut Euch an, wo wir kämpfen und wie unsre Tore
geschützt werden«.

Gahmuret, der starke Ritter, sprach, er wolle sich das gerne ansehen, wo Kriegstaten geschehen waren.

Es ritten von hier viele schöne Ritter mit dem Helden hinab, hier weise Männer, junge Gimpel dort. Sie führten ihn herum vor alle sechzehn Tore und zeigten und erklärten ihm, daß keines davon zugeschlossen war, seit dem Tag, da die Rache um Isenhart »mit Wut«, sagten sie, »über uns kam. Nacht und Tag gingen die Wogen des Kampfes fast gleich hoch. Keines hat man seitdem zugeschlossen. Vor acht Toren geben uns des treuen Isenhart Leute Krieg, von denen haben wir schon viel Verluste. Sie kämpfen mit Wut, die edlen Fürsten, des Königs Männer von Azagouc.«

Vor jedem der Tore flatterte über der Schar der Helden eine leuchtende Fahne, darauf ein durchstochener Ritter. Wie Isenhart den Leib verlor, das wählte sich sein Volk zum Wappenzeichen.

»Dagegen setzen wir ein anderes Emblem und machen
damit ihre Klage still. Unsere Fahnen erkennt man 31
daran, daß sie zwei Finger einer Hand zum Eid hebt, ihr
sei nie ein so großes Leid geschehen wie damals, als Isen-
hart tot niederfiel — das traf meine Herrin ins Herz —: So
also steht, in schwarzer Farbe auf weißen Samt genäht,
die Königin dort gemalt vor ihnen, seit wir die Wappen
jener sahen, denen die Treue viel Kummer einträgt.
Hoch über den Toren stehen unsere Zeichen. Und vor
den anderen acht Toren bekriegt uns dann noch das Heer
des stolzen Fridebrant, die Getauften, die übers Meer
gekommen sind. An jedem Tor führt ein Fürst das Kom-
mando, der zum Kampf hinauszieht unter seiner Fahne.
Dem Gaschier haben wir einen Grafen weggefangen, der
bietet uns ein großes Lösegeld. Er ist der Schwestersohn

von Kaylet: Für alles, was der uns antut, muß jener büßen. Ein solches Glück begegnet uns nicht oft. Grüne Wiese ist da wenig, lauter Sand ist der Boden, fünfzehn Turnierbahnen weit vom Graben bis an ihre Zelte: da finden viele Tjosten statt.«

32 Das alles erzählte ihm sein Wirt. »Da gibt es einen Ritter, der läßt keinen Tag vorübergehen, an dem er nicht hinausreitet zum Tjostieren. Und wenn seine galante Herrlichkeit der, die ihn hergeschickt hat, zu Ehren dort zugrunde ginge, was hätte ihm dann seine Kühnheit und sein Jagen nach Ruhm geholfen? Das ist der stolze Hiutegêr. Von dem kann ich leicht noch mehr erzählen, nämlich, daß dieser Held, der ohne Maß in seinem Ehrgeiz ist, jeden Morgen, seit wir hier belagert werden, ganz in Eisen bereitstand vor dem Tor, das dem Palas der Burg gegenüberliegt. Und auch, daß sich der Tapfere viele Liebespfänder entführen ließ von uns: Es
* waren große Kostbarkeiten, die er unseren Rittern durch die Schilde stach; das konnte man sehen, wenn die Ausrufer sie nachher herausbrachen. Viele unserer Ritter hat er vom Pferd geworfen. Er läßt sich gern beschauen, auch unsere Damen rühmen ihn. Wen die Frauen rühmen, den sieht man höchsten Ruhm in Händen halten, der hat alles, was sein Herz sich wünschen kann.«

Da hatte die müde Sonne ihre lichten Blitze vollends eingesammelt. Spazierenreiten mußte ein Ende nehmen. Der Fremde ritt heim mit seinem Wirt: Da fand er das Essen schon bereit.

Ich muß euch nun von den Speisen, die es gab, berich-
33 ten: Die wurden mit höfischen Sitten serviert, man bediente sie, wie sich's gehört bei adeligen Leuten. Die hohe Königin selber trat mit Pracht vor seinen Tisch; hier stand der Reiher, da der Fisch. Die Königin war dort hinabgegangen, um selber darauf achtzugeben, daß man ihn recht umsorge zu seinem Wohlbefinden. Sie war mit edlen Mädchen gekommen.

Sie kniete nieder — das war ihm arg —, mit eigener Hand schnitt sie dem Gast Speisen vor. Die Dame war glücklich über ihren Gast. Da reichte sie ihm auch den Becher zum Trinken dar, sie war sehr aufmerksam um ihn bemüht.

Er bemerkte alles wohl: ihre Bewegungen, ihre Worte. Unten am Ende des Tisches saßen seine Musikanten, und gegenüber sein Kaplan. Schüchterne Blicke warf er der Dame zu, ganz verschämt sprach er: »Das war mir bisher fremd in meinem Leben, daß man für mich solchen Aufwand treibt, wie Ihr es, meine Dame, tut. Wenn ich Euch etwas zu befehlen hätte, so hättet Ihr heut abend die Gastlichkeit nach meinem Maß bemessen müssen; dann aber wärt Ihr nicht herabgekommen eigens meinetwegen. Meine Dame, wenn ich es wagen darf, Euch um etwas zu bitten: Ihr sollt mich so behandeln, wie ich es verdiene, Ihr habt mir zuviel Ehre angetan.«

Sie wollte es aber gar noch weiter treiben und bat auch 34
seine Knappen, die da saßen, fest zu essen. Dies tat
sie, um ihren Gast zu ehren. Alle diese edlen Kindlein
waren der Königin in Liebe ergeben.

Danach tat die Dame noch ein übriges und ging dorthin, wo der Hausherr saß mit seiner Frau, der Burggräfin. Den Becher erhob die Königin, sie sprach: »Deiner Fürsorge überlasse ich unsern Gast: die Ehre hast jetzt du. Ich meine euch beide, wenn ich das sage.«

Sie nahm Abschied; dann ging sie von jenen noch einmal zurück zu ihrem Gast. Sein Herz war schwer beladen von ihrer Liebe, und ebenso schwer trug das ihre an seiner. Davon sprach ihr Herz und auch ihr Auge — die mußten ja Liebe und Leid mit ihrer Herrin teilen.

Mit feinem Anstand sprach die Dame: »Befehlt, mein Herr; was Ihr auch wünschen mögt, ich schaffe es herbei, denn das bin ich Eurem Adel schuldig. Und laßt mich jetzt auch von Euch Abschied nehmen. Wenn Ihr Euch hier wohlfühlen könnt, dann sind wir alle sehr glücklich.«

Golden waren ihre Leuchter, die man vor ihr trug, vier Kerzen waren darauf. Da wo sie hinritt, gab es auch genug.

Die anderen blieben dann auch nicht länger beim
Essen sitzen. Der Held war traurig und froh. Er freute 35
sich, weil man ihm so große Ehre geboten hatte, und
doch war ihm noch ganz anders, schrecklich eng ums
Herz. Das tat die Liebe, eine harte Herrin: die drückt
hohe Sinne zu Boden.

Die Hausfrau zog sich zurück in ihr Gemach; das geschah sehr bald. Nun richtete man dem Helden sein Bett, das tat man mit viel Aufmerksamkeit. Der Hausherr sprach zum Gast: »Nun sollt Ihr recht fest schlafen, und ruht Euch aus heut nacht, Ihr werdet es morgen brauchen.«

Der Wirt befahl den Seinen, sie sollten fortgehen. Die
Knappen des Gastes — ihre Betten lagen um das seine
herum — schliefen mit den Köpfen bei ihm, so hatte er
es eingeführt. Da standen sehr große Kerzen und brann-
ten hell. Den Helden ärgerte es, daß die Nacht so lang
war. Sie ließ ihm oft die Sinne schwinden, die schwarze
Mohrin, die Königin des Landes. Er wand sich um und
um wie ein Weidenstrick, daß ihm die Glieder krachten.
Nach Kampf und Liebe sehnte er sich: Ihr aber wünscht
ihm, daß er kriegt, was er gern haben will. In schallen-
den Schlägen pochte sein Herz, denn es schwellte sich in
Erwartung ritterlicher Taten. Das spannte dem Helden
36 die Brust auf beiden Seiten mehr und mehr, wie es die
Armbrust mit der Sehne tut; so sehr aufgedreht war da
seine Lust.

Der Herr lag im Bett ohne alles Schlafen, bis er ein erstes Grau des Tags erhaschen konnte — der gab da noch kein wirkliches Licht. Es mußte aber doch schon jetzt sein Kaplan bereit zur Messe sein. Der sang sie denn auch gleich für Gott und ihn. Seine Rüstung trug man schnell herbei. Er ritt hinaus, um einen Kampf zu suchen. Jetzt stieg er nämlich auf ein Roß, das zeichnete sich dadurch aus, daß es mit Kraft hineinging in den Feind und zweitens ein kühner Renner war, folgsam und wendig.

Seinen Anker sah man ihn hoch auf dem Helm zum Tor hin tragen. Da sprachen überall Weib und Mann, sie hätten noch nie einen solchen Helden gesehen, so sieghaft glänzend; nur ihre Götter seien ihm gleich.

Auch starke Speere wurden mitgeführt. Wie er ge-
schmückt war, wollt ihr wissen? Sein Roß trug eine
eiserne Decke, die es vor Schlägen bewahrte. Darauf lag
eine zweite Decke, ziemlich leicht, die wog nicht viel:
Das war ein grüner Samt. Sein Waffenrock, sein Kursît,
die waren auch grün und aus Achmardî, ein Stoff, wie sie
37 ihn dort in Arabien weben. Und jetzt soll ja keiner
sagen, ich lüge: Seine Schildriemen, soviel dergleichen
man halt braucht, die waren alle unverblichene Borten,
mit sehr seltenen Edelsteinen besetzt, im Feuer geläutert
war der Buckel seines Schilds von rotem Gold. Sein
Rittertum ließ sich von der Liebe bezahlen, da wog ein
scharfer Kampf nicht viel.

In einem der Fenster lag die Königin, bei ihr saßen noch andere Damen. Da schaut: Dort draußen, wo ihm früher nichts als der Sieg geschah, hält auch schon

Hiutegêr. Als der den Ritter kommen sah, wie er zu ihm hersprengte, da dachte er: ›Wann oder wie kam der Franzose in dies Land? Wer hat den Stolzen hergeschickt? Wenn ich den für einen Neger hielte, so wären meine besten Sinne blöd.‹

Obwohl die doch nicht stehenblieben beim bloßen Rennen, die Pferde, so trieben jene beiden sie doch noch mit Sporen an, vom Galopp in die *carrière*. Wieviel Kraft in einem Ritter steckt, das zeigten sie, und keiner von den zweien wurde lügenhaft um seine Tjost gebracht. Die Splitter flogen in den Himmel — die vom Speer des Hiutegêr —, doch warf ihn selbst der Widerstand, auf den sein Stoß traf, hinters Roß ins Gras. Die
Lage war ihm ganz unvertraut. Jener überritt ihn und 38
trat ihn nieder. Der raffte sich aber gleich wieder auf und zeigte so, daß er noch weiterkämpfen wollte. Doch steckte ihm im Arm die Lanze Gahmurets, der forderte von ihm *fiance* — seinen Meister hatte er gefunden.

»Wer ist es, der mich besiegt hat?« sprach der kühne Mann.

Da sagte der Bezwinger gleich: »Ich bin Gahmuret Anschevîn.«

Und jener sprach: »Mein Ehrenwort sollst du haben.«

Das nahm er an und sandte ihn in die Stadt. Dafür gab es viel Lob von den Damen, die zugesehen hatten.

Dort kam jetzt herangesprengt Gaschier aus der Normandie, der Starke, fürchterlich und stolz, ein gewaltiger Tjosteur. Und hier stand der schöne Gahmuret, bereit zur zweiten Tjost. Das Eisen seines Speers war breit und sein Schaft fest. Auf diesem Feld gaben sie, die beide fremd hier waren, einander das, was sie zu geben hatten: ungleich wog das. Gaschier lag mitsamt dem Roß am Boden — das kam vom Fallen in der Tjost —, und er wurde gezwungen, sein Ehrenwort zu geben, ob ihm das lieb war oder leid.

Gahmuret, der Starke, sprach: »Eure Hand hat mir 39
Euer Gelöbnis gegeben, die war tapfer und stark im Kampf. Reitet jetzt zum Heer der Schotten und bittet sie, daß sie nicht weiter gegen uns kämpfen, wenn sie sich dazu entschließen können; und dann kommt mir nach in die Stadt.«

Sein Befehl — oder nennt es Bitte — wurde in allen Dingen befolgt: Die Schotten mußten die Waffen niederlegen.

Da kam Kaylet heran. Vor dem lenkte Gahmuret sein Pferd zur Seite: Er war ja der Sohn seiner Mutterschwester, wie hätte er ihm da etwas zuleidetun sollen? Der Spanier konnte ihm viel nachschreien. Der trug einen Straußen auf dem Helm. Prächtig war der Mann anzusehen, das muß ich sagen, ganz in weite orientalische Seide gehüllt. Wenn er übers Feld ritt, klang hinter ihm der Raum: Seine Glöckchen klingelten so laut. Eine Blüte an der Männerschönheit war er, sein Glanz blieb immer Sieger in dem Kampf der Schönsten, bis schließlich zwei andere kamen, doch war das erst nach seiner Zeit: Bêâcurs, der Sohn des Lôt, und Parzivâl — die sind nicht hier, sie waren damals noch nicht auf der Welt — sollten dann zum Maßstab aller Schönheit werden.

Gaschier faßte den Zaum dieses Helden: »Eure Wild-
40 heit wird bald zahm, das sag ich Euch bei meiner Treue,
wenn Ihr Streit mit dem anfangt, der mir mein Ehrenwort abgenommen hat. Paßt auf, was ich Euch rate, und eine Bitte hab ich auch, mein Herr. Ich habe es Gahmuret versprochen, daß ich euch alle zurück ins Lager schicke, das habe ich ihm in die Hand gelobt. Tut es mir zuliebe, haltet Euch zurück, er zeigt Euch sonst Kraft genug im Kampf.«

Da sprach der König Kaylet: »Wenn das mein Cousin ist, Gahmuret *fils du roi* Gandîn — mit dem will ich nicht kämpfen. Laßt meinen Zügel los!«

»Ich lasse ihn nicht los, ehe nicht mein Auge sieht, daß Ihr mit bloßem Haupt dasteht, das meine ist mir noch schwindlig.«

Da band er sich den Helm ab. Gahmuret aber fand noch weitere Kämpfe.

Es war da gut die Hälfte des Vormittags vergangen. Die von der Stadt, die diesen Tjosten zugeschaut hatten, freuten sich daran. Sie eilten jetzt alle auf ihre Posten. Er war ein Netz, vor ihnen aufgespannt: Was druntergeriet, das wurde gefangen.

»Ein neues Roß her!« höre ich: darauf stieg nun der
41 Edle. Das flog nur so dahin und pflügte die Erde und
hatte die zwei Qualitäten, auf die es ankommt: Kühn war es, dort wo man kämpfen muß, und es war gut zu zügeln und wendig. Was er tat auf diesem Pferd? Lauter Heldentaten, ich kann es nicht anders sagen. Er ritt dorthin, wo ihn die Mohren sehen konnten, dorthin also, wo das Heidenheer sein Lager hatte, westlich der Stadt am Meer.

Ein Fürst dort, der hieß Razalîc. Der ließ keinen Tag verstreichen, der Höchste über den Herren von Azagouc — sein Stammbaum log ihm nicht, wenn er behauptete, die Familie sei aus königlicher Frucht gewachsen —, keinen Tag also, an dem er sich nicht aufgemacht hätte, fort von da und vor die Stadt, um zu tjostieren. Und da setzte der Held aus Anschouwe seine Kraft schachmatt. Es weinte eine schwarze Dame, die ihn gesandt hatte, darüber, daß ihn dort einer überwand: Ein Knappe reichte ungefragt seinem Herrn Gahmuret einen Speer hin, der hatte einen Schaft aus Bambus; mit dem stach er den Mohren hinters Pferd auf den Kies. Er ließ ihn nicht besonders lange liegen: Seine Hand zwang ihn, um Pardon zu bitten.

Da war auch die ganze Fehde auf Sand gelaufen und
ihm viel Ehre geschehen: Gahmuret erblickte acht Fah- 42
nen, die flatterten der Stadt zu. Die, so bat er den kühnen, sieglosen Mann, möge der schleunigst umkehren lassen. Und dann, so befahl er, solle er ihm in die Stadt nachkommen.

Gaschier für seinen Teil zögert nicht, sich ebenfalls dort einzufinden. Da merkte der Herr des Hauses erst, daß sein Gast ihm entwischt war. Daß er nicht Eisen fraß wie der Vogel Strauß und grobe Feuersteine, das lag nur daran, daß er keine fand. Sein Zorn fing an zu knurren und brüllte wie ein Löwe. Da riß er sich die eigenen Haare aus und sprach: »Jetzt bin ich auf meine alten Tage doch noch zu einem Gimpel geworden. Die Götter hatten mir einen starken, edlen Gast ins Haus geschickt: Wenn der jetzt zusammenbricht, weil er die Last von Kämpfen nicht alleine tragen kann, so wird mein Name nie wieder edel werden. Was taugt mir dann Schild und Schwert? Keiner wird mich je anders als mit Schimpfen daran erinnern können.«

Da fuhr er hinaus, fort von den Seinen, im gestreckten Galopp zum Tor. Es begegnete ihm aber ein Knappe, der trug einen Schild, eine Arbeit aus Isenharts Land, innen und außen bemalt: und das sah aus wie ein durchstochener Mann. Einen Helm trug er auch in der
Hand, der Knappe, und ein Schwert, jenes, das der starke 43
Razalîc in den Streit geführt hatte. Davon hatte er sich trennen müssen, der tapfere schwarze Heide. Sein Ruhm glänzte fern und weit in der Welt: Sollte er später ungetauft gestorben sein, so mag der dem kühnen Mann sein Urteil sprechen, der Gewalt hat über alle Wunder.

Als der Burggraf das sah, da wurde ihm so wohl wie noch nie. Er erkannte die Waffen, er sprengte zum Tor hinaus. Da sah er seinen Gast halten, den jungen — alt war der nicht —, der spähte umher, gierig nach weiteren Kämpfen. Da faßte ihn Lachfilirost, sein Wirt, und zog ihn ganz entschieden heimwärts. Er stach dort keinen mehr vom Pferd.

Lachfilirost, *le comte du château,* sprach: »Mein Herr, Ihr müßt es mir sagen: Hat Eure Hand den Razalîc besiegt? Unser Land ist dann vor Kampf für immer sicher. Er ist der Herr über alle die Mohren, des treuen Isenhart Männer, die uns so viel Schaden getan haben. Jetzt ist unsere Not ans Ende gekommen. Es war ein zorniger Gott, der ihnen befahl, uns hier mit ihrem Heer heimzusuchen: Jetzt sind ihre Waffen blamiert.«

44 Er nahm ihn mit sich in die Stadt; dem tat das leid. Da kam ihm die Königin entgegengeritten. Sie faßte seinen Zaum mit ihrer Hand, sie knüpfte die Bänder seines Visiers los. Sein Gastgeber mußte ihn freigeben. Und die Knappen ließen es sich nicht nehmen, prompt ihrem Herrn nachzufolgen. Durch die Stadt sah man die kluge Königin reiten mit ihrem Gast, der da den Sieg behalten hatte.

Als sie nun fand, man sei genug geritten, da stieg sie ab. »Ach, ihr Knappen seid doch gar zu anhänglich. Ihr habt wohl Angst, daß euch der Mann verlorengeht? Man wird ihn gut genug bedienen, auch ohne euch. Nehmt sein Roß und führt es hin. In diesem Haus will ich allein mit ihm das Zimmer teilen.«

Viele Damen traf er dort oben an. Entwaffnet wurde er mit schwarzer Hand, von der Königin nämlich. Unter einer Decke aus Zobel, in einem prächtigen, einem wahren Staatsbett wurden ihm noch mehr Ehren angetan, ohne jeden öffentlichen Pomp. Niemand sonst war in dem Zimmer: Die Jungfrauen waren hinausgegangen und hatten die Tür zugemacht hinter sich. Da lag die Königin in süßer, edler Liebe bei Gahmuret, den hatte sie von Herzen lieb. Und es war doch die Haut dieser zwei verschieden.

45 Sie brachten ihren Göttern viele Opfer dar, die von der Stadt. Was war das noch, was Razalîc versprechen mußte, als er vom Schlachtfeld ging? Nun, er hat es wahrgemacht, denn er war treu: doch sein Jammer um seinen Herrn Isenhart wurde immer wieder jung und frisch.

Der Burggraf sah ihn, als er kam. Da wurde viel Lärm um ihn gemacht: Alle die Fürsten von Zazamanc, aus dem ganzen Land der Königin, kamen her, sie sprachen mit Dankbarkeit von jenes Mannes Heldentaten, die er hier auf seinen Ruhm gehäuft hatte. In rechter Tjost hatte er vierundzwanzig Ritter heruntergestochen, und fast immer hatte er deren Pferde fortführen können. Drei Fürsten waren als seine Gefangenen da. Eine Menge Ritter ritt mit denen auf die Burg zum Palas.

Ausgeschlafen und gefrühstückt und wunderschön in den Kleidern, die man ihm gemacht hatte, war da der Leib des ersten Mannes im Staat: Die vorher Mädchen hieß, die war jetzt Frau. Sie führte ihn heraus zu jenen, sie sprach: »Mein Leib und mein Land gehört jetzt diesem Ritter, wenn der Feind es ihm nicht nimmt.«

Und man gehorchte Gahmuret, als der da mit Cour-
toisie gebot: »Kommt näher, mein Herr Razalîc, Ihr 46
müßt meine Frau küssen, und Ihr auch, Herr Gaschier.«
Hiutegêr, den stolzen Schotten, bat er dann, er möge sie
auf ihren Mund küssen; der hatte sich noch nicht erholt
von Gahmurets Attacke.

Er bat sie alle Platz zu nehmen, er selber blieb stehen und sprach mit Klugheit: »Ich sähe auch gern meinen Cousin hier, wenn der, der ihn gefangen hat, es möglich machen wollte. Da ich mit ihm verwandt bin, bleibt mir nichts anderes übrig, als ihn auszulösen.«

Die Königin mußte lachen, sie befahl, man möge schnell laufen und ihn holen. Da kommt er her — er drängt sich durch —, schön ist er und charmant, der *comte*. Er war im Kampf verwundet worden und hatte da auch viel geleistet. Gaschier, der Normanne, brachte ihn her. Er war ein Mann von Courtoisie, sein Vater ein Franzose, und er war des Kaylet Schwesterkind. Im Dienst einer Frau war er in den Krieg gezogen; er hieß Killirjacac und wog aller Männer Schönheit auf.

Als Gahmuret ihn sah — ihr Anblick sprach Verwandt-
schaft aus, sie waren einander sehr ähnlich —, da bat er
die hohe Königin, sie möge ihn küssen und in ihre Arme 47
schließen. Er sagte: »Und jetzt geh auch her zu mir«,
und da küßte ihn nun der Herr des Hauses: Man sah, wie
sehr sie sich aneinander freuten. Und dann sprach Gah-
muret wieder: »Ach, du junger, süßer Mann, wie kam
dein zarter Leib hierher? Sag, hat eine Frau dir das be-
fohlen?«

»Die befehlen mir nicht viel, mein Herr. Gaschier, meines Vaters Bruder, hat mich hergebracht — wie und warum, das weiß der besser als ich. Tausend Ritter habe ich hier bei seinem Heer und helfe ihm mit Treue. In Rouen in der Normandie, wo man das Aufgebot versammelte, habe ich mich eingefunden; ich brachte ihm junge Helden. Aus der Champagne zog ich hin, ihm zu helfen. Jetzt will das Unglück Kunst und Verstand an ihn wenden, wenn Ihr Euch nicht selber an ihm Ehre antut. Ihr braucht nur zu befehlen, tut es um meinetwillen: Helft ihm von seinem Leiden.«

»Diese Sache überlasse ich ganz dir. Geh nun du mit meinem Herrn Gaschier, und bringt mir Kaylet her.«

Da taten sie, was der Held wünschte; sie brachten ihn,
wie er gebeten hatte. Da wurde auch er von Gahmuret
48 mit Liebe aufgenommen und wurde oft umarmt von der
hohen Königin. Mit Liebe küßte sie den Helden. Das
konnte sie auch in Ehren tun: Er war ja der Sohn von
ihres Mannes Mutterschwester und hatte Königsadel in
seiner Art.

Der Herr des Landes sprach jetzt wieder mit Lachen: »Gott weiß, Herr Kaylet, wenn ich Euch Toledo nähme und Euer Land in Spanien, so täte ich zwar dem König von Gascâne einen Gefallen — der zeigt ja immer wieder, wie sehr er Euch haßt —, doch wäre das Verrat an mir selber, denn Ihr seid das Kind von meiner Mutterschwester. Mit Euch sind alle die Besten hier, die Speerspitze an der Ritterschaft: Wer hat Euch in diesen Krieg gezwungen?«

Da sprach der stolze, junge Held: »Meines Vaters
Bruder Schiltunc — seine Tochter ist mit Vridebrant verheiratet
— hat mich gerufen; er forderte mich auf, dem
Vridebrant zu helfen. Und so hat der jetzt durch meinen
Leib allein von seiner Frau sechstausend renommierte
Ritter hier stehen, die wissen ihre Waffen zu führen. Ich
hatte ihm noch mehr Ritter mitgebracht; ein Teil von
ihnen ist schon wieder fortgefahren. Um den Schotten
zu helfen, waren hier wahrhaft kriegerische Truppen.
49 Ihm kamen aus Grünland Helden zu Hilfe, zwei Könige
mit großer Macht. Sie brachten eine Flut von Rittern
mit und viele Segel: Das war ein Heer, das mir sehr gut
gefiel. Hier war auch Môrholt, um ihm beizustehen, der
kämpft mit Kraft und Verstand.

Die alle sind jetzt heimgefahren. Das tu ich auch mit den Meinen, sobald die Dame hier es wünscht: Mein

Dienst soll vor ihr glänzen. Du hast mir nicht zu danken, wenn ich dir helfe, denn die Verwandtschaft zwischen uns befiehlt es so. Die kühnen Helden gehören nun dir. Wären sie nur getauft wie meine Leute und hätten deren Farbe im Gesicht, so könnte kein Mann eine Krone tragen, der nicht von ihnen Krieg bekäme, mehr, als ihm lieb sein könnte. Es nimmt mich wunder, was dich herverschlagen hat: Sag mir das genau, und wie es zugegangen ist.«

»Gestern kam ich an, und heute bin ich hier Herr geworden über das Land: Mich packte die Hand der Königin — da wehrte ich mich mit Liebe, so rieten mir die Sinne.«

»Mit zarten Waffen deiner Liebenswürdigkeit allein hast du, so scheint mir fast, die Heere auf beiden Seiten besiegt.«

»Ach so, du meinst, weil ich dir auskam. Laut genug hast du mich angerufen: Was wolltest du denn mit solcher Gewalt von mir? Jetzt kannst du gerne friedlich mit mir handeln.«

»Da wußte ich doch von deinem Anker nichts. Gandîn, 50
der Mann meiner Tante, hat ihn nicht oft umhergetragen.«

»Ich dagegen kannte deinen Strauß sehr wohl, dazu am Schild ein Sarapandrenhaupt; hoch stand dein Vogel Strauß und hockte nicht im Nest. Ich sah dir an, daß das Ehrenwort, das jene zwei Männer mir gaben, dich sehr geärgert hat: Die gaben da doch ihr Bestes.«

»Mir hätte es auch leicht genauso ergehen können; das müßte ich selbst einem Teufel zugeben, der mich mit alledem, was er sonst treibt, nicht freuen könnte: Wenn er so, wie dein Leib es tat, den Sieg bei gewaltigen Helden behalten hätte — den fräßen die Frauen für Zucker.«

»Dein Mund lobt mich gar zu sehr.«

»Aber nein, Schmeichelei ist mir ganz fremd, mit allem andern aber wollte ich dir gerne nützlich sein.«

Sie riefen den Razalîc her. Da sprach Kaylet mit Anstand: »Euch hat mein Cousin Gahmuret mit seiner Hand besiegt.«

»Mein Herr, so war es. Und ich habe erklärt, daß in Zukunft das Land Azagouc dem Helden nie den Gehorsam verweigern werde, da nun einmal unser Herr Isenhart dort nicht König sein kann. Sie, in deren Dienst er
getötet wurde, ist jetzt die Frau Eures Cousins. Für ihre 51
Liebe gab er den Leib hin: Das alles hat der Kuß ihr ver-

geben — ich habe den Herrn und meinen Verwandten für immer verloren. Wenn nun der Sohn von Eurer Mutterschwester wie ein Edelmann an uns handeln will, indem er uns für jenen einen neuen Herrn gibt, so biete ich ihm meine gefalteten Hände hin. Dann hat er Herrschaft und Ehre und alles, was Tankanîs dem Isenhart vererbte, der dort balsamiert ausgestellt ist in seinem Heer. Alle Tage sah ich seine Wunden an, seit ihm dies Speereisen hier das Herz zerriß.« Das zog er da aus seinem Busen hervor — an einer seidenen Schnur trug er es —, und der tapfere Mann steckte es wieder ein: Es hing vor seiner Brust auf bloßer Haut.

»Es ist jetzt noch hoher Tag. Wenn mein Herr Kyllirjacac so freundlich sein will, als mein Gesandter dort im Heer eine Botschaft auszurichten, so werden die Fürsten mit ihm reiten.«

Einen Ring gab er ihm mit. Und jene, die gezeichnet waren mit den Farben der Hölle, alles was es dort an Fürsten gab, die kamen durch die Stadt zum Palas hinauf.

Da vergab seine Hand die Länder der Fürsten von Azagouc mit der Fahne als Lehen. Und jeder freute sich, der einen Zipfel davon erwischt hatte. Doch blieb das
52 Beste dem Gahmuret, der war ihr Herr.

Diese kamen also zuerst dran — durch das Gedränge zogen dann die anderen, die von Zazamanc, daher, großartig war's und keine kleine Sache. Sie nahmen, wie ihre Herrin es befahl, von ihm ihr Land zu Lehen und den Nutzen, der daraus erwächst, jeder, wie es ihm zukam. Armut war vor ihrem Herrn geflohen.

Da hatte nun Prôtyzilas, der von Geburt ein Fürst gewesen war, ein Herzogtum verwaist gelassen. Das verlieh Gahmuret dem, der mit seiner Hand viel Ehre erjagte. Er wurde niemals feige, wenn er Kampf vor sich sah: Lahfilirost, *comte du château,* bekam es jetzt als Lehen mit der Fahne.

Die hohen Fürsten von Azagouc nahmen den Schotten Hiutegêr und Gaschier, den Normannen, und da traten sie vor ihren Herrn: Der ließ jene frei, darum hatten sie ihn gebeten. Und da dankten sie dem Gahmuret.

Hiutegêr, den Schotten, baten sie dann ohne Hohn: »Schenkt unserm Herrn doch dieses Zelt da, er muß für seine Abenteuer etwas kriegen. Es hat uns Isenharts Leben gekostet, daß der größte Schatz unseres Landes weggeschenkt wurde an Fridebrant. Arm, um all sein

Glück gebracht, so stand er da — nun ist er hier ausge- 53
stellt auf der Bahre. Sein Rittertum, das ohne Lohn blieb, brachte ihn an ein bitteres Ende.«

Es gab auf Erden keinen Schatz, der einem Helm gleichkam, von Art ein Adamas, ein starker, harter Diamant, in der Schlacht ein guter Freund. Und dieses wunderschöne Ding, so schwor die Hand des Hiutegêr, werde er sich, sobald er ins Land seines Herrn käme, ganz gewiß verschaffen und es hierher bringen lassen. Dieses Versprechen tat er völlig ohne Zwang.

Was dort an Fürsten war, die drängten sich alle bei dem König, um Abschied zu nehmen, dann verließen sie den Palas.

So sehr sein Land auch vom Krieg verwüstet war, so konnte doch die Hand des Gahmuret solche Reichtümer unter seine Ritter verschleudern, als ob das Gold auf allen Bäumen wüchse. Große Geschenke teilte er aus. Seine Männer, seine Verwandtschaft, alle bekamen etwas von dem Helden; das war auch ganz im Sinn der Königin.

Bevor man Hochzeit feiern konnte, hatte es da viele schwere Kämpfe gegeben; die tilgte man jetzt in einer letzten Sühne, und zwar so: Ich habe es mir nicht selber ausgedacht, man hat es mir gesagt, daß Isenhart bestattet wurde wie ein König; das taten seine Freunde. Den Zins
von seinen Ländern, soviel die Summe für ein ganzes 54
Jahr betrug, ließen sie da. Das taten sie aus freien Stükken. Gahmuret befahl, daß seine Leute diesen großen Schatz behalten und über ihn verfügen sollten: er wurde nicht zu seinem Gut geschlagen.

Am nächsten Morgen zogen alle die fremden Krieger vor der Burg ab. Sie nahmen Abschied voneinander, die da waren, und führten manche Bahre mit sich fort. Kahl stand das Feld, da wohnten keine Ritter mehr, bis auf ein einziges Zelt, das war sehr groß. Das ließ der König auf sein Schiff tragen: Seinen Leuten sagte er, er wolle es nach Azagouc bringen lassen. Damit hat er sie aber belogen.

Der stolze, kühne Mann blieb dort, bis ein Sehnen wild über ihn kam. Es gab hier keine ritterlichen Abenteuer mehr für ihn, deshalb hatten Unzufriedenheit und Trauer die Hand auf sein Glück gelegt. Und doch hatte er die schwarze Frau mehr lieb als seinen eigenen Leib. Nie gab es eine Frau mit einem besseren Wesen; das Herz dieser Dame blieb niemals ganz allein, immer hatte es edle Begleitung: weibliche Sitte, die aus der Ruhe einer reinen Seele kommt.

Aus der Stadt Sevilla stammte der, den er da eines
Tages bat, mit ihm fortzureisen. Der hatte ihn früher
55 schon manche Meile gefahren, er hatte ihn auch hierher-
gebracht. Er war nicht wie ein Mohr gefärbt, der weise
Kapitän, der sprach: »Ihr müßt es ganz leise machen,
damit die mit dem schwarzen Fell nichts merken. Meine
Koggen sind so schnell — sie können uns nicht einholen:
Wir werden geschwind davonfahren.«

Sein Gold ließ er aufs Schiff tragen. Und ich muß nun vom Abschiednehmen sprechen: In dieser Nacht fuhr er fort, der edle Mann, in aller Heimlichkeit tat er das. Zu jener Zeit, als er der Frau entlief, da trug sie seit zwölf Wochen ein lebendiges Kind in ihrem Leib. Fort von da trieb ihn mit Macht der Wind.

Die Dame aber fand in ihrer Tasche einen Brief, den hatte ihres Mannes Hand geschrieben. Auf französisch, das sie wohl verstand, begann die Schrift zu ihr zu reden:

»An die, die ihn liebhat, mit Liebe!
Ich bin jetzt ein Dieb geworden, mein Unglück hat
mich gezwungen, diese Fahrt zu stehlen. Meine Dame,
das kann ich dir nicht verschweigen: Wäre nur dein
Glaube in der Ordnung meiner Religion, so müßte ich
mich immer nach dir sehnen — und auch so, wie es ist,
werde ich dich immer mit Schmerzen vermissen. Wenn
aus unser beider Kindlein etwas werden sollte, was einem
Mann gleichsieht, wahrlich, der wird ein gewaltiger
56 Held. Von Anschouwe ist sein Vater. Ein Vasall der
Liebe wird er sein und im Kampf ein Hagelschlag: ein
böser Nachbar seinen Feinden. Mein Sohn soll erfahren,
daß sein Großvater Gandîn hieß, der starb als Ritter im
Kampf. Ein solches Ende hatte auch dessen Vater ge-
funden, der hieß Addanz: Sein Schild blieb sehr selten
heil. Vom Vater her war er ein Bertûne, er und Ute-
pandragûn waren Kinder zweier Brüder, die beide auch
hier aufgeschrieben sind: Der eine, das war Lazaliez,
Brickus hieß der zweite. Der Vater der beiden hieß
Mazadân, den hatte eine Fee nach Feimurgân entführt,
die hieß Terdelaschoye: Er war um ihr Herz ein Eisen-
band. Von den zweien her kommt die Art, die bei uns
in der Familie liegt und die uns fort und fort so glänzend
leuchten macht. Jeder von uns seit Mazadân trug eine
Krone, und jeder hatte Adel und Ehre genug.

Meine Dame, wenn du dich taufen läßt, vielleicht kannst du mich dann doch noch wiedergewinnen.«

Dagegen hatte sie nicht das geringste einzuwenden.
»Ach, wie schnell ist das getan! Wenn er nur wieder-
kommen will — sofort kann das geschehen sein. Wer 57
bin ich, daß ich nun von ihm, der doch ein Ehrenmann
ist, verlassen bin und allein mit der Frucht seiner Liebe?
Weh über die Stunden, da wir in Liebe beieinander wa-
ren! Muß jetzt die Reue mit Gewalt meinen Leib für
immer in ihrer Zange halten? — seinem Gott zu Ehren«,
sprach die Frau, »will ich mich gerne taufen lassen und
so leben, wie immer er es wünschen könnte.«

Als ein böser Feind war Jammer in ihr Herz gebrochen. Ihr Glück war auf den dürren Zweig gekommen, es tat, wie die Turteltaube tut. Es liegt in deren Art, daß sie nicht anders kann: Wenn sie den Liebsten verloren hat, dann zieht ihre Treue sie hin zum dürren Ast.

Als die rechte Zeit gekommen war, da brachte die Dame einen Sohn zur Welt, der war von zweierlei Farbe; an ihm wollte Gott ein Wunder wirken: Weiß schien seine Haut und schwarz. Die Königin küßte ihn sogleich sehr oft auf seine weißen Male. Die Mutter nannte ihr Kindlein Feirefîz und Anschevîn. Der wurde später ein großer Waldvernichter — ich rede von den Speeren, die seine Hand in Tjosten zerbrach, und von all den Schilden, die er durchlöchern sollte. Wie eine Elster war er gefärbt, sein Haar genauso wie die Haut am ganzen Leib.

Es war damals schon länger als ein Jahr her, daß Gah-
muret sich dort in Zazamanc den großen Ruhm erwor- 58
ben hatte: Seine Hände erkämpften da den Sieg. Und
immer noch schwamm er auf dem Meer; die Winde, die
ihn so wild forttrieben, taten ihm weh. Ein rotes Segel
aus Seide sah er. Eine Kogge trug das mitsamt den
Boten, die Vridebrant aus Schottland zur Königin Bela-
kâne geschickt hatte. Obwohl er ihretwegen einen Ver-
wandten verloren hatte, ließ er sie bitten, sie möge ihm
vergeben, daß sie von ihm überfallen worden war mit
Krieg. Und sie hatten den Adamas dabei, ein Schwert,
eine Halsberge und zwei Eisenhosen. — Es ist ein großes
Wunder, was ihr da hören könnt, ich meine: daß ihm die
Kogge einfach so begegnete. Die Aventiure hat mir aber *
hoch und heilig versichert, daß es so war.

Sie gaben ihm die Sachen. Da kam das Schwören nun an ihn: Sein Mund gab ihnen die Garantie, er werde die Botschaft ausrichten, sobald er wieder zur Königin käme. Sie trennten sich.

Man hat mir erzählt, das Meer habe ihn in einen Hafen getragen: In Sevilla ging er von Bord. Mit Gold vergalt der Kühne dann seinem Kapitän großzügig alle Mühen. Sie trennten sich. Dem tat das weh.

ZWEITES BUCH

Dort im Land Spanien
kannte er den König, das war sein Cousin Kaylet. Zu
59 dem ritt er nach Toledo. Der war fort auf Ritterfahrt,
wo man die Schilde nicht zu schonen braucht. Da befahl
auch unser Held — die Aventiure war so freundlich,
mir das mitzuteilen —, zu rüsten: schön angemalte
Speere, und mit grünem Zindel; denn jeder hatte eine
Fahne dran mit drei Ankern aus Hermelin, so stolz
und keck, daß man an ihnen sah, was für ein großer
Herr er war. Sie waren lang und breit, die Fahnen, und
reichten genau bis an die Hand hinunter, wenn sie eine
Spanne unter dem Speereisen angebunden waren. Hun-
dert solcher Speere machte man dem Kühnen, und sie
wurden ihm nachgeführt von den Leuten seines Cousins.
Die waren klug und edel genug, ihn so recht zu ehren und
zu lieben; ihr Herr hätte ihnen nichts vorwerfen können.

Er fuhr also hinter ihm her, ich weiß nicht wie lange,
bis er vor ein Lager kam von fremden Rittern, das war
im Land Wâleis. Dort auf dem Feld vor Kanvoleis
60 waren viele Pavillons aufgestellt. — Ich erzähle euch das
nicht, bloß weil's mir grade so in den Sinn kommt: Ihr
braucht nur zu befehlen, dann ist es wahr. — Seine Leute
ließ er da haltmachen. Der Herr schickte dann den
Ersten unter seinen Knappen — das war ein Kluger —
voraus in die Stadt. Der wollte da, denn das hatte ihm
sein Herr befohlen, Quartier nehmen. Da ritt er eilig
und mit Eifer hin: Die Saumtiere führte man hinter ihm
drein.

Sein Auge fand dort kein einziges Haus, das nicht ein zweites Dach aus lauter Schilden trug, und auch die Wände waren vollgehängt damit, und drumherum ein Zaun von Speeren. Die Königin von Wâleis hatte zu einem Turnier nach Kanvoleis eingeladen. Das sollte so werden, daß es noch heute manchem Feigling zuviel wäre, wenn er Taten, wie man sie dort tat, nur ansähe; nicht das Kleinste davon könnte seine Hand verrichten. Sie war ein Mädchen, keine Frau, und hatte dem, der da den Sieg erringen sollte, zwei Länder versprochen zum Lohn und ihren Leib. Die Verheißung fällte viele auf den Acker hinters Roß, und jeder, dem ein solcher Wurf passierte, hatte verwürfelt und war aus dem Spiel. Ohne Angst taten die Helden ihr Werk und ließen Ritterkräfte sehen. In wilder *carrière* ließ man da viele Rosse rennen, und viele Schwerter brachte man zum Klingen.

Da war nun ein weites Feld, und über einen Wasserlauf ging eine Schiffbrücke mit einem Tor davor. Das
tat der Knappe ohne Scheu auf, weil es ihm so gefiel. Da 61
oben stand der Palas, und darin saß die Königin mit vielen adeligen Damen bei den Fenstern. Die wurden aufmerksam auf jene Knappen und schauten, was sie taten. Die hatten sich entschieden und schlugen jetzt ein Zelt auf. Um den Lohn der Liebe zu verdienen, die ihm doch nie vergolten wurde, hatte ein König es hergegeben: so sehr hatte Belacâne ihn in der Gewalt.

Mit Mühen wurde aufgestellt, was dreißig Maultiere getragen hatten: ein Zelt, das Macht und Größe sehen ließ. Und so weit das Feld war, streckten sich die Schnüre darin aus. Gahmuret, der edle Mann, hatte in der Zeit da draußen eine Kleinigkeit gegessen. Dann aber ging er mit Eifer dran, dafür zu sorgen, daß er dort als rechter Edelmann einzöge.

Da hielt man sich nicht länger auf. Seine Knappen banden jetzt seine Speere zusammen: ein jeder fünf Stück in einem Bündel, in der Hand trug er den sechsten, mit einer Fahne dran. So zog der Stolze daher.

Bei der Königin hatte man schon davon gehört, daß ein
Fremder kommen sollte aus einem fernen Land, einer, 62
den da keiner kannte. »Seine Leute haben Courtoisie und sind teils heidnisch, teils Franzosen. Der Sprache nach allerdings könnten einige von ihnen gut als Anschevîne gelten. Stolze Burschen sind es und glänzend angezogen, wirklich, sehr elegant. Ich habe mit seinen Knappen gesprochen, an denen kann man nicht das geringste aussetzen. Sie sagen, wenn einer Geld oder Gut nötig habe, dann brauche der nur zu ihrem Herrn zu kommen und bitten: Wer es auch sei — er helfe ihm von allem Mangel los. Dann sagten sie mir gradheraus, er sei der König von Zazamanc.« So sprach zu ihr ein *garçon*.

»Ah, welch ein schöner Pavillon! Eure Krone und Eure Länder müßte man zweimal dafür geben, und es würde doch nicht reichen.«

»Gar so sehr brauchst du's mir doch nicht zu loben. Immerhin, auch mein Mund spricht zu dem, was du da sagst, daß dieses Zelt recht gut einem adeligen Mann gehören mag, der nichts von Armut weiß.« So sprach die Königin. »Ach, wann kommt er endlich selber, der dort hineingehört?« Den *garçon* schickte sie hin, er möge sich erkundigen.

Mit Pracht hielt da der Held seinen Einzug in die
63 Stadt und weckte alle, die noch schliefen. Viele Schilde
sah er blinken. Es schallten vor ihm mit großem Getöse Posaunen. Zwei Tamboure warfen ihre Schlegel und machten viel Krach mit ihren Trommeln: über die ganze Stadt hin hallte der Lärm. Doch wurden in das Lied auch andere Töne eingemischt von Flötenspielern, die im Zug mitritten; die spielten eine Kriegsmusik. Wir dürfen aber nicht vergessen, auch von ihrem Herrn zu reden und wie der da eingezogen ist: Bei ihm waren die Fiedler. Jetzt legte der edle junge Mann ein Bein vor sich aufs Pferd, zwei Stiefel sah man da an bloßen Beinen. Sein Mund leuchtete wie ein Rubin von Röte, als ob er in Flammen stünde; volle Lippen, wahrlich keine schmalen. Glänzend war sein Leib, wo man auch hinsah. Hell und lockig war sein Haar, wo es hervorsah unter seinem Hut, und der war eine teure Kopfbedeckung. Sein Mantel war ein grüner Samt, vorne drauf der Zobel gab schwarzen Schein; das Hemd, das er darunter trug, war weiß.

Die Schaulust machte da viel Gedränge. Immer wieder und überall wurde gefragt, wer denn der Ritter ohne
Bart sei, der mit solcher Pracht daherkam. Und das
64 sprach sich dann sehr schnell herum, denn man sagte es
ihnen, wie es wirklich war.

Jetzt kam der ganze Zug zur Brücke, jene Leute also und die Seinen. Vor dem leuchtenden Glanz, der dort von der Königin ausging, riß es ihn in jenem Bein, das vor ihm im Sattel lag: Hoch reckte sich der Edle auf, wie ein Falke, der die Beute spürt. Er war, so schien es ihm, am rechten Ort eingekehrt. Dahin gingen des Helden Gedanken, und auch sie, seine Gastgeberin, die Königin von Wâleis, hatte eine süße Last zu tragen.

Da erfuhr der König von Spanien, daß auf der Lêôplâne jenes Zelt stand, das man Gahmuret vor Pâtela-

munt überlassen hatte, als der kühne Razalîc darum bat.
Ein Ritter hatte es Kaylet erzählt. Da fuhr der auf und
wollte dahin wie ein Reh mit gewaltigen Sätzen; vom
Glück bekam er seine Gage. Jener Ritter aber sagte
noch: »Ich habe den Sohn Eurer Mutterschwester ge-
sehen, als er ankam; er war so glänzend stolz wie je. Es
sind hundert Fahnen bei einem Schild ins grüne Feld
gesteckt vor seinem hohen Zelt, die sind auch alle grün.
Und drei Anker, aus schneeweißem Hermelin gebildet,
hat der Kühne auf jedem dieser Zindel.«

»So ist er also hier in kriegerischem Glanz? *Parbleu,* 65
dann wird man sehen, wie sein Leib die Reihen aus der
Ordnung und, wenn er dreinschlägt, in Verwirrung
bringt. Der stolze König Hardîz verfolgt mich schon
lange mit Haß, wo er nur kann: Den wird hier die Hand
des Gahmuret mit seiner Tjost Demut lehren. Es steht
gar nicht übel um mein Glück.«

Sogleich schickte er Boten aus, dorthin, wo Gaschier
der Oriman mit einer Menge Volk sein Lager hatte und
auch der strahlend schöne Killirjakac. Die waren auch
zu dem Turnier gekommen, weil er sie darum gebeten
hatte. Zum Pavillon zogen sie mit Kailet, alle mitein-
ander. Da umarmten sie dann mit herzlicher Freude den
edlen König von Zazamanc. Gar zu lang, so schien es
ihnen, hatte man die Zeit verstreichen lassen und einan-
der nicht gesehen; und das sagten sie ihrem lieben Cou-
sin auch.

Dann fragte sie der große Mann, was für Ritter da
wären. Es sprach der Sohn seiner Mutterschwester:
»Die Liebe hat aus fernen Ländern Ritter hergetrieben,
viele stolze Helden ohne Furcht. Mehr als einen Ber-
tûnen hat *le roi* Utepandragûn hier. Eine sonderbare Ge- 66
schichte sticht dem wie ein Dorn ins Fleisch: Er hat
nämlich seine Frau verloren, des Artûs Mutter. Ein
Studierter, ein Geistlicher war es, der einen starken
Zauber las, da ist die Dame mit ihm fortgegangen; und
Artûs ist ihm nachgeritten. Wirklich und wahrhaftig —
es ist jetzt schon das dritte Jahr, seit er Sohn und Frau
verlor. Auch der Mann seiner Tochter ist hier, der was
von Ritterschaft versteht: Lôt von Norwaege, der faul
ist zum Verrat, doch flink, wenn es auf Ehre geht, der
kühne, kluge Held. Hier ist auch Gâwân, sein Sohn; der
ist noch in zu zartem Alter, als daß er irgendwelche
Rittertaten vollbringen könnte. Er hat mich besucht,
der Kleine: Da sagt er, sobald er nur erst einen Schaft

zerbrechen könnte, so hätte er genug Vertrauen in seine Stärke, und dann wolle er unbedingt als ein Ritter kämpfen. Wie früh ist doch die edle Gier des Falken in ihm aufgewacht! Der König von Patrigalt hat einen Wald von Speeren hier, und doch ist seine ganze Macht nichts als ein Wind vor jenen anderen, die auch hier sind: Das sind die von Portegâl, wir nennen sie die wilden Kerle; sie möchten gern durch Schilde stechen. Es haben die
67 Provenzalen hier ihre schönen bunten Schilde. Hier sind die Wâleisen; die bleiben stur auf ihrer Bahn, wenn sie, wo's ihnen grade einfällt, durchs Gedränge stoßen. Sie sind sehr stark vertreten — in ihrem eigenen Land —, darum können sie das tun. Hier sind im Dienst ihrer Damen noch viele Ritter, die meiner Mutter Sohn nicht alle kennen kann.

Alle jene, die ich dir nach der Wahrheit, ohne mir was einzubilden, jetzt genannt habe, wir zusammen sind die innere Partei und haben mit großer Pracht in der Stadt unser Lager; die Königin hat das so bestimmt. Ich sage dir jetzt, wer draußen im Feld lagert; die lassen sich von unsren Waffen nicht schrecken. Der hohe König von Ascalûn und der stolze König von Arragûn, Cidegast von Lôgroys und der König von Punturtoys: der heißt Brandelidelîn. Da ist auch der kühne Lehelîn. Da ist Môrholt von Yrlant, der pflückt sich manches teure Stück heraus aus unsrer Schar. Da lagern auf dem Plan die stolzen Alemannen. Der Herzog von Brabant ist in dieses Land gezogen, weil er dem König Hardîz verpflichtet ist; denn der, der König von Gascâne, hat ihm seine Schwester Alîze zur Frau gegeben: Der Dienst, den der Herzog ihm tut, hat so seinen Lohn bereits empfangen. Die verfolgen mich hier mit ihrem Haß. Jetzt
68 kann ich aber auf dich Hoffnung setzen: Denk daran, wie nahe wir verwandt sind, und wenn ich dir, so wie es recht ist, lieb bin, dann mußt du auf mich aufpassen.«

Da sprach der König von Zazamanc: »Du schuldest mir keinen Dank dafür, wenn auch mein Schwert dir noch so viele Siege bringt. Ein Herz und eine Seele sind wir, du und ich. Steht dein Strauß noch aufrecht, oder hockt er vielleicht im Nest? Du wirst dein Sarapandrenhaupt gegen den halben Greifen des Königs führen. Und wo ich meinen Anker werfe, da wird der mit Kraft in seinen anstürmenden Reihen auf Grund rasseln. Er selber aber, der König, soll auch den rechten Platz zum Landen finden, und zwar hinter seinem Roß auf Kies.

Wenn man uns aneinanderkommen läßt, dann steche ich ihn vom Pferd, oder er mich; das verspreche ich dir bei meiner Treue.«

Kaylet ritt heim zu seinem Zelt; er war sehr glücklich, und nichts betrübte ihn mehr. Da erhob sich Kampfgeschrei vor zwei stolzen Helden: Schyolarz aus Poitou und Gurnemanz de Grâharz traten auf dem Feld zur Tjost an. Es war der Tag vor dem Turnier: Ein Vesperspiel begann. Hier ritten sechse, dort immerhin schon drei, dazu stieß noch der eine oder andere Trupp. Sie fingen an zu kämpfen nach rechter Ritterart — was hätten sie denn sonst tun sollen?

Es war da aber noch mitten am Tag. Der Herr lag in seinem Zelt. Da erfuhr der König von Zazamanc, daß 69
die Reihen der Kämpfer auf dem Feld schon lang und breit geworden waren, wie es sich für ein rechtes Turnier gehört. Dahin machte er sich auf, viele bunte Fahnen zogen mit ihm. Es war ihm nicht darum zu tun, da aufgeregt herumzufahren, er wollte sich in Muße anschaun, was die Ritter auf beiden Seiten leisteten. Ein Polster legte man für ihn aufs Feld, da wo die wilden Haufen sich ineinanderknäulten, wo man die Rosse stachelte, daß sie grunzten. Um ihn war ein Zaun von Knappen und davor jenes Klingklang, das die Schwerter machen. Wie wenn man eben kämpft um Ruhm, so klangen ihre Klingen. Von Speeren war da auch viel Krach; er brauchte nicht lange zu fragen, wo der wohl herkam. Hauen und Stechen, das waren die Wände seiner Laube, Ritterhände flochten sie.

Die Ritterscharen waren nicht weit weg, so daß die Damen vom Palas herunter sehr gut zuschauen konnten, wie sich die Helden plagten. Die Königin aber ärgerte sich darüber, daß der König von Zazamanc sich nicht in das Gedränge der andern mischen wollte. Sie sprach: »Ach, dahin ist es also mit ihm gekommen, von dem ich doch Wunderdinge hörte.«

Zu dieser Zeit war *le roi de France* eben gestorben. Dessen Frau hatte früher ihn — unsern Helden meine ich — oft in große Gefahren geschickt, er war ihr Ritter 70
aus Liebe gewesen. Die hohe Königin hatte jetzt Boten hierhergesandt, falls er etwa endlich doch vom Land der Heiden wieder heimgekommen wäre. Das mußte sie tun, denn sie hatte ihn sehr lieb.

Es war recht ordentlich, was da mancher Kühne tat, wenn er auch bloß ein kleiner Herr war, der seine Augen nicht nach der Hoheit jenes Siegespreises heben durfte, den die Königin verheißen hatte: ihren Leib und ihre Länder. Sie jagten nach Kostbarkeiten anderer Art.

Jetzt steckte auch der Leib des Gahmuret in einer Rüstung, und zwar in jener, die seine Frau als Zeichen der Versöhnung bekommen hatte, die Rüstung also, die Vridebrant ihr aus Schottland sandte als Geschenk und zur Wiedergutmachung: Er hatte ja mit Krieg bei ihr schweren Schaden angerichtet. Nichts auf Erden kam dieser Rüstung gleich. Da lag vor ihm der Adamas, das war ein Helm. Darauf band man einen Anker; in den sah man Edelsteine eingearbeitet mit versponnenen Drähten, große Stücke, keine kleinen — er hatte daran ordentlich zu tragen. So war der Helm des fremden Ritters dekoriert.

Und ob sein Schild auch nobel war? Der war mit Gold aus Arabien geadelt: Einen teuren Buckel hatte man draufgenagelt — ihm war nichts Leichtes aufgepackt.
71 Dieser Buckel gleißte nur so von rotem Glanz, daß man sich darin spiegeln konnte. Darunter war ein Anker angemacht, der war aus Zobel. Ich wollte mir nicht neidisch sein, wenn ich das alles kriegen sollte, was er da am Leib trug; denn es war doch etliche Stangen Silber wert.

Sein Waffenrock war reich und weit; ich glaube nicht, daß je ein Mann so gute Seide in die Schlacht trug. Er war so lang, daß er bis auf den Teppich niederhing. Wenn ich ihm Gerechtigkeit tun will, so muß ich sagen, daß es ein Funkeln und Leuchten war, als ob da in der Nacht ein züngelndes Feuer flackerte: Fade Farben waren rar. Sein Glanz sparte nicht mit Blitzen: Ein schwaches Auge konnte sich leicht daran schneiden. Es waren Bilder auf dem Stoff aus Gold von einer Sorte, das im Gebirge Kaukasas Greifen mit ihren Krallen von einem Felsen brachen; die waren nämlich da die Hüter dieses Goldes, und sie sind es noch heute. In Arabien gibt es Leute, die fahren dorthin und holen es sich mit viel Schlauheit — nirgends auf der Welt gibt es so teures Gold. Dann bringen sie es heim nach Arabien, wo man die grünen Achmardîstoffe webt und den edlen Phellel; kein anderes Gewebe kann sich mit denen messen.

Den Schild nahm er da vor seinen Hals. Hier stand
72 auch schon ein wunderschönes Pferd, gepanzert bis zum Huf hinunter. Schreit, ihr Knappen, und macht euer Trara! Des Ritters Leib sprang hinauf, denn dafür stand es ja da.

Viele starke Speere machte die Hand des Helden in
gewaltigen Attacken zu Kleinholz. Wie eine Axt fuhr
er in die feindlichen Haufen, immer mittendurch und
auf der andern Seite wieder hinaus. Und dem Anker
folgte der Strauß. Gahmuret stach hinters Roß den
Poytwîn de Prienlascors und sonst noch viele Edle, die
sich alle ihm ergeben mußten. Alle Kreuzritter aber, *
die da ritten, hatten den Gewinn von des Helden Plage:
Die erbeuteten Pferde schenkte er ihnen, bei ihm war
viel Reichtum zu holen.

Vier Banner, die waren alle gleich, führte man ihm da entgegen. Kühne Rotten ritten unter diesen Fahnen, ihr Herr verstand etwas vom Kämpfen. Auf jeder von den vieren war ein Greifenschwanz zu sehen. Das Hinterteil des Vogels, dem diese Leute gehörten, war auch ein Hagel für jede Ritterschar. Die vordere Hälfte des Greifen aber trug hier der König von Gascône auf dem Schild, er war ein erfahrener Kämpfer. Der Waffenschmuck, den er am Leib hatte, war so schön, wie Frauen, die etwas davon verstehen, es nur irgend zustande bringen.

Der König sprengte hervor aus der Schar, sobald er
auf dem Helm den Straußen erblickte. Doch kam der 73
Anker zuerst an ihn. Es stach ihn dort hinters Roß hin-
unter der edle König von Zazamanc und nahm ihn ge-
fangen. Es war da ein wildes Durcheinander. Hohe
Furchen drosch man plan wie einen Tennenboden, und
man kämmte fleißig durch mit Schwertern. Ganze
Wälder wurden da abgeholzt, und auch viele Ritter fällte
man; die haben dann, so höre ich, kehrtgemacht und
sind ganz nach hinten gegangen, wo die Feiglinge die
Stellung hielten.

Der Kampf war gar nicht fern, so daß die Damen genau sehen konnten, wer da die Ehre an sich nahm. Der Speer von Riwalîn, dem Liebesjäger, beschneite seine Bahn mit frischem Weiß. Er war der König von Lohneis, und seine Treffer krachten mit viel Lärm. Môrholt stahl den andern einen Ritter, er holte ihn aus seinem Sattel zu sich aufs Pferd; das war ein Streich nach der rauhen Art. Der Ritter hieß Killirjacac. Von dem hatte vorher der König Lac jenen Sold empfangen, den man bei Fälligkeit am Boden liegen findet. Killirjacac hatte dort also schon viel geleistet, als jener starke Mann Lust bekam, ihn ohne Schwert zu bezwingen. Und so hatte er denn den jungen Mann gepackt.

Hinters Pferd stach Kaylets Hand den Herzog von
74 Brabant, dieser Fürst hieß Lambekîn. Was dann dessen
Leute taten? Sie gaben ihm Deckung mit ihren Schwer-
tern; die Helden jagten nach Kampf.

Da stach der König von Arragûn den alten Utepandragûn hinters Roß auf den Plan, den König von Bertâne. Da standen um ihn lauter Blumen. Ach, ist das nicht hübsch von mir und artig, wie ich da den edlen Berteneisen so schön vor Kanvoleis hinlege auf ein Feld, das nie ein ordinärer Bauernkerl betreten hat und wo, wenn ich es euch recht sage, so einer auch in Zukunft nicht leicht den Fuß hinsetzen wird? Da durfte der König ruhig absteigen von dem Pferd, auf dem er saß. Es war aber nicht so, daß man sich dann nicht mehr um ihn gekümmert hätte: Die über ihm kämpften, gaben ihm Dekkung; da blieb ein großes Rennen und Stechen nicht aus.

Jetzt kam der König von Punturteis. Der wurde hier vor Kanvoleis auf die Fährte seines Rosses geworfen, so daß er hinter ihm dalag. Das hatte der stolze Gahmuret getan. Wer will noch mit ihm anbinden? Nur immer her, ihr Ritter! Und jeder fand da seinen Mann, der sich mit ihm im Joch des Kampfes plagen wollte.

Kaylet, den Sohn seiner Mutterschwester, nahmen die
Punturteisen gefangen. Da wurden die Wege sehr rauh.
75 Weil der König Brandelidelîn aus der Schar der Seinen
herausgefangen worden war, so holten sie sich dafür
einen anderen König. Da liefen und gingen viele Edle
im Eisenkleid zu Fuß herum; denen klopfte man die
Kotelettstücke mürbe mit Hufen und mit Keulen. Ihr
Fell trug schwarze Beulen: Schöne Helden wurden übel
zugerichtet.

Ich sage euch das nicht, um meine Geschichte damit zu dekorieren, daß dort Nichtstun Schande brachte. Alle diese Edlen hatte Liebe hergeschickt: viele schöne Schilde und manchen schön gezierten Helm, der jetzt mit Staub bedeckt war. Hie und da gab es Blumen auf dem Feld, und überall stand kurzes, grünes Gras: Darauf fielen die Edlen, denen diese Ehre angetan wurde. Ich für meine Person weiß solchen Ehrgeiz in Ruhe auszuhalten; mir kommt es mehr darauf an, auf meinem Pferdchen sitzen zu bleiben.

Jetzt ritt der König von Zazamanc fort aus dem Gedränge, um sich ein ausgeruhtes Pferd zu holen. Man band ihm den Adamas ab; das tat man der frischen Luft wegen, nicht aber um dem Ritter Gelegenheit zu geben, mit Prahlerei da Wind zu machen. Sein Hersenier streifte man ihm ab: Da war sein Mund rot und kühn.

Vorher war einmal von einer Frau die Rede — hier 76
kam nun ihr Kaplan und mit ihm drei kleine adelige
Buben. Es ritten noch starke Knappen mit, die führten
zwei Packpferde am Zügel. Die Boten hatte die Köni-
gin Ampflîse hergesandt. Ihr Kaplan war klug: Er
erkannte seinen Mann sofort, und er grüßte ihn auf fran-
zösisch: »*Bien venu, beau sire,* meiner Herrin und mir, sie
ist *la reine de France,* der Speer deiner Liebe hat sie getrof-
fen.« Einen Brief gab er ihm in die Hand, in dem fand
der Herr nun Grüße und dazu ein feines Ringlein: Das
sollte ein Wahrzeichen sein, denn die Dame hatte es
einst von dem Anschewîn geschenkt bekommen. Der
verbeugte sich höflich, als er die Schrift sah. Wollt ihr
jetzt hören, was die sagte?

»Liebe sendet dir mein Leib und Grüße: Der wurde
nie geheilt von seinem Sehnen, seit ich deiner Liebe inne
wurde. Deine Liebe ist Schloß und Riegel vor meinem
Herzen und vor dessen Glück. Deine Liebe macht mich
todeskrank. Wenn deine Liebe vor mir flieht, so ist mir
diese Liebe ein schlimmes Unglück. Komm zu mir 77
zurück und nimm aus meiner Hand Krone, Szepter und
ein Land, das ist als Erbe an mich gefallen: Mit deiner
Liebe hast du es erworben. Und als Sold für deine Taten
sollen dir alle die Kostbarkeiten gehören, die hier in den
vier Reisekisten sind. Du sollst auch im Land Wâleis
mein Ritter sein vor der Hauptstadt Kanvoleis. Mag die
Königin dort es nur ruhig sehen, was kümmert's mich?
Es kann mir nicht viel schaden. Ich bin schöner als sie
und mächtiger und liebenswerter, und ich weiß besser als
sie Liebe zu empfangen und Liebe zu geben. Wenn du
nach wirklich edler Liebe leben willst, so gehört dir
meine Krone, sie soll der Lohn der Liebe sein.«

Mehr fand er nicht in diesem Brief.

Ein Knappe streifte ihm mit seiner Hand das Hersenier
wieder über das Haupt. Kopfhängerei floh da den Gah-
muret. Den Adamas band man ihm auf, der stark war
und hart: Jetzt wollte er sich plagen. Die Boten ließ er
in seinen Pavillon führen, damit sie sich ausruhen konn-
ten. Er selber aber machte sich Luft im dichtesten Ge-
wühl, wo es Verlierer gab und Sieger. Da konnte nun
ein Mann wieder einbringen, was er etwa an großen 78
Taten bisher versäumt hatte: Es war genug für alle da,
ob man in Tjosten aufeinandertraf oder ob, wie dort, die

Rotten sich schlugen. Jene schwindelhaften Tricks, die man zu Hilfe nimmt, wenn man bloß »für die Tribüne«, wie man sagt, kämpft und dem Kumpan nicht weh tun will, waren jetzt vergessen; so manches Band vertrauter Vetternschaft wurde mit feindlicher Wut zerhauen. Wo es so zugeht, läßt man gern die Fünf gerade sein; keiner fragte da viel nach einem Kampfgericht: Was einer gewann, das hielt er fest und kümmerte sich nicht darum, wenn der andere schimpfte und drohte. Sie kamen aus vielen Ländern, die dort mit ihren Händen jene Arbeit taten, die sie ihren Wappen schuldig waren, und sich nicht erschrecken ließen von der Gefahr.

Hier wurde nun die Bitte der Ampflîse erfüllt, daß nämlich Gahmuret ihr Ritter sein sollte, so hatte jener Brief gesagt. Auweh, jetzt war er losgelassen von der Leine! Ob es die Liebe war mit seinem Heldentum, die ihn da jagte? Viel Zärtlichkeit und die ganze Kraft der Treue trieben ihn mit immer neuer Gewalt vorwärts. Nun sah er da den König Lôt, der seinen Schild einem gewaltigen Ansturm entgegenstreckte. Er hatte sich schon beinah zur Flucht gewandt, da schlug die Hand Gahmurets drein. Mit Wucht brach er in die Reihen der
79 Feinde. Den König von Arragûn stach er hinters Pferd mit einem Schaft aus Bambus; dieser König hieß Schafillôr. An dem Speer, mit dem er den stolzen Helden fällte, war keine Fahne: Er hatte ihn aus dem Land der Heiden mitgebracht. Die Leute des Königs kämpften mit aller Macht, ihn zu schützen, aber Gahmuret nahm den Edlen dennoch gefangen. Die innere Partei trieb die von außen vor sich her aufs Feld hinaus. Ganz echte, ernste Münze gab dies Vesperspiel den Rittern, das war so gut wie ein eigentliches Turnier; es lag dort jedenfalls so mancher Speer in Stücken.

Da wurde Lähelîn wütend: »Sollen wir so alle unsre Ehre verlieren? Das macht nur der mit dem Anker! Noch heute muß der eine von uns beiden den andern da hinlegen, wo er unsanft liegt! Sie haben uns beinahe schon ganz besiegt.«

Die Wucht des Anrennens schuf den beiden Raum genug, jetzt war Schluß mit allen Kindereien. Sie rührten die Hände zu jener Arbeit, die den Wald zum Acker macht; in diesem Ehrgeiz waren die zwei sich einig. »Einen Speer, und noch einen, her damit, ihr Herren!« Doch war es Lähelîn, der spüren mußte, wie weh es tut, besiegt zu sein: Ihn stach der König von Zazamanc

hinters Roß, eine gute Speerlänge weit, ich meine: ge-
messen an dem Speer, der einen Schaft aus Bambus hatte.
Und Lähelîns Ehrenwort klaubte sich der König dann
vom Boden auf. Ich für meinen Teil wollte doch lieber 80
in aller Bequemlichkeit süße Birnen klauben — wenn es
auch wahr ist, daß vor ihm die Ritter nur so nieder-
regnen. Gar mancher von denen, die vor seine Lanze
zu stehen kamen, nahm da einen neuen Schlachtruf
an, und der hieß: »Huh, nur fort! Da kommt der
Anker!«

Es kam ein Fürst aus Anschouwe gegen ihn hergeritten. Die Dame, für die er kämpfte, war die Trauer. Er trug den Schild mit aufgekehrter Spitze: Diese Sitte hatte er in der Schule des Unglücks gelernt. Die Wappenzeichen kannte Gahmuret. Warum er dem Kampf mit ihm auswich, wollt ihr wissen? Das kann ich euch erklären: Dieses Wappen hatte jenem Ritter der stolze Gâlôes, *fils du roi* Gandîn, gegeben, sein engster Verwandter, sein Bruder, bevor dem Liebe eine Tjost schickte, in der er starb.

Da band er sich den Helm ab, seine Kampfeswut trat
keine Pfade mehr durch Gras und Staub: Er hatte schlim-
mes Leid erfahren. Er schimpfte mit seinen besseren
Sinnen; warum nur hatte er Kaylet, den Sohn seiner
Tante, nicht dringlicher danach gefragt, was denn sein
Bruder täte, daß er nicht zum Turnier erschienen war?
Ach, er hatte nichts davon gewußt, wie der vor Muntôri
gestorben war. Er hatte bis zu seinem Tod viel leiden
müssen: Hohe Liebe einer mächtigen Königin gab ihm 81
schwer zu tragen. Die mußte sich jedoch danach immer
mit Schmerzen nach ihm sehnen; sie starb in Treue an
ihrer Trauer um den Geliebten.

So traurig Gahmuret nun auch war, so hatte er doch an diesem halben Tag schon eine solche Menge Speere zerbrochen — der Wald hätte kahl werden müssen, wenn es zum eigentlichen Turnier gekommen wäre. Hundert bunt bemalte Schäfte hatte man ihm vorgezählt, die alle hatte der Wilde vertan. Die leuchtenden Wimpel dran gehörten jetzt den Turnierknappen nach dem Recht, das diese Leute haben für ihren Dienst.

Da ritt er nun nach seinem Pavillon hin. Ein *garçon* von der Wâleisin hatte sich auf den Weg gemacht zu ihm: Er bekam den teuren Waffenrock, der war durchstochen und zerhauen. Und er brachte ihn vor die Königin: Der war mit all dem Gold da immer noch ein gutes

Stück; er glänzte wie glühende Glut, große Herrlichkeit war daran zu sehen. Da sprach die Königin vergnügt zum Rock: »Das war eine edle Dame, die dich mit diesem Ritter in dies Land geschickt hat. Jetzt fordert Höflichkeit von mir, daß ich die andern, die das Abenteuer hergelockt hat, nicht etwa zu gering schätze. Jeder
82 soll sehen, daß ich ihm das Beste gewünscht habe, denn sie sind alle meine Vettern von Adams Rippe her. Ich glaube aber nun einmal, daß es Gahmurets Taten sind, die den höchsten Preis verdient haben.«

Die anderen kämpften da noch mit solcher Wut und solcher Gewalt, daß sie sich immer weiter walkten bis in die Nacht hinein. Die Inneren hatten die von der äußeren Partei mit Kampf bis an ihre Zelte getrieben: Bloß dem König von Ascalûn und Môrholt von Yrlant war es zu danken, daß sie nicht durch ihre Zeltschnüre eingebrochen waren. Da gab es Verlust und Gewinn; etliche hatten sich Niederlagen geholt, die anderen Preis und Ehre.

Jetzt wird es aber Zeit, daß einer sie auseinandertreibt, man kann hier ja gar nichts mehr sehen; und der die Bank hält in der Würfelbude, will ihnen keine Kerzen bringen. Ja, sollen sie denn Blindekuh mit Würfeln spielen? Und außerdem wird's nun den Müden auch genug sein.

Von Finsternis bemerkte man dagegen gar nichts dort, wo mein Herr Gahmuret saß: gerade so, als ob es Tag wäre. Der war aber nicht dran schuld, vielmehr gab es da ganz unmäßige Beleuchtung von vielen Bündeln kleiner Kerzen, die hatte man auf die Streu von Ölbaumblättern hingestellt. Man war auch darum bemüht gewesen, recht viele luxuriöse Polster hinzulegen und davor eine Menge großer Teppiche.

83 Die Königin kam an die Schnüre des Zelts geritten mit einer Menge edler Damen. Sie wollten gern den edlen König von Zazamanc sehen; hinter ihr drängelten sich viele müde Ritter. Man hatte da die Tischdecken eben abgenommen, bevor sie in den Pavillon kam. Sogleich sprang er auf, der Herr, und mit ihm vier gefangene Könige, und etliche Fürsten waren auch noch dabei. Da begrüßte er sie mit Höflichkeit. Er gefiel ihr gut, als sie ihn nun sah. Die Wâleisin sprach mit Freude: »Ihr seid hier, wo ich Euch besuche, der Herr — so bin ich die Herrin über dieses Land. Wenn Ihr es Euch gefallen lassen wollt, daß ich Euch küsse, so will ich das tun.«

Er sprach: »Euren Kuß will ich gern haben, wenn auch diese Herren hier einen Kuß kriegen. Denn wenn Ihr Könige und Fürsten übergeht, so kann ich es nicht wagen, von Euch einen zu verlangen.«

»Ich verspreche Euch, es soll geschehen. Es ist nur so, daß ich noch keinen von ihnen kenne.« Und sie küßte da alle, die adelig genug waren; das hatte Gahmuret verlangt.

Er bat die Königin Platz zu nehmen. Mein Herr
Brandelidelîn durfte mit Ehren neben der Dame sitzen.
Grüne Binsen, naß von Tau, hatte man dünn über die
Teppiche gestreut, darauf setzte er sich, der jetzt das
ganze Glück der edlen Wâleisin ist; sie war aber gefan- 84
gen von seiner Liebe. Er setzte sich so nahe vor ihr
nieder, daß sie ihn in die Arme nahm und ihn zu sich her
zog ganz eng an ihren Leib. Sie war ein Mädchen und
nicht eine Frau, die ihn so nahe bei sich sitzen ließ.

Ihr wollt nun endlich hören, wie sie hieß? Es war die Königin Herzeloyde. Deren Vaterschwester Rischoyde war mit dem König Kaylet verheiratet. Und der hatte den Gahmuret, weil ihre Mütter Schwester waren, zum Cousin. Die edle Herzeloyde war so licht, daß, wären auch seine Kerzen alle erloschen, es doch hell genug gewesen wäre. Er war ihr sonst mit seiner ganzen Liebe zugetan — wäre da bloß die Traurigkeit nicht gewesen: Die hielt sein weites Glück am Boden nieder.

So machten sie denn einander artige Komplimente.
Nach einer Weile trug man dann zu trinken auf in präch-
tigem Geschirr aus Azagouc; es sprach von großer
Macht und Herrlichkeit, und das war nicht gelogen.
Adelige Knaben brachten es herein. Es waren wahr-
haft seltene Trinkgefäße: aus Edelsteinen weit geschnit-
ten und nicht gerade klein, kein bißchen Gold war an
ihnen allen. Dies war der Sold aus dem Zins des Landes,
den Isenhart in seinem Elend der Königin Belacâne im-
mer brachte. Da bot man ihnen zu trinken an aus vielen 85
verschiedenen bunten Steinen: aus Smaragd und Sardîn,
auch etliche Rubine waren darunter.

Da kamen vor den Pavillon zwei Ritter geritten, die hatte man auf Ehrenwort entlassen; sie waren nämlich von den Äußeren gefangen worden. Und sie traten herein: Der eine war Kaylet. Der sah den König Gahmuret da sitzen, als ob er traurig wäre. Er sprach: »Wie schaust denn du drein? Da spricht man doch überall von deinem Ruhm und davon, daß dein Leib mit Kampf die

edle Herzeloyde und ihr Land gewonnen hat. Hier
sprechen alle Zungen von nichts anderem, ob es Ber-
tûnen sind oder Irländer, oder auch die hier romanisch
sprechen, die von der Ile de France und aus Brabant, alle
verneigen sich vor deiner Kraft und sagen, daß es in die-
sem Spiel hier niemand dir gleichtun kann. Und in der
Runde, die du da versammelt hast, haben wir auch Brief
und Siegel drauf. Da ist zu lesen, daß deine Kraft nicht
faul im Bett lag, als diese Herren da in Not gerieten; die
hatten vorher nie die Hände hingestreckt, um Pardon zu
erbitten, mein Herr Brandelidelîn nicht und nicht der
kühne Lähelîn und Hardîz und Schaffillôr. Ach, und der
86 arme Razalîc, der Mohr, der vor Pâtelamunt auch mit
gefalteten Händen dein Erbarmen sehen mußte. So
will dein Kriegsruhm immer hoch empor und weit hin-
aus.«

»Unsere gnädige Frau hier muß ja glauben, daß du
irre redest, wenn du mich so maßlos anpreist, so wirst du
mich dennoch nicht verkaufen können; irgend jemand
wird mir schon dahinterkommen, was an der Ware faul
ist: Man hat zuviel Lob aus deinem Mund gehört. Aber
sag, wie bist du von dort drüben losgekommen?«

»Die Edlen von Punturteys haben mich und diesen
Schampôneysen frei weggehn lassen. Môrholt, der
meinen Schwestersohn gestohlen hat, bietet an, ihn
freizulassen, wenn dafür der Herr Brandelidelîn von
deiner Hand freikommt. Wenn nicht, dann bleiben wir
beide, ich und der Sohn meiner Schwester, gefangen:
Du mußt uns den Gefallen tun. Ein Vesperspiel hat hier
stattgefunden, ein Turnier wird es nicht geben diesesmal
vor Kanvoleiz, das weiß ich ganz gewiß. Der Kern der
äußeren Partei sitzt ja hier fest; nun sag mir nur, wie und
auf welche Weise sie die Stellung halten sollte gegen uns.
Große Ehre liegt in deiner Hand.«

Die Königin sprach zu Gahmuret, eine süße Bitte kam
87 ihr von Herzen: »Alle meine Rechte, die ich an Euch
habe, sollt Ihr mir lassen. Außerdem wünscht sich meine
Demut, daß Ihr's aus Zuneigung tut. Sollten aber diese
beiden Wünsche, wenn Ihr sie mir erfüllt, Eure Ehre
schäbig machen, dann laßt mich lieber fortgehen.«

Der Königin Ampflîse, der keuschen, klugen Dame,
Gesandter: der Kaplan, der fuhr da auf, er sprach: »Nein!
Meine Herrin hat ein Recht auf ihn, ihr soll er gehören,
die mich nach seiner Liebe ausgeschickt hat in dieses
Land. In Sehnsucht verzehrt sich ihr Leib: Ihrer Liebe

gehört er, und sie soll seinen Leib behalten, denn keine Frau kann es so gut mit ihm meinen wie sie. Drei Fürsten sind hier ihre Boten, drei Kinder ohne Falsch und Fehler: Der eine heißt Lanzidant und ist von hohem Adel; aus Grünlant ist er in Karls Reich gekommen und hat die französische Sprache angenommen. Der zweite heißt Lîedarz *fils du comte* Schîolarz.«

Und wer wohl der dritte war? Das sollt ihr auch erfahren, hört zu: Seine Mutter hieß Bêâflûrs und sein Vater Pansâmûrs, die stammten vom Geschlecht der Feen: Das Kind hieß Lîahturteltart. Alle drei sprangen 88
da her vor Gahmuret. Sie sprachen: »Herr, wenn du klug bist, kannst du — denn *la reine de France* schanzt dir in edler Liebe gute Augen zu — ganz ohne Risiko spielen; in einem Handumdrehen ist dein Glück gemacht.«

Als man die Boten anhörte, da hatte sich Kaylet, der vor ihnen gekommen war, zur Königin hingesetzt, unter einen Zipfel ihres Mantels war er geschlüpft. Da sprach sie zu ihm diese Worte: »Sag, dir wird doch nichts Böses geschehen sein? Ich habe gesehen, daß du Schläge abbekommen hast.«

Und da tastete die Schöne nach seinen Blessuren mit ihren linden, weißen Händen: An die hatte Gott seine ganze Kunst gewendet. Da war aber dem Kaylet Wange und Kinn, auch die Nase schlimm zerschlagen und verbleut. Seine Frau war die Schwester von dem Vater der Königin, die ihm da so viel Ehre antat, daß sie ihn mit ihren Händen an sich zog.

Und in sehr feiner Art sprach sie dann weiter, und zwar zu Gahmuret hin: »Sie trägt Euch ihre Liebe mit viel Nachdruck an, die edle Französin. Nun tut an mir die Ehre, die Ihr allen Frauen schuldig seid: Laßt meinem Leib ein rechtes Urteil werden, und bleibt solange hier, bis ich meinen Spruch erhalten habe; Ihr tut mir sonst Schande.«

Das versprach ihr der Edle. Sie nahm Abschied, dann 89
ging sie fort. Kaylet, der edle Starke, hob sie auf ihr Pferd — es brauchte da keinen Schemel — und ging von ihr wieder ins Zelt, da traf er seine Freunde. Er sprach zu Hardîz: »Eure Schwester Alîze trug mir ihre Liebe an, da nahm ich sie. Die hat nun anderswo ihre Stätte, und zwar eine edlere als bei mir. Seid großmütig, verfolgt mich nicht länger mit Haß. Der Fürst Lämbekîn hat sie jetzt zur Frau; so darf sie zwar keine Krone

tragen, doch hat sie wahren Adel gewählt: Hanouwe dient ihr und Brabant, und eine Menge gute Ritter. Laßt Euer Herz sich wenden und schaut mich freundlich an; laßt mich in Frieden und Freundschaft bei Euch sein und nehmt dafür meinen Dienst entgegen.«

Der König von Gascône sprach, wie seine Kraft und seine Mannheit ihm sagte: »Eure Rede war schon immer süß. Wenn einer Euch um ihretwillen auch gern freundlich grüßen wollte — einer, dem Ihr viel Schimpf getan habt, so müßte den doch Furcht dran hindern. Mich hat der Sohn Eurer Mutterschwester gefangengenommen — der wird von keinem etwas Unrechtes fordern.«

»Ihr werdet ganz bestimmt frei von Gahmuret, das
90 soll meine erste Bitte sein. Und wenn Ihr dann ohne
Fesseln seid — Ihr werdet sehen, daß mein Werben noch
den Tag erlebt, da Ihr mich zum Freund nehmt. Ihr
habt nun Zeit genug gehabt, Euch Eurer Schande auszu-
schämen. Was immer mir von Euch geschehen mag —
wäre Eure Schwester hier, die würde mich bestimmt
nicht prügeln.«

Über diese Rede mußten sie alle lachen. Da wurde aber ihre laute Fröhlichkeit verdunkelt: Über dem Herrn in diesem Zelt schwang Treue ihre Geißel, so daß er sich rückwärts sehnen mußte, denn die Peitsche des Jammers tut weh. Die anderen alle merkten, daß sein Leib mit Kummer rang und daß sein Glück arg schwach geworden war. Da wurde sein Cousin zornig, er sprach: »Du verstehst dich drauf, genau das zu tun, was gar nicht hierher paßt.«

»Ach nein, ich kann nicht anders als trauern, ich sehne
mich nach der Königin. Was ich in Pâtelamunt verließ,
davon ist mein Herz nun krank: ein süßes Weib in reiner
Art. Wahrhaft edel in ihrem keuschen Wesen zwingt
sie doch meinen Leib, nach ihrer Liebe zu weinen. Sie
hat mir Leute und Land gegeben. Die Königin Belakâne
nimmt mir das Glück, das ich mit Mannesmut gewann —
und doch ist es erst richtig mannhaft, wenn einer sich
schämen kann über seinen Verrat in der Liebe. Sie hielt
mich am kurzen Zügel behütender Sorge, und so kam
91 mein Rittertum nie zu seinem Recht. Da dachte ich, daß
ritterliches Leben mich aus der Gewalt des Trübsinns
erlösen könnte. Ein bißchen Ritterschaft hab ich hier
auch getan. Jetzt wird es aber manchen geben, der es
nicht besser weiß und glaubt, daß die Schwärze ihrer
Haut mich fortgetrieben hätte: Die war doch ein Sonnen-

strahl in meinen Augen. Die Güte dieser Frau macht mich leiden; sie ist der Schildbuckel, erhaben und glänzend im Adel.

Dies ist das eine, was mich traurig macht, und da ist noch etwas: Ich habe das Wappen meines Bruders gesehen; sie trugen es mit aufgekehrter Spitze.«

Ach, daß er das sagen mußte! Nun wurde es eine
traurige Geschichte, und glänzend von Wasser wurden
die Augen dem edlen Spânôlen. »Weh dir, Königin, in
deiner Narrheit! Um deine Liebe gab er den Leib hin,
Gâlôes, den alle Frauen von Herzen beweinen müssen in
Treue, wenn ihnen daran liegt, daß man mit Respekt von
ihren Sitten sprechen möge, wo man ihrer gedenkt. Ach,
Königin von Averre, ob es dir wenig Kummer macht
oder viel, so habe ich doch durch dich meinen Cousin
verloren, der als ein Ritter in einer Tjost sein Ende fand:
Als die ihn erschlug, da trug er kostbaren Schmuck von
dir. Fürsten, die seine Freunde waren, zeigen nun, wie
sehr sie um ihn trauern: Jammer hat ihnen befohlen, die 92
gerade Seite ihres Schilds zur Erde hinab zu kehren, von
großer Trauer sind sie gebeugt. So kämpfen diese Ritter
hier — allzu schwer beladen von der Gewalt des Kummers, da Gâlôes, mein Cousin, nie mehr nach Liebe in den Kampf ziehen soll.«

Als ihm da vom Tod des Bruders berichtet wurde — das war ihm ein zweites schlimmes Leid. Mit Jammer sprach er diese Worte: »Weh, daß meines Ankers Spitze Land in solchen Schmerzen gewinnen mußte!« Von da an trug er dieses Waffenzeichen nicht mehr.

Worte harten Leides redete zu ihm der Schmerz. In wahrer Liebe zum Bruder sprach der Held: »Gâlôes von Anschouwe! Ohne Frage ist es wahr, daß nie ein Mann geboren wurde von so feiner ritterlicher Art. Aus deinem Herzen blühte die Frucht wahrhaft generösen Schenkens. Deiner Güte weine ich jetzt nach.« Und er sprach zu Kaylet: »Wie geht es Schôette, meiner armen Mutter?«

»So, daß es Gott erbarme. Als Gandîn ihr gestorben war und Gâlôes, dein Bruder, und als sie dich nicht wiedersah, da brach der Tod auch ihr das Herz.«

Da sprach der König Hardîz: »Jetzt nehmt Euch zu- 93
sammen und tragt es wie ein Mann! Wenn Mannheit in
Euch steckt, dann müßt Ihr im Unglück mit Fassung
trauern können.«

Ach, sein Leid war allzu groß. Ein Strom von Tränen floß von seinen Augen.

Er sorgte noch dafür, daß man den Rittern alles schaffte, was sie zu ihrem Wohlsein nötig hatten, und ging dann dahin, wo er zu schlafen pflegte: Das war ein kleines Zelt von Samt. Die Nacht brachte er in Jammer zu.

Als der neue Tag aufging, da wurden sie miteinander einig — die vom äußeren Heer und die Inneren meine ich —, daß sie alle, die zum Kampf mit Waffen hergekommen waren, ob jung oder alt, ob schwächlich oder voll Elan — gleichviel: heute nicht tjostieren sollten. Da schien die Sonne eines heiteren Vormittags. Sie waren vom Kampf noch so zerschunden und ihre Pferde auch vom Hetzen mit den Sporen, daß die Erschöpfung mit Macht auch noch die frechsten Ritter niederhielt.

Da ritt die Königin selber zu Felde, ich meine: hinaus zu den Edlen, und holte sie in die Stadt hinein. Da bat sie dann die Besten, sie möchten doch zur Lêôplâne reiten. Man zögerte nicht, ihren Wunsch zu erfüllen.
Als sie dort hinkamen, sang man gerade dem traurigen
94 König von Zazamanc die Messe. Kaum war das *Benedicat
vos* gesprochen, da kam auch schon die edle Herzeloyde her. Sie forderte den Leib des Gahmuret, und alle, die da versammelt waren, gaben ihren Beifall dazu.

Da sprach er: »Meine Dame, ich habe schon eine Frau, die habe ich mehr lieb als meinen eigenen Leib. Und selbst wenn ich ledig wäre, so wüßte ich doch auch etwas zu sagen, was mich von Eurem Anspruch losmacht, wenn man nur das Recht von meiner Seite her anschaut.«

»Ihr sollt die Mohrin lassen, wo sie ist, und meine Liebe dafür nehmen. Das Sakrament der Taufe hat bessere Kraft. Das Heidnische tut ab: Mich sollt Ihr lieben nach den Geboten unsrer Religion; denn mir ist nach Eurer Liebe weh. Oder ist es etwa gar die Königin aus Frankreich, die mir bei Euch im Weg steht? Süße Worte sprachen ihre Boten, sie haben ihr Spiel auf die Spitze getrieben.«

»Ja, die ist meine wahre Herrin. Ihr verdanke ich viel: Sie hat mich die Courtoisie gelehrt, die ich heim nach Anschouwe brachte. Von ihrer Güte zehre ich bis zum heutigen Tag, denn sie hat mich erzogen, ihr, die ohne Fehler ist unter den Frauen, gehöre ich. Wir waren beide noch Kinder, und doch war es damals schon unser ganzes Glück, wenn wir einander sahen. Die Königin
Amphlîse ist und bleibt eine Frau, die man nur rühmen
95 kann. Das Beste, was das Land hergab, schenkte mir die

Schöne: Damals war ich ärmer als jetzt, und ich griff mit Freuden zu. Ihr aber, meine Dame, müßt mich heute zu den Allerärmsten zählen und Erbarmen mit mir haben: Mir ist mein edler Bruder gestorben. Seid edel und nötigt mich nicht weiter. Lenkt Eure Liebe dahin, wo das Glück ist — bei mir findet Ihr nichts als Jammer.«

»Laßt mich nicht länger meinen Leib verzehren oder sagt: Was könnt Ihr meiner Forderung entgegenstellen?«

»Das will ich Euch sagen, da Ihr es verlangt. Zu einem *Turnier* hatte man uns hierher eingeladen — es ist aber gar nichts draus geworden, das werden mir viele Zeugen hier bestätigen.«

»Dem hat ein Vesperspiel den Hals gebrochen. Die kühnsten Ritter hier sind so sehr zahm geworden, daß das Turnier daran einging.«

»Für die Partei, die Eure Stadt verteidigte, habe ich gekämpft, nicht anders als alle die andern, die hier ihr Bestes gaben. Ihr solltet aufhören, mich wie einen Armensünder zur Rede zu stellen: Viele Ritter hier haben Besseres geleistet als ich. Euer Recht an mir hat wenig Kraft, es trägt mir soviel ab wie jedem andern: ein artiges Kompliment, wenn ich das von Euch kriegen darf.«

Die Geschichte hat mir berichtet, daß da der Ritter und die Jungfrau einen Richter nahmen, der die Klage der Dame entscheiden sollte.

Es ging auf Mittag zu, da wurde das Urteil gespro- 96
chen: »Ein Ritter, der hier den Helm aufband und der zu ritterlichen Taten hergekommen ist, wenn der dann hier die Ehre an sich genommen hat, so soll die Königin ihn haben.« Und die ganze Versammlung stimmte dafür, daß es so gelten sollte.

Da sprach sie: »Mein Herr, jetzt gehört Ihr mir. Ich will Euch alles zuliebetun, was Ihr nur wünschen könnt, und ich werde Euch soviel Glück schenken, daß Ihr nach Euerm Jammer fröhlich werdet.« Da war er immer noch ganz elend in seinem Jammer.

Es war da das Licht des April zergangen, das kurze, kleine, grüne Gras war dann gekommen, und alles Land war grün geworden. Das Grün aber gibt stumpfen, fühllosen Herzen kühnes Leben und Leichtigkeit. Viele Bäume standen in Blüte von der süßen Luft des Mai. Da mußte er nach seiner Art, die er ja von den Feen hatte, Liebe in sich spüren oder Liebe suchen. Und die Geliebte wollte sich ihm nicht versagen.

Er sah Herzeloyde an, mit edlem Anstand sprach sein süßer Mund: »Meine Dame, wenn ich mit Euch glücklich werden soll, so müßt Ihr mich frei von behütender Sorge leben lassen. Denn falls einmal Jammers Kraft mich auslassen sollte, wird mir Lust zu kämpfen kommen, und wenn Ihr mich dann nicht fortlaßt zu Turnie-
97 ren, so weiß ich noch den alten Schlich von früher, als ich meiner Frau entlief. Die hatte ich auch mit Kampf gewonnen; dann band sie mir den Kopf zu hoch an über dem Hafer des Kriegs, und darum ließ ich sie allein mitsamt ihrem Land und den Leuten.«

Sie sprach: »Mein Herr, bestimmt nur immer selber, wo es hingehn soll mit Euch, ich will Euch recht viel von Euerm Willen lassen.«

»Ich will noch viele Speere zu Splittern machen: Alle Monate ein Turnier will ich besuchen, das müßt Ihr mir, meine Dame, erlauben.«

Das versprach sie ihm. Man hat mir berichtet, daß er nun die Länder annahm und die Jungfrau dazu.

Jene drei jungen Herren von der Königin Ampflîse, die standen da, als mit dem Beifall der Versammlung die Entscheidung fiel, und ihr Kaplan war auch da; der hörte und sah das alles, was geschah. Da sprach er verstohlen Gahmuret an: »Man hat meiner Herrin berichtet, daß Ihr vor Pâtelamunt den höchsten Preis an Euch genommen habt und die Gewalt zweier Kronen. Sie hat auch Länder und außerdem im Sinn, Euch Leib und Gut zu schenken.«

»Sie selber hat mir einst mein Rittertum geschenkt. So muß ich jetzt immer der Kraft dieses Ordens gehorsam bleiben und ohne Schwäche all das tun, was die Ehre des Schilds befiehlt. Hätte sie mich nicht zum Ritter
98 gemacht, dann wäre ich noch heute ohne Schild. Ob ich davon traurig werde oder froh, so ist die Sache doch die: nach ritterlichem Recht und Urteil sitze ich hier fest. Fahrt wieder heim, richtet aus, daß ich ihr sehr verbunden bin. Ich will aber auch in Zukunft ihr Ritter sein. Selbst wenn ich unter allen Kronen wählen könnte — meine Sehnsucht geht doch zu ihr.«

Er wollte ihnen noch Geschenke mitgeben, das Beste, was er nur hatte — davon wollten sie nichts wissen. Die Boten ritten in ihr Land, sie hatten ihrer Herrin keine Schande gemacht. Ohne Abschied gingen sie fort, wie es noch heute manchmal einer tut, der zornig ist. Ihre fürstlichen Knappen, die Kinder, weinten sich beinah die Augen aus.

Zu denen, die dort ihren Schild verkehrt getragen hatten, kam einer von ihrer Partei aufs Feld hinaus, der sprach: »Die edle Herzeloyde, die Königin, hat den Anschevîn bekommen.«

»Wer von Anschouwe soll denn hier gewesen sein? Ach, unser Herr ist weit fort, er will bei den Sarazenen Ruhm erwerben. Das ist jetzt unser größtes Leid.«

»Der hier den Preis gewonnen hat und der so viele Ritter vom Pferd warf und der so schlug und stach und der den teuren Anker trug auf seinem Helm mit blitzenden Steinen, der ist es, von dem ihr da geredet habt. Mir sagt der König Kaylet, der Anschevîn sei Gahmuret selber. Er hat hier seine Sache gut gemacht.« 99

Da liefen sie schnell nach ihren Pferden. Die Augen hatten ihnen die Kleider naß gemacht, als sie dort ankamen, wo ihr Herr saß. Sie umarmten ihn, und er umarmte sie. Glück und Jammer, die waren hier zugleich.

Da küßte er die Treuen, er sprach: »Ihr sollt nun nicht länger so maßlos traurig sein um meinen Bruder: Ich kann euch den Verlust vergessen machen. Kehrt auf den Schild nach seiner rechten Art, jetzt soll alles gut werden. Ich werde von nun an meines Vaters Wappen tragen: In seinem Land hat mein Anker Grund gefunden. Der Anker ist als Zeichen recht für die Enterbten; den soll jetzt tragen und nehmen, wer da will. Ich bin am Leben geblieben, so muß ich denn danach tun: Ich bin ein großer Herr geworden. Was? Wie könnte ich den Leuten ein rechter Herr sein in meinem Jammer? Der täte ihnen weh! Herzeloyde, meine Dame, Ihr müßt mir helfen: Ich und Ihr, wir beide wollen die Könige und Fürsten, die hier sind, bitten, sie möchten so freundlich sein und dableiben, bis Ihr mir geschenkt habt, was Liebe, damit sie erst recht wirklich werde, von Liebe fordern darf.«

Diese Bitte tat da beider Mund. Die Edlen versprachen es sogleich. Es gingen alle fort, jeder, wo es ihm gefiel.

Die Königin sprach zu ihrem Geliebten: »Jetzt über- 100
laßt Euch meiner Sorge.« Sie führte ihn auf ganz private Pfade.

Seine Gäste bediente man so, daß sie zufrieden sein konnten — wenn auch ihr Wirt weiß Gott woanders war. Ihre und seine Leute wurden zum Gesinde eines einzigen Hauses. Er aber ging ganz alleine weg, bloß zwei edle Knaben behielt er. Adelige Mädchen und die Königin führten ihn dahin, wo er Glück fand und wo seine Trauer ganz und gar vertilgt wurde. In den Staub geworfen wurde da sein Leid, mit neuem Leben erhob sich seine kühne Seele: Die war nun geliebt. Die Königin Herzeloyde, die hohe Dame, wurde dort ihre Jungfernschaft los. Die Münder wurden nicht geschont: Denen setzten sie arg zu mit Küssen, den Jammer fortzujagen von ihrem Glück.

Was er dann tat, war generös: Frei wurden sie, die er gefangen hatte. Seht dort Hardîz und Kaylet: Die versöhnte Gahmuret. Da ging ein großes Fest an. Wenn seit der Zeit ja einer es dem gleichtun konnte, das muß ein ganz gewaltiger Herr gewesen sein. Gahmuret war fest entschlossen, seine Schätze nicht zu schonen. Arabisches Gold wurde ausgeteilt unter all den Rittern ohne
101 Land, und den Königen schenkte die Hand Gahmurets Edelsteine und ebenso sämtlichen Fürsten, die er da fand. Da wurden die fahrenden Leute fröhlich, denn sie bekamen auch kostbare Geschenke.

Nun mögen sie fortreiten, alle die Fremden, denen sagte der Anschevîn adieu. Den Panther, den sein Vater führte, nagelte man — aus Zobelpelz — auf seinen Schild. Fein weiß und aus Seide war ein Hemdchen von der Königin — so wie sie es am bloßen Leib getragen hatte, sie, die jetzt sein Weib geworden war —, dies Hemdchen also trug er über seinem Panzer. Achtzehn solcher Hemden sah man durchstochen und zerhauen, ehe er für immer fortging von der Dame. Und sie trug es dann wieder auf der bloßen Haut, jedesmal wenn ihr Geliebter von seinen Ritterfahrten heimkam, nachdem er viele Schilde zertrümmert hatte. Die Liebe dieser Menschen sprach von Treue.

Er hatte edlen Ruhm genug erworben, als ihn männlich wilde Lust zu kämpfen fortzog übers Meer in den Krieg: Mich jammert seine Reise. Er hatte sichere Botschaft, daß starke Reiterscharen bei seinem Herrn, dem Bâruc, eingefallen waren. Das waren die von Babylôn: Der eine hieß Ipomidôn, der andere Pompeius — so
102 nennt ihn nun einmal die Geschichte. Das war ein stolzer, edler Mann, nicht jener Pompeius, der vor Julius aus Rom entrann — das war früher —, vielmehr einer, dessen Mutterbruder der König Nabchodonosor war. Der hatte in einem lügnerischen Buch gelesen, ihm sei bestimmt, ein Gott zu werden — das wäre uns ein schöner Gott geworden, zum Auslachen! Leib und Gut setzten sie dran. Die Brüder waren aus hohem Geschlecht: von

Nînus her, der herrschte in der Zeit, bevor Baldac gegründet wurde; der hatte auch die Stadt Ninnivê gegründet. Die Brüder kränkte der Verlust an Gut und Ehre sehr, als der Bâruc jene Städte seiner Herrschaft zinsbar machte. Deswegen gab es nun Sieg und Niederlage genug auf beiden Seiten, und man sah dort die Helden kämpfen.

Da fuhr er in einem Schiff über das Meer zum Bâruc, den fand er mitten im Krieg. Mit Freuden wurde er empfangen; mich aber jammert seine Fahrt.

Was da geschieht und wie's dort wohl zugeht, wie die
Dinge stehen, ob man gewinnt, was man verliert — da-
von weiß die Königin Herzeloyde nichts. Die war licht
wie der Tag, und liebenswürdig war ihr Leib. In Reich-
tum prangte sie mit Jugend, an ihr war alle Herrlichkeit
in übertriebener Fülle: Sie war ganz über jeden Wunsch
hinaus vollkommen. Ihr Herz war ganz den guten Kün- 103
sten zugekehrt: So gewann sie die Liebe der Menschen.
Die Königin Herzeloyde, die hohe Dame, lebte so, daß sie immer nur Lob erntete; sie war in ihrer Keuschheit die Erste unter allen Frauen, das konnte jeder sehen. Als Königin über drei Länder herrschte sie: in Wâleys und Anschouwe und trug die Krone von Norgâls in der Hauptstadt Kingrivâls. Auch hatte sie ihren Mann so sehr lieb — ob irgendeine Dame auf der Welt noch einen Schatz gewann, der genauso edel war, was kümmerte sie das? Den hätte sie ihr von Herzen gegönnt.

Als nun ihr Mann ein halbes Jahr fort war, da schaute sie mit wirklichem Sehnen nach ihm aus; wie ein Bissen Brot, so fehlte er ihr. Da sprang die Klinge ihres Glücks mitten im Heft entzwei. Ach, das tut weh, daß Güte solchen Kummer trägt und daß Treue immer wieder Jammer aufstehen macht! Aber so geht es den Menschen: Heute Freude, morgen Leid.

Eines Mittags schlief die Dame einen Schlaf, der war
voll Angst. Es kam ihr ein Erschrecken, das sie zusam-
menzucken ließ. Ihr war, wie wenn der Blitz von einem
Stern sie fortführte hinaus in die Himmel, da schlugen
sie feurige Donnerstrahlen mit Macht. Die schossen alle 104
auf einmal auf sie hin: Von knisternden, sengenden Fun-
ken sangen ihre langen Zöpfe. Mit Krachen gab der Donner seinen Schall, und er vergoß sich in brennenden Tränen. Da fand sie sich wieder in ihrem Leib: Etwas packte sie und riß sie an der rechten Hand fort in ein neues, verwandeltes Bild. Da ging es wunderlich zu:

Ihr war, als wäre sie die Amme eines Reptils — das sollte später wirklich mit Gewalt aus ihrem Leib brechen —, und jener Drache saugte an ihrer Brust, und daß er dann jäh fortflöge, so daß sie ihn nimmer wiedersähe: Das Herz riß er ihr aus dem Leib — so Fürchterliches mußten ihre Augen sehen. Es hat nicht leicht ein zweites Weib im Schlaf so schlimmes Leid erfahren. Bis dahin war sie so recht ritterlich gewesen — ach leider, es kehrt sich jetzt alles um, und sie wird ein Bild des Jammers werden. Verlieren wuchert, und Entbehren macht sich breit: Nahe sind die Leiden, die ihrem Herzen kommen sollen.

Die Dame fing nun an — vorher war sie dazu nicht imstande gewesen — um sich zu schlagen und zu stöhnen, auch laut zu schreien im Schlaf. Es saßen aber hier viele Jungfrauen, die sprangen hin und weckten sie auf.

105 Da kam Tampanîs geritten, ein kluger Herr, der Erste Knappe ihres Mannes, mit vielen kleinen Edelknaben. Da ging es aus der Bahn des Glücks hinaus: Sie hatten mit Klagen zu berichten von ihres Herrn Tod. Das konnte die edle Herzeloyde nicht mit Fassung tragen, ohnmächtig fiel sie nieder. Die Ritter sprachen: »Wie ist das möglich, daß einer meinen Herrn, wenn er die Rüstung trug, besiegte, so wohl gewappnet, wie er war?«

Die Geißel des Jammers jagte den Knappen, doch gab er den Kriegern Antwort: »Meinen Herrn floh eines langen Lebens Alter. Sein Hersenier zog er vom Kopf, ihm war sehr heiß, darum mußte er so tun. Verfluchte heidnische List hat uns den edlen Helden fortgestohlen. Ein Ritter hatte nämlich Bocksblut in ein langes Glas getan, das schlug er auf dem Adamas entzwei: Da wurde der Diamant noch weicher als ein Schwamm. Den man auf Bildern als ein Lamm malt, und dazu das Kreuz in seine Klauen, der erbarme sich dessen, was da geschah.

Als die Scharen gegeneinander ritten, *ah vois,* wie sie da kämpften! Die Ritterschaft des Bâruc wehrte sich sehr schön mit Heldenkräften. Vor Baldac auf den Feldern
106 wurden viele Schilde durchstochen, wo sie aneinanderrannten. Da verflochten sich die Reihen, zu Knäueln strickten sich die Wimpel. Da nahm mancher stolze Held seinen Fall. Und auf diesem Feld tat meines Herrn Hand ein solches Tagwerk, daß der Ruhm von allen Rittern dort erlosch.

Da kam Ipomidôn daher: Mit Tod zahlte er es meinem Herrn heim, daß der ihn vom Pferd gestochen hatte, und viele tausend Ritter hatten zugesehen dabei. Mein Herr,

der keine Falschheit kannte, stellte sich dem König von
Alexandria: Dessen Tjost sollte ihn das Sterben lehren.
In seinen Helm schnitt sich die Spitze des Speers durch-
bohrte sein Haupt, daß man den abgebrochenen Schaft
drin stecken fand. Doch blieb der Held im Sattel; schon
sterbend ritt er aus der Schlacht auf ein weites Feld.
Sein Kaplan beugte sich da über ihn: Er sprach in kurzen
Worten seine Beichte und gab ihm auf, dies Hemd und
das Eisen, das ihn von uns geschnitten hat, hierherzubrin-
gen. Er starb ohne Missetat. Die jungen Herren und
seine Knappen befahl er in die Hände der Königin.

Er wurde in Baldac zu Grabe gelegt. Die Kosten ach-
tete der Bâruc wenig. Mit Gold wurde sie geadelt und 107
große Herrlichkeit mit edlen Steinen an die Gruft ge-
wendet, in der er liegt, der Reine. Einbalsamiert hat man
seinen jungen toten Leib. Viele Leute mußten um ihn
weinen vor Jammer. Ein seltener Rubin ist die steinerne
Platte über seinem Grab: Durch die hindurch schim-
merte er. In einem Ding hat man unserer Bitte nach-
gegeben: Ein Kreuz wie jenes, das man brauchte, als uns
Christi Foltertod erlöste, pflanzte man ihm zu Häupten
auf, ein Zeichen der Zuversicht und zu seiner Seele
Schirm. Der Bâruc gab das Geld dazu — es war ein kost-
barer Smaragd. Das taten wir aus eigenem Entschluß,
ohne die Hilfe der Heiden, denn ihre Religion weiß nichts
von der Verehrung des Kreuzes und davon, daß durch
Christi Tod die Kraft der Gnade auf uns kam. Die Hei-
den beten Gahmuret, ganz ohne Spott, als ihren edlen
Gott an, aber nicht etwa aus Respekt für das Kreuz oder
gar, weil es die Taufe sie gelehrt hätte, die uns am Tage
des Gerichts von Fesseln lösen wird. Seine mannhafte
Treue hilft ihm im Himmel zu seinem lichten Glanz —
und dann hat er ja auch noch mit Reue gebeichtet. Sollte
je Verrat an ihm gewesen sein, der ging nicht tief.

In seinen Helm, den Adamas, wurde ein *epitafum* ge-
schnitten, den hat man zum Zeichen auf das Kreuz über 108
seinem Grab gesetzt. Die Buchstaben aber sagen dies:
›Durch diesen Helm hindurch erschlug eine Tjost den
Edlen, der war stark. Gahmuret war sein Name, er
herrschte als König über drei Länder: Ein jedes krönte
ihn mit seiner Krone, und gewaltige Fürsten schritten
hinterdrein. Er war geboren von dem Haus Anschouwe
und hat im Dienst des Bâruc vor Baldac den Leib ver-
loren. Sein Ruhm riß ihn so hoch hinauf, daß dahin kei-
ner reichen konnte, wenn man es auch alle Ritter auf der

Welt versuchen ließe. Der muß von einer Mutter erst
geboren werden, dem sich die Kraft des Helden ver-
sprechen soll, ich meine: Der muß zum Rittertum be-
rufen sein. Hilfe und mannhaften Rat gab er mit solider
Treue seinen Freunden. Um der Frauen willen litt er viel
scharfe Pein. Die Taufe hatte er und die Religion der
Christen: Es weinten Sarazenen ohne Heuchelei, als er
starb, ja, das ist wahr. All die Jahre seines Lebens, solang
er denken konnte, trieb Ehre diesen Starken um, und er
starb in ritterlichen Ehren. Den Verrat hat er überwun-
den. Wünscht ihm, der hier begraben liegt, das Heil!«

Dies alles sprach der Knappe. Da sah man viele Wâ-
109 leisen weinen, die hatten guten Grund zu klagen. Die
Dame trug da schon ein Kind, das zappelte in ihrem
Leib — und jene ließen sie hilflos dort am Boden liegen!
Seit achtzehn Wochen war das Kind lebendig, dessen
Mutter mit dem Tod ringt, die Königin, die edle Herze-
loyde. Sie waren nicht bei Trost, daß sie der Frau nicht
halfen. Sie trug doch den in ihrem Leib, der hoch über
allen Rittern blühen soll — wenn er hier am Leben
bleibt. Da ging ein alter, weiser Mann klagend zu der
Dame, der beugte sich gleich über sie, die da mit dem
Tod kämpfte. Die Zähne zwang er ihr auseinander:
Man goß ihr Wasser in den Mund. Da merkte sie, wie
sie wieder zu Sinnen kam.

Sie sprach: »Weh, wo ist er hin, mein Liebster?« Laut
schrie die Dame in ihrem Leid. »Ein weites Glück war
meinem Herzen der Adel Gahmurets. Den hat mir seine
wilde Lust nach Krieg genommen. Ich bin viel jünger,
als er war, und bin seine Mutter und sein Weib. Ich habe
hier doch seinen Leib in meinem Schoß und seine leben-
dige Saat. Die gaben und empfingen seine Liebe und
110 die meine. Wenn Gott Treue im Sinn hat, so muß er
seine Frucht gedeihen machen. Allzuviel habe ich an
meinem stolzen, edlen Mann verloren, Arges hat der Tod
mir angetan. Immer wenn er Liebe von einer Frau
empfing, durfte er sich aller Freuden freuen, die sie zu
vergeben hatte. Es tat ihm weh, wenn eine Frau leiden
mußte. Aus männlich starker Treue kam ihm solches
Mitgefühl, der Verrat fand in ihm keinen Raum.«

Jetzt hört weitererzählen, was die Frau dann als näch-
stes tat. Sie umfing das Kind und ihren Bauch mit Ar-
men und mit Händen, sie sprach: »Die edle Frucht von
Gahmuret soll Gott mir schenken, das ist meines Her-
zens Bitte. Gott bewahre mich, daß mich nicht die Ge-

walt der Trauer stumpf und fühllos macht: Das wäre Gahmurets zweiter Tod, wenn ich mich selber ums Leben brächte, da ich in mir trage, was ich von seiner Liebe empfing; alle Treue, die ein Mann haben kann, hat er an mir wahrgemacht.«

Die Dame achtete nicht auf die Leute, die es sahen:
Sie zerriß sich das Hemd vor der Brust. Ihren linden,
weißen Brüstlein wandte sie sich zu, sie drückte sie an
ihren roten Mund. Sie zeigte, daß sie eine rechte Frau
war. Und so sprach sie, die Kluge: »Du bist der Kasten
für des Kindes Speise, die hat es vorausgesandt seit jenem 111
Tag, da ich es in meinem Leib sich regen spürte.«

Die Dame sah, daß ihr Wunsch in Erfüllung gehen sollte, denn es war Nahrung für das Kind über ihrem Herzen: Die Milch in ihren Zitzlein, die drückte sie heraus, die Königin, sie sprach: »Du kommst von der Treue. Hätte ich die Taufe nicht bekommen, so tätest du an mir recht gut, was sonst das Wasser tut. Ich muß mich oft mit dir begießen und mit meinen Augen, vor allen Leuten und wenn ich allein bin: So will ich trauern um Gahmuret.«

Da befahl die Dame, jenes blutige Hemd herzubringen,
das Gahmuret im Heer des Bâruc getragen hatte, als er
den Leib verlor; der fand da ein kriegerisches Ende in so
recht männlich wilder Lust. Die Dame fragte auch nach
dem Eisen, das dem Gahmuret den Todesstoß gab.
Ipomidôn von Ninnivê, der stolze, edle Babylône, hatte
mit den Waffen seinen Mann reichlich bezahlt: Von
Schlägen war das Hemd ein Fetzen. Die Dame wollte es
anziehen, wie sie es früher immer tat, wenn ihr Mann von
Ritterfahrten heimkam. Da nahmen sie es ihr aus der
Hand. Die höchsten Fürsten in dem Land bestatteten 112
das Eisen und auch das Blut im Münster; sie machten
alles so, wie man sonst nur Toten tut. Im Land des Gah-
muret gab es da Jammer anzuschauen.

Dann dauerte es vierzehn Tage, so lag die Dame in Kindeswehen, und zwar von einem Sohn, der so starke Glieder hatte, daß sie kaum mit dem Leben davonkam.

Hier hat nun die Aventiure ihren Wurf getan, ihr Ziel ist aufgesteckt: Denn erst jetzt ist der geboren, dem diese Geschichte bestimmt war. Von seines Vaters Glück und Leiden, von seinem Leben und von seinem Tod habt ihr erzählen hören; nun solltet ihr wissen, wo er, euer Held in der Geschichte, hergekommen ist, und ihr erfahrt, wie man ihn mit Sorge aufzog: Man verbarg ihn vor der ritterlichen Welt all die Zeit lang, ehe sein Verstand kräftig wurde.

Als die Königin nach der Geburt zu Sinnen kam und als sie nun wieder ihr Kindlein bei sich hatte, da schauten sie und all die andern Damen es erst richtig an: zwischen den Beinen sein Pimperlein. Und er wurde umschmeichelt und geherzt, als sie sahen, daß er Glieder hatte wie ein Mann. Später sollte der ein Schmied mit Schwertern werden, der viel Feuer aus den Helmen schlug. In seinem Herzen trug er eines rechten Mannes Kraft.

113 Die Königin hatte solche Lust an ihm, daß sie ihn immer wieder küßte. Sie hatte auf nichts anderes mehr acht, wenn sie so zu ihm sprach: *»Bon fils, cher fils, beau fils.«* Und ohne lang zu überlegen, griff die Königin an jene rosig bräunlichen Male, ich meine die Schnäbelchen ihrer Zitzen: Das schob sie ihm ins Mäulchen. Sie, die ihn in ihrem Schoß getragen hatte, war selber seine Amme; sie, die alles Widerwärtige von ihrer Weiblichkeit verscheuchte, legte ihn an ihre Brust. Ihr war, als wären ihre Bitten erfüllt: als hielte sie Gahmuret wieder in ihren Armen.

Niemals war sie selbstherrlich und frivol, Demut war ihr Teil. Die edle Herzeloyde sprach mit tiefem Sinn: »Die höchste Königin selber bot Jesus ihre Brust; der hat als Mensch für uns einen ganz fürchterlichen Tod am Kreuz auf sich genommen und hat uns so bewiesen, wie treu er ist. Wer seinen eigenen Leib im Aufruhr der Gefühle gering achtet, dessen Seele wird es bös ergehen beim Gericht, mag oder möchte er auch sonst keusch wie ein Lamm sein. Das weiß ich ganz gewiß.«

Es begoß sich die Herrin des Landes mit dem Tau, der
aus ihres Herzens Jammer floß: Ihre Augen ließen reg-
nen auf den Knaben. Sie wußte, wie man Treue fest-
114 hält, daß sie nicht entschlüpft. Seufzen und lachen, bei-
des konnte ihr Mund sehr wohl. Sie war glücklich über
die Geburt ihres Sohns — ihre Fröhlichkeit ertrank im
Strom der Leiden.

Wenn nun einer besser von den Frauen spricht als ich — wahrlich, ich gönne es ihm in Frieden: ich selber wollte gerne ihrem Glück zugutereden. Da ist bloß *eine,* der will ich nicht gefällig sein

und keine Verbindlichkeiten mit ihr haben; mein Haß gegen sie ist immer jung geblieben seit dem Tag, da ich sie untreu sah. Ich bin Wolfram aus Eschenbach und verstehe was vom Liederdichten. Und ich bin eine Zange und lasse meinen Haß auf jene Frau nicht los: Die hat so böse an meinem Leib gehandelt, daß ich ihr nicht anders als feind sein kann. Darum muß ich von den andern Frauen Feindschaft tragen. Ach, warum tun sie das? Freilich, es tut mir oft weh, daß sie mich nun alle hassen — doch das ist eben typisch weiblich —, nachdem ich so vorlaut war und selber an mir bös gehandelt habe. Das wird so leicht kein zweites Mal geschehen. Sie sollten aber auch nicht gar zu jäh und wild losstürmen gegen meine Hecke, sie merken sonst, daß ich Waffen habe, mich zu wehren. Und es ist ja auch nicht
so, daß ich etwa das Maß verlegt hätte, Sitte und Betragen 115
einer Frau recht zu beurteilen: Unschuld ohne Gier muß eine Frau haben, dann lege ich für jede die Hand ins Feuer; von Herzen tut es mir weh, wenn ihr was Arges zustößt. Sein Lob lahmt auf der Hinterhand, wenn einer um der eigenen Dame willen Matt allen andern Damen bieten möchte mit Worten.

Wenn nun eine Frau genau wissen will, was es mit mir auf sich hat, wenn sie Beweise sehen will und hören, dann bin ich ihr schuldig, sie nicht einfach taub von bloßem Lärm zu machen. Das Recht, mit dem *ich* geboren bin, steht auf einem Schild gemalt: Wo es also vorkäme, daß kriegerischer Mut sich nicht an mir blicken ließe, und da wäre eine, die mich trotzdem liebte, bloß der Lieder wegen, die ich singe — die wäre, scheint mir, keine von den Klugen. Wenn ich mich um die Liebe einer rechten Frau bemühe, so muß ich mir den Lohn der Liebe mit Schild und Speer verdienen; ob ich das kann oder nicht, danach soll sie ihre Gunst bemessen. Mit hohem Einsatz und mit Risiko spielt doch der, der in der Ritterschaft nach Liebe zielt.

Es besteht die Gefahr, daß die Frauen glauben, ich wollte nun bei ihnen Gnaden heucheln — ich würde euch sonst gerne noch mehr von der Geschichte vorsetzen, lauter unerhörte Dinge, und erzählen, wie dies Abenteuer weitergeht. Wäre jemand hier, der sich das von mir wünschte, so soll der aber ja nicht glauben, das wäre ein *Buch,* was er hört: Mit Buchstaben hab ich nichts im Sinn, da gibt's genügend andre, die daraus ihre Hefe nehmen. Dieser Roman geht seinen Weg, da

116 braucht es keine Bücher. Und ehe man ihn mit einem Buch verwechselt, wollte ich noch lieber ganz nackt bleiben, ohne Tuch, so wie ich in der Wanne sitze — bloß ein Feigenblatt, etwa den Badewedel, müßte ich natürlich haben.

DRITTES BUCH

Traurig macht es meinen Leib, wenn ich die vielen sehe, die da den Namen *Frau* für sich in Anspruch nehmen. Die Stimme klingt bei allen gleich hell, doch ist unter ihnen eine gute Zahl von solchen, die, immer auf dem Sprung, bereit sind, sich dem Verrat in die Arme zu stürzen, in etlichen anderen findet Verrat keinen Raum. So weit gehen halt die Dinge auseinander. Daß diese und jene denselben Namen tragen sollen, das ist eine Schande, die mein Herz tief fühlt. Zum Wesen des Frauseins in der Ordnung der Welt gehört — und gehörte seit je — die Treue.

Genügend Leute sagen von der Armut, die sei zu gar nichts zu gebrauchen. Wer sie aber freiwillig aus Treue auf sich nimmt, dessen Seele brennt das Höllenfeuer nicht. Und da war wirklich eine Frau, die litt Armut um der Treue willen: Dafür bekam sie immer neuen Reichtum im Himmel von der Kraft des Schenkens, die kein Ende hat. Mir scheint, daß es von ihrer Art heutzutage ganz wenige geben muß, Menschen, die jung den irdischen Reichtum losließen, um die Herrlichkeit des Himmels zu gewinnen; ich jedenfalls kenne keinen — Mann oder Frau, das ist mir eins, der eine tut's so wenig wie die andre. Die edle Herzeloyde, die Königin, verbannte sich selber aus ihren drei Reichen, sie nahm auf sich die Last
117 des Mangels an allen guten Dingen. Verrat verschwand so ganz und gar an ihr, daß kein Auge oder Ohr jemals mehr etwas davon bemerken konnte. Wie ein Nebel war ihr die Sonne, sie floh das Glück der Menschen. Nacht und Tag, für sie war es gleich: Nichts als Trauer wollte ihr Herz empfinden.

Zum Jammer trieb es diese Dame hin: Sie zog fort aus ihrem Land in einen Wald, in die öde Wildnis von Soltâne. Es waren nicht die Blumen auf der Wiese, die sie lockten; Jammer füllte ihr Herz ganz aus, da lag ihr nichts an Blütenkränzen, seien sie nun rot oder in hellen Farben. Vielmehr hatte sie hierher das Kind des edlen Gahmuret in Sicherheit bringen wollen. Leute sind da auch bei ihr, die müssen Ackerbau treiben und roden. Für ihren Sohn sorgte sie klug mit Zärtlichkeit: Bevor der noch vernünftig denken konnte, ließ sie alle ihre Leute kommen, und zwar die Männer wie die Frauen. Und sie verbot da allen bei Todesstrafe, von Rittertum und Rittern auch nur einen Ton zu sprechen. »Denn wenn mein liebster Schatz erführe, was es mit dem ritterlichen Leben auf sich hat, so wäre das ein großes Unglück für mich. Drum seid vernünftig und haltet vor ihm alles geheim, was mit Ritterschaft zu tun hat.«

Nach dieser Regel fuhr man bang auf enger Bahn. So
wurde der Knabe verborgen im wilden Wald von Sol- 118
tâne erzogen und um königliche Lebensart gebracht —
nur in einem, was er trieb, so könnte man allenfalls sagen,
kam er zu edlem Recht: Bogen und Bölzlein schnitzte
er mit eigener Hand, und er schoß viele Vögel, wo er sie
nur sah. Jedesmal aber, wenn er wieder einen Vogel
totgeschossen hatte, von dessen Singen vorher so prächtige Musik gewesen war, so weinte er und raufte sich,
sein Haar mußte es büßen. Klar schien sein Leib und
stolz: Am Ufer auf der großen Wiese wusch er sich jeden
Morgen. Er kannte keinen Kummer, außer wenn über
ihm die Vögel sangen; das drang ihm so süß ins Herz und
machte ihm sein Kinderbrüstlein weit. Weinend lief er
dann zur Königin. So sprach sie: »Wer hat dir was
angetan? Du warst doch draußen auf der Wiese.« Da
konnte er es ihr nicht sagen, wie es auch heutzutage Kindern leicht geschieht.

Dieser Sache ging sie lange nach. Eines Tages sah sie
ihn, wie er auf die Bäume hinauf dem Gesang der Vögel
nachgaffte. Sie merkte wohl, daß von dem Klang ihres
Kindes Brust sich schwellte: Das machte seine Lust und
edle Art vom Vater her. Die Königin Herzeloyde fing
da Krieg an mit den Vögeln, sie wußte gar nicht recht
warum. Ihren Schall wollte sie stille machen. Bauern 119
und Knechte hieß sie rasch laufen, Vögel würgen und
fangen. Die Vögel waren aber die flinkeren Ritter — ein
ganz großes Sterben stellte sich nicht ein. Eine gute
Anzahl blieb lebendig, die feierten dann fröhlich mit
Gesang.

Der Knabe sprach zur Königin: »Was haben die Vögelchen verbrochen, daß man sie straft?« Und er verlangte, man müsse sofort die Fehde beenden.

Seine Mutter küßte ihn auf den Mund, sie sprach: »Wie käme ich dazu, Seine Ordnung umzukehren, der doch der höchste Gott ist? Sollen denn um meinetwillen Vögel nicht mehr fröhlich sein?«

Da sprach der Bub zur Mutter: »Ach Mutter, was ist das: Gott?«

»Mein Sohn, es ist kein Spaß, was ich dir jetzt sage: Er ist noch heller als die Sonne, der sich entschloß, Gestalt anzunehmen nach des Menschen Bild. Mein Sohn, merke dir die Lehre: Zu Ihm sollst du flehen, wenn dir etwas fehlt; Seine Treue hat noch nie den Menschen Hilfe verweigert. Auf der andern Seite aber heißt genauso einer *Herr,* und zwar der *Hölle,* der ist schwarz, der kann nicht anders als untreu handeln. Zu ihm hin laß dich niemals ziehen. Und laß dich nicht zweideutig unentschieden lenken von schwankender Lumperei.«

Seine Mutter schied ihm vollends das Licht von der
120 Finsternis. Danach sprang seine kühne Ungeduld schnell mit ihm fort. Er lernte, mit dem Spieß zu werfen; so schoß er viele Hirsche tot, die seine Mutter und die Leute aßen. Ganz gleich, ob Schnee lag oder ob es taute, immer tat dem Wild sein Schießen weh. Hört zu, ich sage euch jetzt was Sonderbares: Auch wenn er ein Stück geschossen hatte, das schwer genug war, ein Maultier damit ordentlich zu beladen, so trug er's immer unzerlegt, so wie es war, nach Hause.

Eines Tages war er wieder auf der Jagd, er ging an einer langgestreckten Anhöhe. Weil er ein Blatt zum Pfeifen brauchte, brach er sich ein Zweiglein ab. Dort nahe bei ihm ging ein Steig hinauf. Da hörte er das Geräusch von Hufgetrampel. Seinen Spieß faßte er zum Wurf, er sprach: »Was hör ich da? Wenn das doch der Teufel wäre, der nun kommt in wilder Wut! Mit dem wollte ich's schon aufnehmen. Meine Mutter sagt von ihm ganz fürchterliche Dinge, ich glaube aber, mit ihrer Courage ist es nicht weit her.«

So stand er da voller Erwartung, bereit zum Kampf. Jetzt schaut, was dort kam: Es waren drei Ritter, die ritten im Galopp daher, wunderschön anzuschauen und vom Fuß auf in Eisen. Der Knabe glaubte, ganz ohne Spott, jeder von denen wäre ein Gott. Und also blieb er nicht länger da stehen, sondern warf sich ihnen in den

Weg und auf die Knie. Laut rief der Bub: »Hilf, Gott, 121
du hast Macht zu helfen!«

Der vorderste wurde zornig — der Knabe lag ja mitten im Pfad —: »Dieser närrische Wâleise hält uns auf, und wir haben es eilig!«

Man rühmt uns Baiern etwas nach, das auch für die Wâleisen gilt; ich muß aber sagen, daß die noch blöder sind als die Leute in Baiern, und sind dabei große Kämpfer. Wer in den zwei Ländern trotzdem etwas Rechtes wird, der ist ein Wunder der Kultur.

Da kam mit verhängtem Zügel und in kriegerischer Pracht ein Ritter hergesprengt. In größter Eile ritt der Feinden nach, die ihm weit voraus waren: Es waren zwei Ritter, die hatten ihm in seinem Land eine Dame weggenommen. Den Helden kränkte diese Schande; das Leid, das man dem Mädchen angetan hatte, das da in Jammer vor ihm ritt, schmerzte ihn. Die drei Ritter hier waren seine Leute. Er ritt einen schönen Kastilianer, an seinem Schild war wenig heil. Er hieß Karnahkarnanz, *le comte* Ulterlec. Er sprach: »Wer stellt sich uns
da in den Weg?« Und er ritt näher zu dem Knaben. Dem 122
schien er wie ein Gott so schön: Er hatte noch nie etwas so glänzend Lichtes gesehen. Bis auf den Tau hinab fiel lang der Waffenrock. Von glitzernden goldenen Glöckchen vor jedem Bein klingelten die Steigbügel, die Riemen in exakt geschmackvoller Länge. Sein rechter Arm klang auch von Glöckchen, wenn er ihn ausstreckte oder wenn er ihn schwang. Man hatte den Ärmel deswegen so gemacht, damit er laut die Schwertschläge ausrufe. Wo Ruhm sich zeigte, stürzte sich der Held auf ihn mit Kraft. In wunderschönem Waffenschmuck ritt der gewaltige Fürst.

Ein Blütenkranz über aller Männer Schönheit war er, den Karnahkarnanz nun anredete: »Junger Herr, habt Ihr zwei Ritter vorbeikommen sehen, die vor den Regeln ritterlichen Lebens keine Achtung haben? Sie sind verstrickt in böse Räuberei, feige Verräter ohne Ehre. Sie haben ein Mädchen geraubt und schleppen es fort.«

Der Knabe glaubte, als jener so zu ihm sprach, er wäre Gott, weil ja alles so war, wie die edle Herzeloyde, die Königin, es ihm in ihrer Lehre vom hellen Licht dargestellt hatte. Und er rief laut, ohne das Lächerliche an der Sache zu bemerken: »Nun hilf, du mächtiger Gott!« Mit viel Inbrunst lag da betend auf den Knien *fils du roi* Gahmuret.

Der Fürst sprach: »Ich bin nicht Gott, ich bin aber
123 seinem Willen gern gehorsam. Du kannst hier *Ritter*
sehen, wenn du deine Augen richtig aufmachen willst.«

Der Knabe fragte weiter: »Du redest von Rittern: Was ist das? Wenn es nicht göttlich ist, was an dir so glänzt, dann sag mir: Von wem kann man Ritterschaft bekommen?«

»Die gibt der König Artûs. Junger Herr, wo der daheim ist, dahin müßt Ihr kommen, dann hilft Euch der zu Ritters Namen, und zwar so, daß Ihr Euch nicht dafür zu schämen braucht. Ihr seid gewiß adelig genug für einen Ritter.«

Er wurde nun recht angeschaut von den Helden: Da lag offen an ihm Gottes ganze Kunst — das hab ich von der Aventiure, die hat mir gesagt, daß es wirklich ganz genau so war. Bis zu ihm seit Adams Zeit ist nie dem Schöpfer ein Mann schöner geraten, darum wurde er weit in der Welt von den Frauen gerühmt.

Und wieder sprach der Bub, da mußten jene lachen:
»Ha, guter Ritter, was ist denn das? Du hast ja überall an
deinen Leib Fingerringlein angebunden, da oben, und
unten auch.« Des Knaben Hand tastete an dem Fürsten
umher, überall wo Eisen war: Den Kettenpanzer schaute
er sich an. »Die Jungfrauen bei meiner Mutter tragen
ihre Ringlein an Schnüren, sie sind aber nicht so ineinan-
124 dergeflochten wie hier.« Dem Knaben kam noch etwas
in den Sinn, er sprach: »Sehr schick siehst du drin aus,
aber wofür ist das gut? Ich kann kein Ringlein abzwik-
ken.«

Der Fürst zeigte ihm nun sein Schwert: »Schau her: Wenn einer mich zum Kampf fordert, dann wehre ich mich mit Schlägen. Um mich vor den Schlägen des andern zu bewahren, ziehe ich dieses Ding hier an, und auch zum Schutz vor Schüssen und Stichen muß ich die Rüstung tragen.«

Wieder sprach der kühne Knabe: »Wenn die Hirsche auch so ein Fell hätten, dann könnte mein Spieß ihnen nichts antun. So aber fallen viele tot vor mir nieder.«

Die Ritter waren zornig, daß ihr Herr bei dem Knaben, der so viel Dummheit offenbarte, stehenblieb. Der Fürst sprach: »Gott schütze dich. Ach, hätte ich nur deine Schönheit! Dir hat Gott die Fülle dessen, was ein Mensch nur wünschen kann, geschenkt — wenn nur deinem Wesen auch Verstand gegeben wäre! Möge Gottes Macht Leid von dir fernhalten.«

Die Seinen und er selber ritten fort in kühnem Galopp.
So kamen sie zu einem Acker in dem Wald. Da sah der
schöne Held die Pflüge der edlen Herzeloyde. Den Leu-
ten dieser Dame sollte jetzt das allerärgste Leid gesche-
hen. Er sah sie tapfer ackern, zuerst säen, danach eggen,
die Geißel schwingen über starken Ochsen. Der Fürst 125
bot ihnen einen guten Morgen und fragte sie, ob sie eine
Jungfrau in der Gewalt von Männern gesehen hätten.
Sie konnten da nicht ausweichen, als er sie so fragte,
und sie sagten: »Zwei Ritter und ein Mädchen sind
heute morgen dort geritten. Die Dame war traurig. Die
das Fräulein mit sich führten, setzten scharf die Sporen
ein.«

Das war Meljahkanz, den sollte Karnachkarnanz erjagen und ihm mit Kampf die Dame nehmen, deren Glück am Krückstock ging; sie hieß Imâne von der Belfontâne.

Die Leute auf dem Acker waren verzweifelt, als vor ihnen die Helden dahinjagten. Sie sprachen: »Warum nur mußte uns das geschehen! Wenn unser junger Herr die schartigen Helme dieser Ritter gesehen hat, dann sind wir schlechte Wächter gewesen: Wir werden mit Recht Böses von der Königin dafür zu hören kriegen. Denn mit uns ist er heute morgen hierhergelaufen, als sie noch schlief.«

Der Knabe ließ die Hirsche Hirsche sein — klein oder
groß, mochte sie schießen wer wollte —, er lief heim zur
Mutter und erzählte ihr. Da fiel sie nieder: So sehr war 126
sie erschrocken bei seinen Worten, daß sie nun ohne Be-
sinnung vor ihm lag.

Als die Königin wieder zu Bewußtsein kam, so sprach sie, obwohl sie ganz verzweifelt war vor Angst: »Mein Sohn, wer hat dir erzählt vom Ritterwesen, wo hast du das erfahren?«

»Mutter, ich habe vier Männer getroffen, die sahen noch lichter aus als Gott. Die erzählten mir von Ritterschaft. Des Artûs königliche Kraft soll mich in ritterliche Ehren und zum Schildamt bringen.«

Ein neuer Jammer stand jetzt auf. Die Dame wußte nicht recht wie, doch wollte sie sich eine List ausdenken, um ihn von seinem Willen abzubringen. Der Bub, der noch so dumm und schon so edel war, bat die Mutter immer wieder um ein Pferd. Das wurde ihrem Herzen bald ein wahrer Jammer. Sie dachte: ›Ich will es ihm nicht verweigern, es muß aber ein ganz schlechtes sein.‹

Da fiel der Königin noch etwas ein: ›Viele Leute spotten gern. Mein Kind soll Narrenkleider tragen über seinem lichten Leib. Wenn man ihn an den Haaren zerrt und ihn prügelt, so kommt er gewiß zu mir zurück.‹

127 Ach, traurig, was er mit sich machen ließ! Die Dame nahm ein Stück Rupfen; sie schneiderte ihm davon Hemd und Hosen, doch so, daß man es als ein einziges Kleidungsstück ansehen mußte, das ihm halblang über seine blanken Beine reichte. Es war ein Narrengewand, das sah man sofort. Oben dran hatte es eine Kapuze. Ganz frisch und haarig rauh war die Kälberhaut, aus der man ihm zwei Stiefel für die Beine zuschnitt. Keinen gab es da, der nicht laut gejammert hätte.

Die Königin hatte alles genau überlegt; sie bat ihn, er möge diese Nacht noch bleiben. »Du sollst noch nicht fort von hier, vorher will ich dich erst lehren, was du wissen mußt. Wenn du auf ungebahnten Straßen reitest, so mußt du die dunklen Furten meiden. Wenn das Wasser seicht und lauter ist, da hab nur immer Mut und reite hinein. Du sollst dich bemühen, immer höflich zu sein, und alle Leute grüßen. Wenn ein grauer, weiser Mann dich lehren will, wie man sich recht benimmt, dann weiß der, was er tut, und also sollst du ihm gern folgen und ja nicht zornig aufgeblasen sein. Mein Sohn, das lege ich dir noch ans Herz: Wo du Gelegenheit hast, von einer lieben Frau ein Fingerringlein zu erwerben und freundliche Worte, dort greif zu; das hilft dir gegen Traurigkeit. Du mußt sie drängen um ihren Kuß und
128 ihren Leib recht fest umfangen: Das bringt dir Glück und macht die Seele edel, wenn die Frau Unschuld hat und Güte.

Du sollst auch wissen, mein Sohn, daß der stolze, kühne Lähelîn deinen Fürsten mit Krieg zwei Länder weggenommen hat, die sollten einmal deiner Hand gehören: Wâleis und Norgâls. Einer deiner Fürsten, Turkentâls, hat den Tod von seiner Hand empfangen. Dein Volk hat er erschlagen und gefangen.«

»Das will ich rächen, Mutter, wenn Gott es mir gönnt, soll eines Tages mein Spieß ihn stechen.«

Am Morgen, als der Tag aufging, war der Knabe kühn entschlossen, es trieb ihn mit Gewalt zu Artûs hin. Die edle Herzeloyde küßte ihn und lief ihm nach. Da geschah, was allen Menschen weh tun muß: Als sie ihren Sohn nicht mehr sah, der ritt davon — es wird ihm doch keiner je weiter, je besser nachrufen? —, da also fiel die

Dame, die sich niemals hergab zu untreuen Dingen, zur
Erde nieder. Und es ging der Schmerz mit Messern über
sie hin: So konnte sie dem Sterben nicht entkommen.
Ihr Tod in treuer Liebe schützt die Dame vor dem
Höllenfeuer. Wohl ihr, daß sie Mutter wurde! So fuhr
sie die Fahrt, die reiche Frucht trägt, eine Wurzel der
Güte, ein Stamm der Demut. Weh uns, daß wir heutzu-
tage nichts Verwandtes mit ihr haben, selbst wenn wir
Verwandtschaft zählen wollten bis ins elfte Glied. So 129
ist es kein Wunder, wenn mancher Leib an den Verrat
fällt. Doch sollten nun die treuen Frauen diesem Knaben
Glück wünschen, der sich hier aufgemacht hat, Herze-
loyde zu verlassen.

Es nahm der schöne Knabe seinen Weg zum Wald von
Brizljân. Er kam an einen Bach geritten, da wäre leicht
ein Gockel durchgeschritten. Obwohl da Blumen stan-
den und Gras und einzig deshalb das Wasser in dem
Schatten dunkel floß, ging der Knabe nicht hinüber. Den
ganzen Tag ritt er am Ufer entlang — er verstand es halt
nicht besser. Die Nacht verbrachte er so gut es ging, bis
ihm der helle Tag erschien. Ganz alleine machte er sich
auf den Weg und ritt weiter bis zu einer Stelle, wo der
Bach hübsch hell war. Da war auf der andern Seite ein
weites Feld mit einem Zelt geadelt, an das hatte man
viel Herrlichkeit gewendet: Es war von dreierlei Samt
und hoch und weit, die Nähte verdeckt mit schönen
Borten. Da hing eine Pellerine aus Leder bereit, die man
drüberziehen konnte, wenn es ja einmal regnen wollte.
Duc Orilus de Lalander, dessen Frau fand er dort liegen
unter dem Zelt. Reizend war sie anzuschaun, die Her-
zogin, die große Dame. Sie sah der Geliebten eines 130
Ritters recht wohl gleich und hieß Jeschûte.

Die Dame war eingeschlafen. Sie trug der Liebe Waffen: einen Mund durch und durch leuchtend, der konnte allerdings das Herz eines stürmischen Ritters in Bedrängnis bringen. Während die Dame da schlief, lief ihr der Mund ein bißchen auseinander: Der trug der Liebe Hitze Feuer. So vollkommen, wie sonst nur der Wunsch sein kann, lag dieses Abenteuer am Wege. Von schneeweißem Bein standen da hübsch und glitzernd einer neben dem andern ihre schimmernden Zähne. Ich glaube schon, daß man mich dran gewöhnen könnte, einen Mund zu küssen, von dem es so viel Gutes zu berichten gibt: Mir ist es noch nicht oft vergönnt gewesen.

Ihre Bettdecke war aus Zobelfell und vom Hüftbein-
chen an aufgeschlagen. Die hatte sie, denn ihr war heiß,
von sich geschoben, als der Herr des Zeltes sie verließ.
An ihr lag alles Können eines Meisters, eine sehr elegante
Kreation: Aus Gottes eigener Werkstatt kam ihr süßer
Leib. Schöne, lange Arme hatte sie und weiße Hände.
Der Knabe sah ein Ringlein blitzen, das zog ihn mit
Macht zum Bett: da fing er mit der Herzogin zu kämp-
fen an. Es war ihm nämlich die Lehre seiner Mutter in
den Sinn gekommen, die hatte ja gesagt, daß der Ring
131 von einer Frau was ganz Begehrenswertes sei. Und so
sprang denn dieser schöne Knabe vom Teppich, auf dem
er stand, ins Bett hinein.

Die Süße, Keusche schrak unsanft auf, als da der Knabe
in ihren Armen lag. Es half nichts, sie mußte erwachen:
welche Schande! Es war ihr nicht nach Lachen zumute,
diese Dame hatte eine feine Erziehung genossen. Sie
sprach: »Wer hat mich entehrt? Junger Herr, Ihr nehmt
Euch gar zu viel heraus, Ihr solltet Euch ein andres
Opfer suchen!«

Die Dame klagte laut — er kümmerte sich nicht
darum, was sie auch sagen mochte: Ihren Mund zwang er
an seinen. Und danach dauerte es nicht mehr lang, so
drückte er die Herzogin an seinen Leib, und er nahm
ihr auch noch jenen Fingerring weg. An ihrem Hemd-
chen sah er eine Spange, die riß er ab mit grober Hand.
Die Dame wehrte sich mit Weibeskräften: Seine Über-
macht war ihr ein ganzes Heer, trotzdem wurde lang
gerungen.

Der Knabe fing nun an zu jammern, daß er hungrig
sei. Weiß leuchtete der Leib der Dame, sie sprach:
»Nicht von mir sollt Ihr abbeißen! Seid klug und eßt was
andres, das bekommt Euch besser. Dort ist Brot und
Wein und zwei Rebhühner dazu; das steht alles noch so
da, wie es ein Mädchen brachte — die hatte allerdings
nicht Euch dabei im Sinn.«

132 Er ließ die gute Hausfrau sitzen, wo sie saß; er aß, bis
er den Kropf voll hatte, und trank schwere Trünke hin-
terher. Die Dame fand, er sei nun schon gar zu lang in
diesem Pavillon geblieben. Sie glaubte, er wäre viel-
leicht einer von den Pagen, der den Verstand verloren
hätte. Ihre feine Sittlichkeit geriet ins Schwitzen. Doch
sprach die Herzogin so: »Junger Herr, Ihr müßt mein
Fingerringlein hierlassen und meine Spange auch.
Macht Euch fort, denn wenn mein Mann heimkommt,

so kriegt Ihr seinen Zorn zu spüren, daß Ihr Euch wünschen möchtet, Ihr wärt ihm nicht begegnet.«

Da sprach das adelige Kind: »Ach was, fürchte ich vielleicht den Zorn Eures Mannes? Aber damit nicht etwa Eure Ehre zu Schaden kommt, will ich fort von hier.«

Da ging er nun zu dem Bett hin: Noch einen Kuß nahm er sich da, der die Herzogin nicht freute. Sie sagte ihm nicht adieu, als der Knabe wegritt, er sprach nur noch: »Behüt dich Gott, das hat die Mutter mir ans Herz gelegt.«

Der Knabe war sehr vergnügt über seine Beute. Er
war schon eine Weile fort — fast schon eine ganze
Meile —, da kam der, von dem ich nun erzählen will.
Der sah die Spur im Tau und wußte also, daß seine Dame
Besuch gehabt hatte. Einige Zeltschnüre waren nieder- 133
getreten: Da war der Knabe durch das Gras gewatet.
Dort unter dem Zelt fand der edle und berühmte Fürst
seine Frau, die ließ den Kopf tief hängen. Da sprach der
stolze Orilus: »Wehe Euch, meine Dame, warum nur
mußte ich mein Rittertum zu Euch hin lenken! Zu
nichts als Schande ist mir endlich viel ritterliche Ehre
geraten. Ihr habt einen andren Kavalier.«

Das sei nicht wahr, sagte die Dame, und sie versuchte es zu zeigen mit Augen, die viel Wasser fließen ließen, daß sie unschuldig sei. Er glaubte ihren Worten nicht. Sie aber sprach mit Zittern: »Es kam ein Kretin dahergeritten; unter allen Menschen, die ich kenne, sah ich nie einen so vollkommen schönen Leib. Meine Spange und ein Ringlein hat er mir weggenommen, ich hab's ihm nicht erlaubt.«

»Ah, sein Leib gefällt Euch wohl! Ihr habt mit ihm geschlafen!«

Da sprach sie: »Um Gottes willen, nein! Es standen mir doch gar zu deutlich seine Bauernstiefel vor den Augen und sein Spieß. Ihr solltet Euch schämen, so zu reden. Es stünde einer Fürstin übel an, wenn sie Liebe annähme von so einem!«

Wieder sprach nun der Fürst: »Meine Dame, ich habe
Euch nie etwas Böses angetan — höchstens, Ihr wolltet 134
dies eine als Schande ansehn: daß Ihr nämlich den Namen
einer Königin aufgeben mußtet und nur mehr Herzogin
heißt, nach mir. Nichts als Schaden habe ich von diesem
Handel. Doch ist meine Mannheit höchst lebendig, so
sehr, daß Euer Bruder Erec, mein Schwager, *fils du roi*

Lac, recht guten Grund hat, Euch dafür feind zu sein.
Jeder, der Bescheid weiß, wird mir Ruhm zuerkennen;
der ist von einer Art, daß er nie geschändet werden
kann — bloß jener hat mich einmal vor Prurîn mit seiner
Tjost vom Pferd geworfen. Ich habe ihm aber später vor
Karnant all die Ehre wieder abgenommen: In rechter
Tjost stach ihn meine Hand hinters Roß, da mußte er
Pardon erbitten. Durch seinen Schild brachte meine
Lanze die kostbaren Pfänder Eurer Liebe. Sehr wenig
dachte ich damals daran, diese Liebe einem andern abzu-
treten, Jeschûte, meine Dame. Ihr sollt mir auch glau-
ben, daß der stolze Gâlôes, *fils du roi* Gandîn, tot von
meiner Tjost dalag. Und wieder wart Ihr nicht fern, als
Plihopliherî zur Tjost ritt gegen mich; diesem Kampf
135 mußte ich mich stellen. Mit Schwung warf ihn meine
Tjost hinters Roß, so daß ihn der Sattel nirgends mehr
zwickte. Oft habe ich die Ehre aus dem Kampf gebracht
und viele Ritter gefällt: Und für dies alles soll ich nun
gar keinen Dank haben? Das ist eine himmelschreiende
Schande, die mich dazu verurteilt.

Sie hassen mich als ihren Erzfeind, die von der Tafel-
runde, von denen stach ich acht zur Erde nieder damals
in Kanedic, als es um den Sperber ging: Das sahen viele
adelige Mädchen an. Für Euch hielt ich den Kampfpreis
fest, für mich den Sieg. Ihr selber habt es gesehen und
Artûs auch, in dessen Haus meine Schwester lebt, die
süße Cunnewâre. Ihr Mund kann kein Lachen tun, eh sie
nicht den erblickt, der höchsten Ruhm gewinnen soll.
Ach, käme mir doch dieser Mann über den Weg! Dann
gäbe es ein Streiten hier, so wie heute morgen; da
kämpfte ich, da habe ich es einem Fürsten bös gemacht,
der mir seine Tjost brachte: Tot von meiner Tjost lag er
da.

Von Jähzorn sollt Ihr nichts zu hören kriegen und da-
von, wie schon mancher seine Frau verprügelt hat einer
minderen Schuld wegen. Was ich nur irgend tun und
lassen könnte, Euch zu ehren oder zu gefallen, sollt Ihr
136 mit Sehnsucht entbehren. Ich will nicht mehr warm
werden in Euren weißen Armen, da lag ich in Liebe an
manchem glücklichen Tag. Fahl will ich Euren roten
Mund machen, rot soll man Eure Augen sehen. Euer
prangendes Glück will ich demütigen und Euer Herz das
Seufzen lehren.«

Die Fürstin sah zum Fürsten hin, mit Jammer sprach
da ihr Mund: »Nun tut an mir Eurem prächtigen Adel

Ehre: Ihr seid gerecht und weise, und Ihr habt alle Gewalt über mich, so daß Ihr mich sicher hart bestrafen könnt — aber Ihr müßt erst Gericht halten. Um aller Frauen willen tut diese Eure Pflicht; quälen könnt Ihr mich dann immer noch. Sollte ich da tot von fremden Händen liegen — von fremden, meine ich, damit es Eure Ehre nicht hinabzieht —, so wäre, wenn es auch noch so jäh ans Sterben ginge, diese Zeit mir süß, da Ihr doch Euren Haß auf mich geworfen habt.«

Und wieder sprach der Fürst: »Meine Dame, Ihr wer-
det mir noch gar zu fein, ich muß Eure Herrlichkeit zu-
rechtstutzen: Keine Gemeinschaft soll es mehr geben
beim Trinken und beim Essen, zusammen schlafen, das
wird abgeschafft. Ihr werdet in Zukunft nichts anderes
zum Anziehn kriegen, als was Ihr hattet, da ich Euch
hier sitzen fand. Euer Zaumzeug wird ein Seil aus Bast 137
sein, Euer Pferd soll in der Krippe immer einen Teil
Hunger finden, Euer Sattel, der so prächtig ist, der wird
entehrt.« Mit Gewalt zerrte und riß er den Samt herun-
ter, und als das geschehen war, zerschlug er auch noch
das Gestell von diesem Sattel, in dem sie immer ritt:
Unschuld und Frauengüte mußten so brutale Feind-
schaft von ihm leiden. Mit Bast und Flechtenzeug
flickte er dann wieder die Trümmer aneinander. Gar
zu bald war über sie sein Haß gekommen.

Und da sprach er dann: »Meine Dame, nun reiten wir los. Das wird mich wieder fröhlich machen, wenn ich an den gerate, der sich hier ein Stück von Eurer Liebe genommen hat. Der wäre mir das rechte Abenteuer, mit dem wollte ich schon fertig werden, wenn auch sein Atem wie der von einem wilden Drachen Feuer spiee.«

Mit vielen Tränen, ohne Lachen, schied die Dame, reich nur an Jammer, traurig von diesem Ort. Es betrübte sie nicht das, was ihr selber geschah, mochte es auch noch so schlimm werden, sondern nur das Unglück ihres Mannes: Daß der bedrückt war, das empfand sie so arg, daß selbst der Tod ihr sanfter gewesen wäre. Ihr aber, wenn euch Treue etwas gilt, sollt sie beklagen, denn sie muß nun hohe Leiden tragen. Wären mir auch alle Frauen noch so bitter feind, das Unglück der edlen Jeschûte täte mir doch weh.

Sie ritten also auf der Fährte hinter ihm her. Der 138
Knabe vor ihnen hatte es auch sehr eilig, freilich wußte
er, der Furcht nicht kannte, nicht, daß man ihn jagte;
denn wenn seine Augen einen Menschen sahen, so

grüßte ihn, sobald er näherkam, der gute Bub ganz harmlos und sprach dazu: »Das hat meine Mutter mich gelehrt.«

So kam unser närrischer Knabe einen Abhang herabgeritten. Die Stimme einer Frau hörte er — er wollte grade um die Spitze eines Felsens biegen. Eine Dame schrie aus rechtem Jammer, wahrhaftig, ihr Glück war zerbrochen. Der Knabe ritt kühn zu ihr hin. Hört nun, was die Dame tat: Da riß die edle Sigûne ihre langen Zöpfe, die rötlich braunen, vor Jammer aus der Kopfhaut. Der Knabe sah jetzt hin: Schîânatulander, den Fürsten, erblickte er da, tot im Schoß der Jungfrau. Die Heiterkeit der Welt war ihr ein Ekel.

»Er sehe traurig aus oder fröhlich, jeden Menschen, hat
meine Mutter gesagt, soll ich grüßen: Gott schütze
Euch«, sprach des Buben Mund. »Das ist ein trauriger
Fund, den ich hier finde in Eurem Schoß. Wer hat Euch
139 den Ritter da hingelegt mit seinen Wunden?« Der
Knabe sprach weiter, er ließ sich nicht entmutigen.
»Wer hat ihn getroffen, es geschah doch wohl mit einem
Spieß? Mir scheint gar, meine Dame, er ist tot. Wollt
Ihr mir nichts davon erzählen, wer das war, der Euch
den Ritter erschlagen hat? Wenn ich ihn noch einholen
kann, dann will ich gerne mit ihm kämpfen.« Bei diesen
Worten griff das Heldenkind an seinen Köcher, sehr
scharfe Spieße fand er. Auch hatte er da noch die zwei
Pfänder, die er Jeschûte entriß in seiner kindlichen
Dummheit. Hätte er vom Vater das Betragen, das dem
als einem rechten Ritter eigen war, gelernt, so hätte er
bei der Gelegenheit den Schildbuckel wahrlich besser
gestoßen, als da die Herzogin allein im Bett saß. Die
mußte nachher seinetwegen viel Kummer leiden. Mehr
als ein ganzes Jahr lang wollte ihres Mannes Leib nichts
mit ihr zu tun haben — Unrecht geschah dieser Frau.

Jetzt sollt ihr aber von Sigûne etwas hören. Die hatte
Jammer erfahren und klagte in ihrem Leid. Sie sprach
zu dem Knaben: »Es ist was ganz Besonderes an dir. Wie
schön ist deine süße Jugend und dein liebes Gesicht!
Wahrhaftig, du mußt glücklich werden. Diesem Ritter
140 hier konnte ein Bauernspieß nichts Böses tun, in einer
Tjost wurde er getötet. Du bist aus Treue geboren, daß
du so um ihn trauern kannst.«

Bevor sie den Knaben weiterreiten ließ, fragte sie ihn noch nach seinem Namen und sagte ihm, er trage Gottes ganze Kunst an seinem Leib.

»*Bon fils, cher fils, beau fils,* so haben sie mich alle genannt daheim, die mich kennen.«

Kaum waren diese Worte gesprochen, so kannte sie
ihn plötzlich beim Namen. Jetzt hört ihn besser und
richtig nennen, damit ihr recht erfahrt, wer es ist, der
diesen Roman regiert; der stand dort bei der jungen
Dame. Ohne Zögern sprach ihr roter Mund es aus:
»Wahrhaftig, du heißt Parzivâl. Der Name ist so recht
mittendurch. Er meint jene Furche, die große Liebe in *
das Herz der Mutter schnitt mit der Pflugschar ihrer
Treue. Dein Vater hinterließ ihr Weh. Ich sag dir's
nicht, um mich zu rühmen: Deine Mutter ist meine
Tante, meiner Mutter Schwester nämlich. Und ich sag
dir ohne Betrügerei die rechte Wahrheit, wer du bist:
Dein Vater war ein Anschevîn, ein Wâleise von Kanvo-
leiz bist du durch deine Mutter von Geburt; die rechte
Wahrheit weiß ich wohl. Du bist auch König in Nor-
gâls, die Krone in der Hauptstadt Kingrivâls gehört auf 141
dein Haupt. Dieser Fürst hier wurde um deinetwillen
getötet, denn er hat immer für deine Herrschaft in dem
Land gekämpft: seine Treue war immer ohne Scharte.
Du junger, reiner, süßer Mann, ein Brüderpaar hat dir
viel Böses angetan. Zwei Länder hat dir Lähelîn genom-
men, diesen Ritter hier und deinen Vaterbruder erschlug
Orilus in der Tjost. Er ist auch schuld, daß ich in sol-
chem Jammer hier sitze. Ohne alle Schande diente mir
dieser Fürst aus deinem Land; dort bei deiner Mutter
wurde ich erzogen. Lieber, guter Cousin, nun höre, wie
es zugegangen ist: Eine Hundeleine war der Strang, der *
ihn ums Leben brachte; in deinem und in meinem Dienst
hat er für sich den Tod erjagt, für mich aber hoffnungs-
lose Sehnsucht nach seiner Liebe. Schwachsinnig war
ich, daß ich ihm nicht Liebe geben wollte! So hat denn
der erste Grund allen Leids auch mein Glück zerhauen.
Jetzt bin ich die Geliebte dieses Toten.«

Da sprach er: »Liebe Cousine, das tut mir weh: dein Unglück und die Schande, die meine ganze Ehre zudeckt. Wenn es je in meiner Macht steht, das zu rächen, so will ich es mit Kraft in Ordnung bringen.«

Da zog es ihn mächtig fort, er wollte kämpfen. Sie
wies ihm die falsche Richtung — sie hatte Angst, daß er 142
den Leib verlöre und daß sie das Unheil noch schlimmer
machen könnte. So kam er auf eine Straße, die zu den
Berteneysen ging, die war gepflastert und breit. Alle
Leute, die ihm begegneten, zu Fuß oder zu Pferd, ob

Ritter oder Budenkrämer war ihm eins, die grüßte er, ohne sich lang zu besinnen, und sagte dazu, die Mutter habe es ihm ans Herz gelegt. Und das hatte sie ja auch wirklich getan, mit den besten Absichten.

Es kam der Abend heran, große Müdigkeit überfiel den Knaben. Da erblickte der kindlichen Dummheit Spielgenosse ein Haus, das war so grade recht: nicht zu groß und nicht klein. Der da drinnen wohnte, war ein böser Kerl von jener Art oder Unart, wie sie noch heute aus einem gemeinen Stamm schlagen mag. Es war ein Fischer und kein gutes Haar an ihm. Hunger riet dem Knaben, er solle dort einkehren. Da klagte er dem Herrn des Hauses, wie ihn der Hunger plage. Jener sprach: »Ich gäbe Euch nicht ein halbes Brot, wenn Ihr auch dreißig Jahre warten wolltet. Wer auf meine Großzügigkeit spekuliert und darauf lauert, daß er umsonst von mir was kriegt, der vertut seine Zeit. Ich hab für keinen als für mich zu sorgen, und danach für meine kleinen Kinder. Ihr kommt mir da nicht so schnell hinein. Ja, wenn Ihr Geld hättet oder etwas zu versetzen, dann wär ich gleich bereit, Euch aufzunehmen.«

143 Da nun reichte ihm der Knabe die Spange der edlen Jeschûte hin. Als der Prolet das sah, da lachte sein Mund und sprach: »Wenn du bleiben willst, du süßes Kind, dann werden alle, die hier drinnen sind, dich ehren.«

»Und wenn du mir heut abend was Rechtes zu essen geben und mir morgen den Weg zu Artûs, meinem Herrn, zeigen willst, so soll das Gold dir bleiben.«

»Das tu ich«, sprach der ordinäre Kerl. »Einen so vollkommen schönen Leib hab ich nie gesehen; schon weil ich neugierig bin auf die Sensation, will ich dich vor des Königs Tafelrunde bringen.«

Diese Nacht blieb der Knabe da, am nächsten Morgen aber sah man ihn an einem andern Ort, kaum daß er den Tag abwartete. Sein Wirt machte sich auch bereit; er lief vor ihm her, der Knabe ritt ihm nach: Die beiden hatten es nun eilig.

Verehrter Herr Hartmann von Ouwe, die edle Dame Ginovêr, Eure Herrin, und Euer Herr, der König Artûs, die kriegen einen Gast; ihnen kommt mein Held ins Haus. Ihr müßt den Leuten dort befehlen, daß sie nicht ihren Spott mit ihm treiben: Er ist doch keine Fiedel und nicht ihre Leier; sie sollen sich ein andres Spielzeug suchen für ihre gimpelhaften Späße und sich anständig aufführen, wie es sich gehört für adelige Menschen.

Sonst nämlich will ich Eure Dame, Enîde, samt ihrer 144
Mutter Karsnafîde durch die Mühle drehn und aus ihrer
Ehre Brösel machen. Wenn's nötig ist, daß ich mir mit
Spott das Maul zerreiße, dann tu ich's und kämpfe für
meinen Freund mit den Waffen des Spotts.

Da kam der Fischer und mit ihm der hochberühmte Knabe zu einer königlichen Stadt hin: Da also sahen sie Nantes vor sich. Jener sprach nun: »Mein Kind, behüt dich Gott. Schau, dort hinein mußt du reiten.«

Da sprach der Knabe — so unwissend war er: »Du mußt mich hinführen.«

»Mein armer Leib wird sich sehr hüten! Die Gesellschaft dort bei Hof ist von so edler Art — wenn ein Prolet wie ich ihr jemals nahekäme, das wär ein böses Ding.«

Der Bub ritt alleine weiter, über eine Wiese, die war
nicht gar zu breit: Die stand voll mit lichten, bunten
Blumen. Ihn hatte kein Curvenâl erzogen, er wußte gar
nichts von der feinen Lebensart — so geht es eben, wenn
einer nie in die Welt hinaus gekommen ist. Sein Zaum,
der war aus Bast und arg gebrechlich sein Pferdlein. Das
stolperte oft und fiel hin. Auch war sein Sattel nagelneu
mit frischem Leder nirgends und an keiner Stelle über-
zogen. Samt, Hermelinflaum gar, findet man daran
recht wenig. Er litt keine Not an schicken Schnüren für 145
Mantel oder Cape, dann dafür — statt des Mantels, meine
ich — trug er ja seine Wildschweinspieße auf dem Rük-
ken. Er, der ein Muster war von einem ritterlichen
Herrn, sein Vater, der war besser angezogen, als er auf
seinen Polstern saß vor Kanvoleiz; der hat in seinem
Leben keinen Tropfen Schweiß aus Angst vergossen.

Es kam ihm ein Ritter entgegengeritten, den grüßte er auf seine alte Weise: »Gott schütze Euch, das hat die Mutter mich gelehrt.«

»Junger Herr, Gott lohne es Euch und ihr«, sprach der Sohn von des Artûs Vaterschwester, der war im Haus des Utepandragûn erzogen worden. Und der Held hatte Anspruch erhoben auf die Herrschaft im Land Bertâne, er sei der rechte Erbe. Es war Ithêr von Gaheviez, den nannte man den *Roten Ritter*. Seine Rüstung war so ganz und gar rot, daß einem rot vor Augen wurde. Sein Roß war rot und kühn, und lauter Rot war dessen Kopfputz. Die Couvertüre war ein roter Samt, sein Schild noch röter als Feuer. Ganz rot war der Streitrock, den er trug, schön weit geschnitten, rot war sein Speerschaft, rot das Eisen dran, ganz rot hatte sich der Held sein Schwert

gewünscht, und also hatte man es in Gold gerötet und seine Schärfe hart gemacht. Der König von Kukûmer-
146 land trug einen Pokal, der glänzte rot vor lauter Gold in seiner Hand und war mit Gravuren schön verziert: Den hatte er von des Artûs runder Tafel weggenommen. Leuchtend weiß war seine Haut, rot war sein Haar.

Ohne Bosheit sprach er zu dem Knaben: »Bewundern muß man deinen süßen Leib, dich hat ein reines Weib zur Welt gebracht. Wohl der Mutter, die dich gebar! Nie habe ich einen so schönen Leib gesehen. Du bist ein Blitzstrahl von der wahren Liebe, ihr Debakel und ihr Sieg: In vielen Frauen schwingt das Glück sich sieghaft auf bei deinem Anblick, denen das Herz schwer wird vor Sehnsucht nach dir.

Lieber Freund, wenn du da hineingehst, tu mir den Dienst und sag Artûs und den Seinen, sie sollen ja nicht glauben, ich wäre geflohen vor ihnen: Ich will hier halten — ich bin gespannt, wer sich dann wohl zur Tjost rüstet. Keiner von denen soll so tun, als ginge es da nicht mit rechten Dingen zu: Ich ritt vor die Tafelrunde, um mein Erbe in Besitz zu nehmen, und darum riß ich diesen Pokal hier an mich, allerdings mit so ungeschickter Hand, daß der Wein verschüttet wurde in den Schoß der Königin Ginovêr. Ich tat es, um dem Akt die rechte Form zu geben. Zum Zeichen der Landnahme hätte ich natürlich auch einen Strohwisch nach unten halten und anzünden können, bloß wäre mir dann das Fell rußig geworden, und davor hab ich mich gescheut.« So sprach der kühne junge Mann. »Und nicht, um ihn zu rauben, nahm ich den Pokal; das hat ein Mann wie ich, der selber
147 eine Krone trägt, nicht nötig. Mein Freund, nun richte der Königin aus, daß ich nicht mit Absicht über sie den Wein geschüttet habe, dort wo die Edlen alle saßen und keine Hand rührten, sie zu schützen, wie es recht gewesen wäre. Alle, wie sie da sind, Könige und Fürsten, wollen die wirklich ihren Herrn verschmachten lassen? Warum holt ihm nicht endlich einer seinen goldenen Becher? Der Elan, der sie zur Ehre treibt, wird schlaff.«

Der Knabe sprach: »Ich will dir den Boten machen und ausrichten, was du mir gesagt hast.«

Er ritt fort nach Nantes hinein. Da liefen die Kinder hinter ihm her bis in den Hof und vor den Palas, da trieben sich allerlei Leute herum. Es entstand sehr bald um ihn Gedränge. Iwânet lief zu ihm hin; der meinte es gut mit ihm und bot ihm Kameradschaft an.

Unser Knabe sprach: »Gott schütze dich, das hat mir die Mutter aufgetragen, bevor ich fortging aus ihrem Haus. Ich sehe hier viele Artûse; wer von denen wird mich zum Ritter machen?«

Iwânet mußte lachen, er sprach: »Den rechten Artûs siehst du nicht, das soll aber jetzt gleich geschehen.« Zum Palas hinein führte er ihn, wo die edle Hofgesellschaft versammelt war.

Der — so ein großer Redner war er — sprach mit
Heroldsstimme: »Gott schütze Euch alle, zuerst aber 148
und eigens den König und seine Frau; diese beiden ganz besonders soll ich grüßen, das hat mir die Mutter mit Strenge ans Herz gelegt. Und alle, die so edel sind, daß sie an der Tafelrunde sitzen dürfen, die, so lehrte sie mich, soll ich auch grüßen. Jetzt läßt mich meine Kunst im Stich, weil ich nicht weiß, wer von den Leuten hier der Herr ist. Dem soll ich eine Botschaft bringen von einem Ritter, der war überall, wo ich auch hinschaun mochte, rot. Er läßt ausrichten, daß er draußen auf ihn warten will. Mir scheint, er möchte kämpfen. Im übrigen tut es ihm leid, daß er die Königin mit Wein begossen hat. Ach, hätte ich nur seinen Anzug — ich meine: wenn der König ihn mir schenkte! Dann wäre mein Glück vollkommen, denn das Gewand ist so recht ritterlich.«

Mitten hinein ins wildeste Gedränge hatte sich der Knabe da ganz ohne Not begeben, von hinten und von vorne kamen die Attacken. Sein Glanz fiel auf, den wollte jeder mit eigenen Augen gesehen haben. Kein süßeres Geschöpf ward je zum Prinzen oder Fräulein emporflattiert. Gott war voller Courtoisie an jenem Tag, da er Parzivâl machte: Der fürchtete nicht Tod noch Teufel.

So wurde er, den Gott sich ausgedacht hatte als ein
Bild des Vollkommenen, vor Artûs gebracht. Ihm 149
konnte niemand etwas Böses wünschen. Es sah ihn auch die Königin an, bevor sie aus dem Palas ging, wo sie zuvor mit Wein begossen worden war. Artûs sah den Knaben an und sprach — der vernahm es mit stumpfen Sinnen: »Junger Herr, Gott vergelte Euch den Gruß. Den will ich mir verdienen mit meinem Leib und Gut, so habe ich's im Sinn.«

»Das wolle Gott, ach, daß das wahr wäre! Derweil kommt es mir vor, daß ich schon ein Jahr lang darauf warte, doch endlich Ritter zu werden, und das tut mir eher weh als wohl. So haltet mich nun nicht länger auf, sondern tut mir Ritterehre an.«

»Das will ich gerne tun«, sprach der Hausherr, »wenn mich nicht alle edle Kraft im Stich läßt. So herrlich kostbar, wie du schön bist, sollen die Geschenke zu deiner Aussteuer sein. Anders will und sollte ich es ungern tun. Bis morgen mußt du warten; ich will recht schöne Dinge für deine Ausrüstung herrichten.«

Da stand der hochgeborne Knabe und trappte mit den
Füßen wie ein aufgeregtes Huhn. Er sprach: »Ich bin
nicht zum Betteln hergekommen. Mir ist auf dem Weg
ein Ritter begegnet. Wenn ich die Rüstung, die er anhat,
nicht kriegen kann, so frag ich allem anderen, was mir
150 der König schenken will, nicht nach. Dann will ich es
mir lieber von meiner Mutter schenken lassen, ich denke
doch, die ist Königin genug.«

Artûs sprach nun zu dem Knaben: »Der Mann, der diese Rüstung anhat, ist von solchem Schlag, daß ich es nicht wagen kann, sie dir zu schenken. Ich habe auch ohnedies schon viel Ärger mit ihm, obwohl ich ihm nie etwas Böses getan habe: Er verweigert mir seine Freundschaft. Es ist Ithêr von Gaheviez, der ist mit Jammer durch mein Glück gebrochen.«

»Ihr wärt ein geiziger König, wenn Euch eine solche Gabe wehtäte«, sprach da Keye. »Gebt sie ihm doch und laßt ihn hinaus zu jenem aufs Feld, da es nun einmal so ist, daß einer uns den Becher holen muß. Hier steht die Peitsche bereit, den Kreisel dazu haben wir dort draußen: Soll ihn dieses Kind doch tanzen lassen. So wird man es loben vor den Frauen. Es wird noch manche Rauferei durchstehen müssen — in diesem Spiel muß man halt was riskieren. Um sein Leben oder das des andern mache ich mir keine Sorgen. Ein paar Hunde muß man schon drangeben können, wenn man das Haupt des Ebers haben will.«

»Ich wollte es ihm nicht gern verweigern, ich fürchte bloß, daß er, dem ich zur Ritterschaft verhelfen will, vielleicht erschlagen wird.« So sprach Artûs aus der Kraft seiner Treue.

Endlich aber bekam der Knabe doch, was er gewünscht
hatte; daraus sollte noch viel Unglück kommen. Es
trieb ihn jetzt fort vom König, hinter ihm drein drängte
151 alles, was Beine hatte. Iwânet nahm ihn bei der Hand
und führte ihn fort, bis sie vor einen Laubengang kamen,
der war nicht allzu hoch droben. Da schaute er nun hier-

hin und dorthin — die Galerie lag niedrig genug, so daß
er alles hörte, was da oben vorging, und er konnte es
auch sehen: Was da aber geschah, das machte ihn sehr
unglücklich. Es wollte nämlich auch die Königin selber
nichts verpassen, sie saß nun mit Rittern und Damen am
Fenster; die alle erwarteten das Schauspiel. Dort bei
ihnen saß auch in ihrem klaren Glanz und mit edlem
Stolz die Dame Cunnewâre. Die lachte niemals, unter
gar keinen Umständen, bis zu dem Tag, da ihr der vor
Augen käme, der höchsten Ruhm auf Erden hätte oder
gewinnen sollte. Anders wollte sie's nicht tun, eher
wollte sie sterben. Nicht das kleinste Lachen war ihr auf
die Lippen gekommen bis zu dem Augenblick, da sie den
Knaben dort unten reiten sah: Da kam ein Lachen über
ihren süßen Mund. Das aber trug ihr Rückenschmerzen
ein. Es packte nämlich Keye, der Seneschall, die edle
Cunnewâre de Lâlant bei den Lockenhaaren, ihre Zöpfe,
die klaren, wickelte er fest um seine Hand: So war sie
solide angehängt, und das ohne eiserne Beschläge! Obwohl
ihr Rücken keinen Eid zu leisten hatte, kam er
doch in heftige Berührung mit dem Richterstab, der ★
auf sie niedersauste, bis er ganz zerschlissen war. Die
Hiebe drangen durch das Kleid und durch ihre Haut.
Und jener sprach dazu in seinem Unverstand: »Hoch- 152
adelige Ehre habt Ihr von Euch fortgejagt mit Schande.
Ich bin ihr Netz und habe sie wieder eingefangen. Jetzt
will ich sie zur Sicherheit in Euern Leib festschmieden,
an allen Gliedern sollt Ihr sie spüren. Zum Hof des
König Artûs und in sein Haus sind schon viele wirklich
edle Männer hergeritten, die Euch nicht zum Lachen
bewegen konnten — und nun macht Euch einer lachen,
der keine Ahnung hat vom ritterlichen Leben.«

Im Zorn geschehen viele wunderliche Dinge. Kein Urteil vor den Großen des Reiches hätte ihm je erlaubt, das Mädchen zu prügeln. Ihre Verwandten waren sehr empört darüber. Ja, wenn sie sich hätte wehren können mit dem Schild in der Hand! Ein Unrecht war es und eine Schande, als er sie da schlug, denn sie war eine Fürstin von Geburt. Orilus und Lähelîn, ihre Brüder, wenn die das gesehen hätten, so hätte es weniger Hiebe gegeben.

Und da war noch der stille Antanor: Der galt als taubstumm und als ein Kretin, weil er immer schwieg. Bei ihm war aber das Reden, so wie bei dem Mädchen das Lachen, an ein und dieselbe Bedingung geknüpft. Er

hatte nie ein Wort sprechen wollen, solange sie, die jetzt Schläge bekam, nicht lachte. Als aber ihr Lachen ver-
153 klungen war, da sprach sein Mund zu Keye: »Gott weiß, mein Herr Seneschall, daß Cunnewâre de Lâlant um dieses Knaben willen verprügelt wurde; so wird denn einmal von seiner Hand Euer Glück zerfetzt werden, mag er jetzt auch als ein ganz hilfloses Waisenkind erscheinen.«

»Da Eure erste Rede eine Drohung ist, so werdet Ihr, glaube ich, nicht viel Freude davon haben.« Jetzt wurde ihm das Fell gebleut; nun, da er Geist bewiesen hatte, der taube Narr, so flüsterte man ihm was an seine Ohren: viele Schläge mit den Fäusten. Das tat Keye, der fackelte nicht lang.

Das also mußte der junge Parzivâl da sehen, wie übel es dem Antanor erging und der Dame. Ihr Unglück kränkte ihn tief in seinem Herzen. Immer wieder griff er an seinen Spieß zum Wurf: Es war aber vor der Königin ein solches Gedränge, daß er es bleibenließ.

Da nahm Iwânet Abschied vom *fils du roi* Gahmuret. Ganz alleine trat er seinen Kriegszug an, hinaus zu Ithêr auf das Feld. Dem berichtete er dies: Es sei dort drinnen keiner, der nach einer Tjost Gelüste hätte. »Der König hat mir was geschenkt. Ich sagte ihm, was du mir aufgetragen hattest, daß es also ohne Absicht passiert sei,
154 als du den Wein vergossest, und daß die Ungeschicklichkeit dir peinlich sei. Keiner von denen hatte Lust zu kämpfen. Nun gib mir, worauf du reitest, und dazu deine ganze Rüstung. Dort auf dem Palas habe ich die geschenkt bekommen, und ich muß darin Ritter werden. Freundschaft und Freundlichkeiten sage ich dir auf, wenn du nicht willig bist, mir diese Dinge abzutreten. Sei vernünftig, gib sie her!«

Der König von Kukûmerland sprach: »Wenn die Hand des Artûs dir meine Rüstung gegeben hat, so würde er dir gewiß auch gern mein Leben schenken. Sieh zu, ob du es von mir kriegen kannst. Dieser König versteht es, der liebt seine Leute! Da er schon im voraus so freundlich zu dir war, mußt du ihm jetzt den Dienst tun und kannst dir sofort den Lohn verdienen.«

»Ich traue es mir wohl zu, daß ich ihn verdiene, wie ich es schuldig bin. Er war ja auch wirklich sehr großzügig gegen mich. Gib her, und auch deinen Anspruch auf die Landesherrschaft sollst du lassen. Ich will nicht länger Knappe sein, in meinen rechten Orden will ich treten, das ist der mit dem Schild.« Und er wollte ihm in die Zügel greifen. »Womöglich bist du gar der Lähelîn, den die Mutter bei mir verklagt hat.«

Der Ritter kehrte das hintere Ende seines Speers nach vorn und rannte den Knaben an mit solcher Macht, daß der samt seinem Rößlein auf die Blumen niederfallen mußte. Des Helden Zorn war heftig aufgefahren, er 155
schlug den Knaben, daß vom Speerschaft Blut aufspritzte aus der Haut.

Parzivâl, der gute Bub, stand jetzt auf dem Feld, sehr zornig war er, und er nahm seinen Spieß. Dort wo der Helm und die Barbiere über der Haube ein Loch offenließen: durchs Auge drang mit scharfem Schnitt der Spieß und kam beim Nacken heraus. So fiel er tot nieder, der Falschheit Feind. Seufzen gab der Tod Ithêrs von Gaheviez weiblichen Herzen, da fuhr Jammer mittendurch: Er hinterließ den Frauen nasse Augen. Jede, die einmal seine Liebe gespürt hatte, mußte nun ihr Glück zertrampelt sehen und niedergeritten, aufgespießt des Lebens Spaß, hoffnungslosem Sehnen anverlobt.

Parzivâl, ungerührt und blöd, drehte ihn um und wieder um, und konnte ihm doch nichts abziehen. Das war ihm ein wunderliches Ding, alle diese Helmschnüre und Beinschienen — seine blanken Heldenhände verstanden sich nicht drauf, die Knoten aufzustricken, und einfach so abzwicken ließ sich das auch nicht. Doch er probierte immer weiter, unbeschwert von allem Sachverstand.

Das Ritterpferd und das Rößlein fingen nun zu wiehern an, so laut, daß Iwânet es hörte; der Knappe — er 156
war auch mit der Königin Ginovêr verwandt — hielt vor der Stadt an des Grabens Grenze. Als er das wütende Geschrei des Pferds vernahm und als er sah, daß niemand draufsaß, da setzte Treue — denn er machte sich Sorgen um seinen Freund Parzivâl — den klugen Knaben in Trab.

Er fand dort Ithêr tot und Parzivâl in der Klemme seiner Dummheit. Kühn lief er hin zu den beiden. Dem Parzivâl sagte er Dank für die große Tat, die seine Hand an dem von Kukûmerland vollbracht hatte.

»Gott lohne dir das. Jetzt aber hilf mir, sag, was ich tun soll — ich komme nicht zurecht mit diesen Dingen hier —: Wie ziehe ich's ihm ab und mir an?«

»Das kann ich dir schon zeigen«, so sprach der stolze Iwânet, zum *fils du roi* Gahmuret. Es wurde dort auf dem weiten Feld vor Nantes der tote Mann entwaffnet, seine Rüstung wurde dem, der am Leben geblieben war, angezogen; den trieb damals noch kindliche Dummheit um.

Iwânet sprach: »Diese Stiefel schicken sich nicht recht zu dem Eisen. Du mußt dich jetzt anziehen, wie es sich gehört für einen Ritter.«

Diese Worte ärgerten Parzivâl, und der gute Knabe
157 sprach: »Was meine Mutter mir geschenkt hat, das soll mir nicht so leicht vom Leib kommen, ob mir wohl wird oder weh.«

Dem Iwânet kam das wunderlich genug vor, er wußte es besser. Doch mußte er ihm folgen, und das tat er denn, ohne ihm darum böse zu sein. Zwei blinkende eiserne Beinschienen zog er ihm über seine Bauernschuhe an. Zwei Sporen ohne Leder gehörten noch dazu: Zwei Borten waren dran, mit denen machte er sie fest; sie waren aus Gold geschmiedet. Bevor er ihm die Halsberge hinreichte, schnallte er ihm erst die Schinneliere an.

Ganz flugs und prompt geschah das alles, als er da bei den Füßen angefangen Stück um Stück gerüstet wurde: In gieriger Erwartung ließ sich's Parzivâl gefallen. Nun endlich bat er um seinen Köcher. »Nein, einen Spieß kriegst du nicht von mir, den verbietet dir von nun an Ritterschaft«, sprach Iwânet, das edle Kind. Er gürtete ihm dafür ein scharfes Schwert um, zeigte ihm, wie man's herauszog, und warnte ihn vor feiger Flucht. Dann führte er am Zügel zu ihm des toten Mannes Kastilianer hin; das Pferd stand hoch auf langen Beinen. Mit einem Satz sprang Parzivâl voll gerüstet in den Sattel und fragte nicht lang nach dem Steigbügel. Wer so aufsteigt, der kann tapfer springen, das wird keiner bestreiten.

158 Iwânet ließ sichs nicht verdrießen, ihm auch noch beizubringen, wie man sich halten muß nach den Regeln der Kunst, wenn man, selber vom Schild gedeckt, den Feinden Schaden tun will. Er reichte ihm einen Speer in die Hand. Um den hatte Parzivâl ihn wahrlich nicht gebeten, er fragte bloß: »Wozu ist das gut?«

»Wenn einer an dich kommt zur Tjost, so mußt du immer tapfer mit ihm eine solche Lanze *brechen,* indem du sie ihm nämlich durch den Schild rennst. Wenn du das oft genug getrieben hast, so lobt man dich vor den Frauen.«

Wie uns die Geschichte sagt, hätte ihn von Köln oder Maastricht kein Maler besser vor uns hinwerfen können, als er da saß auf seinem Roß. Da sprach er nun zu Iwânet: »Lieber Freund, mein Kamerad, ich habe hier gewonnen, was ich mir gewünscht hatte. Du sollst jetzt in die Stadt hinein und Artûs meinen verbindlichsten Dank sagen. Du mußt ihm aber auch meine Klage bringen, denn meine Ehre ist sehr beleidigt worden. Und bring ihm seinen goldenen Becher zurück. Ich war der Anlaß, daß ein Ritter sich dazu verstieg, die junge Dame zu prügeln, bloß weil sie mir ihr Lachen gönnte. Ihr jämmerliches Klagen tut mir weh, das hat mein Herz nicht irgendwo am Rand berührt: mitten hinein hat es getroffen und muß dort bleiben, das unverdiente Leid der Dame. Dir aber, da du mein Freund bist, muß die 159
Kränkung, die mir angetan wurde, auch schmerzlich sein. Behüt dich Gott, ich will jetzt fort von dir. Möge Er uns beide vor Übel bewahren.«

Den Ithêr von Gaheviez ließ er jämmerlich da liegen. Noch im Tod mußte der die Herzen mit Liebe rühren, im Leben hatte er die Macht gehabt, den Menschen höchstes Glück zu schenken. Hätte Ritterschaft ihm sein Ende in der Tjost beschieden von einem Speer durch seinen Schild, wer hätte dann klagen dürfen, das sei ein dunkles Verhängnis? So aber starb er von einem Bauernspieß. Iwânet pflückte da bunte Blumen zu einer Decke für den Toten. Den Schaft des Spießes stieß er bei ihm in die Erde als Marterzeichen. Ohne Galle rein war dieser Knabe und edel: Über das Eisen des Spießes drückte er quer ein Stück Holz zu einem Kreuz. Dann verweilte er nicht länger, er wollte in die Stadt hinein seinen Bericht bringen. Da wurden viele Frauen bleich, und viele Ritter weinten: In ihrer Trauer zeigte sich treue Liebe, viel Jammer mußten sie leiden dort am Hof.

Der Tote wurde mit Ehren eingeholt. Die Königin selber ritt hinaus aus der Stadt; das Allerheiligste führte man mit, das hatte sie befohlen. Über den König von Kukûmerland, den die Hand Parzivâls getötet hatte, sprach die Königin Ginovêr, die hohe Dame, bedeut- 160
same Worte des Jammers: »Weh und noch einmal wehe, ungeheuer ist es zugegangen und monströs, davon muß das königliche Heil des Artûs zerbrechen: daß der, dem über allen Rittern der Tafelrunde der höchste Ruhm gebührte, vor Nantes erschlagen liegt. Sein Erbe hat er

gefordert, Sterben hat man ihm gegeben. All die Zeit lang, da er hier im Haus gehalten wurde, hat doch nie ein Ohr gehört, daß er etwas Unrechtes getan hätte. Wilde Untreue trieb nie aus seinem Stamm, so edel war er; Verrat an ihm war völlig wegpoliert. Jetzt, allzu früh muß ich ihn begraben: ein Schloß oben auf der Ehre. Sein Herz aber, gelehrt in allen Künsten edlen Lebens, war auf dem Schloß ein kräftiges Siegel und führte ihn aufs schönste überall dort, wo ein Mann gefragt war, der Männertreue sehen ließ mit heldenhaftem Sinn im Kampf um die Liebe der Frauen. Als eine Frucht, die immer von neuem aufgehen soll, ist Trauer gesät auf die Frauen. Jammer spritzt aus deiner Wunde. War dein Haar doch rot genug — unnötig war's, die leuchtenden Blumen rot zu machen mit deinem Blut. Weibliches Lachen jätest du aus.«

161 Der ruhmreiche Ithêr wurde königlich bestattet. Der Tod des Mannes stieß den Frauen Seufzen in die Kehle. Seine Rüstung machte ihn den Leib verlieren, denn, daß er so enden mußte, das war von der Begehrlichkeit des dummen Kindes Parzivâl gekommen; später, als er es besser wußte, wäre es ihm lieber gewesen, er hätte es nicht getan.

Das Streitroß war von jenem Schlag, daß große Strapazen ihm nichts ausmachten; ob es kalt war oder heiß, so kam ihm doch, so weit die Reise ging, kein Tropfen Schweiß aus, stapfte es auch über Stock und Stein. Ihm den Gurt auch nur um ein Loch nachzuziehen, das war ganz unnötig, wenn einer selbst zwei Tage lang im Sattel gesessen hätte. In voller Rüstung ritt auf diesem Pferd der einfältige Mann an dem einen Tag so weit — wenn man einem Klügeren die Reise ohne ein solches Gewand und in zwei Tagen zugemutet hätte, er hätte es nicht leisten können. Er ließ es nur immerzu galoppieren, selten traben, gar wenig wär's ihm in den Sinn gekommen, es zurückzuhalten.

Als es gegen Abend ging, da erblickte er die Zwiebel eines Turms und sein Dach. Dem dummen Menschen kam es ganz so vor, als wüchsen nun immer mehr Türme heraus; denn es gab dort viele auf einem Haus. Da kam er auf den Gedanken, die hätte Artûs gesät, und also pries er dessen segensreiche Kraft und sagte sich, daß dieses
162 Königs Heil weit reichen müsse. So sprach der dumme Mann: »Die Bauern meiner Mutter bauen schlecht, sie verstehen es nicht: Was sie auch säen bei ihr daheim im

Wald, es kommt einfach nicht recht auf — nun ja, denen da verregnet es halt auch viel.«

Gurnemanz de Grâharz hieß der Herr auf dieser Burg, zu der er ritt. Davor stand eine mächtige Linde auf einem grünen Rasen, der war nicht breiter oder länger, als es exakt geschmackvoll ist. Es trugen ihn das Pferd und auch die Straße dorthin, wo er den sitzen fand, dem die Burg mitsamt dem Land gehörte. Große Müdigkeit war schuld daran, daß er den Schild zu sehr umherschaukeln ließ, mal zurück und mal ganz vorn — er trug ihn halt nie da und in der wohlgewählten Manier, die dort als Zeichen feiner Sitte galt.

Gurnamanz, der Fürst, saß ganz alleine; die Wipfel der Linde gaben dem Meister wahrer Bildung ihren Schatten, wie es nur recht und billig war. Vor allen untreuen Dingen schauderte der Mann zurück. Er begrüßte freundlich den Fremden, das war seine Herrenpflicht. Bei ihm war kein Ritter und kein Knappe.

So antwortete ihm da ohne Zögern Parzivâl, wie er es
verstand in seiner Einfalt: »Meine Mutter hat mir gesagt,
ich solle den, der graue Locken hat, um Rat angehen.
Ich will es Euch auch mit meinem Dienst danken; denn 163
das hat meine Mutter mir befohlen.«

»Da Ihr hierher um Rat gekommen seid, so müßt Ihr Euch mit Freundlichkeit in meinen Rat fügen, und Ihr müßt den Willen haben, dem Rat auch zu folgen.« Da warf der berühmte Fürst einen Mausersperber von seiner Hand in die Luft: Der flog in die Burg hinein; ein goldenes Glöckchen, das er trug, klingelte. Dieser Sperber war ein Bote, und also kamen dann gleich viele junge, schöne Edelknaben heraus. Er befahl, man möge den Gast, der da stand, hineinführen und alles zu seiner Bequemlichkeit richten.

Der sprach: »Es ist ganz wahr, was meine Mutter gesagt hat: Eines alten Mannes Rede meint's nicht bös mit dir.«

Jetzt führten sie ihn hinein. Da sah er viele edle Ritter, und als er zu dem Platz auf dem Burghof gekommen war, baten die ihn alle, er möge absteigen. Da sprach er nun und machte seine Einfalt offenbar: »Ritter muß ich sein und bleiben, das hat ein König mir befohlen, und also bringt mich nichts und niemand von dem Pferd, was auch aus mir werden mag. Grüßen soll ich euch, das hat die Mutter mir ans Herz gelegt.« Dafür sagten sie ihm Dank und ihr.

Als nun die Begrüßungen abgetan waren — das Roß
war müd und auch der Mann —, da mußten sie sich noch
vielerlei Bitten einfallen lassen, bis sie ihn endlich vom
164 Pferd brachten und in eine Kemenate. Sie alle redeten
ihm da gut zu: »Laßt Euch die Rüstung abnehmen, daß
Euren Gliedern leichter wird.« Bald war es geschehen,
daß er die Rüstung los war. Als sie aber seine struppigen
Stiefel sahen und sein Narrenkleid, da erschraken sie, die
ihn bedienten. Ganz verlegen waren sie, als sie es vor
dem Herrn erzählten, und der Wirt wollte schier ver-
zweifeln, so peinlich war ihm das.

Da sprach ein Ritter, edle Courtoisie gab ihm das ein: »Es ist wahr, ich hab mit meiner Augen Kraft nie ein so edles Geschöpf gesehen. An ihm liegt der Glanz des Glücks und reiner, süßer, hoher Adel. Wie ist das nur möglich: so strahlend liebenswert und so verwahrlost? Es jammert mich, daß ich das sehen mußte: in einem solchen Kleid das Entzücken aller Menschen. Und doch, wohl der Mutter, die ihn trug! Es ist an ihm eine Fülle vollkommener Schönheit. Großartig ist sein Waffenschmuck. Die Rüstung stand ihm wohl wie einem rechten Ritter, ehe sie ihm ausgezogen wurde, dem Schönen. Da ist mir eine blutige Blessur in die Augen gesprungen, er hat einen Schlag abbekommen.«

Der Hausherr sprach zu dem Ritter: »Das ist ihm im Dienst einer Dame geschehen.«

»Nein, Herr, so wie der sich beträgt, könnte er
niemals eine Frau bitten, ihn zu ihrem Ritter zu nehmen.
165 So wie er aussieht, taugt er allerdings recht wohl zur
Liebe.«

Der Hausherr sprach: »Wir wollen ihn, der in so wunderliche Kleider geraten ist, anschauen gehen.«

Sie gingen dahin, wo sie Parzivâl trafen; der war verwundet von einer Lanze, die ganz geblieben war dabei. Um ihn kümmerte sich Gurnemanz. Seine Fürsorge aber war so, daß ein Vater, dem es wirklich ernst ist mit der Treue, an den eigenen Kindern nicht besser handeln könnte. Mit eigener Hand wusch und verband der Hausherr seine Wunde.

Da war dann auch das Brot schon aufgetragen. Das hatte der junge Gast dringend nötig, denn großer Hunger war nicht ausgeblieben. Ganz ohne Frühstück war er am Morgen von dem Fischer fortgeritten. Von seiner Verwundung und von der schweren Rüstung, die er vor Nantes erbeutet hatte, mußte er erfahren, was Erschöp-

fung ist und Hunger — und dazu die weite Tagereise bis
hierher von Artûs, dem Berteneisen; die ganze Zeit lang
hatte man ihn fasten lassen. Dieser Wirt nun bat ihn, mit
ihm zu essen. Da stärkte sich der Gast und steckte seinen
Rüssel so tief in den Napf hinein, daß eine große Menge
Essen vertilgt wurde. Der Hausherr nahm das mit Hei-
terkeit hin — der gute, treue Gurnemanz nötigte ihn gar 166
noch, er möge nur immer tapfer zugreifen und seine
Erschöpfung vergessen.

Man trug den Tisch fort, als die Zeit dazu gekommen war. »Mir scheint, daß Ihr müde seid«, so sprach der Wirt. »Ihr wart heute wohl früh auf?«

»Weißgott ja, meine Mutter hat da noch geschlafen; die kann nicht so lange auf den Beinen sein wie ich.«

Der Herr mußte da lachen. Er führte ihn zu seinem Bett und forderte ihn auf, sich auszuziehen. Dem war das nicht angenehm, doch es mußte sein. Eine Bettdecke aus Hermelin wurde über seinen nackten Leib gelegt: Ein edleres Geschöpf ward nie von einer Frau geboren. Viel Müdigkeit und Schlaf, die machten, daß er sich selten wälzte in dem Bett; so wußte er den Tag wohl zu erwarten.

Da nun befahl der berühmte Fürst, ein Bad zu rich-
ten — es war um die Mitte des Vormittags —, und zwar
direkt vor den Polstern, auf denen er schlief. Das mußte
sein am Morgen. Rosen warf man hinein, die schwam-
men obendrauf. Obwohl man da bei ihm ganz wenig
Lärm gemacht hatte, so erwachte der Gast doch vom
Schlaf, er stand auf und setzte sich gleich in die Wanne.
Ich weiß nicht, wer sie herbefohlen hatte, wahr ist aber, 167
daß da junge Damen, vornehm angezogen, ganz ent-
zückende Gestalten und mit den feinsten Manieren,
hereinkamen. Die wuschen ihn und streichelten ihm mit
weißen, linden Händen seinen Bluterguß fort. Ja, er
brauchte sich nicht einsam zu fühlen so fern von daheim,
wenn er auch ein Waisenkind der Weisheit war. So litt
er Wonne und Wohlsein. Seine Dummheit ließen ihn
die jungen Damen nicht büßen, die ihn da mit keuschen,
flinken Händen karessierten. Und zu ihrem Geplauder
wußte er wohl zu schweigen. Er hatte keinen Grund zu
glauben, es sei noch früh am Morgen, denn von ihnen
glänzte ihm ein zweiter Tag. Da lag die Sonne mit dem
Glanz der Mädchen im Streit — seine Feenfarbe aber
löschte beider Glänzen aus. So wurde an seinem Leib
keine Aufmerksamkeit gespart.

Man reichte ihm ein Badetuch hin. Das wollte er aber partout nicht benutzen, so schamhaft war er vor den Damen, daß er es nicht in ihrer Anwesenheit umnehmen wollte. Die jungen Damen mußten hinausgehen und durften es nicht wagen, da stehenzubleiben. Ich glaube, die hätten gern nachgesehen, ob ihm nicht da unten etwas Böses zugestoßen war. Denn das Herz einer jeden Frau ist treu und voller Mitgefühl, und darum tut das Unglück ihrer Lieben ihnen weh.

168 Der Gast trat an das Bett. Da war ein ganz weißes Gewand für ihn hergerichtet. Einen Gürtel, der aus Gold und seiden war, hatte man da eingezogen. Rote Hosen aus Scharlach zog man ihm, den Heldenkraft nie im Stich ließ, an. *Ah vois,* wie seine Beine da standen in ihrem feinen Schimmer! Aus braunem Scharlach schön geschneidert, verschwenderisch mit Pelz gefüttert, weiß aus Hermelin nämlich, waren beide, Rock und Mantel, und sehr lang. Breite Zobelfelle, schwarze und graue, sah man überall vorne dran. Das alles zog der Schöne an. Das wurde dann gerafft mit einem prächtigen Gürtel darüber und noch schön gekrönt mit einer prachtvollen Spange: Die und sein Mund, die brannten zusammen vor Röte.

Da kam der Wirt, der so viel Treue regierte; hinter ihm gingen die Ritter in stolzer Schar. Er grüßte seinen Gast. Als das geschah, da gab es keinen unter den Rittern, der nicht gesagt hätte, er habe noch nie so viel Schönheit an einem Leib gesehen. Mit dankbarer Herzlichkeit priesen sie die Frau, die der Welt eine solche Frucht geschenkt hatte. Sie sagten: »Er wird überall gern erhört werden, wo sein Rittertum um
169 eine Gnade bittet. Liebe und Freundlichkeiten werden ihm zufallen, wenn, wie es recht ist, wahrer Adel seinen Lohn bekommt.« So sprach dort ein jeder von ihm, und genauso sollten später alle sprechen, die ihn sahen.

Der Hausherr nahm ihn bei der Hand und ging so mit ihm in guter Freundschaft von da weg. Ihn fragte der berühmte Fürst, ob er auch gut geschlafen habe heute nacht in seinem Haus.

»Mein Herr, ohne Euch wäre ich verloren gewesen; es ist nur gut, daß meine Mutter mich hergewiesen hat an dem Tag, da ich von ihr Abschied nahm.«

»Gott lohne es Euch und ihr, mein Herr, Ihr seid sehr freundlich zu mir.«

Es ging der Held, der so gebrechlich war an seinem Geist, nun dahin, wo man Gott zu Ehren und dem Herrn des Hauses die Messe sang. Da lehrte ihn sein Wirt, wie man Heil anhäufen soll: Almosen geben, das Kreuzzeichen machen, Haß und Rache gegen den Teufel kehren. Dann gingen sie hinauf zum Palas, da war bereits der Tisch gedeckt. Der Gast setzte sich hin mit seinem Wirt und aß, denn Essen war ihm nicht zuwider.

Der Herr sprach mit feinem Takt: »Mein Herr, Ihr werdet es mir hoffentlich nicht übelnehmen, wenn ich Euch bitte zu erzählen, von wo Eure Reise Euch hergeführt hat.«

Der legte es nun dar in aller Ausführlichkeit, wie er
von seiner Mutter fortgeritten war, und erzählte von 170
dem Fingerring und von der Spange und wie er die
Rüstung gewann.

Der Wirt kannte den Roten Ritter, und er mußte seufzen: Ihn erbarmte sein trauriges Geschick. Seinen Gast aber ließ er diesen Namen nicht einfach abtun: Er nannte ihn selber den Roten Ritter.

Als man die Tafel fortgetragen hatte, da war die rechte Zeit gekommen, den Sinn des Wildlings zu veredeln. Der Herr sprach zu seinem Gast: »Ihr redet daher wie ein kleines Kind. Wann schweigt Ihr endlich still von Eurer Mutter und lernt sprechen von anderen Dingen? Haltet Euch nur fest an meinem Rat; dann könnt Ihr sicher sein, daß Ihr nichts Verkehrtes tut.

So fange ich an, und Ihr sollt Euch das zu Herzen nehmen: Seid niemals unverschämt — ein Leib, dem das Gefühl von Scham und Schande abgeht, was sollte der noch taugen? Der ist ein Habicht in der Mauser, mit dem geht's abwärts: Sein Adel fällt ihm aus und deutet ihm den Weg, den er zur Hölle nehmen wird.

Ihr habt Grazie am Leib und hellen Glanz, Ihr habt
recht wohl das Zeug zu einem großen Herrn. Wenn
Euer Adel hoch ist und noch höher werden soll, so habt
acht auf Euren Willen, daß Ihr Euch der Leute, die in
Not leben müssen, erbarmt. Gegen ihre Leiden müßt
Ihr kämpfen mit der Kraft des Schenkens und der Güte;
Ihr müßt Euch bemühen, den Menschen zu helfen. Ein
adeliger Mann im Elend macht die Erfahrung, daß er
auch noch gegen seine Scham zu kämpfen hat: Das ist 171
eine saure Plage. Dem sollt Ihr Eure Hilfe anbieten.
Immer wenn Ihr das elende Geschick eines solchen Menschen bessert, so rückt Gottes freundliche Gnade Euch

ein bißchen näher. Ist jener doch noch ärger dran als der, der an die Türe betteln geht, auf die alle Fenster niederblicken. Ihr sollt zugleich arm sein und reich, jedes am rechten Ort: Wo der Herr gar alles Gut verschleudert, da ist der rechte Herrensinn nicht daheim — wenn dagegen einer allzu ängstlich Gold anhäuft, so bringt ihm das genausowenig Ehre. Genau so, wie rechtes Maß es fordert, sollt Ihr handeln. Ich habe wohl gesehen, daß Ihr Belehrung nötig habt. Von nun an laßt schlechtes Benehmen seiner Wege gehen.

Ihr sollt nicht viel fragen. Ihr sollt aber nicht zögern, vernünftig Antwort zu geben, und zwar so, daß sie an der Frage nicht vorbeigeht, die der andere stellt: Der will Euch ja kennenlernen im Gespräch. Ihr könnt hören und sehen und schmecken und riechen — benutzt Eure Sinne, dann werdet Ihr klug.

Laßt bei aller wilden Kühnheit auch das Mitleid zu. Zeigt, daß Ihr meinem Rat gehorsam seid: Wenn einer Euch im Kampf, um Schonung zu erkaufen, sein Ehrenwort anbietet, so nehmt es an und laßt ihn leben, er hätte Euch denn solche Leiden angetan, die das Herz ganz tief verwunden.

172 Ihr werdet oft die Rüstung tragen; wenn Ihr sie ausgezogen habt, dann müßt Ihr hinterher gewaschen sein unter den Augen und an den Händen — das müßt Ihr als erstes tun, um Dreck und Rost vom Eisen loszuwerden. Dann nämlich werdet Ihr wieder liebenswürdig schön: Die Augen der Frauen haben darauf acht.

Seid männlich und habt guten Mut, davon wird die Ehre groß und stark. Und habt nur immer die Frauen lieb: Das macht den Leib eines jungen Mannes edel und begehrenswert. Niemals dürft Ihr sie verraten, weicht nicht ab von der geraden Bahn, das ist so recht mannhaft. Wenn Ihr Lust am Lügen habt, dann gibt es oft genug Gelegenheit zum Betrug. In der edlen Liebe kann aber Verrat und Schwindel nur sehr kurze Zeit in Ehren leben. Da zeigt das dürre Holz der Hecke den Schleicher an, es knackt und kracht, und der Feldhüter erwacht. In Unterholz und Dornverhau da schlägt oft der Krieg hinein. Zieht daraus Eure Lehren für die Liebe. Die ist edel und klug, und sie versteht es, schlau den Verrat aufs Kreuz zu legen: Wenn Ihr die Feindschaft dieser Dame auf Euch zieht, so werdet Ihr entehrt, und Ihr seid verdammt, immerfort die Qualen der Schande zu leiden.

Was nun folgt, sollt Ihr Euch besonders zu Herzen nehmen. Ich will Euch jetzt weiter davon reden, was es mit den Frauen auf sich hat: Mann und Weib sind *ein* 173
Leib. Das ist so wie die Sonne, die heute aufgegangen ist, und der Name, der Tag heißt. Das eine kann sich nicht vom andern scheiden, das sind zwei Blüten aus einem und demselben Kern. Jetzt wißt Ihr es, merkt es Euch gut.«

Der Gast verbeugte sich artig vor dem Herrn zum Dank für die Belehrung. Von seiner Mutter schwieg er still, mit Worten jedenfalls, in seinem Herzen nicht: Ein treuer Mann hält fest an denen, die er liebhat.

Der Herr sprach so, daß es ihm Ehre machte: »Ihr sollt jetzt weiter lernen, was man alles wissen muß als Ritter. Wie Ihr im Sattel gesessen seid, als Ihr ankamt! Ich hab schon mehr als *eine* Wand gesehen, an der ein Schild schöner aufgehängt war als an Eurem Hals. Es ist noch nicht zu spät für uns, wir wollen schnell hinaus aufs Feld, da werde ich Euch in die Kunst einführen. — Bringt ihm sein Roß und mir das meine, und bringt allen Rittern ihre Pferde! Die Knappen sollen auch hinauskommen, jeder soll sich einen starken Speer holen und ihn mit hinausnehmen — aber von den neuen, die noch frisch aussehen!«

So kam der Fürst aufs freie Feld. Da vollbrachte man meisterliche Dinge im Reiten. Er lehrte seinen Gast, wie er das Pferd aus dem Galopp mit den Sporen scharf an- 174
sprechen, mit blitzenden, fliegenden Schenkeln herumreißen sollte in einen wuchtigen Anlauf, dazu den Schaft senken zu einem rechten Stoß, den Schild vorhalten, bereit, die Tjost des Gegners zu empfangen. Er sprach: »So ist es richtig, so müßt Ihr es machen.« Auf diese Weise trieb er ihm ungehobelte Sitten aus, und zwar besser, als es die biegsame Rute tut, die bösen Kindern sonst die Haut zerschlägt.

Dann befahl er kühne Ritter her, die gegen ihn tjostieren sollten. Er führte ihn an die Kampfbahn, da stand ein Gegner bereit. Es brachte nun der Jüngling seine erste Tjost durch einen Schild, daß die alle es nicht fassen konnten und daß er seinen Mann hinters Roß warf: Der war ein starker Ritter, nicht etwa ein schmächtiger.

Ein zweiter Tjosteur war gekommen. Da hatte sich auch Parzivâl einen starken, frischen Speer genommen. Seine Jugend hatte Heldenstolz und Kraft: Den jungen, süßen Mann, dem noch kein Bart gewachsen war, jagte

die Art Gahmurets und angeborener Mannesmut, daß er
das Roß anrennen ließ mit aller Macht, die vier Nägel
mitten auf dem Schild des andern im Blick — der Ritter
seines Wirts konnte nicht im Sattel bleiben, hingestreckt
175 maß er den Acker. Überall flogen da Splitter herum von
den zertrümmerten Schäften.

So stach er fünfe vom Pferd. Dann nahm der Wirt sich wieder seiner an und führte ihn ins Haus. Er hatte hier, wo man es nur zum Spaß trieb, den Preis gewonnen; er sollte später den Ernst des Kampfes gründlich kennenlernen.

Die ihn gesehen hatten, wie er ritt, alle — und die verstanden etwas davon — sagten, er sei nicht ohne Meisterschaft und Stärke. »Jetzt haben alle Sorgen meines Herrn ein Ende, jetzt wird sein Leben wieder jung. Er soll ihm seine Tochter zur Frau geben, unsere Herrin. Wenn er es klug anstellt, so werden wir es noch sehen, wie der Brand seines Jammers erlischt. Es ist ihm da einer vors Haus geritten, der ihm den Verlust seiner drei toten Söhne wohl wettmachen kann. Jetzt endlich hat das Glück sich eingestellt.«

So kam denn der Fürst am Abend in sein Haus; es war
Zeit, den Tisch zu decken. Seine Tochter bat er, sie
möge an die Tafel kommen — genau so hat man mir
gesagt. Und als er das Mädchen kommen sah, da sprach
der Wirt, wie ihr nun hören sollt, zu der schönen Lîâze:
»Du sollst diesen Ritter hier dich küssen lassen. Tu ihm
alle Ehre an, er ist ein Lieblingskind des Glücks. Von
Euch aber muß ich verlangen, daß Ihr dem Mädchen
176 sein Fingerringlein lassen möchtet, ich meine: wenn sie
eins hätte. Sie hat aber keins und auch keine Spange —
wer sollte ihr auch so prächtige Geschenke machen wie
jener Dame im Wald? Die hatte einmal einen, von dem
sie etwas bekommen hatte, was dann, wie es halt so ging,
an Euch gelangte. Es ist nichts zu holen bei Lîâze.«

Der Gast wurde rot, er schämte sich. Doch küßte er sie auf den Mund, der hatte vom Feuer die Farbe erfahren. Liebenswert war der Leib der Lîâze, prächtig schimmerte an ihm reine Unschuld.

Niedrig war der Tisch und lang, und also gab es da, wo der Wirt saß, kein Gedränge. Im übrigen hatte er sich allein ans Ende der Tafel gesetzt. Den Gast lud er ein, dort zwischen ihm und seinem Kind Platz zu nehmen. Ihre weißen, linden Hände, so hatte der Wirt befohlen, sollten ihm, den man da den Roten Ritter hieß, alles vorschneiden, was er essen wollte. Und niemand sollte sie stören, wenn sie heimlich miteinander täten. Das Mädchen machte mit edlen Sitten alles so, wie ihr Vater verlangt hatte. Sie und der Gast waren sehr schön anzuschauen. Gleich nach dem Essen ging das Mädchen wieder.

Auf diese Weise also hielt man es von nun an mit dem
Helden bis an den vierzehnten Tag. Bei seinem Herzen
aber lag ein Kummer, das war nichts anderes als dies: Er 177
wollte vorher richtige Kämpfe bestehen, ehe er sich — so
nennt man das halt — wärme in den Armen einer Dame.
Ihm schien es nämlich, edles Verlangen und Streben nach
immer höheren Dingen sei höchste Erfüllung und das
gelte für das Leben hier auf der Erde genauso wie für
jenes dort — der lügt nicht, wer so redet.

Eines Morgens bat er dann, man möge ihn fortlassen; da ging er weg aus der Stadt Grâharz. Der Wirt ritt mit ihm hinaus aufs Feld. Nun erhob sich neues Herzeleid. Es sprach der Fürst, der Treueste unter der Treuen: »Ihr seid mein vierter Sohn, den ich verloren habe. Und ich dachte, daß mein dreimal trauriger Verlust von Euch wiedergutgemacht würde. Vorher war mein Leid bloß dreifach: Wenn aber jetzt einer mein Herz in vier Teile zerschlüge mit seiner Hand und die Stücke davontrüge — ich glaube, mir könnte nichts Besseres geschehen. Ein Viertel für Euch, da Ihr fortreitet, die andern drei Teile für meine edlen Kinder, die als Helden weggestorben sind. So aber belohnt die Ritterschaft gewöhnlich ihren Mann: An ihrem Schwanz hat sie für ihn des Jammers Schlinge angebunden.

Der Tod des einen meiner Söhne hat mich lahm ge-
macht zur Freude: Er war sehr schön und hieß Schente-
flûrs. Er wollte Cundwîr amûrs helfen, die nicht bereit 178
war, ihren Leib und ihr Land herzugeben; da verlor er
sein Leben von Clamidê und von Kingrûn. Durchlöchert
wie ein Zaun ist mein Herz von Jammers Hieben. Und
auch Ihr seid nun allzu früh davongeritten und laßt mich
ohne Trost allein. Ach, daß ich nicht sterben kann, da
Lîâze, das schöne Mädchen, und mein Land dazu Euch
nicht gefällt.

Mein zweiter Sohn hieß *comte* Lascoyt. Den erschlug mir Idêr *fils du* Noyt im Kampf um einen Sperber. So bin ich nun ohne allen Trost. Mein dritter Sohn hieß Gurzgrî. Mit dem ritt Mahaute umher, die Schöne, denn sie war seine Frau: Ihr stolzer Bruder Ehkunat hatte sie ihm gegeben. Er kam nach Brandigân, der Hauptstadt, geritten, um Schoyedelakurt zu sehen. Dort entging er nicht dem Tod: Es erschlug ihn da Mâbonagrîn, und Mahaute verlor ihren lichten Glanz. Meine Frau, seine Mutter, aber legte sich zum Sterben hin, der Jammer nach ihm brachte sie um.«

Der Gast sah so recht das ganze Unglück seines Wirts, da der ihm alles genau erzählt hatte, und er sprach: »Mein Herr, ich weiß noch nicht viel von der Welt. Wenn ich aber einmal ritterliche Ehren gewonnen habe,
179 so daß ich um Liebe bitten darf, dann sollt Ihr mir Eure Tochter Lîâze geben, das schöne Mädchen. Euer Unglück, das Ihr mir geklagt habt, ist allzu groß; wenn es einmal in meiner Macht steht, mit meinem Wort den Jammer von Euch fortzutreiben, so lasse ich Euch die Last nicht länger tragen.«

Abschied nahm der junge Mann jetzt von dem treuen Fürsten und von all den Leuten des Hauses. Dreifach war sein Unglück gewesen, mit Schmerzen wurde sein Quartett nun voll: Er hatte zum viertenmal verspielt.

VIERTES BUCH

So hatte sich Parzivâl von dort getrennt. Ritterliche Sitten hatte er jetzt am Leib und trug die Zeichen seines Rittertums mit gelernter Eleganz. Ach, da war nur etwas, das stieß ihn immerfort mit strenger Gewalt umher, das war nicht angenehm. Die Weite selber war ihm zu eng und überhaupt der Raum, so breit er sich auch strecken mochte, viel zu schmal; alles Grüne schien ihm bleich in seinen Sinn, seine rote Rüstung blitzte ihm weiß: Das machte sein Herz, es hatte über die Augen Gewalt. Nun, da er kindliche Dummheit losgeworden war, forderte die Art des Gahmuret in ihm ihr Recht, und so mußte er immer nach Lîâze sinnen, die so viel Glück zu schenken hatte. Sie hatte ihm mit ihrer Gesellschaft Ehre angetan, doch Liebe war nicht dabei.

180 Wohin da sein Pferd auch steuern will, er ist mit seinem Jammer so beschäftigt, daß er es nicht aufhalten kann, mag es rennen oder traben. Kreuze und Wegzäune sah er nicht, noch weniger Furchen von Wagenrädern, denn seine Waldchaussee war wild: Ganz ungebahnt war es dort, wo er ritt, und wenn da Wegwarten standen, so warten die noch heute auf den Weg. Täler und Berge waren ihm unbekannt. Es gibt eine Redensart, die sagt, daß der, der viel herumirrt, am leichtesten den goldenen Schlegel finden könne. Spuren vom Wirken dieses Schlegels gab es da freilich im Übermaß zu bemerken, ich meine: wenn große Baumstämme, die am Boden liegen, auf einen Schlegel deuten. Doch ritt er auch gar nicht viel irre, sondern stracks geradeaus ins Blaue, und also kam er an dem Tag von Grâharz durch ein wildes, hohes Gebirge in das Königreich Brôbarz. Der Tag ging gegen Abend zu, da kam er an ein reißendes Wasser, von Fels zu Fels hallte sein Tosen. An diesem Wasser ritt er hinab. Da sah er die Stadt Pelrapeire lie-

gen. Die hatte der König Tampenteire seinem Kind als Erbe hinterlassen. Der aber und ihren Leuten geht es schlecht.

Das Wasser fuhr dahin, wie es die Bolzen tun, wenn sie recht befiedert und geschnitzt die Spannung der Arm- 181
brust mit losgeschnellter Sehne schießen läßt. Es war eine Brücke darübergeschlagen, mit Flechtwerk belegt. Das war genau dort, wo das Wasser ins Meer floß: Pelrapeire lag sehr wehrhaft da.

Schaut euch die Kinder auf der Schaukel an, wenn man sie so richtig schaukeln läßt, dann wißt ihr, wie die Brücke hin und her fuhr — bloß ohne Seil, und außerdem war es auch nicht die Jugend, was sie so übermütig machte. Dort auf der andern Seite standen mit aufgebundenen Helmen sechzig Ritter oder mehr, die riefen alle: »Fort mit dir, kehr um!« Schwach und mager waren sie, die da recht wild und feindlich mit den Schwertern fuchtelten. Weil sie ihn schon oft so gesehen hatten, glaubten sie, das wäre Clâmidê: Denn er kam so recht königlich zur Brücke übers weite Feld geritten.

Als sie diesen jungen Mann so anriefen mit lautem Schreien, da wollte sein Roß, so scharf er es auch stacheln mochte mit den Sporen, partout nicht auf die Brücke gehen, es fürchtete sich. Er aber, dem die Feigheit immer ihr wahres Wesen zeigte — und also vor ihm floh —, der stieg ab und führte sein Pferd am Zügel auf die Schaukel der Brücke. Das Herz eines Feiglings wäre zu schwach, um gegen solche Macht den Kampf zu wagen. Und außerdem war da ja auch noch eine andere Gefahr, auf die er achten mußte: es war zu fürchten, daß 182
das Pferd hinunterstürzte. Da erlosch nun bei denen drüben das Geschrei. Die Ritter trugen alles wieder hinein: Helme, Schilde, das stolze Blitzen ihrer Schwerter, und sie schlossen das Tor — sie fürchteten, es könnten noch mehr Feinde kommen.

Er kam auf einen Platz geritten, der Wahlstatt heißen darf mit gutem Grund: Es hatten sich dort schon viele Männer ihren Tod ausersehen; die wollten Ritterehre gewinnen und verloren den Leib da vor dem Tor dem Palas gegenüber, der hoch war und nicht wenig herrlich. Einen Ring sah er an diesem Tor, den faßte er an mit seiner Hand und klopfte kräftig. Es gab niemand auf sein Rufen acht, bloß ein schönes Fräulein. Aus einem Fenster sah das Mädchen hinab auf den Helden, der furchtlos dort hielt. Es sprach die feine Schöne: »Wenn Ihr als Feind gekommen seid, mein Herr, wir haben keinen Bedarf. Wir kriegen Kampf genug auch ohne Euch vom Land her und auf See, den gibt uns ein gewaltiges Heer mit Wut.«

Da sprach er: »Meine Dame, hier hält ein Mann, der will Euch dienen, so gut ich es verstehe. Daß Ihr mich freundlich ansprecht, das soll meine Belohnung sein: Wenn ich Euch dienen kann mit meiner Kraft, so könnt Ihr über mich verfügen.«

Das Mädchen war nicht dumm, sie ging zur Königin
183 und legte ein gutes Wort für ihn ein, damit man ihn hineinlasse. Davon sollte ihnen bald das Ende großer Leiden kommen.

So wurde er denn eingelassen. Beiderseits der Straße stand das Stadtvolk in dichten Haufen. Sie waren mit ihren Waffen gekommen. Schleuderer und Plänkler standen da in einer langen Reihe, auch sehr viele Scharfschützen. Bei dieser Gelegenheit sah er noch viele wilde Fußsoldaten, die besten des Landes, mit ihren langen, starken Lanzen, die waren scharf geschliffen und, versteht sich, unzerbrochen. Es standen da, so jedenfalls habe ich sagen hören, auch viele Handelsleute mit Äxten und Spießen bewaffnet, sie waren von ihren Zünften aufgeboten. Sie alle trugen schlaffe Bälge. Der Marschall der Königin hatte einige Mühe, als er ihn durchs Gedränge dieser Leute führte zum Hof. Diese Burg war gut versorgt mit allem, was der Verteidigung dienen kann. Türmchen über den Wohngebäuden, Wehrgang, Bergfried, Erker — Befestigungen von der Art gab es da so viele, wie er gewiß in seinem ganzen Leben noch nicht gesehen hatte.

Da kamen nun von überall her Ritter geritten und
184 gegangen, um ihn zu begrüßen. Es war das aber eine jämmerliche Schar, lauter Gesichter wie Asche oder wie der fahle Lehm. Mein Herr, der Graf von Wertheim, hätte bei denen da nicht gerne Söldner sein wollen; von dem, was sie bezahlten, hätte er nicht leben können. Der Mangel hatte ihnen Hungers Not beschert. Sie hatten keinen Käse, nicht Fleisch noch Brot, sie hatten sich abgewöhnt, in den Zähnen zu stochern, und sie machten auch keinen Wein mehr fettig mit Schmalz an ihren Lippen, wenn sie tranken. Die Wänste waren ihnen eingesunken, dafür standen um so höher die Hüftknochen mager heraus. Wie ungarisches Leder einge-

schrumpft war die Haut an ihren Rippen: Das Fleisch hatte der Hunger fortgetrieben. Sie mußten ihn aushalten, denn es gab nichts als Not. Arg wenig Bratensaft tropfte ihnen in die Glut. Dafür sorgte mit Gewalt ein edler Mann, der starke König von Brandigân: Sie ernteten, was ihnen aus Clâmidês vergeblicher Bitte erwachsen war. Es vergoß sich da nicht oft mit Met der Zuber oder die Kanne, und selten schrie ein Trüdinger Hafen Schmalznudeln aus — diese Melodie war ihnen zersprungen.

Wenn nun grade ich sie dafür tadeln wollte, dann
müßte mein Verstand schon arg dünn sein. Denn da, wo
ich mein Pferd zur Krippe führe, sozusagen, und wo man
mich Herr nennt, bei mir daheim in meinem Haus, da 185
haben die Mäuse nicht viel zu feiern: Die müßten sich
höchstens das Essen stehlen, das ich, vor dem es keiner zu
verstecken braucht, auch unversteckt nicht finde. Allzu
oft geht es mir so, mir, Wolfram aus Eschenbach, daß
ich solche Aufwartung hinnehmen muß.

Meinen Jammer hat man jetzt genug gehört, es ist Zeit, daß diese Geschichte zurückkommt auf Pelrapeire und wie elend es dort stand: Da zahlten die Leute aus ihrem Glück die Steuern. Da die Helden Treue hatten im Überfluß, lebten sie in Armut; die Ehre, die ein rechter Vasall hat, befahl es ihnen. Euch hier sollte ihr Elend erbarmen: Sie sind Geiseln, und ihr Leben steht zum Pfand, wenn nicht die Höchste Hand sie aus der Gefangenschaft erlöst.

Jetzt hört weiter von diesen Armen, ihr müßt Mitleid mit ihnen haben. Sie begrüßten ihren Gast, den gewaltigen Helden, mit Scham: Sie sahen nämlich, daß er edel genug war und es also nicht nötig gehabt hätte, bei ihnen, so wie die Dinge standen, um Quartier zu bitten. Er wußte nicht, daß sie so großen Mangel hatten.

Man legte einen Teppich auf das Gras in den Schatten
einer Linde, die war da ummauert und umhegt zu einer
Laube. Nun nahmen die Leute dieses Hauses ihm die
Rüstung ab. Da hatte er aber eine ganz andere Farbe als 186
diese Menschen, sobald er nur mit frischem Wasser den
Eisenrost von sich abgewaschen hatte: Leuchtend wie
die Sonne selber hätte er fast ihren Glanz trüb gemacht.
Daran sahen sie, daß der Gast edel war.

Man reichte ihm dann einen Mantel hin, der war genauso wie der Rock, den der Held schon anhatte, aus

Zobel, und der roch ganz neu und wild. Jene sprachen: »Wollt Ihr jetzt die Königin sehen, unsre Herrin?«

Da sagte der gerade Held, daß er das gerne täte. Sie
gingen zu einem Palas, da führten Stufen hoch hinauf.
Von ihrem Anblick blitzte ihm ein liebenswerter Schein
entgegen, und es ging Süßigkeit in seine Augen von der
Königin: ein Leuchten und Gleißen, bevor sie selber ihn
begrüßte. Ein Katalane war Kyôt und der edle Man-
pfilyôt auch — die zwei Herzöge hatten ihres Bruders
Kind hierhergebracht, die Königin des Landes. Um die
Liebe Gottes zu gewinnen, hatten sie ihre Schwerter für
immer abgelegt. Dort gingen diese edlen Fürsten, grau
187 und schön, mit viel Courtoisie führten sie die Dame bis
zur Mitte der Treppe hinab. Da küßte sie den jungen
Mann: Die Münder waren beide rot. Die Königin reichte
ihm ihre Hand, und sie führte Parzivâl hinein; da setzten
die zwei sich nieder.

Die Damen und die Ritterschaft, wie sie da standen oder saßen, waren alle ziemlich schwach; sie hatten nichts zu feiern, das ganze Haus mit seiner Herrin. Condwîr âmûrs jedoch, ihr Glanz, der schlug sie alle aus dem Feld: Jeschûte, Enîde und Cunnewâre de Lâlant — wo immer man sie suchen will, die sonst das beste Lob verdienen, überall, wo man die Schönheit schöner Damen auch beschrieben findet, da mußte dieser Glanz hier den gleißenden Schein von allen andern — und den von beiden Isolden noch dazu — mit Macht zu Boden schlagen: Ihr, Condwîr âmûrs gehörte die Krone aller Ehren, sie trug das daher, was man so recht *beau corps* heißt, auf deutsch: den schönen Leib. Sie hatten gewiß was Rechtes geleistet, die Frauen, die jene beiden zur Welt brachten, die da beieinander saßen. Nichts anderes tat da Weib und Mann, als nur die beiden anzusehen. Er hatte hier liebe Freunde gefunden.

188 Was dem Gast im Sinn herumging — ich sag es euch: ›Lîâze ist weit fort, Lîâze ist hier. Gott will meine Schmerzen nach ihr lindern, ich sehe jetzt Lîâze vor mir, das Kind des edlen Gurnemanz.‹ Die Schönheit der Lîâze war nur ein Wind vor dem Mädchen, das hier saß. An ihr — sie war des Landes Herrin — hatte Gott mit nichts gespart, was man sich zur Vollkommenheit nur denken kann: wie aus dem süßen Tau der zarte Teint der Rose blinkt in frischem, edlen Glanz, der gleichzeitig weiß ist und rot. Das brachte ihren Gast in große Bedrängnis. Er hatte sich die Regeln seiner Erziehung

zum Ritter völlig zu eigen gemacht von dem Tag an, da der edle Gurnamanz ihm seine kindliche Dummheit nahm und ihm besonders das Fragen — zur Unzeit und am falschen Ort, so war's gemeint — verbot. Bei der Königin, der hohen Dame, saß nun sein Mund und brachte kein Wort heraus, und saß ganz nah bei ihr, nicht etwa fern dort drüben. Das kann aber einem Mann sehr leicht passieren, daß ihm so die Worte ausgehen, selbst wenn er mehr Erfahrung hat mit feinen Damen.

Die Königin dachte schon: ›Ich glaube fast, daß dieser Mann sich schämt, sich mit mir abzugeben, nur weil mein Leib so abgehärmt ist und zerquält. Ach nein, er ist gut erzogen und denkt sich was dabei: Er ist der Gast, und ich bin hier daheim — es ist an mir, ihn anzu-
reden. Er sieht mich schon die ganze Zeit lang mit 189
so viel Freundlichkeit an, seit wir hier Platz genommen haben: Feinheit und Taktgefühl hat er mich sehen lassen. Viel zu viele Worte habe ich schon versäumt, ich darf jetzt nicht länger schweigen.‹

Zu ihrem Gast sprach die Königin: »Mein Herr, die Gastgeberin muß das Gespräch beginnen. Euren Gruß habe ich bereits, den gewann mir ein Kuß. Ihr habt auch uns hier drinnen Eure Hilfe angeboten, so sagte mir eins von meinen Mädchen. Das waren wir von fremden Rittern nicht gewohnt, so sehr von Herzen ich es mir auch wünschte. Mein Herr, ich bitte Euch, sagt mir, von wo Eure Reise Euch hergeführt hat.«

»Meine Dame, als ich bei Tagesanbruch fortritt, da ließ ich einen Mann zurück, der war traurig; seine Treue hat nicht den kleinsten Kratzer: Gurnamanz heißt dieser Fürst, nach der Herrschaft Grâharz nennt man ihn. Von dort her bin ich heute in dieses Land geritten.«

Es sprach das edle Mädchen: »Wenn jemand anders mir das gesagt hätte, das hätte kein Mensch ihm geglaubt, ich meine: daß dieser Weg an einem Tag zu schaffen wäre. Denn wenn ich jemand dorthin schickte und der ritt noch so kühn, so machte der die Reise an zwei Tagen nicht. Die Schwester jenes Mannes, bei dem Ihr zu Gast gewesen seid, war meine Mutter. Die lichte Schönheit seiner Tochter könnte wahrlich trübe werden vor Jammer. Wir haben viele saure Tage in Trauer und mit
nassen Augen zugebracht, ich und das Mädchen Lîâze. 190
Wenn Ihr ihm seine Gastfreundschaft mit Liebe vergelten wollt, so nehmt, was wir Euch heute abend bieten, so an, wie wir selber, Weib und Mann, es schon seit

langem haben und aushalten müssen: Ihr könnt es ihm zuliebetun. Ich will Euch klagen, was uns drückt: Uns quält schwere Hungersnot.«

Da sprach ihr Vaterbruder Kyôt: »Meine Dame, ich lasse Euch zwölf Brote bringen, drei Schäufele und Schinken, man wird auch acht Laib Käse dazutun, außerdem zwei Legel Wein. Auch mein Bruder wird Euch helfen und das seine tun für heute abend — das muß sein, es geht nicht anders.«

Da sprach Manpfiljôt: »Meine Dame, ich schicke Euch genausoviel.«

Dem Mädchen war, wie sie da saß, als säße sie nun auf dem Gipfel allen Glücks, und sie versäumte nicht zu sagen, wie sehr dankbar sie ihnen war.

Sie nahmen Abschied und ritten heim zu ihren Jagdhütten nicht zu weit von dort. Die beiden Alten wohnten in einer wilden Schlucht, droben auf dem Berg. Sie führten keine Waffen, und das fremde Heer ließ sie in Frieden.

Ihr Bote kam im Trab zurück: Jetzt konnte man den
schwachen Leuten etwas Gutes tun. Es war in der
Burg soweit gekommen, daß, was dieser Bote brachte,
der ganze Vorrat war an Lebensmitteln. Viele waren
191 verhungert, bevor noch das Brot zu ihnen kam. Die
Königin befahl, es unter die ausgemergelten Menschen
auszuteilen, dazu die Käse, das Fleisch, den Wein. Par-
zivâl, ihr Gast, redete ihr zu, sie solle nur immer her-
schenken. So kam es, daß für diese beiden kaum eine
knappe Scheibe übrigblieb: Die teilten sie sich ohne
Zank.

Da war denn auch schon alles verpraßt, was das Haus aufzubieten hatte. Viele, die der Hunger am Leben gelassen hatte, wurden so vor dem Tod gerettet. Man befahl, dem Gast sein Bett zu richten, ein sanftes, ja, das will ich doch meinen. Wären die Leute der Burg Falken gewesen, so hätte sie gewiß kein voller Kropf zu faul zur Jagd gemacht, das beweist ihr Speisezettel. Sie trugen alle die Zeichen des Hungers an sich, nur der junge Parzivâl nicht.

Der sagte gute Nacht, er wollte schlafengehen. Was? Ob man ihm mit Strohfackeln geleuchtet hat? Aber nein, seine Kerzen waren alle von der besseren Sorte. Es ging der junge Schöne an ein prächtiges, ein wahrhaft königliches Herrenbett, das war nicht für kleine Leute. Es lag ein Teppich davor.

Er verabschiedete die Ritter, die ihn herbegleitet hatten: Er wollte nicht, daß sie da länger stehen mußten. Kinder zogen ihm die Schuhe aus, und bald war er eingeschlafen. Er schlief, bis plötzlich rechter Jammer nach ihm schrie und Regen aus lichten Augen, der vom Herzen drang: Das weckte den Helden auf.

Ich will euch sagen, was das war — es brach aber nicht 192
durch die Schranken, die den Frauen gesetzt sind: Ganz unbeirrt blieb dieses Mädchen keusch, von dem hier berichtet werden soll. Schwer lag auf ihr der Zwang des Kriegs, der Tod lieber Vasallen. Davon pochte ihr Herz so wild, daß ihre Augen keinen Schlaf fanden. So ging denn die Königin — nicht um jene Liebe zu suchen, die in den Mädchen die Frau lockt, nur um ihnen möglichst schnell dann diesen Namen anzuhängen, vielmehr ging sie hin, um Hilfe zu finden und Rat bei einem Freund. Eine gute Rüstung trug sie am Leib: ein weißseidenes Hemd. Welche Waffen könnten besser taugen, wenn eine Frau dem Mann entgegenzieht? Die Dame hüllte ihren Leib dann noch in einen langen Mantel aus Samt. So ging sie, sie konnte nicht anders vor Kummer.

Was da an Mädchen und Dienern lag in ihrem Zimmer, die ließ sie alle weiterschlafen und schlich sich leise ohne Geräusch in jene Kemenate. Da hatten die, deren Geschäft es eben war, die Sache so eingerichtet, daß Parzivâl dort ganz alleine schlief. Vor seiner Bettstatt war es von Kerzen hell wie am Tag. Zu seinem Bett ging ihr
Weg. Sie kniete sich hin vor ihm auf den Teppich. Sie 193
hatten nicht viel Verstand, die beiden, er und die Königin, zur Liebe, ich meine: wie sich sonst zwei zueinanderlegen. Hier ging es anders zu: Sehr unglücklich war das Mädchen, und es quälte sie die Angst vor Peinlichkeit; ob er sie wohl zu sich hineinnähme?

Leider versteht er nichts von solchen Dingen. Und doch geschieht es, ohne viel Studieren; sie werden in einem guten Frieden einig, und haben doch die Glieder, die so schön zum Versöhnungstiften taugen, nicht zueinandergebracht. Das wäre ihnen nicht leicht in den Sinn gekommen.

Des Mädchens Jammer war so groß, daß von ihren Augen viele Tränen niedertropften auf den jungen Parzivâl. Der hörte plötzlich ihr lautes Weinen und wachte auf: Da sah er sie. Der Anblick tat ihm weh und wohl. Der junge Mann richtete sich auf, da sprach er zu der Königin: »Meine Dame, wollt Ihr Euch über mich lustig machen? Nur vor Gott dürft Ihr so knien. Seid so freundlich, setzt Euch her zu mir.« So bat er sie, das war sein Wunsch. »Oder legt Euch hierher, da wo ich geschlafen habe. Ich komme schon zurecht, habt darum keinen Kummer.«

Sie sprach: »Wenn Ihr tun wollt wie ein Edelmann, ich
meine: wenn Ihr rücksichtsvoll seid und bescheiden
194 gegen mich, daß Ihr nicht etwa anfangt, nun mit mir zu
ringen, dann kann es so sein, daß ich da bei Euch liege.«

Das sagte er ihr zu, und so vertrug man sich denn: Sie schmiegte sich ins Bett hinein.

Es war da noch Nacht, und es krähte nirgends noch ein Huhn, leer standen die Hahnenbalken. Der Hunger hatte ja auch alle Hühner heruntergeschossen.

Die Dame hatte wahrlich mehr Jammer als genug.
Mit feinem Takt fragte sie ihn, ob er sich ihren Kummer
anhören wollte. Sie sprach: »Ich fürchte bloß, wenn
ich es Euch sage, dann könnt Ihr nicht mehr schlafen;
das wäre schlimm für Euch. Mir hat der König Clâ-
midê, und Kingrûn, sein Seneschall, Burgen und Felder
verbrannt, nur Pelrapeire ist noch übrig. Mein Vater
Tampenteire ließ mich allein auf der Welt, elend und
verwaist bin ich, umgeben von schrecklichen Gefahren.
Verwandte, Fürsten und Vasallen, die großen Herren und
die Ritter ohne Land, die alle sind gehorsam mit Helden-
mut für mich in den Krieg gezogen. Sie sind dahinge-
storben in den Kämpfen, die Hälfte von ihnen oder noch
mehr sind tot. Was habe ich noch zu hoffen in meinem
Elend? Ich bin nun ganz am Ende angelangt: Eher will
ich mich töten, ehe ich meine Jungfernschaft hingebe
195 und den Leib und Clâmidês Frau werde; denn seine
Hand hat mir den Schenteflûrs erschlagen, dessen ritter-
liches Herz viel Ehre trug. Er war über aller Männer
Schönheit ein Blütenzweig, Verrat wies er in seine
Schranken, der Bruder der Lîâze.«

Als da der Name der Lîâze fiel, rief das mit Schmerzen die Sehnsucht nach ihr wach in Parzivâl, denn ihr diente er um Liebe. Aus heiterer Höhe stieg sein Herz zu Tal, dahin wies die Liebe der Lîâze ihn. Er sprach zur Königin: »Meine Dame, wäre Euch geholfen, wenn Ihr hoffen könntet, daß Euch jemand beisteht?«

»Ja, mein Herr, wenn ich nur Kingrûn, den Seneschall, loswerden könnte! Seine Hand hat mir in rechter Tjost schon viele Ritter heruntergestochen. Er will morgen wieder herkommen und glaubt, es müsse dann partout sein Herr in meinen Armen liegen. Ihr habt aber meinen Palas gesehen, und ich sage Euch: Der wäre mir an keiner Stelle zu hoch, als daß ich mich nicht hinab und in den Graben stürzte, ehe Clâmidê mit Gewalt meine Jungfernschaft besitzen sollte. So wollte ich ihm seine Prahlerei zurück in den Hals stoßen!«

Da sprach er: »Meine Dame, mag Kingrûn nun Franzose sein oder Bertûne oder sonst von welchem Land man immer will, so soll doch meine Hand Euch vor ihm
schützen, so gut mein Leib es vermag.« 196

Die Nacht hatte ein Ende, und es kam der Tag. Die Dame stand auf; mit Verneigen, aber auch mit Worten sagte sie ihm großen Dank. Dann schlich sie leise zurück in ihr Zimmer. Es war da noch keiner munter und bei Sinnen, um sie zu bemerken, und so sah sie niemand, wie sie ging — nur der lichte Parzivâl, der Schöne.

Der wollte dann auch nicht mehr schlafen. Mit all der gebotenen Eile stieg die Sonne hinauf, ihre Strahlen brachen durch die Wolken. Da hörte er viele Glocken schlagen. In die Kirchen und Münster gingen die Leute, die Clâmidê von allen Freuden abgeschnitten hatte.

Er stand auf, der junge Mann. Der Kaplan der Königin sang Gott die Messe und seiner Herrin. Die hatte da Gelegenheit, ihren Gast anzuschauen bis zum *Benedicat vos*. Als das gesprochen war, befahl er seine Rüstung. Die zog man ihm an, wie sich's gehört. Er sollte auch ritterliche Kräfte sehen lassen im Kampf als ein rechter Mann.

Es zog da das Heer des Clâmidê heran mit vielen Fahnen. Weit vorneweg sprengte Kingrûn auf einem Roß aus Iserterre, so hat mir die Quelle berichtet. Jetzt war
auch *fils du roi* Gahmuret vor dem Tor angelangt, für den 197
beteten die in der Stadt.

Es war sein erster Schwertkampf. Sehr weit nahm er den Anlauf und galoppierte heran mit solcher Wucht, daß es beiden Rössern die Riemen sprengte beim Aufprall: Die Sattelgurte zerrissen, und die Pferde saßen auf den Hechsen. Dafür saßen die Ritter nicht mehr — sie wußten sich aber zu helfen: In den Scheiden fanden sie die Schwerter. Kingrûn war verwundet worden: Durch den Arm und in die Brust war ihm die Tjost gefahren und hatte in seinen Ruhm, den er mit hohem Stolz bis an diesen bittren Tag getragen hatte, die Fällkerbe geschlagen. Mit sechs Rittern auf einmal, die gegen ihn anträten, konnte er's aufnehmen — sagte man —, so große Stücke hielt man auf seine Kraft. Parzivâl nun mit seiner star-

ken Hand teilte in gleicher Münze aus, und zwar so, daß dem Seneschall Kingrûn ganz sonderbar zumute wurde, als wollten Katapulte ihn mit Felsbrocken sturmreif schießen. Es war aber eine andere Waffe, die ihn in die Knie gehen ließ: Ein Schwert fuhr ihm mit Krachen durch seinen Helm. Parzivâl warf ihn zu Boden und setzte ihm ein Knie auf die Brust. So bot der ihm denn
198 an, was er noch keinem Mann geboten hatte: sein Ehrenwort. Das wollte aber der andere, der mit ihm kämpfte, gar nicht haben, der verlangte vielmehr, daß er es Gurnamanz bringen sollte.

»Nein, mein Herr, eher mußt du mich töten. Ich habe ihm seinen Sohn erschlagen, dem Schenteflûr nahm ich das Leben. Gott hat dich große Ehre gewinnen lassen. Überall wo Leute davon reden, welche Heldenkraft du an mir bewiesen und daß du mich besiegt hast, da kannst du der Bewunderung aller sicher sein.«

Da sprach der junge Parzivâl: »So will ich dir einen anderen Vorschlag machen: Ergib dich der Königin, die so viel Leid erfahren hat vom Wüten deines Herrn.«

»Dann wäre ich verloren. Sie würden mich mit ihren Schwertern in Stücke hacken so fein wie die Stäubchen, die im Sonnenlicht treiben, denn ich habe vielen kühnen Männern dort drinnen Schlimmes angetan.«

»So trage denn dein ritterliches Ehrenwort von diesem Feld hin in das Land Bertâne zu einem Mädchen, dem um meinetwillen Leid geschehen ist und Schande — das hätte nie geschehen dürfen. Und sag ihr, daß sie mich nicht mehr froh sehen wird, was sonst auch aus mir wer-
199 den mag, bevor ich nicht mit meinem Speer durch einen Schild sie räche. Sag dem Artûs und seiner Frau, den beiden und dem ganzen Hof meinen ergebenen Gruß und daß ich erst wieder dorthin komme, wenn ich die Schande losbin, die ich gemeinsam trage mit der, die mir ihr Lachen schenkte. Das mußte sie an ihrem Leib mit Schmerzen büßen. Sag ihr meine ganze Ergebenheit und daß ich mich ergebenst in ihren Dienst ergebe.«

Das gelobte ihm der andere; die Helden sah man sich trennen.

Wieder in die Stadt hinein schritt er — sein Pferd hatten die dort eingefangen. Ihre Hoffnung war er auf dem Feld, er sollte sie auch wirklich von der Not erlösen. Entzwei war das Vertrauen auf den Sieg im äußeren Heer, da Kingrun nun in all seiner Stärke gedemütigt war. Parzivâl führte man im Triumph zur

Königin, und die umarmte ihn, daß alle es sahen. Sie drückte ihn fest an ihren Leib, sie sprach: »Ich will auf Erden keinen anderen zum Mann nehmen als den, den ich hier in meinen Armen halte.« Sie legte Hand an, als man ihm die Rüstung auszog, sie scheute keine Mühe, ihn recht zu bedienen.

Nach seiner schweren Kriegstat wurde ihm ein erbärm- 200
liches Essen aufgetischt. Die ganze Stadt marschierte auf
und schwor ihm treue Gefolgschaft. Sie sagten, er solle
ihr Herr sein. Und es sprach auch die Königin und sagte,
sie wolle ihn zu ihrem *ami* nehmen, da er von Kingrûn
so viel Ehre erbeutet habe.

Zwei braune Segel sah man auf dem Meer oben vom Wehrgang aus, die trieb ein starker Wind mit Macht in den Hafen. Die Kiele trugen eine höchst willkommene Ladung; sie waren voll mit lauter Lebensmitteln. Das hatte Gott in seiner Weisheit so gefügt.

Hinab von den Zinnen wirbelten und flogen die aus-
gehungerten Leute den Schiffen zu, um sie zu plündern.
Dürr und mager, wie sie waren, trieb es sie wie leichtes
Laub dahin, sie hatten ja kein Fleisch mehr auf den Kno-
chen, nichts schwellte ihre Bälge. Der Marschall der
Königin nahm die Schiffe unter seinen Schutz, und er ließ
verkünden, daß bei Galgenstrafe keiner sich an ihnen
vergreifen solle. Die Kaufleute brachte er zu seinem
Herrn in die Stadt. Parzivâl befahl, man solle ihnen ihre
Waren doppelt bezahlen — selbst die Kaufleute fanden 201
das zu viel, so gut war der Preis, den sie für die Sachen
bekamen. Den Bürgern tropfte endlich wieder etwas in
die Kohlen. Jetzt wäre ich gerne Söldner dort, denn
keiner mehr trinkt da Bier, sie haben Wein und Essen im
Überfluß.

Da machte er es so, der reine Parzivâl, das will ich euch sagen: Er teilte das Essen eigenhändig aus, und zwar in genau bemessenen Mengen. Den Adeligen, die er da sah, wies er Plätze zu bei Tisch. Er wollte nicht, daß sie ihre leeren Mägen überluden, und gab ihnen deshalb gerade so viel, wie sie vertrugen. Sie sahen dankbar ein, daß er hier mit Bedacht verfuhr. Später dann am Abend ließ er ihnen mehr zukommen. Mit Klugheit ohne Leichtsinn tat er alles und ohne Überheblichkeit.

Es wurden da Stimmen laut, die forderten, daß das Paar nun seine Hochzeitsnacht begehen solle. Dazu sagten er und die Königin nicht nein. Und als er bei ihr lag, war er so fein und bescheiden, daß manche von den

Damen, die jetzt hier sitzen, mit ihm unzufrieden wäre, wenn einer ihr das antäte. Daß die Frauen doch immer, aus Lust am Quälen, alles Feintun Lügen strafen, wenn sie sich reizend machen! Vor fremden Leuten tun sie ganz keusch, doch führt der Wunsch in ihren Herzen eine scharfe Schere und hat längst abgeschnitten, was allenfalls dran ist an ihrem sittsamen Gebaren. Dem Gelieb-
202 ten schlagen sie heimliche Wunden mit ihrer Zärtlichkeit.

Ein fester Charakter, ein Mann, der sich vor Anmaßung und vor Verrat zu hüten weiß, der ist voller Rücksicht gegen die Geliebte. ›Ich habe meine Jahre bei ihr abgedient‹, so denkt er — und vielleicht sogar mit Recht —, ›und darum hat diese Frau jetzt meinem Leib den Lohn verheißen: So liege ich nun hier. Es wäre mir früher immer als große Gunst erschienen, auch bloß mit meiner Hand ihr Kleid anzufassen. Wenn ich jetzt haben wollte, was nur Gier sich wünschen kann, so würde ich's kriegen, aber es wäre nicht anständig. Soll ich sie denn quälen und so uns beiden Schande machen? Eine Dame hat das Recht, angenehm unterhalten zu werden vor dem Einschlafen.«

So lag er da, der Wâleise, wenig Schreckliches war jetzt an ihm: Er, den man den Roten Ritter nannte, ließ die Königin Jungfrau bleiben.

Sie aber glaubte, sie wäre nun seine Frau. Sein liebenswerter Leib war ihr Grund genug, sich für verheiratet zu halten. Am Morgen band sie sich deshalb die Haube. Sie übergab ihm Burgen und Land, die jungfräuliche Braut, denn sie liebte ihn von Herzen.

So hielten sie es und waren einander gut und waren glücklich, zwei Tage und die dritte Nacht. Oft dachte
203 er daran, was seine Mutter vom Umarmen gesagt hatte, und Gurnemanz hatte ihn auch gelehrt, Mann und Frau seien eins. So strickten sie endlich Arme und Beine ineinander. Wenn ich euch das erzählen soll, so sag ich nur: Er fand da süße Nähe. Sie taten nach dem alten, neuen Brauch, und ihnen war wohl und nicht weh.

Hört aber jetzt, wie Clâmidê, als er mit seinem Heer zornig gegen die Stadt zog, schlechte Nachrichten bekam. Ein Knappe kam zu ihm auf einem Pferd, das ganz zerstochen war auf beiden Seiten, und sagte: »Auf dem Feld vor Pelrapeire tut einer edle Rittertaten, viele scharfe Hiebe gibt es von ritterlicher Hand. Besiegt ist der Seneschall Kingrûn, der Oberste im Heer, der muß

zu Artûs, dem Bertûnen, reiten. Die Ritter, die für
Geld auf unsrer Seite kämpfen, belagern noch die Stadt,
wie Kingrûn es befahl, bevor er Abschied nahm. Ihr und
Eure beiden Heere werdet Pelrapeire gut verteidigt fin-
den. Dort drinnen ist ein Ritter, der hat Adel im Leib
und sucht nichts anderes als Kampf. Die Fremden, die
bei Euch im Sold stehen, sagen, die Königin habe von 204
der Tafelrunde den Ithêr von Kukûmerland zu sich be-
stellt: Sein Schild kam heraus zur Tjost und wurde mit
Ehren getragen.«

Der König sprach da zum Knappen: »Condwîr âmûrs
will mich haben und ich ihren Leib und ihr Land. Mein
Seneschall Kingrûn hat mir ausrichten lassen, es sei
gewiß, daß sie vom Hunger gezwungen die Stadt über-
gäben und daß die Königin mir ihre edle Liebe bieten
werde.«

Der Knappe handelte sich mit seiner Botschaft nichts
als böse Worte ein. Der König mit seinem Heer ritt
weiter. Ein Ritter kam ihm entgegen, der auch sein Roß
nicht schonte. Der berichtete ihm ebenso. Dem Clâ-
midê wurde da sein froher, stolzer Sinn schwer: Es
schien ihm das ein großer Schaden.

Einer von des Königs Leuten, ein Fürst, aber sprach:
»Es wird doch gewiß keiner von denen, die es gesehen
haben, behaupten wollen, daß Kingrûn mit unser aller
Tapferkeit und in unserem Namen kämpfte. Allein und
für sich allein kämpfte er dort. Jetzt nehmt aber an, er
wäre dort erschlagen worden — sollen darum vielleicht
zwei ganze Heere verzweifeln, dieses und das vor der
Stadt?« Und er bat seinen Herrn, er solle den Kopf nicht
hängen lassen: »Wir wollen es besser ausfechten; wenn
die dort entschlossen sind zu kämpfen, dann geben wir 205
ihnen Krieg, soviel sie haben wollen und so, daß sie nie
mehr glücklich werden. Ruft Eure Leute und Eure Ver-
wandten zum Kampf, und rückt vor gegen die Stadt
mit zwei Bannern: Wir können von der Bergseite her
gut zu Roß angreifen, gegen die Tore stürmen wir zu
Fuß. Wir werden dafür sorgen, daß ihnen der Spaß ver-
geht.«

Diesen Rat gab Galograndes, der Herzog von Gip-
pones, der brachte die aus der Stadt in Not. Für sich
selbst aber holte er aus dieser Schlacht den Tod. Ebenso
tat der Graf Nârant, ein Fürst aus Ukerland, und mit
ihnen so mancher arme Edelmann, den man tot hinaus-
trug.

Hört aber jetzt die andere Geschichte, die nämlich von
den Leuten in der Stadt, wie die sich rüsteten gegen den
Sturm. Sie nahmen lange Baumstämme, trieben starke
Stachelstecken hinein, damit es den Angreifern auch
weh täte, und hängten sie an Seilen auf, die über Rollen
liefen. Das alles war gleich nach der Niederlage des Kin-
grûn eingerichtet worden, noch ehe Clâmidê zum Sturm
anrückte. Zusammen mit den Lebensmitteln war auch
griechisches Feuer, eine raffinierte, unheimliche Erfin-
dung der Heiden, ins Land gekommen. Die Kriegs-
206 maschinen dort draußen wurden verbrannt: Belage-
rungstürme und Katapulte und »Igel« und »Katzen«
und was sonst noch alles in den Graben gelaufen kam auf
Rädern, das schabte dieses Feuer wie ein Radiermesser
einfach weg.

Der Seneschall Kingrûn war mittlerweile in das Land Bertâne gelangt und fand den König Artûs in seinem Jagdhaus in Brizljân, das hieß Karminâl. Da tat er, wie Parzivâl ihm aufgetragen hatte, als er ihn gefangen hierher sandte: Der Dame Cunnewâre de Lâlant brachte er sein Ehrenwort. Es freute die junge Dame, daß der, den man den Roten Ritter nannte, ihr Unglück in Treue beklagte.

Das wurde überall bekannt. So kam der besiegte Edel-
mann endlich auch vor den König. Er sagte ihm und
seinem Hof, was er ihnen ausrichten sollte. Keie erschrak
und wurde rot; da sprach er: »Bist du's, Kingrûn? Wie
viele Bertûnen schon hat deine Hand entehrt, du Sene-
schall des Clâmidê! Und wenn mir auch der, an dem
du deinen Meister gefunden hast, nie mehr gut wird,
so sollst du doch profitieren von deinem Amt: Wir
sind beide Herrscher über Töpfe und Pfannen — ich
207 hier und du in Brandigân. Sei so edel und hilf mir,
Cunnewâre wieder freundlich zu stimmen mit großen
Krapfen.« Das war die ganze Sühne, die er ihr geben
wollte!

Aber lassen wir jetzt diese Geschichte! Hört zu, wie es in jener anderen weitergeht, die wir zuvor verlassen haben. Vor Pelrapeire kam Clâmidê, ein großer Sturmangriff konnte nicht ausbleiben: Die dort drinnen kämpften mit den Äußeren. Sie hatten Zuversicht und Kraft, man sah die Helden sich tüchtig wehren, und so behaupteten sie das Feld. Ihr Landesherr Parzivâl kämpfte weit vor seiner Schar. Alle die Tore standen offen. Er ließ die Arme mit Schlägen fliegen, sein

Schwert klirrte durch harte Helme. Die Ritter, die er zu Boden schlug, die hatten aber noch nicht ausgelitten; das bekamen sie am Zwickel der Halsberge zu spüren. Die Städter nämlich rächten sich nun und stachen die Ritter tot durch die Schlitze in der Rüstung. Parzivâl verbot ihnen das. Und als sie hörten, wie zornig er darüber war, nahmen sie zwanzig von denen lebendig gefangen, bevor sie aus der Schlacht gingen.

Parzivâl merkte wohl, daß Clâmidê mit seiner Schar sich nicht bei den Toren sehen ließ und daß er auf der
anderen Seite der Stadt kämpfte. Der junge Held wen- 208
dete sein Pferd und sprengte querfeldein hinüber zu des Königs Heer. Schaut hin, da wurde nun der Sold des Clâmidê erst so richtig kassiert und ausbezahlt mit Schaden. Die Städter verstanden was vom Kämpfen. Die harten Schilde wurden ihnen an der Hand zu Kleinholz. Vom Schild des Parzivâl ließen die Schläge und Schüsse nichts übrig. Zwar konnten sie nicht grade sehr viel Vorteil daraus ziehen, die Angreifer, die das sahen, doch mußten sie ihn alle dafür loben. Galograndes trug die Fahne, er war der rechte Mann, die Kämpfer anzufeuern. Der wurde an des Königs Seite tot hingestreckt. Clâmidê selber kam in Bedrängnis, ihm und den Seinen erging es bös. Da befahl er, den Sturm abzubrechen. Die Städter hatten gezeigt, daß sie zu kämpfen verstanden. Ihnen gehörten Gewinn und Ehre.

Parzivâl, der edle junge Mann, befahl, gut für die Gefangenen zu sorgen und sie bis an den dritten Tag dazubehalten. Die dort draußen aber sorgten sich derweil selber. Der junge, stolze Herr nahm dann vergnügt das Ehrenwort der Gefangenen entgegen. Er sprach: »Sobald ich es verlange, müßt ihr zurückkommen, liebe
Leute.« Ihre Rüstungen ließ er aufbewahren, sie selber 209
kehrten zum Heer vor der Stadt zurück.

Obwohl sie vom vielen Trinken rote Backen hatten, wurden sie dort draußen voll Mitgefühl empfangen: »Hunger habt ihr leiden müssen, ihr Armen!«

»Mit uns braucht ihr kein Erbarmen zu haben«, sprachen die gefangenen Ritter, »da drinnen gibt es Essen im Überfluß. Wenn ihr sie noch ein Jahr lang belagern wolltet, so könnten die sich wahrlich leicht ernähren und euch dazu. Die Königin hat den schönsten aller Ritter zum Mann. Es kann gut sein, daß er aus sehr vornehmer Familie stammt: Aller Ritter Ehre ist bei ihm gut aufgehoben.«

Als Clâmidê dies hörte, da reuten ihn zum erstenmal seine Mühen. Er schickte Boten in die Stadt und ließ dem, der mit der Königin geschlafen hatte, ausrichten: »Wenn er ein rechter Ritter ist und wenn er meint, daß er es wagen darf, ihren Leib und ihr Land in einem Zweikampf mit mir zu verteidigen, so soll von beiden Heeren ein Waffenstillstand gehalten werden.«

Parzivâl war sehr froh darüber, als er vernahm, daß er
ganz alleine zu einem Kampf gefordert wurde. Da
sprach der junge Mann kühn: »Dafür setze ich meine
Treue als Pfand, daß aus dem inneren Heer sich keine
210 Hand rühren soll, um mir zu helfen in der Not.«

Es wurde vereinbart, daß der Waffenstillstand in dem Raum zwischen dem Graben und dem äußeren Heer gelten sollte. Dann rüsteten sich die Schmiede des Kampfes.

Da bestieg der König von Brandigân ein schön gerüstetes Kastilianerroß, das hieß Guverjorz. Von seinem Neffen Grîgorz, dem König von Ipotente, war es zusammen mit anderen prächtigen Geschenken dem Clâmidê geschickt worden, aus dem Norden über den Ukersee. Der *comte* Nârant hatte es gebracht und dazu tausend Fußknechte, ritterlich in Eisen ohne Schild. Die hatten ihren Sold im voraus bekommen, für ganze zwei Jahre, wenn's wahr ist, was mir meine Geschichte sagt. Grîgorz schickte ihm auch tüchtige Ritter, und zwar fünfhundert, jeder mit einem Helm auf dem Kopf und alle erprobte Streiter. Da hatte dann das Heer des Clâmidê zu Lande und auf dem Meer Pelrapeire so belagert, daß es den Städtern schlecht ergangen war.

Hinaus kam Parzivâl geritten zum Platz des Gerichts-
211 kampfes, wo Gott offenbaren sollte, ob er ihn das Kind
des Königs Tampenteire behalten lassen wollte. Stolz
kam er daher im Galopp — darunter tat sein Roß es nicht,
bevor es lospreschte in der *carrière*. Das war gut gerüstet
gegen alle Übel: Aus Samt war die rote Decke, die über
der eisernen lag. Am Ritter selber leuchtete rot der
Schild und rot der Waffenrock.

Clâmidê eröffnete den Kampf. Einen kurzen Speer, das Eisen noch ohne Scharte, hatte er mitgebracht zur Tjost, um seinen Mann zu fällen. Den Anlauf nahm er lang. Guverjorz rannte mit Macht. Da wurde schön tjostiert nach den Regeln der Kunst von den zwei Jungen ohne Bart. Nie haben Männer und Tiere einen härteren Kampf durchgestanden, beide Pferde rauchten vor An-

strengung. So wild hatten sie gestritten, daß die Pferde nicht mehr konnten und zusammenbrachen — beide zugleich, nicht etwa eines zuerst. Da überlegten sie nicht lang, sondern gingen Feuer machen: mit dem Stahl am Helm des anderen. Zum Feiern war keine Zeit, es gab noch Arbeit genug für beide. Die Schilde zerstoben ihnen, wie wenn man zum Spaß eine Handvoll Federn 212
in den Wind wirft. Und doch war Gahmurets Kind noch nirgends und kein bißchen müde. Da glaubte Clâmidê, die in der Stadt hätten den Waffenstillstand gebrochen, und er forderte seinen Gegner auf, er möge um seiner eigenen Ehre willen befehlen, daß man aufhöre, ihn mit der großen Schleuder zu beschießen. Es gingen gewaltige Schläge auf ihn nieder, die auch wirklich Brüder jener Mauerbrecher sein konnten.

So antwortete ihm der Herr des Landes: »Mir scheint, daß die Maschine dich in Ruhe läßt, denn dafür steht meine Ehre zum Pfand. Du müßtest nur dafür sorgen, daß meine Hand dir Frieden gibt, dann wären da keine Felsbrocken, die dir Brust und Kopf und Schenkel zerschmettern wollten.«

Dem Clâmidê machte Müdigkeit schwer zu schaffen, die kam ihm aber doch zu früh. Sieg gewonnen, Sieg verloren, so schien es mal auf der einen, mal auf der anderen Seite in diesem Kampf. Doch war es der König Clâmidê, den man zuerst am Boden sah. Niedergerissen wurde er und von Parzivâl so hart gepackt, daß ihm das Blut aus den Ohren und der Nase spritzte, das machte die grüne Wiese rot. Der zog ihm gleich den Helm und das Hersenier herunter: So war sein Haupt bloß. Der besiegte Leib saß da und erwartete den Schlag. Der Sieger sprach: »Meine Frau wird jetzt vor dir Ruhe haben. Nun 213
lerne, was Sterben ist.«

»Nein, du edler, kühner Mann. Dein Ruhm hat sich an mir verdreißigfacht, da du mich gedemütigt hast. Wo könnte dir noch mehr Ehre geschehen? Condwîr âmûrs darf nun sagen, daß ich schwer geschlagen bin vom Unglück, und du hast den Gewinn davon. Dein Land ist befreit: wie ein Schiff, das leicht dahinschwimmt, wenn man es ausgeschöpft hat nach dem Sturm — desto seichter ist meine Macht. Fadenscheinig ist an mir all das, was einem wahren Mann das Glück bedeutet. Was hättest du davon, wenn du mich sterben ließest? Schande muß ich doch allen, die nach mir kommen, als Erbe hinterlassen. Du hast die Ehre und den

Gewinn. Wenn du mir noch mehr antust, so tust du das ohne Not. Ich trage den Tod mit lebendigem Leib, seit ich von ihr getrennt bin, die mein Herz und meinen Sinn für immer an ihre Kette gelegt hat und die mir nie die kleinste Gunst dafür gewähren wollte. So muß ich unglücklicher Mann dir ihren Leib, ihr Land überlassen.«

Da dachte der, der gesiegt hat, an den Rat des Gurne-
214 manz, daß Heldentum und Mut im Kampf Erbarmen
finden sollen. Und so folgte er dieser Regel. Er sprach
zu Clâmidê hinunter: »Ich lasse dich nur los, wenn du
ihrem Vater, den der Lîâze meine ich, dein Ehrenwort
bringst.«

»Nein, mein Herr, dem hab ich schlimmes Leid getan: Seinen Sohn habe ich ihm erschlagen. Das darfst du nicht von mir verlangen. Auch Schenteflûrs hat für Condwîr âmûrs mit mir gekämpft, und ich hätte damals von seiner Hand den Tod empfangen, wenn nicht mein Seneschall mir geholfen hätte. Jenen hatte Gurnemanz de Grâharz in das Land Brôbarz mit einer Schar von edlen Kämpfern geschickt. Die verrichteten dort große Rittertaten, neunhundert Ritter, die tapfer stritten — die Rösser alle in Eisen. Auch fünfzehnhundert Fußknechte waren dabei, die ich voll gerüstet auf dem Schlachtfeld sah: Nichts fehlte ihnen als der Schild. Es wurde mir angst vor dieser Unmenge an Leuten; und doch brachte diese Macht kaum soviel ein, sozusagen, daß es für die neue Aussaat reichte, so wenige kehrten zurück. Noch mehr Streiter habe ich selber verloren. Jetzt leide ich Mangel an Glück und an Ruhm. Was willst du noch mehr von mir haben?«

»So will ich dir etwas aufgeben, was weniger schreck-
215 lich ist. Reite zu den Berteneisen — dahin ist gerade
Kingrûn unterwegs —, zu Artûs, dem Bertûnen. Dem
mußt du ausrichten, daß ich ihm in Treue verbunden
bin: Bitte ihn, er möge mit mir Klage führen gegen die
Beleidigung, die ich an mir trage, seit ich fortging von
ihm. Eine junge Dame hat mich angelacht. Daß man
sie um meinetwillen durchgeprügelt hat, das tut mir so
weh wie kein Ding sonst. Jenem Mädchen sage, daß es
mich schmerzt, und ergib dich ihr mit deinem Ehren-
wort, so daß du alles tust, was sie befiehlt. Wenn nicht,
bleib hier und stirb!«

»Wenn das Urteil gilt, so will ich's nicht anfechten«, sprach der König von Brandigân, »ich will die Reise auf der Stelle antreten.« Mit diesem Versprechen nahm der Abschied, den sein Stolz hierhergeführt und dann feige verlassen hatte.

Parzivâl, der Recke, ging dahin, wo er sein völlig erschöpftes Streitroß fand. Nie und nimmer wäre er auf die Idee gekommen, seinen Fuß in den Steigbügel zu setzen: Mit einem Sprung gelangte er hinauf, daß rundherum die Scherben seines zertrümmerten Schilds schepperten.

Jetzt waren die Städter fröhlich, das äußere Heer sah Bitternis. Leib und Glieder taten ihm weh, dem König Clâmidê, den führte man zu seinen Leuten, die sich um
ihn kümmerten. Die Toten ließ er mit Bahren an ihre 216
Ruhestätte schaffen. Die fremden Ritter zogen ab. Der edle Clâmidê ritt über Land gegen Löver zu.

Versammelt alle miteinander waren in Dîanazdrûn die von der Tafelrunde bei Artûs, dem Bertûnen. Wenn ich euch nichts vorgelogen habe, so mußte das Feld von Dîanazdrûn sich damit abfinden, daß dort mehr Zeltstangen wuchsen als im Spessart Bäume. So gewaltig war des Artûs Anhang, der dort zum Pfingstfest lagerte mit vielen Damen. Auch konnte man da viele Fahnen sehen und Schilde mit fremden Wappen drauf, viele prächtige Feldlager hoher Herren. All der Aufwand müßte heutzutage wohl gar zu gewaltig erscheinen: Wo wäre der Schneider, der einem solchen Damenheer die Reisekleider machen sollte? Auch hätte eine Dame damals sich gleich entehrt geglaubt, wenn sie dort ohne Kavalier erschienen wäre. Ich aber täte es nicht und unter keinen Umständen — es gab da eine Menge ungeschliffener Klötze —, ich hätte keine Lust, meine Frau solchem Menschengeschiebe auszusetzen; ich fürchte das
Gedränge mit unbekannten Leuten. So mancher könnte 217
sie ansprechen und sagen, daß ihre Liebe ihn gestochen hätte und sein Glück davon blind geworden wäre — wenn sie sich seiner Not erbarme, dann wolle er ihr vorher und danach recht dankbar sein. Ich aber wollte schleunigst von da fort mit ihr.

Soviel zu meinen eigenen Sorgen — hört jetzt, wodurch des Artûs Zeltring sich auszeichnete vor allen andern: Zuallererst dadurch, daß seine Leute in Pracht und Heiterkeit bei ihm aßen, viele adelige Männer, die keine Hand rührten zu verräterischen Dingen, und manche junge Dame, die so stolz war, daß sie Tjosten statt Pfeile verschoß: Den Geliebten ließ sie nämlich auf den Feind losschnellen. Wenn er im Kampf dann Leid erfuhr, dann war sie leicht dazu gestimmt, ihn mit Freundlichkeiten zu entschädigen.

Clâmidê, der junge Mann, ritt mitten in den Ring hinein. Das Roß gepanzert, den Leib in Eisen, so sah ihn die Frau des Artûs, sein Helm, sein Schild zerhauen. Alle die Damen sahen das. So war er an den Hof gekommen. Vorher habt ihr gehört, daß er das versprechen mußte, als er besiegt war. Er stieg vom Pferd, viele drängten sich um ihn, ehe er den Platz der Dame fand,
218 die er suchte, der Cunnewâre de Lâlant. Da sprach er: »Meine Dame, seid Ihr es, der ich so dienen soll, daß von Feindschaft nichts mehr übrigbleibt? Freilich ist es auch so, daß ich gezwungen bin und gar nicht anders kann. Seine Ergebenheit läßt der Rote Ritter Euch überbringen. Mehr als alles andere liegt ihm die Beleidigung am Herzen, die Ihr erfahren habt. Er hat mir auch befohlen, vor Artûs darüber Klage zu führen. Soviel ich weiß, seid Ihr um jenes Ritters willen geschlagen worden. Meine Dame, ich bin gekommen, um mich mit meinem Ehrenwort Euch zu ergeben. So befahl es der, der mit mir kämpfte, und so tu ich es gerne, wenn es Euch gefällt: Mein Leib war schon dem Tod verschrieben.«

Die Dame Cunnewâre de Lâlant umfaßte die gepanzerte Hand. Sie saß da neben Ginovêr, der hohen Frau, an der Tafel — der König aß an einem andern Platz. Vor dem Tisch stand auch Keie und hörte, was da geredet wurde. Das erschreckte ihn doch ein wenig, und das stimmte die edle Cunnewâre fröhlich.

Da sprach er: »Meine Dame, was dieser Mann hier vor Euch getan hat, das ist ihm aufgegeben, und er kann nicht anders. Doch, so scheint mir, sitzt er einer Lüge auf. Ich hab's der Courtoisie zuliebe getan und in der Absicht, Euch zu besserem Benehmen anzuhalten: Und darum verfolgt Ihr mich nun wie einen Feind. Trotzdem gebe ich Euch einen guten Rat: Laßt diesen Gefangenen die Rüstung ablegen; es könnte sein, daß es ihm beschwerlich wird, hier noch länger stehenzubleiben.«

219 Die junge, stolze Dame befahl, man möge ihm Helm und Hersenier abnehmen. Sobald die von ihm abgestreift und abgebunden waren, erkannten alle gleich den Clâmidê. Kingrûn, der ihm ja besonders nahestand, blickte ihn immer wieder mit blitzenden Augen an. Da nun fing er ein Händeringen an, daß ihm die Knochen knackten wie dürres Reisig. Den Tisch, der vor ihm

stand, stieß er fort, so eilig hatte es der Seneschall des
Clâmidê. Er fragte seinen Herrn aus, wie es dem ergan-
gen sei: Zum Feiern gab es keinen Anlaß, das erfuhr er
da. Jener sprach: »Zum Unglück bin ich geboren. Eine
solche Menge prächtiger Kämpfer habe ich verloren —
keine Mutter gab je einem Kind die Brust, das solches
Unglück kennenlernen sollte. Und dabei ist der Schmerz
über den Tod meiner Ritter noch das geringste meiner
Leiden: Daß ich leer nach Liebe schmachten muß, das
ist von allem, was mir aufgepackt ist, das Schwerste.
Die Freude ist mir eine Fremdlingin, der heitere Stolz
ein Fremdling. Condwîr âmûrs macht meine Haare
grau. Pilatus von Poncîâ und der arme Judas, der mit
einem Kuß das seine beitrug zum Verrat, als man treulos
gegen Jesus zog, jene zwei mögen noch so schlimme
Rache von ihrem Schöpfer erleiden, so wollte ich doch
ihre Pein auf mich nehmen, wenn dafür die Herrin von 220
Brôbarz freundlich zu mir wäre und ich sie zur Frau
bekäme, so daß ich ihren Leib umfinge, möchte es mir
danach noch so bös ergehen. Ihre Liebe ist leider dem
König von Iserterre unerreichbar. Mein Land und das
Volk von Brandigân müssen ohne Ende über dieses
Unglück jammern. Meines Vaterbruders Sohn Mâbona-
grîn hat da auch lange leiden müssen. Jetzt bin ich,
König Artûs, her zu deinem Hof geritten, von ritter-
licher Hand besiegt. Du weißt wohl, daß dir in meinem
Land viel angetan worden ist, was dich beleidigen muß.
Vergiß das alles, edler Mann, solange ich hier gefangen
bin, und laß die Feindschaft ruhen. Auch die edle Cunne-
wâre muß sich schützend vor mich stellen, da sie mein
Ehrenwort annahm, als ich gefangen zu ihr ging.«

Des Artûs Mund, der immer Treue sprach, erklärte da
sogleich die alte Schuld für abgetan. Es hatten alle Män-
ner und Frauen erfahren, daß der König von Brandigân
angekommen war beim Ring. Das gab jetzt ein rechtes
Gedränge. Schnell hatten sich die Neuigkeiten überall
ausgebreitet. In aller Höflichkeit bat Clâmidê, der ohne 221
Freude war, man möge ihn den anderen Rittern vorstel-
len: »Meine Dame, Ihr müßt mich dem Gâwân empfeh-
len, wenn ich edel genug dafür bin. Ich weiß gewiß, daß
auch er es will. Wenn er Euch den Wunsch erfüllt, so
ehrt er Euch und den Roten Ritter.«

Artûs bat den Sohn seiner Schwester, dem König Ge-
sellschaft zu leisten, doch hätte der es auch ohne das
getan. Da wurde der Besiegte, der doch kein treuloser

Bösewicht war, von der edlen Hofgesellschaft freundlich aufgenommen.

Zu Clâmidê sprach Kingrûn: »Ach, daß dies geschehen mußte, daß dich die Bertûnen besiegt bei sich zu Hause sehen! Noch reicher als Artûs warst du an Leuten und an Geld und hattest ihm noch dazu die Jugend voraus. Soll jetzt wirklich Artûs den Sieg davontragen, nur weil Kai im Zorn eine edle Fürstin schlug, die mit klugem Herzen und mit ihrem Lachen den Richtigen getroffen hat: den, dem wahrhaftig und mit Recht der höchste Ruhm gebührt? Die Berteneisen meinen, sie hätten jetzt ihr Siegeszweiglein ganz obendrauf gesteckt; doch ist alles ohne ihre Mühe so geschehen: daß Ithêr von Kukûmer-
222 land tot zu ihnen zurückkehren mußte und daß mein Herr sich dem geschlagen gab, den man mit ihm kämpfen sah. Ebender hat mich besiegt, und zwar ohne krumme Schliche. Man sah dort Funken von den Helmen sprühen und Schwerter mit den Händen schwingen.«

Da sprachen alle gleichermaßen, die großen Herren und die kleinen, daß es verkehrt und unrecht war, was Keie getan hatte.

Hier müssen wir diese Geschichte verlassen und kehren auf den rechten Weg zurück. Das verwüstete Land, in dem Parzivâl die Krone trug, wurde wieder neu bebaut. Überall sah man Freude und fröhlichen Lärm. Sein Schwiegervater Tampenteire hatte ihm auf Pelrapeire leuchtende Steine und rotes Gold hinterlassen. Das teilte er aus, so daß ihn alle liebten für seine Großzügigkeit. Viele Fahnen, neue Schilde schmückten das Land, und sie turnierten viel, er und die Seinen. Oft auch ließ er seine Kraft draußen an den Grenzen des Landes blitzen, der junge, unerschrockene Held. Mit seinen Taten im Kampf gegen fremde Feinde übertraf er selbst die Besten.

Hört jetzt auch von der Königin reden. Wie könnte
223 es der noch besser ergehen? Die junge, süße Edle hatte alles, was man sich nur wünschen kann auf Erden. Ihre Liebe stand so unverrückbar fest, daß nicht das kleinste Schwanken irgendwo an ihr klebte. Sie wußte — und jedes von beiden sah es dem anderen an —, daß ihr Mann der war, den sie liebhatte so wie er sie.

Wenn ich jetzt die Geschichte weitertreibe und mache, daß sie sich trennen müssen, dann entsteht daraus ein Unglück für die beiden; auch mir tut diese edle Frau leid. Ihre Leute, ihr Land und ihren Leib selber hatte seine Hand aus großer Not erlöst. Dafür hatte sie ihm ihre Liebe geschenkt.

Eines Morgens sprach er mit Courtoisie — viele Ritter hörten und sahen es —: »Wenn Ihr befehlt, meine Dame, nehme ich Abschied; ich will schauen, wie es meiner Mutter geht. Ob ihr wohl ist oder weh, davon weiß ich nicht das geringste. Da will ich hin zu einem kurzen Besuch und auch um Abenteuer zu bestehen. Wenn ich für Euch was Tüchtiges leiste, so soll Eure edle Liebe der Lohn dafür sein.«

Mit diesen Worten hat er sie gebeten, ihn fortzulassen. Sie hatte ihn lieb, so sagt uns die Geschichte, und wollte ihm keinen Wunsch abschlagen. Alle seine Leute ließ er dort und ritt ganz alleine weg.

✦

FÜNFTES BUCH

224 Wer Lust hat zu hören, wohin nun der kommt, den die Aventiure hinausgeschickt hat, der hat Gelegenheit, lauter große und wunderbare Dinge zu bemerken. Laßt also Gahmurets Kind reiten! Überall, wo treue Leute sind, wird man ihm jetzt Glück wünschen; denn es muß geschehen, daß er nun hohes Leid erfährt und irgendwann einmal vielleicht auch Glück und Ehre. Ein Ding machte ihm schwer zu schaffen: daß er getrennt war von Ihr — kein Mund hat je von einer Frau aus einem Buch gelesen oder sonst was vorgetragen, die schöner und besser wäre. Gedanken nach der Königin machten seine Sinne schwach; sie wären ihm ganz geschwunden, hätte er nicht so viel Herz gehabt.

Das Pferd hatte sich zum Herrn des Zügels gemacht und führte ihn über Baumstämme und durch das Ried; denn niemandes Hand gab ihm die Richtung. Die Aventiure hat uns mitgeteilt, daß er an diesem Tag so weit ritt, daß ein Vogel Mühe hätte, wenn er die ganze Strecke erfliegen sollte. Wenn mich die Aventiure nicht belogen hat, so ist die Reise, die er machte an dem Tag, als er den Ithêr totschoß und als er nachher von Grâharz bis in das Land Brôbarz kam, lange nicht so weit gewesen.

225 Ihr wollt nun sicher hören, wie es um ihn steht: Er kam am Abend dieses Tags an einen See. Da lagen Fischer mit ihrem Boot vor Anker, denen war das Wasser untertan. Die sahen ihn, wie er geritten kam; sie lagen so nahe am Ufer, daß sie gut verstehen konnten, was er sprach. Einen sah er im Schiff, der war gekleidet, als ob er aller Länder Herr wäre: Besser kann man nicht angezogen sein. Sein pelzgefütterter Hut war mit Pfauenfedern gearbeitet. Diesen Fischer sprach er an und bat ihn um Hilfe: Er möge ihm um Gottes und seiner Courtoisie willen sagen, wo er eine Herberge finden könnte.

So antwortete ihm der traurige Mann, er sprach: »Mein Herr, ich kenne im Umkreis von dreißig Meilen kein Wasser oder Land, das anders als wild wäre; da ist bloß ein einziges Haus, das liegt hier in der Nähe. Dahin geht, ich meine es gut mit Euch! Wo solltet Ihr zu dieser Zeit sonst hin? Dort am Ende des Felsens wendet Euch nach rechts, und wenn Ihr hinaufgekommen seid an den Graben, dann müßt Ihr, glaube ich, stille stehen. Bittet dann, daß man Euch die Brücke niederlassen und die Straße öffnen möge.«

Er machte es so, wie der Fischer ihm geraten hatte, 226
verabschiedete sich und ritt fort. Da sagte jener noch: »Wenn Ihr richtig hingefunden habt, so werde ich mich selber heute abend um Euch kümmern. Wie man Euch dort behandelt, so soll dann Euer Dank sein! Hütet Euch, es sind unbekannte Wege: Wo es den Berg hinaufgeht, könnt Ihr Euch leicht verirren. Das täte mir wirklich leid für Euch.«

Parzivâl machte sich da auf. Immer achtsam trabte er auf dem rechten Pfad bis an den Graben: Da war die Brücke aufgezogen. Die Burg log nicht, wenn sie sich Festung nannte. Wie gedrechselt stand sie da. Mit Sturm war ihr im Krieg nicht beizukommen, höchstens mit Wind — wenn man geflogen wäre. Viele Türme und so mancher Palas standen da in märchenhafter Macht. Wenn alle Heere der Welt da hergezogen kämen, so gäben die dort drinnen in dreißig Jahren nicht ein Brot dafür, sie loszuwerden.

Ein Knappe nahm sich seiner an und fragte ihn, was er wolle und woher er komme. Da sagte er: »Der Fischer hat mich hergeschickt. Ich habe seiner Hand gedankt, ich dachte doch, sie gäbe mir Quartier. Er hat
befohlen, Ihr möchtet die Brücke niederlassen; ich solle 227
zu Euch hineinreiten.«

»Mein Herr, Ihr seid willkommen. Da es der Fischer so gesagt hat, wird man Euch ehren, und Ihr sollt es gut haben hier, um seinetwillen, der Euch schickte.« So sprach der Knappe und ließ die Zugbrücke hinunter.

Der Starke ritt in die Burg auf einen Hof, der weit war und groß; er war nicht zertrampelt von Ritterspielen, überall stand kurzes, grünes Gras: Turniere fanden da nicht statt, mit Fahnen ritt man selten darüber hin — grade so wie auf dem Anger von Abenberg. Rar waren hier fröhliche Feste: Seit langer Zeit schon war in ihren Herzen der Kummer daheim. Ihn ließen sie aber sehr wenig davon spüren. Junge und alte Ritter empfingen ihn, viele kleine Edelbüblein kamen gesprungen, seine Zügel zu fassen; jeder wollte dem anderen zuvorkommen. Sie hielten ihm den Steigbügel, und also mußte er absteigen vom Pferd. Ritter begleiteten ihn dann weiter, sie führten ihn zu seinem Zimmer. Und dann dauerte es gar nicht lange, bis man ihm die Rüstung ausgezogen hatte; man wußte wohl, was sich gehört. Als sie ihn sahen, so jung und ohne Bart und zum Liebhaben schön, da sagten sie, er sei ein Kind des Glücks.

228 Der junge Mann ließ Wasser bringen und wusch sich nun den Rost ab unter den Augen und von den Händen. Alt und jung glaubten, von ihm ginge eine zweite Sonne auf: Da saß er, man mußte ihn gernhaben, so reizend sah er aus. Er war ganz ohne Makel, mit arabischem Brokat, der Mantel nämlich, den man ihm brachte. Der Schöne legte ihn an und ließ die Schnüre offen; er stand ihm so gut, daß man ihn loben mußte. Da sprach der kluge Kämmerer: »Repanse de Schoye hat ihn getragen, meine Herrin, die Königin: Von ihr ist er Euch geliehen. Es war noch nicht Zeit genug, Kleider für Euch zu schneidern. Ich konnte sie ja mit Ehren darum bitten, denn Ihr seid ein adeliger Mann, wenn ich recht beobachtet habe.«

»Das lohne Euch Gott, mein Herr, daß Ihr so sprecht. Wenn Ihr mir meinen Adel ansehen könnt, dann hat mein Leib mir Glück gebracht. Solche Geschenke gibt die Kraft Gottes.«

Man bot ihm zu trinken an, man bediente ihn mit Aufmerksamkeit: Diese Trauernden waren mit ihm fröhlich. Man bot Reichtum und Luxus für ihn auf; hier war nämlich mehr Vorrat, als er damals in Pelrapeire fand — die Leute dort schied seine Hand von ihrem Kummer.

229 Seine Waffen waren fortgetragen worden. Das tat ihm nachher leid, als man sich unvermutet einen Scherz mit ihm erlaubte: Da war so ein Redekünstler, der fuhr den starken Gast frech an und forderte ihn auf, bei Hofe zu erscheinen vor dem Herrn, als ob der wütend auf ihn wäre. Das hätte er beinahe mit dem Leben bezahlt bei dem jungen Parzivâl. Als der merkte, daß sein schönes buntes Schwert nicht bei ihm lag, da ballte er die Hand zur Faust mit solcher Gewalt, daß ihm das Blut aus den Nägeln schoß und ihm den Ärmel begoß. »Nein, mein Herr«, sprachen da die Ritter, »er hat das Amt und Privi-

leg zu scherzen, so traurig es sonst auch hergeht bei uns. Ihr müßt gegen ihn edel und großmütig sein. Der Fischer ist gekommen, nur so sollt Ihr es nehmen. Geht hin zu ihm, Ihr seid bei ihm als Gast willkommen und geehrt; den Zorn, der auf Euch liegt, werft ab!«

Sie gingen zu einem Palas hinauf. Da waren hundert
Kronen aufgehängt über den Leuten des Hauses, viele
Kerzen waren darauf gesteckt, und ringsum an der
Wand kleine Kerzen. Da sah er hundert Ruhebetten —
die hatten jene gerichtet, die hier bedienten —, und
hundert Polster lagen auf den Betten. Es saßen immer 230
vier Leute zusammen an einem Platz, dazwischen war
freier Raum gelassen, und es lag ein runder Teppich da-
vor: *Le fils du roi* Frimutel konnte sich so etwas leisten.
Und da war noch etwas, auch dafür hatte man gesorgt
und hatte nicht aufs Geld geschaut dabei: Aus Marmor
gemauert waren drei viereckige Feuerstellen; darauf lag
des Feuers Name, Holz, das *lignum alôê* hieß. So große
Feuer hat noch keiner hier in Wildenberg gesehen, seit-
her oder ehedem. Es war eine sehr kostbare Heizung
dort. Der Hausherr ließ sich selber an die mittlere
Feuerstelle setzen auf ein Spannbett. Die beiden waren
fertig miteinander: er und das Glück. Sein Leben war
nur mehr ein Sterben.

In den Palas kam er nun gegangen, der glänzende Parzivâl, und wurde schön empfangen von dem, der ihn da her gesendet hatte: Der ließ ihn nicht lange dort stehen, er bat ihn näherzutreten und Platz zu nehmen, »da zu mir her; denn wenn ich Euch dort hinten, ferne von mir sitzen ließe, dann müßtet Ihr Euch wirklich fremd hier fühlen«. So sprach der Herr des Hauses, König des Jammers.

Er hatte wegen seiner Krankheit große Feuer brennen 231
und warme Kleider an. Weit und lang, innen und außen
aus Zobel mußte sein Pelz sein und auch der Mantel, den
er darüber trug. Man mußte selbst den schlechtesten von
allen Bälgen loben: er war doch schwarz und grau. Aus
ebensolchem Fell war da auf seinem Haupt die Haube,
zweifarbig und aus Zobel, der sehr teuer war. Oben
drauf und rund herum gehörte eine arabische Borte,
mitten drin ein Knöpflein: ein erlauchter Rubin.

Da saßen viele Ritter, lauter stattliche Leute, als man Jammer vor sie trug: Es lief ein Knappe zur Tür herein, der eine Lanze brachte. Es war ein Schauspiel, das einen Menschen recht wohl traurig machen konnte: An der

Schneide quoll Blut hervor und lief den Schaft hinunter auf die Hand, so daß es erst im Ärmel stille stand. Da wurde geweint und laut geklagt von denen auf dem weiten Palas: Alles Volk aus dreißig Ländern hätte ihren Augen nicht das Wasser reichen können mit Weinen. In seinen Händen trug er die Lanze an allen vier Wänden herum, bis er zurück zur Türe kam: Da lief er wieder hinaus.

232 Verstummt war des Volkes Not, so wie sie vorher laut geworden war, als Jammer es befahl und als die Lanze dazu mahnte, die der Knappe brachte in seiner Hand.

Wenn ihr nur noch etwas Geduld haben wollt — jetzt wird die Sache angepackt, und ich setze euch ins bunt bewegte Bild: wie da aufgetischt wurde mit Courtoisie. Ganz hinten im Saal wurde eine stählerne Tür aufgetan, da gingen zwei adelige Kinder heraus. Hört jetzt, wie die erschienen: Die hätten den Lohn der Liebe reichlich geben können, wenn einer darum hätte dienen wollen; es waren glänzende junge Damen. Bloß zwei Kränzlein trugen sie im Haar: Blüten waren ihre Hauben. Jede trug in der Hand einen Kerzenständer aus Gold. Ihr Haar war lockig, lang und blond. Brennende Lichter trugen sie. An dieser Stelle dürfen wir nicht die Gewänder auslassen, in denen die Jungfrauen steckten, als man sie da hereinkommen sah. Zuerst die Gräfin von Tenabroc: Ihr Kleid war scharlachbraun. In diesen Stoff war auch ihre Gefährtin gekleidet. Die Kleider waren mit zwei Gürteln schmal gerafft in der Taille über dem Schwung der Hüfte.

233 Nach ihnen kam eine Herzogin herein mit ihrer Begleiterin. Sie trugen zwei Tischgestelle aus Elfenbein. Flammendes Rot leuchtete von ihren Mündern.

Alle vier verneigten sich, zweie setzten dann die Tischgestelle nieder vor dem Herrn des Hauses: Die Bedienung dort ließ nichts zu wünschen übrig. Sie standen nun zusammen in einer kleinen Schar und waren sehr schön anzuschauen. Die Kleider dieser vier waren alle gleich.

Seht dorthin! Genau pünktlich kommen da noch einmal edle Damen, viermal zwei, die hatten dies zu schaffen: Vier trugen große Kerzen, die anderen vier waren sich nicht zu gut, einen Stein zu tragen, freilich einen teuren Stein. Durch den hindurch erstrahlte hell bei Tag die Sonne, dafür war sein Name berühmt: Es war ein Grânât Jâchant, und er war lang und breit. Dünn ge-

schnitten, damit er leicht sei, hatte ihn der, der ihn zu
einer Tafel gearbeitet hatte. An diesem Tisch aß der
Wirt in Herrlichkeit. Mit rechtem Anstand traten alle
acht vor den Herrn; zu einer Verneigung beugten sie die
Häupter. Viere legten die Tafel nieder auf Elfenbein, so
weiß wie Schnee: die Tischgestelle, die da vorher gekom-
men waren. Dann gingen sie mit gelernter Eleganz
zurück, die Damen, und stellten sich zu den ersten vieren. 234
Diese acht hatten Kleider an, grüner als Gras, das war
Samt aus Azagouc, schön lang und weit geschnitten; die
waren in der Mitte zusammengehalten von teuren Gür-
teln, schmal und lang. Jede von diesen acht klugen
Jungfrauen hatte auf dem Haar ein zartes Blütenkränz-
lein.

Vom Grafen Iwân von Nônel und Jernîs von Rîl hatte man die Töchter über wahrlich viele Meilen herbestellt und hatte sie in das Gesinde dieses Hauses genommen. Die zwei Fürstinnen sah man da kommen, prächtig angezogen. Zwei Messer, schneidig wie der Schliff an einer Klinge, brachten sie herein auf zwei Tüchlein; so war jedes einzeln zu bewundern. Es war hartes, weißes Silber, und es lag darin viel Kraft und Kunst; man hatte keine Mühe gescheut, es so zu schärfen, daß es leicht Stahl zerschneiden konnte.

Vor dem Silber gingen edle Damen, die auch berufen
waren, hier zu dienen; die trugen Kerzen, das Silber zu
beleuchten. Es waren vier reine Mädchen, im Ganzen
also sechse, die nun nähertraten. Hört, was eine jede tat:
Sie verneigten sich. Dann brachten zwei von ihnen das 235
Silber zu jenem herrlichen Tisch und legten es nieder.
Dann gingen sie alle wieder mit schönem Anstand und
stellten sich zu den zwölfen, von denen schon die Rede
war. Wenn ich recht gezählt habe, müssen da jetzt
achtzehn Damen stehen.

Da schaut: Nun sieht man wieder sechs hereingehen, in teure Stoffe gekleidet. Die eine Hälfte Plîalt, die andere Seidenbrokat aus Ninnivê. Diese nämlich und die vorigen sechse trugen zwölf Kleider aus zweierlei Tuch, die hatte man für schweres Geld erhandelt.

Nach ihnen kam die Königin. Ihr Antlitz leuchtete so sehr, daß alle glaubten, die Sonne wollte aufgehen. Man sah die Jungfrau in arabischen Seidenbrokat gekleidet. Auf grünem Achmardî trug sie des Paradieses Glück, Wurzel und Sproß in einem. Das war ein Ding, das hieß *Der Grâl,* alles Glück, das man auf Erden wün-

schen kann, vermag ihn nicht zu fassen. Repanse de Schoy hieß sie, von der der Grâl sich tragen ließ. Der Grâl war aber von solcher Art: Er wollte reinen Herzens gehalten sein. Die, deren Recht und Amt es war, ihn zu bedienen, die durfte nichts von Falschheit an sich haben.
236 Vor dem Grâl gingen Lichter, die waren nicht so wie bei armen Leuten: sechs schlanke, lautere, schöne Gläser, darin brannte Balsam, und der brannte schön. Sie kamen da von der Türe her und gingen so weit vor, bis es gerade recht war; dann verneigte sich die Königin mit feiner Grazie, und alle die jungen Damen taten ebenso. Die Königin, die ohne Falsch war, setzte vor den Wirt den Grâl. Die Geschichte sagt, daß Parzivâl sie, die den Grâl da brachte, immerzu angeschaut habe und daß seine Gedanken bei ihr gewesen seien: Er hatte ja auch ihren Mantel an. Mit Anstand gingen die sieben zu jenen achtzehn, und sie nahmen da die Edelste in ihre Mitte; man hat mir berichtet, es seien links und rechts von ihr je zwölf gewesen. Sehr schön stand sie da, die Jungfrau mit der Krone.

Was da an Rittern saß überall im Palas, zu denen waren Diener befohlen mit schweren goldenen Waschbecken — für je vier Ritter einer — und ein schöner Edelknabe, der ein weißes Handtuch hielt. Es war ein
237 prächtiges Schauspiel. Hundert Tische waren nötig, die trug man jetzt zur Tür herein. Jeweils einen stellte man flink vor vier Ritter und Edelleute. Wie das Weiße selber sahen die Tischtücher aus, die man auflegte mit Geschick.

Der Wirt in eigener Person nahm da das Becken entgegen, herrschaftlich stolze Heiterkeit an ihm war lahm geworden. Mit diesem Wasser wusch sich Parzivâl. Ein Handtuch aus Seide, schön bunt, hielt ihm dann ein Grafensohn entgegen, der hatte sich flink hingekniet vor ihnen.

Überall, wo eine Tafel stand, waren vier Knappen befohlen; sie sollten die bedienen, die da saßen, und sollten es an nichts fehlen lassen. Zwei sollten niederknien und die Speisen vorschneiden, die anderen zwei Essen und Trinken hertragen und unverdrossen servieren.

Hört zu, es gibt noch mehr von Pracht und Reichtum zu berichten. Da waren vier Servierwagen, auf denen wurden viele teure goldene Gefäße — für jeden Ritter, der da saß, eines — herumgefahren an den vier Wänden entlang. Man konnte sehen, wie vier Ritter mit eigenen

Händen das Gold auf die Tische setzten. Hinter jedem ging ein Schreiber nach, der alle Sorgfalt darauf zu verwenden hatte, daß alles wieder komplett war, wenn 238
abgetragen wurde.

Hört zu, jetzt kommt was Neues: Hundert Knappen rief man her, mit gutem Anstand kamen sie vor den Grâl und nahmen Brot in weiße Tücher. Dann gingen sie alle zusammen: Sie verteilten sich an die Tische. Man hat mir gesagt, und ich sage es wieder — ich nehme es auf euren Eid —, daß vor dem Grâl bereitlag — wenn einer dann etwa feststellt, daß es nicht wahr ist, was ich sage, so habt ihr zusammen mit mir gelogen —, daß also, sage ich, dort alles zu finden war, wonach einer nur die Hand ausstrecken mochte, schon war es da: warme Speisen, kalte Speisen, neue Speisen und dazu noch alte Speisen, von den Feldern, aus den Wäldern ... »Das ist doch alles gar nicht wahr!« sagen da einige. Das sind böse Menschen, aus Gehässigkeit reden sie so. In Wirklichkeit war nämlich der Grâl die Frucht des Heils, er war so sehr die Summe aller Süßigkeit auf Erden, daß er beinahe dem, was man vom Himmelreich erzählt, die Waage hielt.

In glitzernde Goldgefäße nahm man — je nachdem, wie es zu den verschiedenen Gerichten paßte — Saucen, Pfeffer oder Agraz. Es war genug für alle da: Der Keusche wurde satt und genauso der gierige Fresser. Mit großer Courtoisie wurden die Speisen aufgetragen. Maulbeerwein, Wein, roter Sinopel: Es mußte einer 239
bloß den Becher hinstrecken und irgendein Getränk, ganz gleich was ihm nur einfallen mochte, nennen, so fand er es schon drinnen von der Kraft des Grâls. Die edle Gesellschaft war beim Grâl zu Gast.

Die Pracht und das große Wunder bemerkte Parzivâl wohl; doch wollte er nicht ungezogen sein und scheute sich deshalb zu fragen. Er dachte: ›Gurnamanz hat mir beigebracht — er ist mir gut und seine Treue ohne Scharte —, daß ich nicht viel fragen soll. Könnte es nicht sein, daß, ähnlich wie bei ihm dort, hier alles von allein geschieht? Auch ohne Frage werde ich erfahren, was es mit diesen Leuten auf sich hat.‹

In solchen Gedanken ist er, als ein Knappe zu ihm tritt, der trug ein Schwert: Die Scheide allein war tausend Stangen Silber wert, sein Heft war ein Rubin, und auch die Klinge konnte großes Staunen schaffen. Der Herr des Hauses überreichte es dem Gast, und er sprach:

»Mein Herr, in Gefahren und Gedränge habe ich es
geführt an vielen Orten, bis Gott mich lahm machte am
Leben. Nun soll es Euch entschädigen, wenn die Gast-
freundschaft hier etwa zu wenig an Euch täte. Nehmt
240 es mit auf alle Eure Wege: Immer wenn Ihr seinen
Adel auf die Probe stellt, seid Ihr sicher vor dem
Feind.«

Ach, daß er jetzt nicht fragte! Das kann mich noch heute traurig machen für ihn. Denn als er das Geschenk in seine Hand empfing, da sollte es ihn zum Fragen mahnen. Und auch sein Wirt, der so freundlich war, erbarmt mich. Das Leiden, das ihn nicht losließ, war unaussprechlich; und doch hätte Fragen ihm jetzt die rettende Antwort gebracht.

Nun hat das Schenken ein Ende. Die da bedienten, griffen es an: Sie trugen das Geschirr wieder hinaus. Da belud man die vier Wagen. Die Damen alle taten ihren Dienst, die letzten waren nun die ersten. Da brachten sie die Edelste von allen wieder zum Grâl. Vor dem Hausherrn und vor Parzivâl verneigte sich mit Courtoisie die Königin, und ebenso taten die Mädchen. Sie brachten alles zu der Tür hinaus, durch die sie es vorher mit Eleganz aufgetragen hatten. Parzivâl schaute ihnen nach. Da sah er in einer Kemenate auf einem Spannbett — dann machten sie die Türe hinter sich zu — einen alten Mann sitzen, so schön wie keiner von all denen, die er kannte. Ohne allzuviel Wind davon zu machen, kann ich sagen, daß er noch grauer war als Nebel.

241 Wer er war, davon sollt ihr später hören. Dann wird euch auch der Wirt, die Burg, das Land von mir genannt, doch nachher erst zu seiner Zeit, da, wo es hingehört nach rechtem Urteil, ohne Zank und erst dann, wenn's an die Reihe kommt. Ich sage die Sehne, nicht den Bogen — die Sehne ist nämlich ein Gleichnis. Ihr denkt vielleicht, der Bogen wäre schnell. Doch schneller als der Bogen ist das, was von der Sehne schnellt. Also: Wenn es richtig ist, was ich gesagt habe, so gleicht die Sehne einer geraden Geschichte; die finden die Leute ganz recht. Wenn aber einer seine Geschichte vom Bogen her aufzieht, dann will euch der auf krumme Wege führen. Jeder, der einen bespannten Bogen sieht, wird sagen, daß da die Sehne das Gerade ist von beiden. Es könnte aber einer kommen und sie anziehen: Dann ist sie auch gebogen und gibt erst so dem Schuß die Sporen. Wer freilich seine Geschichte auf diesen da abschießt,

der wird damit bei ihm nur Langeweile machen, das ist anders gar nicht möglich. Ich meine nämlich den, bei dem sie, die Erzählung, keinen Platz zum Bleiben findet und bloß die breite Straße zum einen Ohr hinein, zum anderen hinaus. Alle meine Mühe wäre vergebens, wenn meine Erzählung sich *dem* aufdrängen wollte: Da könnte ich reden oder singen, so würde doch ein Geißbock mehr davon verstehen oder ein modriger Baumstumpf.

Ich will euch aber noch etwas deutlicher von diesen 242
Leuten reden, die so beladen waren mit Jammer. Da, wo Parzivâl hingeraten war auf seiner Reise, gab's selten den fröhlichen Lärm von einem Fest zu sehen, ob Ritterspiele oder Tanz. In ihrer Trauer waren sie so treu, daß sie sich nichts aus Vergnügungen machten. Überall wo heutzutage auch bloß wenige Leute beisammen sind, da kann man sehen, daß sie sich's hin und wieder wohlsein lassen bei einem Fest: Und dort waren alle Winkel voll von Menschen und auch bei Hof, wo sie sich sehen ließen.

Der Herr des Hauses sprach zu seinem Gast: »Ich glaube, man hat jetzt Euer Bett gerichtet; vielleicht seid Ihr müde, dann ist es wohl das beste, denke ich, wenn Ihr geht und Euch schlafen legt.«

An dieser Stelle müßte ich Alarm schreien. Daß sie so auseinandergehen: Großes Unheil werden beide kennenlernen!

Vom Spannbett stand Parzivâl auf; er, der Sproß eines schönen Stammes, trat auf den Teppich. Der Wirt sagte ihm gute Nacht. Alle die Ritter sprangen da auf; etliche von ihnen kamen her und drängten sich um ihn. Da führten sie den jungen Mann in eine Kemenate. Die war großartig und voll Pracht mit einem Bett geadelt; ich bin es müde, meine Armut weiter zu schleppen, da auf der Erde solcher Glanz in Blüte steht: An diesem Bett 243
war Armut eine sehr gesuchte Ware. Wie in einem Feuer glühend lag darauf ein Brokat in funkelnden Farben. Jetzt bat Parzivâl die Ritter sich zurückzuziehen in ihre Zimmer, denn er sah keine Betten für sie in dem Raum. Sie sagten gute Nacht und gingen. Es hebt nun ein neuer Dienst an.

Viele Kerzen und sein Glanz leuchteten im Wettstreit; wie könnte die Sonne lichter scheinen? Vor seinem Bett lag noch ein zweites, darauf eine Decke, und da setzte er sich hin. Es kamen etliche Edelknaben, eifrig und flink, zu ihm her gelaufen. Sie zogen ihm die Stiefel aus: Da

waren seine Beine blank. Viele hochgeborne Knaben zogen ihn dann noch weiter aus. Schön waren alle diese Kinder. Nach ihnen gingen da zur Tür herein vier klare Jungfrauen: Die sollten ein übriges tun und schauen, ob man den Helden auch gut bediene, ob er sanft gebettet liege. Die Aventiure war so freundlich, mir noch mitzuteilen, daß vor jeder Jungfrau ein Knappe gegangen sei mit einer Kerze, die, so sagte sie, schön brannte. Der kühne Parzivâl sprang da ganz schnell unter die Bett-
244 decke. Sie sprachen: »Bleibt doch bitte noch eine Weile auf, uns zuliebe.« Die Eile selber hatte ihn nicht erwischen können, so flink war er gewesen. Was da wie weiße Haut geblitzt hatte, machte ihren Augen süß, ehe sie ein erstes Wort von ihm empfingen. Und noch etwas war da, das sie fesselte: Sie mußten immer sinnen, wie sein Mund so rot sein konnte und wie es möglich war, daß man vor lauter Jugend nicht ein halbes Härchen Bart dran fand.

Hört weiter von den vier feinen Jungfrauen, was eine jede brachte. Dreie trugen auf weißen Händen Maulbeerwein, Wein und Würzwein. Die vierte dieser feinen jungen Damen trug Obst, wie es im Paradies wächst, auf einem weißen Tüchlein. Diese letzte war es auch, die vor ihm niederkniete. Er bat die Dame, sie möchte sich doch setzen.

Da sprach sie: »Aber nein, ich weiß, was ich zu tun habe. Der Dienst, um dessentwillen ich zu Euch bestellt bin, bliebe ja sonst ungetan.«

Diesen Mädchen gegenüber sparte er die freundlichen Worte nicht. Der Ritter trank und aß auch eine Kleinigkeit. Sie sagten gute Nacht und gingen wieder. Parzivâl legte sich nieder. Auch die Edelknaben, sobald sie sahen, daß er eingeschlafen war, stellten die Kerzen zu ihm auf den Teppich und liefen hinaus.

245 Parzivâl lag nicht alleine; mit ihm in seinem Bett war bis zum Morgen die böse Qual. Sie schickte ihre Leute zu ihm in den Schlaf und ließ ihm künftige Leiden bringen. So wurde an dem jungen Schönen der Traum in seiner ganzen Schwere aufgewogen, den seine Mutter nach Gahmuret träumte. Seinen Traum aber hatten Schwertschläge abgesteppt am Saum herum und weiter innen viele gewaltige Tjosten. Von schweren Attacken hatte er im Schlaf nicht wenig auszuhalten: Und hätte er dreißigmal tot sein sollen, im Wachen hätte er das leichter ertragen. Solchen Lohn gab ihm das Unglück.

Von diesen bösen Dingen mußte er erwachen, es gab sonst keinen Ausweg. Er schwitzte bis in die Adern und Knochen. Und durch die Fenster schien auch schon der Tag. Da sprach er: »Ach, wo sind die Kinder alle, sie sind ja nicht mehr da bei mir. Wer wird mir jetzt die Kleider reichen?« Der Held schaute umher, ob sie nicht kämen; dabei schlief er wieder ein. Es redete niemand dort und niemand rief, keiner ließ sich blicken.

Mitten am Morgen erwachte der junge Mann wieder:
Da erhob sich der Kühne. Auf dem Teppich sah der edle 246
Ritter seine Rüstung liegen und zwei Schwerter: Das
eine hatte sein Wirt ihm überreichen lassen, das zweite
war aus Gaheviez. Da sagte er zu sich selber: »Ach,
warum hat man das getan? Aber es ist wahr, ich sollte
diese Waffen doch anlegen: Ich habe im Schlaf so viel
Böses erlitten, daß mir heute noch im Wachen einiges
an Kampf bevorstehen mag. Wenn Krieg meinem Gast-
geber droht, so braucht er nur zu befehlen — oder sie,
die mir in ihrer Güte diesen neuen Mantel geliehen hat —,
und ich werde ihm gerne und mit Treue helfen. Wenn
ihr Sinn doch danach stünde, Dienst von einem Ritter
anzunehmen! Sie ist so edel, daß ich ihr mit Ehren die-
nen könnte, freilich nicht um Liebe; denn meine Frau,
die Königin, hat genauso viel Glanz am Leib oder noch
mehr, ja, das ist wahr.«

Und er tat, wie er tun muß: Von den Füßen aufwärts
schloß er sich in Eisen, dem Kampf zu begegnen; zwei
Schwerter gürtete er um. Der edle junge Mann ging zur
Tür hinaus. Da war sein Pferd vor der Treppe angebun-
den, daneben lehnte Schild und Speer: Das war es, wo-
nach ihn verlangte. Bevor er sich aufs Pferd schwang, 247
lief der Held Parzivâl noch weit herum durch viele
Zimmer, dabei rief er immer wieder nach den Leuten.
Niemanden hörte er, keiner ließ sich sehen. Das belei-
digte ihn maßlos, es hatte seinen Zorn gereizt. Er lief
dahin, wo er am Abend, als er ankam, vom Pferd gestie-
gen war. Da war nun der Boden und das Gras aufge-
wühlt von Hufen, die durch den Tau getrampelt waren.

Immer weiter schreiend, lief der junge Mann zurück zu seinem Pferd, wütend und mit Schimpfen saß er auf. Das Tor fand er weit offenstehen. Da hinaus ging die Spur von einer großen Schar. Nun hielt er dort nicht länger, sondern trabte schnell hinaus auf die Brücke.

Da zog ein Knappe, der drinnen verborgen war, am Seil, daß die Fallbrücke beinahe noch das Pferd abgewor-

fen hätte. Parzivâl sah sich um; da hätte er jetzt gerne besser fragen wollen. »Fort mit Euch, die Sonne soll mit Haß auf Eure Wege scheinen!« sprach dieser Knappe. »Ihr seid eine Gans! Hättet Ihr doch nur den Schnabel bewegt und Euern Wirt gefragt! Viel Ehre habt Ihr in
248 stumpfer Trägheit versäumt.« Der Fremde schrie hinüber, was das heißen solle. Antwort bekam er keine. So sehr er auch schrie, der Knappe tat, als ob er im Gehen eingeschlafen wäre, und schlug das Tor zu.

Der Abschied kam ihm gar zu früh, zu einer Zeit, die nur dem Unheil günstig war. Den Wucher zahlt er jetzt von seinem Glück, das an ihm unauffindlich ist. Es war ein Unglückswurf, der da im Spiel geschah, als er den Grâl erblickte: Zwei Augen hatte er, auf keinem Würfel und von keiner Hand geworfen. Wenn ihn von nun an Kummer aufweckt, so muß er sich erst noch daran gewöhnen; er hat sich noch nicht viel gesehnt in seinem Leben.

Parzivâl machte sich in Eile auf den Weg, immer der Spur nach, die er da eingetrampelt sah. Er dachte: ›Die dort vor mir reiten, die werden, glaube ich, noch heute tapfer kämpfen für die Sache des Herrn, bei dem ich zu Gast war. Wenn sie es erlauben, so würde ich ihrer Partei keine Schande machen. Da gäbe es kein Schwanken: Ich würde ihnen zu Hilfe kommen in ihrer Bedrängnis und wollte so mein Brot verdienen und dieses wunderschöne Schwert, das mir ihr edler Herr geschenkt hat. Ich trage es noch unverdient. Womöglich glauben die, ich wäre feige!‹

249 Und er, der ein Feind treulosen Undanks war, wandte sich dahin, wo die Erde aufgerissen war von Huftritten. Es tut mir weh, wie er von da fortging. Jetzt erst abenteuert es sich recht.

Ihre Spur wurde immer schwächer: Sie hatten sich getrennt, die dort vor ihm geritten waren. Ihre Fährte, die zuerst breit gewesen war, wurde schmal, und schließlich verlor er sie ganz. Das tat ihm leid. Nun mußte der junge Mann etwas erfahren, was seinem Herzen weh tat.

Der starke Held hörte da die klagende Stimme einer Dame — es war noch alles naß von Tau. Vor ihm auf einer Linde saß ein Mädchen: Ihre Treue hatte sie elend gemacht. Ein toter Ritter, er war einbalsamiert, lehnte ihr zwischen den Armen. Verräter nenne ich den, der sie so sitzen sah und den es nicht erbarmte. Parzivâl wandte sein Pferd zu ihr hin. Weit entfernt war er davon, sie zu erkennen, obwohl sie doch das Kind seiner Mutterschwester war. Alle irdische Treue war nur ein Wind, mit der verglichen, die man an ihr sah.

Parzivâl grüßte sie und sprach: »Meine Dame, es tut mir weh, wie Ihr leidet und Euch abhärmt. Wenn Ihr meine Hilfe braucht, dann soll man in mir Euern Ritter finden.«

Sie dankte ihm — so gut sie das konnte vor lauter Kla-
gen — und fragte ihn, wo er herkomme; sie sagte: »Es 250
ist ganz ungewöhnlich, daß jemand eine Reise in dieses
wüste Land unternommen haben sollte. Dem Fremden, der sich nicht auskennt, kann hier leicht ein böses Unglück zustoßen. Ich habe gehört und gesehen, daß viele Leute hier den Leib verloren und den Tod gefunden haben mit Waffen. Reitet fort, wenn Ihr Euch retten wollt! Aber sagt mir noch: Wo habt Ihr die Nacht verbracht?«

»Dort, eine Meile oder mehr, steht eine Burg, so etwas Großartiges habe ich noch nie gesehen: Da gibt es alle Pracht und Herrlichkeit. Es ist noch nicht lange her, daß ich dort weggeritten bin.«

Sie sprach: »Wenn Euch jemand traut, so solltet Ihr nicht versuchen, ihn zu belügen. Ihr tragt doch ein fremdes Wappen. Wenn Ihr vom Land, wo Menschen wohnen, hierhergeritten seid, dann ist es freilich leicht möglich, daß Ihr den vielen Wald sattgeworden seid. Dreißig Meilen in der Runde hat man zu keinem Bau Holz oder Stein behauen, nur eine Burg steht da ganz allein: Die ist herrlicher als alles, was man auf Erden wünschen kann. Wer sie mit Fleiß sucht, tut mir leid, er wird nichts von ihr finden. Und trotzdem sieht man viele Leute, die es unternehmen. Der Anblick dieser Burg muß einem ohne Wissen *geschehen,* man kann sie nicht einfach an-
schauen. Mein Herr, ich glaube nicht, daß Ihr sie kennt.
Sie heißt Munsalvaesche. Das *royaume* des Herrn auf 251
dieser Burg trägt den Namen Terre de Salvaesche. Der alte Tyturel brachte es auf seinen Sohn: *Roi* Frimutel heißt dieser königliche Held, seine Hand erwarb viel Ruhm. Er blieb tot liegen in einer Tjost; da hinein war er geritten, wie es die Minne befahl. Er hinterließ vier adelige Kinder; bei allem Reichtum leben drei in Jammer, der vierte hat die Armut gewählt: Sünden zu heilen, lebt er für Gott. Er heißt Trevrizent. Anfortas, sein Bruder, kann nicht mehr reiten noch gehen noch liegen

noch stehen, nur lehnen. Er ist der Herr auf Munsalvaesche: Ein zorniges Geschick wird er nicht los.« Und sie sprach: »Mein Herr, wenn Ihr zu diesen traurigen Leuten gekommen wäret, dann wäre ihrem Herrn geholfen worden von seinem schlimmen Leiden, das er schon lange tragen muß.«

Der Wâleise sagte zu dem Mädchen: »Großartige Wunder habe ich dort gesehen und eine Menge schöner Damen.«

Da erkannte sie den Mann an seiner Stimme und
sprach: »Du bist Parzivâl. Jetzt sag mir nur: Hast du den
252 Grâl gesehen und den Herrn dort kahl an Freuden? Laß
eine liebe Botschaft hören! Wohl dir, wenn seine Not
gewendet ist, selig deine Reise! Denn deine Majestät
wird höher sein als alles, was die Luft begreift. Das
Zahme und das Wilde wird dir dienen. All dein Wünschen ist ans Ende gelangt und in der Fülle angekommen.«

Parzivâl, der Held, sprach: »Woran habt Ihr mich erkannt?«

Da sagte sie: »Ich bin es doch, das Mädchen, das dir schon einmal sein Leid geklagt und dir deinen Namen gesagt hat. Du brauchst dich deiner Verwandtschaft mit mir nicht zu schämen, ich meine: daß deine Mutter die Schwester meiner Mutter ist. Sie ist eine Blüte weiblicher Reinheit, geläutert ohne Tau. Gott belohne dich für deine Trauer um meinen Geliebten, der mir in einer Tjost tot liegenblieb. Ich habe ihn immer hier bei mir. Nun schau das Leid an, das mir Gott an ihm gegeben hat, daß er nicht länger leben sollte. Er war tapfer und gut, sein Sterben tat mir weh. Ich habe seitdem immerfort von einem Tag zum andern diesen Schmerz neu erfahren.«

»Ach, wohin ist dein roter Mund gekommen? Bist du
es, Sigûne, die mir damals grad heraus erklärt hat, wer
ich sei. Dein lockiges, langes, rotbraunes Haar ist
253 fort, dein Haupt ist kahl gemacht. Im Forst von Brizljân habe ich dich gesehen, da warst du freilich reich an
Schmerzen, doch reizend schön. Deine Farbe und deinen Zauber hast du verloren. Wenn ein so harter, steifer
Leib bei mir liegen sollte, das wäre nichts für mich.
Begraben wir doch diesen toten Mann!«

Da machten ihr die Augen ihre Kleider naß. Und es lag ihr völlig fern, sich mit dem Rat des Fräuleins Lûnete zu behelfen; die hatte ja bei ihrer Herrin die

Lösung angeregt: »Laßt diesen da, der Euern Mann
erschlagen hat, am Leben; er kann an seine Stelle treten
und so den Schaden ersetzen.« Sigûne wollte nicht
Ersatz wie jene Frauen, die man treulos sieht. Da gibt es
viele, von denen ich lieber schweigen will. — Hört aber
weiter von der Treue der Sigûne reden. Die sprach:
»Wenn es noch ein Ding geben kann, das mir Freude
macht, so ist es dies: Daß er, der so elend daliegt, erlöst
wird von seinem Sterben. Wenn du geholfen hast, bevor
du von dort fortgingst, so ist dein Leib wohl wert, daß
man ihn rühmt. Du trägst ja sein Schwert an deiner
Seite: Wenn du den Zauber dieses Schwertes kennst, so
hast du im Kampf nichts zu befürchten. Seine Schnei-
den liegen ganz gerade, seine Herkunft ist edel: Es ist ein
Werk von Trebuchets Hand. Bei Karnant gibt es eine
Quelle, danach nennt sich der König Lac. Einen einzi- 254
gen Schlag hält das Schwert aus, beim zweiten zerfällt
es in Stücke. Wenn du es wieder richten willst, so wird
es ganz von jenes Wassers Fluß. Du brauchst also Wasser
aus dieser Quelle; unterm Felsen, noch bevor der Tag
darauf scheint, mußt du es nehmen. Die Quelle heißt
Lac. Es kommt darauf an, ob die Trümmer von dem
Schwert noch da sind: Die muß man richtig zueinander-
legen; sobald dann die Quelle sie benetzt, wird Falz und
Schneide wieder ganz und fester als zuvor. Auch die
eingravierten Zeichen verlieren nichts von ihrem
Schimmer.

Das Schwert braucht *Worte,* damit der Zauber Segen wird; ich fürchte, die hast du dort verpaßt. Hat sie aber dein Mund gelernt, so wächst bei dir immerfort die Kraft des Glücks und trägt dir Frucht. Glaub mir, lieber Cousin: Deiner Hand werden alle die Wunder dienen, die dein Leib dort fand, du wirst immerdar die Krone des Heils tragen und die Majestät, die über allen Adel erhaben ist; was man nur gewinnen kann auf Erden, wirst du in Fülle besitzen; niemand ist reich genug, daß er sich seiner Schätze vor dir rühmen könnte — das alles wird dir gehören, wenn du getan hast, was das Recht der Frage fordert.«

Er sprach: »Ich habe nichts gefragt.« 255

»Weh mir, daß Euch mein Auge sieht«, sprach da die schmerzensreiche Jungfrau, »da Ihr zum Fragen zu feig seid! Ihr habt doch so viele große Wunder gesehen: Wie konntet Ihr zögern zu fragen, da doch der Grâl selber vor Euch stand! Die vielen Damen, alle ohne Fehler, habt Ihr gesehen, die edle Garschiloye und Repanse de Schoye, und das schneidende Silber, den blutigen Speer. Was wollt Ihr von mir, was habt Ihr hier zu suchen, ehrloser Leib, verfluchter Mann! Den Zahn des Giftwolfs hattet Ihr im Mund, so jung schon treibt bei Euch die Treue Galle aus! Es hätte Euch doch Euer Wirt erbarmen müssen, den Gott auf so geheimnisvolle Weise geschlagen hat; da hättet Ihr doch nach seinem Leiden fragen müssen! Ihr lebt, und Euer Glück ist tot.«

Da sagte er: »Meine liebe Cousine, sei nicht so unfreundlich zu mir! Ich will es wieder gutmachen, wenn ich etwas Böses getan habe.«

»Das Wiedergutmachen ist Euch geschenkt!« sprach das Mädchen. »Ich weiß genau, daß Adel und Ritterehre an Euch erloschen ist auf Munsalvaesche. Ihr mögt jetzt reden, was Ihr wollt, Ihr werdet keine Antwort mehr von mir bekommen.«

So ritt Parzivâl von ihr fort.

256 Daß er es unterlassen hatte zu fragen, als er bei dem unglücklichen Herrn saß, das tat nun dem gewaltigen Helden sehr weh. Aus Jammer und weil es heiß war an dem Tag, wurde er bald naß von Schweiß. Um sich Luft zu verschaffen, band er den Helm ab und trug ihn in der Hand; er knüpfte auch sein Visier los: Da war sein Glanz hell durch den Rost der Rüstung hindurch.

Er kam an eine frische Hufspur, und zwar ging da vor ihm ein Streitroß, das war gut beschlagen, und dann noch ein Zelter ohne Eisen; der mußte eine Dame tragen — die sah er nun. Es hatte sich so gefügt, daß er hinter ihr her ritt. Ihr Pferd war dem Elend ausgeliefert, man hätte seine Rippen allesamt durch die Haut leicht zählen können; es war wie ein Hermelin so fahl. Es trug ein Halfter aus Bast, die Mähne hing ihm auf den Huf, die Augen tief eingefallen in weiten Höhlen. Das Pferdchen der Dame war gehetzt und zerschunden; oft hatte der Hunger es aufgeweckt, es war dürr wie Zunder. Ein Wunder, daß es sich überhaupt noch auf den Beinen hielt; denn eine Dame von Adel ritt es, und die kam
257 natürlich selten in den Stall zum Füttern. Das Sattelzeug, das darauf lag, war spärlich und machte sich nicht eben breit, die Glöckchen und der Sattelbogen in alle Winde verstreut, dazu Mangel im Überfluß. Die Dame ließ den Kopf hängen und sah nicht gerade fröhlich aus — der Bugriemen ihres Pferds war ein Strick: Dafür war sie denn doch zu vornehm!

Es hatten auch die Äste und viele Dornen ihr Hemd zerfetzt; überall dort, wo sie gerissen hatten, sah Parzivâl Fäden und Knoten, dazwischen blitzte hell ihre Haut durch, weißer als ein Schwan. Sie hatte nichts als Flicken an; wo sie die Haut bedecken sollten, da sah er sie ganz weiß, alles übrige hatte sehr unter der Sonne gelitten. Immerhin, ihr Mund war doch rot; der war ganz von solcher Farbe, daß man daraus Feuer schlagen konnte. Wo immer man sie attackieren wollte, so hätte man sie allemal an der bloßen Flanke zu fassen gekriegt.
Wenn jemand sie freilich *vilân* geschimpft hätte, das *
wäre ganz unpassend gewesen; sie hatte ja eher wenig an als viel.

Ihr, die ihr Courtoisie habt, könnt mir glauben: Sie hatte den Haß, den sie leiden mußte, nicht verdient; sie hat es niemals an dem fehlen lassen, was eine Frau schmückt. Ihr wollt wissen, warum ich euch eine solche Armeleutegeschichte erzähle? Weil sie dadurch nicht schlechter wird. Mir jedenfalls wäre ein so nackter Leib lieber als manche Frau, wenn sie schön angezogen ist.

Als Parzivâl sie mit einem Gruß ansprach, da erkannte 258
sie ihn beim ersten Ansehen. Er war der Schönste weit und breit, daran hatte sie ihn gleich erkannt. Sie sagte: »Ich habe Euch schon einmal gesehen, und davon ist mir Leid geschehen; doch möge Gott Euch allezeit mehr Glück und Ehre geben, als Ihr an mir verdient habt. Seitdem sind meine Kleider immer bettelhafter geworden und nicht mehr so, wie Ihr sie beim letztenmal gesehen habt. Wärt Ihr nur damals nicht in meine Nähe gekommen, dann hätte ich meine Ehre behalten, und niemand könnte sie antasten.«

Da sprach er: »Meine Dame, Ihr solltet besser achtgeben, mit wem Ihr Krieg anfangen wollt. Von mir ist ja doch nie und nimmer Euch oder sonst einer Frau etwas geschehen, was gegen die Ehre ist — damit hätte ich mich ja selbst geschändet —, niemals, seit ich meinen ersten Schild bekam und seit ich weiß, was es bedeutet, ein Ritter zu sein; im übrigen aber tut es mir leid, daß es Euch so schlecht geht.«

Immerzu weinend ritt die Dame, so daß sie ihre Brüstlein begoß. Die waren wie frisch von der Drehbank, so weiß und hoch und rund standen sie da: Kein Drechsler wäre flink genug, sie besser zu drechseln. So reizend die
Dame auch war, wie sie da saß, sie mußte ihn doch 259

erbarmen. Mit Händen und mit Armen suchte sie sich zu bedecken vor dem starken Parzivâl. Der sprach: »Um Gottes willen, meine Dame, ich bitte Euch, laßt mich Euer Ritter sein, in allen Ehren, nehmt meinen Waffenrock über Euern Leib.«

»Mein Herr, selbst wenn es ganz gewiß wäre, daß all mein Glück daran hinge, so dürfte ich's doch nicht wagen, ihn auch nur anzufassen. Reitet dahin, wo ich fern bin von Euch, wenn Ihr uns beide vom Tod erretten wollt. Um meinen eigenen Tod wollte ich wenig klagen, ich fürchte bloß, daß es für Euch gefährlich wird.«

»Meine Dame, wer könnte uns das Leben nehmen, das uns Gottes Kraft geschenkt hat? Wenn auch ein ganzes Heer von Rittern danach gierig wäre, so fände man mich doch bereit, für uns zu kämpfen.«

Da sagte sie: »Es ist ein edler Held, der danach gierig ist; der hat sich so sehr dem Krieg ergeben, daß sechse Eures Schlags davon ins Schwitzen kämen. Es ist mir gar nicht recht, daß Ihr da bei mir reitet. Ich war früher seine Frau, und nun taugt mein zerschundener Leib nicht einmal mehr dazu, auch nur des Helden Mätresse zu sein; auf solche Weise zeigt er mir, wie zornig er ist.«

Da sagte er zu der Dame: »Wer ist denn noch hier bei Eurem Mann? Wenn ich jetzt tatsächlich davonliefe, wie Ihr mir ratet, dann fändet Ihr das wohl doch gemein
260 von mir. Bevor ich das Fliehen lerne, will ich genauso
gern sterben.«

Da sprach die nackte Herzogin: »Er hat niemanden dabei als mich, von der wenig Hilfe zu erwarten ist zum Sieg im Kampf.«

Nichts als die Flicken und der Kragensaum war ganz am Hemd der Dame, doch trug sie in ihrem Elend die Ruhmeskrone weiblicher Reinheit: Wahre Tugend übte sie in allem, so daß von Falschheit nichts übrigblieb an ihr. Er aber band sich das Visier vors Gesicht; in den Kampf wollte er seinen Helm tragen, und er zurrte ihn mit den Riemen so zurecht, daß er gut hinaussah.

Da nun bückte sich sein Streitroß zu dem Zelter der Dame hin, nicht ohne laut zu wiehern. Der Mann, der vor Parzivâl und der nackten Dame ritt, hörte das und wollte nun doch sehen, wer da neben seiner Frau reite. Zornig warf er sein Pferd herum und zwang es aus dem Pfad. So stand der Herzog Orilus da und erwartete Kampf und Streit, bereit zur Tjost mit wahrhaft männlicher Lust und einem Speer von Gaheviez, der reich

bemalt war in seinen Wappenfarben. Seinen Helm schuf 261
Trebuchet, sein Schild war dem Helden in Toledo gemacht worden, in Kailets Land: Rand und Buckel waren stark. In Alexandria bei den Heiden hatte man einen edlen Brokat gewebt: Kursît und Waffenrock aus diesem Stoff trug der edle Fürst. Die Decke seines Pferds war in Tenabroc aus harten Ringen gemacht worden, und die Decke dieser eisernen Decke — denn er war seinem Stolz ein gelehriger Schüler — war ein Brokat, von dem es heißt, er sei nicht billig gewesen. Prächtig und doch nicht schwer waren seine Hosen, die Halsberge und das Hersenier; in eiserne Schienen war der Tapfere gewappnet, geschmiedet in Bêâlzenân, der Hauptstadt von Anschouwe. Die nackte Dame dort, die so traurig hinter ihm ritt, war freilich anders angezogen — etwas Besseres war ihr damals nicht erlaubt. Sein Panzer war in Sessûn geschmiedet, sein Streitroß kam von Brumbâne, *de Salvâsche à montagne;* dort hatte *roi* Lähelin, sein Bruder, es in einer Tjost erbeutet.

Parzivâl war auch bereit; er ritt sein Pferd im Galopp 262
Orilus de Lalander entgegen. Er traf auf einen Drachen, der war wie lebendig auf seinem Schild abgebildet. Ein zweiter Drache zerrte auf dem Helm an seinen Fesseln; zugleich waren da noch viele kleine goldene Drachen auf der Decke und am Kursît, die waren mit einer Menge edler Steine, versteht sich, geadelt: Ihre Augen waren Rubine.

Da nahmen also die beiden furchtlosen Helden einen weiten Anlauf. Von keiner Seite hatte es eine Kriegserklärung gegeben, waren doch keinem die Hände durch Treue gebunden. Große Splitter von ganz neuen Speeren hagelten in den Himmel — ihr solltet mich erst krähen hören, wenn ich eine solche Tjost, wie die Geschichte sie mir berichtet hat, mit Augen hätte ansehen dürfen. Man ritt gegeneinander in scharfer *carrière;* natürlich konnte es da nicht ausbleiben, daß ein Kampf entstand, schön, wie die Herzogin Jeschûte nie einen gesehen hatte, so jedenfalls sprach ihr Herz. Sie hielt dort und rang die Hände; sie, die doch verstoßen war aus allem Glück, gönnte keinem der Helden etwas Böses.

Die Pferde badeten in Schweiß, beide hätten gern den 263
Sieg gehabt. Blitze sprangen aus den Schwertern und Feuer aus den Helmen, viele Hiebe wurden mit Kraft geführt und glänzten weithin auf. Denn da waren die Besten im Krieg mit Gewalt aneinander geraten, ohne

Rücksicht, ob es ihnen wohl oder wehe erginge, diesen kühnen, berühmten Helden. Sie sparten nicht die Sporen, so willig die Pferde auch waren, auf denen sie saßen, und auch die glänzenden Schwerter vergaßen sie nicht. Hier verdient Parzivâl besonderes Lob, daß er sich so zu wehren weiß gegen gut hundert Drachen und einen Mann. Ein Drache wurde verletzt und erhielt immer neue Wunden, der nämlich, der auf dem Helm des Orilus lag. Mancher Edelstein, so durch und durch leuchtend, daß der Tag in seiner ganzen Pracht aus ihm glitzerte, wurde heruntergehauen — all dies zu Pferd und nicht zu Fuß. Im Spiel mit dem Schwert wurde der Herzogin Jeschûte von den Händen eines furchtlosen Helden der Gruß ihres Mannes gewonnen. Mit Macht stießen sie immer wieder aufeinander, daß die Ringe, die doch eisern waren, ihnen als Schrot von den Knien sprangen. Wenn ihr erlaubt: Sie zeigten, was kämpfen heißt.

264 Ich will euch sagen, warum der eine zornig war: weil damals seiner Frau, dieser hochadeligen Dame, Gewalt angetan worden war. Und dabei war er doch von Rechts wegen ihr Vormund, und also hätte sie von ihm Schutz erwarten können. Er aber glaubte, sie habe ihre Pflicht als Frau verdreht und sich gegen ihn gekehrt, sie hätte ihre Reinheit und ihre Ehre mit einem anderen Kavalier geschändet. Diese Beleidigung wollte er sich bezahlen lassen. Und über sie war sein Gericht ergangen, daß nie eine Frau Schlimmeres, den Tod ausgenommen, zu erdulden hatte, und das ohne alle Schuld. Seine Freundschaft hätte er ihr entziehen dürfen, wenn er nur wollte; das hätte niemand verhindern dürfen, vorausgesetzt, daß dem Mann wirklich Gewalt gegeben ist über das Weib.

Der edle, starke Parzivâl warb um des Orilus Gunst, doch mit dem Schwert und um Gunst für die Dame Jeschûte. Um Freundlichkeiten habe ich sonst immer im Guten bitten hören, in diesem Fall hier geht es aber ganz ohne Schöntun ab. Mir scheint, sie haben beide recht. Wenn Er, der das Krumme geschaffen hat und das Gerade, es zu scheiden weiß, so möge Er beide bewahren und sorgen, daß es ohne Sterben ausgeht. Sie tun einander so schon weh genug.

265 Da wurde es erst richtig arg und hart; jeder verteidigte mit aller Macht seine Ehre gegen den anderen. *Duc* Orilus de Lalander stritt als ein Meister dieser Kunst; ich glaube, kein Mann hat so viel gekämpft wie er. Er ver-

stand sich drauf und hatte Kraft, darum war er oft und auf vielen Plätzen Sieger geworden, mochte es ihm hier so oder so ergehen. Seiner Kraft vertrauend, faßte er ihn an, den jungen Parzivâl. Der packte ihn auch ohne Zögern und zerrte ihn aus seinem Sattel, er hielt ihn fest unter den Armen, schwang ihn wie eine Garbe Hafer, sprang damit vom Pferd und drückte ihn über einen Baumstamm. Dort mußte er sich dran gewöhnen, besiegt zu sein; solcher Zwang war ihm bis dahin fremd gewesen.

»Du kriegst jetzt deinen Lohn dafür, daß diese Dame so viel von deinem Zorn gelitten hat, jetzt ist es aus mit dir, wenn du dich nicht wieder mit ihr befreunden willst.«

»Das wird so schnell nicht geschehen«, sprach der Herzog Orilus, »so ganz bin ich noch nicht bezwungen.«

Parzivâl, der edle junge Mann, drückte ihn an sich,
daß blutiger Regen aus dem Visier sprang: Da wurde der
Fürst schnell gezwungen, alles zuzugeben, was man von 266
ihm verlangte. Er machte es so wie jeder, der nicht
sterben mag. Und er sprach zu Parzivâl: »Ach, du
mutiger, starker Mann, womit habe ich ein so trauriges
Ende verdient, daß ich tot vor dir liegen soll?«

»Ich will dich ja recht gern am Leben lassen«, sagte Parzivâl, »wenn du bereit bist, dieser Dame da wieder ein freundlicher Herr zu sein.«

»Das kann ich nicht, ihre Schuld gegen mich ist zu
groß. Sie hat hohen Adel stumpf und schal gemacht und
mich hinab ins Elend gezogen. Ich will sonst alles tun,
was du verlangst, wenn du mir das Leben schenkst. Das
hatte ich früher einmal von Gott, jetzt hat Er mir von
deiner Hand verkünden lassen, daß ich es deiner Ehre
verdanken soll.« Und weiter sprach der kluge Fürst:
»Mein Leben kaufe ich um einen schönen Preis. In zwei
Ländern trägt mein Bruder die Krone des Herrschers, er
ist ein großer Herr. Von den zweien nimm, welches du
willst, aber schlag mich nicht tot. Er hat mich lieb und
wird ein Lösegeld, wie ich es mit dir aushandle, bezah-
len. Außerdem will ich mein Herzogtum von dir zu
Lehen nehmen. Die Ehre, die du mir abgewonnen hast, 267
wird deinen Adel noch größer machen. Erlaß es mir, du
starker Held, dieser Frau Buße zu tun. Alles sonst befiehl
meinem Leib, alles, was dein Stolz fordern kann. Mit
der Herzogin, die sich so gemein gemacht hat, kann ich
mich nicht versöhnen, mag mir geschehen was will.«

Mit Stolz sprach Parzivâl: »Leute, Land oder Schätze,
nichts davon wird dir helfen, wenn du mir nicht dein
Wort gibst, nach Bertâne zu reisen, daß du jetzt gleich
losziehen willst zu einem Mädchen, das ein Mann geprü-
gelt hat meinetwegen. Wenn sie nicht selber für ihn
bittet, soll der meiner Rache nicht entgehen. Du mußt
dich diesem Edelfräulein unterwerfen und ihr ausrichten,
daß ich ihr dienen will — sonst wirst du totgeschlagen
hier an Ort und Stelle. Sag Artûs und seiner Frau, ich
sei ihnen beiden treu ergeben, sie möchten meinen
Dienst so belohnen, daß sie dem Mädchen Buße für die
Schläge verschaffen. Aber außerdem will ich dich mit
dieser Dame hier versöhnt und in gutem Frieden sehen,
sonst wirst du tot auf einer Bahre von hier reiten, wenn
268 du mir nämlich weiter widersprichst. Merke die Worte,
sei selber Bürge für die Taten. Gelobe es mir bei deiner
Ehre.«

Da sprach der Herzog Orilus zum König Parzivâl so: »Wenn du wirklich nichts annehmen willst statt dessen, so tu ich's, denn ich will leben bleiben.«

Die schöne Herzogin Jeschûte hatte aus Angst vor ihrem Mann nicht gewagt, die Kämpfenden zu trennen; sie beklagte nun die Niederlage ihres Feindes. Sobald er der edlen Jeschûte Frieden verheißen hatte, ließ Parzivâl ihn aus.

Da sprach der besiegte Fürst: »Meine Dame, jetzt, da es durch Euch geschehen ist, daß ich besiegt bin im Kampf, kommt her zu mir, Ihr sollt Euren Kuß haben. Durch Euch habe ich viel von meinem Ruhm verloren. Was hilft's — es muß doch verziehen sein.«

Die Dame mit der nackten Haut war sogleich flink vom Pferd aufs Gras gesprungen. Obwohl Blut aus der Nase ihm den Mund rot gemacht hatte, küßte sie ihn, da er einen Kuß befahl.

Jetzt hielt man sich dort nicht länger auf; die beiden
Männer und die Dame ritten, bis sie vor eine Klause
kamen in einer Felsenwand. Parzivâl sah dort ein Reli-
quienkästchen, daneben lehnte ein bunt angemalter
269 Speer. Der Einsiedler hieß Trevrizent. Da nun war
Treue Parzivâls Gefährtin: Er nahm die heilige Reliquie
und leistete darauf einen Schwur, nahm sich also selber
seinen Eid ab, und zwar so: »So wahr ich ein Edelmann
bin. Ob ich für meine Person nun Ehre habe oder nicht
— wenn ich mit meinem Schild zugange bin, so wird
mich jeder, der mich sieht, zur Ritterschaft rechnen; die

Kraft, die dem Namen dieses Ordens eigen ist, hat schon
oft im Kampf hohen Ruhm erbeutet, deswegen spricht
man ja auch vom Schildamt. Das ist auch jetzt und
künftig ein hoher Name. Soll mein Leib doch dahin
fahren, wo die Leute mit Fingern auf ihn zeigen, soll
mein Ruhm eingehen vor Schwäche. Für diese Worte
bürgen Taten: All mein Glück verpfände ich in die
Hand des Höchsten, und das ist, wie ich glaube, Gottes
Hand. So will ich denn von Seiner Kraft Verlust und
Schande immerfort an beiden Leibern tragen, wenn
diese Dame damals schuldig wurde, als es geschah, daß
ich ihr die Brosche entriß; ich habe auch noch anderen
Schmuck mitgenommen. Damals war ich ein Dumm-
kopf, kein Mann, an Vernunft ein kleines Kind. Viel
Weinen vor Jammer und Schwitzen dazu hatte ihr Leib
zu erdulden; die Frau ist wirklich ganz unschuldig, das
sage ich ohne jede weitere Einschränkung und gebe
Seligkeit und Ehre zum Pfand. Ihr erlaubt, ich spreche 270
sie frei von aller Schuld. Schaut, dann gebt ihr jetzt
diesen Fingerring zurück, die Brosche ist vertan; doch
das ist meiner Dummheit zu verdanken.«

Die Gabe nahm der Held an. Da wischte er sich das
Blut vom Mund und küßte die Geliebte seines Herzens;
jetzt wurde auch ihre bloße Haut zugedeckt. Der
berühmte Fürst Orilus steckte ihr wieder den Ring an
die Hand und gab ihr sein Kursît zum Anziehen. Das
war aus Seidenbrokat, sehr vornehm und weit, von eines
Helden Hand zerhauen. Ich habe noch nicht viele Da-
men im Waffenrock gesehen, noch dazu in einem, der
so vom Kampf zerfetzt gewesen wäre. Ihr *cri* hatte noch
nie Tjosteure in den Ring gerufen und keinen Ritter
veranlaßt, einen Speer zu verstechen, wenn irgendwo
ein Turnier stattfand. Den Dienst bei einer solchen Tjost
überläßt man besser dem guten Knappen und Lämbekîn, *
die verstehen mehr davon.

Die Dame wurde also ihren Kummer los. Da sprach
der Fürst Orilus noch einmal zu Parzivâl: »Dein Schwur,
Held, den du ohne Zwang getan hast, macht mich glück-
lich und läßt mein Leid verschwinden. Ich habe eine
Niederlage erlitten, die mich aufgerichtet hat. Mein
Leib kann jetzt in Ehren dieser Dame Buße bieten dafür,
daß ich sie verstieß. Was konnte sie für das, was ihr 271
geschah, da ich die Süße alleine ließ? Als sie aber dann
von deiner Schönheit sprach, da dachte ich, es sei Liebe
mit im Spiel. Jetzt weiß ich, daß kein Verrat an ihr ist,

das lohne dir Gott. Ich habe mich schlecht gegen sie benommen; vor den Forst von Brizljân war ich damals *en jeune bois* geritten.«

Parzivâl faßte jenen Speer von Troys und nahm ihn mit sich fort; den hatte der wilde Taurîân, Dodines' Bruder, stehenlassen. Nun sagt: Wie und wo sollen wir die Helden übernachten lassen? Den Helmen und den Schilden ging es gar nicht gut, die sahen ganz zerschlagen aus. Parzivâl nahm Abschied von der Dame und von ihrem *ami*. Der Fürst lud ihn noch ein an seinen Herd, denn er wußte sich zu benehmen; aber das half ihm nichts, soviel er auch bat.

Die Helden gingen also hier auseinander, wie mir die Geschichte versichert. Als der berühmte Fürst Orilus dahin kam, wo er seinen Pavillon und einen Teil seiner Leute gelassen hatte, da waren alle voller Freude, daß ihrer Herzogin der Segen der Versöhnung erschienen
272 war. Es wurde jetzt nicht weiter aufgeschoben, daß man dem Orilus die Rüstung auszog. Er wusch sich das Blut und den Rost ab. Er nahm die kluge Herzogin bei der Hand und führte sie zur Versöhnungsstätte; außerdem befahl er noch, ihnen Bäder herzurichten. Da lag die edle Jeschûte bei ihrem Geliebten und weinte, doch nicht aus Schmerz, sondern vor Glück, wie es einem guten Weib auch heute noch zustoßen mag. Und es gibt genug Leute, die wissen: Weinende Augen haben süßen Mund. Ich habe dazu noch mehr zu bemerken: Großes Liebesglück kann endlich auch aus Jammer fließen, so gut wie aus Freude. Wer die Geschichte einer seligen Nacht auf die Waage trägt, mag hin und her wiegen, solange er will — er wird feststellen, wie die Gewichte verteilt sind, und das kann ja auch gar nicht anders sein. Da ging nun ein Sühnen an, so glaube ich wenigstens.

Dann gingen sie sich baden, jedes für sich. Zwölf schneeweiße Jungfrauen sah man bei ihr, die hatten sich immer um sie gekümmert in der Zeit, da sie von ihrem Mann, den sie doch liebhatte, unschuldig nichts als Haß empfing. So hatte sie für die Nacht immer etwas zum Zudecken gehabt, wenn sie auch bei Tage nackt auf ihrem Pferd saß. Die badeten sie herrlich und in Freuden — ihr wollt vermutlich gerne Näheres darüber hören, ich meine: wie die Nachricht zu Orilus kam, die von König Artûs und seinen Abenteuern.

273 Also: Jenem berichtete ein Ritter folgendes: »Ich habe hundert Zelte oder mehr gesehen, die sind auf einem

weiten Feld aufgeschlagen. Artûs, der gewaltige König, Herr der Berteneisen, lagert in Herrlichkeit nicht weit von hier mit einer Abteilung reizender Damen. Es ist nur eine Meile Unweg, denn es geht durch Wildnis, bis dorthin. Es gibt auch großen Lärm von Rittern da. Drunten am Plimizoel an beiden Ufern haben sie ihr Lager.«

Da fuhr der Herzog Orilus auf aus seiner Wanne, so taten Jeschûte und er. Die Zärtliche, Süße, Schöne stieg also auch gleich aus dem Bad und in sein Bett, dort fanden sie ein Mittel gegen Traurigkeit. Ihre Glieder hatten bessere Kleider verdient, als sie davor lange Zeit getragen hatte. Eng umschlungen hielt ihre Liebe das Glück fest, die Liebe der Fürstin und des klugen Fürsten meine ich. Dann kleideten Jungfrauen ihre Herrin an, dem Mann trug man den Harnisch her; Jeschûte sah bezaubernd aus. In Fallen gefangene Vögel aßen sie mit Genuß, sie speisten im Bett. Die Herzogin Jeschûte nahm so manchen Kuß entgegen, den gab ihr Orilus.

Dann führte man der edlen Dame ein sehr sanft gehen- 274
des, schönes, starkes Pferd vor mit gutem Sattel und Zaumzeug. Man hob sie hinauf, denn sie soll ihren kühnen Gemahl begleiten. Dessen Streitroß wurde sogleich gerüstet, und zwar genauso, wie wenn er in den Krieg zog. Sein Schwert, mit dem er an dem Tag gekämpft hatte, hängte man ihm vorn an den Sattel. Von den Füßen auf in Eisen schritt Orilus zu seinem Roß und sprang hinauf vor den Augen der Herzogin. Jeschûte und er zogen davon. Allen seinen Leuten hatte er befohlen, gleich heimzukehren nach Lalant — bloß ein Ritter sollte ihm den Weg zu Artûs zeigen; auf den sollten die Leute noch warten.

Sie kamen so nahe zu Artûs, daß sie seine Zelte sahen, ganz nahe vor ihnen standen die, eine Meile weit am Wasser hinunter. Da sandte der Fürst den Ritter zurück, der ihn hergeführt hatte. Jeschûte, die schöne Fürstin, war sein Gefolge, sonst niemand.

Artûs, ein würdiger, doch leutseliger Herr, war nach dem Abendessen hinaus aufs Feld gegangen. Um ihn saß jetzt sein Gefolge, lauter Edelleute. Orilus, der hielt,
was er versprochen hatte, ritt an diese Runde. Sein 275
Helm, sein Schild war so zerhauen, daß niemand irgendwelche Zeichen dran erkennen konnte: Solche Schläge hatte Parzivâl gesandt.

Der Held stieg ab, die Zügel nahm sogleich die Herzogin Jeschûte. Eine Menge Knappen sprang herbei, es entstand um sie und ihn ein großer Auflauf. Die sagten: »Um die Pferde kümmern wir uns schon.« Der Ritter Orilus legte den Scherben, der einmal sein Schild gewesen war, ins Gras. Nach der, um derentwillen er gekommen war, fragte er. Man wies ihn an eine Dame, die da saß, Cunnewâre de Lalant, die galt als Muster guter Sitte. In voller Rüstung trat er hinzu, der König begrüßte ihn, ebenso die Königin. Er dankte ihnen und streckte dann sogleich der Dame, der er sich ergeben mußte, die Hände hin: Das war seine Schwester, die Schöne. Die erkannte ihn sofort an dem Drachen auf seinem Kursît — es blieb bloß noch ein einziger Zweifel, darum sprach sie: »Du bist mein Bruder, doch welcher von beiden, Orilus oder Lähelin? Eure Unterwerfung nehme ich an, vom einen wie vom anderen. Ihr wart mir ja beide immer treu ergeben, ganz gleich, worum ich euch bat. Ich wäre mattgesetzt auf den Feldern der Treue, wenn ich mit euch kriegführen sollte, und müßte meiner Ehre in den Rücken fallen.«

276 Der Fürst kniete vor dem Mädchen, er sprach: »Du hast wirklich gewahrsagt, ich bin's, dein Bruder Orilus. Der Rote Ritter hat mich bezwungen, so daß ich mich dir ergeben muß; damit habe ich mein Leben erkauft. Nimm also meine Unterwerfung an, so wird hier alles erfüllt, wie ich es ihm versprochen habe.«

Da empfing sie sein Treueversprechen in ihre weißen Hände, Treue von dem, der den Serpant im Wappen führte; dann ließ sie ihn frei.

Als das geschehen war, stand er auf und sprach: »Aus Treue muß und werde ich jetzt Klage führen. Wer war es, der dich geschlagen hat, wehe dem! Deine Schläge tun mir nimmer wohl. Zeit wird es, daß ich sie räche. Den will ich merken lassen, daß diese Prügel mir weh getan haben — wer mag, kann zuschauen. Und mit mir klagt der Stärkste von den Starken, die je eine Mutter zur Welt gebracht hat: Der nennt sich Roter Ritter. Herr König, edle Königin, Euch beiden miteinander entbietet er seinen Dienst, und außerdem und ganz besonders meiner Schwester. Er bittet Euch, Ihr möchtet seinen Dienst belohnen und diesem Mädchen die Schläge wiedergutmachen. Das wäre mir dort bei dem Helden zugute gekommen, der sich sonst durch nichts aufhalten läßt, wenn er gewußt hätte, wie sehr ihr Unglück mich angreift und wie ihr Leid mir zu Herzen geht.«

Keie erwarb sich da neue Feindschaft bei Rittern und 277
Edelfrauen, bei allen, die da am Ufer saßen am Plimizoel. Gâwân und Jofreit *fils* Idoel, dazu der, von dessen Niederlage schon früher berichtet wurde, der gefangene König Clâmidê nämlich, und noch viele Ritter — ihre Namen könnte ich wohl nennen, bloß will ich's nicht in die Länge ziehen —, alle die liefen nun zusammen. Ihre Höflichkeiten wurden mit gutem Anstand entgegengenommen. Man holte die Herzogin Jeschûte herbei, die immer noch auf ihrem Pferd saß. Der König Artûs versäumte nicht — auch nicht seine Frau, die Königin —, Jeschûte zur Begrüßung zu umarmen. Es ergingen da viele Küsse von hohen Damen.

Artûs sprach zu Jeschûte: »Ich habe Euren Vater, den
König Lac von Karnant, gekannt, und darum hat mir
Euer Kummer leidgetan, sobald man mir davon berich-
tet hat. Ihr seid doch zu schön, als daß der Geliebte
Euch so behandeln dürfte. Denn Euer liebenswerter
Glanz hat in Kanedic den Preis gewonnen: Dank Eurer
vielgerühmten Schönheit habt Ihr den Sperber behalten
dürfen, auf Eurer Hand ritt er davon. Wenn mir auch
viel Böses von Orilus geschehen ist, so gönne ich 278
Euch doch kein Leid, jetzt und in Zukunft, was im-
mer geschehen mag. Es freut mich, daß Ihr wieder
in Ehren angenommen seid und Kleider tragt wie eine
Dame nach all dem Mangel, den Ihr auszustehen hat-
tet.«

Sie sprach: »Mein Herr, das vergelte Euch Gott, damit erhöht Ihr noch Euren guten Namen.«

Jeschûte und ihren *ami* führte jetzt die edle Cunnewâre de Lalant von da fort. Auf der einen Seite von des Königs Lagerplatz, über einem sprudelnden Quell, stand auf dem weiten Feld ihr Pavillon; den hielt ein Drache in seinen Klauen wie einen Apfel, den man mitten durchgeschnitten hat. Dieser Drache — wie wenn er da lebendig flöge und den Pavillon entführen wollte in die Lüfte — war mit vier Spannseilen am Boden festgebunden. Orilus erkannte gleich, wer hier daheim war, denn das war ja auch das Zeichen seiner Waffen. Unter diesem Zeichen aber wurde er entwaffnet. Seine reizende Schwester wußte für ihn Pracht und allerlei Annehmlichkeiten aufzubieten.

Überall im Lager sprachen die Edelleute, daß des Roten Ritters Stärke mit dem Ruhm im selben Bett schlafe, daraus machten sie gar kein Geheimnis.

Keie bat Kingrûn, dem Orilus aufzuwarten an seiner
279 Stelle. Er wußte wohl, wen er da bat; denn der hatte
dieses Amt lange genug ausgeübt bei Clâmidê am Hof
von Brandigân. Keie ließ sich aus gutem Grund vertre-
ten: Ihm war das Unglück zugestoßen, des Fürsten
Schwester allzusehr mit einem Stock zu gerben — er
hatte Lebensart genug, nun lieber seine Pflichten zu ver-
säumen. Seine Schuld war auch von seiten des Mäd-
chens noch nicht vergessen. Immerhin schaffte er
Speisen in Fülle herbei, und Kingrûn brachte sie dem
Orilus auf den Tisch. Cunnewâre wußte ihrem Bruder
besondere Ehre anzutun und schnitt ihm die Speisen vor
mit ihrer sanften, weißen Hand. Die Herzogin Jeschûte
von Karnant aß mit damenhaften Sitten.

Der König Artûs versäumte nicht, seine Aufwartung zu machen bei den zweien, die so traulich beim Essen saßen, und er sprach: »Wenn Ihr hier schlecht eßt, so liegt das nicht daran, daß ich es etwa böse mit Euch meinte. Nie hat man Euch das Brot in einem Haus mit mehr gutem Willen gereicht und so sehr ohne jede Tücke. Meine liebe Cunnewâre, mein Fräulein, Ihr müßt ja gut für Euren Bruder sorgen! Gottes Segen gebe Euch eine gute Nacht.« Dann ging Artûs schlafen.

Dem Orilus wurde ein Bett bereitet, und so übernahm denn die edle Jeschûte alle weitere Sorge für ihn: Sie blieb bei ihm bis zum Morgen.

SECHSTES BUCH

280 Wollt ihr jetzt hören, wie es kam, daß Artûs von Karidoel aus seinem Haus fortging und auch von seinem Land Abschied nahm, so wie man es im Rat der Edlen beschlossen hatte? Er war ja zusammen mit adligen Leuten seines Landes und fremder Erde, so sagt die Geschichte, nun schon den achten Tag unterwegs, um den zu suchen, der sich den Roten Ritter nannte. Der hatte seine Ehre hochgehalten, indem er ihn aus großen Schwierigkeiten erlöste, als er den König Ithêr erschoß und als er Clâmidê und vorher noch Kingrûn gefangen an seinen Hof zu den Bertûnen sandte. Diesen Ritter wollte Artûs zur Tafelrunde laden, dort sollte er Mitglied werden. Deshalb war er aufgebrochen, ihn zu suchen.

Man hatte aber eine besondere Regel gesetzt: Beide, kleine und große Herren, alle, die das Recht hatten, einen Schild zu führen, hatten dem Artûs in die Hand versprochen, daß sie, wenn ihnen irgendwo ein Abenteuer begegnen sollte, gebunden von der Kraft ihres Gelübdes, keine Tjost annehmen wollten; bloß dann würden sie kämpfen, wenn sie den Artûs vorher gefragt hätten, ob er sie ließe. Er sprach: »Wir werden auf unserer Reise in viele Länder kommen, die genügend
281 ritterliche Taten gegen uns aufzubieten haben: Aufgereckte Speere werden wir sehen. Wenn ihr euch dann jedesmal gegenseitig auf die Füße tretet wie eine Meute aufgeregter Hunde, die ihr Meister von der Leine gelassen hat — nein, dazu habe ich nicht Lust, ein solches Gelärme will ich stille machen. Ich helfe euch dann schon, wenn's gar nicht anders geht, verlaßt euch da ganz auf meine Kämpferseele.«

Jetzt wißt ihr, was sie gelobt hatten. Wollt ihr auch hören, wo der Wâleise Parzivâl hingeraten ist? Da hatte es in der Nacht eine ganz neue Bahn aus Schnee geschneit, der lag dick auf dem Helden. Es war allerdings nicht die Saison für Schnee, wenn's so ist, wie ich immer höre. Denn Artûs ist ein Maienbringer: *Pfingsten, das liebliche Fest, war gekommen ...*, so heißt es, und immer war's *im wunderschönen Monat Mai, als alle Knospen sprangen,* was man auch von ihm berichtet; den lassen die Dichter nur Frühlingsdüfte atmen. Diese Geschichte aber ist hier einmal durchbrochen gearbeitet und in Schneemanier unterlegt.

Die Falkner des Hauses Karidoel waren am Abend vor-
her auf die Beizjagd geritten am Plimizoel. Da hatten
sie sich einen schlechten Tag ausgesucht, denn sie ver-
loren ihren besten Falken. Der flog ihnen kühn davon
und nahm die Nacht über seinen Stand im Wald; denn
er war überkröpft und floh darum das Luder. Die Nacht *
brachte er bei Parzivâl zu; die beiden waren fremd in 282
diesem Wald und froren beide sehr. Als Parzivâl das
Tageslicht erblickte, da war ihm die Spur seines Pfads
verschneit. So ritt er denn auf wilden Wegen über Stock
und Stein. Mit der Zeit schien die Sonne immer höher
am Himmel, da lichtete der Wald sich auch: Nur ein
Stamm lag da gefällt auf einer Wiese, und dahin pirschte
er — der Falke des Artûs war ihm immer nachgestri-
chen —: Es lagerten da gut tausend Gänse. Ein gewalti-
ges Gackern erhob sich, als er mit Bravour unter sie
schoß, der Falke, und eine von ihnen schlug, doch so, daß
sie ihm gerade noch unter einen Ast des Baumstamms
entkam. Sie war zu schlimm verletzt, um sich in hohem
Flug zu retten. Aus ihren Wunden auf den Schnee fielen
rot drei blutige Tränen, und die nahmen Parzivâl gefan-
gen: Das geschah ihm von treuem Gedenken.

Als er nämlich die Blutstränen sah auf dem Schnee, der
war ganz weiß, da dachte er: ›Wer hat so viel Kunst in
diese Farbe gelegt, daß sie so sehr leuchtet? Cundwier
âmûrs, diese Farbe kann sich wahrhaftig dir vergleichen.
Mich will Gott selig machen, da Er mich hier etwas 283
finden ließ, das dir gleicht. Gelobt sei Gottes Hand und
Seine ganze Schöpfung. Condwîr âmûrs, hier liegt dein
Glanz. Und weil der Schnee sein Weiß dem Blut ent-
gegenhält und dieses den Schnee so rot gemacht hat,
Cundwîr âmûrs, so gleicht es deinem *beau corps,* das
kann dir nicht verschwiegen werden.‹ Des Helden Au-
gen maßen das Muster, wie es sich ergeben hatte: Da
lagen zwei Tränen auf ihren Wangen, die dritte war die
an ihrem Kinn. So gab er sich wahrer Liebe zu ihr hin,

nichts konnte ihn von ihr ablenken. Er versank mehr und mehr in Gedanken, ganz ohne Bewußtsein hielt er schließlich. Die mächtige Liebe herrschte über ihn: Solche Fesseln legte seine Frau ihm an. Den Farben glich der Leib der Königin von Pelrapeire, die hatte ihm das Bewußtsein geraubt. So hielt er da, als ob er schliefe.

Wer das war, der dort zu ihm gelaufen kam? Es war ein *garçon* der Cunnewâre, der eine Botschaft auszurichten hatte und unterwegs war nach Lalant. Der sah jetzt einen Helm, der schwer verwundet war, und einen Schild, ganz zerhauen im Dienst der Herrin dieses selben
284 Knappen. Da hielt im Glanz seiner Waffen ein Ritter, wie wenn er tjostieren wollte, mit aufgerichtetem Speer. Der *garçon* kehrte wieder heim. Wenn er ihn rechtzeitig erkannt hätte, daß der nämlich der Ritter seiner eigenen Herrin war, so hätte er sich das Geschrei, das er um ihn da veranstaltete, gespart. Als ob es gegen einen entlaufenen Verbrecher ginge, so hetzte er das Volk auf den dort draußen. Dafür wollte er schon sorgen, daß dem ein Unglück zustieße; da benahm er sich dann derart ungezogen. Aber was soll's, seine Herrin konnte auch den Mund nicht halten; so war denn auch des Knappen Kriegsgeschrei: »Pfui, pfui, pfui, schämt euch, lauter Nullen seid ihr! Soll man denn Gâwân und alle übrige Ritterschaft hier noch zu den Heerscharen von Adel und Ehre zählen, und den Bertûnen Artûs?« So rief der *garçon*. »Die Tafelrunde ist geschändet, da ist euch einer durch eure Zeltschnüre gebrochen!«

Da entstand ziemlich viel Lärm von Rittern, einer wollte vom anderen wissen, ob denn schon gekämpft worden sei, und sie erfuhren dann, daß es ein einzelner Mann sei, der dort draußen halte, bereit zur Tjost. Da gab es genug, denen das Gelübde leid tat, das Artûs ihnen abgenommen hatte. Ganz wild ging Segramors los —
285 ach, was sage ich —, er rannte, er sprengte nur so dahin, denn er war immer gierig zu kämpfen: Wo der ein Fechten witterte, da mußte man ihn anbinden, sonst wäre er gleich mitten drin gewesen. So breit ist der Rhein nirgends — hätte Segramors am andern Ufer etwas wie Kampf gesehen, dann hätte er nicht lange vorgefühlt im Badewasser, ob warm oder kalt, er wäre hineingesprungen voller Tatendrang.

So schoß er daher, der junge Mann, an den Hof, zu des Artûs Zelten heißt das. Der hohe Herr lag noch in tiefem Schlaf, als Segramors ihm durch die Zeltschnüre brach und herein zur Tür des Pavillons. Eine Bettdecke aus Zobel zog er ihnen weg, die da lagen und sanft schlummerten. Da mußten sie wach werden und über seine Unverschämtheit lachen. Er sprach zur Tochter seiner Mutterschwester: »Gynovêr, meine Herrin und Königin, wir sind so nah verwandt, das weiß alle Welt, daß ich von dir einen Gefallen erwarten darf. Jetzt hilf mir, Herrin, sprich mit deinem Mann, dem Artûs; ich muß als erster, denn ein Abenteuer hat sich eingestellt, die Tjost von ihm kriegen.«

Artûs sprach zu Segramors: »Das hat mir dein Ehren- 286
wort versprochen: Du wirst so tun, wie ich es will, und
du wirst dein unbelehrtes Temperament im Zaum halten.
Wenn du tjostieren darfst, dann werden nachher viele
andere kommen und verlangen, daß ich sie auch reiten
lasse und kämpfen um Ehre. Das würde meine Streit-
macht schwächen. Wir nähern uns den Leuten des
Anfortas, die reiten von Munsalvaesche her und vertei-
digen den Wald mit Waffen. Da wir nicht wissen, wo
diese Burg steht, kann das leicht schlimm für uns aus-
gehen.«

Gynovêr bat jetzt den Artûs so sehr, daß Segramors am Ende doch noch glücklich wurde. Als sie ihm so zu seinem Abenteuer verhalf, da kannte seine Begeisterung keine Grenzen mehr, es fehlte bloß, daß er gestorben wäre vor lauter Seligkeit. Die Herrlichkeiten, die seinem bevorstehenden Triumph, der dort ergehen mußte, entspringen würden, hätte er nicht gerne einem andern überlassen.

Dem jungen Stolzen ohne Bart wurde sein Streitroß
gerüstet, und er selber auch. *Roi* Segramors zog hinaus
au galop par le jeune bois, man könnte auch einfach sagen:
Sein Roß sprang über hohe Stauden. Es klingelten viele
goldene Glöckchen an seiner Decke und am Ritter
selber: Man hätte ihn am liebsten in die Luft werfen
mögen zur Jagd auf den Fasan im Dorngestrüpp. Wenn 287
dann ja einer Lust bekommen hätte, ihn zu suchen, so
hätte er ihn leicht bei den Schellen finden können; die
klingelten laut genug.

So fuhr der Held, er wußte es halt nicht besser, dahin zu dem, der Sklave der Liebe war. Er schlug ihn nicht noch stach er zu, sondern er sprach ihn zuerst an, und zwar mit einer Kriegserklärung. Parzivâl stand da und nahm nichts wahr. Jene Zeichen aus Blut hatten ihm das angetan und eine strenge Dame, die Liebe nämlich, die oft auch mir die Sinne raubt und mein Herz unruhig pochen läßt.

Ach, mir tut eine Frau Gewalt an! Wenn sie mich immer nur in ihren Fesseln halten will und so wenig Anstalten macht, mich zu erlösen, dann werde ich's ihr aber zeigen: Ich drehe der Hoffnung den Rücken zu.

Hört aber nun weiter von jenen zweien, wie sie zusammenkamen und wie sie sich trennten. Segramors sprach so: »Mein Herr, Ihr benehmt Euch, als wärt Ihr gar noch froh darüber, daß hier ein König lagert und sein Kriegsvolk. Da könnt Ihr nun noch so gleichgültig tun, Ihr müßt ihm doch dafür Buße zahlen, oder ich will selber das Leben verlieren. Ihr sucht Streit, darum seid Ihr so nahe hergeritten. Doch aus Courtoisie will ich Euch vorher *bitten:* Ergebt Euch in meine Gewalt, sonst
288 wird die Rechnung gleich beglichen sein, und Euer Fallen wird den Schnee stauben lassen. Ihr tätet es also besser vorher und in Ehren.«

Auf diese Drohung antwortete Parzivâl gar nichts; seine Gebieterin, die Liebe, redete ihm von anderem Leid. Der kühne Segramors warf sein Pferd herum, um es in Stellung zu bringen. Da wandte sich auch der Kastilianer, auf dem Parzivâl saß, der Schöne, immer noch völlig abwesend, und nun stand das Pferd über dem Blut: Sein Blick wurde so davon abgekehrt. Das geschah zu seinem Ruhm; denn sobald er nichts mehr von den Tränen sah, gewann die Vernunft Gewalt über ihn und ließ ihn wieder zu Sinnen kommen.

Schon kam da auf ihn zu *roi* Segramors. Den Speer von Troys, stark und aus zähem Holz, hübsch angemalt, wie er ihn fand vor der Klause, den senkte er in seiner Hand. Eine Tjost durch den Schild nahm er entgegen, doch seine eigene Tjost wurde so zum andern hinüber gezielt, daß der gewaltige Segramors sich bequemen mußte, seinen Platz im Sattel zur Verfügung zu stellen; dabei war der Speer doch ganz geblieben, von dem Segramors Fallen erfahren hatte, ohne freilich viel Gefallen dran zu finden.

Parzivâl ritt, ohne weiter zu fragen, dahin, wo die Bluttränen lagen. Als er sie fand mit den Augen, da
289 nahm die Liebe ihn sogleich wieder an ihre Leine. Und er sprach dazu kein Wort, weder so noch anders, denn er war schon wieder weit weg von der Vernunft.

Segramors' Kastilianer machte sich stracks auf den Weg zu seiner Futterkrippe. Er mußte zum Schlafengehen aufstehn, ich meine, wenn er überhaupt gehen wollte. Die meisten legen sich zum Schlafen nieder, aber das wißt ihr sicher bereits. Wie kam wohl der dazu, sich in den Schnee zu betten? Mir wäre das nicht bequem, wenn ich drin liegen müßte. Schon immer hat man mit Schaden zugleich Spott erworben; wenn es gut ausgegangen ist, ja, dann hat Gott geholfen!

Das Heerlager war so nahe, daß die dort Parzivâl halten sahen — er konnte nicht anders. Er mußte sich der Liebe geschlagen geben, die auch den weisen Salomon bezwang. Es dauerte nicht lang, bis Segramors zu ihnen dort gegangen kam. Die seine Feinde waren oder die ihn freundlich empfingen, zu allen war er gleichermaßen nett: Als es ans Austeilen ging, bekam jeder gleich viel von seinem Schimpfen, und das war nicht wenig. Er sprach: »Das habt ihr ja doch wirklich mehr als einmal gehört, daß in der Tjost einer vom Pferd fällt, Ritterschaft ist eben Glückssache; im Meer versinkt halt mal ein Kiel. Es soll mir aber ja keiner ins Gesicht sagen, daß der dort sich getraut hätte, auf mich zu warten, wenn er meinen Schild erkannt hätte. So ist es mir aber dann
doch zuviel geworden mit ihm, schaut hin, der hat 290
immer noch nicht genug. Er hat freilich Adel am Leib, man muß ihn loben.«

Der tapfere Keie brachte die Nachricht gleich dem König, daß Segramors heruntergestochen worden sei und daß dort draußen ein recht gewalttätiger junger Mann immer noch auf seine Tjost warte. Keie sprach: »Herr, es täte mir leid, wenn er ohne Strafe von hier wegritte. Wenn ich Euch wert genug bin, versucht es mit mir und laßt mich ihm geben, was er haben möchte, da er sich dort mit aufgerecktem Speer postiert, und das vor den Augen Eurer Frau. Sonst will ich nicht mehr länger in Eurem Dienst bleiben: Die Tafelrunde ist geschändet, wenn da nicht endlich jemand einschreitet. Von unsrer Ehre mästet sich sein Heldentum. Gebt mir also die Erlaubnis zu kämpfen. Und wären wir alle blind und taub, dann müßtet Ihr selber ihm entgegentreten; es ist höchste Zeit.«

Da erlaubte Artûs dem Keie zu kämpfen. Der Seneschall wurde gerüstet. Der hätte ganze Wälder ausreißen mögen, um Speere genug zu haben für den Fremden, der da kommen sollte. Doch der trug schwer genug an dem, was Liebe ihm aufgebürdet hatte: das machte der Schnee und das Blut. Es ist Sünde, wenn ihm jetzt einer noch mehr antut. Doch auch die Liebe erwirbt sich damit wenig Ehre: Sie hat ja ihren Siegeszweig schon aufgesteckt mit Macht.

291 Frau Liebe, wie könnt Ihr das nur tun, daß Ihr den Traurigen beglückt mit Freude, die so bald zu Ende ist. Sehr schnell bringt Ihr ihn um.

Schämt Ihr Euch nicht, Frau Liebe, wenn Ihr den Mut eines Mannes und sein stolzes Herz so tief demütigt? Sei es verachtenswert oder edel, alles, was auf der Erde in irgendeiner Weise sich gegen Euch erhebt, das ist bald besiegt von Euch. Wir müssen Euer Regime bei Kräften lassen, das ist nun einmal wahr, und alles andre wäre Illusion.

Frau Liebe, *eine* Ehre habt Ihr immerhin, aber nur die eine: An Eurem Hof lebt eine Dame, die Frau Zärtlichkeit, ohne die wäre Eure ganze Macht löchrig.

Frau Liebe, es ist ein altes böses Spiel, das Ihr spielt: Verrat, Ihr macht ihn immer wieder neu. Ihr raubt vielen Frauen die Ehre: Ihr ratet ihnen, Verwandte zu Geliebten zu nehmen. Und daß mancher Herr an seinem Gefolgsmann gesündigt hat, auf Euren Befehl hin, und der Freund an seinem Kameraden, und der Mann an seinem Herrn — Eure Schande schreit sich selber aus.

Frau Liebe, daß Euch das nicht zuwider ist, daß Ihr die Gier des Leibs verhätschelt, und deswegen muß die Seele verschmachten.

292 Frau Liebe, seit Ihr die Macht habt, sind die jungen Leute alt zu einer Zeit, wo man erst wenige kurze Jahre zählen kann. Wo Ihr am Werk seid, lauert mörderische Tücke.

Kein Mann hat das Recht, solche Reden zu führen wie diese — bloß der, der nie von Euch bekommen hat, was man von der Treue erwarten darf. Ihr hättet mir halt besser helfen sollen, dann könnte ich Euch jetzt mit mehr Enthusiasmus preisen. Ihr habt mir nichts als Mangel vorgegeben, meine Augen habt Ihr über die scharfe Kante des Würfels springen lassen und verspielt — ich kann Eurer Treue nicht mehr trauen: Meine Not hat Euch immer herzlich wenig gekümmert. — Freilich seid Ihr eine allzu hohe Dame, als daß meine kleine, armselige Wut es soweit bringen dürfte, Euch gegenüber laut zu werden. Euer Stiefel hat einen scharfen Sporn, Ihr packt dem Herzen schwere Lasten auf.

Herr Heinrich von Veldeke hat bekanntlich einmal, überaus kunstvoll, Euer Wesen mit einem Baum ver-

glichen. Wenn er uns nur deutlicher auseinandergelegt
hätte, wie man Euch halten kann! Er hat davon bloß die
Frage abgespalten, wie man Euch erwirbt. Und dabei
kommt es doch oft vor, daß ein Dummkopf was Wert-
volles findet und es zugrunde gehen läßt in seinem
Stumpfsinn. Vielleicht habe ich diese Erfahrung auch
schon machen müssen, oder werde sie noch machen;
aber dann verklage ich Euch, Frau Liebe: denn Ihr seid
der Riegel, der den Sinn im Dunkeln einsperrt. Gegen
Euch hilft nicht Schild noch Schwert, kein Streitroß,
keine hohe Burg mit stolzen Türmen: Eure Macht ist zu 293
groß für jede Art von Waffen. Auf der Erde und im
Meer, was könnte Euch entrinnen, mit Flossen oder
Flügeln, wenn Ihr zupackt?

Frau Liebe, auch damals wart Ihr am Werk, und zwar
mit Gewalt, als Parzivâl durch Eure Schuld seinem Ver-
stand adieu sagte; so hatte ihm die Treue geraten. Ihr
wart der Bote, den die edle, süße, lichte Frau zu seinem
Leib schickte, die Königin von Pelrapeire. Und nie-
mand als Ihr hat ihrem Bruder, Kardeiz *fils* Tampenteire,
das Leben genommen. Es ist bloß gut, daß ich von Euch
nichts habe, wenn man Euch solche Wucherzinsen zah-
len muß — ich jedenfalls möchte mir doch etwas mehr
Sanftheit ausbitten.

Ich habe jetzt einmal für uns alle, die hier sind, geredet.
Hört weiter, wie es denen in der Geschichte erging.

Der gewaltige, starke Keie kam ritterlich gerüstet aus
dem Lager wie einer, der Lust hat zu streiten. Und
Streit sollte er auch bekommen, so denke ich doch, vom
Kind des Königs Gahmuret. Wenn irgendwo hier edle
Damen sitzen, die ähnlich machtvoll einen Mann zu
bannen wissen, so sollten die ihm Glück wünschen; auch
ihn hat eine Frau dahin gebracht, wo die Liebe ihren
Keil einschlug und seinen Verstand von ihm trennte.

Keie hielt sich zurück mit einer Attacke und sprach
erst zu dem Wâleisen: »Mein Herr, da Ihr das Unglück
hattet, den König zu beleidigen, laßt Euch von mir 294
raten; seid so gut und folgt mir, denn ich glaube, daß es
das beste ist für Euer Wohlergehn: Legt Euch selbst ein
Hundehalsband um und laßt Euch vor den König führen,
mir könnt Ihr doch nicht entkommen. Sonst bringe ich
Euch als Besiegten hin, und dann wird niemand Euch
tätscheln und streicheln.«

Der Wâleise aber war bereits besiegt von der Kraft der
Liebe, und die befahl ihm zu schweigen. Da zog Keie

aus mit dem Schaft seines Speers und gab dem Parzivâl einen Schlag an den Kopf, daß der Helm schepperte. Und er sprach: »Aufwachen! Du kriegst ein neues Bett, und das soll heißen *Ohne Leintuch*. Denn meine Hand wird ihr Ziel nicht verfehlen, und du wirst in den Schnee gelegt. Den, der den Sack von der Mühle heimträgt, muß man prügeln, dem tut seine Faulheit erst dann leid, wenn sie weh tut.«

Frau Liebe, da seht hin: Ich glaube, das geschah, um Euch zu beschimpfen; jeder Bauer würde doch in einer solchen Situation sofort sagen: »Der meint nicht mich, das geht auf den Buckel meines Herrn.« Er würde sich auch beklagen, wenn er nur sprechen könnte. Frau Liebe, laßt unsern wâleisischen Edelmann sich rächen; denn ich glaube schon, daß er, der da fremd ist, sich wehren würde, wenn nur Eure Bosheit ihn ausließe, die ihn so grausam niederdrückt mit einer Last, die wahrlich keine süße Bürde ist.

295 Da rempelte ihn Keie mit Gewalt und drängte so sein Pferd etwas von der Stelle. Dem Wâleisen geriet nun aus den Augen, was ihm so süß und bitter weh tat, das schimmernde Bild seiner Frau, der Königin von Pelrapeire, ich meine: das rot-weiße Muster im Schnee. Und da übernahm dann wieder, wie schon einmal, Vernunft die Regierung: Sie gab ihm seine Sinne zurück.

Keie ließ sein Streitroß galoppieren, er kam heran zur Tjost. In der *carrière* senkten sie die Speere. Keie brachte seine Tjost durch des Wâleisen Schild, genau so, wie sein Augenmaß sich das gedacht hatte: Ein Loch so groß wie ein Fenster. Doch wurde ihm dieser Angriff vergolten: Keie, des Artûs Seneschall, wurde von der Gegentjost niedergeworfen, er flog über ebenden Baumstamm, der für die Gans Asyl gewesen war. Dem Roß mitsamt dem Mann stieß da ein Unglück zu: Der Mann wurde verwundet, das Roß blieb tot liegen. Zwischen dem Sattelbogen und einem Stein zerbrach da Keies rechter Arm und auch sein linkes Bein von diesem Fall. Gurt und Sattel samt den vielen Glöckchen, alles zerbarst beim Anprall. So vergalt der Fremde die zweifachen Prügel: Einmal war es ein Mädchen gewesen, das seinetwegen Schläge litt, das zweitemal traf es ihn selbst.

296 Wie eine Axt im Walde des Verrats war Parzivâl. Den ließ seine Treue wieder die drei blutigen Tränen finden im Schnee, die ihn der Vernunft entführten. Seine Gedanken um den Grâl und die Male, die der Königin so

glichen — jedes von beiden war ein schlimmer Zwang,
doch wog auf seiner Waage das Blei der Liebe schwerer.
Traurigkeit mit Liebe bricht ein zähes Herz, sagt man.
Soll ich vielleicht so tun, als wären das hier bloße »Aben-
teuer« aus dem Ritterleben? Man muß jene beiden
beim wahren Namen nennen, dem des Leides.

Wer ein wahrer Ritter ist, sollte über Keies Unglück
klagen: Sein Mut hatte diesen Starken schon in viele
Kämpfe geschickt. In vielen Ländern wird es herumge-
tratscht, daß Keie, des Artûs Seneschall, ein ganz übler
Grobian wäre; davon, sagt meine Geschichte, hatte er
kein Härchen sich: Ehre war sein Tischgenosse. Wenn
ich auch noch so wenig Beifall dafür kriege, Keie war
doch ein treuer und tapferer Mann. So spricht mein
Mund. Und ich sage euch noch mehr von ihm: Der Hof
des Artûs war ein Ort, wo viele Fremde hinkamen,
berühmte wie berüchtigte, Männer von auserlesenem
Geschmack und Benehmen. Leute mit Roßtäuscher-
manieren galten Keie wenig — jeder aber, der Courtoisie 297
hatte und der Gesellschaft von Edelleuten wert war, für
den wußte er alle Ehren aufzubieten und ihm gefällig zu
sein. Aus dem, was über ihn erzählt wird, schließe ich:
Er war einer, der alles merkte. Er gab sich oft unge-
schliffen und grob, um seinem Herrn Deckung zu geben.
Aus der Gesellschaft des Adels las er die falschen Fünf-
ziger und Verräter aus, solchen Existenzen war er ein
böser Hagelschlag und giftiger als ein Bienenschwanz.
Schaut sie doch an, die Keies Verdienste so verkehrt
haben; der wußte doch, was ein Mann der Treue schuldig
ist, er hat sich darum bei denen viele Feinde gemacht.
Fürst Hermann von Thüringen, wenn ich dein Haus-
gesinde so betrachte, da gäbe es etliche, zu denen man
lieber sagen möchte: Raus, Gesindel! Du hättest auch
einen Keie dringend nötig, jetzt, da die Tugend der Frei-
gebigkeit dir eine allzu gemischte Gesellschaft ins Haus
geladen hat: Dort ein Haufen drängelnder Plebejer, da
ein Getümmel von lauter Kavalieren. Da kann der Herr
Walther wohl singen: *Euch allen guten Tag, den Schlechten
und den Guten* ... Wo man solche Lieder singt, da kann
sich das undankbare Pack in Ehren niederlassen. Den
Text hat Keie nicht gelehrt und auch nicht Herr Heinrich
von Rîspach.

Aber jetzt hört weiter, was Wunderbares auf dem 298
Plan am Plimizoel geschah. Man holte den Keie gleich
herein und trug ihn in des Artûs Pavillon. Seine Freunde,

viele Damen und nicht wenige Herrn, bedauerten ihn sehr. Es kam auch mein Herr Gâwân an sein Krankenlager und sprach: »Ach, das war ein Unglückstag, daß diese Tjost geschehen konnte! Da habe ich einen Freund verloren.« Und er beklagte ihn mit Inbrunst.

Mit gewaltigem Zorn sprach aber Keie: »Mein Herr, Ihr habt Erbarmen mit meinem Leib? So wie Ihr sollen alte Weiber weinen. Ihr seid meines Herrn Schwestersohn: Ich wünschte, ich könnte Euch meinen Dienst anbieten wie früher, wenn Ihr es verlangt habt. Damals, solange Gott mir meine heilen Knochen gönnte, hat meine Hand nie gezögert, für Euch zu kämpfen. Ich täte das auch jetzt noch, wenn es irgend möglich wäre. Jetzt hört auf zu jammern und laßt mir alleine den Schmerz. Euer Oheim, unser Herr und König, wird nie mehr einen solchen Keie wiederkriegen. Ihr seid, um mich zu rächen, ein zu hoher Herr: Wenn aber Ihr dort nur einen Finger verloren hättet, so wollte ich meinen Kopf dafür riskieren. Seht zu, ob Ihr's mir glaubt. Ihr habt schon recht, wenn Ihr mein Hetzen nicht zur Kenntnis nehmen wollt: Der dort draußen gibt seinen Gästen zum Abschied ein Adieu, an dem sie schwer zu
299 tragen haben. Da hält er immer noch und denkt nicht dran zu fliehen, nicht im Paßgang noch im Trab. Kein Haar von irgendeiner der Damen hier wäre Euch zu schwach und zu fein, es wäre doch fest genug, Euch die Hände zu fesseln, wenn es zu kämpfen gilt. Freilich, ein Mann, der solche Galanterie an den Tag legt, ehrt damit seine Mutter — von der Vaterseite her aber sollte er Mut haben. Drängt Euch nur immerfort zur Mutter hin, Herr Gâwân, so werdet Ihr blaß, wenn Schwerter blitzen, und weich, wenn Männer hart zur Sache gehn.«

So wurde dieser hochgelobte Mann an der ungedeckten Flanke attackiert mit Worten. Er konnte sie nicht vergelten, wie das einem Mann mit Takt leicht geschieht, wenn ihm Scham den Mund verschließt; dem Unverschämten ist so etwas unbekannt. Gâwân sprach zu Keie: »Wo man nur jemals schlug und stach, immer wenn mir etwas dergleichen begegnet ist, da hätte jeder kommen dürfen, meine Gesichtsfarbe anzuschauen, die ist, das glaube ich doch, nie blaß geworden vor einem Schlag oder Stich. Es ist ganz unnötig, daß du so voller Zorn mit mir sprichst. Ich war dir immer gefällig und bin es noch.«

Aus dem Pavillon ging der Herr Gâwân und ließ gleich
sein Roß herführen. Ohne Schwert und ohne Sporen
saß er auf, der vornehme Held. Er zog hinaus und dort- 300
hin, wo er den Wâleisen fand, der seinen Verstand der
Liebe verpfänden mußte. Er trug drei Speerstiche im
Wappen, von Heldenhänden in den Schild genagelt.
Und der war auch zerhauen von den Schwerthieben des
Orilus.

So kam Gâwân zu ihm hingeritten, nicht im Galopp
und ohne eingelegte Lanze. Er wollte ganz friedlich
nachsehen, wer es war, der da gekämpft hatte. Er sprach
Parzivâl an mit einem Gruß, doch der merkte davon
wenig, das konnte gar nicht anders sein: Die Liebe, diese
hohe Dame, ließ ihre Macht erscheinen an ihm, den
Herzeloyde gebar. Verwandtschaftliche Bindung von
der Art, daß man sie nicht in Graden zählen kann, schied
ihn von seinem Verstand, Leid, das er als Erbe hatte von
Vater- und von Mutterseite her. Den Wâleisen berührte
wenig, was der Mund meines Herrn Gâwân ihm sagen
wollte mit Worten. Da sprach der Sohn des König Lôt:
»Mein Herr, Ihr wollt offenbar die Gewalt sprechen
lassen, da Ihr mir den Gruß versagt. Aber ich will doch
noch nicht ganz verzweifeln und will es noch einmal
versuchen: Ihr habt des Königs Leute, seine Verwandten
und endlich ihn selber gedemütigt und hier Schande
über uns gebracht. Ich kann erwirken, daß der König 301
Euch freundlich verzeiht, wenn Ihr so verfahren wollt,
wie ich Euch rate: In guter Freundschaft sollt Ihr mich
zu ihm begleiten.« Das Kind des Königs Gahmuret aber
kümmerte Flehen wie Drohen nicht die Bohne.

Gâwân, der höchste Stolz der Tafelrunde, kannte solchen Zwang sehr gut; er hatte ihn mit Schmerzen selbst erfahren müssen, als er sich mit dem Messer durch die Hand stach: So sehr war er gebannt gewesen von der Liebe und von der süßen Gegenwart einer Dame. Eine Königin bewahrte ihn vom Tode, als der wilde Lähelin ihn mit einer gewaltigen Tjost ganz und gar besiegt hatte. Die sanfte, süße Schöne setzte ihr Haupt zum Pfand für ihn: *la reine* Ingûse de Pahtarliez, so hieß sie, die es so gut mit ihm meinte.

Mein Herr Gâwân dachte da: ›Wer weiß, ob es nicht die Liebe ist, die diesen Mann hier fesselt, so wie mich damals. Und vielleicht sind es Gedanken der Treue, die der Liebe zu ihrem Sieg verholfen haben.‹ Er gab acht auf des Wâleisen Blick, wo seine Augen hingingen.

Einen Umhang aus Tuch von Sûrîn, gefüttert mit gelbem Zindel, schwang er dann über die blutigen Male.

302 Sobald der Umhang die Tränen bedeckte, so daß Parzivâl nichts mehr von ihnen sah, gab ihm die Königin von Pelrapeire seinen Verstand zurück, sein Herz aber behielt sie dort. Nun seid so freundlich und hört, was er sprach: »Ach, wer hat mir deinen Leib weggenommen, meine Herrin und Frau? Hat wirklich meine Hand mit Rittertaten deine Liebe erworben, eine Krone, ein Land? Bin ich es, der dich von Clâmidê erlöste? Bei denen, die damals zu dir halfen, fand ich Ach und Weh und viele kühne Herzen seufzend. Ein Nebel vor den Augen, hier im hellen Sonnenlicht, hat dich mir genommen, ich weiß nicht wie.« Und weiter sprach er: »Ach, wo ist mein Speer hingekommen, den ich mitgebracht habe?«

Da sagte mein Herr Gâwân: »Mein Herr, der ist vertan in einer Tjost.«

»Mit wem?« sprach da der edle junge Mann, »Ihr habt ja weder Schwert noch Schild dabei; was für eine Ehre wäre an Euch schon zu gewinnen? Doch muß ich Euer Spotten hinnehmen; vielleicht habt Ihr mir nachher auch noch was Besseres zu bieten. Freilich, früher einmal hab ich schon Tjosten im Sattel überstanden. Wenn ich auch von Euch nie und nimmer einen Kampf kriegen kann, nun gut, so sind die Länder doch groß; da kann ich mir genügend Ehre und Gefahr holen, daß mir die Brust noch weit wird und eng.«

303 Da sprach mein Herr Gâwân: »Die Worte sind durchsichtig, die Euch hier begegnet sind, und voller Liebe — das ist keine von den Reden, in denen immerwährender Nebel herrscht. Das, was ich verlange, will ich in Eurem Dienst verdienen. Hier hat ein König sein Lager mit vielen Rittern und einer Menge schöner Damen; dahin will ich mit Euch reiten, wenn Ihr mein Gefährte sein wollt. Ich werde Euch vor Provokationen schützen.«

»Ihr seid sehr freundlich, mein Herr. Was Ihr sagt, ist sehr schön, ich will Euch gern in allem gefällig sein. Da Ihr mir Kameradschaft anbietet, so sagt mir erst: Wer ist Euer Herr, und wer seid Ihr?«

»Ich nenne einen Mann Herr, von dem ich viele Güter habe, nur einen Teil davon nenne ich hier: Er war mir immer wohl gesonnen, so daß er mit mir umging wie ein Edelmann mit einem anderen. Mit seiner Schwester war der König Lôt verheiratet, und die brachte mich zur Welt. Seiner Hand muß alles an mir dienen, was ich von

Gott habe. Er wird der König Artûs genannt. Mein Name braucht sich auch nicht zu verstecken, nirgends macht man daraus ein Geheimnis; die Leute, die mich kennen, nennen mich Gâwân. Euch dient mein Leib und mein Name, wenn Ihr es annehmt und mich nicht beschämt da stehen laßt.«

Da sprach er: »Du bist's, Gâwân? Dann allerdings 304
kann ich mich nicht besonders dafür rühmen lassen, daß
du hier so freundlich zu mir bist; immer schon habe ich
ja von dir reden hören, du seist zu allen Leuten zuvor-
kommend. Doch kann ich deinen Dienst nur anneh-
men, wenn ich ihn mit Gegendienst vergelten darf. Nun
sprich: Wem gehören die Zelte, die dort in solcher
Menge aufgeschlagen sind? Wenn das des Artûs Lager
ist, so muß ich mit Bedauern sagen, daß ich ihm nicht
mit Ehren gegenübertreten kann und auch nicht der
Königin. Vorher muß ich erst die Prügel rächen, die
haben mir weh getan seither auf meiner ganzen Reise.
Das war nämlich so: Ein Edelfräulein hatte mir zum
Gruß ihr Lachen geschenkt. Der Seneschall hat sie ver-
prügelt meinetwegen, daß auf ihrem Rücken eine Menge
Wald zu Kleinholz wurde.«

»Die Prügel sind unsanft gerächt«, sprach Gâwân, »ihm ist der rechte Arm zerbrochen und das linke Bein. Komm her und schau: Hier ist sein Roß und hier der Stein. Da liegen auch Splitter im Schnee, die sind von deinem Speer, nach dem du vorher gefragt hast.«

Als Parzivâl die Wahrheit vor sich sah, da fragte er noch weiter und sprach: »Darin muß ich mich auf dein Wort verlassen, Gâwân, daß es wirklich der Mann ist, der vor mir Schande aufgesteckt hat. Wenn das wahr ist, so reite ich mit dir, wohin du nur willst.«

»Ich will dich nicht anlügen«, sprach Gâwân, »es war 305
so: Hier ist in einer Tjost Segramors liegen geblieben, ein
großer Kämpfer, dessen Rittertum bis dahin nichts als
Ruhm errungen hatte. Das tatest du, bevor Keie zu Fall
kam. Von den beiden hast du Ehre.«

Sie ritten miteinander weg, der Wâleise und Gâwân. Viel Volk zu Pferd und zu Fuß empfing dort drinnen Gâwân und den Roten Ritter mit edlem Anstand, denn das waren lauter Leute, die Courtoisie am Leib hatten. Gâwân wendete sich dorthin, wo er seinen Pavillon stehen sah.

Die Zeltschnüre der edlen Cunnewâre de Lalant reichten bis an die seinen. Die wurde jetzt glücklich, mit

Freuden empfing das Mädchen seinen Ritter, der gerächt hatte, was ihr damals von Keie geschehen war. Sie hatte ihren Bruder bei der Hand genommen und die Herzogin Jeschûte von Karnant; so sah Parzivâl sie kommen. Er war geschminkt mit Eisenrost, tauige Rosen auf den Wangen: Man hatte ihm die Rüstung ausgezogen.

Er sprang auf, als er die Damen sah. Nun hört, wie Cunnewâre sprach: »Seid Gott zuerst und danach mir willkommen, da Ihr seit damals tapfer und stark geblie-
306 ben seid. Ich hatte kein einziges Mal gelacht bis zu dem Augenblick, da Euch mein Herz erkannte und Keie mir meine Freude gleich wieder wegnahm, als er mich so schlug. Das habt Ihr völlig gerächt. Ich würde Euch gern küssen, wenn ich einen Kuß wert wäre.«

»Darum hätte ich Euch heute sogleich bitten wollen, wenn ich's nur gewagt hätte«, sprach Parzivâl, »denn ich bin sehr glücklich, daß ich Euch in die Arme schließen darf.«

Sie küßte ihn und ließ ihn Platz nehmen. Sie schickte eines ihrer Mädchen hin und befahl ihr, Kleider zu holen, sehr vornehme Kleider. Sie waren geschneidert aus Pfellelseide von Ninnivê und lagen schon fertig bereit; denn man hatte sie eigentlich dem König Clâmidê, ihrem Gefangenen, zugedacht. Das Mädchen brachte sie herbei und jammerte: am Mantel fehle die Schnur. Und was tat Cunnewâre? An ihrer weißen Taille riß sie ein Schnürlein ab und zog es in seinen Mantel ein. Er entschuldigte sich und zog sich zurück, um den Rost abzuwaschen: Da war der Mund des jungen Mannes rot, und seine Haut leuchtete hell. Der Kühne wurde dann angekleidet: Da stand er in stolzer, blitzender Schönheit. Jeder der ihn sah, mußte zugeben, daß er die Blüte aller Männer war. Und diese Sorte Komplimente war seinem Glanz gerade angemessen.

307 Gut sah Parzivâl aus in seinem Gewand. Einen grünen Smaragd steckte sie ihm vor den Ausschnitt am Hals, und außerdem schenkte Cunnewâre ihm noch einen wertvollen Gürtel, sehr elegant. An der Außenseite hatte er, selbstverständlich mit Edelsteinen drin, Zierstickereien, da waren allerlei Tiere dargestellt; die Gürtelschnalle war ein Rubin. Ob er wohl schick aussah, der Junge ohne Bart, als ihm dieser Gürtel umgelegt wurde? O ja, sagt unsere Quelle, und wie! Alle hatten ihn lieb, die ihn sahen; Mann oder Frau, alle bewunderten seine Schönheit.

Der König hatte die Messe gehört. Jetzt sah man Artûs kommen mit den Rittern der Tafelrunde, nichts als Treue im Sinn. Alle hatten sie schon davon gehört, daß der Rote Ritter in Gâwâns Pavillon gekommen sei. Dahin kam Artûs, der Bertûne. Antanor, der auch Prügel bekommen hatte, lief dem König voraus. Sobald er den Wâleisen sah, sprach er: »Seid Ihr es, der mich gerächt hat und Cunnewâre de Lalant? Große Dinge sagt man von Eurer Hand. Keie hat verspielt, seine Furchtbarkeit ist auf den Bauch gefallen. Ich fürchte mich jetzt nicht mehr vor seinem Stock: Sein rechter Arm ist nicht mehr kräftig genug.«

Da trug Parzivâl alle Zeichen der Engel an sich, bloß 308
keine Flügel, und war doch hier auf Erden erblüht.
Artûs und seine Edelleute empfingen ihn voller Liebe. Alle, die ihn dort sahen, waren ihm gut. Alle Herzen sagten ihm Ja, seinem Lob sprach niemand Nein entgegen: über ihnen lag der Schein seiner Liebenswürdigkeit.

Artûs sprach nun zu dem Wâleisen: »Ihr habt mir wohl und weh getan; doch habt Ihr mir mehr Ehre mitgebracht und an den Hof gesendet, als ich jemals von einem meiner Ritter bekommen habe. Sehr wenig von Euren Ruhmestaten habe ich bis jetzt vergelten können — selbst wenn Euch sonst nichts Großes mehr zu verdanken wäre als die Befreiung der Herzogin, der edlen Jeschûte, vom Bann. Selbstverständlich hättet Ihr Buße, wenn auch nicht Rache bekommen für Keies Vergehen, wenn ich Euch früher begegnet wäre.« Und Artûs erzählte ihm, was er wissen wollte: warum er an diesen Ort gekommen war, und von seiner Reise durch die verschiedenen Länder. Nachher baten sie ihn alle, er solle nun auch denen von der Tafelrunde seine Freundschaft geloben und so ihrer aller Kamerad werden. Das
war ihm gar nicht unrecht, er hatte vielmehr allen Grund, 309
sich darüber zu freuen. Parzivâl erfüllte ihnen die Bitte.

Jetzt brauche ich euren Rat, hört zu und sagt dann eure Meinung: Durfte wohl die Tafelrunde an diesem Tag ihr besonderes Recht in Anspruch nehmen? Artûs war ihr Herr und Meister, und der hatte folgenden Brauch eingeführt: Wenn das Abenteuer einmal versäumt hatte, an seinem Hof einzukehren, so durfte an diesem Tag kein Ritter an des Artûs Tisch erscheinen.

Heute aber hat er sein Abenteuer bekommen: Also muß er der Tafelrunde die Ehre geben. Wenn auch die

runde Tafel selber daheim in Nantes geblieben war, so wurde doch ihr Recht für gut erkannt und auf eine Blumenwiese übertragen. Da störten weder Zelte noch Gestrüpp: Der König Artûs hatte es so befohlen, dem Roten Ritter zu Ehren. So bekam denn höchster Adel, was ihm gebührte. Ein Stück Seide aus Acratôn, aus dem fernen Land der Heiden, nahm man her zu diesem Zweck. Dieser Stoff wurde nicht nach Länge und Breite, sondern als ein Kreis zugeschnitten, ganz so, wie es eben Brauch war bei der Tafelrunde. Denn der gute Ton, der in dieser Gesellschaft herrschte, verbot jede Art von Sitzordnung; alle Sitze waren gleich erhaben. Weiter gebot der König, daß alles, was adelig war, Ritter und Damen, sich bei der Runde sehen lassen sollte. Alle, die
nur irgendwie in den Rahmen der Ehre paßten, Fräulein,
310 Frau oder Mann, alle aßen heute beim König. Da kam
dann die Herrin, Gynovêr, mit vielen glänzend schönen Damen, eine Menge hoher Fürstinnen in bezauberndem Schimmer war auch dabei.

Man hatte die Runde sehr weit genommen, so daß ohne Streit und Gedränge jede der vielen Damen neben ihrem Geliebten Platz fand. Artûs, den es niemals zum Verrat hinzog, führte den Wâleisen an der Hand, und an seiner andern Seite ging die edle Cunnewâre de Lalant: Die konnte nun wieder den Kopf hoch tragen. Artûs sah den Wâleisen an; hört jetzt, was er zu ihm sprach: »Wenn Ihr erlaubt, so möchte ich gerne meine alte Frau Euren klaren Leib küssen lassen. Schließlich habt Ihr es nicht nötig, selber jemanden hier, wer es auch sei, um einen Kuß zu bitten; denn Ihr kommt ja von Pelrapeire, wo das höchste Ziel allen Küssens wohnt. Um eines aber will ich Euch bitten: Wenn ich jemals in Euer Haus komme, so müßt Ihr mir diesen Kuß hier zurückzahlen.« So sprach Artûs.

»Ich tu alles, was Ihr von mir wünscht«, sprach Parzivâl, »hier und überall sonst.«

Da ging die Königin ihm ein Stückchen entgegen und umarmte und küßte ihn. »Jetzt«, so sprach sie, »ist in aufrichtiger Liebe abgetan, daß Ihr mich in Schmerzen
zurückgelassen habt. Die gabt Ihr mir, als Ihr *roi* Ithêr
311 das Leben nahmt.« Bei diesen Worten der Vergebung
wurden der Königin die Augen naß, denn Ithêrs Tod tat allen Frauen weh.

Man setzte den König Clâmidê ans Ufer des Plimizoel; neben ihm saß Jofreit *fils* Idoel. Zwischen Clâmidê und

Gâwân bekam der Wâleise seinen Platz. Die Geschichte hat mir versichert — und sie hat es genau gemessen —, daß niemand, der je an einer Mutter Brust gesogen hat, in dieser Runde saß, dessen Adel so wenig trog wie seiner. Denn der Wâleise hatte Kraft und dazu schöne Jugend mitgebracht. Man mußte ihn bloß richtig anschauen: So manche Frau hat sich schon in einem trüberen Glas gesehen als in dem Spiegel seines Mundes. Und von seinem Teint sage ich euch: Seine Farbe am Kinn und auf den Wangen hätte man recht gut als Zange brauchen können; was die gepackt hielt, konnte nicht mehr abtrünnig werden und verwandelte sich so in eitel Treue. Und die wiederum taugt dazu, das unentschiedene Zweierlei von einer Seele sauber wegzuradieren. Ich habe hier die Frauen im Sinn, die in der Liebe schwankend sind und dazu neigen, sich's immer wieder anders zu überlegen. Sein Glanz war eine solide Fessel, die Frauenseelen treuen Halt gab: Die waren bei ihm mit sich selber eins und im Frieden. Wenn sie ihn nur ansahen, war er schon mit treuer Liebe aufgenommen: Durch die Augen ging er in ihr Herz.

Die Männer wie die Frauen lagen ihm zu Füßen. So
hatte er viel Ehre erfahren, als es an ein Ende kam mit 312
Tränen. Es naht dort die, von der ich nun sprechen will: ein Mädchen, dessen Treue nichts zu wünschen übrig ließ, bloß war ihr Benehmen schlecht, denn sie war außer sich und rasend. Was sie zu sagen hatte, tat vielen Leuten weh. Jetzt hört, wie das Fräulein daherkam. Ein Maultier, hochbeinig wie ein Kastilianer, mit aufgeschlitzten Nüstern, fahl und doch verbrannt wie die Grenze von Mähren, eine Mähre eben. Ihr Zaum, ihr Sattelzeug war mit viel Aufwand gearbeitet, teuer und sehr vornehm: Das Maultier hatte eine volle Ladung zu tragen.

Sie sah nicht wie eine Dame aus. Wehe, was hat ihr Kommen zu bedeuten? Aber sie kam nun einmal, das ist nicht zu ändern. Sie brachte Leid zu des Artûs Leuten. Das Mädchen war in vielerlei Künsten wohl unterrichtet, alle Sprachen sprach sie geläufig: lateinisch, heidnisch und französisch. Eleganz entfaltete sie auf dem Gebiet der Wissenschaften. Sie kannte sich in der Dialektik und in der Geometrie aus, und auch die Lehren der Astronomie waren ihr vertraut. Sie hieß Cundrîe, ihr Beiname war *surziere*. Deren Mundwerk war nicht eingerostet, es lief wie geschmiert. Sie schlug alles Glück zu Boden, das über der Festversammlung lag.

313 Die junge Dame, die so gelehrt war, sah ganz anders
aus als sonst die schönen Feinen. Genter Brauttuch,
blauer als Lapislazuli, trug dieser Hagelschlag des
Glücks: ein elegantes Cape nach französischem Schnitt;
darunter trug sie feine Seide am Leib. Ein Pfauenhut aus
Londres war mit golddurchwirkter Seide gefüttert, der
Hut war neu, die Borte daran nicht von gestern, der hing
ihr auf den Rücken. Ihre Botschaft schlug dem Jammer
eine Brücke übers Glück, all ihren Spaß entriß sie ihnen.
Hoch über den Hut und bis auf das Maultier hinunter
schwang ihr Zopf, so lang war der, und schwarz und
starrig, nicht eben blond und licht, und linde war er wie
die Rückenborsten einer Sau. In der Visage trug sie eine
Hundeschnauze. Aus ihrem Mund fuhren zwei spannen-
lange Hauer wie von einem Eber. Die Brauen auf beiden
Seiten ragten, zu Zöpfen geflochten, empor, noch höher
als das Haarband. Ihr seht: Meine Courtoisie gerät hier
auf Abwege, doch nur aus Liebe zur Wahrheit muß ich
so von einer Dame sprechen — alle anderen haben gar
keinen Grund, sich über mich zu beschweren.

Cundrîe hatte Ohren wie ein Bär, nicht ganz so, wie
314 ein Mann es sich wünscht von seiner Geliebten. Wild
behaart war ihr Gesicht. Sie führte eine Geißel in der
Hand, die Stricke daran waren seiden, ihr Stiel ein Rubin.
Dieses hübsche Schätzchen hatte Hände, die sahen aus
wie Affenhaut. Die Fingernägel waren nicht die hellsten;
sie sollen wie die Krallen eines Löwen gewesen sein,
so nämlich sagt mir die Geschichte. Sehr selten haben
Ritter aus Liebe zu der Dame Speere verstochen.

So kam sie in den Ring geritten. Von ihr nahm Trauer
ihren Aufgang, sie war der Freuden Zwinge. Sie wandte
sich dorthin, wo sie den königlichen Herrn sitzen sah.
Cunnewâre de Lalant war des Artûs Tischdame, mit der
edlen Ginovêr aß die Königin von Janfûse. Der König
Artûs saß da in Herrlichkeit. Cundrî hielt vor dem Ber-
teneysen und sprach zu ihm auf französisch. Wenn ich
es euch jetzt auf deutsch sage, gefällt mir ihre Botschaft
auch nicht besser: »*Fils du roi* Utepandragûn, was du hier
tust, hat dich und viele Bertûnen geschändet. Die
besten Ritter in der Welt könnten hier in Ehren sitzen,
wenn nicht ihr Ruhm verschnitten wäre mit Galle. Die
Tafelrunde ist vernichtet, mit einem Verräter teilt sie
315 ihre Rechte. König Artûs, du standest mit hohen Ehren
über deinen Freunden: Dein Ruhm, der immer nur stieg,
geht jetzt unter, dein Adel, früher voller Kraft, ist lahm,

dein hoher Ruhm stürzt ab, dein Glanz hat sich als lügenhaft erwiesen. Der Tafelrunde Kraft, die aus der Ehre kam, ist jetzt gelähmt, denn Ihr habt den Herrn Parzivâl zu Eurem Genossen gemacht — ich meine den da, der die äußeren Zeichen eines Ritters trägt. Ihr nennt ihn nach dem, der tot liegen blieb vor Nantes, den Roten Ritter. Ungleich war das Leben dieser beiden: Kein Mund hat je in einem Buch von einem Ritter gelesen, der so ganz und gar edel gewesen wäre in allen Dingen wie der eine von den zweien.«

Vom König ritt sie dann vor den Wâleisen hin und sprach: »Ihr seid der, der mein grobes Benehmen rechtfertigt, Euretwegen weigere ich mich, Artûs zu grüßen und sein Haus. Fluch und Schande über Euren lichten Schein und über Eure starken Glieder! Hätte ich Versöhnung oder Frieden mitgebracht, die wären für Euch unerschwinglich. Ich erscheine Euch als Monstrum und Ungeheuer und bin doch geheurer als Ihr, Herr Parzivâl. Oder könnt Ihr mir vielleicht die Gründe sagen und erklären: Als der traurige Fischer da saß vom Glück verlassen und ohne Hilfe, warum habt Ihr ihn nicht erlöst aus seinem Seufzen? Vor Eure Augen hat er seines Jam- 316
mers Last getragen, und Ihr wart wie ein Fremder dort und noch dazu ein undankbarer. Euch hätte seine Not erbarmen müssen. Ich wünschte Euch die Zunge aus dem Mund: leer soll er sein, wie Euer Herz leer ist von allem Gefühl. Vor dem Höchsten im Himmel ist Euer Name zur Hölle verflucht, und so auch hier auf Erden, sobald nur die Edlen zur Besinnung kommen. Allem Heil seid Ihr ein Fluch und allem Glück die Pest; allem, was Ehre hat, seid Ihr so recht ein Wurm, ein Nichts. Ein häßlicher Krüppel seid Ihr, kein Mann, und Euer Adel hat die Krätze; kein Arzt kann Euch mehr helfen. Auf Euer Haupt will ich schwören, wenn mir nur jemand die Eidesformel gibt, daß nie ein schönerer Mann mit mehr Verräterei umging. Ihr seid ein Angelhaken, versteckt in einer künstlichen Libelle, ein Natternzahn. Hat Euch doch der Herr des Hauses ein Schwert geschenkt: Seines Werts seid Ihr nie würdig geworden! Damals erwarb Euer Schweigen den Lohn der Sünden, den Hirten der Hölle seid Ihr zum Spielzeug gegeben. Verfluchter Leib, Herr Parzivâl! Ihr saht den Grâl, als man ihn vor Euch hintrug, und schneidendes Silber und blutigen Speer. Dem Glück macht Ihr den Garaus, Trauer habt Ihr zu schenken. Wäre es Euch eingefallen zu fragen in Mun-

salvaesche, so hätte Euch das mehr eingebracht, als selbst
317 in Tabronite bei den Heiden zu holen wäre, und dort
wird alles irdische Wünschen gestillt. Die Königin dieses fernen Landes hat mit harten Kämpfen Feirefîz Anschevîn erworben. An dem ist das Mannestum, das Euer beider Vater hatte, nicht zuschanden geworden. Sein Wesen ist seltsam und wunderbar: Er ist schwarz und weiß zugleich, der Sohn der Königin von Zazamanc.

Jetzt muß ich wieder an Gahmuret denken, in dessen Herzen Verrat ausgejätet war. Euer Vater nannte sich nach dem Land Anschouwe. So wie Ihr gehandelt habt, das habt Ihr nicht von ihm geerbt! Ihr seid in Eurer Ehre tief gesunken. Wenn Eurer Mutter irgend Böses zuzutrauen wäre, so möchte ich gern glauben, Ihr wärt nicht Eures Vaters Sohn. Nein, sie war treu, auch als sie Leid erfuhr von ihrer Treue: Ihr könnt alles Gute glauben, was man von ihr spricht, und daß Euer Vater mannhaft war und Treue kannte, daß er ein Falke war, den es weit umher nach Ehre trieb, wo die Schellen klangen in der Jagd. Seine Brust deckte ein großes Herz und eine kleine
Galle. Er war ein Netz und eine Reuse: Seine Helden-
318 kraft verstand sich drauf, der Ehre nachzustellen. Eure
Ehre aber hat sich jetzt dem Verrat ergeben. Weh, daß man das aus meinem Mund hören muß, daß der Herzeloyde Kind sich so vergangen hat an seiner Ehre!«

Cundrî selber war da ganz in der Gewalt des Kummers. Sie weinte nur noch und rang die Hände. Über viele Tränen rollten Tränenwogen hin, großen Jammer ließ sie aus den Augen fließen. Treue lehrte dieses Mädchen, das Leid, das es im Herzen trug, so recht hinauszuklagen.

Noch einmal trat sie vor den König und sprach weiter, sie hatte noch mehr zu sagen: »Gibt es denn hier keinen Ritter, der etwas taugt und dessen Kraft nach Ehre gierig ist und nach der Liebe hoher Damen? Ich weiß vier Königinnen und vierhundert Edelfräulein, die man wohl mit Vergnügen anschauen kann. Die sind in Schastel marveil. Alle anderen Abenteuer sind Luft, verglichen mit dem, das man dort bestehen kann: Reiche Beute an hoher Liebe ist da zu holen. Auf diese Burg will ich heute abend noch kommen, mag mich die Reise noch soviel Mühe kosten.«

Nichts Heiteres war an diesem traurigen Mädchen. Das ritt da ohne Abschied fort von der Versammlung. Immerfort weinend sah sie sich oft um. Jetzt hört, was

sie ganz zum Schluß noch sagte: »Ach Munsalvaesche,
bei dir ist der Jammer heimgekommen! Weh, daß nie- 319
mand dir helfen will in Treue!«

Cundrîe la surziere, die war keine angenehme Person und hatte doch Adel in ihrer Natur. Sie hat dem Wâleisen schweres Leid dagelassen. Was hatte ihm sein kühnes Herz geholfen, was seine Tapferkeit mitsamt den wirklich feinen Sitten? Es mußte sich doch in ihm erst noch recht die höchste von seinen Tugenden bewähren, das ist die Scham. Sie hatte ihn noch keinen wirklichen Verrat begehen lassen; denn die Scham belohnt mit weltlicher Ehre, und sie ist zugleich die Krone der Seele. Scham ist noch mehr als alle anderen Tugenden ein wohlbestelltes Tagwerk.

Cunnewâre fing als erste zu weinen an, daß Parzivâl, der junge Held, so sehr beschimpft war und beschuldigt von diesem absonderlichen Geschöpf, Cundrîe la surziere. Bitterer Schmerz trieb vielen adeligen Damen Wasser in die Augen, die mußte man dann weinen sehen.

Cundrîe hatte ihnen Leid gebracht. Da ritt sie hin —
dort ritt jetzt ein Ritter her, hochfahrend und voll Stolz.
Seine ganze Rüstung, von den Füßen bis zur Kopfbedek-
kung, war großartig; die mußte viel gekostet haben, das
sagte jeder. Viel Pracht trug er am Leib; ritterlich
gerüstet war sein Pferd und er selber auch. Er fand hier
alle traurig in der Runde, Männer und Mädchen und
Frauen. Dahin ritt er, hört zu: Sein Herz war stolz und 320
doch voller Jammer. Auf einem Würfel sind gute und
schlechte Würfe, und ich muß beide nennen: Stolz kam
aus seiner Mannesehre — den Jammer hatte schlimmes
Leid ihn gelehrt.

Da ritt er an den Ring heran. Wie, ihr wollt wissen, ob man sich um ihn drängte? Ja, es sprangen sogleich viele Knappen herbei und nahmen den Edlen im Empfang. Keiner kannte seinen Schild und ihn. Er band den Helm nicht ab; er, der aus dem Land des Glücks vertrieben war, hielt in seiner Hand das Schwert, das steckte in der Scheide. Da fragte er nach zwei Männern: »Wo ist Artûs und Gâwân?« An die wiesen ihn junge Edelleute. Da schritt er hin durch die Weite des Rings. Teuer war sein Kursît aus leuchtendem Brokat und schön. Vor dem Herrn derer, die da versammelt waren in der Runde, blieb er stehen und sprach so: »Gott schütze den König Artûs und alle die Damen und Männer, die ich hier sehe. Euch allen meinen Gruß und Dienst, bloß einem nicht,

da schafft der Dienst sich selber ab: er soll mich nie zu
seinen Diensten sehen. Dem stehe ich zwar zur Ver-
fügung, doch nur zum Hassen. Haß soll er mir geben,
soviel er irgend geben kann, und mein Haß will dem
321 seinen Haß mit Schlägen bieten. Ich muß ihn ja noch
nennen, den ich meine. Ach, arm und elend bin ich, weh
mir, er hat mein Herz zerfleischt! Zu groß ist das Leid,
das er mir angetan hat, der da, der Herr Gâwân. Viele
Ruhmestaten hat er vollbracht und hohe Ehre gewonnen.
Doch Unruhm hat ihn besessen, und Gier hat ihn hinge-
rissen, daß er meinen Herrn erschlug, als der ihn freund-
lich grüßte. Jener Kuß, den Judas gab, verführte ihn
dazu. Vielen tausend Herzen tut das weh, daß schreck-
licher, brutaler Mord an meinem Herrn geschehen ist.
Wenn es der Herr Gâwân leugnet, so soll er sich heute in
vierzig Tagen mit dem Schwert rechtfertigen vor dem
König von Ascalûn und in der Hauptstadt Schanpfanzûn.
Ich fordere ihn in aller Form auf, dahin zu kommen,
bereit zum Zweikampf mit mir. Wenn sein Leib sich
vor Feigheit zu hüten weiß, wird er wohl kaum zu
ängstlich sein, dort zu tun, was der Adel seines Schilds
verlangt. Doch will ich ihn außerdem noch mahnen bei
der Ehre seines Helms und ihn daran erinnern, was die
Regel von einem Ritter fordert. Dem sind zwei reiche
Güter zu Lehen gegeben: rechte Scham und die Treue
des Edelmanns, die zwei werfen Ehre ab in alten und in
322 neuen Zeiten. Herr Gâwân darf nicht schamlos sein,
wenn er einen Platz an der Tafelrunde beansprucht, die
dort so einsam steht. Das besondere Recht, das ihr eigen
ist, wäre in dem Moment gebrochen, da ein Verräter sich
an ihr niedersetzt. Ich bin nicht zum bloßen Schimpfen
hergekommen, das könnt ihr glauben, denn ihr habt es
gehört: Ich fordere Kampf für mein Schelten. Kampf
ist die Währung, mit der Tod zu kaufen ist oder auch ein
Leben in Ehren — jedem so, wie es ihm das Glück zu-
teilt.«

Da war der König nun schweigsam geworden und verdrießlich; doch gab er dann Antwort und sprach so: »Mein Herr, er ist meiner Schwester Sohn. Wäre Gâwân tot, so wollte ich lieber selber den Kampf für ihn kämpfen, bevor ich, selber untreu, seine Knochen liegen ließe auf dem Schindanger des Verrats. Wenn das Glück es will, soll Gâwâns Hand Euch im Kampf belehren, daß sein Leib in Treue seine Wege geht und daß er Verrat noch jedesmal in die Flucht geschlagen hat. Es möchte sein, daß jemand anders Euch ein Leid getan hat; darum beschimpft nicht ihn so sehr, der doch keine Schuld hat. Was ist denn, wenn er Euch zur Versöhnung zwingt, weil sich nämlich herausstellt, daß sein Leib unschuldig ist? Dann habt Ihr in kurzer Zeit hier über ihn genug gesagt, um Eure eigene Ehre schwach zu machen bei allen Leuten, die etwas davon verstehen.«

Bêâcurs, der stolze Mann — der Herr Gâwân war sein 323
Bruder —, sprang da auf und sprach: »Mein Herr, ich werde als Geisel mitgehen dahin, wo Gâwâns Kampf stattfinden soll. Dieses Gerede von Verrat macht mich wütend. Wenn Ihr den Vorwurf nicht zurücknehmen wollt, so haltet Euch an mich. Ich gebe mich für ihn zum Pfand, ich werde an seiner Stelle zum Kampf antreten. Es darf nicht sein, daß man Gâwâns stolzen Ruhm, nach dem kein anderer die Hand ausstrecken darf, mit bloßem Reden niederwirft.«

Er wandte sich dahin, wo sein Bruder saß; er war sich nicht zu gut, vor ihm niederzuknien, und er bat ihn mit diesen Worten, hört zu: »Denk daran, Bruder, wie oft du mir schon geholfen hast, hohe Ehre zu gewinnen. Laß mich deine Kampfgeisel sein und für dich die Mühsal tragen. Wenn ich dann am Leben bleibe, so hast du die ganze Ehre.« Er bat ihn noch weiter und immer drängender um den Ritterruhm, den der Bruder ihm brüderlich schenken sollte.

Da sprach Gâwân: »Ich bin klug genug, daß ich dir, Bruder, nicht gebe, was du dir wünschst in Bruderliebe. Ich weiß nicht, weshalb ich diesen Kampf zu streiten schuldig wäre. Und es ist auch nicht so, daß ich am Kämpfen gar so viel Vergnügen hätte. Ich wollte ihn dir nicht leicht verweigern, wenn mir das nicht Schande brächte.«

Bêâcurs hörte nicht auf, zu bitten und zu betteln. Der 324
Fremde blieb stehen, wo er stand, und sprach: »Da bietet sich mir einer zum Kampf, den ich nicht kenne, und ich habe mit dem auch nichts zu reden. Stärke, Tapferkeit, Schönheit, Treue und Adel — wenn er das alles in solchem Überfluß besitzt, daß er anderen damit aushelfen kann, desto besser für ihn; ich aber fange deswegen keine Feindschaft mit ihm an. Er war mein Herr und mein Verwandter, um dessentwillen ich diesen Streit führe. Unsere Väter hießen Brüder, die ließen einander nicht. Es gibt keinen, wenn er auch eine Krone trägt, dem ich nicht adelig genug wäre, um ihm mit Kampf

vollgültig Antwort zu geben und ihm gegenüberzutreten als Rächer. Ich bin ein Fürst aus Ascalûn, der Landgraf von Schanpfanzûn, und heiße Kingrimursel. Wenn Ehre den Herrn Gâwân treibt, so kann er sich nicht herausreden: Er muß zu mir kommen und Kampf mitbringen. Ich gebe ihm Frieden im ganzen Land, bloß von meiner eigenen Hand soll ihm kein Friede kommen. Ohne alle Hinterlist verspreche ich ihm, daß er keine Feindschaft zu befürchten hat, außer auf dem Kampfplatz selber. — Gott beschütze alle, die hier sind, nur den einen nicht, der weiß selber am besten wieso.«

325 So nahm dieser Mann, der allen Respekt verdient, von dem Plan am Plimizoel Abschied. Als der Name des Kingrimursel genannt wurde — ei verflucht, den kannte man sofort: Dieser kluge Fürst hatte sich durch große Taten weithin berühmt gemacht. Alle sagten, daß Herrn Gâwân dieser Kampf Sorgen machen werde, der Fürst, der da von ihnen ritt, der sei ein ganzer Mann. Da waren auch etliche, die das Unglück schwer erschüttert hatte, und darum hatte man ihn nicht mit dem gebührenden Respekt empfangen. Aber ihr habt ja gerade gehört, was das für Botschaften waren, die da ankamen: Die konnten allerdings leicht einen Gast wieder heimschicken ohne Willkommensgruß.

Von Cundrîe hatte man Parzivâls Namen erfahren und von seiner Herkunft; daß ihn eine Königin gebar und wie der Anschevîn die zur Frau erwarb. Da war so mancher darunter, der sprach: »Ich weiß das noch genau, daß er sie vor Kanvoleiz errungen hat mit wilden Attacken im Gewühl von lauter großen Herren. Seine Kraft und sein Mut haben ihm jene Jungfrau erworben: mit ihr war sein Glück gemacht. Übrigens ist eine sehr vornehme Dame, Amphlîse, Gahmurets Lehrerin gewesen: Von ihr hatte der Held seine Courtoisie. Jeder Berteneise hat
326 jetzt Grund zur Freude, da der Held zu uns gekommen ist und da wir wissen, welchen Ruhm er hat und Gahmuret: Zusammen mit dem wahren Adel zog der an *einer* Deichsel.«

An diesem Tag war Glück und Trauer zu des Artûs Heerschar gekommen, schwarz-weiß kariert war das Kostüm des Tages. Sie standen alle auf vom Tisch. So sehr niedergeschlagen waren sie, es ist nicht zu sagen. Die Edlen gingen da zu dem Wâleisen und zu Gâwân hin, die beieinanderstanden, und trösteten sie, so gut sie konnten.

Der wohlgeborene Herr Clâmidê war freilich der Meinung, er hätte mehr verloren als irgendeiner der Anwesenden und daß sein Leid das schlimmste wäre. Er sprach zu Parzivâl: »Wenn Ihr den Grâl besäßet, so müßte ich Euch doch mit allem Ernst sagen: Tribalibot im Heidenland mitsamt dem Kaukasasgebirge und aller Reichtum, von dem je ein Mund aus Büchern las, und dazu die Herrschaft des Grâls, all das könnte nicht den Schmerz in meiner Seele aufwiegen, den ich vor Pelrapeire erbeutet habe. Ach, ich elender, unglückseliger Mann! Eure Hand hat mich vom Glück geschieden.
Hier ist Cunnewâre de Lalant: Auch diese hohe Fürstin 327
will Euch als ihrem Herrn gehorsam sein — sie geht soweit, daß sie keinem erlaubt, ihr zu dienen, obwohl sie doch viel Reichtum hat an allen Dingen, die einen Ritter belohnen können. Doch wird es ihr einmal endlich langweilig werden, daß ich so lange Zeit hier ihr Gefangener gewesen bin. Wenn mein Glück wieder gesund werden soll, so helft mir dazu, daß sie sich selber ehrt und daß ihre Liebe mir zurückgibt — wenigstens zum Teil —, was ich durch Eure Schuld verlor, als das Ziel aller Wünsche mich nicht haben wollte. Ich hätte dran festgehalten, doch dann seid Ihr gekommen. Diesmal müßt Ihr mir helfen, damit ich das Mädchen kriege.«

»Das tu ich«, sprach der Wâleise, »wenn sie so liebenswürdig sein will, meiner Bitte zu folgen. Ich will Euch gerne etwas geben für Euren Verlust; denn sie, die an Eurem großen Kummer schuld ist, wie Ihr behauptet, gehört ja mir — ich meine die mit dem *beau corps,* Condwîr âmûrs.«

Die Heidin von Janfûse, Artûs und seine Frau, Cunnewâre de Lalant und die Herzogin Jeschûte von Karnant, die alle traten da herzu, um ihn zu trösten. Was wollt ihr? Was soll jetzt passieren? Nun, sie gaben Cunnewâre dem Clâmidê, denn der war krank nach ihrer Liebe. Er schenkte ihr dafür seinen Leib, und ihrem Haupt gab er eine Krone.

Die aus Janfûse, die Heidin, sah da zu. Sie sprach zu 328
dem Wâleisen: »Cundrîe hat uns einen Mann genannt, den ich Euch gern zum Bruder gönne. Seine Macht ist groß und weit. In seiner Hand liegt die Herrschaft zweier Kronen, ihn fürchtet alles, was sich bewegt zu Wasser und zu Lande. Azagouc und Zazamanc, das sind gewaltige Reiche, an keiner Stelle schwach. Nichts gleicht seiner Herrschaft, wohin man auch hört, höch-

stens die des Baruch, oder Tribalibot. Man betet ihn an wie einen Gott. Seine Haut ist ein prächtiges Schauspiel, einzigartig und fremd unter den Farben aller Menschen: schwarz und weiß zugleich, daran erkennt man ihn. Auf dem Weg hierher bin ich durch sein Land gekommen. Er hätte mich gerne von meiner Reise abgehalten; er hat es versucht, doch konnte er's nicht. Die Tochter von seiner Mutter Mutterschwester bin ich; er ist ein großer Herr und König. Ich kann Euch von ihm noch mehr Wunderdinge erzählen: Vor seiner Tjost ist nie ein Mann im Sattel geblieben. Seinen Ruhm hat er sich schon viel kosten lassen; denn er ist so großzügig wie nur je ein Leib, der an einer Mutter Brust gesogen hat. Sein ganzes Wesen ist dem Verrat feind: Feirefîz Anschevîn, dessen Taten wissen selbst das Schlimmste auszuhalten den Frauen zuliebe.

329 So fremd mir auch alles hier ist, so bin ich doch hergekommen, um Neues zu erfahren und Abenteuer zu sehen. Da seid nun Ihr derjenige, der am meisten dazu beigetragen hat, daß das ganze Volk der Getauften sich mit Ehren erhob aus seiner Niedrigkeit — so sollte man wenigstens doch meinen, wenn edles Betragen noch etwas gilt und wenn es Euch nützt, daß man mit Wahrheit von Eurem lichten Glanz und Euren mannhaften Taten spricht; Kraft und Jugend gehen damit einher.« Diese vornehme und kluge Heidin war gebildet und zeichnete sich dadurch aus, daß sie gut Französisch konnte.

Da antwortete ihr der Wâleise und sprach zu ihr so: »Das lohne Euch Gott, meine Dame, daß Ihr so gütig und freundlich zu mir redet. Doch bin ich nicht erlöst vom Traurigsein — ich will Euch das erklären. Ich habe mehr Weh erfahren, als ich klagen kann; und da versündigt sich nun mancher an mir, der von meinem Schmerz nichts weiß, und macht mir das Herz noch schwerer mit zynischen Reden. Ich will von keinem Glück mehr wissen, ehe ich nicht den Grâl gesehen habe, mag das lange dauern oder kurz. Zu diesem Ziel hin jagen mich meine Gedanken, nie mehr in meinem ganzen Leben gehe ich davon ab.

330 Ich bin nur meinem Lehrer gehorsam gewesen, und das hat mich der Welt zum Gespött gemacht: Was er mir beigebracht hat, kann so nicht richtig sein. Der edle Gurnamanz hat mich gelehrt, freches Fragen zu unterlassen und immer gegen Ungezogenheit zu kämp-

fen. Ich sehe hier viele vornehme Herren: Seid so gut und sagt mir, was ich tun muß, damit ich wieder in Freundschaft bei Euch allen aufgenommen werde. Es ist hier unbarmherzige Rache über mich ergangen, harte Worte sind gefallen. Ich will keinen anklagen, dessen Freundschaft ich verloren habe. Wenn ich aber einmal die Ehre wiedergewinne, dann behandelt mich danach! Ich muß jetzt Abschied von Euch nehmen, es jagt mich fort. Ihr habt mich zu Eurem Kameraden angenommen, als meine Ehre noch bei Kräften war. Seid frei von allen Pflichten gegen mich, bis ich das gewonnen habe, was mein grünes Glück jetzt dürr sein läßt. Großer Jammer möge mich in seine Obhut nehmen und sorgen, daß die Augen Regen haben vom Herzen, weil ich das Fragen seinließ damals in Muntsalvaesche: Das hat mich aus der wahren Seligkeit verstoßen. Ach, wie viele Mädchen dort schimmerten! Was man nur je von Wundern reden hörte, all das steht in der Macht des Grâls und noch mehr. Mit Seufzen und Weinen bringt er seine Tage hin, der Herr. Ach, du armer, verlassener Anfortas, was hat es dir geholfen, daß ich bei dir war?«

Sie konnten nicht länger hier stehen bleiben — es ging 331
ans Abschiednehmen, das mußte sein. Da sprach der Wâleise zu dem Berteneisen Artûs und zu den Herren und Damen, man möge ihn nun entlassen und ihm freundlich adieu sagen. Das konnte keinem dort gefallen, daß er so traurig wegritt von ihnen. Allen, so meine ich, tat das weh.

Artûs versprach ihm in die Hand seinen Beistand für den Fall, daß sein Land je wieder in eine solch schlimme Lage käme wie im Krieg mit Clâmidê, er werde dann für seine Ehre eintreten. Auch daß Lähelîn ihm zwei Reiche, die seiner Krone gehörten, weggenommen hatte, empfinde er, Artûs, als Kränkung. Überhaupt waren da viele, die unserem Helden allerlei Verbindlichkeiten sagten: Den trieb die Not des Jammers fort von ihnen.

Cunnewâre, die lichte junge Dame, nahm den furchtlosen Helden bei der Hand und führte ihn weg. Da küßte ihn mein Herr Gâwân, der Tapfere sprach zu dem Gewaltigen: »Ich weiß wohl, mein Freund, daß deine Reise hinaus auf die Straßen des Kriegs nicht aufzuhalten ist. Dazu gebe Gott dir Glück; für mich selber bitte ich ihn, er möge helfen, daß ich dir noch so nützlich sein kann, wie ich es mir wünsche. Das gebe mir Gott in seiner Macht!«

332 Da sprach der Wâleise: »Weh, was ist Gott? Wäre er doch nur ein großer Herr! Er hätte uns beide nicht so zum Gespött gemacht, wenn er mit Macht zu herrschen wüßte. Ich habe ihm immer treu gedient, seit ich weiß, was das ist: die Huld des Herrn. Jetzt sage ich mich los von ihm. Wenn er Haß hat, den will ich tragen! Wenn für dich die Zeit des Kampfes kommt, Freund, möge eine Frau für dich streiten und deine Hand führen: Eine, von der du weißt, daß sie Reinheit hat und die Güte der Frauen, soll dich dort beschützen. Ich weiß nicht, wann ich dich wiedersehe; mögen meine Wünsche an dir wahr werden!«

Die Trennung gab den beiden Kummer mit: Das ist ein böser Weggenosse.

Die edle Cunnewâre de Lalant führte ihn zu ihrem Pavillon. Sie ließ seine Rüstung bringen; ihre zärtlichen, schönen Hände wappneten Gahmurets Sohn. Sie sagte: »Es ist nur recht und billig, wenn ich das tue, denn es ist Euch zu verdanken, daß der König von Brandigân mich haben will. Das Unglück, das Euren Adel getroffen hat, macht mich seufzen und weinen. Wenn Ihr nicht erlöst werdet von Eurem Jammer, wird Euer Elend mein Glück aufzehren.«

333 Nun war sein Roß schön zugedeckt, sein Unglück aber war erst richtig wach geworden. Auch der schöne junge Mann war gerüstet, er trug einen blanken, glänzenden eisernen Harnisch, der war sehr teuer und nicht mit irgendwelchem Flitterzeug aufgeputzt: Sein Kursît, sein Waffenrock war mit Juwelen geadelt. Bloß seinen Helm hatte er noch nicht aufgebunden: Da küßte er nun die klare Jungfrau Cunnewâre, so hat man mir von ihr berichtet. Es war ein trauriges Abschiednehmen, das da vor sich ging; denn die zwei waren einander lieb. Fort ritt Gahmurets Kind.

Die Rittertaten, von denen früher erzählt wurde, sind nicht zu vergleichen mit denen, die jetzt folgen werden — das braucht ihr gar nicht erst zu versuchen. Hört lieber weiter zu, wohin er reitet und wohin er kommt. Falls da einer sein sollte, dem sein Leib zu kostbar ist für Ritterschaft, der soll lieber eine Zeitlang an was andres denken — wenn sein Stolz es ihm erlaubt.

Condwier âmûrs, deines *beau corps* wird man nun oft gedenken; wie viele Abenteuer werden dir gewidmet werden! Er wird nicht zögern, den Schild, den er führt, auch zu gebrauchen in seinem Verlangen nach dem Grâl. Er, den Herzeloyde gebar, war ja auch der rechtmäßige Erbe dort.

Da machten sich viele von des Königs Leuten auf zu 334
jenem gefährlichen Ziel, ein Abenteuer anzuschauen: dort auf Schastel marveile, wo vierhundert Edelfräulein und vier Königinnen gefangen gehalten wurden. Was sie dort erbeuteten, das mögen sie ruhig behalten, ich bin ihnen nicht neidisch; Frauenlohn macht mir nicht warm.

Da sprach der Grieche Clîas: »Ich bin auch einer von denen, die dort zu kurz gekommen sind.« Das sagte er vor allen Leuten! »Der Turkoyte stach mich da hinters Pferd, das muß ich zu meiner Schande gestehen. Immerhin hat er mir die Namen der vier Damen, alle aus königlicher Familie, gesagt; zwei davon sind alt, zwei sind noch Kinder. Von denen heißt eine Itonjê, die zweite heißt Cundrîê, die dritte heißt Arnîve, die vierte Sangîve.«

Das wollte nun jeder mit eigenen Augen sehen. Allerdings konnte die Reise ihre Erwartungen nicht ganz erfüllen, denn sie sollten dort Schaden erbeuten. Das finde ich auch betrüblich, gewiß, doch hält sich mein Schmerz in Grenzen. Wenn einer sich plagt für die Frauen, so kriegt er dafür die Freuden der Liebe — es ist aber auch schon vorgekommen, daß am Ende das Unglück schwerer wog auf dieser Schaukelwaage: So sieht oft der Lohn der Liebe aus!

Es machte sich auch der Herr Gâwân fertig, kriegerisch 335
gerüstet zum König von Ascalûn zu reisen. Das betrübte viele Bertûnen und viele Frauen und Mädchen. Sie klagten von Herzen, daß er fortmußte in den Kampf. Verwaist von Adel sollte die Tafelrunde sein. Gâwân prüfte genau und jedes Stück einzeln, das er zum Siegen brauchte. Alte, harte, gediegene Schilde — wie sie aussahen, war ihm gleichgültig — hatten Kaufleute mitgebracht auf ihren Maultieren, allerdings eigentlich nicht zum Verkaufen: drei davon konnte er doch kriegen. Dann beschaffte dieser wahre Held des Kriegs noch sieben Streitrösser, ausgesuchte Tiere. Bei seinen Freunden ließ er sich zwölf scharfe Speere aus Angram geben, mit starken Schäften dran aus Rohr: Das wächst in Oraste Gentesîn in einem heidnischen Moor.

Gâwân verabschiedete sich und zog dahin in unerschrockener Mannheit. Artûs war sehr entgegenkommend gewesen und hatte ihn mit großen Kostbarkeiten reich beschenkt: glitzernde Juwelen und rotes Gold und eine Menge silberner Sterlinge. Seine Sache wälzte sich den Leiden zu.

336 Die junge Ekubâ reiste ab zu ihren Schiffen — so hieß nämlich die heidnische Königin. In alle Weltenden gingen die Leute davon vom Plimizoel. Artûs selber brach auf nach Karidoel. Cunnewâre und Clâmidê hatten schon früher Abschied von ihm genommen. Orilus, der Fürst, den jeder kennt, und die Herzogin Jeschûte sagten ihm jetzt auch adieu, doch blieben sie noch drei Tage lang bei Clâmidê dort auf dem Plan, denn der verheiratete sich da. Die Hochzeit im eigentlichen Sinn des Wortes sollte erst später, bei ihm daheim und in großem Stil, gefeiert werden, da wollte er sich nicht lumpen lassen. Eine Menge Ritter, das ganze notige Volk, blieb darum bei Clâmidê, und natürlich folgten seiner Fahne auch die Fahrenden alle. Die nahm er mit sich heim in sein Land, und dort wurden dann seine Schätze ausgeteilt; großartig war's, da konnte ihm keiner was nachsagen. Keinen wies er ab, wie es der Geizhals tut, der ja auch ein Verräter ist an den Seinen.

Da reiste dann auch die Herzogin Jeschûte mit ihrem Geliebten Orilus nach Brandigân zu Clâmidês Hochzeit. Das geschah der edlen Cunnewâre zu Ehren, der Königin: denn dort wurde des Orilus Schwester gekrönt.

337 Jetzt kann ich mit Befriedigung feststellen: Wenn eine gebildete Frau, die außerdem auch noch Treue am Leib hat, diese Geschichte geschrieben nachliest, dann wird die mir zugeben — und da hat sie ganz recht —, daß es mir gelungen ist, von den Frauen noch mehr Gutes zu erzählen als in meinen Liedern — freilich habe ich dort auch nur eine einzige angesungen —: Die Königin Belakâne war ohne Fehler, kein Verrat war an ihr, als sie belagert wurde von einem toten König. Dann kam die edle Herzeloyde, der schickte ein Traum nebelhaft ahnungsvolle Bilder voller Leid in die Seele. Wie sehr klagte die Königin Ginovêr damals an Ithêrs letztem Tag! Und auch das hat mir sehr weh getan, wie des Königs Kind von Karnant bloßgestellt war und erniedrigt, als sie da ritt, die Frau Jeschûte nämlich, deren keusches Wesen sich gezeigt hat. Wie grob die Dame Cunnewâre bei den Haaren gepackt und verprügelt wurde! Doch sind diese beiden jetzt wirklich heim-

gekommen in ihr Recht: Ihre Erniedrigung und Demut hat gesiegt.

Da diese Geschichte freilich erst noch zu machen ist, braucht sie für alles weitere einen Mann, der sich ihrer annimmt. Das muß einer sein, der was versteht von Abenteuern und der, wenn er Reime spricht, zu binden und zu brechen weiß. Was mich betrifft, so hätte ich schon Lust, euch vorzuführen, wie es weitergeht — bloß muß mir das denn doch ein Mund befehlen, den andere Füße tragen als die, die in meinen Steigbügeln wackeln.

✦

SIEBTES BUCH

338 Der, den seine Taten nie in Schande brachten, soll nun diese Geschichte für eine Weile in die Hand nehmen; wir kennen ihn als einen Mann von Adel: es ist Gâwân. Unsere Geschichte urteilt *sine ira et studio,* sie läßt neben oder sogar vor dem eigentlichen Helden, Parzivâl, noch so manchen anderen gelten. Wer immer nur und immer wieder seinen Freund in die Wolken hinaufjubelt, der traut ihm keinen Ruhm, der jenseits seiner Lobgesänge wäre, zu. Dem *anderen* täte der Beifall von den Leuten wohl, dem also, der oft, doch mit Wahrhaftigkeit lobt; denn was er auch spricht oder sprach, er setzt seiner Rede nicht selber noch ein Dach auf. Wer aber wird vernünftige Worte bei sich aufnehmen, wenn nicht die Klugen unter den Hörern es tun? Eine untreu lügnerische Geschichte wäre am besten aufgehoben, so meine ich, draußen vor der Tür; im Schnee soll sie stehen, damit es dem Lügenmaul, das dergleichen als Wahrheit vor uns hinbreitet, auch weh tut. Dann hätte Gott ihm das Schicksal bereitet, das ihm die Guten, die ihre Treue zur Wahrheit oft mit Schmerzen büßen müssen, immer gewünscht haben. Da gibt es manche, die zieht es mit Gewalt zu einer solchen Arbeitsweise hin, die lauter Schwindel hervorbringt. Wenn ein Leib, der Adel hat, sich zu denen schlägt, die diese Leute auch noch fördern — da muß schon ein rechter Schwachkopf drauf sitzen. Er käme gar nicht erst in Versuchung, wenn er sich nur zu schämen wüßte: Diese Tugend soll er sich zum Vormund nehmen.

339 Gâwân besaß den rechten Rittersinn: Seine Stärke handelte immer mit Vorsicht, doch so, daß Feigheit — ich meine die, die man mit Recht so nennt — seinem Ruhm nie zu nahe trat. Sein Herz war auf dem Schlachtfeld eine feste Burg; wilden Angriffen trotzend, sah man

ihn aufragen im Kampfgedränge. Sein *cri* stieß hell empor in die Höhen des Ruhms, das sagten Freund und Feind — freilich, Kingrimursel hätte ihn zu gern im Zweikampf da heruntergeholt.

Es war nun ich weiß nicht wie lange Zeit vergangen,
seit der tapfere Gâwân vom Artushof aufgebrochen war.
Da ritt der kühne Held dahin auf seiner graden Bahn, er
kam aus einem Wald heraus und zog jetzt mit seinem
Gefolge durch einen Wiesengrund. Auf einem Hügel
sah er da etwas, das einen das Fürchten lehren konnte,
ihn aber machte das nur noch mutiger: Da sah der Held
— es war kein Zweifel möglich — eine Menge Fahnen
dahinziehen, dahinter großes Gepränge, gewaltig war's.
Er überlegte: ›Zurück in den Wald fliehen, der Weg ist
mir denn doch zu weit‹, und also gab er Befehl, sofort
die Gurte nachzuziehen bei dem Streitroß, das ihm
Orilus geschenkt hatte, das hieß: Gringuljete mit den
roten Ohren. Er hatte gar nicht darum gebeten und
bekam es doch. Es stammte von Muntsalvâsche, Lehelîn 340
hatte es erbeutet am See von Brumbâne. Die Tjost gab
einem Ritter ein bitteres Ende: Lehelîn stach ihn tot
vom Pferd. Das alles hat dann später Trevrizent erzählt.

Gâwân dachte: ›Wenn einer Angst kriegt und davonläuft, schon bevor er gejagt wird, der ist auch seiner Ehre zu geschwind. Ich will doch näher zu ihnen hinreiten, was auch daraus werden mag; die meisten von ihnen haben mich ja doch bereits gesehen. Irgendwie werde ich mir schon zu helfen wissen.‹ Dann stieg er vom Pferd, gerade so, als hielte er da Rast. Es waren zahllose Rotten und Verbände, die da an ihm vorüberzogen. Er sah sehr viele Kleider von elegantem Schnitt und eine Menge Wappen, deren Farben er nicht kannte, und auch keines von ihren Bannerzeichen war ihm je vorher begegnet.

»Diesem Heer bin ich ein Fremder«, sprach der edle
Gâwân, »mir jedenfalls sind diese Leute ganz unbe-
kannt. Wenn die das übel deuten, dann muß ich handeln,
dann will ich ihnen lieber eine Tjost hinüberschicken als
mich zum Rückzug zwingen lassen.« Da war nun auch
Gringuljete fertig aufgezäumt, ein Roß, das schon so
manchesmal in die reißenden Fluten der Schlacht zur 341
Tjost geschritten war: Das wurde auch jetzt wieder von
ihm verlangt.

Gâwân sah viele Helme mit Blüten und kostbarem Schmuck geziert. Ganz neue, weiße Speere, zum Staunen war's, führten sie mit sich in den Reigen des Kriegs, die hatte man Knappen zum Tragen gegeben. Diese Speere waren in den Farben der einzelnen Adelsgeschlechter bemalt, sie zeigten die Wappen ihrer Herrn.

Gâwân, *fils du roi* Lôt, sah an, wie sich die Menge schob und drängte, Maultiere, denen die Rüstungen aufpackt waren, viele schwer beladene Fuhrwerke. Alle hatten es eilig zu ihrem Nachtquartier. Und hinterdrein kam die Marketenderei mit ihrem ganzen Budenzauber — das ist nun einmal nicht anders zu machen. Damen gab es dort natürlich auch in großer Zahl, die schöne Gürtel trugen, Pfänder der Liebe — etliche hätten sich sogar ein ganzes Dutzend davon um den Leib schnallen können. Es waren ja keine Königinnen, diese Sorte Tippelschwestern könnte man auch »Söldnerinnen« nennen. Da war eine Menge Lumpengesindel unterwegs, vom Schlingel bis zum alten Sünder, die liefen sich da die Knochen wund. So mancher von denen hätte besser hübsch am Galgen schaukeln statt hier das Heer vergrößern sollen, wo er doch nur ein Schandfleck war an ehrlichem Volk.

342 Vorbei an Gâwân war das Heer gelaufen und geritten, und er hatte ruhig abgewartet. Das hatte bei denen dort einen falschen Eindruck erweckt: Jeder, der den Helden da stehen sah, dachte, der gehöre auch zu dem Heer. Nicht auf dieser noch auf der anderen Seite des Meeres ist je eine stolzere Ritterschar dahingezogen, sie schwelgten im Vollgefühl ihrer Pracht.

Jetzt kam da auf der Heerstraße ein Knappe hinterdreingejagt — er hatte es furchtbar eilig —, der war ein Muster an feinem Benehmen. Er führte ein lediges Streitroß am Zügel und hatte einen neuen Schild dabei. Mit beiden Sporen trieb er sein Pferdchen ohne Erbarmen vorwärts: Er konnte es nicht erwarten, in die Schlacht zu kommen. Seine Kleider waren gut geschnitten. Gâwân ritt zu dem Knappen hin, grüßte ihn und fragte dann, wer der Herr all dieser Leute sei.

343 Da sprach der Knappe: »Ihr wollt Euch über mich lustig machen. Mein Herr, vielleicht habe ich es an Anstand fehlen lassen und bin an meinem Unglück selber schuld. Aber dann hättet Ihr Euch doch auch eine Strafe für mich ausdenken können, die sich besser mit meiner Ehre verträgt! Seid nicht gar so feindselig gegen mich, ich bitte Euch in Gottes Namen. Ihr Ritter werdet einander doch besser kennen als ich. Was könnte

es Euch denn schon helfen, wenn Ihr mich fragt? Das müßt Ihr selber tausendundeinmal besser wissen.«

Da schwor Gâwân Stein und Bein, daß er es wirklich nicht wisse, was für Kriegsvolk da vor ihm geritten war. Er sagte: »Es ist gewiß peinlich, aber ich bin offenbar noch allzu wenig in der Welt herumgekommen; denn ich kann, wenn ich ehrlich bin, nicht behaupten, daß ich auch nur einen von denen schon einmal irgendwo gesehen hätte, wohin Ritterdienst mich rief.«

Da sagte der Knappe zu Gâwân: »Mein Herr, da habe ich mich schlecht benommen, ich hätte Euch lieber gleich Auskunft geben sollen. Ich war von allen guten Geistern verlassen. Nun sprecht das Urteil über meine Sünden, und seid mir ein freundlicher Richter. Ich will Euch dann gerne Auskunft geben, zuerst aber möchte ich ausdrücklich erklären, daß mein rüpelhaftes Benehmen mir leid tut.«

»Junger Herr, da sich in Eurem Bedauern so viel feiner Anstand offenbart, jetzt sagt mir doch, wer diese Leute sind.«

»Mein Herr, vor Euch reitet einer, den kann nichts aufhalten auf seinem Kriegszug, und er heißt *roi* Poydiconjunz, bei ihm ist der *duc* Astor de Lanverunz. Und dann reitet da noch einer, ein ganz skrupelloser Kerl, der gar keinen Anstand kennt, dem hat noch keine Frau je ihre Liebe schenken wollen; er trägt die Krone der Verruchtheit und heißt Meljacanz. Alle Liebesfreuden, die er erbeutet hat bei Frauen wie bei Mädchen, die hat er sich mit Gewalt genommen. Totschlagen sollte man
ihn! Er ist der Sohn des Poydiconjunz, und er will auch 344
Rittertaten tun. Dieser starke, unerschrockene Krieger läßt nicht oft eine Gelegenheit zum Kampf aus. Aber was hilft all sein Heldentum! Eine Sau, die ihre Ferkel dabeihat, die stellt sich auch für sie zum Kampf. Ich habe noch nie gehört, daß man einen Mann ohne alle feine Lebensart gerühmt hätte für seinen bloßen Mut. Es gibt genügend Leute, die mir da zustimmen.

Aber hört weiter, mein Herr, ich habe noch etwas zu berichten, da werdet Ihr staunen. Hinter Euch zieht nämlich ein zweites großes Heer heran, das wird angeführt von einem, dem schlechte Sitten Beine machen; es ist der König Meljanz von Lîz. Aus lauter Hoffart ohne Not hat der Kriegswut entfesselt: Von unrechter Liebe ist er besessen.« — Der Knappe war wirklich ganz außergewöhnlich gut erzogen. — Er sprach weiter:

»Mein Herr, Ihr könnt mir glauben, denn ich habe das selber mit angesehen: Als der Vater des Königs Meljanz auf dem Sterbebett lag, da ließ er die Fürsten seines Landes rufen. Das Pfand dieses heldenhaften Lebens war verfallen, es mußte sich dem Tod zu eigen geben. In Todesschmerzen vertraute er denen, die da um ihn waren, den klaren Meljanz an, als treue Vasallen
345 sollten sie zu ihm stehen. Und dann wählte er noch einen Mann besonders aus: Der Fürst war der Höchste unter seinen Leuten, seine Treue war erprobt, er wußte nichts von Falschheit. Dem gab er auf, seinen Sohn zu erziehen. Er sprach: ›An ihm kannst du deiner Treue ein Denkmal setzen. Lehre ihn, Fremde und eigene Leute in Ehren zu halten; bringe ihm bei, daß er austeilen muß von seinem Reichtum, wenn ein Unglücklicher ihn bittet.‹

So wurde der Knabe in seine Obhut gegeben. Und der Fürst Lyppaut tat, was sein Herr, der König Schaut, auf dem Sterbebett von ihm verlangt hatte. Des Königs Wunsch blieb ungeschmälert, alles sollte bis ins letzte erfüllt werden. Der Fürst nahm den Knaben mit sich fort. Er hatte daheim Kinder, die ihm sehr lieb waren, ich meine: die liebt er heute nicht weniger als damals, und mit Recht. Die eine von seinen Töchtern war, so fand man, bloß noch etwas zu jung, im übrigen aber fehlte ihr nichts zu einer Dame, die einen Mann wohl reizen konnte. Ihr Name ist Obîe, ihre Schwester heißt Obilôt. Obîe ist der Grund dieses schrecklichen Krieges.

Eines Tages kam es nun dahin, daß der junge König das Mädchen bat, ihm ihre Liebe zu schenken als Lohn für seine treuen Dienste. Da verwünschte sie ihn für
346 sein Begehren, sie fragte, was er sich einbilde, ob er vielleicht wahnsinnig geworden sei. Sie sprach zu ihm: ›Wenn Ihr volljährig wärt in dem Sinn, daß Ihr in heldenhaften Kämpfen, immer unter dem Schild und mit dem Helm auf dem Kopf, fürchterlichen Gefahren trotzend, fünf Jahre lang Eure Tage zugebracht hättet, und hättet in der Zeit auch wirklich Ruhm erworben — wenn Ihr nach alledem zu mir zurückkehrtet, um meine weiteren Befehle zu empfangen, und wenn ich nun bereits ja sagte zu dem, was Ihr von mir begehrt, dann käme dieses Ja noch immer viel zu früh. Ihr seid mir lieb, das bestreitet niemand, genauso lieb wie Gâlôes der Annôre, und die hat sich aus Liebe zu ihm dem Tod in die Arme geworfen, als eine Tjost ihr den Geliebten raubte.‹

›Meine Dame‹, sprach er, ›Eure Art zu lieben behagt mir aber gar nicht, da doch nur Schimpfen auf mich niederregnet. Dienst und Lohn, die beiden Dinge gehören zusammen, das weiß jeder, der Treue recht begreift. Meine Dame, Ihr nehmt Euch gar zuviel heraus, wenn Ihr mein Herz beschimpft und niedrig macht; da wart Ihr allzu vorlaut. Ein gewisses Entgegenkommen hätte ich doch erwarten dürfen, schließlich ist Euer Vater mein Lehensmann: Viele Burgen und all sein Land hat er von meiner Hand genommen.‹

›Wem Ihr ein Lehen gebt, der soll Euch dafür auch 347
dienstbar sein‹, sprach sie, ›mein Verlangen aber will höher hinaus. Ich will von keinem ein Lehen haben; mein Adel ist von der Art, daß er vor keiner Krone, die je auf einem irdischen Haupt saß, das Knie zu beugen braucht.‹

Da sagte er: ›Das hat Euch ein anderer gelehrt, die Hoffart so zum Äußersten zu treiben. Euer Vater hat Euch das beigebracht, und der soll mir für seine Unverschämtheit büßen. Ich werde mit Waffen wiederkommen, dann wird gestochen und gehauen. Ob im Krieg oder im Turnier, da sollen viele Speere in Splittern liegen bleiben.‹

Wütend ging er fort von dem Mädchen. Der ganze Hof beklagte seinen Zorn, und auch Obîe weinte dem Meljanz nach. Um weiteres Unheil abzuwenden, bot Lippaut, der ja doch unschuldig war, an, sich einem Fürstengericht zu stellen oder auf andere Weise den Streit aus der Welt zu schaffen. Ob krumm oder grade, er werde Recht von seinen Standesgenossen fordern, man müsse einen Hoftag einberufen, auf dem die Edelsten des Reiches zusammenkämen. Ohne Schuld sei er in diese Geschichte hineingeraten. Inständig bat er seinen Herrn, die Fehde zu beenden und Frieden zu schließen. Den König aber hatte der Zorn auf dem Brett der Freuden mattgesetzt.

Man konnte da nicht sofort zuschlagen — undenkbar,
daß Lippaut seinen Herrn nun einfach gefangengesetzt 348
hätte, denn der war ja Gast in seinem Haus. So etwas brächte ein Vasall, der Treue im Leib hat, nie über sich. Der König ging also ohne Abschied fort, wie es ihm sein schwacher Verstand eingab. Die Knappen, die mit dem König da gewesen waren, lauter Fürstenkinder, zeigten ganz offen ihren Schmerz, nichts als Weinen sah man. Vor ihrem Urteil kann Lyppaut in Ehren bestehen,

denn er hat sie mit Treue erzogen und sie nicht um Herrenart gebracht. Anders als die übrigen Knappen denkt höchstens mein Herr, obwohl doch auch an ihm des Fürsten Treue offenbar geworden war: Mein Herr ist *le châtelain de* Bêâveys, er ist ein Franzose und heißt Lisavander. Die Knappen mußten sich, einer wie der andere, von dem Fürsten lossagen an dem Tag, da man ihnen den Ritterschild verlieh. Erst heute sind am Königshof viele Söhne von Fürsten und anderen Herren Ritter geworden.

Das vordere der beiden Heere wird von einem Mann geführt, der einige Erfahrung gesammelt hat in blutigen Schlachten. Das ist der König Poydiconjunz von Gors; er hat viele wohlgerüstete Streitrosse. Meljanz ist der Sohn seines Bruders. Die zwei sind sehr stolze Herren, der alte nicht weniger als der junge. Na, man wird sehen — rohe Gewalt wird's weisen!

349 So hat der Zorn die Oberhand gewonnen, und deswegen ziehen die beiden Könige nun vor Bêârosche. Dort muß man die Aufmerksamkeiten der Frauen mit Blut und Schweiß verdienen, viele Speere muß man brechen und rennen und jagen und stechen. Bêârosche ist freilich so stark befestigt, daß wir selbst dann, wenn wir zwanzig Heere hätten, jedes größer als diese beiden, die Burg unzerstört da stehen lassen müßten.

In dem Heer hinter uns wissen sie nichts davon, daß ich hier unterwegs bin. Den Schild da habe ich unbemerkt von den anderen Knappen mitgehen lassen; denn es könnte ja sein, daß mein Herr Gelegenheit zu einer Tjost findet und daß dann ein wohlgezielter Stich mit Wucht seinen ersten Schild zertrümmert.«

Der Knappe schaute sich um. Da kam auch schon kühn sein Herr geritten auf seiner Spur, mit ihm jagten drei Rosse und zwölf weiße Speere daher. Seine Kampfesgier war unverkennbar, man sah es gleich, daß er der Meute vorauseilen und die erste Tjost erbeuten wollte. So jedenfalls hat mir die Quelle versichert.

Der Knappe sagte zu Gâwân: »Mein Herr, erlaubt, daß ich mich verabschiede«, und dann ritt er seinem Herrn nach.

Nun, was meint ihr, was soll Gâwân tun? Er mußte
sich doch wohl diese Geschichte etwas genauer ansehen.
350 Da zerrten ihn nun arge Zweifel hin und her. Er über-
legte nämlich: ›Wenn ich den anderen beim Kämpfen
zusehe und ich selber muß mich da heraushalten, so ist

all mein Ruhm erloschen. Wenn ich aber zum Kämpfen dorthin gehe und werde dann aufgehalten, so ist ohne jeden Zweifel mein Ruhm bei den Menschen niedergeworfen. Ich tu es nicht, komme was will — zuerst muß ich meinen Zweikampf bestehen.‹ Böse Zwänge hatten sich ineinander verkeilt. Ein Aufenthalt hier würde sich seiner Reise in den Weg stellen und den Gerichtskampf gefährden, aber er konnte doch auch nicht einfach vorüberreiten. Da sprach er: »Nun denn, Gott wird schon helfen, daß mein Rittertum hier nicht zu Schaden kommt.« Gâwân ritt nach Bêârosche.

Burg und Stadt lagen vor ihm, so schön, daß nie ein Herr sich eines schönern Hauses rühmen konnte. Was ihm da so wunderbar entgegenglänzte, das war die Krone über allen Burgen, sie war mit Türmen reich geziert. Auf dem Feld vor der Festung hatte man dem Heer Quartier gemacht. Da sah Gâwân eine Menge Zelte, die offensichtlich großen Herren gehörten: Einer überbot den andern mit Pracht und Reichtum. Eine Menge wunderbar seltsamer Wappenzeichen erblickte
er und allerlei fremdes Volk. Der Zweifel war ein schar- 351
fes Schnitzmesser geworden, Beklemmung schnitt ihm das Herz entzwei. Gâwân aber ritt einfach mittendurch.

Obwohl die Zelte so nahe beieinander standen, daß sich die Schnüre kreuzten, bedeckte doch das Heer weithin ein langes Feld. Da sah er an, wie sie sich eingerichtet hatten und was sie halt grade taten oder trieben. Und wenn einer zu ihm sprach: *»Bien sois venu«*, so antwortete er: *»Grand merci«*. An dem einen Ende lagerte eine starke Abteilung, das waren Fußknechte aus Semblidac, gleich daneben hatten die türkischen Schützen aus Kahetî ihr Quartier.

Unbekannte sind oft unwillkommen, so auch hier: Der Sohn des König Lôt ritt durch das Lager, und niemand forderte ihn zum Bleiben auf. Gâwân ritt weiter zur Stadt.

Er dachte: ›Da ich hier ohnehin nur der Schmarotzer sein darf, der sich das schnappt, was andere abfallen lassen, so bin ich drinnen in der Stadt doch wenigstens vor Schaden sicher und also besser aufgehoben als bei denen da. Ich bin ja nicht auf Beute aus, sondern will bloß behalten, was ich habe; das wäre mir schon Glück genug.‹

Gâwân ritt zu einem der Tore. Da mußte er feststellen, daß es üble Bräuche gab auf dieser Burg: Die

da drinnen hatten keine Mühe gescheut und sämtliche
Tore zugemauert. Die Wehrtürme waren für eine
Belagerung wohl gerüstet; und dann stand noch bei
jeder Zinne ein Armbrustschütze, der, die Waffe im
352 Anschlag, hervorlugte. Sie waren gut vorbereitet für
den Kampf.

Gâwân ritt weiter den Berg hinauf. Zwar kannte er sich hier nicht aus, aber, indem er nur immer bergan stieg, fand er schließlich dann doch zur Burg. Da konnten seine Augen so manche edle Dame erblicken. Die Fürstin selber war auf den Palas gekommen, um Ausschau zu halten. Sie hatte ihre zwei schönen Töchter dabei, von denen ein herrlicher Schein glänzte.

Und nun vernahm er auch gleich, wie sie miteinander sprachen. »Wer kann das sein, der dort zu uns kommt«, sagte die alte Herzogin, »was für eine Schar mag das sein?«

Da antwortete schnell die ältere Tochter: »Mutter, das ist bloß ein Kaufmann.«

»Aber man trägt ihm doch Schilde nach.«

»Das kann man oft bei Kaufleuten sehen.«

Da aber sprach die jüngere Tochter: »Das ist doch ganz unmöglich, du solltest dich schämen, ihn so schlechtzumachen! Den Namen eines Krämers hat der nie verdient. Er sieht so wunderschön aus, daß ich ihn zum Ritter haben will. Der Dienst eines solchen Mannes kann hier wohl Belohnung fordern, und ich will ihn dann auch erhören, denn er gefällt mir.«

Seine Knappen hatten bemerkt, daß da unter der
Mauer eine Linde und Ölbäume standen; die kamen
353 ihnen grade recht. Was meint ihr, was sie jetzt tun?
Nun, der Sohn des König Lôt machte natürlich Rast, wo
er den besten Schatten fand. Sein Leibdiener trug sogleich eine Decke und ein Polster herbei, und darauf setzte sich der stolze Held, hoch über seinem Haupt ein Meer von edlen Damen. Man lud die Kleiderkisten ab und hob seine Rüstung von den Packtieren. Etwas abseits unter den anderen Bäumen machten die Knappen, die mit ihm gekommen waren, sich daran, ein Lager aufzuschlagen.

Da sprach die alte Herzogin: »Tochter, welcher Kaufmann könnte so auftreten? Du solltest nicht so übel mit ihm umspringen.«

Und es sagte die kleine Obilôt: »Das ist ja noch nicht das Schlimmste, was ihre Ungezogenheit angerichtet hat. Dem König Meljanz von Lîz gegenüber hat sie erst so recht ihre ganze Arroganz herausgekehrt, als er sie um ihre Liebe bat. Pfui, wie kann man nur so eingebildet sein!«

Da entgegnete Obîe, die war nicht frei von übler Laune: »Den dort finde ich nicht besonders imposant, so wie er daherkommt. Das ist doch ein Pfandleiher, der da sitzt. Er wird hier sicher gute Geschäfte machen. Dein Ritter, dummes Schwesterlein, kämpft höchstens dann, wenn er seine Kisten beschützen muß, er ist der Nachtwächter in seinem eigenen Laden.«

Gâwâns Ohr entging kein Wort von alledem. Aber 354
diese Rede mag nur ruhig einstweilen da stehen bleiben; hört jetzt, wie es der Stadt erging.

Da floß ein schiffbares Wasser vorbei, das ging unter einer mächtigen steinernen Brücke durch, und zwar hinter der Stadt, nicht an der Mauer, vor der die Feinde lagen: Das Land jenseits des Flusses war vom Heer verschont geblieben. Da kam nun ein Marschall geritten, und der steckte auf dem weiten Feld vor der Brücke ein Lager ab. Zur rechten Zeit rückte später sein Herr an mit all den andern, die da kommen sollten. Ich sage euch jetzt — ihr werdet es ja nicht schon erfahren haben —, wer es war, der da herritt, um dem Herrn der Burg zu helfen, und der treu an seiner Seite kämpfte. Es war der Bruder des Fürsten, der *duc* Marangliez, der war von Brevigariez zu ihm gezogen. Er hatte zwei tapfere Ritter mitgebracht: den mächtigen König Schirnîel, der trug die Krone von Lyrivoyn, sein Bruder war König in Avendroyn.

Als nun die in der Stadt sahen, daß ihnen Hilfe heranzog, da fanden sie auf einmal ganz verkehrt, was sie zuvor doch einstimmig beschlossen hatten. Da sprach der Fürst Lippaut: »Wehe über dich, Bêarosche, wehe, daß wir deine Tore zumauern mußten! Aber wenn ich
wie ein rechter Edelmann kämpfen wollte, dann wäre 355
auch die schönste Ritterkunst umsonst und würde mir nichts nützen: denn es geht ja gegen meinen Herrn. Wenn er mich freundlich wieder aufnähme, nur dann wäre mir geholfen, und ich habe mir ja auch wahrlich seine Freundschaft eher verdient als seinen grimmigen Haß. Stellt Euch das vor: seine Hand sollte den Speer führen, der meinen Schild durchbohrt! Oder: ich schlüge mit meinem Schwert auf seinen Schild los, den Schild meines Herrn, der mir wert ist! Eine Frau, die, bei gu-

tem Verstand, einem solchen Kampf applaudiert, die geht an allzu langer Leine. Oder nehmt an, ich hielte meinen Herrn im Turm gefangen. Ich müßte ihn freilassen und selber als Gefangener mit ihm gehen! Und wenn er mich auch noch so grausam strafen wollte, so müßte ich mich doch ganz seinem Willen unterwerfen. Freilich habe ich allen Grund, Gott dankbar zu sein, daß mein Herr mich nicht wirklich gefangenhält; denn er läßt sich ganz von seinem Zorn regieren, sonst könnte er mich doch nicht hier belagern. Nun ratet mir mit Klugheit, wie wir aus dieser üblen Geschichte herauskommen können.« So sprach er zu den Burgleuten.

Da erhob so mancher kluge Mann seine Stimme und sagte: »Eure Unschuld jedenfalls hat Euch nichts genützt, sonst wäre es nicht soweit gekommen.« Und sie redeten ihm sehr zu, er solle doch die Tore auftun und die Besten hinaus zur Tjost senden. Sie sagten: »Machen wir's doch
356 lieber so, stellen wir uns zum Kampf, ehe wir uns vor den
beiden Heeren des Meljanz in der Festung verschanzen! Es sind ja fast lauter Kinder, die da mit dem König gekommen sind. Ganz leicht kriegen wir da Geiseln in die Hand; dergleichen hat schon manchen von der Wut geheilt. Und wenn der König Gelegenheit gehabt hat, sich als Ritter hervorzutun, vielleicht ist er ja dann wieder bei Laune, und er erspart uns das Schlimmste, und sein Zorn beruhigt sich. Außerdem: das ist doch Ehrensache, daß wir uns im offenen Feld schlagen, oder sollen wir uns ausräuchern lassen in unserm Bau? Wir sollten vielmehr die Möglichkeit ins Auge fassen, daß wir den Kampf da hinüber in ihr Lager tragen. Wenn bloß Poydiconjunz nicht wäre, bei ihm ist der Kern des Heeres. Und da haben wir am meisten die Berteneisen zu fürchten, die zum Kriegsdienst gepreßt worden sind. Sie stehen unter dem Befehl des Herzogs Astor, den wird man hier in vorderster Linie kämpfen sehen. Dann ist da auch noch sein Sohn, Meljacanz; der müßte erst noch bei Gurnamanz in die Schule gehen, dann wäre er aller Ehren wert. Immerhin, er ist nicht zu übersehen in der Schar der Kämpfer. Denen zu widerstehen, ist uns eine große Streitmacht zu Hilfe gekommen.« — Da habt ihr selber ihren Rat mit angehört.

Und der Fürst tat, wie man ihm geraten hatte: Er riß das Mauerwerk in den Toren nieder. Die Burgleute, die nun endlich bekommen hatten, was ihrer Tapferkeit
357 gebührte, ritten hinaus vor die Stadt; da und dort gab es

schon die ersten Kämpfe. Das feindliche Heer kam auch in Bewegung, siegesgewiß zog man gegen die Stadt. Das wurde ein Vesperspiel, wie man es gerne sieht. Ungezählte Rotten auf beiden Seiten, überall das Feldgeschrei der Knappen; auf schottisch und auf französisch, ohne faule Tricks bekannte sich jeder zu seiner Partei. Die Kämpfer schonten einander nicht, die Helden schwangen ihre Glieder. Es waren tatsächlich fast lauter Kinder, die da im Heer der Belagerer kämpften, und doch vollbrachten sie viele große Taten. Die von der Burg machten von ihrem Recht Gebrauch, sie, die über ihren Acker ritten, an Ort und Stelle zu pfänden. Sie waren so prächtig angezogen wie nur je einer, der noch nie Gelegenheit hatte, im Dienst einer Frau kostbaren Schmuck zu erwerben. Besonders Meljanz, so habe ich sagen hören, sei großartig ausstaffiert gewesen. Stolz kam er daher auf einem schönen Kastilianer. Den hatte damals Meljacanz erbeutet, als er den Keie hoch dahinter stach: An einem Ast sah man ihn hangen. So hat Meljacanz das Pferd erstritten, und jetzt ritt es in Herrlichkeit Meljanz von Lîz.

Seine Taten hoben ihn heraus aus der Menge. Keiner seiner Kämpfe entging ihren Augen, den Augen der Obîe nämlich, die dort auf den Palas gekommen war, um
zuzuschauen. »Da, Schwester, sieh nur hin«, sprach sie, 358
»mein Ritter und der deine, die tun wahrlich ungleiche Taten! Der deine meint, daß wir Berg und Burg nur ruhig verlorengeben sollen. Wir werden uns nach einem anderen Beschützer umschauen müssen.«

Die kleine Schwester mußte ihren Hohn über sich ergehen lassen. Sie sprach: »Er wird es schon noch aufholen, ich gebe seiner Tapferkeit Kredit: Von deinem Spott wird er erlöst werden. Er soll mir dienen, und ich will ihn dafür reich an Freuden machen. Wenn er, wie du behauptest, ein Kaufmann ist, nun, so mag der Lohn, den ich ihm gebe, sein Profit sein.«

Gâwân hörte das Wortgefecht der beiden, und er verstand alles genau. So wie seine Lage nun einmal war, nahm er es hin, so gut er eben konnte. Ein reines Herz hört erst dann auf, Schande mit Scham zu empfinden, wenn der Tod es fortführt.

Das große Heer, das unter dem Befehl des Poydiconjunz stand, war ganz ruhig dort im Lager geblieben. Mit einer Ausnahme allerdings: Ein junger Adeliger, der Herzog von Lanverunz nämlich, war dabei im Gefecht und mit ihm alle seine Leute. Da kam aber Poydiconjunz daher: Dieser alte, erfahrene Mann holte die und die anderen vom Feld. Das Vesperspiel war damit beendet, man hatte schön gekämpft zu Ehren edler Damen.

359 Da sprach Poydiconjunz zum Herzog von Lanverunz: »Ihr meint wohl, Ihr brauchtet nicht auf mich zu warten und könntet, aus bloßer Prahlerei, einfach losziehen in den Kampf? Meint Ihr denn, so wäre es recht? Hier ist der Herr Lahedumân und auch mein Sohn Meljacanz: Wenn die zwei anfangen, sich zu rühren, und ich selber auch, dann könnt Ihr sehen, was kämpfen heißt, wenn Ihr es versteht, einen Kampf recht anzuschauen. Ich gehe nicht fort von diesem Fleck, bis ich Euch alle satt gemacht habe mit Kampf — oder aber die da drinnen, Mann und Weib, geben sich uns gefangen.«

Da sprach der Herzog Astor: »Mein Herr, Euer Neffe war vorne dran, der König und sein ganzes Heer von Lîz: Hätte denn Euer Heer dabei keinen anderen Ehrgeiz zeigen sollen als den zu schlafen? War es das, was Ihr uns beibringen wolltet? Wenn das so ist, dann schlaf ich halt, wo man kämpfen sollte; schlafen, wenn andere kämpfen, das kann ich gut. Aber das dürft Ihr mir glauben: Wenn ich nicht gewesen wäre, dann hätten die aus der Burg sich dort den Sieg genommen, sie hätten jetzt die Beute und die Ehre in Händen. Ich habe Euch da vor Schande bewahrt. Jetzt beruhigt Euch nur wieder in Gottes Namen: Eure Leute haben mehr gewonnen als verloren, das wird auch das Fräulein Obîe zugeben.«

360 Poydiconjunz war schrecklich wütend auf seinen Neffen Meljanz. Doch brachte der junge Mann in seinem Schild viele Speerstiche von dort mit; sein frischer Ruhm hatte also keinen Grund sich zu beklagen.

Nun hört aber, was ich von Obîe zu erzählen habe. Die sandte dem Gâwân eine gehörige Portion von ihrem Haß; das mußte er sich bieten lassen, und er war doch ohne Schuld. Sie dachte sich etwas aus, um ihn zu blamieren: Sie schickte zu Gâwân, der dort saß, einen *garçon*, zu dem sagte sie: »Und dann fragst du ihn, ob die Rösser zu verkaufen sind und ob er in seinen Kisten vielleicht Stoffe hat, die für adelige Kundschaft taugen. Ich und die anderen Damen hier, wir können es kaum erwarten, seinen Laden leerzukaufen.«

Als der *garçon* gegangen kam, wurde er mit Zorn empfangen. Die Blitze aus Gâwâns Augen ließen sein Herz hüpfen vor Angst, so daß der *garçon* erst gar nicht wagte zu fragen; kein Wort von alledem, was seine Herrin ihm aufgetragen hatte, brachte er heraus. Gâwân seinerseits war nicht so schüchtern, er sagte: »Fort mit Euch, Lumpenhund! Maulschellen könnt Ihr hier gratis haben in jeder Menge, wenn Ihr es wagt, noch näher her zu kommen.« Der *garçon* lief davon — er ging wieder, wenn man so sagen will.

Nun hört, wie Obîe es anfing: Sie schickte einen Edel- 361
knaben mit einem Auftrag zum Burggrafen der Stadt, der hieß Scherules. Sie sagte: »Du bittest ihn also, er möchte mir den Gefallen tun, und er soll die Sache nur recht herzhaft anpacken: Unter den Ölbäumen beim Graben stehen sieben Streitrosse, die sollen ihm gehören und dazu noch eine Menge anderer wertvoller Dinge. Da ist ein Kaufmann, der will uns betrügen. Bitte den Burggrafen, da einzuschreiten. Seinem starken Arm traue ich es zu, daß er alles nimmt ohne Bezahlung; er darf es dann auch behalten, da wird niemand Widerspruch erheben.«

Der Knappe ging hinunter und richtete die Beschwerde seiner Herrin aus. »Vor Betrügereien muß ich uns schützen«, sprach Scherules, »da will ich hin.« Er ritt also dort hinauf, wo Gâwân saß. Der war nicht oft ohne Heldentum zu sehen; an ihm fand jener nun alles Niedrige vernichtet, ein leuchtendes Antlitz und eine stolz geschwellte Brust, einen schönen Ritter eben. Scherules prüfte ihn genau: seine Arme und die beiden Hände, und zu welchem Beruf die wohl geschickt waren, dann sprach er: »Mein Herr, Ihr seid fremd hier; da hat uns jeglicher Verstand gefehlt, daß Ihr noch kein Quartier gefunden habt. Ihr müßt uns für sehr ungezogen halten.
Ich selber will jetzt aber Euer Marschall sein: Meine 362
Leute und meine Habe, alles, was *mein* heißt, das steht Euch zur Verfügung und zu Diensten. Nie ist ein Gast in einem Haus eingekehrt, wo der Herr sich mit solcher Hingabe um ihn kümmern wollte.«

»Mein Herr«, sprach Gâwân, »Ihr seid sehr freundlich. Ich habe zwar noch nichts getan, das zu verdienen, doch will ich gerne mit Euch gehen.«

Scherules war aller Ehren wert; er sprach, wie seine Treue ihn lehrte: »Da es mir nun einmal zugefallen ist, so bin ich jetzt Euer Vormund, der Euch vor allem Übel schützen muß — es könnte höchstens sein, daß das Heer da draußen Euch entführen wollte, doch auch dann stehe ich Euch bei.« Dann sprach er mit lachendem Mund zu allen den Knappen, die er da sah: »Ladet das ganze Kriegsgerät wieder auf, wir gehen da hinunter ins Tal.« Gâwân ritt mit seinem Wirt.

Obîe aber gibt noch immer nicht auf. Sie schickte eine Musikantin zu ihrem Vater — der kannte die Frau —, und die sollte ihm erzählen, es sei ein reisender Betrüger angekommen, der den Leuten schlechtes Geld andrehe. »Der hat viele wertvolle Sachen dabei«, so sprach Obîe, »und du mußt an seine Ritterehre und seinen Stolz appellieren und ihn daran erinnern, daß in seinem Heer viele fremde Ritter dienen, die Pferde, Silber und Gewänder haben wollen: Das da soll ihr erster Sold sein. Das schickt leicht sieben Ritter in die Schlacht.«

363 Die Fiedlerin sagte dem Fürsten alles, was seine Tochter ihm ausrichten ließ. Wer schon einmal Krieg geführt hat, der hat gespürt, daß man da Beute nötig hat, um die hohen Kosten zu decken. Für Lyppaut, der loyal war in allen Dingen, waren seine Söldner eine schwere Belastung, darum entschloß er sich schnell: »Diese Schätze muß ich haben, im Bösen oder im Guten!« Und ohne Zögern ritt er los. Da begegnete ihm Scherules, der fragte ihn, wohin er so eilig wolle. »Ich bin hinter einem Betrüger her, man hat mir berichtet, der sei ein Falschmünzer.« — Unschuldig war der Herr Gâwân, schuld waren allein die Pferde und alle seine anderen Güter.

Da mußte Scherules so sehr lachen, daß es ihn schüttelte: »Herr, Ihr seid tatsächlich betrogen worden, und zwar von dem, der Euch das gesagt hat; der hat Euch angelogen, ob es ein Mädchen war, ein Mann oder eine Frau. Er ist mein Gast, und sein Leib ist ganz unschuldig; um ihn genug zu loben, muß man andere Töne anschlagen. Der hat in seinem Leben noch kein Münzeisen in die Hand genommen, wenn Ihr Euch recht berichten laßt; der trägt was anderes am Leib als einen Geldbeutel. Schaut ihn nur an, wie er sich benimmt, hört ihn reden —
364 in meinem Haus dort habe ich ihn untergebracht. Wenn Ihr dann ritterliches Wesen zu erkennen wißt, dann werdet Ihr selber sagen, daß er ein rechter Mann ist: Von betrügerischen Dingen ist seinem Leib nie warm geworden. Wer ihm trotzdem was Böses will, wär's auch mein eigener Vater oder mein Kind, jeder, der mit ihm Krieg anfangen will, wäre er auch verwandt mit mir oder gar mein Bruder, der müßte auch gegen mich die Streitruder rühren. Ich werde mich vor ihn stellen und ihn schützen vor jedem ungerechten Angriff, ich meine: überall dort,

wo nicht meine Treue Euch gegenüber, Herr, mir das unmöglich macht. Lieber will ich in Sack und Asche aus dem Ritterorden gehen, lieber weit weg fliehen aus meiner Art und meinem Stand dorthin, wo niemand mich kennt, bevor Ihr, Herr, Euch selber Schande an ihm macht. Wenn Ihr tun wollt, was recht ist, so müßt Ihr alle, die hergekommen sind und die von Eurem Kummer erfahren haben, mit Güte bei Euch aufnehmen statt zu versuchen, sie auszuplündern. Solchen Gedanken solltet Ihr den Abschied geben.«

Da sprach der Fürst: »Jetzt laß mich ihn nur sehen. Daraus kann ja wohl nichts Böses werden.« Er ritt dahin, wo er den Gâwân traf. Zwei Augen und ein Herz hatte Lyppaut mitgebracht, die sagten ihm, der Fremde sehe gut aus und in seinem Betragen liege eine gerade, männliche Art.

Wer es schon erlebt hat, daß der Zauber eines wahrhaft 365
liebenswerten Wesens ihn Liebe von Herzen leiden ließ, der kennt die Herzensliebe und weiß: Sicherheit für rechte Liebe hat das Herz zu stellen, es wird als Pfand versetzt und hingegeben. Das ist eines von den vielen Wundern, die Liebe tun kann, kein Mund wird je alle aufzählen können. Ob Weib oder Mann, auch wahrhaft noble Seelen beugt die Herzensliebe leicht. Obîe und Meljanz, die Liebe dieser beiden war so vollkommen und stand mit solcher Treue schön befestigt da, daß sein Jähzorn damals, als er so wütend fortritt, euch weh tun muß. Da ließ dann Trauer sie so sehr leiden, daß ihre arglose Keuschheit sich wild und feindlich empörte. Unschuldig mußte Gâwân dafür büßen und auch die andern, die dort zusammen mit ihr die Sache auszubaden hatten. Da geriet sie mehr und mehr aus dem Geleise weiblicher Tugend, ihre stille Mädchenreinheit strickte sich ganz in Erbitterung ein. Das war ihr ein Dorn in beiden Augen, wenn sie unsern Helden irgendwo sah: Ihr Herz sagte ihr, Meljanz müßte der Höchste sein vor allen anderen. Und sie dachte: ›Wenn ich durch ihn auch Leiden kennenlerne — sie kommen ja von ihm, darum soll ich sie gerne leiden. Den jungen, süßen Helden liebe ich mehr als alles in der Welt, alle Sinne meines Herzens jagen mich zu ihm.‹

Aus Liebe wird auch heute noch sehr viel gestritten, 366
klagt also Obîe nicht an! Hört jetzt lieber, wie ihr Vater sprach, als er den edlen Gâwân sah und ihn willkommen hieß in seinem Land; hört, wie er's anfing und was er

redete. Er sagte also: »Mein Herr, Euer Kommen kann uns weiterhelfen zu einem guten Ende. Ich bin so manche Straße gefahren auf meinen Fahrten, doch ist nie von eines Menschen Anblick meinen Augen so wohl geworden. Dieser Tag, da Ihr gekommen seid, läßt uns wieder hoffen in unserer unseligen Lage; ein solcher Tag besitzt die Kraft des Trostes.« Er bat dann, er möge hier Rittertaten tun. »Wenn Ihr irgend etwas für Eure Rüstung nötig habt, das könnt Ihr Euch alles hier geben lassen. Seid so gut, mein Herr, kämpft in meinem Heer.«

Da sprach der Herr Gâwân: »Ich wäre dazu schon bereit und auch dafür gerüstet, ich habe Waffen und starke Glieder. Es ist nur so, daß mein Schwert von meinem Ehrenwort gebunden stillstehen muß bis zu einem bestimmten Termin. Ob Ihr oben oder unten läget, das wäre mir gleichgültig, ich würde es gerne aushalten für Euch; es ist aber nun einmal so, daß ich nicht darf, mein Herr, ehe nicht mein Zweikampf stattgefunden hat. Ein sehr wertvolles Ding steht dort auf dem Spiel: meine Ehre, die ich verpfändet habe. Dieses Pfand muß ich mit einem Kampf auslösen, sonst wird mich kein adeliger
367 Mann jemals wieder grüßen — das also ist der Grund meiner Reise —, oder ich muß dort den Leib verlieren.«

Das war dem Lyppaut eine schmerzliche Enttäuschung. Er sprach: »Mein Herr, bei Eurem Adel und Eurer Courtoisie beschwöre ich Euch, seid so freundlich und laßt Euch erzählen, wie unschuldig ich bin. Ich habe zwei Töchter, die sind mir lieb, sie sind ja meine Kinder, und ich will mit Freuden annehmen, was immer Gott mir an denen schenkt. Selig will ich mich preisen für alles Leid, das ich von ihnen habe! Diese Fehde hier führt die eine von den zweien gemeinsam mit mir — das ist freilich ein ungleicher Bund: Ihr fügt mein Herr Leid zu mit seiner Liebe, mir mit seinem Haß. Wenn ich's mir überlege, so scheint mir: Mein Herr will mir Gewalt antun, weil ich noch keinen Sohn habe. Mir sind nun einmal Töchter lieber; wenn ich auch ihretwegen leiden muß, so sei's drum: Dies Unglück will ich zu meinen Freuden zählen. Wenn einer beim Wählen einig ist mit seiner Tochter, so schadet es nichts, daß ihr das Schwert verboten ist, ihre Waffen sind sonst genausoviel wert: So ein junges reines Mädchen gewinnt dem Vater einen Sohn, der gewaltig ist und stark. Und auf den hoffe ich.«

»Nun, so möge Gott Euch einen schicken«, sprach Gâwân.

Da bat der Fürst Lyppaut noch dringlicher. 368

»Mein Herr, ich bitte Euch in Gottes Namen, hört auf, davon zu reden«, sprach der Sohn des König Lôt. »Courtoisie verbietet es Euch — wollt Ihr mich ehrlos machen? Soviel kann ich Euch aber immerhin versprechen: Ich werde darüber nachdenken; heute abend, wenn es Nacht geworden ist, werde ich Euch Bescheid geben.«

Lyppaut dankte ihm dafür und ging dann fort. Auf dem Hof traf er seine Tochter, die spielte mit des Burggrafen Töchterlein Fingerleinschnippen. Da sprach er zu Obilôt: »Tochter, wo kommst du denn her?«

»Vater, von dort oben bin ich hergelaufen. Zu dem hab ich Vertrauen, er wird mir's nicht abschlagen, der fremde Ritter; den will ich bitten, daß er mir dient. Er soll auch Lohn dafür bekommen, wie es üblich ist.«

»Wenn das so ist, Tochter, dann muß ich dir leider sagen: Mir hat er weder was versprochen, noch hat er abgelehnt. Doch geh du nur meiner Bitte hinterdrein bis an ein Ende.«

Das Mädchen zog es mit Gewalt zu dem Gast. Als sie in die Kemenate gegangen kam, sprang Gâwân auf, er umarmte sie, und dann setzte er sich hin mit der Süßen. Er dankte ihr, daß sie sich für ihn eingesetzt hatte, als man ihn so ungebührlich empfing. Er sprach: »Wenn es irgend denkbar wäre, daß ein Ritter sich in Gefahren stürzte für so ein kleines Fräulein, dann wäre ich schon mitten drin für Euch.«

Die junge, lichte Süße sprach da ganz arglos: »Gott 369
weiß es wohl, Ihr seid der erste Mann, mit dem ich so vertraulich sitze im Gespräch. Wenn mein Benehmen nicht zu Tadel Anlaß gibt und wenn ich schön bescheiden und nicht vorlaut bin, dann macht mich das glücklich; denn meine Lehrerin sagt immer: Die Rede ist so recht ein Dach auf dem Bau der Gedanken. Ich habe eine Bitte, die betrifft Euch und mich. Der letzte und größte aller Schmerzen hat mir die eingegeben, den werde ich Euch nennen, wenn Ihr erlaubt. Denkt nicht schlechter von mir deswegen — ich weiche ja keinen Schritt vom Pfad bescheidener Zurückhaltung ab: bin ich's doch selber, worum ich Euch bitte. Ihr seid in Wahrheit ich, wenn auch zweierlei Namen Euch und mich bezeichnen. Den Namen meines Leibes sollt Ihr haben: So seid nun Mädchen und Mann zugleich. Euch hab ich mir gewünscht und damit mich. Wenn Ihr mich nun abweist und peinlich beschämt weggehen laßt, dann wird das

Eure Ehre vor dem Gericht Eurer Courtoisie zu verant-
worten haben: Mein jungfräulich unbeschütztes Fliehen
sucht bei Euch Hilfe. — Wenn Ihr, mein Herr, es erlaubt,
will ich Euch meine Liebe schenken aus ganzem Herzen.
370 Wenn Ihr tut, wie ein rechter Mann soll, so wird, davon
bin ich überzeugt, nichts Euch abhalten können, mir
zu dienen; ich bin adelig genug, daß man mir dienen
kann. Auch mein Vater sucht Hilfe bei Freunden und
bei Verwandten — laßt Euch also nicht lange bitten:
Ihr dient uns beiden, doch den Lohn kriegt Ihr von
mir.«

Er sprach: »Meine Dame, die Melodie, die aus Eurem Mund tönt, will mich von meiner Treue weglocken. Verrat muß Euch aber doch verhaßt sein! Meine Ehre ist dort als Geisel gefangen; wird das Pfand nicht ausgelöst, so bin ich tot. Aber angenommen, ich würde wirklich mein Tun und Trachten in den Dienst Eurer Liebe stellen: Ehe Ihr mir Eure Liebe schenken könntet, müßtet Ihr erst fünf Jahre älter werden. Dann erst wird die Rechnung Eurer Liebe richtig.«

Da mußte er jetzt daran denken, wie Parzivâl mehr Vertrauen in die Frauen gesetzt hatte als in Gott. Sein Segenswunsch kam dem Gâwân ins Herz, um die Geschäfte dieses Mädchens zu besorgen, und er versprach dem Fräulein, er werde für sie Waffen tragen. Und er sprach weiter: »Eure Hand soll mein Schwert führen. Wenn jemand eine Tjost von mir fordert, so werdet Ihr den Speer lenken: Ihr müßt an meiner Stelle kämpfen. Sichtbar für die andern werde *ich* dort sein, in Wahrheit aber muß mein Anteil am Kampf von Euch kommen.«

371 Sie sagte: »Das ist nicht einmal ein bißchen zuviel verlangt. Ich bin Euer Schirm und Euer Schild und Euer Herz und Euer Trost, denn Ihr habt mich aus Verzweiflung erlöst. Geleit und Kamerad will ich Euch sein und Euch vor allem Unglück bewahren, ich bin ein Dach für die Unwetter des Schicksals und bin Euch ein liebes Daheim: Meine Liebe wird Euch Frieden verschaffen und Euch den Ausweg öffnen in fürchterlicher Enge. Es kann dann nicht ausbleiben, daß Ihr Euch wehrt für Euern Wirt als ein rechter Held: noch mit dem Rücken an der Wand des gastlichen Hauses. Der Wirt in diesem Haus bin ich, ich bin der Herr und auch die Herrin und werde bei Euch sein im Kampf. Vertraut mir nur, dann wird Glück und Kraft Euch nicht verlassen.«

Da sprach der Herr Gâwân: »Ja, meine Dame, Euch gehört mein Leben, ich will Eure Liebe haben und alles, was Eure Treue schenken kann.« Und bei diesen Worten war ihr Händlein zwischen seinen Händen.

Da sagte sie: »Mein Herr, jetzt laßt mich gehen, ich muß mich auch noch rüsten. Wie sähe das denn aus, wenn Ihr hinausziehen müßtet ohne ein Geschenk von mir! Dafür seid Ihr mir zu sehr lieb. Ich werde mich anstrengen, wertvollen Schmuck für Euch aufzutreiben. Wenn Ihr den dann tragt, kann Euch keiner an Glanz überbieten, mag er's anstellen, wie er will.«

Das Mädchen machte sich auf und mit ihr ihre Spiel- 372
gefährtin. Die beiden sagten Gâwân, ihrem Gast, noch allerlei Komplimente; der verneigte sich tief bei diesen freundlichen Reden und sprach: »Wenn ihr zwei erst erwachsen seid, so wird der Wald, selbst wenn er dann statt all des anderen Holzes nur mehr Speere wachsen ließe, nie Bäume genug haben, euren Bedarf zu decken, da schon eure zarte Jugend so viel Gewalt hat. Wenn ihr damit erwachsen werdet, wie wird dann erst eure Liebe Ritterarme roden lehren mit dem Schild an Speeren!«

Fort gingen die zwei Mädchen mit Freuden, ihren Kummer waren sie los. Da sprach das Töchterlein des Burggrafen: »Nun sagt mir, meine Dame, was stellt Ihr Euch vor, was wollt Ihr ihm schenken? Wir haben ja nichts als unsere Puppen. Wenn vielleicht meine schöner sind als Eure, so schenkt ihm die, ich habe nichts dagegen; da soll es keinen Streit geben.«

Auf halbem Weg den Berg hinauf kam der Fürst Lyppaut geritten; der sah vor sich Obilôt und Clauditte gehen. Er sprach sie an, sie sollten stehenbleiben. Da sagte die kleine Obilôt: »Vater, ich brauche deine Hilfe so dringend wie noch nie, du mußt mir jetzt helfen: Der Ritter hat mich erhört!«

»Tochter, was dein Wille nur verlangen kann, das 373
sollst du bekommen, wenn ich's habe. Selig bin ich, daß mein Sproß solche Früchte trägt, ein Glückstag war's, als du geboren wurdest!«

»Vater, ich will es dir sagen, ganz im Vertrauen klage ich dir meinen Kummer; sag du dann deinen Teil dazu in Güte.«

Er ließ sie vor sich in den Sattel heben. Da sagte sie: »Und was wird mit meiner Freundin?« Es waren da viele Ritter mit ihm gekommen, die stritten sich, wer Clauditte zu sich nehmen dürfe; das wäre für jeden eine Ehre gewesen. Endlich wies man sie einem zu. Clauditte war auch wirklich ein schönes Mädchen.

Als sie da ritten, sprach ihr Vater: »Obilôt, jetzt erzähle mir doch ein bißchen von deiner Not.«

»Ich habe da dem fremden Ritter ein Liebespfand versprochen — ich muß verrückt gewesen sein! Wenn ich jetzt nichts habe, was ich ihm geben kann, wie soll ich dann weiterleben, da er mir doch versprochen hat, mein Ritter zu sein! Dann muß ich rot werden vor Scham und Schande, wenn ich nichts zu schenken habe. Nie war einem Mädchen ein Mann so lieb!«

Da sprach er: »Tochter, verlaß dich nur ruhig auf
mich. Ich will dann schon für alles richtig sorgen. Da
du von ihm Ritterdienste willst, gebe ich dir, was du
374 ihm schenken möchtest — wenn nur deine Mutter dich
ließe! Gott gebe, daß es mir was nützt. Ach, was für ein
stolzer, edler Mann; ich hoffe so sehr auf ihn! Obwohl
ich vorher noch kein Wort mit ihm gesprochen hatte,
hab ich ihn heute nacht im Traum gesehen.«

Lyppaut ging zur Herzogin und mit ihm seine Tochter Obilôt. Da sagte er: »Meine Dame, wir beide brauchen was von Euch. Mein Herz hat gejauchzt vor Glück, daß Gott mir dieses Mädchen zu Hilfe schickte und mich erlöst hat aus meinen Sorgen.«

Da sagte die alte Herzogin: »Was wollt Ihr haben von meinen Sachen?«

»Meine Dame, wenn Ihr so freundlich wäret: Obilôt möchte bessere Kleider haben. Sie findet, ihr Adel sei edel genug dafür, da nun ein so edler Mann sich um ihre Liebe bemüht und ihr seinen Dienst angetragen hat; er will auch ein Kleinod von ihr tragen.«

Da sagte die Mutter des Mädchens: »Was für ein schöner, starker Mann! Ich denke doch, Ihr meint den fremden Gast. Von dem blitzt rechter Maienglanz.« Und die
Kluge ließ Samt aus Ethnîse herbeischaffen, außerdem
brachte man noch anderen unzerschnittenen Stoff:
Brokat aus Tabronite im Land Trîbalibôt. Das Gold am
375 Kaukasas ist rot: Daraus weben die Heiden mit viel Kunst
allerlei Muster in ihre Stoffe — die echten und edelsten
sind aus Seide. Lyppaut befahl, in aller Eile Kleider
zuzuschneiden für seine Tochter. Das Beste gab er hin
mit leichter Hand wie das Geringste.

Einen Brokat der starrte vor Gold, schneiderte man dem Fräulein auf den Leib. Ein Arm mußte unbedeckt bleiben; davon nahm man nämlich den Ärmel, den

sollte Gâwân kriegen. Das war ihr Präsent: Brokat aus
Neurîente, weit aus dem Heidenland da her gebracht.
Der hatte sich an ihren rechten Arm geschmiegt, doch
wurde er nicht angenäht ans Kleid: Der Faden dafür
konnte ungesponnen bleiben.

Den Ärmel brachte Clauditte hin zu dem schönen
Gâwân. Da wurde sein Leib von allen Sorgen erlöst.
Drei Schilde hatte er: auf einen nagelte er sogleich den
Ärmel. Was ihn bedrückt hatte, verschwand nun ganz.
Seinen großen Dank dafür behielt er nicht bei sich;
immer wieder segnete er die Wege, die das Mädchen ge-
gangen war. Sie hatte ihn artig willkommen geheißen
in ihrem Haus und ihn sehr glücklich gemacht. Überaus
liebenswürdig war sie gewesen.

Der Tag hatte ein Ende, und es kam die Nacht. Auf 376
jeder der beiden Seiten stand eine große Streitmacht,
viele tapfere Ritter in Waffen. Bei der inneren Partei
war eine Menge Krieg versammelt — so hätte man mei-
nen können, wäre nicht das Heer dort draußen eine wahre
Meeresflut gewesen. Die Belagerten steckten im hellen
Mondlicht ihre Verteidigungslinien ab. Sie wußten aber
wohl, wie man furchtsame Feigheit loswird: Bevor es
Tag wurde, hatten sie zwölf weite Feldschanzen aufge-
worfen mit Gräben zu den Feinden hin, und jede dieser
Schanzen hatte drei befestigte Ausfallbreschen für die
Reiterei.

Der Marschall des Kardefablêt de Jâmor besetzte
vier Tore. Am Morgen sah man dann dort seine Leute,
die schlugen sich wie rechte Helden. Der mächtige
Herzog kämpfte da ritterlich — die Herrin von Bêâ-
rosche war seine Schwester. Sein Mut war fester als
der von vielen anderen Helden, die es gelernt hatten,
einiges auszuhalten im Kampf, und darum hatte er
schon oft die Leiden des Kriegs erfahren. Sein Heer
marschierte nachts in die Stadt. Von weit her kam er
gefahren; der ließ sich nicht leicht von der Härte des
Krieges schrecken. Seine vier Tore verteidigte er da mit
Kraft. Das ganze übrige Heervolk, das noch vor der 377
Brücke lagerte, zog auch vor Tagesanbruch hinüber in
die Stadt: So hatte der Fürst Lyppaut es bestimmt. Vor-
her waren die aus Jâmor über die Brücke geritten.

Man übergab jedes der Tore seiner Besatzung, so daß
sie wohl verteidigt dastanden, als die Sonne aufging.
Auch Scherules durfte sich ein Tor aussuchen, das woll-
ten er und mein Herr Gâwân nicht unbehütet lassen.

Man hörte da von den fremden Rittern — ich glaube, das waren die besten — viele Klagen; die beschwerten sich darüber, daß bereits gekämpft worden war, und sie hatten nicht einmal zusehen dürfen: Es hatte ja ein Vesperspiel stattgefunden, da hatte keiner von ihnen eine Tjost bekommen. Sie klagten aber ganz ohne Not: Ungezählte Tjosten wurden dort geboten, genug für alle, die sich die Mühe machten, sie draußen im Feld zu suchen.

Auf den Gassen drinnen sah man große Straßen einge-
trampelt, viele Banner zogen durch die Stadt, hierher
und dorthin — das alles bei Mondschein —, man sah eine
Menge Helme teuer aufgeputzt — man wollte sie im
Kampf glänzen lassen — und nicht wenige schön ange-
378 malte Speere. Mit Regensburger Zindel war da wenig
Staat zu machen vor Bêârosche auf dem Feld; denn man
sah dort eine Menge Waffenröcke, die viel vornehmer
waren, an der Grenze dessen, was einer ausgeben kann.

Die Nacht tat, wie sie's immer tut: Es zog an ihrem Schwanz ein Tag daher. Den kannte man nicht an dem Gesang der Lerchen — was da ertönte, war der Lärm des Kampfs; der kam von kriegerischen Dingen. Man hörte da die Speere krachen, das klang nach einem Wolkenbruch. Es war das junge Heer von Lîz an die von Lirivoyn geraten und an den König von Avendroyn. Gewaltig knallten da viele rechte Tjosten wie ganze Kastanien, die einer in die Glut geworfen hat. Ah, wie schön die Fremden ritten und wie die aus der Stadt da kämpften!

Gâwân und dem *châtelain* hielt ein Pfarrer eine Messe,
für alle Fälle, damit der Seele nichts zustoßen möge, und
für eine glückliche Auferstehung. Der Pfarrer sang für
sie beide: für Gott und für die Helden. Dann kam die
Zeit ihres Ruhms heran — so war es ihnen aufgesetzt
dort droben —, sie ritten in ihre Schanze. Diese Festung
war derweil in guter Hut gewesen bei vielen starken
379 Rittern, das waren des Scherules Leute; sie hatten ihre
Sache gut gemacht.

Was soll ich jetzt noch viel reden? Es genügt, wenn ich sage: Poydiconjunz war ein Herr. Der kam mit solcher Heeresmacht angeritten, daß man im Schwarzwald, wenn da auch die letzte Staude noch ein Speerschaft wäre, unmöglich mehr Wald sehen könnte als hier, wo seine Schar erschien. Er ritt heran mit sechs Bannern. Vor denen begann man zu kämpfen in der

Frühe. Posaunen dröhnten mit Getöse, das war wie der Donner, der alle Macht hat über den Schrecken in der engen Brust. Viele Tamboure taten das Ihre zum Lärm der Posaunen hinzu. Wenn da irgendwo vielleicht ein Stoppelhälmchen zertreten wurde, so kann ich nichts dafür. Der Erfurter Weingarten erzählt noch heute davon, wie weh Huftritte tun: Da sind viele Pferdefüße durchgetrampelt.

Da kam der Herzog Astor mit Streit an die von Jâmor. Viele Tjosten wurden gewetzt, viele edle Herren abgesetzt auf den Acker hinters Pferd. Sie kämpften recht munter. Eine Menge fremder Schlachtrufe konnte man hören. Viel herrenloses Volk lief da umher, obwohl der Herr doch dastand — allerdings auf seinen eigenen Füßen: Mir scheint, dem war ein Unfall zugestoßen.

Da sah mein Herr Gâwân, wie sich auf dem Feld die 380
Scharen ineinanderstrickten: Freunde mitten unter Feinden. Dahin machte er sich auf und galoppierte los. Ihn im Auge zu behalten war keine leichte Mühe, doch schonten sie die Pferde nicht, Scherules und die Seinen. Gâwân brachte sie in Not. Wie viele Ritter er aus dem Sattel stach, wie viele starke Speere er zerbrach! Hätte er nicht die Kraft von Gott bekommen, so hätte man für ihn, der gesandt war von der edlen Tafelrunde, den Siegeskranz verlangen müssen. Es wurden viele Schwerter zum Klingen gebracht. Die beiden Heere waren ihm eins: Gegen die von Lîz und die von Gors führte seine Hand die Waffen, und es dauerte nicht lang, so brachte er von beiden eine Menge Pferde her zur Fahne seines Gastgebers. Dann fragte er, ob jemand sie haben wollte. Da gab es viele, die sagten ja: Seine Kampfgefährten wurden alle von ihm reich.

Jetzt kam ein Ritter daher, der auch nicht grade geizig war mit Speeren. Der Burggraf von Bêâveis und der feine Gâwân gerieten so aneinander, daß der junge
Lysavander hinter dem Pferd auf Blumen lag: Der Fall 381
kam von der Tjost. Das tut mir für den Knappen leid, der am Tag zuvor mit so viel Courtoisie im Sattel gesessen und Gâwân erzählt hatte, wie das alles zugegangen war. Der stieg nun ab und beugte sich zu seinem Herrn nieder. Gâwân erkannte ihn und gab ihm das erbeutete Pferd zurück. Der Knappe dankte ihm in aller Form, so hat man mir berichtet.

Jetzt müßt ihr aber zu Kardefablêt hin schauen: Dort auf dem Acker steht er, auf seinen eigenen Füßen! Da hat die Tjost ihn hingestellt, mit Gewalt, das kennt man ja. Des Meljacanz Hand hatte diesen Stoß gezielt. Da ward er sehr erhoben von den Seinen, ich meine Kardefablêt: Sie zerrten ihn eiligst hoch und fort von hier. Dann fingen sie ein großes Geschrei an, *Jâmor* — nicht mit *Jammer* zu verwechseln — war ihr *cri*, und schlugen wild mit Schwertern drein. Es wurde eng dort, viel Platz gab's nicht, da prallte mit Gedränge Wucht auf Wucht. So manchem klingelte der Helm in seinen Ohren.

Gâwân nahm sich seines Kameraden an und fuhr da hinein mit Macht, er und die Leute, die zu des Scherules Fahne gehörten, waren gleich zur Stelle, dem edlen Herrn von Jâmor Deckung zu geben. Viele Ritter wurden zur Erde nieder gefällt — das könnt ihr glauben oder nicht: Zeugen habe ich keine — die sind alle ausgerissen —, aber die Quelle sagt so.

382 *Le comte de* Muntâne ritt gegen Gâwân, das gab eine gewaltige Tjost, und der starke Lahedumân lag nachher hinter seinem Pferd auf dem Acker. Dann machte er von seinem Ehrenwort Gebrauch, der stolze junge Mann, dessen Adel jeder kennt, und gab sich gefangen in Gâwâns Hand.

Ganz nahe vor den Schanzen kämpfte da der Herzog Astor. Dort geschahen viele scharfe Tjosten. *Nantes* hörte man immer rufen, das war des Artûs Parole. Harte Männer, keine weichen, waren da zugange, viele Berteneisen, die es in die Fremde verschlagen hatte, und die Söldner von Destrigleis aus dem Land des Erek. Deren Taten konnte man dort sehen; ihr Anführer war der *duc de* Lanverunz. Was die Berteneisen betrifft, die hätte Poydiconjunz dann ruhig freilassen können, denn sie vollbrachten gewaltige Dinge. Sie waren dem Artûs bei der Clûse muntâne in einer großen Schlacht weggefangen worden bei einem Sturmangriff. Wie überall sonst, wenn sie vor dem Feind standen, so war auch hier *Nantes* ihre Parole, mit der sie sich zu erkennen gaben; das war der *cri* ihres angestammten Hauses. Viele
383 hatten schon graue Bärte. Auch trug jeder Bertûne entweder auf dem Helm oder auf dem Schild als Emblem ein Gampilûn, nach dem Vorbild von Ilinôts Wappen, des edlen Sohns von Artûs. Was konnte Gâwân anderes tun als seufzen beim Anblick dieses Wappenzeichens? Sein Herz redete ihm von Leid; der Tod von seines Oheims Sohn setzte Gâwân hart mit Jammer zu. Er

erkannte das glänzende Wappen: Da gingen ihm die Augen über. Er ließ die aus Bertâne auf dem Feld dort stehen; er wollte mit ihnen nicht kämpfen. Und das war ganz recht so — wie sollte man denn Freundschaft anders begreifen?

Er ritt gegen das Heer des Meljanz. Dort kämpften die aus der Stadt so tapfer, daß man sie loben muß; allerdings konnte es ihnen doch nicht gelingen, das Feld gegen die Übermacht zu behaupten: Sie waren zurückgewichen bis an ihren Graben. So manche Tjost wurde da den Städtern angeboten von einem Ritter ganz in Rot: Der hieß *Ohnenamen,* weil ihn niemand kannte.

Ich sage euch nur, was ich gehört habe: Er war drei Tage davor zu Meljanz gekommen. Die aus der Stadt
hatten guten Grund, das zu beklagen, denn er hatte sich 384
bewegen lassen, auf der Seite des Meljanz zu kämpfen. Der hatte ihm zwölf Knappen besorgt aus Semblidac, die ihm aufwarten mußten bei der Tjost und auch im Gedränge der Rotten. So viele Speere sie ihm auch hinreichen mochten mit flinker Hand, sie waren immer gleich verbraucht und nur mehr Brennholz. Wenn seine Tjost einschlug, war das weithin zu hören. Da nahm er gerade den König Schirnîel gefangen und dessen Bruder. Aber das war ihm noch immer nicht genug: Auch dem Herzog Marangliez blieb es nicht erspart, ihm sein Ehrenwort zu geben. Diese drei waren der Stahl gewesen an der Speerspitze, trotzdem kämpften ihre Leute immer noch weiter.

Da stritt auch der König Meljanz selber. Jeder — ob er Liebes oder Bitterböses von ihm erfahren hatte, das war ganz gleichgültig — mußte zugeben, daß nicht oft ein so junger Mann Größeres geleistet hatte, als da von ihm geschah: Seine Hand zerhackte eine Menge fester Schilde. Wie viele starke Speere vor ihm aufspritzten, und immer mittendrin, wo die Haufen sich am dichtesten drängten! So groß war sein junges Herz, daß er immerfort nach Kämpfen gieren mußte. Und da war niemand, der ihm genug davon geben konnte. So mußte er denn Mangel leiden, bis er endlich seine Tjost an Gâwân brachte. Gâwân wandte sich an seine Knappen
und nahm sich aus dem Dutzend, das er vom Plimizoel 385
mitgenommen hatte, einen Speer aus Angram. Des Meljanz *cri* war *Barbygoel,* nach der ersten und edelsten Stadt von Lîz. Gâwân zielte seine Tjost genau. Da lernte Meljanz leiden von einem starken Rohrstock aus

Oraste Gentesîn: Der fuhr durch den Schild und blieb in seinem Arm stecken. Es war eine wahrhaft königliche Tjost, die dort geschah: Die Wucht des Stichs gab Meljanz Flügel und Gâwâns hinterem Sattelbogen den Rest. Und also standen die Helden — ich lüge nicht — hinter ihren Pferden. Da machten sie mit den Schwertern weiter, so gut sie nur konnten. Zwei Bauernlümmel hätten ordentlich zu schaffen, wenn sie es beim Dreschen denen gleichtun wollten. Ein jeder hielt dem anderen die Garbe hin; die wurden in Stücken niedergehauen. Meljanz hatte außerdem noch einen Speer zu tragen, der steckte dem Helden im Arm. Warm rann ihm blutiger Schweiß herunter. Da zerrte ihn mein Herr Gâwân in die Bresche derer von Brevigariez und nahm ihn in die Mangel: Der war auch bald bereit, sich zu ergeben. Wäre dieser junge Mann nicht verwundet gewesen, dann hätte keiner ihn so schnell besiegt gesehen; man hätte schon noch eine gute Weile darauf warten müssen.

386 Lyppaut, der Fürst, der Landesvater, ließ seine Heldenkraft auch nicht ruhen. Ihm stand der König von Gors gegenüber. Die Leute und ebenso die Pferde hatten da viel Leiden auszustehen, denn sie wurden beschossen: Die aus Kahetî und die Sarjande aus Semblidac ließen ihre Künste spielen. Die Türken konnten Haken schlagen, sie waren nicht zu fassen. Die aus der Stadt mußten sich etwas einfallen lassen, die Feinde vor ihrer Schanze loszuwerden. Sie hatten Sarjande *à pied*. Ihre Feldschanzen waren so gut verteidigt wie nur irgend möglich, wenn jeder Mann sein Bestes tut. Alle die Edlen, die dort den Leib verloren, hatten den Zorn der Obîe bitter zu schmecken bekommen: Daß ihr kindisch dummer Mutwille mit ihr durchgegangen war, das brachte vielen Männern Leiden. Wofür mußte der Fürst Lyppaut büßen? Sein alter Herr und König, Schaut, hätte ihm das erspart.

Jetzt begann auch diese Schar müde zu werden. Immer noch stritt Meljacanz voll Kraft. Ob sein Schild noch ganz war, wollt ihr wissen? Keine Handbreit mehr war davon übrig. Da hatte der Herzog Kardefablêt den König weit zurückgetrieben. Das Turnier hat sich festgefahren auf einem weiten Feld voll Blumen.

387 Dahin kam nun der Herr Gâwân, und es kam Meljacanz davon in Not. So arg war ihm nicht einmal der edle Lanzilôt auf den Leib gerückt, als er vom Pfad der Schwertbrücke kam und dann mit ihm kämpfte. Dem

tat es weh, daß die Königin Ginovêr Gefangenschaft leiden mußte, und er holte sie da heraus mit einem Zweikampf.

Jetzt sprengte Lôts Sohn auf ihn zu. Was sollte Meljacanz da machen? Es blieb ihm nichts übrig, als auch sein Roß mit Sporen anzutreiben. Viele Leute schauten bei der Tjost zu. Wer dann wohl hinter dem Pferd lag? Nun ja, der, den der aus Norwaege hingelegt hatte auf die Wiese. Viele Ritter und Damen, die der Tjost zusahen, lobten Gâwân. Die Damen nämlich hatten eine gute Aussicht dort hinunter vom Palas. Meljacanz geriet unter die Hufe; so manches von den Rössern, die durch sein Kursît wateten, hat niemals mehr in seinem Leben junges Gras gefressen: Blutiger Schweiß regnete auf Meljacanz. Da ging ein großes Pferdesterben um, die Geier hatten was zu fressen hinterher.

Der Herzog Astor brachte Meljacanz vor denen aus Jâmor in Sicherheit: Beinahe hätten sie ihn gefangengenommen.

Das Turnier war zu Ende. Wer die Ritter waren, die 388
sich da besonders ausgezeichnet haben und um den Lohn der Damen kämpften? Ich wüßte es ja selber nicht, wenn ich sie alle namentlich herzählen müßte, und außerdem: dann wär ich ein geplagter Mann! Auf der inneren Seite wurde das Beste für und durch die junge Obilôt geleistet, und auf der äußeren Seite tat es ein Ritter ganz in Rot. Die zwei behielten am Ende den Sieg und niemand sonst, wie man die Sache auch betrachten will.

Als der Fremde im äußeren Heer merkte, daß der Dank von seinem Kriegsherrn ausblieb — der war ja drinnen gefangen —, da ritt er dorthin, wo er seine Knappen fand. Und er sprach zu seinen Gefangenen: »Ihr Herren habt Euch auf Ehrenwort ergeben. Es ist hier ein Unglück geschehen, das mir leid tut: Der König von Lîz ist gefangen. Nun strengt Euch an, vielleicht könnt Ihr erreichen, daß man ihn freiläßt; so könnte ich ihm dann doch noch einen Gefallen tun.« So sprach er zum König von Avendroyn und zu Schirnîel von Lyrivoyn und zum Herzog Marangliez.

Er ließ sie fortreiten in die Stadt, aber vorher mußten sie ihm ein Gelöbnis tun, das war raffiniert ausgedacht: Er verpflichtete sie nämlich, entweder Meljanz auszulösen oder den Grâl für ihn zu gewinnen. Dabei hätten die ihm doch nicht einmal sagen können, wo der zu 389 finden war, bloß, daß sein Herr ein König sei, der Anfortas heiße. Als darauf die Rede kam, sprach der Rote Ritter noch einmal: »Wenn nichts von dem erfüllt wird, worum ich Euch gebeten habe, dann reitet dahin, wo Pelrapeire steht, und bringt der Königin dort Euer Ehrenwort. Richtet ihr aus: Der für sie mit Kingrûn und mit Clâmidê gekämpft hat, der sehnt sich jetzt mit Schmerzen nach dem Grâl und doch auch heim zu ihrer Liebe. Nach diesen beiden Dingen gehen immer meine Gedanken. Nun, sagt ihr das, und daß ich Euch geschickt habe. Behüt Euch Gott, Ihr Helden.« Sie nahmen Abschied und ritten in die Stadt.

Dann sprach er zu seinen Knappen: »Um unsere Beute brauchen wir nicht zu fürchten. Nehmt alle Pferde, die man eingefangen hat, für euch. Nur eines müßt ihr mir überlassen, das brauche ich jetzt, ihr seht es ja: meines hat schlimme Wunden.« Da sagten die guten Knappen: »Herr, verbindlichsten Dank, sehr großzügig belohnt Ihr Eure Leute. Jetzt sind wir große Herren geworden.«

Er wählte sich ein Pferd für seine Reise: Inglîart mit den kurzen Ohren. Das war dort auf dem Feld dem Gâwân entlaufen, als er beschäftigt war, Meljanz gefangenzunehmen. Da hatte des Roten Ritters Hand es sich geholt. Dabei war viel Holz durchlöchert worden.

390 Er nahm Abschied und machte sich auf den Weg. Fünfzehn Streitrosse oder mehr ließ er ihnen da, um nur die, die unverletzt waren, zu erwähnen. Die Knappen wußten wohl, wie man zu danken hat. Sie baten oft, er möge bleiben; aber sein Ziel war in der Ferne aufgesteckt. Da wo der Schöne hinging, waren die angenehmen Dinge des Lebens rar — nichts anderes suchte er als Kämpfe. Ich glaube, daß kein Mann in jenen Zeiten so viel gekämpft hat wie er.

Das äußere Heer zog ab; man suchte sich ein Dach, um auszuruhen. Dort in der Stadt sprach der Fürst Lyppaut mit den Leuten und fragte, wie es zugegangen sei; denn er hatte gehört, Meljanz sei gefangen worden. Darüber war er sehr froh; und es sollte ihm dann auch wirklich aus der Misere heraushelfen.

Gâwân machte den Ärmel los vom Schild, und zwar ganz behutsam: Ihm mit Zerren ein recht kriegerisches Aussehen zu verschaffen, darüber war sein Ruhm erhaben. Er gab den Ärmel Clauditte, an den Enden und mittendurch war er zerstochen und zerhauen: Obilôt sollte ihn tragen. Da war die Freude groß bei dem Mädchen. Ihr Arm war blank und bloß: Darüber zog sie gleich den Ärmel. »Rate mal, wer das war«, so sprach sie, immer wenn sie an ihrer Schwester vorüberging. Die nahm den Scherz zornig auf. 391

Die Ritter dort hatten Ruhe bitter nötig; große Erschöpfung befahl ihnen, sich zu erholen. Scherules nahm Gâwân zu sich und den Grafen Lahedumân. Er hatte da noch mehr Ritter angetroffen, die Gâwân an diesem Tag mit seiner starken Hand gefangen hatte auf dem Feld, wo viele große Tjosten geschahen. Der Burggraf, dieser hohe Herr, ließ die Gäste in Ehren Platz nehmen. Er selber und seine müde Schar blieben die ganze Weile vor dem König stehen, bis Meljanz mit dem Essen fertig war. Er gab sich alle Mühe, seinen Gast recht zu bedienen.

Gâwân fand das doch übertrieben. »Vielleicht ist der König so freundlich, es zu erlauben, nehmt Platz, mein Herr, Ihr seid hier daheim.« Vernünftig war es, was Gâwân sprach; er ließ sich hinreißen von seiner Courtoisie. Der Hausherr lehnte die Bitte ab, er sprach: »Mein Herr ist ein Vasall des Königs. Er hätte selber diesen Dienst getan, wenn es dem König recht wäre, seinen Dienst anzunehmen. Nur weil er höflich ist, läßt sich mein Herr nicht sehen: weil er des Königs Huld nicht hat. Wenn aber Gott die zusammenruft, die zueinander gehören, so werden wir alle ihm gehorchen.«

Da sagte der junge Meljanz: »Eure Courtoisie war 392
immer ganz makellos die ganze Zeit hindurch, als ich hier wohnte; Ihr habt es immer gut mit mir gemeint. Hätte ich nur besser Eurem Rat gefolgt, dann könnte man mich heute glücklich sehen. Jetzt helft mir, Graf Scherules, auf Euch vertraue ich; denn auf Euren Rat hören beide: Der eine, den ich hier zum Herrn habe sozusagen — denn er hat mich —, und Lyppaut, der mein zweiter Vater ist. Der möge jetzt über mir seine Courtoisie erscheinen lassen. Ich hätte seine Freundschaft nicht verloren, wenn seine Tochter das unterlassen hätte: Die probierte an mir Narrenspäße aus und benahm sich in einer Weise, die einer Dame wirklich nicht ansteht!«

Da sprach der edle Gâwân: »Jetzt soll Versöhnung werden, die niemand scheidet als der Tod.«

Da kamen jene daher, die der Rote Ritter aus dem inneren Heer weggefangen hatte, und traten vor den König. Sie erzählten, wie es ihnen ergangen war. Als

Gâwân erfuhr, was für Waffen er trug, der dort mit ihnen gekämpft und ihnen ihr Ehrenwort abgenommen hatte, und als sie ihm die Sache vom Grâl erzählten, da dachte er gleich, daß Parzivâl hinter dieser Geschichte stecken müsse. Eine dankbare Verneigung schickte er
393 zum Himmel, daß Gott an diesem Tag den Hammer und den Amboß ihrer Heldenkräfte nicht zueinandergebracht hatte. Ihre feine Diskretion garantierte ihnen dafür, daß ihre Namen nicht genannt wurden. Es erkannte sie dort auch wirklich niemand: Das sollte erst an einem anderen Ort geschehen.

Zu Meljanz sprach Scherules: »Mein Herr, wenn es denn sein soll, daß ich Euch bitte, seid so freundlich und kommt mit zu meinem Herrn. Was die Freunde von beiden Parteien hier für richtig halten, dem solltet Ihr Euch mit Freuden anschließen. Laßt die Wut ab, die Eure Adern schwellt.«

Das fanden alle anderen auch. Jetzt kam das ganze innere Heer von der Stadt hinauf in den Saal zum König; des Fürsten Marschall hatte das befohlen. Da nahm mein Herr Gâwân den Grafen Lahedumân und andere Ritter, die er gefangengenommen hatte — die traten auch hinzu —, und forderte sie auf, sich mit ihrem Ehrenwort, das er ihnen an dem Tag im Kampf abgewonnen hatte, dem Scherules zu ergeben, bei dem er zu Gast war. Dann zögerte man nicht länger, auszuführen, was man versprochen hatte: Der ganze Haufe zog zum Palas von Bêârosche hinauf. Dem Meljanz schenkte die Burggräfin sehr teure Kleider, dazu ein Stückchen Schleier. Daraus machte er eine Schlinge für seinen wunden Arm, durch den Gâwâns Tjost gefahren war.

394 Den Scherules schickte Gâwân zu Obilôt, seiner Dame, und ließ ausrichten, daß er sie gern sehen wollte, um ihr aufrichtig zu erklären, daß sein Leib ganz ihr gehöre. Und dann wollte er auch von ihr Abschied nehmen. »Und sagt ihr«, so sprach er, »ich lasse ihr den König da; sie soll sich überlegen, wie sie ihn behandeln will, so daß Ehre ihr Tun regiert.«

Diese Rede hörte Meljanz. Da sprach er: »Obilôt wird noch die Krone aller Frauentugend werden. Es wird mir leicht ums Herz, wenn sie es ist, der ich mein Ehrenwort bringen und deren Gnade ich mein Leben verdanken soll.«

»Daß sie es ist, das hättet Ihr schon früher merken können: Es war ja ihre Hand und keine andere, die Euch besiegt hat«, so sprach der edle Gâwân und: »Mein Ruhm gehört ihr ganz allein.«

Scherules kam also vor ihnen an den Hof geritten. Dort wurde nun jeder Leib, Mädchen, Mann oder Frau, in neue Kleider gesteckt — anders tat man es nicht —, und die waren so schön, daß man an diesem Tag auf alles ärmliche, schlechte Gewand mit Leichtigkeit verzichten konnte.

Mit Meljanz ritten alle die zur Burg, die dort draußen ihr Ehrenwort verpfändet hatten. Da oben saßen die vier beieinander: Lyppaut, seine Frau und seine Kinder. 395
Hinauf kamen jene gegangen. Der Herr des Hauses lief dem König entgegen. Es war ein großes Getümmel dort auf dem Palas, wo er seinen Feind und die Freunde willkommen hieß. Meljanz ging neben Gâwân.

»Wenn sie nicht gar zu niedrig für Euch wäre, so wollte Eure alte Freundin Euch gern mit einem Kuß empfangen, ich meine die Herzogin, meine Frau.«

Da antwortete Meljanz dem Hausherrn: »Mit Vergnügen will ich Kuß und Gruß von zwei Damen, die ich hier sehe, annehmen. Der dritten sage ich keinen Friedensgruß.« Da weinten die älteren Damen, und Obilôt war sehr vergnügt.

Der König wurde mit Küssen willkommen geheißen und noch zwei Könige ohne Bart, nicht anders der Herzog Marangliez. Gâwân ließ man auch nicht ungeküßt, und er durfte seine Dame in die Arme schließen. Er drückte das schöne Kind wie eine Puppe an seine Brust, er konnte nicht anders vor lauter Liebe und Freundschaft. Zu Meljanz sprach er: »Mit Eurem Ehrenwort habt Ihr Euch mir ergeben — von mir seid Ihr nun frei. Hierher gebt Euer Sicherheitsversprechen: In meinen Armen sitzt sie, die mir alles Glück schenken kann; ihr Gefangener sollt Ihr sein.«

Meljanz trat zu ihm hin und tat es. Das Mädchen 396
schlang die Arme um Gâwân und zog ihn an sich. So war es denn wirklich geschehen, daß Obilôt triumphieren konnte vor den Augen vieler adeliger Ritter! »Herr König, Ihr habt jetzt etwas ganz Unmögliches getan, wenn es wahr ist, was meine Schwester immer gegen mich behauptet hat, daß nämlich mein Ritter ein fahrender Händler sei: dem habt Ihr Euch ergeben«, so sprach das Mädchen Obilôt. Dann befahl sie Meljanz, daß er das Sicherheitsversprechen, das er in ihre Hand gelobt hatte, ihrer Schwester Obîe gebe. »Zur *amie* sollt Ihr sie neh-

men, damit Euer Rittertum erst so recht prächtig werde. Zum Herrn und zum *ami* soll sie Euch mit Freuden haben immerfort. Keiner von euch beiden wird mir davon etwas abhandeln.«

Gott sprach da aus ihrem jungen Mund. Und es ge-
schah, was sie ihm und ihr geboten hatte. Die Liebe,
diese hohe Dame mit ihrer gewaltigen Kunst, und herz-
liche Treue, die schufen dort mit Meisterschaft die Liebe
in den zweien ganz neu. Die Hand der Obîe schlüpfte
unter dem Mantel hervor und faßte den Arm des Meljanz
an. Unter Tränen küßte ihr roter Mund die Wunde von
dem Speer. Viele Tränen, die aus ihren strahlenden
397 Augen flossen, begossen seinen Arm. Wer hat sie so
kühn gemacht vor allen diesen Leuten? Das war die
Liebe, die jung ist und alt.

Lyppaut sah da seine Wünsche leibhaftig, nichts Schöneres war ihm in seinem Leben je begegnet. Daß Gott ihm diese Ehre nicht versagt hatte: Jetzt konnte er seine Tochter Herrin nennen!

Wie das Hochzeitsfest ausfiel, das müßt ihr den fragen, der da etwas geschenkt bekam. Und nachher — wohin dann jeder ritt, ob er sich's wohlsein ließ, ob er zu kämpfen hatte? Damit könnte ich an kein Ende kommen. Man hat mir gesagt, daß Gâwân auf dem Palas Abschied nahm; dahin war er ja, um Abschied zu nehmen, gekommen. Obilôt weinte sehr darüber, sie sagte: »Nehmt mich doch mit Euch fort!« Die Bitte wollte Gâwân dem jungen, süßen Mädchen nicht erfüllen. Die Mutter hatte Mühe, sie von ihm loszureißen. Da sagte er ihnen allen adieu. Lyppaut versicherte ihm immer wieder, wie dankbar und ergeben er ihm sei; er hatte ihn von Herzen lieb.

Der stolze Scherules, sein Wirt, mit allen den Seinen ließ es sich nicht nehmen, den kühnen Helden zu begleiten, als er hinausritt. Gâwâns Straße ging in einen Wald hinein. Da gab Scherules ihm Jäger mit und Proviant für einen weiten Weg. Der edle Held nahm Abschied: Schlimmen Dingen mußte Gâwân nun entgegengehen.

ACHTES BUCH

398 So viele auch nach Bêârosche gekommen waren, so hatte doch Gâwân und niemand sonst von allen, die auf dieser oder auf jener Seite kämpften, dort den Preis gewonnen — bloß *ein* Ritter hat da vielleicht genauso glänzen können, den hatte niemand erkannt an seiner roten Rüstung. Seinen Ruhm hängte man hoch. Gâwân hat seinen vollen Anteil Ehre und Preis bekommen: Jetzt aber rückt die Zeit heran, da er seinen Gerichtskampf bestehen muß.

Der Wald war lang und weit, den er durchqueren mußte, wenn er dem Zweikampf nicht feige ausweichen wollte: So war es ihm bestimmt worden, obwohl er keine Schuld hatte. Jetzt war auch Inglîart verloren, sein Streitroß mit den kurzen Ohren: Selbst in Tabronit bei den Mohren hat nie einer einem besseren Pferd die Sporen gegeben.

Da mischten sich nun mehr und mehr freie Flächen in den Wald ein — hier ein Gehölz, dort wieder ein Feld, manche davon kaum so breit, daß man ein Zelt drauf stellen konnte. Als er das sah, merkte er, daß er in bewohntes Land kam, das hieß Ascalûn. Da fragte er, wenn ihm Leute begegneten, wo es nach Schanpfanzûn gehe. Durch hohe Gebirge und etliche Moore war er weit daher gezogen. Jetzt erkannte er dort eine Burg — wirklich und wahrhaftig, ganz großartig glänzte die her. Dahin nahm er, der fremd war in dem Land, seinen Weg.

399 Hört nur immer zu, was von diesem Abenteuer zu berichten ist; hin und wieder könnt ihr dann auch etwas beitragen und mir klagen helfen, denn Gâwân hat da viel zu leiden. Der Kluge wie der Dumme unter meinen Hörern wird es schon aus Freundschaft tun und lassen, ich meine: traurig sein lassen wird er sich's mit mir. Ach, jetzt sollte ich vielleicht lieber schweigen. — Nein,

er muß immer tiefer sinken, der sich früher höchstens einmal vor dem Glück verbeugte: er ging nun vor Unglück in die Knie.

Diese Burg war so herrlich, daß Enêas soviel Majestät nicht einmal an Kartâgô fand, wo der Tod der edlen Dîdô zu einem Pfand der Liebe wurde. Wie viele Palase die Burg aufbot? Und wieviel Türme man da sehen konnte? So viele, daß Acratôn genug dran hätte; diese weite Stadt ist aber, wenn man Babylon außer acht läßt, an Umfang die größte aller Städte — so heißt es in den Disputationen der Heiden. Sie war rund herum, auch dort, wo sie sich zum Meer hin zog, so hoch, daß sie sich vor keinem Sturmangriff entsetzte und nicht vor noch so großer, wilder Wut der Feinde. Davor lag eine Ebene, eine Wegstrecke in der Weite. Darüber ritt der Herr Gâwân.

Fünfhundert Ritter oder mehr — einer war herrlich
über den allen — ritten ihm da entgegen in schön bunten
Kleidern von elegantem Schnitt. Die Geschichte hat mir 400
erzählt, ihre Jagdfalken hätten dort den Kranich gejagt
oder was halt sonst vor ihnen aufflog. Einen sehr edlen
Araber aus Spanien ritt der König Vergulaht. Sein Glanz
war eine Sonne mitten in der Nacht. Seine Familie war
aus dem Berg in Fâmorgân gekommen, Mazadân hatte
sie in die Welt hinaus geschickt: Von der Fee also
stammte der König ab. Jeder glaubte den Mai zu sehen
in der rechten Blumenzeit, wer des Königs Schein
erblickte. Gâwân jedenfalls, als vor ihm dessen Leuchten
aufging, kam es so vor, wie wenn da ein zweiter Parzivâl
wäre, und es schien ihm, daß jener an sich das Feenhafte
des Gahmuret habe, das unsere Geschichte von dessen
Einzug in Kanvoleiz her in Erinnerung hat.

Ein Reiher suchte zu entkommen und floh in einen sumpfigen Teich. Falken stießen auf ihn nieder und brachten ihn auf. Der König, der den Falken helfen wollte, geriet auf eine schlechte Furt: Er wurde naß. Zwar konnte er die Falken aus ihrer Not erlösen, doch ging ihm sein Pferd dabei verloren und seine Kleider noch dazu. Das alles nahmen sich die Falkner. Ja, durften die das denn? Es war ihr Recht und Privileg, daß ihnen das gehörte, und ihr Recht konnte man ihnen nicht nehmen.

Man lieh ihm also ein anderes Pferd; sein eigenes hatte 401
er jenen zugesprochen. Auch neue, fremde Kleider legte
man ihm an, die seinen waren den Falknern zugefallen.

Da nun kam Gâwân hergeritten. Da schau, man zögerte nicht, ihn freundlich zu begrüßen; der Empfang war sogar noch prächtiger als jener, der dort in Karidoel dem Erec geschah, als er nach seinem Kampf zu Artûs kam und als die edle Enîte seiner Freude Ehrenjungfrau war. Vorher hatte ihn Maliclisier, der Zwerg, so grob geschlagen, daß die Haut aufsprang, mit der Geißel und vor den Augen der Gynovêr. Und in dem weiten Ring vor Tulmeyn hatte man den Sperberkampf gekämpft. Der berühmte Idêr *fils du* Noyt hatte da vor ihm die Waffen gestreckt; das mußte er tun, es war doch besser als der Tod.

Doch Schluß damit, hört lieber hierher: So viel edle Pracht beim Empfang und beim Begrüßen hat, so glaube ich, noch keiner vor euch ausgebreitet. Ach, dafür wird das Kind des edlen Lôt böse Buße geben müssen! Ihr braucht es nur zu sagen, dann höre ich auf und erzähle euch nicht mehr weiter. Wenn es euch zu traurig wird —
402 noch kann ich es aufhalten. — Nun denn, da ihr so gütig seid, vernehmt, wie fremde Verräterei Trübheit schickte in ein lauteres Herz. Wenn ich fortfahre, diese Geschichte vor euch mit rechter Rede zu beackern, so werdet ihr mit mir gemeinsam in den Jammer kommen.

Es sprach der König Vergulaht: »Mein Herr, ich habe es mir so überlegt: Reitet nur dort hinein. Wenn Ihr es mir nicht übelnehmt, dann wäre ich gerne so unhöflich und ließe Euch allein. Wenn es Euch aber kränken sollte, daß ich noch eine Weile reite, dann kann ich das, was ich noch zu schaffen habe, auch bleiben lassen.«

Da sagte der edle Gâwân: »Mein Herr, wie Ihr befehlt, so ist es recht; tut nur, was Ihr zu tun habt. Ich bin Euch auch gar nicht böse deswegen und will gern Verständnis dafür haben.«

Da sprach der König von Ascalûn: »Mein Herr, Ihr seht dort Schamfanzûn; da droben ist meine Schwester, ein Mädchen, das von allem, was je ein Mund von Schönheit sprach, einen vollen Teil bekommen hat. Wenn Ihr es für ein Glück ansehen wollt, dann wird sie sich ganz sicher bemühen und wird sich um Euch kümmern, solange ich fort bin. Ich bin schneller wieder bei Euch, als Euch lieb sein wird: Ihr werdet mich sehr leicht erwarten können, wenn Ihr erst meine Schwester gesehen habt; dann werdet Ihr nichts dagegen haben, wenn ich noch länger ausbleibe.«

»Ich freue mich darauf, Euch zu sehen, und auch auf Eure Schwester. Allerdings haben mich große Damen bis jetzt noch nie mit ihren erlauchten Aufmerksamkeiten traktiert.« So sprach der stolze Gâwân. 403

Der König schickte einen Ritter mit und ließ der Jungfrau ausrichten, sie solle sich so um ihn kümmern, daß lange Weile ihm wie kurze Eile schiene. Gâwân ritt da hinein, wie es der König wünschte.

Jetzt ist noch Zeit; wenn ihr wollt, so schweige ich von großer Not. Nein? Wie ihr wollt, dann erzähle ich halt weiter.

Die Straße und das Pferd, die trugen Gâwân zum Tor beim Palas hin. Jeder, der schon einmal gebaut hat, könnte besser als ich die solide Konstruktion des Bauwerks rühmen. Da lag eine Burg, die beste von allen, die je »Erdenfeste« hießen. Über alle Maßen weit war der *
Raum, den sie umschloß.

Jetzt hören wir aber auf, die Burg zu preisen, ich habe euch nämlich viel zu erzählen von des Königs Schwester, einer Jungfrau. Es ist schon viel vom *Bau* geredet worden; den ihren untersuche ich jetzt gründlich, denn dafür bin ich da: Wenn sie schön war, dann stand ihr das gut; hatte sie dazu noch einen geraden Mut, dann half ihr das zu rechtem Adel. Und also glichen dann ihr Sinn und ihre Sitten der Markgräfin, die an vielen schönen Tagen 404
vom Heitstein herab ihre ganze Mark überglänzt hat. Wohl dem, der sich bei ihr daheim in traulicher Nähe davon überzeugen darf! Das könnt ihr mir glauben, daß der dort besser als woanders Kurzweil findet. Wenn ich über edle Damen spreche, so sage ich immer nur das, was meine Augen auskundschaftet haben — anders ist es mir gar nicht möglich. Wo ich mit meiner Rede — obwohl die stets das Gute will — einkehre, dort ist die dennoch darauf angewiesen, daß man sie mit feinem Anstand vernimmt. Wer treu ist und wert, daß andere ihm trauen, soll dieses Abenteuer hören — die kein Mitgefühl kennen, gehen mich nichts an: Mit Schmerzen durch und durch haben sie alle Seligkeit verspielt, Zorn müssen ihre Seelen leiden.

Auf den Hof vor den Palas ritt Gâwân zu seinem Stelldichein, wie der König es gewünscht hatte; der handelte schändlich an ihm. Der Ritter, der ihn herbegleitet hatte, führte ihn dahin, wo die Schöne saß, Antikonîe, die Königin. Wenn Frauenhoheit ein Ding wäre, das man durch Kauf erwirbt, dann müßte man glauben, daß sie die Art von Handel viel betrieben und dabei immer faule Geschäfte vermieden hat: So konnte ihre Reinheit höchstes Lob gewinnen. Ach, daß er so früh sterben mußte, der kluge Mann aus Veldeke! Der hätte sie besser loben können.

405 Als Gâwân das Mädchen erblickte, da trat nun der Bote hin und sagte all das, was der König ihm aufgetragen hatte. Da zögerte die Königin nicht, zu sprechen, und sagte: »Mein Herr, kommt nur her zu mir. Mein Lehrer in den Künsten der Courtoisie seid Ihr, jetzt befehlt und beginnt mit dem Unterricht: Es steht ganz in Eurem Belieben, wie man Euch die Zeit vertreibt. Da Ihr mir von meinem Bruder so warm ans Herz gelegt seid, küsse ich Euch auch, wenn Ihr es wünscht. Befehlt nur, wie Ihr es für richtig haltet, so will ich tun und lassen.« Wohlerzogen, wie sie war, hatte sie sich vor ihm erhoben.

Da sagte Gâwân: »Meine Dame, Euer Mund sieht so nach Küssen aus, daß ich Euren Kuß zur Begrüßung haben muß.«

Ihre Lippen waren heiß und voll und rot; zu denen hin bot Gâwân da die seinen. In dem Kuß, der nun geschah, war von Höflichkeit nichts zu spüren.

Zu dem Mädchen, das sich so überaus fein zu benehmen wußte, setzte sich der wohlgeborne Gast. Es fehlte nicht an süßen Reden, und beide meinten es ganz ehrlich. Sie verstanden sich sehr gut darauf, immer wieder neu zu sagen, was sie zu sagen hatten: er sein Bitten, sie ihr Verweigern. Da fing er an sich bitterlich zu beklagen, und immer dringlicher verlangte er, sie möchte doch nachgeben.

Da sprach das Mädchen so, wie ich euch nun sagen
406 will, nämlich: »Mein Herr, wenn Ihr sonst klug seid,
dann könntet Ihr wissen, daß es jetzt genug ist. Ich habe Euch, weil mein Bruder mich gebeten hat, schon so viel erlaubt, daß Ampflîse meinem Oheim Gahmuret keine größeren Freiheiten gewähren konnte, außer der einen, meine ich, mit ihr zu schlafen. Und meine Freundlichkeit könnte am Ende sogar noch ein Lot mehr auf die Waage bringen, wenn einer uns ganz genau gegeneinander zu wiegen verstünde: Mein Herr, ich weiß ja nicht einmal, wer Ihr seid! Und trotzdem wollt Ihr nach so kurzer Zeit schon meine Liebe haben.«

Da sprach der edle Gâwân: »Ich sag's Euch, meine Dame. Wenn ich über meinen Stammbaum recht berichtet bin, so bin ich der Brudersohn von meiner

Tante väterlicherseits. Wenn Ihr mich also erhören wollt, dann braucht Ihr Euch um meine Herkunft keine Sorgen zu machen: Die kann es mit der Euren wohl aufnehmen; die beiden stehen gleich hoch und können in Würde nebeneinander schreiten.«

Ein Mädchen kam und brachte etwas zu trinken, dann machte sie sich schleunigst wieder fort. Da fiel den anderen Damen, die noch im Zimmer saßen, ein, daß sie dies und das zu schaffen hätten, und sie gingen auch. Und der Ritter, der ihn hergebracht hatte, war auch schon fort und aus dem Weg. Als sie da alle vor ihm die
Flucht ergriffen und entkamen, da mußte Gâwân an den 407
kleinen Adler denken, der, wie man weiß, trotzdem den großen Vogel Strauß zur Strecke bringt: Er griff unter ihren Mantel — ich glaube fast, er hat ihr Hüftbeinchen berührt. Das vermehrte seine Pein. Den beiden, dem Mädchen wie dem Mann, war so wohl dabei, es kam über sie mit solcher Macht, daß da beinah etwas geschehen wäre, wenn nicht böse Augen dazugekommen wären. Am Willen hat es den beiden nicht gefehlt. Doch seht, es naht ihr Herzeleid: Zur Tür herein ging da ein silberglänzender Ritter — denn er war schon ganz grau. Der wußte gleich seinen Namen und schrie Alarm, sobald er Gâwân sah, und er rief immer wieder laut: »Ach und auweh, mein armer Herr, den Ihr ermordet habt! War Euch das noch nicht genug, daß Ihr jetzt auch noch seine Tochter vergewaltigt!«

Wenn jemand Alarm schreit, dann kommen die Leute gelaufen; nach dieser weisen Regel verfuhr man auch dort. Gâwân sprach zu der Jungfrau: »Meine Dame, jetzt helft, was sollen wir tun? Wir beide haben nicht sehr viele Waffen hier.« Und er sprach: »Wenn ich doch nur mein Schwert hätte!«

Da sagte die adelige Jungfrau: »Wir sollten uns zurückziehen in die Schanze, in jenen Turm dort fliehen, der bei meiner Kemenate steht. Vielleicht geht es dann glimpflich ab.«

Hier ein Ritter, dort ein Krämer: das Mädchen hörte 408
sie schon, der ganze Pöbel aus der Stadt kam da gelaufen. Mit Gâwân schritt sie zu dem Turm. Da erging es ihrem Freund schlecht, so sehr sie die Leute auch bat, sie sollten aufhören damit. Aber der Krach und das Geschrei war so groß, daß kein Mensch auf sie achtgab.

Sie stürmten jetzt wild gegen die Türe an. Gâwân stellte sich davor und denen dort entgegen. Er verteidigte seine Bresche, sie konnten nicht hinein: Einen Riegel, der den Turm versperrte, riß er aus der Mauer. Die bösen Nachbarn wichen oft vor ihm zurück in wilden Haufen. Die Königin lief hin und her, ob in dem Turm vielleicht etwas zu finden wäre, was als Waffe taugen könnte gegen diese wortbrüchige Bande. Da fand das reine Mädchen einen Satz Schachfiguren aus Stein und ein Brett dazu, groß und schön eingelegt. Das brachte sie dem Gâwân in den Kampf. Es war ein eiserner Ring dran zum Aufhängen: da packte Gâwân es an. Auf diesem viereckigen Schild spielte man etliche Partien, er wurde arg zerhauen.

Hört aber jetzt auch, was die Dame machte. Ob König
oder Turm, das war ihr ganz gleichgültig: Sie warf es auf
409 die Feinde; das waren große, schwere Steine. Es wird
von ihr erzählt: Wenn einen die Wucht ihres Wurfs
traf, dann fiel der, schneller als er denken konnte, hin.
Diese gewaltige Königin kämpfte ritterlich. Ihre Tap-
ferkeit erglänzte da so hell an Gâwâns Seite, daß auch die
Marktweiber in Dollnstein nicht besser streiten könnten
an Fasnacht; bloß treiben die aus Albernheit nur Blöd-
sinn und bringen ihre Leiber ohne Not in Schweiß.

Wo eine Frau von einer Rüstung rostig wird, die hat ihre Bestimmung verfehlt, ich meine: wenn man sie am Ideal spiegelglatter Reinheit mißt. Etwas ganz anderes ist es aber, wenn Frauen aus Treue so tun. Wie sehr Antikonîe litt, das wurde offenbar in Schanfanzûn, es war ihr arg und demütigend. Sie weinte bitterlich in diesem Kampf und zeigte so: Freundschaft, die aus der Zärtlichkeit kommt, kennt keinen Verrat.

Und was tat Gâwân? Immer wenn er einen Augen-
blick Muße hatte, so schaute er das Mädchen an, ihren
Mund, die Augen, ihre Nase. Kein Hase an seinem Brat-
spieß könnte euch eine elegantere Figur machen, das
glaube jedenfalls ich, so war sie gebaut da zwischen Brust
410 und Hüfte. Ihr Leib konnte sehr wohl Gelüste nach
ihrer Liebe reizen. Keine Ameise könnt ihr finden, die
eine bessere Taille zu bieten hätte als sie dort, wo ihr
Gürtel lag. Das gab ihrem Geliebten Gâwân gewaltige
und mannhafte Kräfte. Mit ihm gemeinsam hielt sie den
Gefahren stand. Mit seinem Tod sollte er die Rechnung
begleichen, sein Leben hatte er als Bürgen stellen müssen
in diesem Handel. Gâwân kümmerte die Wut der Feinde
sehr wenig, wenn er das Mädchen erblickte; darum ver-
loren viele von ihnen den Leib.

Da kam der König Vergulaht. Der sah das kriegerische Volk gegen Gâwân kämpfen. Ich müßte euch was vorlügen, wenn ich ihn schöner machen wollte und so tun, als wäre er nicht entschlossen, sich selber an seinem edlen Gast zu schänden. Der blieb fest und hielt die Stellung. Wenn ich sehe, welch üble Figur der Hausherr da machte, tut mir der arme Gandîn leid. Ach, König von Anschouwe, daß deine Tochter, eine so edle Dame, einen solchen Sohn gebären konnte, der wider alle Treue Krieg anfing und seine Leute so wütend kämpfen ließ!

Gâwân mußte warten, bis der König gerüstet war.
Der schritt nun selber in den Kampf. Da mußte Gâwân 411
fliehen, doch ohne Schande. Er wurde zur Tür des Turms hineingedrängt.

Nun seht aber dort: Es kam da jener Mann, der damals die Forderung zum Zweikampf gebracht hatte; das geschah vor dem König Artûs. Der Landgraf Kyngrimursel raufte sich die Haare und riß seine Haut blutig, die Hände rang er vor Entsetzen über Gâwâns Not. Denn er hatte ja seine Ehre verpfändet, daß ihm hier niemand etwas Böses täte, daß nur eines einzigen Mannes Arme ihn angreifen sollten, und zwar beim Gerichtskampf.

Die Alten und die Jungen jagte er fort vom Turm. Den befahl der König niederzureißen. Da sprach Kyngrimursel zu Gâwân, den er da oben sah: »Tu mir nichts zuleide, Held, ich komme hinein zu dir. Wie ein Freund will ich mit dir gemeinsam Schmerzen leiden und die Gefahr. Entweder schlägt der König auch mich tot, oder ich rette dein Leben.«

Gâwân versprach ihm, Frieden zu halten, und gleich lief der Landgraf zu ihm hinein. Da wußten nun die dort draußen nicht mehr, was sie tun sollten; denn er war auch der Burggraf hier. Ob jung oder grau, alle wurden sie jetzt unsicher beim Kämpfen. Da lief Gâwân
schnell hinaus ins Freie, und genauso tat Kyngrimursel. 412
Sie waren beide stark und kühn.

Der König redete seinen Leuten zu: »Wie lange noch sollen wir uns herumplagen mit diesen zwei Männern? Mein eigener Vetter hat sich's in den Kopf gesetzt, den Mann da zu retten, der mir solches Leid getan hat. Dabei wäre es doch seine Pflicht, Rache dafür zu nehmen!«

Da waren aber genug, die lieber auf das hörten, was Treue ihnen sagte. Die wählten einen aus, und der sprach zum König: »Herr, es muß einmal gesagt werden: Es gibt viele Schwerter hier, die den Landgrafen nicht erschlagen werden. Möge Gott Euch Einsicht geben, damit Ihr zurückfindet zu einem Benehmen, das leichter zu begreifen ist. Alle Ehre bei den Menschen wird sich lossagen von Euch, wenn Ihr Euern Gast ermordet; schwere Schande werdet Ihr auf Euch laden. Und der andere, der ihm Schutz versprochen hat, ist auch noch Euer Verwandter, und da fangt Ihr nun eine Fehde an! Das sollt Ihr bleiben lassen, verflucht müßtet Ihr sein! Gebt uns eine Waffenruhe, die soll so lange dauern wie dieser Tag, und auch die Nacht hindurch soll Friede sein. Wie Ihr es Euch dann überlegt habt, das steht morgen immer noch in Eurer Hand und macht Euch Ehre oder Schande.

413 Meine Herrin, die Frau Antikonîe, der jede Verräterei fremd ist, steht weinend dort bei ihm. Wenn Euch das nicht zu Herzen geht, da Euch und sie doch *eine* Mutter trug, so denkt daran, Herr, ob es fein ist, was Ihr tut: Ihr selber habt ihn doch zu dem Mädchen hergeschickt. Selbst wenn er niemanden hätte, der ihm Geleit versprochen hat, so dürfte man ihn doch aus Rücksicht auf sie nicht töten.«

Der König befahl eine Waffenruhe; er wollte sich zuerst noch besser beraten, wie er seinen Vater rächen sollte. Unschuldig war der Herr Gâwân, ein anderer hatte das getan: Der stolze Ehkunat, der hatte seiner Lanze den Weg durch jenen Mann gewiesen, als der Jofreyt *fils* Idoel — er hatte ihn von Gâwâns Seite weggefangen — nach Barbigoel führte. Von ihm also ging die ganze Not aus.

Sobald der Friede verkündet war, ging alles Volk vom Kampfplatz fort, ein jeder dahin, wo er daheim war. Die Königin Antikonîe umarmte ihren Vetter, sein Mund empfing da viele Küsse, weil er Gâwân gerettet und sich selber vor dem Bösen bewahrt hatte. Sie sprach: »Du bist mein Vetter, dich kann niemand dazu bringen, Unrecht zu tun.«

414 Wenn ihr es hören wollt, so lasse ich euch wissen — mein Mund hat vorher schon davon gesprochen —, daß hier eine lautere Seele trübe wurde. Schande über diesen Krieg, den Vergulaht da anfing in Schampfanzûn! Das lag nicht in seiner Art: Vom Vater nicht noch von der Mutter konnte er das haben. Der junge Mann, der doch viel Gutes in sich hatte, litt große Schmerzen vor Scham,

als ihn nun seine Schwester mit Vorwürfen überfiel: Man hörte ihn um Gnade flehen.

Es sagte die hohe Jungfrau: »Herr Vergulaht, wenn ich
das Schwert führen dürfte und wäre ich ein Mann, von
Gott zum Schildamt berufen, dann hätte Euer Helden-
tum hier ganz verzweifeln müssen! So aber, da ich ein
Mädchen bin, mußte ich ohne Waffen kämpfen — frei-
lich, einen Schild hatte ich doch, auf den ist mein Adel
gemalt. Die Wappenzeichen will ich Euch nennen, viel-
leicht könnt Ihr Euch bequemen, sie zur Kenntnis zu
nehmen: Anstand und Keuschheit, das sind sehr solide
Tugenden. Und diesen Schild habe ich vor meinen
Ritter gehalten, den Ihr mir da herein geschickt habt.
Anderen Schutz hatte ich nicht für ihn. Wenn Ihr vor
den Leuten Sühne leisten wollt, so vergeßt nicht, daß Ihr
auch an mir schuldig geworden seid, falls auch die Ehre
einer Frau ein Recht hat. Wo es vorgekommen ist, daß 415
einer im Schutz einer Frau Zuflucht suchte, da hat noch
immer gegolten, daß dann auch das wildeste Jagen nach
Kampf seine Beute verlorengeben mußte, wenn da
irgend Courtoisie war bei Männern. Herr Vergulaht,
Eures Gastes Fliehen vor dem Tod zu mir her wird Eure
Ehre noch schwer aufs Haupt schlagen mit Schande.«

Und Kingrimursel sagte: »Es geschah im Vertrauen
auf Eure Treue, als ich dem Herrn Gâwân dort auf der
Wiese am Plimizoel Geleit hierher in Euer Land ver-
sprach. Eure Ehre stand dafür als Pfand: Wenn sein
Heldentum ihn hertriebe, so würde ihn niemand, dafür
habe ich mich an Eurer Stelle verbürgt, zum Kämpfen
zwingen als nur ein einziger Mann. Herr, jetzt stehe ich
als Schwächling da. Meine Standesgenossen sollen diesen
Fall nur recht studieren: Die Schande kommt uns allen
gar zu keck daher. Wenn Ihr nicht wißt, daß man die
Fürsten mit Rücksicht zu behandeln hat, so werden wir
für unseren Teil die Kraft der Krone schwächer machen.
Wenn Ihr Wert darauf legt, als Edelmann zu erscheinen,
so müßte Euch doch auch der Anstand daran erinnern,
daß da Verwandtschaft zwischen uns ist. Und wäre, was
uns so verbindet, auch nur ein Schleichpfad zur linken
Hand — ich rede von *meiner* Linie, versteht sich —, so
wäre es immer noch zuviel, was Ihr Euch, ohne lang zu
zögern, gegen mich erlaubt habt; denn ich bin ja doch
ein Ritter, den noch keiner untreu gesehen hat. Möge 416
meine Ehre dafür sorgen, daß ich in solcher Unschuld
dereinst sterbe. Das hoffe ich von Gottes Treue, so wahr

ich selig werden will. Überall, wo diese Geschichte bekannt wird, daß des Artûs Schwestersohn in meinem Schutz nach Schampfanzûn gekommen ist, bei Franzosen oder Bertûnen, bei Provenzalen und in der Bourgogne, bei Galicianern oder in Punturtoys: sobald die hören, wie schlecht es dem Gâwân erging, ist meine Ehre, wenn ich Ehre habe, tot. Was kommt für mich heraus aus der schrecklichen Mangel seines Kampfes? Ganz dünne Ehre, und meine Schande wird breit ausgewalzt. Dann wird die Axt an mein Glück gelegt, und das Pfand meiner Ehre wird verfallen sein.«

Als diese Rede getan war, da stand einer von des Königs Leuten auf, der hieß Liddamus — Kyôt selber nennt ihn so. Kyôt hieß der Chansonnier, der gar nicht anders konnte vor lauter Kunst, als so zu singen und zu dichten, daß noch heute viele davon fröhlich werden. Kyôt ist ein Provenzale, und der hat diese Geschichte von Parzivâl in heidnischen Handschriften gefunden. Was er auf französisch davon berichtet hat, das sage ich, wenn mein Verstand mich nicht im Stich läßt, jetzt weiter deutsch.

417 Es sprach der Fürst Liddamus: »Was hatte der denn auch in meines Herrn Haus zu suchen, der ihm den Vater ermordet hat und ihm zum Hohn so nahe auf den Leib rückte? So wahr mein Herr Adel hat, er soll hier an Ort und Stelle mit eigener Hand sein Recht und seine Rache nehmen: So soll man Tod mit Tod vergelten; ich denke, die eine Not ist der anderen wert.«

Da schaut, so stand es um Gâwân: Jetzt erst sah er sich so recht in die Enge getrieben.

Da sagte Kingrimursel: »Wer so kühn beim Drohen ist, der wird, sollte man meinen, nicht zu halten sein, wenn es ans Kämpfen geht. Ob Ihr nun Platz habt auszuholen oder im dichten Gedränge, so wird es doch keinem schwerfallen, sich Euch vom Leib zu halten. Herr Liddamus, vor Euch getraue ich mich diesen Mann zu retten: Wär es auch noch so schlimm, was er Euch angetan hätte, so bliebe es doch von Euch ungerächt. Ihr habt Euch ganz vergaloppiert beim Sprechen. Das freilich dürfte man Euch glauben: daß keines Menschen Augen Euch je vorne dran gesehen haben in der Schlacht; beim Fliehen allerdings wart Ihr sehr wohl immer der erste, so sehr ist Euch jeder Kampf zuwider. Und das ist nicht alles, Eure Kunst geht noch weiter: Überall, wo man mit Macht zum Kampf drängt, da drückt Ihr Euch,

schüchtern wie eine Frau. Ein König, der sich auf Euren Rat verläßt, der trägt die Krone ganz verkehrt herum. Mit meinen eigenen Händen hätte ich ja den Kampf mit 418
Gâwân, dem starken Helden, aufgenommen hier im Ring; ich hatte es schon auf den Weg gebracht: An dieser Stelle hier hätte der Kampf mit ihm stattfinden müssen, wenn mein Herr es nicht verhindert hätte. Der hat mich jetzt mit Sünden zu seinem Feind gemacht; von seiner Treue hatte ich andere, bessere Dinge erwartet.

Herr Gâwân, versprecht und gelobt mir, daß Ihr heute in einem Jahr Antwort geben wollt mit Waffen, wenn es jetzt so ausgeht, daß mein Herr Euch das Leben läßt: Dann sollt Ihr Euern Kampf von mir bekommen. Ich habe Euch am Plimizoel herausgefordert. Jetzt sage ich Euch: Der Kampf soll in Barbigoel sein, vor dem König Meljanz. Als eine Dornenkrone trage ich mein Leid bis an jenen Tag der Sühne, da ich als Euer Gegner in den Ring trete. Da mag dann Eure starke Hand mich anderes Leid erfahren lassen.«

Gâwân, der gewaltige Held, tat, worum man ihn gebeten hatte, und gab, höflich wie er war, sein Ehrenwort.

Da stand nun schon wieder zu reden bereit der Herzog Liddamus hob an mit wohlgesetzten Worten vor all denen, die dort zuhörten; er sprach — und es war höchste 419
Zeit für ihn zu sprechen —: »Wo immer ich in einem Kampf erscheine, ob ich dort gemeinsam mit den anderen fechte oder fliehe, wenn es schlecht ausgeht, ob ich als Feigling Feigheit zeige oder allen übrigen den Ruhm abjage, Herr Landgraf, da belohnt nur ruhig meine Taten so, wie Ihr es halt versteht. Es mag schon sein, daß ich von Euch dann überhaupt nichts dafür kriege, doch bin ich als mein eigener Kriegsherr mit mir recht zufrieden.« Und der hohe Fürst Liddamus sprach weiter: »Ihr wollt gerne der Herr Turnus sein, nun gut, so will ich den Herrn Trances spielen. Sprecht Euer Urteil, wenn Ihr etwas gegen mich wißt, aber überhebt Euch nicht zu sehr. Vielleicht seid Ihr ja der Edelste und Höchste unter uns Fürsten, doch habe ich auch ein Land, das mir gehört, und ich bin auch ein Herr. Ich habe eine Menge Burgen in Galizien, überall im Land bis nach Vedrûn hin. Was könntet Ihr oder irgendein Bertûne mir denn schon Böses tun? Ihr könntet ja nicht einmal meinen Hühnern gefährlich werden!

Da ist er jetzt gekommen aus Bertâne, und Ihr habt Euch verpflichtet, gegen ihn zu kämpfen. Nun also,

nehmt Rache für Euren Herrn und Verwandten und laßt
gefälligst mich in Frieden mit Eurem Keifen! Es geht
um Euren Vetter — Ihr wart sein Vasall — und den, der
420 ihm das Leben genommen hat, da müßt Ihr es rächen!
Ich habe ihm nichts zuleide getan, das wird, glaube ich,
denn doch keiner behaupten. Ich werde den Tod Eures
Vetters schon verschmerzen: Da er nicht mehr lebt,
steht die Krone seinem Sohn zu, und der hat Adel genug,
mein Herr zu sein. Die Königin Flûrdamûrs hat ihn
geboren, sein Vater war Kingrisîn, sein Großvater der
König Gandîn. Und wenn ich ganz genau sein will, so
muß ich hinzufügen, daß Gahmuret und Gâlôes seine
Mutterbrüder waren. Ich habe gar nichts gegen ihn und
kann also in Ehren von seiner Hand mein Land als Lehen
nehmen mit der Fahne.

Wer gerne fechten will, der mag es tun. Vielleicht bin ich ja lahm zum Kampf, aber ich habe noch immer rechtzeitig erfahren, wie es ausgegangen ist. Wenn einer sich im Kampf Ehre holt, so danken es ihm die stolzen Frauen. Ich aber will niemandem zuliebe meinen Leib in ein Gemetzel tragen. Bin ich denn ein Wolfhart? Mir ist der Weg aufs Schlachtfeld versperrt mit einem Graben; beim Anblick eines Kampfes hält mein Blutdurst inne. Und wenn Ihr mir auch nimmermehr gut werdet, so möchte ich es doch lieber mit Rûmolt halten: Der riet dem König Gunther ab, als der von Worms gegen die Hunnen zog; er täte besser, sagte er, daheim am Feuer recht lange Brotscheiben auszubacken und in der Pfanne fleißig zu wenden.«

421 Der Landgraf, der Starke, sprach: »Ihr redet wahr, denn viele haben es so an Euch erfahren in Eurer Zeit und Euren Jahren. Zu jenem Ziel, wo Euer Rat mich hinschickt, bin ich schon unterwegs. Ihr sagt, Ihr für Eure Person wolltet tun, wie es ein Koch den kühnen Nibelungen riet: Die aber machten sich mit freiem Heldenmut trotzdem auf die Reise dahin, wo man an ihnen Rache nahm für das, was dem Sîvrit geschehen war. Mich muß der Herr Gâwân erschlagen, oder er muß selber lernen, wie weh die Rache tut.«

»Damit bin ich einverstanden«, sprach Liddamus, »*ich* allerdings täte es nicht für alles, was sein Oheim Artûs hat, und wenn man mir auch alle Schätze Indiens dafür schenkte und sie hier vor mich hinlegte, so daß ich nur zu nehmen brauchte — ich ließe lieber alles liegen, eh ich mich darum schlüge. Ich jage Euch Euren Heldenruhm nicht ab. Ich bin nicht Segramors, daß man mich anbinden müßte vor einem Kampf. So wie ich bin, kann ich recht gut des Königs Gruß verdienen. Sibche hat niemals das Schwert aus der Scheide gebracht, immer war er bei denen zu finden, die flohen — und trotzdem machte er viele flehen. Große Geschenke bekam er von Ermrîch und viel Macht und Land: Und hat doch nie sein Schwert durch einen Helm geschlagen. Mir macht keiner einen Kratzer in mein Fell, Ihr nicht, Herr Kyngrimursel, das ist die Antwort, die ich Euch gebe.« 422

Da sprach der König Vergulaht: »Schweigt still, hört auf mit diesem Hin und Her von Worten! Ihr kränkt mich alle beide. Wie könnt Ihr Euch erlauben, so zu reden! Ein solches Geschrei könnt Ihr veranstalten, wenn ich Euch nicht so nahe bin: Zu meiner Würde paßt das nicht und auch nicht zu der Euren.«

Das fand auf dem Palas statt, und es war da auch seine Schwester anwesend. Bei ihr stand der Herr Gâwân, und noch viele andere Adelige waren da. Der König sprach zu seiner Schwester: »Jetzt nimm deinen Freund zu dir und auch den Landgrafen. Die aber mir Gutes gönnen, sollen mit mir gehen. Erwägt es und ratet mir dann, was ich tun soll.«

Sie sprach: »Dann mußt du deine Treue mit auf die Waage legen.«

Der König geht jetzt weg in seinen Rat. Die Königin hat ihren Vetter und ihren Gast zu sich genommen, als drittes war da Leides Last. Sie faßte Gâwân — daran war gar nichts Böses — mit den Händen und führte ihn dahin, wo sie ihn haben wollte. Sie sprach: »Wärt Ihr nicht gerettet worden, so hätten alle Länder den Verlust.« An der Hand der Königin ging der Sohn des edlen Lôt; er konnte es nun auch mit Freuden tun.

Die Königin ging mit den zwei Männern in die Keme- 423
nate. Die blieb vor anderen Leuten leer, dafür hatten die Diener zu sorgen. Bloß lichte, adelige Mädchen hatten dort Zutritt, und zwar ziemlich viele. Die Königin kümmerte sich selber mit Courtoisie um Gâwân: Er lag ihr am Herzen. Der Landgraf war auch da; sie ließ sich aber dadurch nicht stören in ihrem Tun. Doch war das edle Mädchen sehr in Sorge um Gâwâns Leben, so hat man mir erzählt.

Die zwei also waren so lange da drinnen bei der Königin, bis endlich der Tag die Waffen streckte: Es kam die

Nacht, da war es Essenszeit. Môraz, Wein und Würz-
wein brachten junge Damen — lauter schmale Taillen —,
und sie trugen auch noch andere Köstlichkeiten auf:
Fasanen, Rebhühner, feine Fische und weiße Semmeln.
Gâwân und Kyngrimursel waren großer Not entronnen.
Da die Königin es befahl, aßen sie auch tüchtig und mit
ihnen die andern, die etwas davon haben wollten. Anti-
konîe selber schnitt ihnen die Speisen vor, das war den
beiden gar nicht recht: aus Courtoisie. Keinem einzigen
von all denen, die man da niederknien und einschenken
424 sah, sprang ein Knopf vom Hosentürlein — es waren ja
auch lauter Mädchen, und zwar gerade in dem Alter, wo
sie, wie behauptet wird, die besten Jahre noch vor sich
haben. Es könnte mich freilich nicht erschrecken, wenn
sie auch schon den Kükenflaum verloren und sich bereits
gemausert hätten, wie man von Falken sagen würde; ich
hätte nichts dagegen einzuwenden.

Hört aber, bevor der Rat des Landes auseinanderging,
was man dem König riet. Der hatte die Klugen zu sich
genommen, sie hatten sich versammelt, ihn zu beraten.
Da sagten nun viele ihre Meinung, jeder, so gut es sein
Verstand ihm eingab. Man nahm der Sache Maß nach
allen Seiten. Der König befahl, man möge auch hören,
was er zu sagen habe. Er sprach: »Es hat einer mit mir
gekämpft. Ich war hinausgezogen auf Abenteuer und in
den Wald Laehtamrîs geritten. Da hat in dieser Woche
ein Ritter an mir allzu großen Ruhm erworben: Er
überlegte nicht lange und stach mich in hohem Bogen
hinters Pferd. Dann zwang er mich zu dem Verspre-
chen, ihm den Grâl zu erwerben. Wenn ich auch daran
zugrunde gehen sollte, so bleibt mir doch jetzt nichts
anderes übrig, als mein Wort zu halten, das seine Hand
von mir erstritten hat. Sagt mir: Was soll ich tun?
Euren Rat habe ich nötig. Der beste Schild, den ich
noch hinstrecken konnte, um mich vor dem Tod zu
schützen, war meine Hand, und die mußte ihm das, was
425 Ihr jetzt erfahren habt, versichern. An Kraft und Gewalt
ist er ein rechter Herr. Dieser Held hat mir noch mehr
befohlen: Es sollte ohne Hinterlist und unverbrüchlich
gelten, daß ich in eines Jahres Frist, falls ich dann gar
nichts vom Grâl erworben hätte, zu ihr, der die Krone
in Pelrapeire gehört, kommen müsse; ihr Vater hieß
Tampenteire. Und wenn mein Auge sie erblickte, solle
ich mich ihr unterwerfen mit meinem Ehrenwort. Ich
solle ihr sagen, so trug er mir auf, wenn sie ihn im Sinn

behielte, so wäre das für ihn ein großes Glück; er sei der, der sie einst vom König Clâmidê erlöste.«

Als sie diese Rede gehört hatten, nahm wieder Liddamus das Wort. »Wenn es die Herren hier erlauben, so spreche ich jetzt; die sollen dann auch ihren Rat dazu geben. Für alles das, was jener Mann Euch abgezwungen hat, soll der Herr Gâwân einstehen. Der schlägt auf Euren Pflock hilflos mit den Flügeln. Befehlt ihm, er möge vor uns allen das Gelöbnis tun, Euch den Grâl zu gewinnen. Dann laßt ihn in Liebe und Freundschaft fortreiten und sich plagen nach dem Grâl. Es wäre eine Schande, und es müßte uns bald leid tun, wenn er in Eurem Haus umgebracht würde. So aber könnt Ihr ihm ruhig seine Schuld verzeihen und die Freundschaft
Eurer Schwester wiedergewinnen. Er hat hier Schlim- 426
mes durchgemacht, und wenn er fortgeht, geht er in den Tod. Denn nirgends auf der Erde in dem ganzen Ring des Meers gibt es ein Haus, das so stark dasteht gegen alle Waffen wie Munsalvaesche. Der Weg zu dieser Burg ist rauh mit lauter Kampf gepflastert. Laßt ihn heute nacht noch einmal ruhig schlafen, morgen soll man ihm dann unsere Entscheidung sagen.«

Da stimmten alle zu im Rat. Und so behielt der Herr Gâwân dort sein Leben.

Man kümmerte sich da sehr aufmerksam um den unerschrockenen Helden, so hat man mir gesagt; für sein Wohlsein in der Nacht war gut gesorgt. Als der Vormittag erschien und als man die Messe zu Ende gesungen hatte, gab es viel Gedränge auf dem Palas von Pöbel und von adeligen Leuten. Der König tat so, wie der Rat beschlossen hatte; er befahl, den Gâwân herzubringen. Er wollte von ihm nichts Geringeres erpressen als das, was ihr selber gehört habt.

Nun schaut: Da brachte ihn Antikonîe, die Schöne, her. Ihr Vetter kam mit ihr gegangen und sonst noch viele von des Königs Leuten. Die Königin führte Gâwân an der Hand bis vor den König: Ein Kränzlein war ihre Haube. Ihr Mund nahm den Blumen alle Ehre: nirgends auf dem Kränzlein, wie man's auch anschauen
mochte, stand eine, die so rot gewesen wäre. Wenn sie 427
einem Ritter freundlich ihren Kuß in Aussicht stellte, so mußte davon und mit ungezählten Tjosten Wald zu Acker werden. Mit einem Lobgesang sollten wir der keuschen und süßen Antikonîe, der lügnerische Verräterei ganz fremd war, Reverenz erweisen: Sie lebte mit

solchen Sitten, daß nie und nirgends böse Reden durch die Schnüre ihrer Ehre brachen. Überall wo man sie rühmen hörte, da wünschte jeder Mund, daß ihre Ehre so bewahrt bestehen möge und von böswilligem Gerede unbeschmutzt. Lauter wie der Blick des Falken bis an den Horizont war die Balsam-Aura ihrer Treue. Von der Lust, nach Ehre zu jagen, ließ sie sich beraten. Es stand viel Glück in ihrer Macht und Süßigkeit.

Sie sprach mit Courtoisie: »Mein Bruder, ich bringe hier den Mann, den du selber meiner Gastfreundschaft empfohlen hast. Jetzt laß ihm zugute kommen, daß ich für ihn gebeten habe; das darf dich nicht ärgern. Werde nicht an deiner Schwester zum Verräter, tu es ohne Reue! Die Treue eines rechten Mannes wird dir besser zu Gesicht stehn als der Haß der Welt; den mußt du sonst tragen und den meinen, wenn ich hassen könnte mit Krieg. Hilf mir, daß dieser Haß nicht ausbricht!«

428 Da sprach der edle, süße Mann: »Das tu ich, Schwester, wenn ich kann; du selber magst dann entscheiden, ob es so recht ist. Dir scheint es so, als hätte Schlechtigkeit in meinen Adel eingeschlagen und mich von aller Ehre abgeschnitten. Wie könnte ich dir so noch zum Bruder taugen? Denn wären mir auch alle Kronen untertan — wenn du es wünschtest, wollte ich darauf verzichten. Deine Feindschaft wäre für mich das schlimmste Unglück. Glück und Ehre bedeuten mir nichts, wenn du nicht mit mir einverstanden bist.

Herr Gâwân, ich habe eine Bitte an Euch: Ihr seid hierhergekommen der Ehre wegen. Nun tut auch dies noch der Ehre zuliebe: Helft mir, daß meine Schwester mir meine Schuld vergißt. Bevor sie mir abtrünnig wird, will ich lieber Euch mein arges Leid vergessen. Ihr müßt mir nur Euer Wort geben, daß Ihr Euch ohne Verzug auf den Weg macht und Euch treu bemühen wollt, für mich den Grâl zu gewinnen.«

Da wurde die Versöhnung so beschlossen, und so wurde denn Gâwân hinausgesandt, den Grâl zu erringen. Auch Kyngrimursel vergaß es dem König — er hatte sich ja vorher losgesagt von ihm —, daß der in sein Geleitrecht eingebrochen war. Das geschah vor allen
429 den Fürsten, und zwar dort, wo die Schwerter der Gäste hingen. Sie waren Gâwâns Knappen nicht zur Hand gewesen und ihnen so in die Parade gefahren, bevor es zum Kampf kam; deshalb war keiner von ihnen verwundet worden. Ein hoher Herr aus der Stadt hatte den

Leuten befohlen, sie zu verschonen; er hatte sie gefangengenommen und in Arrest gebracht. Franzosen und Bertûnen, starke Ritterknechte und kleine Buben, ganz gleich aus welchem Land sie stammten, alle ließ man jetzt frei und brachte sie dem starken Gâwân. Als ihn die Kinder wiedersahen, da erging ein herzliches Umarmen und Begrüßen, alle hängten sie sich an ihn und weinten; doch war das ein Weinen vor Glück.

Aus Curnewâls war da bei ihm der *comte* Lîâz *fils de*
Tînas. Und noch ein edles Kind gehörte zu seinem
Gefolge: *duc* Gandilûz *fils de* Gurzgrî. Den Vater hatte
Schoydelakurt den Leib gekostet: Dort mußten viele
Damen ihren Jammer sehen. Lyâze war die Vater-
schwester des Buben. Sein Mund, die Augen, seine
Nase warn so recht der Liebe Mandelkern: alle Men-
schen sahn ihn gern. Zu diesen Kindern kamen noch
sechs andere: So hatte er denn acht Knappen von wohl-
ausgesuchtem Adel, alle aus sehr vornehmen Familien.
Durch Verwandtschaft waren sie ihm verbunden, und 430
sie dienten ihm für Sold. Er schenkte ihnen zur Beloh-
nung Glanz und Ehre und sorgte auch sonst großzügig
für ihr Wohlsein.

Gâwân sprach zu den Kindern: »Seid gesegnet, liebe Vettern! Ich glaube fast, ihr würdet um mich weinen, wenn man mich hier umgebracht hätte.« Von ihrer Treue konnte er allerdings Trauer erwarten — selbst so noch hatten sie viel Leid und Jammer. Und er sprach: »Ich war in großen Sorgen wegen euch. Wo seid ihr denn gewesen, als die über mich herfielen?«

Sie sagten es ihm, keiner log: »Da ist eins von den jungen Sperberweibchen, so ein Sprenkelchen, fortgeflogen, als Ihr mit der Königin beisammensaßet; dem sind wir alle nachgelaufen.«

Die da standen und saßen, ließen sich nichts entgehen, sie schauten genau hin und stellten fest: Der Herr Gâwân war ein männlicher und nobler Mann. Er trat nun hin, Abschied zu nehmen. Da sagte ihm der König adieu und ebenso die ganze Versammlung, nur der Landgraf nicht. Ihn und Gâwân nahm die Königin mit sich fort, dazu Gâwâns Knappen. Sie führte sie dahin, wo junge Mädchen sie bedienten; die taten das ohne Murren. Es waren viele schöne Mädchen da, die mit feiner Aufmerksamkeit für ihr Wohlsein sorgten.

Als Gâwân gefrühstückt hatte — ich sage nur, was 431
Kyôt las —, da erhob sich großes Leid; das geschah aus

inniger Liebe und Treue. Er sprach zur Königin: »Meine Dame, wenn ich bei rechten Sinnen bleibe und wenn mir Gott den Leib bewahrt, so muß ich all mein ritterliches Tun und Trachten in Euren Dienst stellen, denn Ihr seid der Inbegriff weiblicher Güte. Euch steht das Heil selber zur Seite, sonst hättet Ihr nicht Falschheit so besiegen können. Euer Ruhm wiegt mehr als aller andere Ruhm. Möge das Glück Euch nichts als Freuden schicken! Meine Dame, ich will Abschied nehmen; laßt mich fort auf meine Reise. Möge Eure Courtoisie Euren Ruhm und Eure Ehre schützen!«

Ihr tat die Trennung weh; sie weinte, und aus Mitgefühl weinten auch viele klare Jungfrauen. Die Königin sprach nun ohne Scheu: »Wenn ich Euch nur besser hätte nützen können! Dann könnte mein Glück am Ende doch über den Schmerz Herr werden. Es ist der Friede aber nun einmal geschlossen, mehr war nicht möglich. Das aber glaubt mir: Immer wenn es Euch schlimm ergeht, wenn Euch der Ritterdienst verschleppt in die Gewalt des Jammers und der Schmerzen, Herr Gâwân, so dürft Ihr sicher sein, daß mein Herz von allem
432 seinen rechten Anteil nimmt, vom Unglück genauso wie vom Gewinn.«

Die edle Königin küßte den Gâwânsmund. Der wurde krank an seiner Freude, daß er sich von ihr so jäh trennen mußte; ich glaube, es tat beiden weh.

Seine Knappen hatten sich um alles Nötige gekümmert, und so wurden nun seine Pferde auf den Hof vor den Palas gebracht, wo Schatten von der Linde war. Und der Landgraf hatte alle die Seinen kommen lassen, so habe ich sagen hören. Der ritt mit ihm hinaus vor die Stadt. Gâwân bat ihn mit feinem Anstand, er möchte doch die Mühe auf sich nehmen und seine Knappen, die des Gâwân, nach Bêârosche bringen: »Da ist Scherules. Ihn sollen sie bitten, sie nach Dîanazdrûn zu begleiten, da halten sich etliche Bertûnen auf. Und einer von denen bringt sie dann heim zu meinem Herrn oder zur Königin Ginovêr.«

Das versprach ihm Kyngrimursel. Abschied nahm der kühne Held. Dann wurde sogleich Gringuljete gerüstet, das Pferd, und mein Herr Gâwân auch. Er küßte die Kinder, seine Vettern, er küßte auch seine edlen Knappen. Sein Ehrenwort schickte ihn hinaus, den Grâl zu suchen. Ganz allein ritt er in wunderhafte Gefahren.

NEUNTES BUCH

433 Macht auf!«

Wem? Wer seid Ihr?

»Ich will zu dir in dein Herz.«

Da wo Ihr hinwollt, ist es aber eng.

»Was denn, zu wenig Platz für mich! Das kommt doch wahrhaftig nicht oft vor, daß ich mich aufdränge und dir *so* zum Jammern Anlaß gebe. Ich will dir jetzt von wunderbaren Dingen reden.«

Ja so, Ihr seid es, Frau Aventiure! Wie geht's ihm denn, dem Schönen? Den edlen Parzivâl meine ich, den Cundrîe mit unsüßen Worten hinaus nach dem Grâl jagte: Viele Damen haben da geweint, daß seine Fahrt nicht aufzuhalten war. Von Artûs, dem Berteneisen, ist er damals aufgebrochen. Wie geht es ihm auf seinem Weg? Nehmt nur diesen Teil der Erzählung wieder in die Hand und sagt, ob er an seinem Glück verzweifelt; oder hat er hohen Ruhm erbeutet? Und seine ganze Herrlichkeit, ist sie fern und weit dahingebreitet, oder ist sie kurz und schmal? Führt sie uns vor, die Summe seiner Taten, alles, was von seinen Händen etwa geschehen ist. Hat er Munsalvaesche gesehen seither und den lieben Anfortas, dessen Herz in großem Seufzen war? Seid doch gut und laßt uns nicht verzweifeln: Ist er erlöst worden von seinem Jammer? Laßt es uns hören, ob
434 Parzivâl dort gewesen ist, Euer Herr und meiner auch. Werft Euer Licht auf seine Straße: Der süßen Herzeloyde Kind, wie ist es ihm ergangen, dem Sohn des Gahmuret, seit er fortritt von Artûs? Hat er seitdem Glück mit Kampf gewonnen oder schlimmes Leid? Ist es noch immer die Ferne, die ihn gebannt hält, oder ist er eine Schlafmütze geworden? Sagt mir, wie's ihm geht und was er treibt.

Und jetzt läßt uns die Aventiure wissen: Durch viele Länder sei er gestrichen zu Pferd und auf den Wogen

mit Schiffen. Wenn es nicht gerade ein Landsmann oder ein Verwandter war, der in der Tjost gegen ihn anrannte — von allen denen, sagt sie, konnte keiner in seinem Sattel sitzen bleiben. So gut versteht seine Waage ihre Schaukelkunst: Sie läßt seinen Ruhm emporsteigen, und denen auf der anderen Seite bringt sie bei, wie man zu Boden geht. In vielen harten Schlachten hat der Held sich Schande vom Leib gehalten. Im Krieg hat er sein Leben verzehrt, und so mußte jeder, der zu ihm kam, um Ruhm zu borgen, den Gang mit Leiden tun. Sein Schwert, das ihm Anfortas damals schenkte, als er beim Grâl war, zersprang, als er einmal einen Kampf bestehen mußte. Da machte es dann die Kraft jenes Quells dort bei Karnant wieder ganz; der Quell heißt Lac. Dieses Schwert verschaffte ihm bei seiner Jagd nach Ruhm viel Beute. Wer das nicht glaubt, 435
der sündigt.

Die Aventiure erzählt uns, daß Parzivâl, der kühne Held, in einen Wald geritten kam — wann das war, das weiß ich nicht. Dort fanden seine Augen eine Klause stehen, die war ganz neu gebaut, und es floß eine flinke Quelle durch sie hin. Denn die Klause war auf der einen Seite darübergebaut. Der junge, unerschrockene Held war unterwegs, um Abenteuer zu suchen. Da wollte Gott sich seiner annehmen: Er fand eine Klausnerin, die hatte ihre Jungfernschaft und all ihr Glück der Liebe Gottes hingegeben. Der Urgrund allen Leids, das Frauen leiden müssen, trieb aus ihrem Herzen immer junge Blüten: Das macht die alte Treue.

Schîânatulander und Sigûne fand er. Der tote Held war da drinnen begraben; über seinem Sarkophag litt ihr Leben nichts als Not. Sigûne, *la duchesse,* hörte selten Messe, und doch war ihr Leben nichts als knien und beten. Ihre vollen Lippen, heiß und von roter Farbe, waren erblichen und bleich seit damals, als das Glück der Menschenwelt sie verriet. Nie hat ein Mädchen so hohen Schmerz leiden müssen. Der Klage hingegeben lebt sie in der Einsamkeit. Um der Liebe willen, die mit 436
ihm gestorben war, ohne daß der Fürst sie je erfahren hätte, liebte sie nun seinen toten Leib. Wenn sie seine Frau geworden wäre, so hätte sich das Fräulein Lûnete zurückgehalten mit jener allzu kecken Fürbitte, die sie tat, als sie ihrer eigenen Herrin zu raten hatte. Das kann man auch heute noch oft beobachten, wie die Lûnetendamen angetrabt kommen, viel zu früh für jede Sorte

Rat. Wenn in unseren Zeiten eine Frau aus Treue zum geliebten Mann und aus der Kraft ihrer Courtoisie darauf verzichtet, die Liebe eines Fremden anzunehmen, ich meine: solange noch ihr eigener Mann am Leben ist, so hat der, wenn ich's recht überlege, mit ihr schon alles das gewonnen, was einer heutzutage sich wünschen kann. Kein Zaudern steht einer Frau so wohl zu Gesicht wie dieses, das will ich bezeugen, wenn's denn sein muß. Danach mag sie tun, wie sie meint; wenn sie aber auch dann noch festhält an der Ehre, so setzt sie sich eine Krone auf, die schöner glänzt als jedes Kränzlein, das sie tragen könnte, wenn sie, sich zu vergnügen, zum Tanzen ginge. — Wie komme ich dazu, Freude mit Not zu messen, mit einer Not, wie sie Sigûne, ihrer Treue gehorsam, auf sich nahm; das sollte ich lieber bleibenlassen!

Über Baumstämme, ohne Straße, ritt Parzivâl vor ihr
Fenster, allzu nahe: das tat ihm nachher leid. Da wollte
er fragen — es war ja lauter Wildnis dort —, wie er
437 weiterreiten sollte. Er wollte gerne Antwort haben:
»Ist da drinnen jemand?«

Sie sprach: »Ja.«

Als er hörte, daß es die Stimme einer Dame war — sofort warf er sein Pferd herum in unbetretenes Gras, doch zu spät, so fand er: Er schämte sich sehr, daß er nicht früher abgestiegen war. Er band das Pferd ganz fest an einen Ast von einem Baumstamm, der da lag, seinen durchlöcherten Schild hängte er auch dort hin. Keusch wie ein Lamm wurde der Kühne: Er band sein Schwert los — so verlangt es die Courtoisie — und trat vors Fenster zu der Wand. Da wollte er sich Rat holen. Die Klause war an Freuden leer, nackte Armut ohne jede Unterhaltung wurde da geboten, er sah dort nichts als großen Jammer. Er bat sie, ans Fenster zu kommen.

Die Jungfrau, bleich von Farbe, stand mit Courtoisie
vom Beten auf. Auch jetzt noch war es ihm ganz unbe-
kannt, wer sie war oder wer sie sein könnte. Sie trug ein
Hemd aus Rupfen auf der Haut unter dem grauen Kleid.
Großer Jammer war ihr lieber Schatz; der hatte ihr
stolzes Glück gefällt und ihr viel Seufzen abgepreßt vom
Herzen. Höflich, wie sie war, ging die Jungfrau ans
Fenster; mit freundlichen Worten begrüßte sie ihn.
438 Einen Psalter hielt sie in der Hand: Da stach dem Helden
Parzivâl ein glitzerndes Fingerringlein in die Augen.
Das legte sie niemals ab, selbst bei ihren strengsten

Übungen nicht, sie behielt es immer bei sich: Rechte Liebe riet ihr so. Das Steinlein war ein Granat, und sein Glanz blitzte aus der Finsternis gerade so, als wäre da etwas wie ein Fünklein. Ihre Haube ging in Witwentrauer.

»Da außen an der Wand«, sprach sie, »mein Herr, steht eine Bank; nehmt doch bitte Platz, wenn es Euch recht ist und wenn Eure Geschäfte das erlauben. Ich bin hergekommen, da Ihr mich gegrüßt habt; das möge Euch Gott vergelten: Der vergilt es den Menschen, wenn sie guten Willen zeigen.«

Der Held zögerte nicht zu tun, was sie vorgeschlagen hatte, und setzte sich vor dem Fenster nieder. Er bat auch sie da drinnen, Platz zu nehmen. Sie sprach: »Hier habe ich noch nicht oft mit einem Mann zusammengesessen.«

Der Held fing nun an zu fragen, wie sie es anstelle und wie sie da leben könne, »da Ihr so weit abseits von den Straßen in dieser Wildnis wohnt. Meine Dame, das kommt mir sonderbar vor; wovon ernährt Ihr Euch? Es ist ja nirgends hier herum was angebaut.«

Sie sprach: »Mir wird dort vom Grâl her regelmäßig mein Essen geschickt. Cundrîe la surziere kommt immer 439
pünktlich am Abend vor dem Samstag herunter und bringt mir die Lebensmittel, die ich für eine ganze Woche brauche; so hat sie es eingerichtet.« Und sie sprach weiter: »Wenn mir nur sonst nichts fehlte — um meine Nahrung hab ich wenig Kummer, damit bin ich gut versorgt.«

Da glaubte Parzivâl, sie wollte ihn anlügen, und er hielt sie überhaupt für eine Schwindlerin. Mit Ironie sprach er hinein zu ihr: »Von wem habt Ihr den Ring bekommen, den Ihr tragt? Ich habe immer sagen hören, daß Klausnerin und Klausner keine Liebschaft haben dürfen.«

Sie sprach: »Wenn Eure Rede Kraft hätte, dann würdet Ihr mich wohl gern schlechtmachen. Erklärt mir doch, wo da der Betrug sein soll, und haltet ihn mir vor, jetzt habt Ihr dazu Gelegenheit. Ich habe nichts zu verbergen, Gott helfe mir, und weiß von keiner Schwindelei.« Sie sprach: »Diesen Trauring trage ich zum Gedenken an einen Mann, der mir lieb ist. Seine Liebe hab ich nie erfahren, ich meine: so wie sonst die Menschen tun. In einem jungfräulichen Herzen wohnen die Gedanken, die mich in Liebe an ihn binden.« Sie sprach: »Ich habe ihn

hier drinnen, dessen Schmuck ich trage seit dem Tag, da
440 des Orilus Tjost ihn tötete. In den Jahren meines Jammerlebens will ich ihm meine Liebe schenken, das ist gewiß. Immerfort fließt ihm von mir rechte Liebe zu; denn dafür hat er mit dem Schild gekämpft und mit dem Speer, in recht ritterlicher Manier, bis er zuletzt in meinem Dienst zu Tode kam. Meine Jungfernschaft habe ich noch, sie ist nicht vergeben, und doch ist er vor Gott mein Mann. Wenn es wahr ist, daß es die Gedanken sind, die Werke wirklich machen, so ist in meiner Seele nichts verborgen, was gegen meine Ehe Rechtskraft hätte. Sein Sterben hat meinem Leben weh getan. Dieser Ring ist in Wahrheit ein Ehering, er wird vor Gott mein Fürsprecher sein. Er ist eine Fessel meiner Treue und macht, daß mein Herz sich ausgießt mit den Augen. Wir wohnen hier zu zweit: Schîânatulander ist das eine, das andere bin ich.«

Da verstand nun Parzivâl, daß es Sigûne sein mußte: Ihr Leid tat ihm weh. Da zögerte der Held nicht länger, er nahm das Visier ab und zeigte sein Gesicht; dann erst sprach er wieder. Die Jungfrau erblickte an ihm, durch den Rost hindurch, den hellen Glanz der Haut; da erkannte sie den kühnen Helden. Sie sprach: »Ihr seid es, Herr Parzivâl! Sagt, wie steht es um den Grâl?
441 Habt Ihr endlich seine Art erkannt, oder was treibt Euch umher?«

Er sprach zu der edlen Jungfrau: »Da habe ich viel Glück verloren, der Grâl macht mir großen Kummer. Ein Land, dessen Krone ich trug, habe ich verlassen und dazu die liebste aller Frauen. Nie wurde auf der Erde ein so schöner Leib geboren von einem Menschenkind. Nach ihrem reinen Wesen sehne ich mich und härme mich ab nach ihrer Liebe, mehr noch aber nach jenem hohen Ziel: Wie kann ich Munsalvaesche sehen und den Grâl? Es ist noch nicht geschehen. Sigûne, liebe Cousine, es ist nicht recht, wenn du mir jetzt, da du meine Schmerzen alle kennst, noch weiter feind bist.«

Das Mädchen sprach: »Alle Schuld, die ich an dir zu rächen habe, soll dir vergessen sein. Du hast ja ein hohes Gut verloren, weil du es versäumt hast, die Frage, in der so viel Adel lag, zu stellen, als der liebe Anfortas dein Wirt war und dein Glück. Das Fragen hätte dir alle Seligkeit, die man nur wünschen kann, eingebracht. So aber muß deine Freude verzweifeln, und deinem Stolz sind die Flügel gebrochen. Bei deinem Herzen wohnt nun zahm die Sorge; die wäre dir ein scheues Wild geblieben, hättest du nur gefragt und dir berichten lassen!«

»Ich hab es so gemacht«, sprach er, »wie der, der dann 442
den Schaden hat. Liebe Cousine, hilf mir; denke daran, daß man Verwandten helfen muß. Sag mir auch, wie es um dich steht. Ich sollte mit dir trauern über deinen Verlust, doch kann ich's nicht: Mein Leid geht über alle Leiden, die je ein Mann zu tragen hatte. Mein Unglück ist ohne Maß.«

Sie sprach: »Nun helfe dir die Hand dessen, der alle Leiden kennt. Vielleicht hast du Glück, und eine Spur führt dich dorthin, wo du Munsalvaesche siehst, wo, wie du sagst, dein Glück zu finden ist. Es ist gar nicht lang her, daß Cundrîe la surziere von hier fortritt. Es tut mir leid, daß ich sie nicht gefragt habe, ob sie da hinauf oder anderswohin wollte. Immer wenn sie kommt, steht ihr Maultier dort drüben, wo der Quell aus dem Felsen geht. Ich rate dir, ihr nachzureiten; vielleicht ist sie nicht sehr in Eile, dann könntest du sie bald einholen.«

Nun wurde dort nicht länger gerastet, Abschied nahm der Held. Er ritt der frischen Fährte nach. Das Maultier der Cundrîe führte ihn auf eine Fahrt, wo Unweg ihm in seine Bahn geriet und ihn die Spur verlieren ließ, nach der er spähte. So war denn der Grâl zum zweitenmal verloren. Alles Glück zerging ihm da. Ich denke 443
doch, wenn er jetzt nach Munsalvaesche gekommen wäre, dann hätte er besser gefragt als so, wie ihr es beim erstenmal gehört habt.

Laßt ihn jetzt nur immer reiten — wo soll er hin?

Da kam ein Mann auf ihn zu geritten, mit bloßem Haupt, sein Waffenrock war kostbar, die Rüstung darunter blank. Bis an den Hals war er in Eisen. Der ritt rasch hin zu Parzivâl und sprach: »Mein Herr, es gefällt mir gar nicht, daß Ihr so durch den Wald brecht, der meinem Herrn gehört. Ihr werdet darum jetzt gleich eine Ermahnung kriegen, die Eurem Mutwillen weh tut. Munsalvaesche ist es nicht gewöhnt, daß ein Ritter ihr so nahe kommt; und wenn, dann mußte er einen fürchterlichen Kampf durchstehen oder jene Sorte Buße bieten, die man ›Tod‹ nennt draußen vor dem Wald.«

Er trug in der Hand einen Helm mit seidenen Schnüren zum Zubinden und einen scharfgeschliffenen Speer, der Schaft daran war ganz neu. Der Held band sich voller Zorn den Helm gerad aufs Haupt. Sein Drohen und dann auch sein Kämpfen sollten ihn diesmal nicht ganz

444 billig zu stehn kommen — aber jedenfalls: er machte sich fertig zur Tjost.

Parzivâl war in solchen Dingen noch nie geizig gewesen, auch er hatte schon viele Speere verbraucht. Er dachte: ›Ich wäre verloren, wenn ich dem Mann übers Saatfeld geritten wäre, ja dann müßte ich mir natürlich seinen Zorn gefallen lassen. Aber nun zertrete ich hier doch nur wilden Farn. Es müßten mir schon die Hände abfallen und beide Arme, wenn ich dem nicht ein Weggeld gebe, daß seine Hand die Lust verliert, mich irgendwo zu binden.‹

Das tat nun ein jeder auf seiner Seite: Man ließ die Pferde galoppieren; die wurden mit Sporen angetrieben und gelenkt in einen mächtigen Anlauf. Da geriet keinem von den zweien seine Tjost schlecht. Parzivâls hohe Brust hatte schon mancher Tjost den Amboß gemacht, ihm führten Kunst und Lust den Speer, so daß seine Tjost ganz gerad und glatt durch den Knoten der Helmschnur ging: Er traf ihn dort, wo man den Schild anhängt, wenn man Ritterspiele treibt. So traf er ihn, daß der Templeise aus Munsalvaesche vom Pferd und einen Abhang hinunter fiel, weit hinab — der war sehr tief —, bis er endlich ein Lager fand, freilich nicht zum Schlafen. Der Wucht des Anlaufs folgend, kam Parzivâl hinterdrein, sein Pferd war gar zu schnell: Es fiel
445 hinunter und zerschellte. Parzivâl erwischte mit den Händen den Ast einer Zeder. Es war nichts Ehrenrühriges dabei, das dürft ihr nicht behaupten, wenn er sich ohne Schergen henkte. Unter sich gewann er mit den Füßen des Felses Härte. Dort unten in unwegsamer Wildnis lag tot das Pferd. Der Ritter rannte fort aus seiner Not, auf der anderen Seite des Tals floh er hin. Wenn er die Beute teilen wollte, die er an Parzivâl gewonnen hatte, so mußte er schnell heim zum Grâl, da wurde er besser bedient.

Parzivâl kletterte wieder hinauf. Zur Erde nieder war der Zügel gesunken, das Pferd war hineingetreten, gerade so, als wenn man's ihm zur Rast befohlen hätte: Das allerdings hatte jener Ritter beim Absteigen versäumt. Parzivâl setzte sich auf das Pferd; so hatte er denn nichts verloren als seinen Speer. Den Verlust konnte er verschmerzen, denn er hatte ja auch etwas gewonnen. Ich glaube, nie hat der starke Lähelîn noch der starke Kingrinsîn noch *roi* Gramoflanz und auch nicht der *comte* Lascoyt *fils de* Gurnemanz eine bessere

Tjost geritten als die, in der dieses Roß erstritten wurde. Er ritt weiter; er wußte nicht wohin, doch geriet es ihm so, daß keiner von den Leuten aus Munsalvaesche mit ihm zusammentraf im Kampf. Daß der Grâl so scheu war, tat ihm leid.

Wer es hören möchte, dem will ich jetzt erzählen, wie 446
es mit ihm weiterging. Wie viele Wochen vergingen, ich habe es nicht gezählt, und wie lange seitdem Parzivâl geritten war, Abenteuer zu suchen wie früher. Eines Morgens hatte es ein bißchen Schnee geschneit, der lag nur dünn, doch dick genug für einen Menschen, den es friert. Es war in einem großen Wald. Da kam ihm ein alter Ritter entgegen, zu Fuß, dessen Bart war ganz grau, doch seine Haut hell und licht, ebenso die seiner Frau. Beide hatten graue Kleider an aus rauhem Stoff und auf dem bloßen Leib: Sie waren auf einer Beichtfahrt. Seine Kinder, zwei Edelfräulein, mochte man wohl mit Freuden anschauen; die schritten genauso gekleidet daher. Von einem demütigen Herzen hatten sie sich raten lassen: Sie waren alle barfuß. Parzivâl bot seinen Gruß dem Ritter, der da ging: Sein Rat sollte ihm später zu seinem Glück ausschlagen. Er sah recht wohl nach einem Herrn aus. Die Hündlein der Damen liefen nebenher, sehr fein, mit gutem Anstand, gar nicht großspurig, gingen auch Ritter und Knappen mit auf der frommen Reise, viele davon noch sehr jung und ganz ohne Bart.

Parzivâl, der edle Mann, hatte seinen Leib so ausstaf- 447
fiert, daß er in seinem teuren Waffenschmuck wirklich wie ein rechter Ritter daherkam. Die Rüstung, die er anhatte, als er da ritt, war jenem Kleid, das ihm der graue Mann entgegentrug, ganz und gar nicht ähnlich. Sein Pferd lenkte er gleich aus dem Pfad mit dem Zügel. Da wollte er mit Fragen herausfinden, was es mit den guten Leuten, die da unterwegs waren, auf sich hatte, und mit freundlichen Worten ließen sie es ihn wissen. Der graue Ritter klagte sehr darüber, daß ihn diese heilige Zeit nicht dazu vermöchte, ohne Waffen auszureiten oder barfuß diesen Feiertag zu begehen.

Da sprach Parzivâl zu ihm: »Mein Herr, es ist mir fremd, wie weit das Jahr gediehen ist und wie die Zahl der Wochen hingeht und wie immer die Tage heißen mögen, das alles ist mir unbekannt. Früher einmal habe ich einem Herrn gedient, der heißt Gott. Der hat es mir dann so gedankt, daß er mir Schande geschickt hat und

Hohn. Nicht die kleinste Untreue hatte ich gegen ihn im Sinn. Er werde mein Helfer sein, so wurde mir versprochen: Jetzt zeigt es sich, daß seine Hilfe mich im Stich gelassen hat.«

448 Da sprach der graue Ritter: »Meint Ihr Gott, den Sohn der Jungfrau? Wenn Ihr glaubt, daß er Mensch geworden ist und daß er für uns gelitten hat — gewissermaßen heute, denn diesen Tag begehen wir jetzt —, dann müßt Ihr wissen, daß es unrecht ist, Waffen zu tragen. Heute ist der Karfreitag, der Tag, über den die ganze Welt sich freuen kann und den sie doch mit Seufzen zubringt und in Schmerzen. Wo jemals ist uns höhere Treue erschienen als die, die uns Gott bewiesen hat, den man für uns henkte am Kreuz. Mein Herr, wenn Ihr die Taufe habt, so muß dieser Kauf Euch jammern: Er hat sein edles, teures Leben mit Sterben weggegeben für unsere Schuld, weil der Mensch verloren war und dazu bestimmt, zur Hölle hinzufahren, durch Schuld. Wenn Ihr kein Heide seid, mein Herr, so achtet diesen Tag! Reitet weiter auf unserer Spur: Dort vor Euch, nicht sehr weit, wohnt ein heiliger Mann, der wird Euch sagen, wie Eure Sünde gutzumachen ist. Wenn Ihr ihm Reue bringt, so wird er Euch von Sünden lösen.«

Es fingen auch seine Töchter an zu sprechen: »Vater,
ist er denn dein Feind, daß du ihn so behandelst? Wir
haben so schlimmes Wetter, und da gibst du ihm einen
449 solchen Rat! Warum lädst du ihn nicht lieber zu dir ein,
daß er sich wärme? Seine Arme, ganz in Eisen — ach
wie stark und schön die sind —, uns scheint, denen muß
doch furchtbar kalt sein. Und wäre er selbst allein zu
dritt, er müßte doch erfrieren. Und du hast hier in der
Nähe deine Zelte stehen und Häuser aus Filz. Wenn der
König Artûs zu dir käme, dann würdest du ihm doch
auch zu essen geben unter deinem Dach. Tu, wie man
es einem Gast schuldig ist: Nimm diesen Ritter mit dir
heim.«

Da sprach der graue Mann noch einmal: »Mein Herr, es ist wahr, was meine Töchter sagen. Hier in der Nähe in diesem wilden Wald nehme ich alle Jahre mein Quartier: immer in der Zeit, da der gemartert wurde, der den Seinen rechten Lohn gibt immerfort. Das Essen, das ich mitgebracht habe auf die Gottesreise, teile ich mit Euch; denn es ist ja nicht so, daß ich Euch nicht ehren wollte.«

Sie taten es mit allem guten Willen, die Jungfrauen,
die ihn so sehr baten, doch zu bleiben; und er könne in
Ehren bleiben, sagten beide, sie meinten es wirklich gut
mit ihm. In diesem Frost war Schweiß ein seltenes Ding,
und trotzdem merkte Parzivâl, als er sie ansah, daß ihre
Lippen rot waren, voll und heiß: Die standen nicht wie
Büßer da und paßten schlecht zum strengen Ernst des
Tages. Wenn ich an denen irgendeine kleine Verfehlung 450
zu rächen hätte, so würde ich nicht leicht ohne Sühne
verzeihen, sondern ich würde einen Kuß als Buße ver-
langen, wenn sie dazu ihr Jawort sprechen wollten.
Frauen bleiben halt immer Frauen: Auch der stärkste
Männerarm wird von ihnen schnell besiegt; oft schon ist
ihnen das geglückt.

Von allen Seiten hörte Parzivâl die Bitten und freundliche Worte, vom Vater, von der Mutter, von den Kindern. Er dachte: ›Soll ich umkehren und in ihrer Schar mein Pferd am Zügel führen? Dazu habe ich keine Lust. Und diese Mädchen sind so schön — das würde einen gar zu üblen Eindruck machen, wenn ich neben ihnen ritte, da doch hier alle, Mann und Weib, zu Fuß gehen. Ich füge mich am besten in die Lage, wenn ich mich daraus entferne. Denn ich habe ja Krieg mit dem, den sie von Herzen lieben und von dem sie Hilfe erwarten. Gegen mich war der geizig mit seiner Hilfe und hat mich nicht vor Leid bewahrt.‹

Da sprach also Parzivâl zu ihnen: »Mein Herr, meine
Dame, laßt mich bitte gehen; das Glück möge Euch
Heil schenken und einen vollen Anteil an allen guten
Dingen. Ihr, liebe Mädchen, werdet in Eurer eigenen
Courtoisie genug Belohnung finden dafür, daß mein
Wohlsein Euch so sehr am Herzen lag. Entlaßt auch Ihr
mich nun.« Er verneigte sich, und die anderen verneig- 451
ten sich auch. Sie hielten ihre Klagen nicht zurück.

Fort reitet das Kind der Herzeloyde. Die Courtoisie des rechten Ritters lenkte ihn zu keuscher Demut hin und zum Erbarmen. Die junge Herzeloyde hatte ihm Treue vererbt; die machte, daß schmerzliche Reue aufstand in seinem Herzen. Jetzt dachte er zum erstenmal an den, der die Welt gemacht hat, an seinen Schöpfer, und es kam ihm in den Sinn, daß der ein gewaltiger Herr sein müsse. Er sprach: »Und wenn es doch wahr wäre, daß in Gottes Hand die Hilfe steht, die mein Elend besiegen kann? Wenn er jemals einem Ritter ein freundlicher Herr war, wenn je ein Ritter bei ihm rechten Lohn verdient hat, wenn es möglich ist, mit Schild und Schwert und dazu mit wahrhaft ritterlichen Taten seiner Hilfe wert zu werden, so daß diese Hilfe vielleicht auch mich aus meiner Not errettet, und wenn heute der Tag ist, da man seine Hilfe feiert: So soll es sich denn zeigen, ob er helfen kann.«

Er wandte sich zurück dahin, wo er hergekommen war: Da standen jene immer noch. Sie waren traurig, daß er fortritt von ihnen. Treue, denn sie meinten es gut mit ihm, lehrte sie das. Die jungen Damen sahen ihm nach. Auch ihm tat die Trennung leid, sein Herz sagte ihm, daß er sie gerne länger gesehen hätte: Ihr Glanz erzählte von Schönheit.

452 Er sprach: »Wenn wirklich Gottes Kraft Manns genug ist, ein Streitroß zu lenken so gut wie andere Tiere, und wenn sie die Menschen führen kann, dann will auch ich seine Kraft ehren. Wenn Gott die Kunst des Helfens recht versteht, so soll er diesem Kastilianer den Weg weisen, wie es für mich am besten ist. So mag sich nun sein Adel im Helfen erweisen: Hüh, geh zu, wie Gott es will.« Und er legte die Zügel vorne an den Ohren des Pferdes hin; mit den Sporen trieb er es mächtig an.

Zu der Fontâne la salvâtsche ging es hin, wo Orilus den Eid empfangen hatte. Dort lebte in keuscher Entsagung Trevrizent; dessen Tisch war manchen Montag schlecht gedeckt und so den Rest der Woche. Er hatte gelobt, auf Môraz, Wein und sogar Brot völlig zu verzichten. Und die Askese machte ihm noch mehr zur Pflicht: Es wäre ihm nie in den Sinn gekommen, Fisch zu essen oder Fleisch; er aß nichts, was Blut in sich hat, so heiligmäßig lebte er. Gott hatte diesem Herrn den Willen eingegeben, sich zu einem vollkommenen Ritter der himmlischen Scharen zu bilden. Mit Fasten litt er viel Entbehrung: Rein von aller Leidenschaft und Gier kämpfte er gegen den Teufel. Bei ihm erfährt jetzt Parzivâl die Geheimnisse des Grâls.

453 Wenn mich vorher einer danach gefragt oder gar mit mir geschimpft hätte, weil ich's nicht erzählen wollte, so hätte der damit nichts erreicht, worauf er stolz sein könnte. Kyôt hat mich gebeten, es zu verschweigen. Dem wiederum hat die Aventiure eingeschärft, es dürfe nichts davon auch nur angedeutet werden, bis sie, die Aventiure selber, es zur Sprache gebracht hätte, dort nämlich, wo es der Geschichte willkommen wäre; dann aber *müsse* man sogar davon reden.

Der berühmte Magister Kyôt fand in Toledo, irgendwo in einem Winkel vergessen, die Urfassung dieser Geschichte in heidnischer Schrift. Da mußte er zuerst das ABC der Buchstaben lernen, und zwar ohne irgendwelche schwarzen Künste zu Hilfe zu nehmen. Das Sakrament der Taufe, denn er war Christ, half ihm dabei, sonst wäre die Geschichte bis heute unbekannt geblieben. Heidnische Wissenschaft kann uns da gar nichts nützen, wenn wir die Art des Grâls entdecken wollen und erzählen, wie man seine Geheimnisse herausbekam.

Ein Heide, Flegetânîs, hatte es in den Wissenschaften zu einigem Ruhm gebracht. Dieser Physiologist stammte von Salomon ab, er war der Sproß einer alten israelitischen Familie, noch vor der Zeit, da die Taufe unser Schild vor dem Höllenfeuer wurde. Der verfaßte eine Schrift über die wunderbare Geschichte des Grâls.
Von der Vaterseite her war er Heide, dieser Flegetânîs, 454
und betete zu einem Kalb, als ob es für ihn ein Gott wäre. Wie ist es nur möglich, daß der Teufel so klugen, gebildeten Leuten solchen Spott antun darf und daß Er, der höchste Gewalt in Händen hat und der alle Wunder kennt, sie nicht davon loskommen läßt oder ließ? Der Heide Flegetânîs könnte uns genau Bescheid geben, wann jedes einzelne Gestirn untergeht und wann es wiederzuerwarten ist auf seiner Bahn, wie lang jeder Himmelskörper für einen Umlauf braucht, bis er wieder am Zielpunkt steht. Dem Zug der Gestirne auf ihren Zirkeln folgt Wesen und Schicksal des Menschengewimmels im Troß. Der Heide Flegetânîs sah etwas am Sternenhimmel mit den Augen, davon sprach er nur mit Scheu, es war verborgen und geheimnisvoll. Er sagte nämlich, es gebe da ein Ding, das heiße *Der Grâl;* diesen Namen konnte er ganz leicht lesen in den Sternen, da stand es geschrieben, daß er so heiße.

»Eine Schar von Wesen hatte ihn zurückgelassen auf der Erde, als sie hinauffuhren, ganz hoch, über die Sphäre der Sterne hinaus. War es ihre Unschuld, die sie heimzog? Wie auch immer, es müssen ihn seitdem getaufte Menschenkinder hüten, in Keuschheit und mit reinen Sitten. Es sind also immer ganz besonders edle
Menschen, die zum Grâl bestellt sind.« Soweit die 455
Schrift des Flegetânîs.

Der gelehrte Magister Kyôt fing nun an, in der lateinischen Literatur nach dieser Geschichte zu suchen, danach, wo es denn jemals Leute gegeben hätte, die ihr Leben so eingerichtet hatten, daß sie zum Grâlsdienst taugten, und die rein sein wollten in allen Dingen. Er las die Chroniken der Länder, in Britannien und überall, wo er hinkam, in Frankreich und in Yrlant. In Anschouwe fand er schließlich die Geschichte. Da las er von Mazadân; mit Wahrheit und ohne alle Erfindung war dort die Geschichte der ganzen Familie genau aufgeschrieben. Und von der anderen Seite war dann zu lesen, wie Tyturel und sein Sohn Frimutel den Grâl auf Amfortas brachten, daß dessen Schwester Herzeloyde war, daß Gahmuret von ihr ein Kind hatte, eben das, von dem diese Geschichten handeln.

Und der reitet jetzt auf der frischen Spur, auf der der graue Ritter ihm entgegengekommen war. Da sah er einen Platz, den erkannte er wieder, obwohl jetzt Schnee darauf lag: Das erstemal waren da bunte Blumen gewesen. Es war vor der Felswand eines Berges. Dort hatte seine Hand der Herzogin Jeschûte Versöhnung erworben, und der Zorn des Orilus war da vergangen.

456 Die Spur ließ ihn jedoch nicht hier schon halten. Fontâne la salvâtsche hieß der Ort, wo seine Reise hinging. Er sah den Herrn dort, und der nahm ihn auf. Der Einsiedler sprach zu ihm: »Wehe, daß ich Euch so sehen muß, mein Herr, an diesem heiligen Tag! Hat Euch die Not des Kampfes in diese Rüstung gezwungen, oder seid Ihr ohne Streit geblieben? Dann stünde Euch ein anderer Anzug besser zu Gesicht. Oder ist es Hochmut, was Euch so handeln läßt? Mein Herr, seid so freundlich und steigt ab, ich glaube, das wird Euch nicht schaden; wärmt Euch an einem Feuer. Hat Euch vielleicht die Aventiure hinausgesandt, Liebe zu verdienen? Wenn Ihr Euch rechter Liebe ergeben habt, so liebt nun in der Weise, wie man heute lieben muß, und mit der Liebe, die dieser Tag gebietet. Danach könnt Ihr dann wieder Euern Dienst den Frauen widmen. Seid so freundlich, steigt ab; ich bitte Euch sogar darum, wenn's nötig ist!«

Der Held Parzivâl stieg sogleich vom Pferd. Er stellte sich vor ihn hin mit viel Courtoisie und erzählte ihm von den Leuten dort, daß die ihn hergewiesen und wie sehr sie seinen Rat gerühmt hatten. Er sprach: »Mein Herr, jetzt helft mir, ich bin ein Mann, der Sünde hat.«

457 Als er ausgeredet hatte, sprach der heilige Mann: »Ich will Euch helfen, darauf könnt Ihr Euch verlas-

sen. Jetzt sagt mir: Wer war es, der Euch hergewiesen hat?«

»Mein Herr, im Wald ist mir ein grauer Mann begegnet, der war sehr freundlich zu mir und so alle seine Leute. Dieser Mann kennt keinen Verrat: Er hat mich zu Euch hierhergeschickt. Ich bin dann immer seiner Spur nachgeritten, bis ich zu Euch kam.«

Da sprach sein Wirt: »Das war Kahenîs, der ist sehr klug und weiß, wie man leben muß, um edel zu leben. Dieser Fürst ist Punturteise; seine Schwester hat der mächtige König von Kâreis zur Frau. Reinere Früchte hat nie ein Menschenleib getragen als der seine: die Kinder, die Euch da begegnet sind. Der Fürst ist von königlicher Art. Alle Jahre macht er diese Reise zu mir her.«

Parzivâl sprach zu dem Herrn: »Als ich Euch vor mir da stehen sah, sagt: habt Ihr Euch nicht gefürchtet, da ich zu Euch ritt? Hat Euch mein Kommen keine Angst gemacht?«

Da sprach er: »Glaubt mir, mein Herr: Mich hat der Bär und auch der Hirsch schon öfter erschreckt als der Mensch. Mit Wahrheit kann ich Euch sagen, daß ich nichts fürchte, was menschlich ist; denn was ein Mensch ersinnen kann, das weiß ich alles auch. Ich will vor Euch 458
nicht prahlen, aber im Fliehen bin ich noch Jungfrau. Mein Herz ist nie von Feigheit befleckt worden: Vor einer Waffe bin ich nie zurückgewichen. In meiner Waffenzeit war ich ein Ritter, wie Ihr es seid, und habe auch gekämpft für die Liebe hoher Damen. Es war einmal eine Zeit, da habe ich die Keuschheit mit sündigen Gedanken kariert getragen und mein Leben eitel aufgeputzt für eine Frau: die sollte sich meiner erbarmen. Das hat mein Leib jetzt abgetan.

Gebt mir den Zügel in die Hand. Dort unter der Felsenwand soll Euer Pferd stehen und ausruhen. Später dann wollen wir beide gehen und ihm junge Zweige rupfen und Farn; anderes Futter habe ich nicht in meiner Armut. Wir werden es aber doch recht gut durchbringen.«

Parzivâl wollte es nicht zulassen, daß er den Zügel nähme.

»Das sagt Euch der Anstand nicht, daß Ihr streiten sollt mit Eurem Gastgeber, wenn Anstand das ist, was Unhöflichkeit vermeiden läßt.« So sprach der gute Mann. Der Wirt bekam darauf die Zügel, er führte das

Pferd unter den Felsen, da wo selten Sonne hinkam. Das war ein rechter Waldstall; es ging eine Quelle mitten durch, die da herniederrann.

459 Parzivâl stand im Schnee; für einen schwachen Mann wäre das sehr arg gewesen, hätte er da eine Rüstung tragen müssen, wo der Frost so harte Schläge tat. Sein Wirt führte ihn in eine Höhle, dahin kam nicht oft die Luft des Windes. Es lagen dort glühende Kohlen: Die wollte aber der Fremde sehr gern aushalten. Die Hand des Herrn hier zündete eine Kerze an; dann zog der Held die Rüstung aus. Auf einem Bett von Häcksel saß er und auf Farn. Alle seine Glieder wurden warm, seine Haut fing an hell zu glänzen. Er hatte freilich Grund, müd von all dem Wald zu sein; denn er war wenig Straßen geritten — dort gab es ja keine — und hatte eine Nacht lang ohne Dach den Tag erwartet, und noch viele andere Nächte hatte er so zugebracht. Hier nun fand er treue Gastfreundschaft.

Da lag ein Gewand, das durfte er anziehen, sein Wirt lieh es ihm. Der ging dann mit ihm zu einer zweiten Höhle. Darin hatte er seine Bücher, in denen er, der sonst ganz anspruchslos war, las. Nach der Sitte dieses Tages stand der Altarstein dort ganz bloß. Darauf lag blinkend eine Reliquienkapsel, die erkannte er sofort: Parzivâls Hand hatte darauf nämlich in Treue jenen Eid geschworen, von dem alle Leiden der Herzogin Jeschûte in Freuden umgewandelt wurden, und ihr Glück war größer als zuvor.

460 Parzivâl sprach zu seinem Wirt: »Mein Herr, das Glänzen dieser Kapsel erkenne ich wieder, ich habe darauf geschworen, als ich früher einmal hier bei ihr vorbeikam. Einen bunt bemalten Speer habe ich daneben stehen sehen; das war an diesem Ort, mein Herr, da hat ihn meine Hand genommen. Ich habe Ruhm damit gewonnen, so hat man mir jedenfalls gesagt nachher. Denn ich war tief in Gedanken, und zwar bei meiner Frau, mein Leib war also nicht bei Sinnen. Zwei gewaltige Tjosten ritt ich mit dem Speer, zweimal habe ich gekämpft, ohne es selber zu merken. Damals hatte ich noch Ehre; jetzt habe ich mehr Leiden zu tragen, als je an einem Menschen gesehen worden sind. Seid bitte so freundlich, sagt mir: Wie lange ist das her, mein Herr, daß ich hier jenen Speer wegnahm?«

Da sprach wieder der gute Mann: »Den hatte mein Freund Taurîan hier stehenlassen. Er ist dann später

noch einmal gekommen und hat sich bei mir beklagt.
Viereinhalb Jahre und drei Tage ist es her, daß Ihr den
Speer genommen habt. Wenn Ihr es hören wollt, dann
kann ich's Euch zeigen, daß es so ist.« Und er las ihm
alles vor, wie es in seinem Psalter stand; die Jahre und ★
die Wochen alle zählte er ihm vor, die inzwischen hin-
gegangen waren.

»Jetzt erst ist es mir bewußt geworden, wie lange ich
schon unterwegs bin ohne Ziel, vom Glück verlassen und
verraten«, sprach Parzivâl. »Glücklichsein ist mir ein 461
Traum. Die schwere Last der Reue trage ich, mein
Herr; und ich habe noch mehr vor Euch zu bekennen:
Wo eine Kirche stand oder ein Kloster, überall wo man
zur Ehre Gottes sprach, dort hat kein Auge mich gesehen,
niemals seit jener Zeit; nichts als Kämpfe habe ich
gesucht. Auch trage ich schweren Haß gegen Gott, ich
führe Krieg mit ihm, denn er ist der Pate meines Leids:
Allzu hoch hat er's gehoben, als er es aus der Taufe hob.
Mein Glück ist lebendig begraben. Wenn Gott bei seiner
Kraft auch Hilfe hätte, welch fester Anker wäre mir
dann mein Glück! Das sinkt jetzt immer tiefer in den
Schlamm der Reue. Verwundet ist mein tapferes Herz
— wie könnte es denn auch unversehrt bleiben, da Reue
allem Ruhm, den mein Rittertum im Kampf starken
Händen entrissen hat, ihre stachlige Krone aufsetzt?
Schande sage ich dem, der alle Macht zu helfen hat, und
doch will seine Helferkraft sich nicht zum Helfen rühren,
schändlich ist es, daß er mir doch nicht helfen will, und
wäre auch sein Helfertum, von dem die Leute immer
reden, noch so gewaltig.«

Da seufzte sein Gastgeber, er sah ihn an und sprach:
»Mein Herr, wenn Ihr Augen im Kopf habt, so müßt Ihr
Gott vertrauen. Er hilft Euch, denn er *muß* helfen. Möge 462
Gott uns beiden helfen! Mein Herr, Ihr sollt mir das
jetzt genau erklären — aber seid so freundlich, setzt
Euch zuerst hin —, sprecht ganz nüchtern und vernünf-
tig: Wie hat die Empörung angefangen, daß Ihr Euch
losgesagt habt von Gott? Doch vorher, noch ehe Ihr ihn
bei mir verklagt, müßt Ihr mir mit der Geduld der Cour-
toisie zuhören: Ich sage, daß er unschuldig ist, seine
Hilfe hat noch keinen im Stich gelassen. Wenn ich auch
ein Laie sein mag, so habe ich doch gelesen, was in den
wahren Büchern berichtet wird, und ich kann auch
schreiben. Dort wird gesagt, wie der Mensch leben soll;
er soll in Erwartung großer Hilfe dem dienen, der in

seiner Treue nie gezögert hat zu helfen, wenn die Seele zu versinken drohte. Seid nur Ihr gerad und treu, Gott aber ist die Treue selber, die Schliche des Verräters sind seinem Wesen fremd. Wir müssen immer bedenken, daß wir in seiner Schuld stehen: Großes hat er für uns getan, ist doch sein Adel, seine Majestät für uns dem Menschen gleich geworden. Gott heißt und ist die Wahrheit, alles Lügenhafte ist ihm verhaßt.

Das müßt Ihr gut bedenken: Er kann an keinem treulos handeln. Nun bringt es Euren Gedanken bei, und
463 hütet Euch, ihm abtrünnig zu werden. Ihr könnt mit Trotz nichts von ihm erzwingen: Jeder, der Euch mit ihm Fehde führen sieht, wird Euch nur für schwachsinnig halten. Schaut doch nur an, wie es dem Lucifer erging und seinen Kameraden. Und sie hatten doch keine Galle! Mein Herr, wo hatten sie denn nur die Bosheit her, aus der ihr aussichtsloser Krieg entstand? Den sauren Lohn dafür empfangen sie jetzt in der Hölle. Astiroth und Belcimôn, Bêlet und Radamant und noch andere, deren Namen ich herausbekommen habe, die ganze himmlische Schar von Lichtwesen nahm da durch Bosheit Höllenfarbe an.

Als Lucifer die Höllenfahrt gefahren war, da wurde nun nach ihm mit Fleisch und Blut ein Menschenwesen: Von der Erde machte Gott den edlen Adam; von Adams Leib und seinem Leben brach er Eva ab. Die hat uns dem Leiden ausgeliefert, denn sie wollte nicht auf ihren Schöpfer hören und hat so unser Glück zerstört. Die beiden wurden fruchtbar mit Geburt und Zeugung. Dem einen von den Kindern riet maßlose Gier und Ehrsucht: Und so nahm er seiner Großmutter die Jungfernschaft.«

Jetzt werden viele von euch finden, bevor sie hören wollen, wie es weitergeht, daß man zuerst fragen müßte, wie so etwas möglich sein sollte. Und doch wurde es, mitsamt der Sünde, augenfällig.

464 Da sprach Parzivâl zu ihm: »Das ist niemals geschehen, mein Herr, das glaube ich nicht. Von wem stammte denn der Mann her, von dem seine Großmutter die Jungfernschaft verloren hat, wie Ihr behauptet? Davon hättet Ihr besser gar nicht erst angefangen.«

Da antwortete ihm sein Wirt und sagte: »Aus diesem Zweifel will ich Euch erlösen. Wenn ich nicht die wahre Wahrheit sage, dann dürft Ihr mich als einen Lügner hassen. Die *Erde* war die Mutter Adams, und von den

Früchten der Erde lebte er, dennoch war die Erde Jung-
frau geblieben — ich habe Euch immer noch nicht ge-
sagt, wer es war, der ihr die Jungfernschaft nahm. Adam
war der Vater des Kain; der erschlug im Streit um ein
bißchen Eigentum den Abel: Als auf die reine Erde das
Blut fiel, da war ihre Jungfräulichkeit dahin, und Adams
Kind hatte sie ihr genommen. Erst jetzt wurde die Bos-
heit unter den Menschen groß, und sie dauert immer
seitdem fort.

Es gibt bei den Menschen nichts, was so rein ist wie
eine Jungfrau, die von Lüge nichts weiß. Schaut sie nur
an, dann seht Ihr, wie rein die jungen Mädchen sind:
Gott selber war das Kind der Jungfrau. Zweimal sind
von Mädchen Menschen hergekommen. Gott selber hat
Gestalt angenommen nach dem Bild jener Frucht der
allerersten Jungfrau: Wahrhaftig, seine Courtoisie steht
seinem Adel in nichts nach. Adamskinder waren beide, 465
der eine brachte uns Jammer, der andere das Glück: Er,
zu dem alle Engel aufschauen müssen, hat es ja wahrlich
nie geleugnet, daß er zu uns gehört — weil aber die Ver-
wandtschaft ein Vehikel der Sünden ist, so ist auch die
Sünde von jenem auf uns gekommen. Darüber erbarme
sich die Kraft dessen, bei dem Erbarmen wohnt: Indem
er Mensch wurde, hat er sich uns in Treue verbunden und
immer mit Treue gegen Treulosigkeit gekämpft.

Ihr müßt Euch mit ihm versöhnen, sonst werdet Ihr
das Glück verlieren; laßt Euch Buße gefallen für Sünde.
Nicht jede Freiheit dürft Ihr Euch erlauben beim Reden
und in Euerm Tun; denn wer wie Ihr mit wilden Wor-
ten seine Leiden rächen will, folgt einer bösen Lust, und
er wird seinen Lohn bekommen, glaubt mir: Dem
spricht sein eigener Mund das Urteil. Nehmt für neu,
was die Alten sagen, wenn es zu Euch von Treue redet.
Der Rhetor Plato sagte zu seiner Zeit etwas und ebenso
die Prophetin Sibille, was genau ins Schwarze traf, sie
sagten nämlich damals schon vor vielen Jahren, und sie
sagten wahr, es werde einer zu uns kommen und der
werde Pfand sein für die höchste Schuld. Mitten in der
Hölle hat uns der Höchste bei der Hand genommen in
seiner göttlichen Liebe — die unrein sind, ließ er dort
drinnen.

Er, von dem die süßen Worte jener beiden sprechen, 466
ist der Inbegriff der Liebe. Er ist ein Licht, das durch
und durch leuchtet, seine Liebe läßt keinen im Stich.
Jedem, den er Liebe erfahren läßt, wird in seiner Liebe

wohl. Jene prophetischen Reden aber bestehen aus *zwei* Teilen: Auf dem Markt der Welt liegt seine Liebe offen da, doch ebenso seine Feindschaft. Jetzt prüft, was Euch von diesen beiden besser taugt. Wer ohne Reue schuldig ist, der flieht die Gottestreue — wer aber seine Sündenschuld büßt und bessert, dessen Demut wird einen edlen, gütigen Herrn finden.

Voller Güte ist er, der bei den Gedanken ein und aus geht. Der Gedanke widersteht dem Blitzen der Sonne, er ist verschlossen ohne Riegel; Gedanken sind wohl verwahrt vor jeder Kreatur im Finstern ohne Schimmer. Das Göttliche ist Klarheit und kennt nichts anderes, durch die Mauer der Finsternis gleißt es hindurch. Mit einem mächtigen Satz ist es durchgebrochen, doch in aller Heimlichkeit: da kracht und scheppert nichts. Und genauso kühn springt es hinaus aus dem Herzen: Kein Gedanke ist ihm zu schnell — er kommt vom Herzen und ist noch nicht aus der Haut heraus, so ist er bereits durchschaut; die reinen sind bei Gott gut aufgehoben. Da aber Gott schon die Gedanken mit einem Blick erfaßt, ach, wie muß es erst den gebrechlichen Werken ergehn! Wo die Werke einem Menschen den Gruß der
467 Gottheit verwirkt haben, weil sie sich seiner schämen muß, wird den nicht auch die Courtoisie der Menschen fallen lassen, und wohin soll der noch fallen? Wo sollte diese heimatlose Seele Zuflucht finden? Und Ihr wollt wirklich Krieg führen mit Gott, der nach beiden Seiten hin bereit ist, zur Liebe und zum Zorn — Ihr seid ein verlorener Mann! Kehrt um und wendet Euer Herz zur Güte, dann wird er es Euch danken.«

Parzivâl sprach da zu ihm: »Mein Herr, ich bin wirklich froh darüber, daß Ihr mir so klug von dem gesprochen habt, der nichts unbelohnt läßt, die Sünden nicht und nicht das Gute. Ich habe meine jungen Jahre im Unglück zugebracht bis heute: Von meiner Treue hatte ich Leid.«

Da sprach sein Wirt wieder und gab ihm Antwort: »Wenn Ihr kein Geheimnis daraus machen wollt, so höre ich mir gerne an, was Eure Leiden sind und Eure Sünden. Laßt sie mich genau betrachten, vielleicht kann ich Euch dann mit einem Rat helfen, da Ihr selber keinen habt.«

Da sprach wieder Parzivâl: »Die größte Not macht mir der Grâl, und auch meine Frau fehlt mir sehr: Kein schönerer Leib hat auf der Erde je an einer Mutter Brust gesogen. Nach den beiden sehnt sich mein Verlangen.«

Da sprach sein Wirt: »Mein Herr, es ist ganz richtig, 468
was Ihr sagt. Ihr leidet wirklich und mit Recht, da Eure Ehefrau es ist, nach der Ihr Euren Leib in Schmerzen sich verzehren laßt. Wenn Ihr dereinst in rechter Ehe erfunden werdet, so wird — denn es kann sein, daß Ihr dann grade in der Hölle weint — die Not sehr schnell ein Ende haben, und Ihr werdet auf der Stelle und sofort von Fesseln frei durch Gottes Hilfe. Ihr sagt aber auch, Ihr sehnt Euch nach dem Grâl. Wie könnt Ihr nur so unverständig sein — Ihr seid wirklich zu bedauern: Niemand kann ja doch den Grâl *erjagen,* es kann höchstens sein, daß man im Himmel den Namen eines Menschen *weiß,* und der ist dann zum Grâl *berufen.* Das muß ich Euch sagen vom Grâl, ich weiß es und habe es mit eigenen Augen gesehen.«

Parzivâl sprach: »Wart Ihr dort?«

Sein Wirt sprach zu ihm: »Ja, mein Herr.«

Parzivâl sagte kein Wort davon, daß er da auch schon hingekommen war. Er bat ihn zu berichten, wie es denn dort zugehe beim Grâl.

Der Herr sprach: »Da kenne ich mich gut aus. Viele Hände, die ihre Waffen zu führen verstehen, sind in Munsalvaesche beim Grâl daheim. Oft ziehen sie hinaus und suchen nichts als Abenteuer, und was sie da gewinnen, diese Templeisen, das nehmen sie an im Bewußtsein ihrer Sünden, das schlimmste Leid genauso wie die Ehre.
Die Leute, die dort wohnen, können mit Waffen um- 469
gehen. Jetzt sage ich Euch, was sie essen: Sie leben von einem Stein, der ist von ganz reiner Art. Wenn Ihr es noch nicht wißt, dann nenne ich Euch den mit Namen: Er heißt *lapsit exillis.* Von der Kraft des Steins verbrennt der Vogel Phönix und wird zu Asche: und diese Asche gebiert ihm neues Leben. Auf solche Weise mausert sich der Phönix, und hinterher glänzt er dann wieder bunt und funkelnd und ist genauso schön wie vorher. Es ist auch so: Ein Mensch, es mag ihm noch so schlecht gehen, der den Stein anschaut, kann an diesem Tag und in der ganzen Woche, die dann folgt, nicht sterben. Auch sein Aussehen während dieser Zeit leidet nicht im geringsten; jeder wird ihm zugeben, daß er genau die Farbe habe wie in dem Augenblick, als er den Stein ansah, ja sogar so wie damals, als er in seine besten Jahre trat, der Mensch — ob Mädchen oder Mann, das ist ganz gleichgültig —, und wenn er auch den Stein zweihundert Jahre lang ansähe — höchstens sein Haar würde ihm grau

dabei. Derart ist die Kraft, die dieser Stein dem Menschen gibt, daß seine Knochen und sein Fleisch sogleich Jugend an sich nehmen. Der Stein wird auch der *Grâl* genannt.

Zu ihm kommt heute ein Bote von oben; das ist recht
470 eigentlich das höchste seiner Wunder. Es ist heute wie-
der der Karfreitag: Da kann man — das ist wirklich und
wahrhaftig so — eine Taube sehen, die kommt vom
Himmel geflogen und bringt dem Stein eine feine, weiße
Oblate; auf dem Stein legt sie die nieder. Diese Taube
ist durch und durch leuchtend weiß, und sie kehrt zurück
zum Himmel. Immer wieder am Karfreitag, genauso
wie ich Euch sage, bringt sie die Oblate, und davon
empfängt der Grâl seinen Reichtum an allen guten Din-
gen, die auf Erden duften, an Essen und Trinken, Erfül-
lung dessen sozusagen, was man vom Paradies erträumt,
kurz, ich meine: alles, was die Erde wachsen läßt. Und
sogar noch mehr gibt der Stein den Leuten dort: Alles
Wild unter dem Himmel, ob es fliegt oder läuft oder
schwimmt, ist von der Majestät des Grâls der ritterlichen
Bruderschaft geschenkt zu ihrem Unterhalt.

Hört aber nun, wie es bekannt gemacht wird, wer zum
Grâl berufen ist. Das geschieht durch eine Schrift; ein
Epitaph am Rand des Steins spricht den Namen des
Glücklichen aus und sein Herkommen, der eingeladen
ist zu dieser Reise — das gilt von Mädchen genauso wie
von Knaben. Es ist nicht nötig, diese Schrift dann wieder
abzukratzen: sobald man sie gelesen hat, zergeht sie vor
471 aller Augen. Sie sind alle schon als Kinder dorthin
gekommen, die Erwachsenen, die da sind. Wohl der
Mutter, die ein Kind gebar, das ins Gesinde dieses Hauses
aufgenommen wird! Die Armen freuen sich und die
ganz großen Herren ebenso, wenn man ihnen ihr Kind
abverlangt und sie es dahin schicken dürfen an den Hof;
aus vielen Ländern holt man sie. Vor den Schändlich-
keiten, aus denen die Sünden entstehen, sind sie dann
für alle Zeit bewahrt, und also wird ihr Lohn im Himmel
groß. Wenn ihnen hier das Leben abstirbt, so bekom-
men sie dort, was alles Wünschen stillt.

Die nicht auf dieser noch auf jener Seite standen, als Lucifer und Trinitas den Kampf begannen, alle diese hohen, edlen Engel mußten zur Erde hinab zu dem Stein. Dieser Stein ist immerwährend rein. Ich weiß nicht, ob ihnen Gott die Schuld vergaß oder ob er sie noch tiefer hinabstieß. Wenn seine Majestät es ihm erlaubte, so hat er sie gewiß wieder angenommen. Seitdem haben immer die beim Grâl gedient, die Gott dazu berufen hat und denen er seinen Engel sandte. So geht es zu beim Grâl, mein Herr.«

Da sprach wieder Parzivâl: »Wenn Ritterschaft Ehre 472
für den Leib und außerdem auch noch der Seele das Paradies erkämpfen kann mit Schild und Speer — solches Rittertum war immer meine Lust. Wo ein Kampf sich bot, da habe ich gekämpft, und zwar so, daß meine starke Hand sich wohl hinstrecken darf, höchste Ehre in Empfang zu nehmen. Wenn Gott vom Kämpfen was versteht, dann muß er meinen Namen dort erscheinen lassen, damit die da wissen, daß ich zu ihnen gehöre. Meine Hand wird nicht zögern, für sie dreinzuschlagen.«

Da sprach wieder sein Wirt, der abgeklärte Herr: »Da müßte Freundlichkeit Euch zuerst lehren, nicht gar so hochfahrend daherzukommen. Vielleicht ist es Eure Jugend, die Euch schlecht leitet, wenn Ihr ohne Maß und Disziplin so aufbraust. Doch immer schon hat Hochmut fallen müssen, und Stolz stürzt ab.«

So sprach der Herr. Beide Augen gingen ihm über; denn jetzt kam ihm etwas in den Sinn, das sprach er aus, und er erzählte die Geschichte. Er sprach: »Mein Herr, da war ein König, der hieß und heißt noch Anfortas. Der muß Euch allezeit erbarmen und mich Armen auch, Qualen drücken ihm das Herz ab: Hoffart hat ihm das zum Lohn gegeben. Seine Jugend und seine Macht haben ihn und damit die ganze Menschheit mit Unglück geschlagen, und schuld daran war auch, daß er von unreiner Leidenschaft getrieben hinauszog, Liebe zu gewinnen.
Wer so tut, bricht dem Grâl sein Recht: Der Ritter wie 473
der Knappe dort muß darauf achten, daß er sich nicht gehenläßt: Demut hat Hoffart noch immer überwunden.

Es wohnt dort eine adelige Bruderschaft. Die haben sich mit der Kraft der Waffen und mit starken Armen alle fremden Ritter, aus welchen Ländern sie auch immer kamen, vom Leib gehalten, und darum hat nie einer den Grâl gesehen außer denen, die dazu berufen wurden und beim Grâl in Munsalvaesche Gesinde sind. Bloß einer ist einmal ungeheißen hingekommen, das war ein stumpfsinniger Mensch; er ist aber auch mit Sünde wieder fortgegangen, denn er hat den Herrn dort nicht angesprochen und nicht nach seinem Leiden gefragt, das er doch an ihm sah. Ich will über niemand schimpfen, doch *der* muß für seine Sünde zahlen, daß er nicht fragte, was ihm

weh tat, seinem Wirt, der mit solchem Leid beladen war:
unerhört gewaltig ist sein Unglück.

Vor jenem war *roi* Lähelîn gekommen und an den See
von Brumbâne geritten. Dort hat ihn der edle Held
Lybbêâls zur Tjost gestellt: Dem war der Tod in dieser
Tjost bestimmt. Er stammte aus dem Geschlecht von
Prienlascors. Des Helden Pferd führte Lähelîn am Zügel
474 fort: An seiner Beute kannte man den Mörder. Mein
Herr, seid Ihr das, seid Ihr Lähelîn? Es steht ja doch ein
Pferd bei mir im Stall, das ganz genauso aussieht wie die
Pferde, die man im Grâlsheer hat. Am Sattel hat es eine
Turteltaube: Das Pferd kommt aus Munsalvaesche. Es
ist das Wappen, das Anfortas seinen Leuten gab, als er
noch in Freuden Herrscher war. Ihre Schilde sind seit
alten Zeiten so. Tyturel hat das Wappen auf seinen
Sohn, *roi* Frimutel, gebracht: Unter diesem Zeichen hat
auch der starke Mann in einer Tjost den Leib verloren.
Der war der Ritter und Geliebte seiner eigenen Frau,
die liebte er so sehr, wie niemals wieder ein Weib geliebt
wurde von einem Mann, mit rechter Treue nämlich.
Sein Vorbild sollt Ihr neu beleben und Eure Gemahlin
von Herzen lieben. Seinem Beispiel sollt Ihr nachstre-
ben: Es glänzen ja seine Zeichen in Eurem Gesicht. Der
war auch einmal Herr über den Grâl. Ach, mein Herr,
von wo kommt Ihr her? Seid so freundlich, laßt mich
wissen, aus welcher Familie Ihr stammt.«

Die beiden betrachteten einander genau. Parzivâl
sprach zu dem Herrn: »Ich stamme ab von einem Mann,
der in einer Tjost den Leib verloren hat, denn er hatte
475 das Herz eines Ritters. Mein Herr, seid so gütig und
schließt ihn ein in Euer Gebet. Mein Vater hieß Gahmu-
ret, er war von Geburt ein Anschevîn. Mein Herr, ich
bin nicht Lähelîn. Wenn ich je einem Ermordeten etwas
weggenommen habe, so war ich damals blöd und dumm
— es ist aber tatsächlich von mir geschehen, diese Sünde
muß ich bekennen. Ithêr von Cucûmerland hat meine
sündige Hand erschlagen, tot habe ich ihn hingelegt ins
Gras und nahm mir alles, was zu nehmen war.«

»Ach, du böse Welt, wie kannst du nur so tun!« sprach der Wirt, der war sehr unglücklich, als er das hörte. »Du gibst den Menschen Leid ins Herz, viel Weinen und viel Reue, und wenig Glück. Ist das dein Lohn? So enden die Geschichten, die du uns singst!« Und weiter sprach er: »Lieber Schwestersohn, was soll ich dir da noch raten können? Du hast dein eignes Leben und dein

Fleisch ermordet: Ihr beide wart *ein* Blut. Wenn du mit dieser Schuld vor Gott hintrittst und wenn dann Gott gerecht sein Urteil spricht, so wird dein eigenes Leben ihm jenes vergelten müssen. Was sonst willst du ihm geben, um es zu vergelten, dem Ithêr, meine ich, von Kaheviez? Alles Gute, das aus wahrer Ehre fließen kann, die Menschheit rein und schön zu machen, hat Gott an ihm glänzen lassen. Sünde tat ihm weh, denn 476
er war die duftende Essenz von Wahrheit und Treue. Vor ihm floh alles, was Schande bei den Menschen ist, das Edle wollte in seinem Herzen wohnen. Edle Frauen müssen dich hassen, weil sein Leib so liebenswert war. So ganz und gar war er ihnen ergeben, daß Frauenaugen glänzend wurden, die ihn sahen, von seiner Süßigkeit. Es muß Gott erbarmen, daß von dir solches Unglück kommen mußte. Meine Schwester hast du auch tot hinter dir gelassen, Herzeloyde, deine Mutter.«

»Nein, mein lieber Herr«, sprach Parzivâl, »und wäre ich auch Herr des Grâls, so könnte der das Unglück nicht wiedergutmachen, das ich von Eurem Mund erfahre. Bin ich wirklich Eurer Schwester Kind, so handelt treu an mir, wie es Verwandte tun, und sagt mir ohne böse Hinterlist: Sind diese beiden Dinge wahr?«

Da sprach der liebe Mann noch einmal. »Ich bin keiner, der sich aufs Lügen versteht. Die treue Liebe deiner Mutter hat ihr das angetan: Als du von ihr fortgingst, starb sie. Du warst das Tier, das sie da säugte, und du warst der Drache, der da fortflog von ihr. Das alles begegnete ihr im Schlaf, bevor sie dich gebar, die Süße.

Von meinen Geschwistern leben jetzt noch zwei. 477
Meine Schwester Tschoysîâne gebar ein Kind und starb an der Geburt. Der Herzog Kyôt von Katalanien war ihr Mann, der wollte dann auch nichts mehr von den Freuden des Lebens wissen. Sigûne, sein Töchterlein, gab man deiner Mutter zur Erziehung. Der Tod der Tschoysîâne muß mir mitten im Herzen weh tun: Ihr Herz war voller Frauengüte, eine Arche gegen die unreine Flut der Leidenschaften. Eine Jungfrau, meine dritte Schwester, führt auch ein so reines Leben, daß Keuschheit nie von ihrer Seite geht: Repanse de Schoye hütet den Grâl; der wiegt so schwer, daß ihn die falschen Menschen alle nimmer von der Stelle tragen. Ihr Bruder und der meine ist Anfortas: Er ist und war der Herr des Grâls, er hat ihn geerbt. Es geht ihm schlecht, Freude

ist ihm fern. Er hat nur die eine Hoffnung, daß seine Leiden ihn einmal in das Wohlsein bringen, das kein Ende hat. Wunderbar ist es mit ihm zugegangen, daß er an dieses Ziel der Schmerzen kam, das will ich dir jetzt sagen, lieber Neffe. Und wenn du dann kein Verräter bist an den Deinen, so wird dich sein Leiden erbarmen.

478 Als Frimutel, mein Vater, den Leib verloren hatte, da wählte man seinen ältesten Sohn zum König, der sollte dort als sein Nachfolger über den Grâl und die Grâlsritter herrschen. Das war mein Bruder Anfortas, und er war der Krone und der Herrschaft wert. Damals waren wir noch klein. Es kam mein Bruder in das Alter, wo einem der Bartflaum sprießt; solchen jungen Leuten rückt die Liebe auf den Leib. Sie quält ihren Freund mit Tyrannei, daß es eine Schande ist. Wenn aber der Herr des Grâls Verlangen hat nach Liebe, nach einer Liebe, die ihm nicht jene Schrift ausdrücklich erlaubt hat, dann muß ihm das Kummer bringen und Seufzen und Schmerzen. Mein Herr und Bruder wählte sich eine Geliebte; das war, so schien ihm, recht und anständig. Wer die war, das sei dahingestellt. Dem Dienst für diese Dame ergab er sich in einer Weise, daß alle Feigheit vor ihm fliehen mußte. Und so wurden viele Schilde von seiner durchlauchten Hand zertrümmert. Viel Ehre erbeutete er auf seinen Fahrten, der Süße und der Schöne: Wem immer man in allen Ländern, wo Rittertum etwas gilt, hohen Ruhm zusprechen mochte — von höherem Ruhm als seinem
479 war doch nie die Rede. *Amor* war seine Parole. Dieser Kriegsruf ist nicht eben geeignet, zur Demut zu ermahnen.

Eines Tages ritt der König ganz alleine — das war ein Unglückstag für die Seinen — hinaus auf Abenteuer; die Liebe sollte ihm beistehen und ihn glücklich machen, Lust nach Liebe zwang ihn dazu. Mit einem vergifteten Speer wurde er beim Tjostieren verwundet, so daß er niemals wieder gesund werden konnte, dein lieber Oheim: das Eisen fuhr ihm durch den Hoden. Ein Heide war es, der da kämpfte und der diese Tjost ritt, geboren in Ethnîse, dort, wo der Tigris aus dem Paradies geflossen kommt. Dieser Heide war von der Idee besessen, daß seiner Tapferkeit der Grâl gehören müsse: Sein Name war in der Speerspitze eingraviert. Weit in der Welt umher fuhr er nach Rittertaten, nichts anderes als die Macht des Grâls trieb ihn durch Länder und Meere. Von

seinem Kampf wurde unser Glück vernichtet. Dein
Oheim kämpfte so, daß man ihn loben muß: Mit dem
Eisen jenes Speers im Leib ritt er von dort weg. Der
junge, edle Mann kam heim zu seinen Leuten: Da sah
man Jammer aufgehen. Den Heiden hatte er dort tot- 480
geschlagen; den sollen auch wir, wie er's verdient, be-
klagen.

Als der König zu uns kam — ganz bleich war er, und
seine Kraft hatte ihn verlassen —, da griff dann gleich die
Hand eines Arztes in die Wunde, und er fand schließlich
das Eisen. Da war auch noch ein Splitter vom Schaft
aus Rohr in seiner Wunde. Beides faßte der Arzt und
zog es heraus. Da fiel ich nieder auf die Knie: Der Kraft
Gottes gelobte ich da, daß ich niemals wieder Waffen
tragen wollte; ich betete zu Gott in seiner Herrlichkeit,
er möge meinem Bruder von seinem Leiden helfen. Ich
tat den Schwur, daß ich auf Fleisch verzichten wollte,
auf Wein und Brot, und ich ging dann sogar noch weiter:
Alles, was Blut in sich hat, so versprach ich, das wollte
ich niemals wieder auch nur mit Begehren anschauen.

Das war nun ein neuer Grund zum Weinen für die
Leute dort, lieber Neffe, daß ich mein Schwert hinge-
worfen hatte; ich sage dir, wie sie sprachen: ›Wer wird
jetzt den Grâl beschützen und sein Geheimnis!‹ Da
weinten lichte Augen.

Sie überlegten nicht lange und trugen den König zum
Grâl: Gott sollte ihm helfen. Als der König den Grâl
angesehen hatte, kam ein neues Unglück hinzu: Er
konnte nun nicht mehr sterben, und er *durfte* ja auch
nicht sterben, nachdem ich mich einem Leben in Armut 481
ergeben hatte und das ganze Herrentum dieses edlen
Geschlechts an so schwache Kraft gefallen war.

Des Königs Wunde war voller Gift. Man mochte
noch so viele medizinische Bücher lesen, keines wußte
ein Mittel, keines konnte helfen. *Aspis, ecidemon, ehcon-
tius, lisis, jêcis und mêatris,* das sind böse Schlangen, die
haben heißes Gift; jedes Mittel, das man kennt dagegen
und gegen andere Würmer, die giftig sind, alles, was
gelehrte Ärzte als Medizin dafür aus Kräutern zu gewin-
nen wissen mit Klugheit und Chemie — ich kann es dir
auch kürzer sagen, also: *keins* von alledem hat helfen
können, Gott selber will es uns nicht gönnen.

Vom Gêon haben wir Hilfe erhofft und vom Fîsôn,
vom Eufrat und vom Tigris, von den vier Wassern, die
vom Paradies her fließen; ganz nahe dorthin sind wir

gegangen, da wo ihr süßer Duft noch nicht verraucht sein kann, ob nicht vielleicht darin ein Kraut geschwommen käme, das unsern Schmerz von uns nehmen könnte. Das war verlorene Mühe; da wurde unser Leiden wieder neu.

Wir haben trotzdem weiter alles mögliche versucht:
482 Wir verschafften uns den Zweig, den Sibille dem Enêas empfohlen hat als Mittel gegen die Gefahren der Hölle und gegen den Rauch vom Flegetôn und von den anderen Flüssen, die da drinnen fließen. Dem haben wir also nachgeforscht und haben den Zweig auch bekommen. Der sollte das Übel bessern, falls nämlich dieser verhexte Speer, an dem unser Glück dahinstirbt, im Feuer der Hölle vergiftet und legiert worden wäre. Doch war auch das nicht sein Geheimnis.

Es gibt einen Vogel, der heißt *pellicânus*. Wenn der Junge hat, die liebt er über alles; er ist so treu, daß ihn die Liebe zu den Seinen treibt, sich selber in die Brust zu beißen, und er verströmt sein Blut den Jungen in den Mund: und daran stirbt er dann. Das Blut des Vogels haben wir uns verschafft — vielleicht, daß seine Treue uns hilft —, und wir strichen es an die Wunde, so gut wir es nur verstanden. Das konnte uns so auch nicht helfen.

Ein Tier heißt *monicirus* und schätzt so sehr die reinen Mädchen, daß es sich zum Schlafen auf den Schoß von Mädchen bettet. Wir haben uns das Herz von diesem Tier verschafft gegen die Schmerzen des Königs. Wir nahmen den Karfunkelstein, der auf dem Stirnbein dieses
483 Tieres wächst, dort unter seinem Horn. Wir bestrichen die Wunde von vorne und tauchten den Stein ganz hinein. Die Wunde aber blieb so voller Gift wie vorher. Das tat uns mit dem König weh.

Wir verschafften uns ein Kraut, das heißt *trachontê;* man sagt von diesem Kraut: wo ein Drache erschlagen wird, da wächst es von dem Blut. Die Pflanze gehört ganz zum Element der Luft, davon hat sie ihren Charakter. Vielleicht, so dachten wir, hat da das Sternbild des Drachen Macht, uns zu helfen gegen die Planeten, wenn sie rückwärts laufen, und gegen den wechselnden Mond: Die haben Macht über die Schmerzen. Die adelige, hohe Art der Pflanze hat uns aber nichts genützt.

Wir sind niedergekniet vor dem Grâl; da sahen wir einmal eine Schrift darauf geschrieben: Es werde ein Ritter kommen, und sobald man den hier die Frage aussprechen höre, werde das Leid ein Ende haben. Es dürfe

ihn aber kein Kind, kein Mädchen, kein Mann in irgend-
einer Weise auf die Frage aufmerksam machen, sonst
werde sie nicht helfen; das Übel bliebe dann wie vorher,
die Schmerzen wären noch schlimmer. Die Schrift
sprach: ›Habt ihr das vernommen? Wenn ihr ihn warnt,
erreicht ihr nichts und schadet nur. Wenn er nicht am 484
ersten Abend fragt, so zergeht ihm die Macht der Frage.
Wird seine Frage zur rechten Zeit getan, dann gehört
ihm das Königreich, und das Leiden hat ein Ende von
der höchsten Hand. Und dann ist Anfortas geheilt, er
darf aber nie mehr König sein.‹ So haben wir es an dem
Grâl gelesen, daß des Anfortas Qual zu Ende wäre, sobald
die Frage zu ihm käme. Alle lindernden Mittel, die wir
wußten, strichen wir an die Wunde: die gute Salbe
nardas und sämtliche *driakel*-Medizinen, auch geräuchert
haben wir mit *lignum alôê* — er hatte aber immer Schmer-
zen. Da bin ich dann hierher in den Wald gezogen;
wenig Freude schenken mir meine Jahre. Einmal seit-
dem ist dort ein Ritter hingekommen, der hätte lieber
vorbeireiten sollen. Von dem habe ich dir schon erzählt.
Ehre hat er dort nicht erbeutet, da er das Elend ansah und
nicht zum Herrn des Hauses sprach: ›Mein Herr, was
ist's mit Eurer Not?‹ Seine Stumpfheit hat ihm das
befohlen, daß er dort nicht fragte. Ein großes Glück
hat er da vorübergehen lassen.«

Die beiden waren so mit Seufzen und Klagen beiein- 485
ander, da ging es gegen Mittag. Der Wirt sprach:
»Gehen wir Essen suchen. Das Pferd ist noch unver-
sorgt, und für uns habe ich auch nichts, wenn Gott uns
nicht was finden läßt. Meine Küche raucht nicht oft:
Das mußt du heute büßen, und solang du bei mir bist.
Ich würde dich heute gerne etwas Kräuterkunde lehren,
wenn der Schnee uns ließe; Gott gebe, daß er schnell
zergehen möge. Wir wollen derweil Eibensprossen
rupfen für dein Pferd. Mir scheint, das hat in Munsal-
vaesche oft besser gegessen als hier. Du und dein Pferd,
ihr seid noch nie zu einem Wirt gekommen, der euch
lieber alles Gute gäbe, wenn es hier nur zu haben wäre.«

Sie gingen hinaus an ihre Arbeit. Parzivâl kümmerte sich um das Pferdefutter, sein Gastgeber grub Wurzeln für ihn aus, das mußte ihre beste Speise sein. Der Herr vergaß aber nicht die Vorschriften seiner Regel: So viele Wurzeln er auch grub, so aß er doch keine vor der None. Er hängte sie schön an einen Strauch und suchte weiter. Zur höheren Ehre Gottes ging er so durch manchen Tag mit leerem Magen: wenn er nämlich den Busch, wo seine Speise hing, nicht wiederfand.

486 Die zwei, die dort zusammen Haushalt führten, gingen dahin, wo die Quelle floß, und wuschen fleißig Wurzeln und ihr Kraut. Doch war von ihren Mündern dort am Brunnen nicht viel Lachen zu vernehmen. Ein jeder wusch seine Hände. Parzivâl trug dem Pferd ein Bündel Eibensprossen hin. Zu ihrer Streu bei den Kohlen gingen sie dann wieder. Es war gar nicht nötig, ihnen noch mehr Nahrung herbeizuschaffen: Dort wurde nicht gesotten noch gebraten, und ihre Küche war leer. Parzivâl fand mit Verstand und in der Liebe zu dem Herrn, bei dem er eingeladen war, er habe hier alles in Fülle und noch besser als damals, da Gurnemanz sein Gastgeber war, besser als in Munsalvaesche, wo der Glanz so vieler Damen vor ihm aufgegangen war und wo der Grâl ihm sein Essen auf den Tisch gestellt hatte.

Der Herr hier meinte es gut, und er sprach mit Klugheit: »Neffe, du mußt nicht glauben, daß Verachtung bei diesem schlechten Essen wäre; du könntest noch so eifrig suchen und fändest doch nirgends einen Wirt, der dir lieber alles Gute gönnen wollte und ohne irgendeinen feindlichen Gedanken.«

Parzivâl sprach: »Mein Herr, fern sei Gottes Gruß von mir, wenn mir jemals etwas, was ich in einem fremden Haus empfing, lieber war als dies.«

487 Da wurden nun alle die Speisen aufgefahren — bloß Wasser wurde nachher nicht gereicht, die Hände blieben ungewaschen. Und trotzdem hätten sie sich ohne Schaden die Augen reiben können — mit fischigen Händen ist das gefährlich, sagt man. Was mich betrifft, so kann ich euch versprechen: Wenn mich ein Herr auf die Jagd mitnähme — als seinen Falken, versteht sich —, mit den paar Bröcklein im Kropf hätte ich allerdings noch Lust und Gier genug, mich in die Luft zu schwingen von der Hand, da sollte man mich fliegen sehen! — Doch ich darf nicht spotten über die Treuen — mein altes Laster hat mich verführt, daß ich so taktlos daherrede. Ihr habt ja doch gehört, wie ihre Herrlichkeit vernichtet wurde, und wißt, warum sie nun arm waren und elend, weshalb sie es oft kalt hatten und selten warm. Nichts anderes als rechte Treue ließ die beiden Herzensqualen erdulden, die war ohne Makel rein. Von der höchsten Hand bekamen sie den Lohn für ihre Leiden, Gott war und wurde diesen beiden ein freundlicher Herr.

Sie standen auf und gingen von da weg, Parzivâl und
jener gute Mann, und in den Stall zum Pferd. Und im
Ton ganz dünn gewordenen Jubels sprach der Wirt zu
dem Roß: »Dein Hungerleiden tut mir weh; denn der
Sattel, den du trägst, führt das Wappen des Anfortas.«

Nachdem sie so das Pferd besucht hatten, fingen sie ein 488
neues Trauern an. Parzivâl sprach zu seinem Wirt:
»Mein Herr und lieber Oheim, wenn ich vor lauter
Scham und Schande wagen könnte, es auszusprechen, so
sollte ich Euch jetzt mein Unglück klagen. Verzeiht mir
mit Eurer ganzen Großmut: In aufrichtiger Hingabe
suche ich bei Euch Zuflucht. Ich habe es so sehr falsch
gemacht — wenn Ihr mir gebt, was ich verdiene, so bin
ich von der Hoffnung abgeschnitten und werde niemals
von der Reue losgebunden. Ihr sollt mit helfender Liebe
mein stumpfes Herz beklagen und anklagen: Der nach
Munsalvaesche ritt und der jenes wahre Unglück sah und
der keine Frage sprach, das bin ich unseliges Kind: Mein
Herr, so böse habe ich mich vergangen.«

Der Wirt sprach: »Neffe, was sagst du da? Nichts als
Klagen und Weinen bleibt uns beiden in der Hand, das
Glück ist uns entschlüpft, weil du das Kunststück fertig-
brachtest, dich *so* um dein Glück zu reden. Gott hat dir
doch fünf Sinne verliehen, und alle haben sie dich da
verraten! Wie konnten sie nur so schlechte Hüter deiner
Treue sein dort vor der Wunde des Anfortas! Doch will 489
ich dich nicht auch noch im Stich lassen, sondern dir
raten: Du darfst dich nicht gar zu sehr in Trauer ver-
lieren; du sollst in rechtem Maß trauern und Trauer
wieder loslassen. Die Menschen sind eine wilde Rasse:
Es kann schon einmal vorkommen, daß Jugend auf den
Weg zur Weisheit will — wenn aber dann die *Alten* dafür
dumm und kindisch handeln und die lautere Absicht
trübe machen, so wird das Weiße schmutziggrau, und
die grüne Kraft verdorrt, von der sonst ein Edelreis
angehen könnte. Wenn ich es fertigbrächte, daß ein
solcher Zweig dir grünt, und wenn ich deinem Herzen
Mut machen könnte, nach Ruhm zu jagen und dabei in
Treue auf Gott zu vertrauen, dann hätte dein Glück
etwas so Hohes gewonnen, daß man sagen dürfte: Du
bist gut entschädigt worden. Gott selber möchte dich
nicht verlassen: Ich bin von Gott bestellt, dir Rat zu
geben.

Jetzt sag mir, hast du den Speer gesehen auf Munsal-
vaesche in dem Haus? Als der Stern *Sâturnus* im Zenit

stand, da merkten wir das an der Wunde und an dem
sommerlichen Schnee. So weh wie nie vorher tat ihm
der Frost, deinem lieben Oheim. Da mußte nun das
490 Eisen des Speers in seine Wunde hinein: Das eine Übel
sollte für das andere helfen. Da wurde der Speer blutig
rot. Wenn gewisse Gestirne heraufkommen, so bringt
ihr Regime dem Volk dort Jammern und Weinen — es
sind die Sterne, die in so großen Abständen übereinan-
derstehen und ganz verschieden schnell umlaufen; und
der Wechsel, wenn der Mond sich ändert, ist auch sehr
schlecht für die Wunde. Wenn eine solche Zeit kommt,
wie ich jetzt gesagt habe, hat der König keine ruhige
Stunde; da fällt ein so arger Frost ihn an, daß sein Fleisch
kälter wird als der Schnee. Man hat aber herausgefunden,
daß jenes Gift am Eisen des Speers heiß ist: Solange man
es auf die Wunde legt, zieht es aus dem Leib den Frost,
gläsern um die ganze Spitze, wie Eis. Das konnte aber
niemand vom Eisen wegkriegen, wie man's auch ver-
suchte, bloß Trebuchet, der kluge Mann: der machte
zwei Messer, die es schnitten, aus Silber, die konnten es
wohl. Wie man es machen muß, das sagte ihm ein
Segen, der auf des Königs Schwert geschrieben stand.
Viele Leute möchten gern glauben, das Holz *aspindê*
brenne nicht; als aber einmal etwas von dem Glas drauf
sprang, da schlugen sofort Feuerflammen auf und *aspindê*
verbrannte davon. Dieses Gift kann große Wunder tun!
491 Er kann nicht reiten noch gehen, der König, nicht lie-
gen noch stehen: er lehnt, doch ohne zu sitzen — die
Qual hat ihn so klug gemacht, diese Lösung zu finden!
Zum Mondwechsel hin hat er immer Schmerzen. Brum-
bâne heißt ein See: dahin trägt man ihn, die Luft dort
tut ihm gut; denn faulig geht es von der Höhle seiner
Wunde. Das nennt er seinen ›Jagdausflug‹. Was kann
er dort schon fangen unter so schrecklichen Schmerzen?
Nicht einmal soviel, wie das eigene Haus verbraucht.
So ist es gekommen, daß man von ihm als vom ›Fischer‹
redet. Das Gerede mußte er sich gefallen lassen, doch
hat er nicht viel Lachse und Lampreten zu verkaufen,
der arme Mann, der niemals fröhlich ist.«

Da sprach Parzivâl sogleich: »Auf dem See hab ich den König gesehen, draußen im Wasser lag sein Boot verankert; ich glaube, er war beim Fischefangen, oder er vertrieb sich halt die Zeit. Ich hatte viele Meilen hinter mich gebracht an diesem Tag, bis ich dorthin kam. Aus Pelrapeire bin ich fortgeritten ziemlich genau um die

Mitte des Vormittags; am Abend sorgte ich mich, wo ich einkehren könnte zur Nacht, da wies mir mein Oheim ein Quartier.«

»Das ist ein gefährlicher Weg, den du geritten bist«, 492
sprach der Herr, »der wird von Posten gut bewacht. Und jeder ist mit einer Mannschaft so besetzt, daß selten einem seine Schlauheit etwas nützt, wie er seinen Weg auch wählt; der hat ihn noch immer in die Falle geführt, wer es auch war, der hergeritten kam zu diesen Leuten. Die geben niemals Pardon, sie setzen ihr Leben gegen das des andern auf die Waage: Das ist ihnen aufgegeben für Sünde.«

»Nun bin ich aber doch ohne zu kämpfen damals an den Ort gelangt, wo der König war«, sprach Parzivâl. An jenem Abend sah ich seinen Palas voller Jammer. Wie konnten sie nur am Jammer so Gefallen finden! Ein Knappe lief da zur Tür herein, es klang davon vor Jammer der Palas. Der Knappe trug in seinen Händen an den vier Wänden entlang einen Schaft, darin ein blutig rotes Speereisen. Dieser Speer brachte fürchterlichen Jammer über die Leute.«

Der Wirt sprach: »Neffe, der König hatte damals solche Schmerzen wie nie vorher oder später, auf solche Weise zeigte ihm der Stern *Sâturnus* sein Kommen an, der bringt gewöhnlich große Kälte mit. Den Speer auflegen, so wie man ihn vorher immer darauf liegen ließ, das hatte keine Wirkung mehr und half uns nicht: Man stach das Eisen tief hinein in die Wunde. *Sâturnus* steigt 493
so hoch empor, daß die Wunde den Frost eine gute Weile vorher zu spüren bekommt, bevor er sich — noch einmal sozusagen — sonst auf der Erde bemerkbar macht. Der Schnee also kam gar nicht so sehr jäh, er fiel erst in der nächsten Nacht und brach in die Herrschaft des Sommers ein. Als man zu jenem Mittel greifen mußte, den Frost des Königs zu bekämpfen, da wurde alle Freude in dieser Burg vernichtet.« Und es sprach der keusche Trevrizent: »Sie empfingen die Gage des Jammers. Genommen wurde ihnen alle Freude von dem Speer, der traf sie ins lebendige Herz. Aus der Treue ihres Jammers floß ihnen wieder neu das Heil der Taufe zu.«

Parzivâl sprach zu dem Herrn: »Fünfundzwanzig Mädchen sah ich da, die vor dem König standen, wohl erzogen und mit Eleganz.«

Da sagte der Wirt: »Mädchen müssen es sein, die ihn hüten; so hat es ihm Gott bestimmt, dem Grâl, vor dem sie da dienten. Der Grâl ist sehr heikel, und darum dürfen ihn nur solche Ritter bewachen, die rein sind in allen Dingen. Wenn die hohen Sterne kommen, so gibt diese Zeit den Leuten dort viel Jammer, den Jungen und den Alten. Gott hält schon viel zu lange fest an seinem Zorn gegen sie. Wann werden sie ja sagen dürfen zum Glück?

494 Neffe, jetzt will ich dir noch etwas sagen, das kannst du mir wohl glauben: Die spielen auch oft das Spiel der Welt mit Geben und Nehmen. Man schickt ihnen kleine Kinder, alle von schöner Gestalt und aus den besten Familien. Wenn irgendwo ein Land herrenlos wird, ein Land, in dem die Menschen darauf achten, was Gottes Hand ihnen weist, und wenn sie sich also einen Herrn aus der Grâlsgesellschaft wünschen, so wird ihr Verlangen erfüllt. Sie müssen ihm aber mit Respekt und Anstand begegnen, denn ihn schützt dort ein besonderer Segen von Gott. Diese Männer führt Gott auf geheimen Wegen von da fort. Es werden auch Mädchen weggegeben, das aber geschieht in aller Öffentlichkeit. Du sollst wissen, daß der König Castis um Herzeloyde warb, und man erfüllte ihm gern seinen Wunsch: Deine Mutter gab man ihm zur Gemahlin. Von ihrer Liebe sollte er nicht kosten, der Tod legte ihn vorher ins Grab. Davor hatte er noch deiner Mutter Wâleis und Norgâls gegeben, Kanvoleis und Kingrivâls, es wurde ihr geschenkt in aller Form. Der König sollte nicht länger leben. Es war auf der Heimreise, da legte sich der König zum Sterben nieder. Da trug sie nun die Krone zweier Länder. Später gewann sie Gahmurets Hand.

495 So gibt man sie weg vom Grâl, die Mädchen offen und die Männer heimlich, weil man dann wieder Nachwuchs für den Dienst beim Grâl zurückbekommt, falls nämlich eines Tages die Kinder von jenen zur Grâlsgesellschaft berufen werden, um dort zu dienen: Gott weiß es ihnen dann schon mitzuteilen. Wer sich entschlossen hat, dem Grâl zu dienen, der muß auf die Liebe zu den Frauen verzichten. Bloß der König, der hat als einziger das Recht, ein reines Weib zu nehmen, das dürfen außer ihm nur die, die Gott als Herren in herrenlose Länder gesandt hat. Über dieses Verbot setzte ich mich hinweg und nahm Frauendienst um Liebe. Meine Schönheit und Jugend und der Zauber einer adeligen Frau haben mich verführt, und so wurde ich der Ritter dieser Dame und habe oft und hart in ihrem Dienst gekämpft. In der Welt

draußen mit ihren wilden Abenteuern fühlte ich mich so daheim, daß ich in bloßen Turnierkämpfen selten auftrat. Ihre Liebe führte Glück in mein Herz: Ihr zu Ehren glänzte ich in vielen Kämpfen. So zwang mich die Kraft ihrer Liebe zur *wilden* Ritterschaft in der Ferne, da kaufte ich ihre Liebe: Der Heide und der Getaufte — zum Kämpfen waren sie mir gleich recht. Ich fand, sie hatte viel Lohn zu geben.

So trieb ich mein Wesen für diese Edle auf den drei 496
Erdteilen, in Europa und in Asien und im fernen Afrika.
Auf der Suche nach glänzenden Tjosten ritt ich vor Gau-
rîuon. Vor dem Berg Fâmorgân habe ich auch oft
tjostiert. Etliche gewaltige Tjosten zeigte ich vor dem
Berg Agremontîn: Wenn man da von der einen Seite
hinkommt und die dort drinnen zur Tjost fordert, so
kommen feurige Männer heraus; die auf der anderen
Seite aber brennen nicht, die Tjosteure, die sich sehen
lassen. Als ich auf meiner Fahrt zum Rôhas kam, da
ritten Leute aus dem slawischen Adel heraus, um sich
zum Kampf zu stellen. Ich reiste von Sevilla um das
ganze Meer herum nach Celje, durch Friaul und hinaus
vor die Stadt Aquileja. Oh und ach, da sah ich deinen
Vater, da bekam ich ihn zu Gesicht: Als ich in Sevilla
einzog, da hatte der edle Anschevîn bereits Quartier
genommen. Die Fahrt tut mir immer weh, die er nach
Baldac fuhr: Da wurde er beim Tjostieren tot hinge-
streckt, genauso, wie du es vorher von ihm erzählt hast. 497
Das ist immerfort die Klage meines Herzens.

Mein Bruder ist reich. Er hat mich oft heimlich zu Rittertaten fortreiten lassen. Wenn ich von Munsalvaesche aufbrach, nahm ich mir da sein Siegel und brachte es nach Karchobrâ, wo der Plimizoel zum See wird, im Bistum Barbigoel. Auf dieses Siegel hin gab mir der Burggraf dort Knappen mit auf den Weg und was man außerdem zum edlen Leben braucht, wenn man zu wilden Tjosten reist oder sonst auf einer Ritterfahrt. Er ließ es mir an nichts fehlen. Ich mußte ja ohne Begleitung zu ihm kommen, und auf der Heimreise ließ ich auch wieder alles, was ich an Leuten bei mir hatte, bei ihm zurück und ritt dahin, wo Munsalvaesche lag.

Jetzt höre, mein lieber Neffe: Gleich beim erstenmal, als mich dein edler Vater in Sevilla sah, da sagte er mir auf den Kopf zu, daß ich der Bruder von Herzeloyde, seiner Frau, sein müsse. Und hatte doch seiner Lebtag nie mein Angesicht erblickt. Damals mußte jeder von

mir sagen, daß niemals ein Mann schöner war von
498 Gestalt, da war ich noch ohne Bart. Er besuchte mich
in meinem Quartier. Was er behauptete, das leugnete
ich mit vielen Eiden — freilich war da kein Richter, der
mir seinen Stab hingehalten hätte. Als er mich aber
immer wieder attackierte, da sagte ich's ihm schließlich
im geheimen, und er war sehr glücklich über seine Beute.
Er schenkte mir seine Schätze; er nahm auch gerne an,
was ich ihm gab. Meine Reliquienkapsel, die du bei
früherer Gelegenheit gesehen hast — die ist noch grüner
als der Klee —, ließ ich aus einem Edelstein arbeiten,
den mir der reine Mann geschenkt hat. Er überließ mir
seinen Neffen als Knappen: Ithêr, den sein Herz so lenkte,
daß alles, was Verrat ist, an ihm zunichte wurde. Er war
König von Kucûmerland. Wir konnten die Abreise
nicht länger verschieben und mußten auseinandergehen.
Er fuhr dahin, wo der Bâruc war, und ich reiste zum
Rôhas. Von Celje ritt ich vor den Rôhas; an drei Montagen
stritt ich dort in vielen Kämpfen. Ich fand, ich
hatte dort recht gut gekämpft. Danach ritt ich dann
gleich in das weite Gandîne — davon hat dein Großvater
Gandîn seinen Namen. Da kannte man den Ithêr. Die
499 Stadt liegt dort, wo die Grajena in die Drau fließt, dieses
Wasser führt Gold. Da war nun eine, die den Ithêr
liebte: Die Schwester deines Vaters fand er dort, die war
Herrin über dieses Land. Gandîn von Anschouwe hatte
sie als Herrin da eingesetzt. Sie heißt Lammîre, und
also heißt das Land Steier. Ja, wer Schilddienst treiben
will, der kommt viel herum.

Jetzt wird mir weh um meinen roten Knappen, dem zuliebe sie mich so sehr ehrte. Von Ithêr stammst du ab: Deine Hand hat die Verwandtschaft verkannt, doch Gott hat nichts davon vergessen und kann sie immer noch vor allen Augen zeigen. Wenn du ein Leben in Treue gegen Gott führen willst, so bist du ihm Buße dafür schuldig. Mit Schmerzen sage ich dir das: Du trägst zwei große Sünden. Ithêr hast du erschlagen, und du mußt auch um deine Mutter weinen. So sehr treu war sie in ihrer Liebe: die Trennung von dir, als du zuletzt fortgingst, schied sie vom Leben. Jetzt folge meinem Rat, nimm Buße an für dein verkehrtes Tun und sorge für dein Ende: Verdiene dir mit Leiden hier Ruhe für die Seele dort.«

500 Ohne alles Schimpfen fing sein Wirt es an und fragte
weiter: »Neffe, noch habe ich nicht gehört, wie du zu
diesem Pferd gekommen bist.«

»Mein Herr, das Pferd gewann ich im Kampf, als ich von Sigûne fortritt. Vor einer Klause sprach ich mit ihr. Danach stach ich einen Ritter im Flug herunter und führte es fort. Von Munsalvaesche war der Mann.«

Der Herr sprach: »Ist er aber heil davongekommen, er, dem es eigentlich und mit Recht gehört?«

»Mein Herr, ich habe ihn vor mir weggehen sehen und fand das Pferd bei mir stehen.«

»Wenn du die Leute beim Grâl so berauben willst und glaubst, daß du von ihnen auch noch Liebe dazu kriegst, dann gehen die Meinungen weit auseinander.«

»Mein Herr, ich habe es in einem Kampf gewonnen. Wenn mir einer daraus eine Sünde machen will, der soll zuerst überlegen, was das für eine sein soll. Mein eigenes Pferd hatte ich vorher verloren.« Und Parzivâl sprach weiter: »Wer war jenes Mädchen, das den Grâl trug? Ihren Mantel lieh man mir.«

Der Wirt sprach: »Neffe, wenn es wirklich ihrer war
— sie ist die Schwester deiner Mutter —, so hast du jeden-
falls keinen Grund, damit zu prahlen, daß sie ihn dir
lieh: Sie meinte, du solltest Herr dort sein, Herr des
Grâls und ihrer und meiner dazu. Dein Oheim gab dir 501
auch ein Schwert. Aus dem Geschenk ist dir aber gleich
neue Sünde erwachsen, weil dein Mund, der so schön
reden kann, leider bei der Gelegenheit nichts von einer
Frage lautwerden ließ. Die Sünde laß jetzt bei den
andern stehen; es wird jetzt auch Zeit, daß wir uns
schlafen legen.«

Es waren nicht eben viele Betten und Decken, die man ihnen brachte, da legten sie sich halt auf einen Haufen Kehricht. Nicht im mindesten war dieses Lager so gerichtet, daß es ihrem Adel glich.

So lebte er dort fünfzehn Tage lang und wurde so bewirtet, wie ich es euch sage. Kräuter und Wurzeln, das war noch das beste, was sie zu essen bekamen. Freundliche Worte halfen Parzivâl die traurige Last tragen: Sein Wirt löste ihn von Sünden und riet ihm doch ritterlich.

Eines Tages fragte ihn Parzivâl: »Wer war jener Mann, er lag vor dem Grâl? Der war ganz grau, und doch war seine Haut hell und glänzend.«

Der Wirt sprach: »Das war Titurel; der ist der Großvater deiner Mutter. Dem wurde zuerst die Fahne des Grâls anvertraut und sein Schutz. Er hat eine Krankheit, die heißt Podagra, eine Lähmung, gegen die kein Mittel

hilft. Sein schönes Aussehen hat er jedoch nie verloren,
weil er den Grâl so oft vor Augen hat; deswegen kann
502 er nicht sterben. Sie halten diesen kranken Mann am
Leben, damit er ihnen rate. Zum Tjostieren ritt er, als
er jung war, weit durch Furten und Wiesen.

Willst du dein Leben golden machen und auf geraden Wegen fahren als ein Mann von Adel, so mußt du dich davor hüten, mit Frauen Krieg zu führen. Frauen und Kleriker tragen, wie jeder weiß, keine Waffen und sind wehrlos; darum streckt sich Gottes Segen über die Geistlichen aus. Deine Kraft soll ihnen in Treue dienen, dann wird vielleicht dein Ende gut. Zu den Priestern mußt du freundlich sein. Was auch dein Auge auf Erden sieht, das kann sich mit dem Priester nicht vergleichen: Sein Mund spricht uns vom Tod am Kreuz, der unsere Verdammnis bricht; und seine geweihte Hand darf jenes höchste Pfand anfassen, das je für Schuld dahingegeben wurde. Ein Priester, der sich so bewahrt hat, daß er zuletzt dem Herrn Reinheit darbringen kann — wie könnte jemand in besserem Heil leben?«

Das war der Tag, an dem die beiden sich trennten. Trevrizent bedachte es und sprach: »Gib mir deine Sünde her; ich bin vor Gott der Bürge deiner Bekehrung. Du aber tu, was ich dir geraten habe; bleib fest in diesem Willen.«

Sie trennten sich. Und wie ihnen dabei zumute war, das könnt ihr jetzt, wenn ihr wollt, bedenken.

ZEHNTES BUCH

503 Es geht jetzt wilden Geschichten zu; die können Glück ausrotten und bringen doch stolze Freude: beim einen und beim andern geht es nicht ohne Raufereien ab.

Jetzt war auch jene Frist von einem Jahr vorüber, ausgestanden war die Sache, um derentwillen der Landgraf am Plimizoel zum Gerichtskampf geladen hatte. Der sollte, so hatte man entschieden, nicht in Tschanfanzûn, sondern in Barbigoel stattfinden. Auch dort blieb der König Kingrisîn ohne Rache: Vergulaht, sein Sohn, kam dahin gegen Gâwân. Da erkannten alle Leute, daß die zwei verwandt waren, und die Macht der Verwandtschaft trennte die Kämpfer. Es zeigte sich nämlich auch, daß der Graf Ehcunaht jene große Schuld auf sich geladen hatte, die man Gâwân büßen lassen wollte. So versöhnte sich denn Kingrimursel mit Gâwân, dem gewaltigen Ritter.

Die beiden ritten dann, sobald diese Sache abgetan war, fort, jeder für sich, Vergulaht und Gâwân, und machten sich auf die Suche nach dem Grâl. Da mußten ihre Hände manchen Stoß mit Speeren senden. Denn jeder, der den Grâl haben wollte, der mußte vorher mit dem Schwert Ruhm erlangen. Auf solche Weise soll man sich um den Preis bewerben.

504 Wie es Gâwân ergangen ist — abgesehen davon, daß er sich natürlich immer tadellos gehalten hat —, seit er von Tschanfanzûn aufgebrochen ist, ob seine Fahrt auf Kämpfe traf, das mögen die erzählen, die da zugesehen haben: Jetzt jedenfalls nähert er sich gerade einem Kampf.

Eines Morgens kam Herr Gâwân auf einen grünen Plan geritten. Da sah er einen Schild blinken, da war eine Tjost durchgefahren. Und er sah ein Pferd, das Sattelzeug für eine Dame trug, sein Zaum und Sattel war recht teuer. Es war zusammen mit dem Schild an einem Ast festgebunden. Da dachte er: ›Wer mag diese Frau sein, die einem Ritter so gefährlich werden kann mit ihrem Leib, da sie einen Schild zu gebrauchen weiß? Wenn die Lust kriegt, gegen mich zu kämpfen, wie soll ich mich vor ihr retten? Zu Fuß allenfalls, das ginge noch an, da hätte ich gute Hoffnung, mit dem Leben davonzukommen. Wenn sie eine Weile mit mir ringen will, kann sie mich am Ende vielleicht gar auf die Wiese legen. Ob sie mir dann böse ist oder lieb zu mir — eins von beiden muß ich gewinnen, wie immer eine solche Tjost zu Fuß ausgeht. Und wäre es auch Kamille selber, die edle Dame — man rühmt ihr nach, sie hätte vor Laurente den Siegespreis erstritten —, und stünde sie genauso lebendig wie damals, als sie dort Ritter war, vor mir, ich würde es doch gern mit ihr aufnehmen, wenn sie mir hier einen Kampf anbieten wollte.‹

Der Schild war auch zerhauen; Gâwân sah ihn sich 505
genauer an, als er heranritt. Das Fenster von der Tjost war groß ausgeschnitten worden mit einer Lanze: Solche Wappen malt der Kampf. Die Leute, die berufsmäßig Schilde bemalen, können es sich aber nicht leisten, mit solchen Farben zu arbeiten — die würde ihnen kein Mensch bezahlen. Mächtig war er Stamm der Linde. Und eine Dame, deren Glück zerbrochen war, saß hinter ihr auf grünem Klee. Ein großes Leid tat ihr so weh, daß sie nichts mehr freuen konnte. Er ritt herum und näher zu ihr hin. Ein Ritter lag ihr im Schoß: Davon war ihr Jammer so sehr groß.

Gâwân blieb nicht stumm: er grüßte. Die Dame dankte und neigte sich. Er merkte, daß ihre Stimme heiser war vom vielen Schreien in der Not. Da stieg mein Herr Gâwân ab. Dort lag ein Mann durchstochen, dem lief das Blut in den Leib hinein. Da fragte er die Frau des Helden, ob der Ritter noch lebendig sei oder schon im Todeskampf.

Sie sagte: »Mein Herr, er lebt noch, ich glaube aber, es dauert nicht mehr lang. Gott hat Euch geschickt, darum vertraue ich auf Euch; jetzt helft mir, wie Treue zum Nächsten es fordert. Ihr habt schon mehr Unglück 506
gesehen als ich. Laßt Euren Trost an mir geschehen, daß ich Hilfe anschauen kann von Euch.«

»Ich tu es«, sprach er, »meine Dame. Ich wollte gerne diesen Ritter vor dem Sterben bewahren. Ich traue es mir recht wohl zu, ihn zu retten, wenn ich nur ein

Röhrchen hätte. Ihr sollt ihn noch recht lange sehen und hören, und zwar bei bester Gesundheit, denn er ist nicht am Leben verwundet: Das Blut drückt ihm aufs Herz.«

Er nahm einen Zweig von der Linde und schälte davon die Basthülse ab für ein Rohr — im Umgang mit Wunden kannte er sich aus —, und dieses Rohr schob er durch die Speerwunde in den Leib hinein. Dann bat er die Frau, so lange zu saugen, bis das Blut zu ihr herausfloß.

Des Helden Kraft schloß sich nun auf, so daß er wieder reden konnte, und er sprach Gâwân an, den er da über ihn gebeugt erblickte. Er dankte ihm sehr und sagte, es werde Gâwân hoch angerechnet werden, daß er ihn aus seiner hilflosen Lage befreit hatte. Und er fragte ihn, ob er da her nach Lôgrois zum Kämpfen gekommen sei. »Ich bin auch weit gereist von Punturtois und wollte hier Abenteuer jagen. Von Herzen werde ich es immer beklagen, daß ich so nahe her geritten bin. Auch Ihr solltet das lieber sein lassen, wenn Ihr Verstand habt.
507 Ich habe nicht geglaubt, daß es so kommen könnte. Lishoys Gwelljus hat mich bös verwundet und hinters Pferd gesetzt mit einer mächtigen Tjost. Die fuhr mit Gewalt durch meinen Schild und durch den Leib. Da half mir diese liebe Frau und brachte mich auf ihrem Pferd hierher.«

Er bat Gâwân sehr zu bleiben. Gâwân aber sprach, den Ort wolle er sich ansehen, wo er besiegt worden war. »Liegt Lôgroys so nahe und kann ich ihn noch vorher einholen, wenn ich mich beeile, dann muß er mir Antwort geben: Ich frage ihn, was er an dir zu rächen hatte.«

»Tu lieber nichts von alledem«, sprach der Verwundete, »die Wahrheit kann ich dir auch sagen. Diese Reise ist nichts für Kinder; es ist gefährlich da, das darf man nun wirklich so nennen.«

Gâwân verband die Wunde mit dem Kopftuch der Dame, er sprach über die Wunde einen Wundsegen, er bat Gott, sich weiter um den Mann und um die Frau zu kümmern.

Ihre Fährte fand er überall blutig, wie wenn ein Hirsch dort angeschossen worden wäre; er konnte also gar nicht irregehen, und bald sah er Lôgroys in ihrer ganzen Herrlichkeit. Viele Leute haben schon mit Lob ihrem Adel
508 Reverenz erwiesen. Diese Burg war aber auch wirklich so gebaut, daß man sie loben muß. Einem Kreisel glich ihr Berg: Wenn ein naiver Mensch sie in der Ferne sah,

so meinte er, sie liefe im Kreis herum. Noch heute sagt man von der Burg, daß bei ihr ein Sturmangriff gar nichts ausrichtete; solche Not fürchtete sie wenig, wo man ihr drohte mit Krieg. Umfriedet war der Berg von einer Hecke ganz besonderer Art, man hielt da lauter edle Bäume: Feigenbäume und Granatapfel; an Öl und Wein und was man sonst braucht wuchs da alles in Fülle und in Herrlichkeit. Gâwân ritt die Straße bis ganz hinauf: Da sah er unter sich am Hang das Glück und seines Herzens Leiden. Eine Quelle sprang aus dem Felsen; da sah er, und das gefiel ihm gar nicht übel, eine Dame, die schimmerte so schön, daß er sie mit Verlangen anschauen mußte: *La belle fleur* über aller Frauen Pracht. Nie wurde auf der Welt ein Leib geboren — Condwîr âmurs ausgenommen —, der so schön war. Reizend in strahlender Reinheit war diese Frau und sehr elegant mit feinen Sitten. Sie hieß Orgelûse de Lôgroys. Und unsere Quelle sagt von ihr, daß sie ein Köder war, der zur Liebe lockte, den Augen ohne Haken süß und Spannseil für das Herz.

Gâwân grüßte sie, er sprach: »Wenn Ihr so freundlich 509
seid und mir gebietet, meine Dame, abzusteigen, und wenn ich erleben dürfte, daß es Euch gefiele, mich bei Euch zu behalten, dann könnte auch der größte Schmerz meinem Glück nichts mehr anhaben, ich wäre so selig wie kein Ritter sonst auf Erden. Bis zu dem Tag, da mein Leib einmal stirbt, kann ich keiner Frau mehr begegnen, die mir besser gefiele.«

»Das ist aber schön, und wie interessant!« so war ihre Rede, als sie ihn ansah, und ihr hübscher Mund sprach weiter: »Lobt mich aber nicht zu sehr, es könnte nämlich leicht sein, daß Ihr Euch damit selber verunehrt. Ich mag es nicht, daß jeder Mund sich erlaubt, mir mitzuteilen, was er von mir hält. Ist mein Lob denn so gemein? Dann wäre es nicht viel wert. Wenn es der Kluge und der Dumme, der Grade und der Krumme im Mund führt — wo soll es sich denn dann noch emporrecken und sich in seinem wahren Adel sehen lassen? Ich will mein Lob lieber bei mir behalten und nur jene, die was davon verstehen, damit hantieren lassen. Ich weiß nicht, mein Herr, wer Ihr seid. Es wäre Zeit für Euch davonzureiten. Was *ich* von *Euch* halte, das sollt Ihr aber vorher noch hören: Euer Bild wird immer vor meinem Herzen stehen — da*vor,* sage ich, nicht: *drinnen,* und da soll es auch bleiben, möglichst weit weg. Meine Liebe wollt

510 Ihr haben. Und was habt Ihr geleistet, meine Liebe zu verdienen? So mancher wirft einem Augen zu, daß er sie weniger aufdringlich mit der Schleuder schösse, und sollte sich doch überhaupt hüten, anzuschauen, was ihm ins Herz schneidet! Laßt Eure schwächliche Lüsternheit sich weiterwälzen zu einer anderen Liebe als der meinen. Wenn Eure Hand um Liebe dient, wenn die Aventiure Euch nach Liebe hinausgeschickt hat zu ritterlichen Taten, von *mir* jedenfalls bekommt Ihr den Lohn nicht. Eine peinliche Abfuhr könnt Ihr allerdings hier kriegen, wenn Ihr denn die Wahrheit von mir hören wollt.«

Da sprach er: »Meine Dame, Ihr sagt mir tatsächlich wahr: Meine Augen sind dem Herzen gefährlich; die haben sich in Euren Leib verguckt, so daß ich jetzt gezwungen bin, mich Euch mit meinem Ehrenwort gefangenzugeben. Zeigt mir, daß Ihr ein weibliches Herz habt. Gewiß, es hat Euch geärgert, aber ich bin Euch wehrlos und in Fesseln ausgeliefert. Jetzt löst oder bindet! Ihr werdet sehen, daß ich recht willig bin, wenn ich Euch erst einmal da habe, wo ich wollte: alles, was das Herz begehrt, das lasse ich mir gern gefallen.«

Sie sprach: »Nun gut, nehmt mich also mit Euch fort. Wenn es später einmal ans Teilen der Beute geht, die Ihr mit Liebe in meinem Dienst gewonnen habt, dann wird es nichts als Schande geben, und Ihr werdet jammern.
511 Ich wüßte gern, ob Ihr der Mann seid, der sich traut, für mich auch Kämpfe auszuhalten. Habt Ihr aber Ehre *nötig,* statt sie bloß zu haben, so vergeßt es. Und noch ein Rat, den ich Euch geben will: Wenn Ihr mir folgt, sucht besser anderswo nach Liebe! Wollt Ihr von mir Liebe? So bleibt Ihr immer arm an Liebe und an Glück. Wenn Ihr mich mit Euch auf die Reise nehmt, dann wird großes Unglück Euch beuteln.«

Da sprach mein Herr Gâwân: »Wie könnte einer Liebe haben, ohne was dafür zu tun? Muß ich erst kommen, um Euch das zu sagen, daß so einer sie mit Sünden fortträgt? Wenn es einen zu edler Liebe hinzieht, der muß sie nun einmal erst verdienen und dann vergelten.«

Sie sprach: »Wenn Ihr Euch meinem Dienst ergeben wollt, dann müßt Ihr ein kriegerisches Leben führen, und doch ist es gut möglich, daß Ihr am Ende nichts als Schande gewinnt. Als meinen Ritter kann ich keinen Feigling brauchen. Geht jenen Pfad entlang — es ist kein richtiger Weg —, dort über das schmale Brücklein bis in den Baumgarten; da nehmt dann mein Pferd in

Eure Obhut. Da hört und seht Ihr viele Leute, die tanzen und Lieder singen, und Tamburine und Flöten. Und wenn sie Euch auch noch so freundliche Avancen machen, so geht doch mitten durch dorthin, wo mein Pferd steht, und bindet es los: Es geht Euch folgsam nach.«

Gâwân sprang von seinem Roß. Er überlegte hin und 512
her, wie er es machen sollte, daß sein Roß hier auf ihn warte. Bei der Quelle gab es nichts, wo er es anbinden konnte. Er dachte nach, ob es passend wäre, wenn es die Dame am Zügel nähme, ob es anständig wäre, sie darum zu bitten.

»Ich sehe schon, was Euch plagt«, sprach sie, »laßt dieses Roß bei mir hier stehen: Ich halte es so lange, bis Ihr wiederkommt. Diese Gefälligkeit wird Euch doch sehr wenig nützen.«

Da nahm mein Herr Gâwân den Zügel herunter vom Roß und sprach: »Nun, meine Dame, haltet es für mich.«

»Was für ein einfältiger Schlich! Das sehe ich doch«, sprach sie, »ich soll dort anfassen, wo Eure Hand gelegen hat; aber davon will ich nichts wissen!«

Da sprach der Liebesdurstige: »Meine Dame, da vorn fasse ich ihn niemals an.«

»Gut, da will ich ihn nehmen«, sprach sie. »Jetzt müßt Ihr Euch beeilen; bringt mir geschwind mein Pferd! Ihr sollt Euren Willen haben: Ich bin bereit, Euch zu begleiten.«

Da fand er, das sei ein Grund zur Freude, daß er das erreicht hatte, und kühn eilte er fort von ihr, über den Steg und hinein zur Pforte. Da sah er den Glanz von vielen Damen und eine Menge junger Ritter, die tanzten und sangen. Da war nur mein Herr Gâwân ein 513
so schmucker Mann in seiner Rüstung, daß ihnen weh wurde um ihn. Denn sie meinten es gut mit ihm und ehrlich, die Leute vom Baumgarten. Sie standen oder lagen oder saßen auch in Zelten, und sie konnten schier kein Ende finden mit Klagen über das Unglück des armen Gâwân. Männer wie Frauen wurden nicht müde, ihn zu bedauern. Es gab nicht wenige, denen war es arg, und sie sprachen: »Meine Herrin ist ein falsches Weib. Sie will diesen Mann auf bösen Wegen in schlimme Gefahren führen. Weh, daß er ihr dahin folgen will, wo solche Leiden auf ihn warten!«

So mancher adelige Mann ging zu ihm und umarmte ihn zu freundlicher Begrüßung. Dann kam der Held zu

einem Ölbaum hin, dort stand das Pferd. Und der Zaum,
den es trug, war mit Sattelzeug viele Silberbarren wert.
Mit einem breiten Bart, schön geflochten und grau,
stand auf eine Krücke gelehnt ein Ritter daneben: Von
dem wurde es mit Tränen betrauert, daß Gâwân zu dem
Pferd ging. Doch empfing er ihn mit freundlichen
514 Worten. Er sprach: »Wenn Ihr nur Rat annehmen
wolltet! Ihr sollt von diesem Pferd die Finger lassen, ich
meine: es wird Euch zwar niemand hier mit Gewalt
dran hindern, aber wenn Ihr je getan habt, wofür schwere
und solide Gründe sprechen, so faßt das Pferd hier nicht
an! Verflucht soll sie sein, meine Herrin, daß sie so viele
edle Männer ums Leben bringen kann!«

Gâwân sprach, er werde es nicht hierlassen.

»Wehe über das, was dann geschieht«, so sprach der edle graue Ritter. Er machte das Halfter los vom Pferd, er sprach: »Dessen Hand das Meer gesalzen hat, der helfe Euch in der Not. Gebt acht, daß nicht die Schönheit meiner Herrin Euch zum Gespött macht: Die ist bei aller Süße sauer durch und durch, ein sonnenstrahlender Hagelschlag.«

»Gott wird's schon richten«, sprach Gâwân. Abschied nahm er bei dem grauen Mann und auch sonst bei diesem und jenem in der Schar. Sie alle hatten traurige Worte für ihn. Das Pferd ging jenen schmalen Weg hinter ihm zur Pforte hinaus auf den Steg. So kam er wieder zu ihr, die seinem Herzen Vogt und Vormund war; sie war die Herrin über dieses Land. Sein Herz hatte sich in ihre Gewalt geflüchtet, sie aber machte es voll mit Schmerzen.

515 Sie hatte die Bänder ihrer Haube aufgebunden unterm Kinn und oben auf den Kopf gelegt mit ihrer Hand. Wenn einem eine Frau so gegenübertritt, die läßt sozusagen ihre Muskeln spielen und wäre einer Rauferei nicht abgeneigt. Und was sie sonst für Kleider trug, fragt ihr? Nun, wenn es denn sein soll, daß ich ihre Garderobe vorführe — geschenkt, laß gut sein: Sie trug blitzenden Glanz am Leib, das genügt.

Als Gâwân zu der Dame gegangen kam, da empfing ihn ihr süßer Mund so: »Seid mir willkommen, Gans! Soviel Blödheit wie Ihr hat sonst kein Mann zu schleppen: Ihr habt Euch entschlossen, mein Ritter zu sein! Ach, und hättet doch wahrhaftig guten Grund, das bleiben zu lassen!«

Er sprach: »Ihr seid jetzt übler Laune; irgendwann muß aber einmal freundliches Wetter werden. Da Ihr gar so bös mit mir umspringt, wird die Buße, die Ihr mir dann tut, Euch desto besser zu Gesicht stehen. So lang soll meine Hand Euch dienen, bis es Euch gefällt, mich zu belohnen. Wenn Ihr erlaubt: ich helfe Euch auf dieses Pferd.«

Sie sprach: »Darum habe ich Euch nicht gebeten. Ob
Eurer Hand zu trauen ist, das muß sich noch zeigen; die
mag zuerst nach weniger edlen Pfändern greifen.« Den
Rücken drehte sie ihm zu mit Schwung, von den Blu-
men sprang sie auf das Pferd. Sie befahl ihm voranzu-
reiten. »Es wäre schade, wenn ich Euch verlöre, einen 516
so ansehnlichen Liebhaber«, so sagte sie. »Möge Gott
Euch aus dem Sattel werfen.«

Wer es hier mit mir und meinen Freunden hält, der hüte sich, was Böses zu sagen gegen diese Dame. Es soll mir keiner zu früh losplappern, wenn er noch gar nicht weiß, wofür er sie bestraft, und ehe er erfährt, wie es um ihr Herz stand. Ich für meinen Teil weiß es wohl und könnte es die schöne Dame dort übel spüren lassen, wie schlecht sie sich benommen hat, da sie so unfreundlich war zu Gâwân, oder sogar, was sie ihm noch antun wird: Und doch nehme ich alle die Rache von ihrem Haupt.

Es war nicht lieb von der reichen Orgelûse, wie sie mit
ihm umsprang: Sie ritt nun zu Gâwân hin, aber sie war
so häßlich zu ihm, daß ich an seiner Stelle mir wenig
Hoffnungen gemacht hätte, sie könnte mich erlösen von
meinen Leiden. Sie ritten beide fort auf eine lichte
Heide. Da sah Gâwân ein Kraut stehen, dessen Wurzel,
wie er wußte, gut war bei Verletzungen. Da stieg er ab,
der Edle, auf die Erde nieder. Er grub die Wurzel aus
und saß dann wieder auf. Die Dame aber behielt ihre
Bemerkung dazu nicht bei sich und sprach: »Mein Kava-
lier kann Bader sein und Ritter dazu. So wird er sich 517
freilich immer gut durchs Leben schlagen; jetzt muß er
bloß noch lernen, mit seinen Büchsen zu hausieren.«

Zur Dame sprach Gâwâns Mund: »Ich bin einem verwundeten Ritter begegnet, eine Linde ist sein Dach. Wenn ich ihn dort noch finde, so wird ihn diese Wurzel vollends gesund machen und alle Schwäche von ihm treiben.«

Sie sprach: »Da möchte ich gern zusehen; womöglich lerne ich ja dieses Handwerk auch.«

Da kam nun hinter ihnen mit Hast ein Knappe daher. Der hatte es sehr eilig, eine Botschaft auszurichten, die ihm aufgetragen war. Gâwân ließ ihn herankommen:

da erschien ihm der als ein wahres Monstrum. Mal-
crêatiure, so hieß der rasant schöne Knappe. Cundrîe la
surziere, die Hübsche, war seine Schwester, und er sah
genauso aus wie sie, nur daß er eben ein Mann war. Ihm
standen auch sämtliche Zähne wie einem wilden Eber
im Gesicht und nicht wie sonst bei Menschenkindern.
Sein Haar aber war nicht so lang wie das der Cundrîe, das,
wie wir bei früherer Gelegenheit gesehen haben, bis auf
das Maultier nieder baumelte; kurz und spitzig wie eines
Igels Fell war es. Bei dem Wasser Ganjas im Land Trîba-
libôt mißwachsen Menschen so, und zwar aus folgendem
518 Grund: Unser Vater Adam bekam von Gott diese Kunst
geschenkt: Er gab allen Dingen ihre Namen, den wilden
und den zahmen. Er kannte auch das Wesen jedes Dings,
dazu noch die Bahnen der Sterne, der sieben Planeten
und was die für Kräfte haben; er kannte auch alle Kräu-
ter, ihre Potenzen und die Art eines jeden. Als seine
Kinder mit den Jahren jene Kraft gewannen, die frucht-
bar wird mit Menschenfrucht, da warnte er sie vor der
Gier: die ist nie zufrieden. Immer wenn eine seiner
Töchter schwanger war, erinnerte er sie daran, und er
wurde nicht müde, sie immer wieder darauf aufmerk-
sam zu machen, daß es viele Pflanzen gebe, die sie meiden
mußten, jene nämlich, die Menschenfrucht mißraten
machten und Schande in seine Familie brächten. »Solche
Mißgestalten hat Gott nicht gemeint, als er sich hin-
setzte, um mich zu machen«, sprach er. »Meine lieben
Kinder, seid nicht blind für euer Glück!« Die Frauen aber
taten so, wie halt die Frauen tun: Da waren einige, denen
riet ihr schwaches Fleisch, und danach handelten sie
dann, wie es ihres Herzens Gier eben einfiel. So entstan-
den monströse Menschenwesen. Das tat dem Adam
519 freilich weh, wollte er doch unbeirrbar immer das
Rechte.

Die Königin Secundille, die Feirefîz mit Rittertaten gewann — ihren Leib bekam er und ihr Land —, die hatte in ihrem Reich, das ist gar nicht zu leugnen, seit alten Zeiten viele von den Leuten, bei denen auf so verkehrte Weise das, was sonst das Menschenantlitz ist, gebildet war: Sie trugen wahrlich fremde, wilde Zeichen. Da erzählte man nun einmal der Königin vom Grâl: Auf Erden gebe es keinen Schatz wie diesen und daß sein Herr ein König sei, der heiße Anfortas. Das müßte schon mit wunderbaren Dingen zugehen, so dachte sie, denn viele Wasser trugen Edelsteine wie Schotter in ihr

Land, und sie besaß Gebirge aus Gold, und zwar große,
keine kleinen. Und es dachte diese hohe Königin: ›Wie
kann ich diesen Mann, der über den Grâl herrscht, ken-
nenlernen?‹ Ihre Kostbarkeiten schickte sie zu ihm:
zwei menschliche Wunderwesen, Cundrîe und ihren
Bruder, den Lichten. Sie sandte aber noch viel mehr zu
ihm, glaubt es nur: lauter Dinge, die kein Mensch nach
ihrem Wert bezahlen könnte — die wären aber auch
nicht leicht je auf einem Markt zu finden. Der liebe
Anfortas aber, großartig, wie er eben immer war, sandte
diesen hübschen Knappen an Orgelûse de Lôgroys. Von 520
der Gier einer Frau kam der Unterschied, der ihn von
den Menschen trennte: Kräuter und Sterne waren seine
Familie.

Er fing jetzt Gâwân laut zu schimpfen an. Der hatte angehalten auf dem Weg, um ihn zu erwarten. Malcrêatiure kam geritten auf einem schwachen Gaul, an allen Vieren lahmend hinkte der daher. Er stolperte oft und brach in die Knie. Die hohe Herzogin Jeschûte ritt immer noch ein besseres Pferd an jenem Tag, als Parzivâl von Orilus Freundlichkeit und Frieden erstritt; die hatte sie verloren ohne alle Schuld.

Der Knappe sah Gâwân an. Malcrêatiure sprach sehr ungnädig zu ihm: »Herr, wenn Ihr adlig seid und Ritter, so hättet Ihr doch wissen müssen, daß man so etwas nicht tut. Mir scheint, Ihr seid ein dummer Mensch, daß Ihr meine Herrin entführt habt. Ihr sollt es aber schon noch lernen, und zwar in einer Schule, wo man Euch lobt, wenn Ihr es fertigbringt, Euch die Lektion vom Leib zu halten. Vielleicht seid Ihr aber bloß irgendein Kriegsknecht? Dann werdet Ihr mit dem Prügel so verdroschen, daß Ihr Eure Sünden gern bereut.«

Gâwân sprach: »Mein Rittertum hat einen derart
strengen Unterricht noch nie erfahren. So darf man nur
Lumpenpack prügeln, Hanswurste, die nicht wie rechte
Männer mit Waffen kämpfen können. Ich bin bis jetzt 521
von solchen Strafen frei geblieben. Wenn Ihr auch
gemeinsam mit meiner Herrin hier Eure unverschämten
Reden gegen mich führt, so sollt Ihr doch *alleine* das
Vergnügen haben, wenn etwas auf Euch fällt, was Euch
wie Zorn vorkommen wird. Zwar kann einem wirklich
grausen vor Eurem Anblick, trotzdem will ich mir mit
Leichtigkeit Euer Drohen vom Leib halten.« Da ergriff
Gâwân ihn bei den Haaren und warf ihn mit Schwung
unters Pferd. Der Knappe, so klug und edel er sonst war,

schaute nur furchtsam drein. Sein Igelhaar aber nahm Rache: Das zerschnitt dem Gâwân so die Hand, daß man sie ganz rot sah von Blut. Da lachte die Dame, sie sprach: »Das gefällt mir, wenn ich zusehen darf, wie ihr zwei euch streitet.«

Sie ritten fort, das Pferdchen lief mit ihnen. Sie kamen dahin, wo sie den verletzten Ritter liegen fanden. Mit treuer Fürsorge band Gâwâns Hand auf seine Wunde das Kraut. Der Verletzte sprach: »Wie ist es dir ergangen in der Zeit, seit du hier von mir fortgeritten bist? Du hast eine Dame mitgebracht, die hat dein Verderben im Sinn. Die ist an meinem Unglück schuld: In Av'estroit mâvoiê verhalf sie mir zu einer scharfen Tjost, die
522 mich Leib und Gut kosten sollte. Wenn du deinen Leib behalten willst, dann laß dieses falsche Weib alleine reiten und geh weg von ihr. Jetzt schau mich an, da siehst du, was man von ihr zu erwarten hat. Immerhin kann ich wieder ganz gesund werden, wenn ich einen Platz finde, mich zu erholen. Jetzt hilf mir weiter, da du so treu geholfen hast.«

Da sprach mein Herr Gâwân: »Wenn ich etwas für dich tun kann, so brauchst du es nur zu wünschen.«

»Hier in der Nähe steht ein Spital«, so sprach der verwundete Ritter, »da muß ich hin, und zwar so schnell wie möglich, beim Ausruhen kann ich mir dann Zeit lassen. Das Pferd meiner Geliebten ist uns geblieben, da steht es. Es ist stark; hebt sie drauf und mich hinter sie.«

Da band der hochgeborne Fremde das Pferd der Dame los vom Ast und wollte es näher zu ihr führen. Der Verletzte aber sprach: »Weg von mir! Wollt Ihr denn partout, daß es mich tritt?«

Er führte es ein Stückchen weg von ihr. Die Dame folgte ihm, ohne Widerstreben, doch ohne besondere Eile: ganz so, wie sie es ausgemacht hatte mit ihrem Mann. Gâwân hob sie auf das Pferd. In diesem Augenblick sprang der verletzte Ritter schnell auf Gâwâns Kastilianer. Das war böse, was er da tat, so meine ich. Er und seine Dame aber ritten fort; mit Sünden führten sie die Beute hin.

523 Gâwân beklagte es bitter. Die Dame aber lachte so sehr darüber — er hätte es unpassend finden müssen, selbst wenn das bloß ein Spaß gewesen wäre. Als ihm nun das Roß gestohlen war, da sprach ihr süßer Mund zu ihm: »Zuerst habe ich Euch für einen Ritter gehalten,

Danach hat es nicht lang gedauert, und Ihr seid Wundarzt geworden. Jetzt müßt Ihr Knappe sein. Wo es gilt, sich mit seinem Handwerk durchzubringen, da könnt Ihr gute Hoffnung haben — bei Euren Talenten! Wollt Ihr meine Liebe immer noch?«

»Ja, meine Dame«, sprach der Herr Gâwân, »wenn ich Eure Liebe haben könnte, die wäre mir lieber als irgend etwas sonst. Was auf der Erde daheim ist, es mag sein, was es will, ohne Krone oder gekrönt und dazu noch alle, die jagen nach Ehre und Glück — wenn einer alles das, was die je gewonnen haben, auf die eine Seite legte und Euch dagegensetzte auf die andre, so wollte ich der Vernunft meines Herzens folgen und alles andere liegen lassen: Eure Liebe würde ich mir nehmen. Wenn ich gar nichts von ihr kriegen kann, so wird sich bald ein saures Sterben an mir sehen lassen. Ihr verwüstet Euren eigenen Besitz! Denn so wahr ich ein freier Mann bin, müßt Ihr mich doch als Euer Eigentum betrachten; ich glaube, das ist Euer gutes Recht, und keiner darf es anfechten. Nennt mich also, wie Ihr wollt: Ritter oder
Knappe, Page oder gescherter Bauer — aber aller Hohn, 524
den Ihr mir angetan habt, wird Euch dann für Sünde angerechnet, wenn Ihr meinen Dienst verächtlich macht. Wenn ich, so wie es recht ist, für mein Dienen Lohn erwarten dürfte, so müßte Euer Hohn Euch fad werden: Mich wird er zwar niemals kränken können, aber er macht doch Euren Adel schwach.«

Der verwundete Mann kehrte um und ritt zu ihnen hin, er sprach: »Bist du's Gâwân? Wenn ich dir noch etwas schuldig war, das ist jetzt ganz zurückgezahlt; denn deine Kraft und Stärke nahm mich einst nach scharfem Kampf gefangen, und dann hast du mich mit dir heimgeführt zu deinem Oheim Artûs. Vier Wochen lang hat der nicht dran gedacht, mich zu erlösen: So lange aß ich mit den Hunden.«

Da sprach er: »Du bist es, Urjâns? Wenn du auch glaubst, daß mir ganz recht geschieht, so trage ich doch den Schaden ohne Schuld; ich habe dafür gesorgt, daß dir der König gnädig wurde. Niedriger Sinn hatte dir geholfen und geraten: Man stieß dich aus dem Schildorden, man hat dich rechtlos gesprochen, weil du selber das Recht gebrochen hattest; denn du hast einer Jungfrau Gewalt angetan und dem Frieden des Königs auch. Artûs hätte das am liebsten mit einer Schlinge gerächt, aber ich habe dich herausgeredet.«

525 »Was immer dort geschah, du jedenfalls stehst jetzt
hier auf deinen Füßen. Und dann hast du sicher auch
schon bei anderen Gelegenheiten sagen hören, wenn
einer einem anderen das Leben gerettet hat, daß der sein
Feind war von da an. Ich mache es so wie alle, die bei
Verstand sind: Es paßt besser, wenn ein Kind greint, als
wenn's ein bärtiger Mann tut. Ich und niemand sonst
soll dieses Roß behalten.« Und er gab ihm die Sporen
und jagte fort damit, so sehr das Gâwân auch erboste.

Er sprach zu der Dame: »Das war nämlich so: Der
König Artûs war damals in der Stadt Dîanazdrûn und bei
ihm eine Menge Bertûnen. Da war eine Dame unter-
wegs zu ihm, die eine Botschaft auszurichten hatte,
diesen Unmenschen aber hatte Lust auf Abenteuer hin-
ausgetrieben. Er war Gast, und sie war Gästin in dem
Land. Dem Urjâns riet seine niedrige Seele, und so
machte er sich über die Dame her, gegen ihren Willen,
weil es ihm so gefiel. Hin zum Hof drang ihr Schreien.
›Wehe, wehe!‹ rief der König laut. Es geschah vor einem
Wald; dahin eilten wir so schnell wir konnten. Ich war
den anderen weit voraus und spürte den Verbrecher auf.
Gefangen führte ich dann diesen Mann an den Hof vor
526 den König. Die Jungfrau ritt mit uns, schmerzensvoll
war sie anzuschauen, weil er, der nie in ihren Dienst
gekommen war, ihr Keuschheit und Jungfernschaft
genommen hatte. Sehr wenig Ruhm hat er da erstritten
an dem wehrlosen Mädchen.

Zornig fand sie meinen Herrn, den treuen Artûs. Er
sprach: ›Alle Welt muß sich empören über dieses ver-
fluchte Verbrechen! Wehe, daß der Tag erscheinen
mußte, in dessen Licht diese Gewalttat geschehen ist,
wehe diesem Tag, da man mich rief, Gericht zu halten,
und da ich heute Richter bin!‹ Zur Dame sprach er:
›Wenn Ihr tun wollt, was vernünftig ist, so nehmt Euch
einen Fürsprecher und klagt.‹

Die Dame zögert nicht zu tun, wie ihr der König
geraten hatte. Viel Volk von Rittern stand herum.
Urjâns, der Fürst aus Punturtoys, stand da vor dem
Berteneisen; um alle seine Ehre ging es dort und um den
Leib. Die Frau trat vor mit ihrer Klage, da hörten die
Reichen und Armen des Landes sie an. Sie bat mit kla-
genden Worten den König, um der Frauenwürde willen
möge er sich ihr Leid und die Schande zu eigen machen,
Mädchenehre müsse er schützen. Und sie erinnerte ihn
527 weiter an den Adel der Tafelrunde und daran, daß

Gesandtschaften unter besonderem Schutz stehen — sie war ja als Botin gekommen. Wenn ihn die Leute als Richter künftig achten sollten, so müsse er ihr dies Unrecht richten, damit Gerechtigkeit laut werde. Sie rief auch alle Ritter von der Tafelrunde auf, zu tun, was Pflicht und Ehre ihres Ordens verlangte; denn ihr sei geraubt worden, was man nimmer wiederbringen kann, ihre keusche, reine Jungfernschaft. Sie müßten nun alle miteinander den König bitten, Recht zu sprechen, und müßten auf ihre Seite treten.

Einen Verteidiger nahm sich der schuldige Mann, der sich auch heute wieder wie ein Lump benommen hat gegen mich. Jener verteidigte ihn, so gut er eben konnte; das half ihm aber nichts: Das Urteil sprach ihm Leben und Ehre ab, und es bestimmte, daß man einen Strang drehe, an dem er sterben sollte, so daß keine Hand sich blutig mache.

Er rief mich an — dazu zwang ihn die Not — und
erinnerte mich daran, daß er, indem er sich mir gefan-
gengab, von mir sein Leben gekauft hatte. Da bekam
ich Angst, ich müßte ganz ehrlos werden, wenn er hier
den Leib verlöre. Ich bat die Klägerin, da sie doch mit
eigenen Augen gesehen hatte, wie ich als ihr Ritter
Rache nahm, sie möchte jetzt mit fraulicher Güte ihr 528
Herz milde stimmen, sie müsse es ihrem bezaubern-
den Reiz und ihrem klaren Leib zum Vorwurf machen,
daß ihr dies von jenem dort geschehen konnte. ›Wenn
je ein Mann von einer Frau Gewalt erfuhr, weil er in
ihrem Dienst viel Leid auszuhalten hatte, und wenn ihm
diese Frau dann endlich gnädig wurde, so tut es‹, sagte
ich, ›dieser barmherzigen Dame zu Ehren und laßt ab
von Eurem Zorn.‹ Ich bat den König und seine Leute:
Wenn ich ihm je einmal geholfen hätte, so möge er es
mir jetzt danken und mich vor ehrlosem Wortbruch
bewahren, indem er diesem Ritter das Leben schenke.
Seine Frau, die Königin, beschwor ich bei der Liebe
unter Verwandten — denn der König hat mich von Kind
auf erzogen —, ich erinnerte sie daran, daß ich immer
mit treuem Vertrauen bei ihr Zuflucht finden konnte,
und bat sie, sie möchte mir doch helfen.

Das geschah. Sie zog die Jungfrau beiseite und sprach mit ihr; da wurde sein Leben gerettet von der Königin. Er mußte aber eine hohe Strafe leiden. Mit dieser Buße, so wurde ihm auferlegt, sollte er seinen Leib wieder rein machen: Zusammen mit den Hunden, vom Anführer

der Meute bis zum Spürhund, mit ihnen allen aß sein
Mund dort aus *einem* Trog vier Wochen lang. So wurde
529 die Dame gerächt. — Meine Dame, so steht es um die
Feindschaft, die er mit mir hat.«

Sie sprach: »Diese Rache ist schiefes Ding. Ich werde Euch nicht leicht jemals gnädig werden, er aber soll seinen Lohn voll ausbezahlt kriegen von mir, ehe er fortgeht aus meinem Land, und zwar so, daß er ihn mit Wahrheit Schande nennt. Weil es der König an Ort und Stelle, wo es der Dame geschah, nicht bestrafte und so der Fall an mich gekommen ist, muß ich nun als Euer Vogt Euch beiden, die ich doch überhaupt nicht kenne, Recht verschaffen. Man muß ihm Kampf für seine Taten geben, schon wegen der Dame alleine. Eure Sache hat dagegen ziemlich wenig zu bedeuten. Man muß die Untat rächen mit Schlagen und mit Stechen.«

Gâwân ging zu dem Pferdchen. Er mußte sich nicht eben sehr anstrengen beim Laufen, um es zu erjagen. Da war nun auch der Knappe nachgekommen. Die Dame sprach heidnisch mit ihm und sagte ihm das alles, was er dort oben, wo er herkam, ausrichten sollte.

Jetzt naht sich auch dem Gâwân Not. Malcrêatiure
machte sich fort, zu Fuß, versteht sich. Es sah nun mein
Herr Gâwân das Pferdchen dieses jungen Herrn an: das
war für einen Kampf zu schwächlich. Der Knappe hatte
es dort auf dem Weg den Hang hinab einem ganz ordi-
nären Bauernburschen weggenommen. Jetzt war es
dem Gâwân zugestoßen: Für sein Streitroß mußte er es
530 nehmen und mit dem Tausch zufrieden sein.

Sie sprach zu ihm — ich glaube doch, mit einiger Bosheit —: »Sagt, wollt Ihr jetzt nicht weiterziehen?«

Da sprach mein Herr Gâwân: »Meine Reise kann sofort beginnen, Ihr müßt mir nur erst die Richtung weisen.«

»Darauf könnt Ihr lange warten«, sprach sie.

»Aber ich denke doch, so gehört es sich beim Dienen.«

»Eben deswegen seid Ihr ja, das glaube ich, der Blöde. Da Ihr es aber partout so wollt, sage ich's Euch: Vom heitren Leben nehmt Ihr die Straße zur Reue, Euer Unglück wird da immer wieder jung.«

Da sprach er, von Liebe hingerissen: »Ich bin Euch ergeben, ob ich Glück davon empfange oder Not; Eure Liebe hat mir ja befohlen, und so stehe ich von jetzt an immer unter Eurem Befehl, mag ich nun reiten oder gehen.«

Immer noch vor der Dame stehend, begann er, sein Streitroß zu mustern. Das war für eine flinke Tjost ganz armselig ausgerüstet, die Riemen an den Steigbügeln aus Bast. Dem kühnen edlen Mann dort in der Fremde hatte man einst wahrlich besser aufgesattelt. Er vermied es aufzusteigen, weil er fürchtete, das Geschirr am Sattel
könnte seinen Tritt nicht aushalten. Einen Rücken wie 531
ein Fohlen hatte dieses Pferd: Wäre er da mit einigem Schwung hinaufgesprungen, so hätte er ihm das Rückgrat gebrochen. Alles das mußte er mit Vorsicht bleiben lassen.

Das hätte ihm schon leicht zuviel werden können: Das Pferd führte er am Zügel und trug den Schild und eine Lanze. Die Dame aber lachte ihn noch grausam aus in dieser schlimmen Prüfung! Sie ließ ihn viel leiden. Seinen Schild band er aufs Pferd. Da sagte sie: »Ihr führt auch Krämerwaren auf den Markt in meinem Land? Womit habe ich das verdient, einen Bader und dann auch noch einen Kramladen! Aber Vorsicht, geht nur immer dem Zoll aus dem Weg; der eine oder andere von meinen Zöllnern wäre imstande, Euch unglücklich zu machen.«

Das war eine scharfe Sauce, die sie ihm vorsetzte, doch war ihm so wohl zumute, daß er gar nicht achtgab, was sie sagte. Denn er brauchte sie bloß anzusehen, so war er aus den Krallen des Unglücks freigekauft. Sie war ihm eine rechte Maienzeit, eine Blütenpracht, lichter als alles, was blitzt und blinkt, den Augen süß und dabei ätzend für das Herz. Verlieren war an ihr und Finden und alles das, was einem kranken Glück Genesung gibt: Es konnte ihn jeden Augenblick von Fesseln lösen und in Ketten halten.

Etliche von den Gelehrten, zu deren Füßen ich gesessen 532
habe, behaupten, daß Amor und Cupîdô und die Mutter von den zweien, Vênus, die Liebe mit Schießen und mit Feuer zu den Menschen brächten: Diese Art Liebe ist ein gewalttätiges und unheimliches Ding. Wer wahre Treue im Herzen hat, der wird von der Liebe nie mehr frei, im Glück, und auch wenn einmal Leiden kommen. Rechte Liebe ist wahre Treue. Cupîdô, dein Pfeil hat mich noch jedesmal verfehlt und ebenso der Wurfspieß des Herrn Amor. Von der Liebe, die ihr zwei und dazu Vênus mit der heißen Fackel zu vergeben habt, und von ihren Leiden habe ich nie etwas erfahren. Die Liebe, die *ich* die wahre nenne, die muß mir von der Treue kommen.

Könnte mein Verstand jemandem gegen Liebe helfen, mit dem Herrn Gâwân meine ich's so gut, daß ich ihm hülfe auch ohne Lohn. Doch es ist keine Schande, wenn er bei der Liebe gefangen liegt, wenn es wirklich die *Liebe* ist, die ihn in ihrem Griff hat: Die walzt auch starken Widerstand nieder. Er aber war ja nun doch wirklich ein starker Kämpfer, genauso stark wie nur irgendein Edler, da dürfte doch eine Frau seinen herrlichen Leib nicht so tyrannisch demütigen!

533 Ah, der edle Herr Alp von Minnenbüttel, nur immer heran! Ihr seid doch der, der die Freude so sehr dezimiert, daß schließlich ihre Stellung ganz durchlöchert ist und sich das Leid Bahn schafft mit einem Pfad; so wird denn die Spur des Leids breiter und breiter. Wenn es woanders einmarschieren wollte als in ein Herz voll nobler Heiterkeit, dann würde das, meine ich, die Freude mehr befördern. Wo Liebe wild und ungezogen ist, da denke ich mir immer: Dafür ist sie nun wirklich zu alt! Oder schiebt sie es vielleicht jedesmal einfach auf ihre Jugend, wenn sie einem Herzen Leiden zufügt? Ungezogenheiten kann ich einem jungen Ding noch eher hingehen lassen; was andres ist es, wenn eine Alte über die Stränge ihrer Weisheit schlägt. Von ihr ist schon so viel geschehen — ich weiß nicht, ob ich es dem einen oder dem anderen zurechnen soll. Wenn sie sich von ihrer Jugend raten läßt und auf solche Weise die Tugenden des reifen Alters untergräbt, dann wird sie sehr schnell ihren guten Namen los. Man müßte sie einmal so recht in die Schule nehmen. Die kristallklare Liebe lobe ich und mit mir alle, die etwas davon verstehen, ob es Weib ist oder Mann: die schließen sich ganz meinem Urteil an. Wo zwei Liebende einander in Lauterkeit begegnen, an der nichts Trübes ist, da hat keines von den beiden was dagegen, wenn die Liebe ihre Herzen fesselt mit einer Liebe, vor der Verrat — hakenschlagend nach seiner Art — die Flucht ergreifen muß: Diese Liebe ist über alle anderen erhaben.

534 So gern ich ihn auch von da fortnähme, mein Herr Gâwân kommt der Liebe doch nicht aus, da sie ihn nun einmal ärmer machen will an Glück. Was hilft es dann, wenn ich dazwischenhaue? Da könnte ich noch soviel reden: ein adeliger Mann darf sich ja doch nicht gegen die Liebe wehren, denn nur die Liebe kann und muß ihm helfen in der Not. — Gâwân hatte viel zu leiden von der Liebe; seine Dame ritt, zu Fuß ging er.

Orgelûse und der kühne Held, die kamen in einen
großen Wald. Den ganzen Weg da mußte er sich zum
Gehen bequemen. Er zog das Pferd zu einem Baum-
stamm, der da lag. Seinen Schild, den bis jetzt das Roß
getragen hatte, nahm er — der Schilddienst war ja
schließlich und trotz allem sein Geschäft — an den Hals.
Er setzte sich aufs Pferd. Es trug ihn kaum, doch immer-
hin vorwärts und hinaus in bebautes Land. Eine Burg
fand er mit den Augen; sein Herz und seine Augen
sagten, sie wüßten keine Burg, noch hätten sie je eine
gesehen, die ihr glich. Sie war rundum ritterlich; Türme
und Palase gab es da in großer Menge. Dazu kam,
daß er dort in den Fenstern viele Damen erblickte, vier-
hundert waren es oder mehr, darunter vier von be-
sonders hoher Geburt. Zertrampelt und zerfahren vom 535
Verkehr, der da übersetzen wollte, war die weite Lan-
dungsstraße hinunter an ein Wasser, das da floß; schiff-
bar war es, schnell und breit. Dorthin ritt er mit der
Dame. Vor der Anlegestelle lag ein Anger, der hatte
schon viele Tjosten gesehen. Über dem Wasser ragte
hoch das Schloß.

Gâwân, der starke Held, sah hinter sich einen Ritter daherkommen; der pflegte Schild und Speer nicht zu schonen. Die gewaltige Orgelûse sprach voller Hochmut: »Euer Mund wird es mir zugeben, daß ich treu bin und mein Wort nicht breche: Ich habe es Euch vorher immer wieder gesagt, daß Ihr hier viel Unehre erjagen würdet. Jetzt kämpft, wenn Ihr kämpfen könnt; es kann Euch sonst nichts retten. Dort kommt einer, dessen Hand Euch aus dem Sattel werfen wird. Gebt acht, daß Ihr Euch nicht die Hosen zerreißt dabei. Das müßte Euch leid tun wegen all der Damen, die da oben sitzen und zuschauen. Vielleicht kriegen die jetzt was zu sehen, was Euch peinlich sein muß.«

Der Herr des Schiffs kam herübergefahren, Orgelûse
hatte das befohlen. Vom Land stieg sie ins Schiff: das
machte Gâwân traurig. Die edle und gewaltige Dame
aber wandte sich um und sprach boshaft: »Da kommt Ihr 536
mir nicht herein! Ihr müßt dort draußen den Kopf hin-
halten.«

Da sprach er traurig zu ihr da auf dem Wasser: »Meine Dame, warum zieht es Euch so eilig fort von mir? Soll ich Euch niemals wiedersehen?«

Sie sprach: »Es ist nicht unmöglich, daß die Ehre an Euch fällt; dann will ich es Euch erlauben, mich wiederzusehen. Ich glaube aber, es kann arg lang dauern bis dahin.«

So nahm die Dame Abschied von ihm. Hier kam nun Lischoys Gwelljus. Ich will nicht grade sagen, daß er flog — das wäre denn doch gelogen —, aber viel fehlte nicht, so schoß er heran, daß es dem Pferd alle Ehre machte, denn es zeigte Rasse — quer über den weiten, grünen Anger.

Da dachte mein Herr Gâwân: ›Wie soll ich diesen Mann erwarten, was wird mir wohl besser taugen: zu Fuß oder auf dem Pferdchen da? Wenn er mit aller Gewalt gegen mich rennt und gar nicht daran denkt, die Wucht zu bremsen, so muß er mich niederreiten: Was stünde denn schon seinem Pferd im Weg — es könnte höchstens über diesen Gaul hier stolpern und auch hinfallen. Ja, wenn er dann kämpfen will, wo wir beide zu Fuß sind, so gebe ich ihm Kampf, soviel er haben will, und könnte ich auch sie, die mir diesen Kampf geschenkt hat, nie und nimmer gewinnen.‹

537 Nun, es war nicht abzuwenden; der da kam, war ein gewaltiger Kämpfer und ebenso der andere, der ihn erwartete. Der machte sich fertig zur Tjost. Seine Lanze setzte er vorn am Sattel ein, da wo ein Stückchen von der Filzdecke hervorspitzte. Genauso wie Gâwân es sich vorher ausgedacht hatte, brachte nun jeder seine Tjost auf den Mann. Diese Tjost zertrümmerte beide Speere, beide Helden sah man auf der Erde liegen. Der mit dem besseren Pferd war da nämlich gestolpert, und so lagen er und mein Herr Gâwân auf den Blumen. Was die beiden da zu schaffen hatten? Nichts anderes als aufzuspringen, mit Schwertern wollten die beiden jetzt kämpfen. Die Schilde blieben nicht ungeschoren, die fielen in Stücken dahin; nur eine kleine Scherbe vor der Hand blieb ihnen übrig: Der Schild muß ja immer zuerst herhalten im Krieg. Da sah man Blitze und Feuer vom Helm. Von dem, den Gott den Sieg davontragen läßt, könnt ihr meinetwegen gern sagen, er habe halt Glück gehabt — der muß aber zuerst große Heldentaten tun. So hielten sie aus im Streit auf der Weite des Angers. Es wären auch zwei Schmiede davon müde geworden, und hätten sie noch so starke Muskeln, so viele und gewaltige Schläge taten sie. So kämpften sie um Ruhmesbeute.

538 Wer wollte die zwei dafür rühmen — es war doch wirklich unvernünftig, daß sie da kämpften! Keiner war

dem anderen etwas schuldig, und keine Gunst als die des Ruhms war zu gewinnen. Keine Gerichtssache hatten sie miteinander; sie trugen ohne Not ihr Leben auf den Markt: Jeder von den zweien konnte den andern zum Zeugen anrufen, wenn er behauptete, daß er nichts am Gegner fand, was wie Schuld aussah.

Gâwân verstand etwas vom Ringen und davon, wie einer seinen Mann aus dem Gleichgewicht und in die Klemme bringt. Wenn es ihm gelang, das Schwert eines Feindes zu unterlaufen, ihn mit den Armen zu umfangen und an sich zu drücken, so hatte er ihn in der Zwinge und machte mit ihm, was er wollte. Da es nun einmal so war, daß er sich wehren mußte, so tat er denn auch wehrhaft: Der Edle mit dem starken Herzen packte den jungen Helden, der hatte auch Kraft wie ein rechter Mann. Mit einem kühnen Wurf brachte er den unter sich und sprach: »Ergib dich, Held, wenn du am Leben bleiben willst!«

Die Bitte zu erfüllen, war Lischoys, der da unten lag,
nicht vorbereitet: Er hatte noch nie um Pardon bitten
müssen. Er fand das wunderlich genug, daß es über-
haupt einen Mann geben sollte, dessen Hand über ihn
kommen und etwas von ihm fordern konnte, was er
noch nie weggegeben, was vielmehr seine eigne Hand
sonst immer von anderen genommen hatte: das Einge-
ständnis der Niederlage, das abgezwungene Ehrenwort.
Wie übel es auch ausgegangen war, er wollte doch von 539
alledem, was er früher selber genommen hatte, jetzt
nichts hergeben. Statt Unterwerfung bot er sein Leben
und sagte, geschehe was will, er jedenfalls lasse sich sein
Ehrenwort nicht abzwingen, er wolle lieber mit dem
Tod die Sache richtigmachen. Er, der unten lag, sprach:
»Bist du jetzt Sieger? Das war sonst immer mein Amt,
solange Gott es wollte und ich die Ehre haben sollte.
Nun hat meine Ehre ein Ende von deiner edlen Hand.
Wenn irgendwo Mann oder Frau erfährt, daß mein
Leib überwunden ist, dessen Ruhm einst so hoch oben
flog, so steht es mir besser an, vorher zu sterben, ehe noch
jene Botschaft meine Leute kahl an Freuden macht.«

Gâwân redete auf ihn ein, er möchte sich doch ergeben: Da stand dem der Sinn und seine Lust nur nach dem Verderben des Leibes oder einem jähen Sterben. Da dachte mein Herr Gâwân: ›Warum sollte ich diesen Mann töten? Wenn er mir auch so gehorsam sein wollte, so ließe ich ihn heil weggehen von hier.‹ In diesem Sinne

redete er jetzt zu ihm — aber auch so bekam er das Ver-
sprechen nicht.
540 Er ließ den Helden trotzdem aufstehen, mit unge-
sicherter Hand. Die beiden setzten sich auf die Blumen.
Gâwân hatte seinen Ärger mit dem Pferd, das gar so
wenig taugte, nicht aus dem Auge verloren. Der Kluge
ließ sich belehren von seinen Gedanken: Er könnte ja
dieses Schlachtroß hier mit den Sporen reiten, er würde
dann schon herausfinden, wie seine Art und seine Dressur
sei. Es war gut gerüstet für den Kampf; Seidenbrokat
und Samt waren seine zweite Couvertüre. Da es ihm der
Kampf einmal zugespielt hat, warum sollte er es jetzt
nicht reiten, dafür ist es doch da, daß er's reitet. Er saß
auf, und als er merkte, wie es ging und seine weiten
Sätze, da wurde er sehr froh. »Bist du es, Gringuljete?«
sprach er, »den Urjâns mir abgewonnen hat mit seiner
Bitte: durch Betrug, das weiß er selber ganz genau! Das
hat aber seine Ehre zugrunde gerichtet. Wer hat dir
diese neue Rüstung angezogen? Wenn du es bist, dann
hat dich Gott, der oft das Üble zum Guten wendet, wirk-
lich schön zurück zu mir gesandt.« Er stieg ab. Da fand
er das Merkzeichen: Das Wappen des Grâls war einge-
brannt am Bug, eine Turteltaube. Lähelîn erschlug in
der Tjost den von Prienlascors, der darauf saß. Orilus
541 bekam dann dieses Roß, der schenkte es Gâwân auf dem
Plan am Plimizoel.

Hier durfte sich sein tiefgebeugter Adel wieder aufrichten in stolzer Zuversicht, bloß ein Schmerz zwang ihn noch, schwer lag auf ihm die Last des Dienstes, die er mit treuer Sehnsucht seiner Dame nachtrug: die hatte ihm doch Verachtung genug geboten. Nach ihr jagten ihn seine Gedanken.

Da nun sprang Lischoys auf und dorthin, wo er sein Schwert liegen sah, das Gâwân, der edle Mann, ihm mit Gewalt aus der Hand gezwungen hatte. Viele Damen sahen ihrem zweiten Kampf zu. Die Schilde waren nicht besser geworden, und so ließ jeder den seinen liegen, wo er lag. Ohne Schild stürzten sie sich in den Kampf und kamen desto schneller an ihr Ziel, mit Mannesmut gepanzert. Über ihnen saß in den Fenstern auf dem Palas ein Heer von Damen; die sahen dem Kampf zu, der da vor ihnen war.

Nun erst brach ein Wüten los, wie neu! Jeder von den beiden war so hochgeboren, daß seine Ehre es nicht ruhig litt, wenn ihn der andere überkämpfte. Die Helme

und ihre Schwerter hatten arg zu leiden: Die waren ihre Schilde vor dem Tod. Jeder, der dort dem Kampf der Helden zusah, mußte, so glaube ich, sagen, daß es ihnen
wirklich bös erging. Den Lischoys Gwelljus, den süßen, 542
jungen Mann, trieb frecher Wagemut mit Kraft zu seinen Taten; die beiden waren die Berater seines hohen Herzens. Ihm gelangen viele flinke Paraden. Immer wieder wich er aus vor Gâwân und drang dann von neuem auf ihn ein. Gâwâns Sinn blieb fest und unerschüttert; er dachte: »Wenn ich dich zu fassen kriege, dann werde ich dir deinen Lohn schon geben.« Man sah da Feuerblitze und die Schwerter durch die Luft wirbeln, aus Heldenhänden hochgeworfen. Der eine ließ den anderen springen, mal auf die Seite, mal vorwärts, mal zurück. Ohne Not war diese Fehde, sie hätten sich auch ohne alles Kämpfen vertragen können.

Jetzt kriegte ihn mein Herr Gâwân zu fassen, er warf ihn unter sich mit Kraft. Von solchen Armen eng umschlungen liegen, das möchte ich mir verbitten; ich könnte es nicht aushalten. Gâwân verlangte, der andere solle sich gefangengeben. Lischoys, der da unten lag, war genausowenig dazu bereit wie nach dem ersten Kampf. Er sprach: »Ohne Not verlierst du deine Zeit; ich gebe dir mein Leben, aber nicht mein Ehrenwort. Laß deine edle Hand ein Ende machen mit all der Ehre,
die ich gesehen habe. Vor Gott bin ich verflucht, er 543
kümmert sich nicht mehr um meine Ehre. Um mir zur Liebe der edlen Herzogin Orgelûse zu verhelfen, mußten viele adelige Männer ihre Ehre in meinen Händen lassen. Du kannst viel Ehre erben, du mußt mich nur erst töten.«

Da dachte der Sohn des König Lôt: ›Nein, wahrhaftig, das darf ich nicht tun. So würde der Ruhm mir nie mehr gnädig, wenn ich diesen kühnen, unerschrockenen Helden, der mir doch nichts Böses getan hat, totschlüge. Ihre Liebe hat ihn auf mich gehetzt, dieselbe Liebe, die auch mich zwingt und die mir viel Leiden schafft. Warum soll ich ihn nicht ihr zu Ehren leben lassen? Wenn sie mir bestimmt ist, kann er nichts dagegen tun — vielleicht meint es ja das Glück gut mit mir. Hätte sie unseren Kampf gesehen, ich glaube, sie müßte auch mir zugeben, daß ich zu dienen weiß für Liebe.‹ Und mein Herr Gâwân sprach: »Ich will dich der Herzogin zuliebe leben lassen.«

Große Müdigkeit war jetzt nicht länger abzuweisen; er ließ ihn aus, sie setzten sich fern voneinander nieder.

544 Da kam der Herr des Schiffs vom Wasser her aufs Land. Er ging und trug auf seiner Hand ein Sperberlein, ganz grau gesprenkelt. Er hatte hier dies Recht zu Lehen: Wenn eine Tjost stattfand auf dem Plan, so mußte ihm das Pferd desjenigen gehören, der dort am Boden lag. Und dem, dessen Hand gesiegt hatte, war er ein Kompliment des Danks schuldig, und er sollte nicht stille schweigen von seinem Ruhm. Solche Pacht bekam er für ein Feld, auf dem nur Blumen wuchsen! Dies war der einzige Zins, den sein Land ihm trug, höchstens daß hin und wieder eine Lerche bei seinem Sperberlein das Sterben lernte. Niemand und nichts sonst zog ihm den Pflug, und doch war er mit der Pacht zufrieden. Er stammte aus ritterlichem Geschlecht und wußte sich mit gutem Anstand zu benehmen.

Er ging zu Gâwân. Den Zins von seinem Land verlangte er mit Höflichkeit. Da sprach der starke Gâwân: »Mein Herr, ich bin kein Händler und bin nie einer gewesen; Ihr könnt mir den Wegzoll ruhig schenken.«

Der Herr des Schiffs aber sprach: »Mein Herr, so viele Damen haben es gesehen, daß Euch hier die Ehre zugefallen ist: Ihr dürft es mir nicht verweigern, es ist mein Recht. Mein Herr, laßt mir Gerechtigkeit erscheinen.
545 In einer rechten Tjost hat Eure Hand für mich dies Roß gewonnen, in allen Ehren, daran ist nichts zu mäkeln. Eure Hand stach ihn aus dem Sattel, ihn, den immer alle Welt gepriesen hat mit Wahrheit — bis heute. Eure Ruhmestat — wenn man's von seiner Seite her betrachtet, war's ein Schlag vom Himmel — hat ihm sein Glück entführt. An Euch liegt großes Heil.«

Gâwân sprach: »*Er* hat *mich* heruntergestochen; das habe ich dann freilich wieder wettgemacht. Da es die *Tjost* ist, die Ihr besteuert, kann man mit gutem Recht verlangen, daß er den Zins bezahlt. Mein Herr, den Klepper, der dort steht, den hat sein Kampf mir abgewonnen. Den nehmt nach Eurem Herrenrecht. Wenn aber einer dieses Streitroß hier besitzen soll, so bin das ich. *Mich* muß es forttragen von hier — was kümmert's mich, ob Ihr zu einem Pferd kommt oder nicht! Ihr redet vom Recht: Wenn Ihr es Euch nehmen wollt, so werdet Ihr doch nicht meinen, daß Ihr mit Anstand von mir fordern könntet, zu Fuß hier wegzugehen? Das täte mir doch allzu weh, wenn das Euer Roß sein sollte: heute morgen in der Frühe war es noch ganz und ohne Zweifel meins. Streckt lieber Eure Hand da hin, wo Ihr

keinen Ärger kriegt; bequemer und gesünder wäre es für Euch, einen Stecken zu reiten. Dieses Roß hat mir Orilus aus der Bourgogne zum Geschenk gegeben. Urjâns, der Fürst von Punturtoys, stahl es mir vor einer 546
kurzen Weile. Eher noch kriegt Ihr von einem Sägebock das Geißlein! Ich kann Euch aber etwas anderes zuliebetun. Da Ihr ja glaubt, er sei so sehr adelig, edler noch als das Pferd, das Ihr verlangt, so behaltet doch dafür den Mann, der es gegen mich ritt. Ob ihm das lieb ist oder leid, soll mich wenig kümmern.«

Da freute sich der Mann vom Schiff, er sprach mit lachendem Mund: »So ein großartiges Geschenk hab ich noch nie gesehen; ob man das überhaupt mit Anstand nehmen darf? Doch, ja, mein Herr, wenn Ihr dafür einstehen wollt mit Eurem Wort, dann ist meine Forderung weit übergolten. Es ist wahr: man hat ihn immer so laut und hoch gepriesen, daß ich nicht gern fünfhundert starke, schnelle Rösser für ihn nähme; damit wäre er mir noch nicht recht bezahlt. Ihr wollt mich zu einem großen Herrn machen, nun denn, handelt ritterlich an mir: Wenn Ihr soviel Macht über ihn habt, dann liefert ihn mir in meinen Kahn; so tut Ihr ein wahrhaft edles Werk.«

Da sprach der Sohn des König Lôt: »Nicht bloß da hinein, sondern auch wieder hinaus und bis über Eure Schwelle bringe ich ihn Euch gefangen.«

»So werdet Ihr willkommen sein«, sprach der Mann 547
vom Schiff; an artigen Verbeugungen ließ sein Dank es nicht fehlen. Da sprach er: »Mein lieber Herr, seid so freundlich und bleibt selber auch bei mir heut abend als mein Gast. Keinem Fährmann, keinem meinesgleichen ist je größere Ehre widerfahren; man wird mich selig preisen, wenn ein so hoher Herr bei mir einkehrt.«

Da sprach mein Herr Gâwân: »Was Ihr als Euren Wunsch aussprecht, das sollte eigentlich ich erbitten. Mich hat große Müdigkeit besiegt, ich hätte Ruhe nötig. Die mir diese Strapazen befahl, die versteht sich auf die Kunst, Süßes sauer anzurichten, und macht dem Herzen Freude unerschwinglich, Leiden schenkt sie ihm dafür in Fülle: Der Lohn, den sie gibt, ist dem Verdienst nicht ähnlich. Ach, du mein Finden und Verlieren, du bist schuld, daß mir die eine Brust tief eingesunken ist, die früher voller Lust zur Höhe strebte, als Gott mir noch Freuden gönnte. Unter dieser Brust lag ein Herz, ich glaube, das ist nicht mehr da. Wo soll ich jetzt Trost und Treue suchen? Muß ich ohne Hilfe diese Schmerzen nach ihrer Liebe aushalten? Wenn sie Treue übt, wie es den Frauen natürlich ist, muß sie mir, die mich so arg zu quälen weiß, endlich Glück schenken.«

548 Der Mann vom Schiff hörte das, wie er mit seinem Unglück kämpfte und daß es die Liebe war, die ihn gepackt hielt. Da sprach er: »Mein Herr, das ist halt hier so Brauch, auf der Wiese und im Wald und überhaupt im ganzen Reich des Clinschor; feiges Nichtstun ändert daran nichts und ebensowenig Tapferkeit mit Kraft und Kunst, so ist es eben: heute traurig, morgen froh. Vielleicht wißt Ihr das noch nicht: In diesem Land sind alle Wunder möglich, es ist lauter Abenteuer bei Tag und auch bei Nacht. Wo Mannheit ist, da kann das Glück helfen. Die Sonne möchte bald untergehen; mein Herr, geht jetzt aufs Schiff.« So bat ihn der Fährmann.

Gâwân führte den Lischoys hinaus aufs Wasser. Den Helden sah man gehorsam folgen, ohne alles Schimpfen. Der Fährmann zog das Roß hinter ihnen drein.

So fuhren sie hinüber ans Ufer. Der Fährmann sprach zu Gâwân: »Seid selber Herr in meinem Haus.« Das stand so da, daß Artûs es in Nantes, wo er oft wohnte, nicht schöner hingestellt hätte. Da hinein führte er den Lischoys, um den kümmerten sich dann der Wirt und
549 seine Leute. Jetzt sprach der Wirt zu seiner Tochter: »Du mußt dafür sorgen, daß es meinem Herrn, den ich hier bringe, an nichts fehlt. Geht nur zu, ihr zwei, und du sollst ihn recht aufmerksam bedienen: wir haben ihm viel zu verdanken.« Gringuljete gab er in die Obhut seines Sohns.

Was er dem Mädchen aufgetragen hatte, geschah mit sehr viel Courtoisie. Mit dem Mädchen ging Gâwân in eine Kemenate. Der ganze Estrich war bedeckt mit frischen Binsen, und darauf waren bunte Blumen appliziert. Da nahm ihm die Süße seine Waffen ab.

»Das möge Euch Gott vergelten«, sprach Gâwân, »Ihr tut mir einen großen Gefallen. Wenn es nicht der edle Herr selber befohlen hätte, dürfte ich so viel Aufmerksamkeit gar nicht annehmen.«

Sie sprach: »Herr, ich diene Euch so, damit Ihr mit mir zufrieden seid, und weniger aus irgendwelchen anderen Gründen.«

Der Sohn des Wirts, im Pagenalter, trug etliche weiche Polster hin zur Wand der Türe gegenüber. Davor legte man einen Teppich. Da sollte Gâwân sitzen. Der Knappe, der an alles dachte, trug dann eine Decke her

aufs Bett, schön farbig aus rotem Zindel. Für den Haus- 550
herrn wurden auch Polster ausgelegt zu einem Sitz, danach bringt nun ein zweiter Knappe Tischtuch und Brot. Der Wirt hatte es den beiden so befohlen: Hinter jenem ging die Dame des Hauses herein. Als sie den Gâwân sah, umarmte sie ihn gleich recht herzlich. Sie sprach: »Jetzt sind wir zum allerersten Mal reich geworden, von Euch, Herr; unser Glück ist aufgewacht.«

Es kam der Wirt, man trug das Wasser her. Als Gâwân sich gewaschen hatte, da sprach er ohne Scheu eine Bitte aus. Er wollte Gesellschaft haben bei Tisch, und so bat er seinen Gastgeber: »Laßt dieses Mädchen mit mir essen.«

»Herr, davon war bis heute nie die Rede, daß sie mit Herren hätte essen dürfen oder auch so nahe bei ihnen sitzen; sie könnte mir sonst leicht zu herrlich werden. Euch aber sind wir noch weit mehr zu Dank verpflichtet. Tochter, tu alles, was er von dir wünscht. Es ist mein Wille, ich bin einverstanden.«

Die Süße wurde rot, so verschämt war sie, doch tat sie, was der Wirt befohlen hatte: Zu Gâwân setzte sich das Fräulein Bêne. Zur Familie des Herrn gehörten noch zwei Söhne, die schon groß waren.

Nun hatte diesen Abend das Sperberlein drei Lerchen
erbeutet. Die ließ er — alle drei auf einmal! — dem 551
Gâwân vorsetzen und dazu eine Sauce. Das Fräulein ließ es sich nicht nehmen, mit Courtoisie dem Gâwân feine Häppchen vorzuschneiden, die wurden ihm auf hellem Brot serviert von weißen Händen. Da sprach sie: »Mein Herr, Ihr solltet einen von diesen gebratenen Vögeln — sie hat nämlich gar keinen bekommen — meiner Mutter reichen lassen.«

Er sprach zu dem schönen Mädchen, daß er das gerne tun wolle, was sie wünsche, und auch sonst alles, worum sie ihn bäte. Eine Lerche reichte man also der Dame des Hauses. Da gab es viele artige Komplimente für Gâwâns freigebige Hand, und auch der Dank des Wirts wurde nicht verschwiegen. Dann brachte der eine von den Söhnen des Hauses Portulak herein und Lattich, eingebrockt in eine Vinaigrette. Das ist nicht grade ein solides Essen, auf die Dauer jedenfalls, und gibt nicht viel Kraft; auch die Farbe, die man davon kriegt, ist nicht die beste. Solche Farbe schreit die ärmliche Wahrheit aus, die einer sich in den Mund stopft. Die andere Farbe freilich, jene, die sie sich von außen auf die Haut streichen, hat auch noch keiner übermäßig laut ein Lob gesungen. Wenn ein Frauenherz treu ist und fest — die, glaube ich, trägt den schönsten Glanz.

552 Wenn Gâwân es verstanden hätte, vom guten Willen abzubeißen, dann hätte er dort reichlich zu essen gehabt. Nie hat es eine Mutter ihrem Kind mehr gegönnt als ihm der Wirt, dessen Brot er aß.

Als man den Tisch fortgenommen hatte und als die Wirtin weggegangen war, da trug man viele Bettdecken her auf das Lager; die wurden für Gâwân zurechtgelegt. Eines davon war ein Pfühl mit einem Überzug aus grünem Samt — allerdings nicht von der ganz feinen Art, es war bloß der Bankert von einem Samt. Eine Decke wurde oben drauf gelegt — so viel Luxus bot man auf zu Gâwâns Behagen: Das war ein Stück Seidenbrokat, bloß ohne Gold, auf Palmâtseide aufgesteppt, und stammte aus dem fernen Heidenland. Man breitete dann noch weiches Zeug darüber, zwei schneefarbene Leintücher. Man legte ein Kopfkissen hin und den Mantel des Mädchens — sie hatte nur einen —, der war ganz neu und aus reinweißem Hermelin.

Zum Abschiednehmen schritt er nun, der Wirt, bevor er schlafen ging. Gâwân ganz alleine, so hat man mir berichtet, blieb dort, mit ihm das Mädchen. Wenn er etwas von ihr gewollt hätte, ich glaube, sie hätte es ihm erlaubt. Es ist aber auch besser so — er soll schlafen, wenn er kann. Gott möge ihn beschützen an dem Tag, der dann anbricht.

ELFTES BUCH

553 Große Müdigkeit zwang ihm die Augen zu; so schlief er bis zum Morgen in der Frühe: Da erwachte der Held. Auf der einen Seite hatte die Kemenate viele Fenster, mit Glas davor. Eines der Fenster war offen auf den Baumgarten hinaus. Da ging er hin, um sich umzuschauen und der frischen Luft wegen und weil die Vögel sangen. Es wurde ihm nicht langweilig, während er da saß. Eine Burg erblickte er: das war die, die er am Abend gesehen hatte, als das Abenteuer ihm begegnete. Viele Damen waren auf dem Palas, nicht wenige davon sehr schön. Es kam ihm sehr sonderbar vor, daß die Damen immer noch wachten, daß sie nicht schliefen; da war der Tag noch nicht besonders hell. Er dachte: ›Ich will ihnen zu Ehren noch einmal schlafen gehen.‹ Und er ging wieder in sein Bett. Der Mantel des Mädchens hüllte ihn ein, der war seine Decke.

Hat man ihn da vielleicht geweckt? Nein, das hätte der Wirt nicht geduldet. Die Jungfrau störte, weil sie bei ihm sein wollte, nur ihren eigenen Schlaf — zu Füßen ihrer Mutter hatte sie gelegen — und ging hinauf zu
554 ihrem Gast. Der schlief immer noch ganz fest. Das Mädchen wollte nichts versäumen, was zum Dienen gehört: Vor das Bett auf den Teppich setzte sich die lichte, junge Dame. Bei mir kommt das leider selten vor, daß sich am Abend oder in der Früh solche Abenteuer zu mir schleichen.

Es verging eine Weile, da erwachte Gâwân: Er sah sie an und lachte, und er sprach: »Gott behüte Euch, mein Fräulein, daß Ihr Euch um meinetwillen aus dem Schlaf reißt und Euch so selber Böses tut; das habe ich doch nicht bei Euch verdient.«

Da sprach das schöne Mädchen: »Auf Euren Dienst will ich verzichten; es steht mir nicht zu, etwas von Euch zu verlangen, nur Eure Huld möchte ich haben. Herr, mein Gebieter sollt Ihr sein, ich will alles tun, was Ihr befehlt. Alle Leute meines Vaters, meine Mutter also und ihre Kinder dazu, werden Euch immer gehorsam sein, so viel Liebes habt Ihr uns getan.«

Er sprach: »Seid Ihr schon lange hier? Wenn ich Euch früher hätte kommen hören, dann wäre mir das lieb gewesen, weil ich etwas fragen möchte. Wenn es Euch nicht zu lästig ist, seid so freundlich und sagt es mir: Ich habe jetzt an zwei Tagen da oben viele Damen sitzen sehen. Von denen sollt Ihr mir erzählen, seid so gut, 555
und sagen, wer die sind.«

Da erschrak die junge Dame, sie sprach: »Herr, nun fragt doch danach nichts! Von mir werdet Ihr es nie erfahren. Ich kann Euch nichts von ihnen sagen. Wenn ich's auch weiß, so muß ich davon doch schweigen. Nehmt es mir nicht übel, fragt mich lieber etwas anderes; das rate ich Euch, folgt mir bitte.«

Gâwân redete ihr immer weiter zu, mit Fragen ging er der Geschichte nach, was es mit all den Damen auf sich hatte, die er da auf dem Palas sitzen sah. Das Mädchen meinte es aber so sehr gut mit ihm, daß sie bitter weinen mußte, Jammern und Klagen ließ sie ihn sehen.

Es war da noch sehr früh am Morgen. Jetzt kam ihr Vater hinzu. Der hätte es sich ohne Zorn gefallen lassen, wenn das schöne Mädchen von Gâwâns Gewalt etwas verloren hätte und wenn sie in der Nacht in eine Balgerei mit ihm geraten wäre. Genauso aber benahm sie sich, die junge Dame, die doch sonst so freundlich war und fein, und sie saß ganz nah am Bett. Der Vater nahm es ganz ruhig hin, er sprach: »Tochter, jetzt weine doch nicht! So was kann schon mal passieren, wo es lustig zugeht. Gewiß, zuerst empört man sich, aber die ganze Aufregung ist dann bald vergessen.«

Gâwân sprach: »Hier ist überhaupt nichts geschehen, 556
nur das, was wir Euch jetzt sagen: Ich habe dieses Mädchen etwas gefragt, und sie glaubte, das sei zu meinem Verderben; sie bat mich, ich sollte nicht dran rühren. Wenn es Euch nicht zu sehr lästig ist, mein Herr, so vergeltet jetzt den Dienst, den ich Euch getan habe: Seid so freundlich, mir zu sagen, was es mit den Damen auf sich hat dort oben. In allen Ländern habe ich nie von einem Ort reden hören, wo so viele glänzende Damen anzuschauen sind mit so leuchtenden Hauben.«

Der Wirt rang seine Hände; da sprach er: »Fragt das nicht, um Gottes willen! Mein Herr, das ist ein schlimmer Ort, die schlimmsten aller Schrecken gibt es da.«

»Dann geht es ihnen also schlecht?« sprach Gâwân, »das muß mich doch empören. Mein Herr, Ihr müßt es mir sagen; warum wollt Ihr das nicht dulden, daß ich frage?«

»Mein Herr, weil Ihr gar zu tapfer seid. Wenn Ihr Euch nicht vom Fragen abbringen laßt, wie leicht wäre es möglich, daß Ihr dann noch mehr verlangt: So lernt Ihr bittere Leiden kennen, wir aber müssen alles Glück verlieren, ich und alle meine Kinder, die wir zu Eurem Dienst geboren sind.«

Gâwân sprach: »Ihr müßt es mir sagen. Wenn Ihr es mir aber weiter verschweigt und wenn die Geschichte nicht von Euch zu mir gelangt, dann werde ich's doch herauskriegen, wie es da oben zugeht.«

557 Mit Treue sprach der Wirt: »Mein Herr, das muß mir noch weh tun, daß Ihr nicht abzubringen seid vom Fragen. Ich will Euch einen Schild leihen: jetzt rüstet Euch für einen Kampf. Ihr seid in Terre marveile, und hier steht Lît marveile. Mein Herr, noch nie hat jemand diese Not auf Schastel marveil bestanden: Euer Leben will in den Tod. Wenn Ihr auch Abenteuer genug erfahren habt und Eure Hand auch noch so viele Kämpfe gestritten hat, so war das alles doch ein Kinderspiel: Jetzt kommt ein Ende mit Schmerzen an Euch.«

Gâwân sprach: »Mir täte es erst dann so richtig weh, wenn mein fauler Leib bequem und ohne Plage fortritte von den Damen hier und ohne ihre Bräuche recht probiert zu haben. Ich habe schon früher von diesen Schönen gehört. Da ich jetzt einmal hier bin, soll keine Mühe mich abhalten: ich will es für sie wagen.«

Der Wirt klagte sehr, denn er war treu. Er sprach zu seinem Gast: »Alles Unglück ist ein Nichts gegen dieses Abenteuer, wenn das einer leiden muß! Es ist scharf gewetzt und ungeheuer. Glaubt es nur, ich lüge nicht; mein Herr, ich bin kein Schwindler.«

558 Gâwân, dieser berühmte Held, scherte sich um den Schrecken nicht. Er sprach: »Jetzt helft und ratet mir für den Kampf. Ihr braucht nur zu befehlen, dann will ich Rittertaten tun mit Gottes Hilfe. Was Ihr mir ratet und was Ihr befehlt, das will ich immer gerne annehmen. Mein Herr, wenn ich alles so ließe, wie es ist, und einfach

weiterzöge von hier, das wäre übel gehandelt, und alle Leute, ob sie mir Liebes wollen oder Leid, müßten mich für einen Feigling halten.«

Da fing der Wirt erst richtig an zu klagen; ein so großer Schmerz war ihm noch nie widerfahren. Zu seinem Gast sprach er: »Wenn Gott ein Zeichen täte, so daß Ihr doch am Leben bleibt, so werdet Ihr der Herr dieses Landes. Alle die Damen, die hier unerlöste Pfänder sind, hat ein starkes Wunder hergebannt. Keines Ritters Heldentum hat es vollbracht, so viele junge Herren auch kamen und edler Adel. Wenn aber Eure Kraft die Damen hier erlöst, so gehört Euch die Krone aller Ehren, dann hat Gott Euch hoch erhoben. Ihr werdet in Freuden Herr sein über all den Glanz, der von den Damen vieler Länder gleißt.

Wer dürfte Euch dafür schimpfen, wenn Ihr ohne
Kampf fortginget, da Lischoys Gwelljus Euch all seinen 559
Ruhm überlassen mußte? Der hat ja schon eine Menge
ritterliche Taten gezeigt, der Liebe: ich kann ihn jetzt
mit Recht so nennen. Gewaltig ist sein Rittertum; nie
hat Gottes Schöpfermacht so viele gute Kräfte in ein
Herz gepflanzt — Ithêr von Gahaviez ausgenommen.
Den Ritter, der den Ithêr vor Nantes erschlug, hat mein
Schiff gestern hinübergetragen. Fünf Pferde hat er mir
geschenkt — Gott lasse ihn glücklich leben —, die vor-
her Herzögen gehört hatten und Königen. Was er von
ihnen mit Kampf erlangt hat, das wird in Pelrapeire
hergesagt: ihr Sicherheitsgelöbnis, das hat er ihnen abge-
jagt. Sein Schild trägt die Zeichen vieler Tjosten. Er
ist hierhergeritten, um den Grâl zu suchen.«

Gâwân sprach: »Und wohin ist er dann gekommen? Sagt mir, mein Herr, hat er davon erfahren, da er doch so nahe war, ich meine: von dem Abenteuer, das es hier gibt?«

»Mein Herr, nichts davon ist ihm bekannt geworden.
Ich wußte mich wohl davor zu hüten, ihm gegenüber
etwas zu erwähnen: Schande hätte es mir eingetragen,
wenn ich so vorlaut gewesen wäre. Wenn Ihr nicht
selber dran gedacht hättet zu fragen, so hättet auch Ihr es
nie von mir erfahren, was da im Busch ist: Ein strenger
Zauber mit scharf geschliffenen Schrecken. Wollt Ihr 560
nicht lieber doch noch umkehren? Mir und meinen
Kindern ist nie so großes Leid geschehen wie jetzt, wenn
Ihr nämlich hier den Leib verliert. Solltet Ihr aber den
Sieg behalten und Herrscher werden über dieses Land,

so hat meine Armut ein Ende. Eurer Hand traue ich das zu: Sie wird mich zu einem großen Herrn erheben. Seligkeit mit Freuden ohne Leiden kann Euer Heldentum hier holen — wenn Ihr es überlebt. Jetzt rüstet Euch, auf Euch kommt Schlimmes zu.«

Gâwân war nämlich immer noch ganz nackt. Er sprach: »Tragt mir meine Rüstung her.«

Sein Gastgeber sorgte dafür, daß es geschah, worum
er gebeten hatte. Von den Füßen aufwärts schloß ihn das
schöne, süße Mädchen ganz in Eisen. Der Wirt ging
fort, das Pferd zu holen. Es hing ein Schild an seiner
Wand, der war dick und hart genug, wie sich zeigen
sollte, um Gâwân doch das Leben zu retten. Schild und
Roß wurden ihm gebracht. Sein Gastgeber war ein sehr
aufmerksamer Mann: er stellte sich noch einmal vor ihn
hin und sprach: »Mein Herr, Ihr sollt wissen, wie Ihr
Euch verhalten müßt, um Euer Leben zu schützen vor
den Gefahren. Meinen Schild sollt Ihr tragen, der ist
561 nicht durchstochen noch zerhauen, denn ich kämpfe
selten; wie hätte er da viel abbekommen können? Mein
Herr, wenn Ihr ankommt dort oben, da ist zuerst die
Sache mit dem Pferd, die Ihr richtig machen müßt. Es
sitzt ein Händler vor dem Tor: Bei dem draußen laßt das
Pferd! Macht einen Handel mit dem Mann, es ist ganz
gleich, was Ihr kauft; er gibt aber besser acht auf Euer
Roß, wenn Ihr es ihm verpfändet. Vielleicht bleibt Ihr ja
unbeschädigt, dann könnt Ihr es leicht wiederkriegen.«

Da sprach mein Herr Gâwân: »Was, ich soll nicht zu Pferd dort einziehen?«

»Nein, mein Herr, den Glanz von all den Damen wird
man nämlich vor Euch verstecken. Es geht so den Sor-
gen zu: Den Palas findet Ihr verlassen, weder groß noch
klein werdet Ihr finden, nichts, was lebendig wäre.
Dann helfe der gütige Gott, wenn Ihr in die Kemenate
geht, wo Lît marveile steht, das Bett und auch das Bett-
gestell: Die Krone des Mahmumelîn von Marroch und
sein ganzes Reich könnte man dagegen setzen, und doch
wäre so sein Wert nicht aufgewogen. In diesem Bett
werdet Ihr das alles leiden müssen, was der liebende Gott
für Euch im Sinn hat — möge er es glücklich ausgehen
562 lassen! Denkt daran, mein Herr, bei Eurer Ehre: Laßt
diesen Schild und Euer Schwert unter keinen Umständen
aus den Händen! Wenn Ihr glaubt, daß die schlimmste
Gefahr für Euch zu Ende wäre, dann erst kommt der
eigentliche Kampf.«

Als Gâwân auf sein Pferd stieg, da fiel alle Fröhlichkeit von dem Mädchen ab. Es jammerten alle, die da waren; sie gaben sich wenig Mühe, ihr Weinen zu verbergen. Er sprach zum Wirt: »Wenn Gott es mir gönnt, daß ich die Treue, die Ihr mir bewiesen habt, vergelten kann und Eure Gastfreundschaft, so will ich mich nicht lange bitten lassen.« Abschied nahm er von dem Mädchen: Bitterlich zu weinen, hatte sie nun schöne Gründe. Dort ritt er hin, sie klagten hier.

Vielleicht habt ihr jetzt Lust bekommen zu hören, wie dem Gâwân da geschah? Nun, so bin ich desto lustiger, es zu erzählen. Ich sage es so, wie ich es selber vernommen habe.

Er war nun vor das Tor gekommen, da fand er den
Händler, und der war nicht ausverkauft. Es lagen dort
solche Kostbarkeiten aus, daß ich überglücklich wäre,
wenn ich das alles hätte. Gâwân stieg vor ihm ab. So
edle Schätze hatte er noch nie auf einer Ladentheke liegen
sehen, wie er sie dort überall zu sehen bekam. Seine Bude 563
war ein Samt, viereckig, hoch und weit. Und die Waren,
die er darin liegen hatte? Wenn man sie nach ihrem
Wert bezahlen wollte, der Bâruc von Baldac könnte es
nicht kaufen, was da lag, und genausowenig der Katholi-
kos von Ranculât; ja, selbst zu jener Zeit, da die Dinge
in Griechenland noch anders standen und man dort
Schätze finden konnte, selbst damals hätte die Hand
des Kaisers es nicht bezahlen können, wenn auch die
andern zwei dazugeholfen hätten. Das war ein teurer
Kram!

Gâwân sprach seinen Gruß zu dem Kaufmann, und als er sah, welche Wunder da angeboten waren, da bat er ihn — bescheiden, wie er war —, er möchte ihm doch Gürtel zeigen oder Broschen.

Der Händler sprach: »Jetzt habe ich doch wahrhaftig
schon viele Jahre hier meinen Stand, aber noch nie hat
einer es gewagt — kein *Mann,* meine ich, es waren immer
edle Damen —, anzuschauen, was in meinem Laden aus-
liegt. Wenn Euer Herz Mannheit hat, dann könnt Ihr
Herr sein über alles, was da ist: Man hat es aus fernen
Ländern hergebracht. Habt Ihr Euch wirklich diese
Heldentat vorgenommen — Ihr seid ja doch hier, das
Abenteuer zu bestehen —, und sollte es Euch glücken, so
tut Ihr Euch nachher leicht beim Handeln: Alles, was ich 564
zu verkaufen habe, ist Euch dann untertan. Geht immer
zu und laßt Gott sorgen. Hat Euch Plippalinôt, der

Fährmann, hergewiesen? Viele Damen preisen Euer Kommen in dies Land, weil sie vielleicht Eure Hand erlöst. Wollt Ihr zu Fuß auf Abenteuer aus? Euer Pferd könnt Ihr ruhig hier stehen lassen; ich passe schon auf, wenn Ihr's mir anvertrauen wollt.«

Da sprach mein Herr Gâwân: »Wenn Ihr nur nicht zu vornehm dafür seid! Ich wollte es Euch gerne dalassen; jetzt bin ich aber ganz entsetzt, wie reich Ihr seid. Einen so großartigen Stallherrn hat es sich, seit ich es reite, noch nie geleistet.«

In guter Freundschaft sprach der Händler: »Herr, ich selber samt allem, was ich besitze — mehr kann ich Euch nun wirklich nicht verheißen —, bin ja Euer Eigentum, wenn Ihr am Leben bleibt. Wem könnte ich mit mehr Recht angehören?«

Heldenkraft befahl dem Gâwân, und so machte er sich
auf den Weg, zu Fuß, männlich entschlossen und ohne
Furcht. Weit hingestreckt fand er die Burg — ich hab es
euch ja schon beschrieben —, jede ihrer Seiten wehrhaft
565 aufgemauert. Für alles Stürmen hätte die in dreißig
Jahren nicht einen Pfifferling gegeben, wenn es denn
einmal vorgekommen wäre, daß einer ihr was Böses
wollte. Mitten drin gab es einen Anger dort oben: das
Lechfeld ist ein bißchen größer. Über den Zinnen standen viele Türme. Und die Quelle sagt uns weiter: Als Gâwân den Palas sah, da war dessen Dach überall und rundherum glänzend bunt, genauso wie das Gefieder des Pfaus, und es war so angemalt, daß weder Regen noch der Schnee seinem Blitzen etwas antun konnte.

Innen drin war er prächtig und von perfekter Eleganz, die Säulen in den Fenstern schön gemeißelt; darauf ruhten hoch erhabene Gewölbe. Lauter Betten standen da überall im Saal, eine wunderhafte Menge. Vielerlei Decken von ausgesuchter Kostbarkeit lagen darauf: Hier hatten die Damen gesessen. Extra seinetwegen hatten die sich die Mühe gemacht und waren weggegangen: Der Aufgang ihrer Seligkeit, der Sonnenglanz des Heils, der auf Gâwân lag, wurde nicht begrüßt von ihnen. Ach, hätten sie ihn doch sehen dürfen! Wie hätte ihnen je ein größeres Glück erscheinen können? Keiner von ihnen
war es vergönnt, obwohl er doch ihrer aller Ritter war.
566 Sie konnten aber nichts dagegen tun.

Da ging mein Herr Gâwân umher, dies und jenes schaute er sich an in dem Palas. In einer von den Wänden sah er — ob links oder rechts, das weiß ich nicht —

eine Tür weit offenstehen. Dort drinnen sollte er es erleiden: Große Ehren mußte er gewinnen oder auf der Jagd nach Ehre sterben.

Er ging hinein in die Kemenate. Kristallen glänzte ihr Estrich, glatt wie Glas, und da war Lît marveile, das Wunderbett. Es lief auf vier Rädern, runden Scheiben aus schimmerndem Rubin, und es lief schneller als der Wind. Die Bettfüße waren gegabelt über den Rädern. Den Estrich muß ich euch preisen: Von Jaspis war der und von Chrysolith und von Sardîn, so hatte er es haben wollen, Clinschor nämlich, der ihn entworfen hatte. Aus vielen Ländern hatte seine zauberische Weisheit all die Kunst hierherbestellt, die nötig war, dies Werk zu schaffen. Der Estrich war überall so schlüpfrig glatt, daß Gâwân kaum steuern konnte mit den Füßen; so ging er,
wie es eben ging, das war so recht abenteuerlich. Immer 567
wieder, so oft er hintrat an das Bett, fuhr das fort von seiner Stelle, wo es gerade noch gestanden hatte. Gâwân war schon halb verschmachtet vor Anstrengung, weil er den schweren Schild trug, den zu behalten sein Wirt ihm so sehr eingeschärft hatte. Er dachte: ›Wie kann ich zu dir kommen, wenn du immer vor mir Haken schlägst? Ob ich dich vielleicht kriege, wenn ich's mit einem Sprung versuche?‹ Da blieb das Bett vor ihm stehen: Er schnellte empor in einem Satz und sprang genau mitten hinein. Mit ganz unerhört wildem Feuer ging das Bett durch, da schoß es hin und dort: Keine von den vier Wänden ließ es aus, gegen alle rannte es an mit Macht, daß die ganze Burg davon erdröhnte. So ritt er denn viele gewaltige Attacken. Wenn man alles Donnern vom Anbeginn der Welt zusammennähme und dazu sämtliche Trompeter, vom ersten bis zum letzten, in dies Zimmer täte und wenn die dann bliesen, wie sie es tun, wenn sie es bezahlt kriegen, dann könnte da der Lärm nicht größer sein. Gâwân lag im Bett, doch einschlafen konnte er nicht.

Was der Held dann tat, wollt ihr wissen? Ihm war das Getöse gar zu arg geworden, und darum zog er über sich
den Schild. Er lag da und überließ alles weitere dem, der 568
Hilfe hat im Vorrat und der nie geizig war mit Hilfe, so oft es in großen Nöten einem einfiel, Hilfe bei ihm zu suchen. Ein kluger, herzhafter Mann ruft, wo er dem Unglück gegenübersteht, die Hand des Höchsten an, denn die hat Hilfe in Fülle, und helfend hilft sie ihm. So erging es auch Gâwân. Ihn, dem er immer die Ehre gab

für seine, Gâwâns, Ehren und den starken Gnadengütern, die er spendet, bat er jetzt, ihn zu behüten.

Da nahm das Krachen ein Ende. Es waren nun die vier Wände alle gleich weit weg, gemessen an den Platz hin, wo das schöne Bett stand, nämlich: mitten auf dem Estrich. Er sollte jetzt noch schlimmere Schrecken erfahren: Fünfhundert Stockschleudern waren da mit Zauberkünsten bereit zum Wurf. Die schossen ganz genau gezielt aufs Bett und dahin, wo er lag. Der Schild war von solcher Härte, daß er recht wenig davon spürte. Es waren runde, harte Kieselsteine: hier und da bekam der Schild doch Löcher.

569 Die Steine waren endlich auch verschossen. Er hatte das vorher noch nicht oft erleben müssen, daß so geschwinde Würfe auf ihn flogen. Jetzt waren aufgezogen zum Schuß fünfhundert Armbrüste. Die zielten, eine wie die andere, genau aufs Bett und dahin, wo er lag. Wer einmal in solchen Nöten war, der hat erfahren, was Pfeile sind, und kennt sich aus damit. Eine kurze Weile dauerte es nur, da waren alle abgeschnurrt. Wer es sich bequem machen möchte, der gehe lieber nicht in solch ein Bett: Es wird wohl niemand behaupten, dort würde viel Komfort geboten. Die Jugend selber könnte davon graue Haare kriegen, ich meine: von so guter Ruh, wie Gâwân sie fand in diesem Bett. Es lagen da aber sein Herz und seine Hand alleine: Feigheit war nicht hineingeschlüpft zu ihnen. Die Pfeile und die Steine hatten ihn nicht überall verschont, blaue Flecken hatte er am Leib und auch Wunden von Pfeilen, die zwischen den Ringen des Panzers hindurchgefahren waren. Da hatte er gute Hoffnung, daß die Gefahr ein Ende hätte: Es stand ihm aber noch ein richtiger Kampf bevor, in dem seine Hand den Sieg erstreiten mußte.

Und es tat sich auch schon vor ihm eine Tür auf. Da
570 ging ein starker Bauernkerl herein, der sah sehr gefährlich aus. Aus Fischhaut trug der ein Gilet und eine Kappe, zwei weite Hosen waren auch aus diesem Stoff. Eine Keule trug er in der Hand, das dicke Ende vorne dran war größer als ein Krug. Er ging zu Gâwân her — das hatte der doch nicht befohlen, es war ihm eher lästig, daß er kam. Gâwân dachte: ›Der Mann ist ja ganz nackt. So gerüstet ist er mir ein gar zu schwacher Gegner.‹

Er richtete sich auf und saß jetzt da, als ob ihm nirgends etwas weh täte. Der andere trat einen Schritt zurück, wie wenn er fliehen wollte, doch dann sprach er mit Zorn: »Vor mir selber braucht Ihr nicht so aufzuschrecken; ich werde aber dafür sorgen, daß Euch etwas zustößt: da müßt Ihr dann mit dem Leib bezahlen. Mit den Künsten des Teufels seid Ihr am Leben geblieben. Wenn es ihm auch hier gelungen ist, Euch zu beschützen, so seid Ihr doch vor dem Sterben nicht gerettet. Ich bringe es Euch bei, sowie ich weggegangen bin.« Und der ordinäre Bauer trat wieder in die Tür.

Gâwân schlug mit seinem Schwert die Schäfte ab vom
Schild: Die Pfeile waren alle durchgedrungen und
klirrten in den Ringen des Panzers. Da hörte er ein 571
Brummen, wie wenn hier jemand mindestens zwanzig
Trommeln schlüge zum Tanz. Sein Mut war fest und
ohne jede Scharte, den hatte wahre Feigheit noch nie
ritzen können oder schneiden, der dachte: ›Was kommt
da auf mich zu? Von Not kann ich schon jetzt genug
erzählen; will die Not noch größer werden? Ich muß
mich zum Kampf stellen.‹

Und er schaute hin zur Tür nach jenem Bauernkerl.
Da sprang ein starker Löwe heraus, der war so groß wie
ein Roß. Gâwân, der nie Lust zu fliehen hatte, packte
den Schild an den Riemen, wie man es eben macht, wenn
man kämpfen will, und er sprang auf das Parkett. Wild
und schrecklich in seinem Hunger war dieser starke,
große Löwe: das brachte ihm aber wenig ein. Er stürzte
sich mit Wut auf den Mann. Herr Gâwân stand zum
Kampf bereit. Der Löwe hätte ihm beinah den Schild
entrissen: Er hatte mit dem ersten Hieb alle seine Krallen
durch den Schild geschlagen. Das hat vorher noch nicht
leicht ein wildes Tier geschafft, mit einem Hieb etwas so
Hartes zu durchbrechen. Dies Zerren schaffte Gâwân
sich vom Leib: Ein Bein hackte er ihm ab. Der Löwe
sprang jetzt auf drei Füßen, im Schild blieb der vierte 572
Fuß. Von Blut vergoß er einen solchen Strahl, daß
Gâwân jetzt festen Stand fassen konnte. Hin und her *
ging es: Oft sprang der Löwe den Fremden an, viel
Schnauben durch die Nase ließ er hören und gefletschte
Zähne blitzen. Wollte man dem solches Essen zur
Gewohnheit werden lassen, ich meine: daß er immer
brave Leute kriegt, dann möchte ich mich nicht gern an
den Tisch zu ihm setzen.

Auch Gâwân gefiel das gar nicht, der mit ihm um Tod und Leben kämpfte. Er hatte ihn so schwer verwundet, daß die ganze Kemenate naß wurde von dem Blut. Der Löwe sprang mit Wut auf ihn und wollte ihn unter sich

werfen. Gâwân stach ihn in die Brust mit einem Stich
bis ans Heft. Da zerging die Wut des Löwen: er brach
nieder und war tot. Gâwân hatte die Gefahr mit dem
Schwert niedergekämpft. Da fing er an zu überlegen:
›Was tu ich jetzt am besten? In dem Blut will ich mich
nicht gern setzen. Und auch das andre sollte ich lieber
bleiben lassen: daß ich mich nämlich auf dies Bett, das
so wild herumzufahren weiß, setze oder lege, das wäre
573 gar nicht klug von mir.‹ Jetzt war ihm aber der Kopf
ganz betäubt von den Schüssen, und seine Wunden
fingen an zu bluten. So kam es, daß ihn seine Hel-
denkraft verließ: da war er ganz alleine. Ihm wurde
schwindlig, er brach zusammen. Sein Haupt lag auf dem
Löwen gebettet, der Schild war ihm entfallen und lag
unter ihm. Wenn er je Kraft gewonnen hat oder Ver-
stand, so waren diese beiden ihm jetzt entführt: unsanft
hatte man ihn angefaßt. Alle Sinne hatten ihn feige im
Stich gelassen. Sein Kopfkissen sah dem der Gymêle von
Monte Rybêle gar nicht ähnlich; diese Schöne, Kluge
hatte es dem Kahenîs hingelegt, und er hatte große Taten
drauf verschlafen. Unsern Mann hier aber hatte der
Ruhm umgerannt vor lauter Ungestüm; ihr habt ja
gehört, wie es dahin kam, daß er nun seiner Vernunft
nicht mächtig und bewußtlos dalag, und wie es zugegan-
gen war.

Heimlich schaute da jemand hinein: Mit Blut betaut
war der Boden in der Kemenate; die beiden sahen aus wie
tot, der Löwe und Gâwân. Ein schönes Fräulein war es,
574 das mit Schrecken hineinlugte von oben: da wurde ihr
heller Schimmer bleich. Die Junge war so verzweifelt,
daß es die Alte jammerte, die kluge Arnîve nämlich. Die
muß ich noch heute loben, weil sie den Ritter gerettet
hat und ihn vor dem Sterben bewahrte.

Sie ging auch hin, um es anzuschauen. So sah nun die Dame durchs Fenster dort oben hinein, doch war es ihr unmöglich zu entscheiden, ob es der Schein künftigen Glücks war, was sie sah, oder unendlicher Jammer des Herzens. Sie fürchtete, der Ritter wäre tot; dieser Gedanke ließ sie Bitterkeit empfinden. Es sah ja ganz so aus, weil er da auf dem Löwen lag: zum Schlafen hätte er sich doch wohl anders gebettet. Sie sprach: »Das tut mir von Herzen weh, wenn du in deiner heldenmütigen Treue dein edles Leben verloren hast. Hast du hier den Tod gewählt für uns, die in der Fremde gefangen sind? Treues Mitleid hieß dich so handeln! Dein Heldentum

muß mich immer erbarmen, ob du jung bist oder alt.«
Zu all den Damen sprach sie, da sie den Helden so liegen
sah: »Ihr Damen, die ihr den rechten Glauben habt: ruft
alle Gott um seinen Segen an.«

Sie sandte zwei Jungfrauen hin und gab ihnen den 575
Auftrag, sie sollten ja gut achtgeben, auf sanften Sohlen
sollten sie schleichen und nachher von da wiederkom-
men und ihr Botschaft bringen, ob er am Leben sei oder
aber gestorben; das befahl sie den beiden.

Ob eines von den süßen, reinen Mädchen weinen muß?
O ja, sie beide weinten sehr; rechter Jammer zwang
sie dazu, als sie ihn so liegen fanden, der Schild zum
Schwimmen voll mit Blut aus seinen Wunden. Sie
sahen genau hin, ob er noch lebendig war. Die eine
band mit ihrer weißen Hand den Helm los von seinem
Haupt und auch das Visier: Da lag vor seinem roten
Mund ein kleines Schaumbläslein. Nun paßte sie auf, ob
irgendwo etwas verriete, daß er Atem einzöge, oder ob
er Leben bloß vorgetäuscht hätte. Das blieb aber zwei-
felhaft. Auf seinem Waffenrock waren aus Zobelpelz
zwei Gampilûne, wie der Bertûne Ilynôt sie mit viel
Ehre in seinem Wappen geführt hatte: Der hatte sehr
viel Ruhm und Adel an sein junges Sterben getragen. 576
Das Mädchen raufte mit der Hand dem Zobel Haare aus
und hielt sie vor Gâwâns Nase. Da merkte sie auf, ob
Atemluft die Haare bewege und ob sich also irgendwo
noch etwas in dem Körper rühre. Da ließ sich wirklich
Atem finden. Sofort befahl sie größte Eile, reines Wasser
ließ sie bringen: Ihre schöne Begleiterin brachte ihr das
schnell dorthin. Das Mädchen schob ein Fingerlein
zwischen Gâwâns Zähne — das tat sie aber mit Anmut
und Geschicklichkeit. Dann goß sie vorsichtig sanft
Wasser da hinein, und dann noch ein bißchen und wie-
der, aber nicht zuviel und mit Bedacht, bis er endlich die
Augen aufschlug. Er machte ihnen artig sein Kompli-
ment und dankte ihnen, den zwei süßen Kindern. »Ach
daß mir das passieren mußte! Wie ein ungehobelter
Bauer blieb ich einfach vor Euch liegen! Ich wäre dank-
bar, wenn Ihr so gütig wärt, das zu verschweigen. Ihr
werdet doch so taktvoll sein und mir die Peinlichkeit
ersparen?«

Sie sagten: »Ihr seid dagelegen und liegt da wie einer,
der die Krone aller Ehren trägt. Ihr habt hier so viel
Ruhm erworben, daß Ihr damit in Herrlichkeit alt wer-
den könnt: Ihr habt heute gesiegt. Jetzt laßt uns arme 577

Leute Hoffnung schöpfen und sagt, ob es Euren Wunden so gut geht, daß wir zusammen mit Euch fröhlich werden können.«

Er sprach: »Wenn Ihr mich gern am Leben sehen wollt, so müßt Ihr mir helfen.« Und er bat die Damen: »Laßt jemand meine Wunden untersuchen, der sich auskennt mit solchen Dingen. Wenn es aber nötig ist, daß ich noch einen Kampf bestehe, dann bindet mir den Helm auf und geht fort: Ich bin bereit, den Leib zu wagen.«

Sie sprachen: »Ihr seid jetzt vor Kämpfen sicher, Herr, laßt uns bei Euch bleiben — nur soll sich eine von uns zweien bei vier Königinnen Botenlohn verdienen und ausrichten, daß Ihr noch lebt. Man soll auch ein bequemes Bett für Euch richten und eine klare Arznei bereiten. Man soll sich mit guter Treue um Euch kümmern und mit einer linden Salbe, die Euren Prellungen wohltut und mit Sanftheit heilend Euren Wunden hilft.«

Eines von den Mädchen lief davon, sehr flink und ohne
Hinken. Die brachte an den Hof die Nachricht, daß er
am Leben sei, »ja, so ganz lebendig, daß er uns freuden-
578 selig machen wird mit Freuden, wenn Gott will. Er
braucht aber gute Hilfe.«

Da sprachen alle: *»Dieu merci.«* Die alte, kluge Königin ließ ein Bett herrichten, davor einen Teppich ausbreiten, und sie befahl ein gutes Feuer. Eine teure, ausgesuchte Salbe, mit viel Kunst bereitet, ließ die Königin holen für die Prellungen und für die Wunden. Und sofort befahl sie, daß vier Damen gehen sollten, um ihm die Rüstung abzunehmen. Daß sie ihm die ja sanft auszögen und es mit Takt so klug anstellten, daß er sich dabei nicht zu schämen brauche! »Ein Stück Seide müßt Ihr mit Euch nehmen, und macht ihm damit einen Schirm, wenn Ihr ihn auszieht. Falls sein Zustand es gestattet, laßt ihn gehen, sonst tragt ihn von dort in das Zimmer, wo ich bei seinem Bett auf ihn warte. Da soll der Held sich hinlegen, und ich will mich um ihn kümmern. Falls es glücklich ausgegangen ist, so daß er nicht am Leben verwundet ist, mache ich ihn bald wieder ganz gesund. Vielleicht geht aber eine von den Wunden an sein Leben. Der Hieb wäre quer durch unser Glück gefahren, er hätte auch uns getötet: wir müßten das Sterben durch unser Leben tragen.«

579 Nun, es wurde alles so getan. Entwaffnet wurde der Herr Gâwân und fortgeführt, und er bekam Hilfe von sachverständigen Helferinnen. Es waren da fünfzig

Wunden oder mehr; die Pfeile waren aber nicht zu sehr
durch die Ringe des Panzers gedrungen, er hatte ja den
Schild vorgehalten. Nun nahm die alte Königin Dictam
und warmen Wein und ein Stück blauen Zindel. Damit
tupfte sie streichelnd die Blutmale weg, überall wo
Wunden waren, und sie verband ihn so, daß sie ihm
heilten. Wo es Beulen gegeben hatte im Helm, an all
den Stellen war der Kopf geschwollen, so daß man sehen
konnte, wo ihn die Schüsse getroffen hatten: Diese
Blessuren machte sie verschwinden mit der Kraft der
Salbe und durch ihre Kunst. Sie sprach: »Jetzt wird
Euch bald wohl sein. Cundrîe la surziere ist so freund-
lich und besucht mich oft: Sie bringt mir alles bei, was
man tun kann durch die Macht von Arzneien. Seit der
Zeit, da Anfortas ins Unglück geriet, so daß man Hilfe
suchen mußte für sein Leiden, so lange schon hat ihm
diese Salbe geholfen, daß er nicht starb. Sie ist von 580
Munsalvaesche her gekommen.«

Als Gâwân das hörte, wie von Munsalvaesche die Rede war, da ging vor ihm das Glück auf: Er dachte nämlich, die Burg müßte dort in der Nähe liegen. Und er, der immer frei war von Verrat und Lüge, Gâwân also, sprach zur Königin: »Meine Dame, Ihr habt mir die Sinne, die mir entflohen waren, wieder in mein Herz geholt; auch meine Schmerzen werden linder. Alle Kraft und aller Sinn, die ich habe, verdanke ich ganz Euch und bin so Euer Vasall geworden.«

Sie sprach: »Nein, mein Herr, wir alle müssen Eure Gnade suchen und mit treuem Eifer nach ihr laufen. Jetzt folgt mir und redet nicht viel. Ich will Euch ein Mittel geben, davon werdet Ihr schlafen: das tut Euch gut. Lust zum Essen oder Trinken werdet Ihr nicht haben vor dem Abend. Da werdet Ihr dann wieder munter sein und stark, ich aber trete vor Euch mit dem Essen, so daß Ihr's nachher wohl aushalten könnt bis zum Morgen.«

Eine Wurzel legte sie in seinen Mund, da schlief er
sofort ein; fürsorglich deckte sie ihn zu. So verschlief er
diesen Tag. An Ehren reich und arm an Schande lag er 581
sanft gebettet und warm. Wenn es ihn aber doch einmal
im Schlaf fror, so daß ihm ein Hicksen auskam oder ein
Niesen, dann war das von der Kraft der Salbe. Viel
Gesellschaft gab es da von Damen, die gingen aus und
ein: sie alle trugen lichten, adeligen Glanz. Arnîve, die
Alte, befahl mit ihrer ganzen Würde, daß ja keine von

ihnen laut redete, solange der Held da schlief. Und sie ließ auch den Palas zusperren: So viele Ritter dort waren und Junker und Burgleute, so erfuhr doch keiner von all denen etwas vor dem nächsten Tag: Da bekamen dann die Damen einen neuen Grund zum Klagen.

Der Held schlief also bis zum Abend. Die Königin nahm ihm mit Bedacht die Wurzel aus dem Mund. Er wachte auf: jetzt wäre ihm was zu trinken recht gewesen. Da ließ die Kluge Getränke bringen und ein gutes Essen. Er richtete sich auf und setzte sich, und er aß mit Lust. Sehr viele Damen warteten ihm auf. Noch nie hatte er so adelige Bedienung erfahren; sie taten ihren Dienst mit Courtoisie. Mein Herr Gâwân prüfte sie
582 genau, diese da und die und wieder jene — doch sein Sehnen blieb dabei das alte, es trieb ihn nach der klaren Orgelûse hin. Denn in allen seinen Jahren war keine Frau ihm je so nahe gegangen, wenn er irgendwo Liebe bekam oder auch wenn ihm eine ihre Liebe versagte. Da sprach der unerschrockene Held zu seiner Doktorin, der alten Königin: »Meine Dame, es setzt meine Courtoisie herab, und Ihr könntet meinen, ich wäre allzu ehrsüchtig, wenn diese Damen noch länger vor mir stehen müssen. Befehlt ihnen doch, sie möchten hingehen und sich setzen, oder laßt sie mir beim Essen Gesellschaft leisten.«

»Hier setzt sich keine hin als ich allein. Mein Herr, sie hätten allen Grund, sich zu schämen, wenn sie Euch nicht richtig dienen dürften: Ihr seid ja unser ganzes Glück. Freilich, Ihr seid der Herr hier: Sie müssen tun, was immer Ihr ihnen befehlt — das versteht sich ja von selbst.«

Die edlen Damen von so hoher Art blieben aber unbeschädigt an ihrer Courtoisie; denn sie taten es aus freiem Willen. Süße Münder baten ihn, er möge die Damen stehen lassen, bis er gegessen hätte, und keine von ihnen sitzen heißen. Als er mit dem Essen fertig war, gingen sie fort: Gâwân legte sich nieder zum Schlafen.

ZWÖLFTES BUCH

583 Wer ihm jetzt seine Ruhe
nähme — wenn es doch wahr ist, daß er Ruhe nötig
hat —, der sündigt, das glaube jedenfalls ich. Nach dem
Zeugnis unserer Quelle hatte er sich schinden müssen
und hat seinen Ruhm mit großer Not hoch und weit
gemacht. Alles, was der edle Lanzilôt auf der Schwert-
brücke aushalten mußte und später, als er mit Mel-
jacanz kämpfte, das war gegen Gâwâns Not ein Nichts,
und ebenso verhält es sich mit alledem, was man von
Gârel sagt, dem stolzen, mächtigen König, der ritter-
lich auch einen Löwen aus dem Palas warf — das war
dort in Nantes. Gârel holte sich dann noch das Mes-
ser und mußte dafür bitter büßen in der Marmorsäule.
Wenn aber jene Pfeile alle ein Maultier tragen müßte,
dann wäre es damit zu schwer beladen — und die ließ
Gâwân als ein rechter Held nach seinem Leben schwir-
ren: so befahl es ihm sein tapferes Herz. *Le Gué Périlleux,*
die Furt, und Erek, der Schoydelakurt von Mâbonagrîn
im Kampf gewann, von diesen Abenteuern machte kei-
nes seinem Mann so große Plage und auch nicht jener
584 Wunderstein, den der stolze Iwân damals unbedingt
begießen wollte. Ja, würde jemand alle diese Nöte
zusammen für eine einzige gelten lassen, so schlüge doch
die Waage aus nach Gâwâns Not, wenn man so die Lei-
den, die einem zugemutet werden, messen wollte.

Was für eine Not das ist, von der ich rede? Wenn ihr der Meinung seid, es sei nicht allzu vorwitzig, so sollte ich euch vielleicht jetzt sagen, wie sie heißt: Orgelûse, die kam in seine Gedanken, in Gâwâns Herz hinein, der doch immer schwach an Feigheit war und mächtig stark an wahrem Heldentum. Wie kam es, daß sie sich dort verstecken konnte, eine so große Frau in einem so kleinen Raum? Sie war auf einem engen Pfad in Gâwâns Herz hineingekommen und tilgte alle seine Schmerzen

mit diesem neuen Leid. Das war freilich eine kurze
Mauer um so ein langes Weib herum, dem er mit immer
wacher Treue diente. Niemand soll darüber lachen, daß
einen solchen Kriegshelden eine Frau zum Gespött
machen kann. Ach und herrje, was soll das sein? Da läßt
nun die Liebe, diese hohe Dame, ihren Haß an dem
erscheinen, der Ehre erbeutet hat. Als sie ihm das erste-
mal begegnete, da war er stark und ohne Furcht. Ihn
aber jetzt, da er krank ist an seinen Wunden, noch weiter 585
zu tyrannisieren, sollte sie sich zu gut sein! Er hätte ja
doch guten Grund, Gnade zu erwarten, schließlich hat
sie ihn schneller, als er denken konnte, schon einmal
besiegt, und da war er noch ganz gesund.

Frau Liebe, meine Dame, wenn Ihr Ehren gewinnen
wollt, dann laßt Euch von mir sagen, daß Ihr aus solchen
Kämpfen keine Ehre holt. Gâwân hat alle seine Tage
hingebracht, wie Eure Gnade es ihm befahl. Das tat auch
sein Vater Lôt. Und seine Familie von der Mutter her
stand immer ganz loyal zu Eurer Herrschaft seit den Zei-
ten Mazadâns, den Terdelaschoye mit nach Fâmurgân
nahm: Damals schlug ihn Euer Zauber. Den Nachkom-
men des Mazadân hat man es in der Zeit oft und immer
wieder bestätigt, daß keiner Euch je untreu wurde. Ithêr
von Gaheviez trug die Zeichen Eurer Macht: Wo man
vor Frauen von ihm sprach, da war nie eine, die sich
geschämt hätte, die überlegene Kraft der Liebe — man
mußte da nur seinen Namen nennen — ohne jede Scheu
anzuerkennen. Nun überlegt, wie es dann der ergehen
mußte, die ihn *sah:* Zu der war ja erst so recht die frohe
Botschaft gekommen. Das war ein großer Verlust für
Eure Herrschaft, als dieser Mann Euch geraubt wurde.

Jetzt bringt nur auch noch Gâwân um wie seinen Cou-
sin Ilynôt, den Eure Gewalt dazu trieb, den Süßen, Jun- 586
gen, sich in Kämpfe zu stürzen für eine edle Geliebte:
Flôrîe von Kanadic. Aus seines Vaters Land floh er noch
als ein Kind, jene Königin erzog ihn; Bertâne, seine
Heimat, war ihm fremd. Flôrîe packte ihm die Last der
Liebe auf, sie jagte ihn hinaus in die Welt. Tot in ihrem
Dienst sah man ihn schließlich daliegen, das wißt Ihr
ganz genau. Gâwâns Verwandte sind oft in bittere Lei-
den geraten durch die Liebe. Ich nenne Euch noch mehr
Leute aus seiner Familie, denen auch die Liebe weh getan
hat: Warum konnte denn der blutfarbene Schnee Parzi-
vâls treuen Leib da bannen mit Gewalt? Das tat seine
Frau, die Königin. Gâlôes und Gamuret, die beiden habt

Ihr niedergeritten und sie hingegeben an den Mord. Die
junge, edle Itonjê liebte *roi* Gramoflanz treu und ganz
und ohne Wanken; sie war Gâwâns Schwester, die
Schöne. Frau Liebe, edle Dame, auch Sûrdâmûr habt Ihr
durch Alexander viel von Eurer tückischen Bosheit spü-
ren lassen. Dieser nicht noch jenen, niemandem, der
irgendwann mit Gâwân verwandt war oder wurde, woll-
tet Ihr, Frau Liebe, je etwas von dem Dienst an Euch
587 erlassen, keinen habt Ihr verschont. Und ausgerechnet
jetzt wollt Ihr Euch bei Gâwân Ruhm holen! Ihr solltet
lieber Eure Kraft an Starken beweisen und Gâwân leben
lassen, der krank ist und verwundet; zwingt doch die
Gesunden!

Es gibt so manchen, der hat von der Liebe nur die Lieder und sonst von ihrer Macht nie etwas gespürt. Da hätte grade ich nun allen Grund, fein still zu schweigen — sollen es doch die Liebenden beklagen, wie schlimm es dem von Norwaege erging, als er sich von seinem Abenteuer erholte! Da nämlich griff die Liebe ihn an mit Hagelschlag; diesmal half ihm nichts, das war gar zu sauer. Er sprach: »Ach, daß ich doch immer in Betten geraten muß, wo man keine Ruhe hat! Das erste hat mich mit Waffen verwundet, das zweite läßt mich immerfort nach Liebe schmachten. Die Herzogin Orgelûse muß mir gnädig werden, sonst kann ich nicht in Freuden bleiben auf der Welt.« Er warf sich hin und her, weil er es nicht mehr aushielt, so daß davon etliche Verbände über seinen Wunden aufgesprengt wurden. In solchen Nöten lag er gebettet.

Nun seht: Da schien auf ihn der Tag, den hatte er mit
Schmerzen erwartet. Er hatte früher oft schon viele
scharfe Schwertkämpfe mit mehr Bequemlichkeit durch-
588 litten als diese Ruhestunden. Wenn ein Leid es dem des
Gâwân gleichtun will, ich meine: wenn ein Liebender
sich vermessen sollte, so was zu behaupten, dann soll er
erst einmal wie jener von so vielen Pfeilen gesund wer-
den und vorher verwundet. Vielleicht tut ihm dann das
genauso weh wie seine Liebesschmerzen, die er zuvor
beklagte.

Gâwân mußte Liebe leiden und anderen Jammer. Da fing der Tag zu leuchten an, so hell, daß seine große Kerze nicht annähernd so weithin zu scheinen vermochte. Der Held erhob sich; da sah man seinem alten leinenen Gewand die Wunden und den Rost der Rüstung an. Ein Hemd hatte man ihm hingelegt und eine Hose aus Buckram; diesen Tausch machte er gern mit. Dann war da noch ein Kleid aus Marderpelz und eine ebensolche Weste: außen waren diese Stücke von Seide, die hatte man aus Arras kommen lassen. Es lagen auch zwei Stiefel da, die nicht die schlechte Angewohnheit hatten, ihren Mann zu drücken.

Er zog die neuen Kleider an. Mein Herr Gâwân ging
hinaus zur Tür der Kemenate. So ging er nun her und
hin, bis er den herrlichen Palas fand: Nie hatten seine
Augen vorher Herrlichkeit gesehen, die es dem, was hier
geboten war, gleichtun konnte. An der einen Seite ging 589
da durch den Palas hoch empor ein Treppenbau mit
Gewölben, nicht zu weit geschwungen; Stufen zogen
sich immer rund herum bis weit über die Höhe des Palas:
dort oben stand eine Säule, die glänzte. Die war natürlich
nicht aus faulem Holz, sondern hell und stark und groß:
der Sarkophag der Camille, jener adeligen Dame, hätte
obendrauf gut Platz gehabt. Aus den Ländern des Fei-
refîz hatte der weise Clinschor dieses Werk hierher-
gebracht, das da in die Höhe ragte. Rund wie ein Zelt
war es. Wenn man das dem Meister Jêometras in Auf-
trag gegeben hätte, so hätte seine Hand diese Kunst nicht
gekonnt: Es war mit Zauberlist gemacht. Adamas und
Amethyst, so sagt uns die Erzählung, Topas und Granat,
Chrysolith, Rubin, Smaragd und Sardîn: herrlich aus
solchem Material waren die Fenster, weit und hoch in
schönem Ebenmaß. Genau zu den Säulen in den Fenster-
bögen passend war von der gleichen Art oben drauf das
ganze Dach. Doch war unter diesen Säulen keine, die
sich mit der großen Säule vergleichen konnte, die dort
mitten drinnen stand. Die Erzählung läßt uns wissen,
was die für Wunderkräfte hatte. Weil er Ausschau halten 590
wollte, stieg der Herr Gâwân ganz allein in die Türmer-
stube hinauf zu den vielen seltenen Steinen. Da gab es
ein so großes Wunder zu sehen, daß er nicht müde
wurde, immerfort zu schauen. Es kam ihm nämlich so
vor, als ob ihm die ganze Welt in der großen Säule
erschiene, daß da die Länder auf einer Kreisbahn vor-
überzögen und daß die großen Berge mit rasender Ge-
schwindigkeit einander haschten. In der Säule sah er
Leute reiten und gehen, diesen laufen, jenen stehen. Da
setzte er sich in eine Fensternische; dieses Wunder wollte
er genauer prüfen.

Da kam die alte Arnîve und ihre Tochter Sangîve, und es kamen die zwei Töchter ihrer Tochter: alle vier traten zu ihm hin. Gâwân sprang auf, als er sie sah. Die Königin Arnîve sprach: »Mein Herr, Ihr solltet doch noch schlafen. Ihr braucht Ruhe; um aufzustehen, seid Ihr noch zu sehr verwundet, und um neue Mühen zu erfahren.«

Da sprach er: »Meine Dame, Ihr seid meine Meisterin: Kraft und Verstand hat Eure Hilfe mir gegeben; die muß ich mit Dienst vergelten, wenn ich am Leben bleibe.«

591 Die Königin sprach: »Das will ich jetzt sehen, ob es wahr ist, was Ihr, Herr, mir gesagt habt, daß ich nämlich Eure Meisterin sei: Küßt also diese drei Damen. Vor Schande seid Ihr dabei sicher: sie stammen alle aus königlichem Geschlecht.«

Über diese Bitte war er froh. Und er küßte die klaren Damen, Sangîve und Itonjê und die süße Cundrîê. Gâwân setzte sich dann mit den vieren nieder. Da schaute er von einer zur andern immerfort die klaren Gestalten dieser Mädchen an. Doch ließ ihn dabei eine andere Frau, die in seinem Herzen lag, nicht aus ihrer Gewalt: Alles Blitzen dieser Mädchen war ihm neben Orgelûse wie ein Nebeltag. Die schien ihm halt gar so schön, die Herzogin von Lôgroys: zu ihr hetzte ihn sein Herz.

Nun hat das Gâwân hinter sich gebracht: Die drei Damen haben ihn umarmt. Sie trugen so hellen Glanz, daß leicht davon ein Herz mittendurchgeschnitten werden konnte, das vorher nie in Not gekommen war. Er brachte im Gespräch mit seiner Doktorin die Rede auf die Säule, die er da sah; sie sollte ihm erzählen, was es mit der auf sich hatte.

592 Da sprach sie: »Mein Herr, dieser Stein gibt einen Schein bei Tag und in den Nächten — das tut er schon, seit ich ihn zum erstenmal sah —, der reicht sechs Meilen in der Runde ins Land hinaus. Alles was in diesem Kreis geschieht, sieht man in der Säule erscheinen, ganz gleich ob im Wasser oder auf dem Feld: der Stein gibt davon wahre Kunde. Es sei Vogel oder Tier, ob einer von weither kommt oder Förster ist im Wald, die Fremden wie die Bekannten, alle sind sie da drinnen zu sehen. Über sechs Meilen geht sein Licht. Er ist so fest und solid, daß bei ihm mit dem stärksten Willen der Hammer nichts ausrichtet und der Schmied auch nicht. Er wurde der Königin Secundille in Thabronit gestohlen; ich denke doch, sie war nicht einverstanden.«

In dem Augenblick sah Gâwân in der Säule einen rei-
ten, einen Ritter und eine Dame, die erblickte er da. Die
Dame kam ihm glänzend vor, der Ritter samt dem Roß
wohl gerüstet, der Helm mit Schmuck geziert. Sie ritten
mit Eile auf dem Weg zu der weiten Wiese, dahin ging
ihre Reise. Sie kamen auf der Straße durch das Moor: da 593
war auch der stolze Lischoys hergezogen, den er ge-
demütigt hatte. Die Dame conduierte den Ritter am
Zügel her: Eine Tjost wollte er haben.

Gâwân wandte sich um; er machte damit seinen Kummer nur noch größer. Er dachte nämlich, die Säule hätte ihn betrogen; jetzt sah er's selber ungelogen: Orgelûse von Lôgroys mit einem feinen ritterlichen Herrn auf der Wiese vor der Landungsstelle. Das war wie Nieswurz in der Nase, wie die Herzogin daherkam, und genauso flink und scharf schlüpfte sie durch sein enges Herz, durch die Augen oben hinein. Gegen die Liebe hilft einem Mann halt gar nichts — ach, so geht es jetzt dem Herrn Gâwân! Er sprach zu seiner Doktorin, als er den Ritter kommen sah: »Meine Dame, dort reitet ein Ritter her mit aufgerichtetem Speer. Der sucht etwas und wird nicht leicht aufgeben. Aber sein Suchen soll auch finden: Da er Ritterschaft haben will, soll er Kampf von mir bekommen. Sagt mir: Wer mag diese Dame sein?«

Sie sprach: »Das ist die Herzogin von Lôgroys, die 594
Lichte. Wen wird sie da wohl ins Unglück führen? Der
Turkoyte ist mit ihr gekommen, von dem hat man schon
viel gehört: Sein Herz ist ohne Furcht. Er hat mit Spee-
ren so viel Ehre erjagt, daß man damit drei ganze Länder
adelig machen könnte. Ihr solltet Euch hüten, gegen
seine starke Hand zu kämpfen, jedenfalls jetzt: Es ist zu
früh für Euch, Ihr seid zu sehr verwundet für einen
Kampf. Und wenn Ihr selbst bei guten Kräften wärt,
solltet Ihr es trotzdem lassen, gegen ihn zu streiten.«

Da sprach mein Herr Gâwân: »Ihr habt gesagt, daß ich der rechte Herr hier bin. So mag er sein, wer er will: wenn er so nahe hier Ritterschaft sucht, dann rückt er meiner Ehre auf den Leib, und da er doch bereit ist zu kämpfen — meine Dame, ich muß meine Rüstung haben!«

Da wurden viele Tränen vergossen von allen vier Damen. Sie sprachen: »Wenn Ihr wollt, daß Euer Glück und Eure Ehre glänzen, dann kämpft nicht, auf keinen Fall dürft Ihr es tun! Läget Ihr dort vor ihm tot, dann würde unsere Not erst richtig groß. Falls Ihr aber auch seinen Waffen lebend entrinnt, so bringen Euch doch Eure alten Wunden um, wenn Ihr darauf besteht, jetzt die Rüstung anzuziehen: Dann sind wir an den Tod verkauft.«

595 Das waren nun wirklich schlimme Übel, mit denen Gâwân da zu kämpfen hatte. Hört nur ruhig an, welche Zwänge ihn drückten: Als Beleidigung seiner Ehre mußte er die Anwesenheit des edlen Turkoyten dort empfinden, er litt auch unter seinen Wunden sehr und viel mehr noch unter der Tyrannei der Liebe, und ihn bedrückte der Schmerz der vier Damen. Er bat sie, sie möchten aufhören zu weinen. Nach der Rüstung verlangte dann sein Mund, nach Roß und Schwert. Die schönen, edlen Damen begleiteten ihn fort. Er bat sie, vor ihm hinunterzugehen und dahin, wo die anderen Damen waren, die süßen, lichten.

Dort nun wurde Gâwân geschwind gerüstet für die Reise in den Krieg; weinende, lichte Augen sahen ihm zu. Alles geschah in solcher Heimlichkeit, daß kein Mann davon erfuhr als der Kämmerer allein: der befahl, das Roß zu striegeln. Gâwân schlich sich dahin, wo Gringuljete stand; doch war er so sehr verwundet, daß er den Schild kaum tragen konnte bis dorthin — der war auch stark angeschlagen.

Aufs Roß setzte sich Herr Gâwân. Da machte er sich
596 auf den Weg, fort von der Burg zu seinem treuen Wirt. Der ließ ihn nicht lang vergeblich reden; er sollte alles haben, was sein Wille wünschte. Einen Speer schenkte er ihm, der war stark und ungeglättet. Von dieser Sorte besaß er etliche, er hatte sie dort drüben auf der Wiese aufgeklaubt. Dann bat ihn mein Herr Gâwân, er möge ihn geschwind hinüberfahren. In einem Fährschiff brachte er ihn hinüber ans Land; dort fand er den Turkoyten, adelig und stolz. Vor Unehre war der immer bewahrt geblieben, rein und ohne Makel war sein Rittertum. Man wußte von ihm wahrlich große Dinge zu erzählen, nämlich, daß noch jeder, der gegen ihn zur Tjost angetreten war, hinter dem Roß am Boden liegen mußte, von seiner Tjost gefällt. Alle, die gegen ihn geritten waren, um Ehre zu gewinnen, hatte er in der Tjost besiegt. Auch hatte dieser edle Kämpfer einmal öffentlich erklärt, er wolle nur mit Speeren, ohne Schwert, von seinen Opfern Ehre erben oder seine eigene Ehre untergehen lassen. Wenn einer es fertigbrächte, ihn mit einer Tjost zu fällen, dann sähe man ihn die Waffen

sofort niederlegen: Jenem würde er sich dann mit seinem Ehrenwort ergeben.

Das hatte Gâwân von dem Pfandherrn über die Tjosten 597
dort, Plippalinôt, erfahren. Die pfändete der so: Wenn
man da eine Tjost sah und wenn einer fiel und der andere
im Sattel blieb, dann bekam er, ohne daß ihm die beiden
deswegen bös sein durften, das, was jener verloren und
dieser gewonnen hatte: das Pferd meine ich, und das zog
er mit sich fort. Es war ihm gleichgültig, mochten sie
auch noch so tüchtig kämpfen. Wem der Preis und wem
die Schande gehörte, die Entscheidung ließ er den
Damen. Die hatten oft Gelegenheit, solchen Kämpfen
zuzusehen. Er bat Gâwân, festen Sitz zu fassen, er
führte ihm das Pferd an Land, er reichte ihm Schild und
Speer.

Hier kam nun der Turkoyte dahergaloppiert wie ein Mann, der wohl Maß zu nehmen weiß mit seiner Tjost: nicht zu hoch und nicht zu niedrig. Gâwân ritt auch los gegen ihn. Gringuljete von Munsalvaesche tat, wie Gâwân wünschte und wie der Zügel es ihm zu verstehen gab. Er ritt auf die Wiese. Hühja, jetzt geht es los: Hier kam der Sohn des König Lôt, ein rechter Mann, sein Herz tat keinen Wank.

Wo die Helmschnur ihren Knoten hat? Genau da, wo
des Turkoyten Tjost ihn traf. Den traf Gâwân anderswo:
durch die Barbiere seines Helms. Es stellte sich recht 598
schnell heraus, wer da wem gefällig war: Mit dem kur-
zen, starken Speer fing Gâwân sich den Helm, der blieb
da hängen — hin ritt der Helm, hier lag der Mann. Der
war immer eine blühende Blume in der Ritterschaft
gewesen, bis jetzt: da deckte er das Gras mit seinem Fall,
der kam von der Tjost. Die Kostbarkeiten, die ihn
geschmückt hatten, kämpften im Tau mit den Blumen
um den Preis der Schönheit. Gâwân ritt über ihn, da
mußte er sich endlich ergeben. Der Fährmann ver-
langte das Roß: das war sein Recht, wer möchte es
leugnen?

»Freut Euch nur; doch wißt erst, worüber!« sprach die lichte Orgelûse, die wollte dem Gâwân wieder einmal Böses. »Etwa, weil des starken Löwen Fuß in Eurem Schild Euch jetzt folgsam begleiten muß? Ihr bildet Euch wohl ein, Ihr hättet wunder was für Ehre errungen, da Ihr diesen Damen das Schauspiel einer solchen Tjost bieten konntet. Wir wollen Euch die Freude lassen, schließlich habt Ihr guten Grund zum Fröhlichsein, weil

sich Lît marveile nur so schwächlich rächen konnte. Immerhin ist aber Euer Schild zerbrochen — es scheint, als hättet Ihr doch Streit gefunden. Vielleicht seid Ihr
599 auch zu sehr verwundet, um Euch noch weiter im Kampf herumzerren zu lassen? Womöglich tätet Ihr Euch dabei sogar wirklich weh, und noch dazu die ›Gans‹ von gestern! Zum Angeben ist ja gewiß ein solcher Schild sehr praktisch, der wie ein Sieb durchlöchert ist und den so viele Pfeile ramponiert haben. So wie die Dinge jetzt sind, hättet Ihr wirklich guten Grund davonzulaufen. Laßt Euch heimgeigen, reitet nur wieder hinauf zu den Damen! Wie könntet Ihr es wagen, den Kampf auch nur anzuschauen, den ich Euch verschaffen wollte, wenn Euer Herz es wünschte, daß Ihr mir um Liebe dient!«

Er sprach zur Herzogin: »Meine Dame, wenn ich Wunden habe, die haben hier Hilfe gefunden. Es muß nur Eurer gnädigen Hilfe anständig sein, so daß Ihr meinen Dienst annehmen könnt, dann gibt es keine Gefahr, die so arg wäre, daß Ihr mich nicht als Euren Ritter hinschicken könntet.«

Sie sprach: »So lasse ich Euch mit mir reiten und weiter um Ehre kämpfen; Ihr dürft mich begleiten.«

Darüber war der stolze, edle Gâwân sehr glücklich. Den Turkoyten sandte er mit seinem Wirt Plippalinôt fort: Droben auf der Burg, so ließ er ausrichten, sollten sich die schönen Damen alle mit feiner Aufmerksamkeit um ihn kümmern.

600 Gâwâns Speer war ganz geblieben, obwohl die beiden ihre Pferde mit den Sporen zu einem gewaltigen Stoß gejagt hatten; er nahm ihn mit in seiner Hand, als er wegritt von der lichten Wiese. Es weinten viele Damen, daß seine Reise fort von ihnen nicht zu verhindern war. Die Königin Arnîve sprach: »Unser Trost hat sich für das entschieden, was ihm sanft ist in den Augen, dem Herzen ein Dorn. Wehe, da geht er nun zum *Gué Périlleux,* er folgt der Herzogin Orgelûse! Das wird seinen Wunden gar nicht guttun.« Vierhundert Damen waren in Trauer. Er ritt fort von ihnen auf seiner Jagd nach Ehre.

So weh ihm seine Wunden taten — der lichte Glanz der Orgelûse machte seiner ganzen Not ein Ende. Sie sprach: »Ihr sollt mir einen Kranz vom Zweig eines Baums gewinnen. Für diese Tat will ich Euch preisen, wenn Ihr mir den Wunsch erfüllt, dann dürft Ihr meine Liebe fordern.«

Da sprach er: »Meine Dame, wo dieser Zweig auch wächst, der die Macht hat, mir so viel Ehre und dazu das Glück zu verschaffen, bei Euch, meine Dame, freundliches Gehör zu finden, wenn ich meine Leiden klage, den will ich brechen, wenn der Tod mich läßt.«

Alle die leuchtenden Blumen, die dort standen, waren 601
ein Nichts vor dem Gleißen, das Orgelûse an sich trug.
Gâwân war dem Bild mit solcher Andacht hingegeben,
daß seine bösen Erfahrungen von früher ihn nicht
schmerzten. So ritt sie mit ihrem fremden Ritter fort
von der Burg auf einer breiten und geraden Straße, eine
gute Wegstrecke weit: da standen sie vor einem herrlichen Forst. Die Bäume dort waren Tamarisken und Brasilholz, das konnte gar nicht anders sein: Es war Clinschors Wald.

Gâwân, der kühne Held, sprach: »Meine Dame, wo soll ich nun den Kranz pflücken, der mein zerstochenes Glück heil machen kann?« — Ach, hätte er sie halt einfach aufs Kreuz gelegt! Sie wäre nicht die letzte feine Dame gewesen, der es so ergangen ist.

Sie sprach: »Ich werde es Euch zeigen, wenn wir dort sind. Da könnt Ihr dann, wenn Ihr könnt, Ehre aufheben.«

Über ein Feld ritten sie bis an einen Graben. Da waren
sie so nahe, daß sie den Baum des Kranzes sahen. Sie
sprach: »Mein Herr, diesen Stamm hütet der, der mir
mein Glück geraubt hat: Davon bringt mir ein Reis.
Kein Ritter hat mit Dienst um Liebe je höheren Ruhm
gewonnen.« So sprach die Herzogin. »Für mich ist die 602
Reise hier zu Ende. Behüt Euch Gott, wenn Ihr jetzt
weiterreitet, aber trödelt nicht lang herum: Ihr müßt
Euer Pferd gewaltig springen lassen — über *le Gué Périlleux* hinüber.«

Sie ließ ihr Pferd stille stehen auf dem Feld, vorwärts ritt der Herr Gâwân. Er hörte ein reißendes Wasser dahinschnellen, das hatte sich einen weiten Durchbruch geschaffen, tief war es und ohne Furt. Der starke Gâwân gab seinem Roß die Sporen, so gewaltig trieb er es hinüber, der adelige Mann, daß es wirklich, aber nur mit zwei Füßen, auf festen Boden trat am andern Ufer: Der Sprung ging nicht ohne Fallen ab. Da mußte sogar die Herzogin einmal weinen. Die Strömung war mächtig und reißend. Den Gâwân mußte seine Stärke retten — noch dazu trug er ja die Last der Rüstung. Da war nun der Ast eines Baums hinausgewachsen in des Wassers

Fluß. Den ergriff der starke Mann, er wollte doch noch
länger leben. Neben ihm schwamm der Speer: den
ergriff der Ritter. Er stieg hinauf ans Land.

Gringuljete trieb dahin, mal oben, mal unten, dem
603 kam er da zu Hilfe. Das Pferd war schon so weit fort-
gerissen worden, daß er viel Mühe hatte, es noch einzu-
holen mit Laufen — er trug ja die schwere Rüstung, und
Wunden hatte er auch genug. Da trieb ein Wirbel das
Pferd näher her, so daß er es mit dem Speer erreichte.
An dieser Stelle hatte der Regen und das Gießwasser eine
breite Rinne ausgespült im hohen Steilufer, das Ufer war
da mittendurchgespalten; das rettete Gringuljete das
Leben. Mit dem Speer lenkte er das Pferd zu sich her an
das Land, bis er den Zügel fassen konnte mit der Hand.
So zog mein Herr Gâwân das Roß hinaus auf die Wiese.
Da schüttelte es sich. Mit ihm war auch der Schild
gerettet: Er war da, es behielt ihn nicht. Er zog den
Sattelgurt fest und nahm den Schild an sich. Wenn es
jetzt Leute gibt, denen er immer noch nicht genug
gelitten hat, dann gebe ich's auf! Er hat aber wirklich
viel aushalten müssen, weil es die Liebe ihm so befahl.
Die lichte Orgelûse jagte ihn zum Kranz hinüber, das
war eine Heldenfahrt. Der Baum war sehr gut bewacht:
Wenn Gâwân dort zu zweit gewesen wäre, die hätten
das Leben drangeben müssen für den Zweig. Sein Hüter
war der König Gramoflanz. Und doch pflückte Gâwân
604 diesen Kranz. Das Wasser hieß Sabîns. Der Zehnte, den
Gâwân einzutreiben hatte, als er da hineinsprang, um
mit seinem Pferd zu planschen, war nicht von der süßen
Sorte. Die schöne Orgelûse mag noch so sehr gleißen —
wenn ihre Liebe anders nicht zu haben ist, will ich sie
nicht; ich weiß genau, was mir taugt.

Als Gâwân das Reis gebrochen hatte — der Kranz krönte seinen Helm —, da ritt ein glänzender Ritter zu ihm hin. Er hatte nicht gar zu wenig Jahre hinter sich gebracht und auch nicht zu viele. Seine Grundsätze verboten ihm strikt — er war nämlich überaus stolz —, mit einem einzelnen Mann zu kämpfen, wenn ihn der auch noch so sehr beleidigt hatte: es mußten unbedingt *zwei* Gegner sein oder mehr. So erhaben adelig war sein hohes Herz, daß er einen einzelnen Mann ohne Kampf fortgehen ließ, ganz gleich was der ihm angetan hatte.

Le fils du roi Irôt, das war der König Gramoflanz, wünschte Gâwân guten Morgen. Und er sprach: »Mein Herr, diesen Kranz da habe ich Euch damit keineswegs verziehen, und ich hätte auch von einem Gruß nichts hören lassen, wenn da von Eurer Sorte zweie wären, die es vor lauter Ehrgeiz nicht lassen könnten, sich hier von meinem Baum ein Reis zu holen: die würden Streit mit mir kriegen. Aber so — nein, das ist mir zu billig.«

Gâwân seinerseits hatte auch gar keine Lust, mit ihm 605
zu kämpfen: Der König ritt da ohne Waffen. Der berühmte Held hatte aber einen jungen Sperber bei sich, der stand auf seiner weißen Hand. Itonjê hatte ihm den als Geschenk übersandt, Gâwâns süße Schwester. Aus Pfauenfedern von Sinzester war der Hut auf seinem Haupt. Der König trug aus Samt, grün wie Gras, einen Mantel, dessen Enden überall bis auf die Erde niederhingen. Das Pelzwerk war Hermelin und leuchtend weiß. Nicht zu groß, doch stark genug war der Zelter, der den König trug, und ließ an Pferdeschönheit nichts zu wünschen übrig. Man hatte ihn aus Dänemark hergeführt oder mit dem Schiff gefahren. Der König war ganz ohne Waffen ausgeritten, er hatte nicht einmal ein Schwert bei sich.

»Euer Schild bezeugt, daß Ihr ein Kämpfer seid«, sprach der König Gramoflanz. »Es ist so wenig davon heil geblieben — offenbar ist Lît marveile Euch begegnet. Ihr habt dies Abenteuer bestanden; das war doch für *mich* aufgehoben! Mir kam nur immer der weise Clinschor dazwischen, weil der im besten Frieden mit mir
lebt, und dann auch der Krieg, den ich mit ihr zu führen 606
habe, die mit ihrem Glanz den wahren Sieg behalten hat, den Sieg der Liebe. Und doch läßt sie mich noch weiter ihre Wut spüren. Nicht ohne schlimme Ursache tut sie das, sie kann gar nicht anders: Den Cidegast, zusammen mit drei andern, habe ich erschlagen, der war ihr Mann, der Edle. Orgelûse führte ich dann mit mir fort. Ich bot ihr die Krone an und alle meine Länder, aber was ihr meine Hand auch noch so demütig hinreichen mochte, so war sie doch zu nichts anderem zu bewegen als zu bitterster Bosheit. Ein Jahr lang hielt ich sie fest unter ständigem Flehen — ihre Liebe konnte ich nicht gewinnen. Ihr tut mir von Herzen leid. Ich weiß wohl, sie hat Euch Liebe versprochen, wenn Ihr es fertigbrächtet, mich hier zu töten. Hättet Ihr noch einen zweiten mitgebracht, dann hättet Ihr mir vielleicht das Leben nehmen können, oder Ihr wärt beide selber tot. Das hättet Ihr hier erreichen können.

Mein Herz geht jetzt nach einer anderen Liebe, die steht in Eurer Macht, wenn Ihr freundlich helfen wolltet: Ihr seid ja in Terre marveile Herr geworden, Eure Waffen haben Euch diese Ehre gewonnen. Seid doch so gütig und helft mir bei einem Mädchen, nach dem mein Herz sich kümmert und weint. Sie ist das Kind des
607 König Lôt. Keine von allen, die auf Erden sind, könnte mich je so übermächtig zwingen. Ich trage hier die kostbaren Liebespfänder von ihr. Jetzt bringt doch dem schönen Mädchen dort das Versprechen meiner Ergebenheit. Ich habe auch gutes Vertrauen, daß sie mich erhören will, denn ich habe für sie schon viele Leiden ausgehalten. Wenn ich Ehren gewonnen habe seit den Zeiten, da die herrliche Orgelûse mir ihre Liebe mit Worten, die ihr aus der Seele kamen, verweigerte, immer wenn mir wohl war oder weh seither, dann hat das jedesmal die edle Itonjê gemacht und niemand sonst. Ich habe sie leider noch nie gesehen. Helft mir doch mit Eurer Treue und bringt dies glitzernde Ringlein meiner schönen Herrin, der Süßen.

Aller Kampf sei Euch hiermit geschenkt. Ihr müßtet schon mit einer größeren Truppe kommen — ja, wenn Ihr zwei wärt oder mehr! Wer wollte mich schon dafür rühmen, wenn ich Euch erschlüge oder zwänge, um Pardon zu bitten? Vor einem solchen Kampf kann meine Hand sich hüten.«

Da sprach mein Herr Gâwân: »Ich bin doch ein Mann, der sich zu wehren weiß. Ihr wollt nicht kämpfen, weil es Euch keine Ehre brächte, wenn mich Eure Hand erschlüge — genausowenig Ehre kann es mir bringen, daß ich das Reis gebrochen habe: Wer würde mich schon groß dafür rühmen, wenn ich Euch erschlüge, Ihr seid
608 ja so gut wie nackt. Ich will Euer Bote sein, gebt mir das Ringlein her. Ich werde Eure Treueschwüre schon ausrichten und von Euren Leiden nicht schweigen.«

Der König dankte ihm dafür sehr. Gâwân wollte da noch etwas von ihm wissen. »Da Eure Ehre derart edel ist, daß sich ein Kampf mit mir verbietet, so sagt mir doch, mein Herr, wer Ihr seid.«

»Ihr müßt das nicht persönlich nehmen«, sprach der König. »Mein Name soll Euch nicht verborgen bleiben: Mein Vater, der hieß Irôt, den erschlug der König Lôt. Ich bin der König Gramoflanz, mein Herz ist erhaben und mein Mut ohne Scharte: niemals und auf keinen Fall will ich mich auf den Kampf mit *einem* Mann einlassen, was immer er mir auch zuleide tut. Nur eine Ausnahme mache ich: Da ist einer, der heißt Gâwân, von dem habe ich so viel Rühmliches erfahren, daß ich gerne gegen ihn zum Kampf antreten wollte, um ein altes Leid zu rächen. Sein Vater war ein Verräter: Er schlug meinen Vater tot, als der ihn freundlich grüßte. Mit dem hätte ich mehr als nur *ein* Wort zu reden. Jetzt ist Lôt gestorben, und Gâwân hat, weit vor allen andern Rittern, so einzigartigen Ruhm erworben, daß keiner an der Tafelrunde es ihm an Ehren gleichtun kann: Ich will den Kampf mit ihm noch erleben.«

Da sprach der Sohn des edlen Lôt: »Wollt Ihr denn 609
damit Eurer Freundin etwas Liebes tun — wenn es die ist, von der Ihr redet —, daß Ihr von ihrem Vater sagt, er sei hinterlistig und treulos gewesen, und ihren Bruder wollt Ihr gar erschlagen! Das muß ein böses Mädchen sein, daß sie nicht weint und klagt, wenn sie das von Euch hört. Wüßte sie, was es heißt, Tochter und Schwester zu sein, so müßte sie für jene beiden Partei ergreifen, und Ihr müßtet Frieden mit ihnen schließen. Einen schönen Schwiegervater hättet Ihr da, einen, der sich Euch als Verräter erwiesen hat! Das aber wolltet Ihr wohl lieber ungerächt sein lassen, daß Ihr ihn, da er tot ist, treulos nennt? Sein Sohn hat aber keine Angst, es wird ihn nichts daran hindern — ob seine schöne Schwester ihm etwas nützt oder nicht, das ist ganz gleichgültig —: Er gibt sich selber für die Schuld zum Pfand. Mein Herr, ich heiße Gâwân. Was Euch mein Vater angetan hat, das rächt an mir, er ist tot. Gegen die Not der Schande werde ich ihm helfen: So wahr ich adeliges Leben habe, ich werde es als Geisel für ihn in einen Gerichtskampf schicken.«

Da sprach der König: »Ihr seid also der, dem meine unversöhnliche Feindschaft gilt. Daß Ihr so hohe Ehren
habt, ist mir lieb und leid zugleich. *Ein* Ding an Euch 610
gefällt mir sehr: daß ich mit Euch kämpfen darf. Ihr für Eure Person habt schon jetzt hohe Ehre erfahren, weil ich Euch versprochen habe, zu einem Kampf zu kommen, obwohl Ihr doch bloß einer seid. Unserem Ruhm kann es nur nützen, wenn wir adelige Damen bei dem Kampf zuschauen lassen. Ich bringe fünfzehnhundert mit, und Ihr habt auch eine glänzende Schar in Schastel marveile aufzubieten. Ladet zu Eurer Partei auch Euren Oheim Artûs, der soll von dem Land, das Löver heißt, anreisen. Kennt Ihr die Stadt, die ich meine:

Bems an der Korchâ. Der ganze Hof hält sich dort auf. Heute in acht Tagen könnte er herkommen mit festlichem Staat. Am sechzehnten Tag, von heute an gerechnet, komme ich mit meiner alten Klage auf den Plan von Jôflanze, dann sollt Ihr mir diesen Kranz bezahlen.«

Der König lud Gâwân ein, mit ihm in die Stadt Rosche
Sabbîns zu reiten. »Ihr werdet keine andere Brücke
finden.« Da sprach mein Herr Gâwân: »Ich will so zu-
rück, wie ich gekommen bin. In allem übrigen will ich
611 tun, was Ihr verlangt.« Sie gaben einander ihr Ehren-
wort, daß sie mit Rittern und mit Damen nach Jôflanze
kommen würden, um sich zu schlagen; so wurde der
Gerichtskampf festgesetzt: sie beide, niemand sonst, in
einem Ring.

So nahm mein Herr Gâwân Abschied von dem edlen Mann. In Freuden ließ er seinem Pferd die Zügel schießen, als Helmschmuck trug er den Kranz. Er wollte sein Pferd ohne Zwang springen lassen und jagte es nur vorwärts mit den Sporen bis an den Graben. Gringuljete tat den Sprung gerade richtig und weit genug, daß Gâwân diesmal nicht herunterfiel.

Die Herzogin ritt zu ihm hin. Da war der Held abgestiegen von dem Roß aufs Gras und machte sich am Sattelgurt zu schaffen. Vor sein Angesicht zu kommen, beeilte sich die Herzogin, die große Dame: sie stieg ab und kniete nieder zu seinen Füßen. Da sprach sie: »Herr, solcher Plagen, wie ich sie Euch abverlangt habe, bin ich mit all meiner Würde nicht wert. Glaubt mir, Eure Not läßt mein Herz jene Leiden spüren, die eine treue Freundin um des Geliebten lieben Leib empfinden muß.«

612 Da sprach er: »Meine Dame, ist das wahr, daß Ihr mich
ohne Bosheit grüßt? So seid Ihr auf dem Weg zur Ehre.
Doch bin ich klug genug und weiß: Wenn es wahr ist,
daß man dem Schild besondere Ehre schuldet, dann habt
Ihr an ihm gesündigt. Das Schildamt ist ein hohes Ding,
und also ist die Würde jedes rechten Ritters nicht zum
Spotten da. Meine Dame, wer mich am Werk gesehen
hat, der muß doch — wenn ich selber das so sagen darf —
zugeben, daß meine Taten eines Ritters würdig waren.
Ihr freilich habt manchmal anders darüber geredet, seit
Ihr mich zum erstenmal gesehen habt. Das soll jetzt
vergessen sein: Nehmt diesen Kranz. Ihr sollt beim
Schimmer Eurer Schönheit nie mehr einem Ritter solche

Unehre antun. Bevor mich Euer Hohn noch einmal trifft, will ich eher ohne Liebe sein.«

Die lichte, hohe Dame sprach und mußte dabei bitter weinen: »Herr, wenn ich jetzt von *meiner* Not erzähle, was ich alles leiden muß in meinem Herzen, so werdet Ihr zugeben, daß der Preis des Jammers *mir* gehört. Alle, gegen die ich mich schlecht benommen habe, mögen mir mit Edelmut verzeihen. Mehr Freuden kann ich nicht verlieren, als ich an Cidegast verloren habe, der Krone
aller Männer. Mein lichter, süßer *bel amis* — so erlaucht 613
war seine Ehre und immer auf der Jagd nach dem, was wahrhaft edel ist: Wen man auch fragte unter seinen Zeitgenossen, ob es der ist oder jener, alle, denen je Mütter das Leben gaben, mußten sagen, daß sein Adel edel war und sich nie vor fremder Ehre beugte. Er war ein frischer Quell der Kraft, reiche Frucht verhieß uns seine Jugend. Nie hat er sich mit dem Verrat verbunden, davor war er sicher. Aus der Finsternis ließ er seinen Glanz dem Tag entgegenblitzen und hat seinen Ruhm so hoch aufgepflanzt, daß kein untreuer Schwächling daran rühren konnte. Seiner Ehre war es gegeben, so hoch hinaufzuwachsen aus des Herzens Kern, daß alle anderen dort unten zurückbleiben mußten; wie der kühne *Sâturnus,* der über allen Planeten läuft, so war er. Er war ein *monozeros* der Treue — ich sage ja nichts als die Wahrheit: über jeden Wunsch vollkommen war mein Mann. Jenes Tier, das Einhorn, müssen besonders die Mädchen betrauern; denn es kommt um, weil es die Reinheit liebt. Ich war sein Herz, er war mein Leib: den habe ich verloren — an mir liegt der Fluch des Verlierens. Erschlagen hat ihn der König Gramoflanz, dem Ihr diesen
Kranz entführt habt. Mein Herr, wenn ich Euch mit mei- 614
nen Reden weh getan habe, so geschah es deshalb, weil ich prüfen wollte, ob Ihr edel genug dafür wärt, daß ich Euch meine Liebe antragen könnte. Ich weiß es wohl, mein Herr, ich habe Euch mit Worten weh getan: das war eine Prüfung. Jetzt laßt bitte ab von Eurem Zorn und vergeßt mir alles Böse. Ihr seid ein großer Held. Ich vergleiche Euch dem Gold, das man läutert in der Glut: so ist Euer Mut geläutert worden. Der Mann, mit dem ich Euch zusammenbrachte, zu seinem Schaden, denke ich — und habe es ihm auch so zugedacht —, der hat meinem Herzen schlimmes Leid getan.«

Da sprach mein Herr Gâwân: »Meine Dame, nur der Tod kann mich daran hindern, dem König solche Not

zu machen, daß seine Hoffart nie wieder aufsteht. Meine
Ehre habe ich dafür verpfändet, daß ich mich in wenigen
Tagen zu einem Zweikampf mit ihm einfinden werde.
Da werden wir einander unsere Schulden mit Mannheit
bezahlen. Meine Dame, ich habe Euch verziehen. Wenn
es Eurer Würde gefallen könnte, aus Höflichkeit meinen
einfältigen Rat anzuhören, so wüßte ich Euch etwas, das
macht den Frauen Ehre, wahre Noblesse empfiehlt es
615 ihnen: Es ist gerade niemand hier, wir sind allein —
meine Dame, schenkt mir Eure Gunst.«

Sie sprach: »In eisernen Armen ist mir noch nie besonders warm geworden. Doch will ich sonst nicht dagegen streiten; ein andermal könnt Ihr Euch den Lohn für Euern Dienst gern holen. Ich will über Eure Leiden trauern, bis Ihr ganz gesund seid und bis der Schaden von den Wunden, die Ihr überall habt, heil wird. Nach Schastel marveile hinauf will ich mit Euch ziehen.«

»Ihr werdet mir mein Glück noch größer machen«, sprach der Mann, der sich nach ihrer Liebe sehnte. Er hob die schöne Dame empor — wobei er sie an sich drückte — und auf ihr Pferd. Dafür war er ihr nicht wert genug gewesen, als er sie dort an der Quelle sitzen sah und als sie ihm mit so verkehrten Worten über den Mund fuhr. Gâwân ritt voller Freuden dahin, sie aber mußte weinen, sie konnte nicht anders. Das machte schließlich auch ihn traurig, und er redete sie an, sie möge ihm doch sagen, warum sie weine; er bat sie in Gottes Namen, damit aufzuhören.

Sie sprach: »Mein Herr, mit Tränen muß ich den bei
Euch verklagen, der mir den edlen Cidegast erschlug.
616 Dieser Jammer greift mir ans Herz: da drinnen lag das
Glück, solange mir die Liebe des Cidegast gehörte. So
völlig elend bin ich nicht geworden, daß ich nicht seit der Zeit viel Geld und Gut daran gewendet hätte, den König zu vernichten. Schon viele scharfe Tjosten habe habe ich ihm auf den Leib gesandt. Ob mir wohl von Euch Hilfe kommt, die mir Rache verschafft und meinem Herzen, das der Jammer dünn und scharf gewetzt hat, Genugtuung? Weil ich Gramoflanz tot sehen wollte, nahm ich den Dienst eines Ritters an. Es war ein König, der mir dienen wollte, Herr über alles, was ein Mensch gewinnen kann. Mein Herr, er heißt Amfortas. Von der generösen Hand meines Liebhabers erhielt ich jene Waren aus Thabronit, die jetzt vor dem Tor Eures Hauses liegen; teures Geld geht dafür hin, wenn einer

sie bezahlen will. In meinem Dienst hat dieser König etwas gewonnen, was all mein Glück zu Boden schlug: Statt ihm meine Liebe zu schenken, mußte ich da neuen Jammer empfangen. In meinem Dienst gewann er eine Wunde. Gleichen oder noch größeren Jammer, als Cidegast zu geben wußte, gab mir die Wunde des Anfortas. Jetzt sagt, wie soll ich arme Frau in solchem Leid — denn mein Leib ist immer treu gewesen — bei guten Sinnen bleiben? Manchmal schwinden sie mir auch
wirklich ganz und gar vor Verzweiflung, seit er so hilf- 617
los daliegen muß, den ich nach Cidegast zu meinem Rächer bestimmte und dazu, meinen Schaden zu bessern.

Herr, laßt Euch jetzt erzählen, womit Clinschor die herrlichen Waren vor Eurem Tor gewann. Als dem klaren Amfortas, der mir die Sachen zum Geschenk gesandt hatte, Liebe und Freuden verschlossen waren, da fürchtete ich um meine Ehre. Clinschor hat die Kunst der Schwarzen Magie, sie steht ihm zur Verfügung, wann er will, und so kann er Weib und Mann mit Zauber zwingen. Keinen Menschen von einiger Bedeutung, den er sieht, verschont er mit seiner Tyrannei. Um Freundschaft mit Clinschor zu haben, gab ich ihm die herrlichen Sachen hin. Falls einmal einer das Abenteuer bestünde und den Sieg erringen könnte, sollte ich dem meine Liebe antragen. Wenn er aber meine Liebe nicht wollte, so sollten die Waren wieder an mich fallen — jetzt gehören sie uns beiden gemeinsam. So wurde es beschworen von allen, die dort waren. Damit wollte ich dem Gramoflanz ans Leben; leider hat dieser schlaue Plan sein Ziel noch nicht erreicht. Wenn er sich das Abenteuer genommen hätte, so hätte er Sterben leiden müssen.

Clinschor ist höfisch und klug: Er hat mir erlaubt — 618
denn das bringt ihm Ehre —, daß mein ganzes Volk, jeder, der sich zu meinem Haus bekennt, überall in seinem Land Ritterschaft treiben darf mit vielen Stichen und Schlägen. An jedem Tag der ganzen Woche und alle Wochen hindurch in einem Jahr sind meine Rotten unterwegs; die sind eigens dafür da, gegen jenen Krieg zu führen, die einen bei Tag, die andern in der Nacht. Mit großen Kosten betreibe ich des stolzen Gramoflanz Verderben. Viele Kämpfe kämpft er mit ihnen. Was ist das nur, daß er bei alledem ganz heil geblieben ist? Ich unterließ doch nichts, sein Leben zu verderben. Die Ritter, die zu reich waren, um für Geld zu kämpfen, ließ ich, wenn einer mir sonst nicht helfen wollte, um Liebe

dienen. Das taten nicht wenige, aber ich habe niemals einem Lohn verheißen: Es genügte, daß ein Mann meinen Leib ansah, so konnte ich ihn dazu bringen, mir zu dienen. Nur bei einem war es mir unmöglich, der trug eine rote Rüstung. Meine Leute brachte der in Not. Er kam vor Lôgroys geritten, und da zerlegte er die Schar, daß es eine Art hatte; seine Hand verstreute sie so auf dem Feld, daß es mich wenig freute. Auf dem Weg von Lôgroys zur Landestelle vor Eurer Burg ritten ihm dann fünf von meinen Rittern nach. Die warf er nieder auf dem Anger und gab die Pferde dem Mann vom Schiff.
619 Als er die Meinen besiegt hatte, ritt ich selber auf die Jagd nach dem Helden. Ich bot ihm das Land und meinen Leib. Da sagte er, er habe eine Frau, die schöner sei als ich, und die sei ihm lieber. Diese Rede kränkte mich, ich fragte, wer die Frau denn wäre. ›Die Königin von Pelrapeire, so heißt sie, die Schöne in ihrem Glanz. Und also bin ich Parzivâl. Eure Liebe will ich nicht, ich habe genug andere Sorgen mit dem Grâl.‹ So feindlich sprach der Held mit mir: Fort ritt der Auserwählte. War es verkehrt, was ich tat, als ich diesem edlen Ritter aus bittrer Not meine Liebe antrug? Wenn ich ein solches Urteil von Euch hören müßte, so würde meine Liebe mir wertlos und gemein.«

Gâwân sprach zur Herzogin: »Meine Dame, ich kenne ihn, den Ihr um Liebe angesprochen habt: Er hat so viel Adel, daß Ihr, selbst wenn er Eure Liebe angenommen hätte, bei ihm von Eurer Ehre nichts eingebüßt hättet.«

Der galante Gâwân und die Herzogin von Lôgroys mußten einander immerfort ganz fest ansehen. Sie waren so nahe zur Burg geritten, daß man sie sah von
620 dort oben, wo ihm sein Abenteuer widerfahren war. Da sprach er: »Meine Dame, wenn ich Euch um einen Gefallen bitten dürfte: seid so freundlich und laßt niemand meinen Namen wissen; jener Ritter hat ihn ausgesprochen, der mir Gringuljete entführte. Tut, worum ich Euch gebeten habe, und wenn Euch jemand danach fragen sollte, so sagt: ›Ich weiß nicht, wie er heißt, mein Schatz, man hat mir seinen Namen nie genannt.‹«

Sie sprach: »Sehr gern will ich ihn denen dort verschweigen, da Ihr's nicht wünscht, daß ich ihn sage.«

Er und die schöne Dame ritten der Burg zu. Die Ritter dort hatten erfahren, daß ein Ritter bei ihnen gewesen sei, der habe die Wunder bestanden und den Löwen besiegt und nachher den Turkoyten in einer

rechten Tjost vom Pferd gestochen. Da kam nun gerade Gâwân zur Landungsstelle auf den Anger geritten, sie sahen ihn von den Zinnen. Nun rückten sie gleich in aller Eile aus und mit viel Lärm. Und sie hatten alle gewaltige Banner aufgepflanzt: So sprengten sie daher auf kühnen arabischen Pferden. Da dachte er, sie wollten mit ihm kämpfen. Als er sie von ferne kommen sah, 621
sprach er zu der Herzogin: »Kommt jenes Volk, uns anzugreifen?«

Sie sprach: »Es sind Clinschors Leute, die können es kaum erwarten, Euch zu treffen. Sie reiten nun mit Freuden daher und wollen Euch begrüßen. Ihr braucht nicht zu meinen, das sei keine Ehre für Euch: Freude hat diese Leute hinausgetrieben.«

Nun war auch Plippalinôt samt seiner Tochter, der lichten Stolzen, in einem Fährschiff angekommen. Weit auf die Wiese hinaus ging sie ihm entgegen: Das Mädchen freute sich, ihn zu empfangen. Gâwân bot ihr seinen Gruß; sie küßte seinen Steigbügel und seinen Fuß, und sie begrüßte auch die Herzogin. Sie nahm seinen Zügel und bat den Mann, vom Pferd zu steigen.

Die Dame und Gâwân gingen zum Bug des Schiffs. Da lagen ein Teppich und eine weiche Decke: An diesen Platz setzte sich die Herzogin zu Gâwân nieder, er hatte sie darum gebeten. Des Fährmanns Tochter ließ es sich nicht nehmen, ihn zu entwaffnen, so habe ich es sagen hören. Ihren Mantel hatte sie ihm hingetragen, eben jenen Mantel, unter dem er gelegen hatte, als er bei ihr zu Gast war. Den konnte er jetzt gut brauchen. Ihren 622
Mantel und seinen Waffenrock legte der Herr Gâwân an; die Rüstung trug sie fort. Jetzt, da sie beieinander saßen, sah die klare Herzogin sein Gesicht zum erstenmal. Zwei gebratene Lerchen, ein gläsernes Krüglein mit Wein und zwei helle Brote trug das süße Mädchen her auf einer Serviette, die war weiß genug. Das Essen hatte ein Sperberlein erjagt. Gâwân und die Herzogin konnten sich bequem das Wasser selber nehmen, wenn sie sich, wie es anständig ist, die Hände waschen wollten, und das taten die beiden natürlich auch. Da war nun großer Überfluß geboten bei Tisch, ich meine: an Glück, weil er mit ihr essen durfte, um deretwillen er Not und Freuden leiden wollte. Immer wenn sie ihm das Krüglein reichte, das ihr Mund berührt hatte, erfuhr er es als neues Glück, daß er nach ihr daraus trinken sollte. Sein Leid begann zu lahmen, sein stolzes Glück sprang immer feuriger

dahin. Ihr süßer Mund, ihre glänzende Haut jagten ihn vom Kummer fort, ihm tat keine Wunde mehr weh.

623 Von der Burg aus konnten die Damen zusehen bei dem Mahl. Zur Landungsstelle am anderen Ufer kamen viele adelige Ritter; mit viel Geschick führten die ihre Reiterkünste vor. Dort drüben dankte der Herr Gâwân dem Fährmann und seiner Tochter — und das tat dann auch die Herzogin — für die freundliche Bewirtung. Da sprach die kluge Herzogin: »Wo ist der Ritter hingekommen, der die Tjost gestern, als ich von hier wegritt, anfing. Wenn jemand ihn besiegt hat — hat er selber, lebendig also, den Kampf beendet oder der Tod?«

Da sprach Plippalinôt: »Meine Dame, als ich ihn heute sah, da lebte er noch. Er wurde mir für ein Pferd geschenkt. Wenn Ihr den Mann loskaufen wollt, so möchte ich dafür die ›Schwalbe‹ haben, jene Harfe, die der Königin Secundille gehört hatte und die Euch Anfortas übersandte. Wenn es möglich ist, daß ich sie kriege, dann ist der *duc de* Gôwerzîn frei.«

»Die Harfe und die anderen Waren«, sprach sie, »kann nur er, der hier sitzt, mit seiner Hand fortgeben oder behalten, wie es ihm gefällt: laßt es ihn entscheiden. Wenn er mich wirklich liebhat, dann löst er mir hier
624 Lischoys aus, den Herzog von Gôwerzîn, und dazu meinen zweiten Fürsten, Flôrand von Itolac, der bei Nacht die Wache hatte. Er war mein Turkoyte: Sein Elend könnte mich niemals freuen.«

Gâwân sprach zu der Dame: »Heute noch, bevor uns die Nacht kommt, könnt Ihr diese beiden frei sehen.«

Diese Sache hatten sie also entschieden, und sie fuhren nun hinüber ans Land. Gâwân hob die Herzogin, die so licht anzuschauen war, zum zweitenmal auf ihr Pferd. Viele adelige Ritter begrüßten ihn und die Herzogin. Sie zogen zur Burg. Vor lauter Festfreude ließen die Ritter ihre Pferde springen, und sie zeigten solche Künste, daß es dem Schauspiel Ehre machte. Was soll ich nun weiter sagen als dies: Der edle Gâwân und die schöne Herzogin wurden von den Damen auf Schastel marveile so empfangen, daß die beiden wohl damit zufrieden sein konnten. Ihr könnt ihm gratulieren, da ihm so viel Glück geschah. Dann führte ihn Arnîve in sein Zimmer. Sie und die andern, die etwas davon verstanden, sahen nach seinen Wunden.

625 Zu Arnîve sprach Gâwân: »Meine Dame, ich brauche einen Boten.« Eine Jungfrau sandte man fort, die brachte

einen Junker mit. Tapfer, gut erzogen und klug war er und machte den Knappen Ehre. Der junge Mann schwor einen Eid darauf, daß er, ob ihm der Auftrag lieb wäre oder leid, keinem Menschen etwas davon sagen werde, nicht hier und auch nicht anderswo; erst dort, wo die Botschaft hingehöre, werde er reden. Er bat, man möge ihm Tinte und Pergament holen, Gâwân, meine ich; das Kind des König Lôt schrieb nämlich recht geschickt mit eigener Hand. Dem Artûs und dessen Frau, so lautete die Botschaft, die er in das Land Löver sandte, sei er mit seinem ganzen Leib ergeben und mit Treue ohne Scharte. Und wenn er je in harten Kämpfen Ehre erworben habe — jetzt müßten sie ihm helfen, sonst wäre die verloren und ihr Adel tot. Sie möchten doch der Treue, die sie mit ihm verbinde, gedenken und sollten alle ihre Leute samt dem Heer der Damen nach Jôflanze führen. Er selber wolle auch dahin kommen und sich mit ihnen treffen; er habe dort einen Zweikampf um alle seine Ehre zu bestehen. Und weiter ließ er sie dann wissen, es sei fest vereinbart, daß er mit edler Pracht zum Kampf er-
schiene. Dann wandte sich die Botschaft des Herrn 626
Gâwân auch an die Damen und Herren des Hofs, an das ganze Haus, sie möchten ihre Treue zu ihm nun offenbar machen und sich im Rat beim König dafür einsetzen, daß er käme: das werde auch ihrer eigenen Ehre nützen. Allen adeligen Leuten legte er die Not seines Kampfes dar und seine Ergebenheit zu Füßen.

Dieses Dokument trug keine Siegel, es war echt genug, wie er es schrieb, mit untrüglichen Wahrzeichen. »Jetzt laß dich nicht aufhalten«, sprach Gâwân zu seinem Knappen. »Der König und die Königin sind in Bems an der Korcâ. Da mußt du gleich am Morgen in aller Frühe bei der Königin vorsprechen. Was sie dir auch raten mag, das tu. Sei klug und laß dir eins gesagt sein: Du mußt verschweigen, daß ich hier der Herr geworden bin. Daß du zu den Leuten dieser Burg hier gehörst, das sage ihnen ja nicht, was auch kommen mag.«

Der Knappe hatte es eilig, fortzukommen. Arnîve schlich ihm nach auf sanften Sohlen, sie fragte ihn, wo er hinwolle und was er da auszurichten habe. Da sprach er: »Meine Dame, ich sage Euch davon kein Wort, sonst ist mein Eid gelogen. Behüt Euch Gott, ich will auf die Reise.« Er ritt zu edlen Scharen.

DREIZEHNTES BUCH

627 Arnîve hatte nichts als Ärger erbeutet, da ihr der Knappe von der ganzen Geschichte gar nichts erzählen wollte, was es damit auf sich habe und wohin er gesendet sei. Sie befahl dem Wächter am Tor, sobald der Knappe zurückkäme, es sei Nacht oder Tag, »dann halte ihn so lange auf, bis ich mit ihm gesprochen habe. Bring das mit aller Kunst, die du hast, zuwege!« Doch war sie dem Knappen sehr böse. Sie ging wieder hinein, um mehr zu erfragen, und sie ging zur Herzogin. Die hatte aber auch so viel Verstand, daß ihr Mund nicht das mindeste davon andeutete: Welchen Namen Gâwân trug, das hatte seine Bitte bei ihr gut verschlossen, und so schwieg sie von seinem Namen und von seiner Herkunft.

Posaunen und anderer Lärm erschallten auf dem Palas, wie es eben zu einem Fest gehört. Viele Wandbehänge wurden aufgespannt im Saal. Und keinen einzigen Schritt konnte man dort gehen, ohne auf schön gewebte Teppiche zu treten. Einem armen Gastgeber wäre dabei angst und bang geworden. An allen vier Seiten in der Runde legte man viele Sitze aus mit weichen Federbetten, dann brachte man teure Decken, die man darüber breitete.

628 Gâwân hatte sich mitten am Tag — er hatte ja schon viel erlitten — zum Schlafen hingelegt. Seine Wunden waren mit Kunst so gut verbunden worden, daß er es mit Freuden und ohne jeden Schaden ausgehalten hätte, wenn eine Freundin zu ihm ins Bett geschlüpft wäre und er sie geliebt hätte. Er war jetzt auch besser zum Schlafen aufgelegt als in der Nacht vorher: da hatte ihm die Herzogin ein hartes Lager mit Plagen bereitet. Er erwachte um die Zeit der Vesper. Doch hatte er im Schlaf gekämpft: in einem Kampf mit der Liebe hatte er gerungen, auch diesmal mit der Herzogin.

Einer seiner Kämmerer brachte ihm Kleider her, schwer mit teurem Gold und aus glitzerndem Seidenbrokat, so hat man mir erzählt. Da sprach mein Herr Gâwân: »Wir brauchen noch mehr solche Kleider, die müssen genauso kostbar sein: für den Herzog von Gôwerzîn und für den lichten Flôrand, der in vielen Ländern Ehre gewonnen hat. Kümmert Euch jetzt gleich darum, daß sie bereit sind.«

Durch einen Knappen ließ er seinem Wirt Plippalinôt
ausrichten, er möge ihm den Lischoys herschicken. Von
seiner schönen Tochter ließ jener Lischoys hinaufbeglei- 629
ten; das Fräulein Bêne selber führte ihn an der Hand,
Gâwân zu Ehren — sie schuldete ihm aber auch wirklich
Dank: Gâwân hatte ja ihrem Vater viel Gutes verhei-
ßen, als er sie, die bitterlich weinte, verließ an jenem
Tag, da er fortritt, um mit Mannheit Ehre zu gewin-
nen.

Der Turkoyte war auch gekommen. Gâwân empfing
die beiden so, daß von Feindschaft nichts zu bemerken
war. Sie nahmen bei ihm Platz, und da trug man ihnen
nun Kleider her. Die waren sehr kostbar, sie konnten
gar nicht besser sein. Die brachte man den dreien. Ein
Meister hieß Sârant — nach dem heißt das Volk der Sê-
res —, der stammte aus Trîande. Im Reich der Secun-
dille steht eine Stadt, die heißt Thasmê, die ist noch grö-
ßer als Ninnivê oder das weite Acratôn. Dort erfand
Sârant, um Ehre und Ruhm zu gewinnen, eine Art von
Seidenbrokat — in dieser Arbeit steckte sehr viel Raffine-
ment —, der heißt Sâranthasmê. Ob der Stoff prächtig
aussieht, wenn ihn einer trägt? Das dürft ihr auch ohne
zu fragen ruhig annehmen, denn es braucht viel Geld,
wenn ihn jemand haben will. Solche Kleider also zogen 630
sie an, die zwei und Gâwân. Sie gingen zum Palas hin-
auf. Da waren auf der einen Seite viele Ritter, auf der
andern die lichten Damen. Wer es verstand, richtig hin-
zuschauen, der sah, daß die Herzogin von Lôgroys vor
allen übrigen Damen am schönsten glänzte. Der Haus-
herr und die zwei Fremden stellten sich vor sie, die da
gleißte: die hieß Orgelûse. Der Turkoyte Flôrand und
der schöne Lischoys wurden jetzt von allen Fesseln frei;
das geschah der Herzogin von Lôgroys zuliebe, die
für die zwei feinen Fürsten ein Wort eingelegt hatte. Sie
dankte dem Gâwân dafür, die immer dumm geblieben
war für die Lehren des Verrats und in ihrem Herzen klug
für alles, was Frauen adelig macht.

Als die Lossprechung geschehen war, sah Gâwân die vier Königinnen an, die bei der Herzogin standen. Er bat die zwei Männer, da näher hin zu treten, und er befahl mit Courtoisie, daß die drei Jüngeren von den vieren die beiden küßten. Auch das Fräulein Bêne, das mit Gâwân hierhergekommen war, wurde freundlich
631 begrüßt. Der Herr des Hauses wollte nicht länger stehen bleiben. Er bat die beiden, hinzugehen und mit den Damen Platz zu nehmen, wo immer sie wollten. Da es das war, was sie sollten, tat ihnen der Befehl nicht allzu weh.

»Welche ist Itonjê?« so sprach der edle Gâwân. »Die soll mich neben sich sitzen lassen.« Das fragte er leise Bêne, denn es war sein Wille, daß sie ihm das klare Mädchen zeigte.

»Die dort mit dem roten Mund, dem rotbraunen Haar und mit den leuchtenden Augen. Wenn Ihr mit der etwas zu flüstern habt, tut das nur, aber in aller Schicklichkeit«, so sprach das Fräulein Bêne mit feinem Anstand. Die kannte die Liebesnöte der Itonjê und wußte, daß der edle König Gramoflanz um ihr Herz diente als ihr treuer Ritter.

Gâwân setzte sich zu dem Mädchen nieder — ich sage euch nur weiter, was man mir gesagt hat —, und da begann er ein Gespräch, sehr fein und taktvoll ging er's an, denn er hatte Courtoisie. Und auch sie wußte sich wohl zu benehmen: In ihrem zarten Alter — Itonjê war ja noch sehr jung — besaß sie schon eine ganz außerordentlich feine Bildung. Er hatte sich entschlossen, sie zu fragen, ob sie vielleicht in Liebesdingen Erfahrung habe.

632 Da sprach das Mädchen voller Klugheit: »Mein Herr, wo sollte ich wohl einen Liebhaber hernehmen? Seit mir mein erster Tag erschien, bis heute ist mir nie ein Ritter begegnet, mit dem ich auch nur ein einziges Wort gesprochen hätte; außer Euch hat keiner mich je reden hören.«

»So könnte es aber doch sein, daß Ihr auf irgendeine Weise von großer Tapferkeit erfahren habt, von Siegesruhm in ritterlichen Kämpfen und vielleicht von einem Ritter, der mit Herz und Kraft einer geliebten Dame Heldentaten schenken könnte?« So sprach mein Herr Gâwân.

Da antwortete ihm das lichte Mädchen: »Um Dienst und Liebe hat mich noch keiner angesprochen, ich höre immer bloß von jenen feinen Herren reden, die der Herzogin von Lôgroys dienen, teils in der Hoffnung auf Liebe, teils für Geld. Viele von ihnen haben sich hier Tjosten geholt, da konnten wir zusehen. Keiner von ihnen ist aber je heraufgekommen und bei uns gewesen so wie Ihr. Euer Rittertum hat den Preis jetzt hoch aufgesteckt, unerreichbar für alle.«

Er sprach zu dem schönen Mädchen: »Wem gilt all der Krieg, den die Scharen der Herzogin führen, so viele ausgesuchte Ritter? Wer ist es, der sich ihr so verhaßt gemacht hat?«

Sie sprach: »Das hat *roi* Gramoflanz getan, der trägt die Krone aller Ehren, so sagt man allgemein — mein Herr, ich selber weiß es nicht anders.«

Da sprach mein Herr Gâwân: »Ihr werdet noch mehr 633
von ihm reden hören, denn er möchte höchsten Ruhm erreichen, da jagt ihn sein Wille hin. Aus seinem eigenen Mund habe ich vernommen, daß er aus ganzem Herzen wünscht, Euch seinen Dienst darzubringen, wenn Ihr es erlauben wolltet, daß er also Hilfe sucht von Eurer Treue und in Eurer Liebe. Es ist recht und billig, wenn ein König nur von einer Königin sich Zwang gefallen läßt. Meine Dame, hieß nicht Euer Vater Lôt? Dann seid Ihr es, die er mit Liebe im Sinn hat und nach der sein Herz weint. Und wenn Ihr Itonjê heißt, so habt Ihr ihn in seinem Herzen arg verwundet. Wenn Ihr Treue kennt, so müßt Ihr ihm von seinem Jammer helfen. Ich will hier wie dort sein Bote sein: Meine Dame, nehmt dies Ringlein, das gab mir der Schöne für Euch mit. Was mir aufgetragen ist, richte ich aus ohne Wenn und Aber. Meine Dame, faßt nur Mut und verlaßt Euch auf mich.«

Da wurde sie ganz rot: so farbig, wie ihr Mund gewesen war, war nun ihr ganzes Antlitz anzusehen — und dann plötzlich war sie ohne alle Farbe fahl. Ganz schüchtern griff sie nach dem Ringlein: das erkannte sie sofort und nahm es mit ihrer weißen Hand. Nun sprach sie: 634
»Mein Herr, ich sehe es jetzt wohl — wenn ich so zu Euch sprechen darf —, daß Ihr von ihm her gekommen seid, nach dem mein Herz sich abkämpft. Ihr werdet wissen, mein Herr, was die Courtoisie nach ihrem Recht hier von Euch fordert: Diskretion legt sie Euch ans Herz. Dieses Geschenk, das Ihr mir bringt, wird mir nicht zum erstenmal von der Hand des edlen Königs geschickt. Dies Ringlein ist sein Wahrzeichen: er hat es von meiner Hand bekommen. Wenn ungestillte Sehnsucht ihn so

sehr quält, so bin ich daran nicht schuld: ich habe ja seinem Leib bereits alles geschenkt, in Gedanken jedenfalls, was er von mir begehrt. Er hätte das auch schon längst von mir erfahren — ich kann bloß nicht aus dieser Burg hinaus!

Ich habe Orgelûse geküßt, die doch alles tut, um ihn zu töten: Das war ein Kuß, wie Judas ihn küßte; der ist ihm bis heute nicht vergessen worden. Alle Treue habe ich aus meinem Herzen gejätet, als ich den Turkoyten Flôrand und den Herzog von Gôwerzîn küssen mußte. Ich kann mich doch niemals wirklich mit ihnen versöhnen, die den König Gramoflanz mit unaufhörlichem Haß bekriegen. Meiner Mutter müßt Ihr das verschweigen und meiner Schwester Cundrîê«, so bat Itonjê
635 Gâwân. »Mein Herr, Ihr hattet es mir befohlen, und so mußte ich ihre Küsse auf meinen Mund annehmen, doch hatte ich nichts verziehen; davon ist mein Herz krank geworden. Wenn sich uns zweien jemals wieder Freude zeigen soll, so steht es in Eurer Hand, etwas dafür zu tun. Es ist wahr: Meinen Leib vor allen andern Frauen hat der König lieb. Das will ich ihm lohnen und ihn mehr als jeden Mann sonst lieben. Gott möge Euch lehren, wie Ihr uns helfen könnt und raten zu unserem Glück.«

Da sprach er: »Meine Dame, jetzt lehrt erst einmal *Ihr mich,* wie das zu machen wäre. Er hat Euch dort, Ihr habt ihn hier, und doch seid ihr zwei getrennt. Wenn es nur in meiner Macht stünde, euch beiden jetzt in Treue einen Rat zu geben, der euch zu einem Leben in edler Herrlichkeit helfen könnte, dann wollte ich's gern tun, an mir soll es nicht scheitern.«

Sie sprach: »In Eurer Hand liegt nun einmal mein Schicksal und das des edlen Königs. Eure Hilfe mit dem Segen Gottes muß unser beider Liebe schützen, so daß ich Arme, die hier in der Fremde gefangen ist, endlich sein Leid von ihm nehme. All sein Glück liegt ja an mir: Solange ich noch irgend etwas in mir trage, was nicht Verrat ist, muß ich mich von Herzen danach sehnen, ihm meine Liebe zu schenken.«

636 Gâwân hörte aus der Rede des Fräuleins, daß sie von der Liebe nicht lassen wollte, daß aber der Haß gegen die Herzogin dabei recht lebendig geblieben war. So trug sie Liebe und Haß in ihrem Herzen. Er hat sich freilich an dem Mädchen, das ihm in argloser Einfalt sein Leid klagte, noch mehr versündigt: Er erwähnte ja mit keinem Wort etwas davon, daß ihn und sie dieselbe Mutter

getragen hatte, nnd Lôt war ihrer beider Vater. Dem Mädchen sagte Gâwân Hilfe zu. Sie dankte ihm mit einer verstohlenen Verneigung für seine Worte, die ihr Trost und Zuversicht gegeben hatten.

Jetzt war auch die Zeit gekommen, da man in den Palas die Tischtücher brachte — eine ganze Menge waren es und alle vollkommen weiß — und das Brot. Da waren viele lichte Damen. Die Ordnung dort hatte es befohlen, daß die Ritter eine ganze Wand für sich alleine haben sollten den anderen gegenüber. Gâwân wies die Plätze an bei Tisch: Der Turkoyte setzte sich zu ihm, Lischoys aß mit Gâwâns Mutter, der klaren Sangîve, mit der Königin Arnîve aß die klare Herzogin. Seine Schwestern, die zwei Schönen, hieß Gâwân neben sich sitzen, und sie taten, wie er befahl.

Um meine Kunst ist es nun leider nicht so gut bestellt 637
— ein ganz großer Küchenmeister bin ich halt nie gewesen —, daß ich auch nur die Hälfte von den Speisen nennen könnte, die da mit strenger Eleganz aufgetragen wurden. Den Hausherrn und alle die Damen bedienten schöne Mädchen. Auf der anderen Seite, wo die Ritter saßen an ihrer Wand, servierten viele Edelknaben. Peinlich genauer Anstand führte da das Regiment, so daß keiner von den Knappen sich je in die Schar der Edelfräulein mischte: die einen und die andern sah man immer schön gesondert, ob sie nun Speisen trugen oder Wein; so fein waren dort die Bräuche.

Da saßen sie nun bei einem Mahl, das diesen Namen auch verdiente. Das hatten sie früher selten erlebt, die Damen und die Schar der Ritter, ich meine: seit der Zeit, da Clinschor sie mit seinen Künsten in seine Gewalt gebracht hatte. Sie kannten einander nicht, obwohl sie doch hinter ein und demselben Tor gefangen waren, die Damen und die Männer: Sie waren nie zusammengekommen und hatten noch nie miteinander sprechen können. Da hatte es mein Herr Gâwân nun so eingerichtet, daß die Leute einander sahen; damit tat er ihnen viel Liebes. Dem Gâwân selber war auch was Liebes geschehen: er mußte ja immer heimlich zu der klaren Herzogin hinsehen, die hielt alle Sinne seines Herzens mit festem Griff gepackt.

Da ging nun langsam auch dem Tag die Luft aus, er 638
konnte seinen Schein kaum mehr vom Boden heben. Durch die Wolken sah man viele Sterne — die nennt man die Boten der Nacht: Sie gingen auch wirklich recht

eilig dahin, sie mußten ja der Nacht das Quartier bestellen. Gleich nach den Bannerträgern der Nacht kam sie selber. Viele teure Kronen wurden überall im Palas schön aufgehängt mit einer guten Anzahl Kerzen drauf. Dann trug man noch einmal wunder wieviel Kerzen her, die verteilte man auf alle die Tische. Außerdem aber, so sagt uns die Geschichte, habe die Herzogin solchen Glanz verbreitet, daß es selbst dann, wenn man überhaupt keine Kerzen gebracht hätte, nirgends in ihrer Umgebung nacht gewesen wäre: Wo sie blitzte, da tagte es auch ohne Tag — so heißt es von der Süßen, ich habe es selber sagen hören.

Wenn ihr ihm nicht Unrecht tun wollt, so müßt ihr zugeben, daß ihr noch nicht oft einen Herrn inmitten von so viel Glück und Herrlichkeit gesehen habt. Wie das Glück selber war dort alles. Mit freudigem Verlangen, so warfen da die Ritter, hier die Damen, einander viele blitzende Blicke zu. Das war ihnen noch ganz fremd und erschreckte sie nicht wenig, bald wird ihnen aber immer heimeliger dabei — ich will ihnen den Spaß lassen ohne Neid.

639 Wenn ihr einverstanden seid, dann haben sie jetzt fertiggegessen — es wird ja wohl kein gar zu gieriger Fresser dabeisein. Alle die Tische trug man hinaus. Da fragte mein Herr Gâwân nach Musik, ob vielleicht gute Geiger hier zu haben wären. Es waren viele adelige Knappen da, die das Saitenspiel wohl konnten. Allerdings war keiner vollkommen in der Kunst, ich meine: wenn sie alte Tänze fiedelten, dann schon, aber von den vielen neuen Tänzen, die aus Thüringen zu uns gekommen sind, war da wenig zu hören. Jetzt bedankt euch bei dem Herrn des Hauses dafür: er störte sie nicht in ihrem Glück. Viele schöne Frauen gingen hin, um vor ihm zu tanzen. Ihr Reigen putzte sich bunt heraus mit hübschen Applikationen, als die Ritter sich ins Heer der Damen mischten und Verstärkung brachten, Trauer aus dem Feld zu schlagen. Jeden der glänzenden Herren sah man zwischen zwei Damen gehen: man kann es verstehen, daß sie glücklich waren. Wenn ein Ritter so klug war, bei der Gelegenheit seinen Dienst um Liebe anzutragen, der konnte leicht Erhörung finden. Sie waren arm an Sorgen, reich an Glück. Manchen süßen Mund redeten sie an und vertrieben sich so die Zeit.

640 Gâwân und Sangîve und die Königin Arnîve saßen still beim Reigen. Die schöne Herzogin kam herüber-

gegangen und setzte sich zu Gâwân. Ihre Hand durfte er in seine nehmen, und sie sprachen dies und das. Er war glücklich darüber, daß sie zu ihm gekommen war. Da wurden seine Schmerzen schmal und seine Freuden weit, all sein Leid verschwand. Während die andern sich beim Tanzen ganz großartig vergnügten, war hier bei Gâwân Langeweile erst recht nicht zu bemerken.

Die Königin Arnîve sprach: »Mein Herr, denkt daran, daß Ihr Euch erholen müßt. Es ist Zeit, daß Ihr Euren Wunden Ruhe gönnt. Vielleicht ist die Herzogin bereit, Euch sorgsam zuzudecken und heute nacht noch bei Euch zu bleiben? Viele heilsame Mittel und Künste hat die in ihrer Macht.«

»Dann bittet sie doch darum. Ich bin Euch beiden hier in allem«, sprach Gâwân »gehorsam.«

Die Herzogin sprach so: »Er soll bei mir in guten Händen sein. Laßt die Leute hier nur schlafen gehen. Ich will ihn heute nacht behüten, daß er so gut aufgehoben ist wie nie zuvor bei einer lieben Frau. Um Flôrand von Itolac und den Herzog von Gôwerzîn mögen sich Eure Ritter kümmern.«

Schnell nahm jetzt der Tanz ein Ende. Junge Damen, 641
glänzend anzuschauen, setzten sich nieder hier und dort, die Ritter nahmen bei ihnen Platz. Da wurde es den Sorgen heimgezahlt vom Glück, wenn nämlich einer eine Dame um Liebe ansprach und dann süße Antwort fand. Den Hausherrn hörte man befehlen, daß man den Nachttrunk brächte. Da hatten die Verliebten Grund zu klagen, daß ihr Treiben gestört wurde. Doch hatte auch der Wirt, genau wie seine Gäste, etwas umzutreiben, die Liebe hatte es verstanden, auch ihm etwas aufzuladen. Er fand, daß sie da gar zu lange sitzen blieben: auch sein Herz war ganz in der Gewalt der edlen Liebe. Der Nachttrunk schickte jene fort. Viele Kerzenbündel trugen die Knappen vor den Rittern hinaus. Da gab Gâwân ihnen allen die zwei Fremden in die Obhut; das mußte denen wohl gefallen. Lyschoys und Flôrand gingen also jetzt schlafen. Die Herzogin war noch so aufmerksam und sprach, sie gönne ihnen eine gute Nacht. Dann zog auch die ganze Schar der Damen davon, sie suchten ihre Betten auf. Ein allgemeines Knicksen begann, mit Eleganz, denn sie waren wohl erzogen. Sangîve und Itonjê gingen fort und so auch Cundrîê.

Bêne und Arnîve kümmerten sich noch darum, daß 642
alles schön gerichtet war, denn der Herr des Hauses

sollte nichts erleiden als Bequemlichkeit in allen Dingen. Auch die Herzogin ließ es an Eifer nicht fehlen, sie war immer dabei, wo es etwas zu helfen gab. Den Gâwân führten diese drei dahin, wo er ruhen sollte. In einer Kemenate sah er zwei Betten liegen, für jedes von den beiden eins. Kein Wort sag ich euch jetzt davon, wie herrlich diese Betten waren, es geht ganz anderen Geschichten zu. Arnîve sprach zur Herzogin: »Ihr müßt es dem Ritter, den Ihr herbegleitet habt, recht angenehm machen. Wenn er Euch um etwas bitten sollte, so helft ihm nur, das macht Euch Ehre. Ich sage Euch nur noch eins: Seine Wunden sind gut genug verbunden mit viel Kunst; er könnte jetzt sogar schon eine Rüstung tragen. Trotzdem sollt Ihr Mitleid mit ihm haben in seinem Schmerz; es wäre gut für ihn, wenn Ihr ihm den mit Sanftheit lindert. Lehrt ihn Stolz und Fröhlichsein, das kommt uns allen zugute. Jetzt laßt Euch nicht lange bitten, packt die Sache an!«

Die Königin Arnîve ging, nachdem sie ihren Abschied von dem hohen Herrn erhalten hatte. Bêne trug vor ihr ein Licht hinaus. Herr Gâwân schloß die Tür.

643 Es fällt mir gar nicht leicht, den beiden, die da Liebe stehlen gehen, als ein rechter Hehler die Sore zu verstecken. Vielleicht sage ich's ja doch, was da geschah — es ist bloß so, daß man es immer ungezogen und pöbelhaft gefunden hat, wenn einer heimliche Geschichten überall ausstreute. Auch heute noch beleidigt das die feinen Leute, und er, der's tut, macht sich damit verflucht. Vornehme Diskretion sei als ein Riegel vor allen Dingen der Liebe.

Die strenge Liebe hatte es soweit getrieben, und die klare Herzogin, daß Gâwâns Lebensfreude nun aufgezehrt war: Nur die Geliebte konnte ihn noch retten. Die ganze heidnische Philosophie und alle, die sich je hingesetzt haben zum Studium starker Magie, Kancor und Thêbit etwa und Trebuchet, der Schmied, der Frimutels Schwert gravierte, so daß es wunderhafte Dinge vermochte, dazu die ganze Kunst der Ärzte — wenn alle die zusammen ihm auch noch so wohl gewollt hätten mit Essenzen aus dem Mark der besten Kräuter, aber ohne eine Frau in seinem Schlafzimmer, so hätte er doch seine scharfe Not bis an ein saures Sterben tragen müssen. Ich mach euch die Geschichte kurz: Er fand die rechte Hirschwurz selber, die ihm half, daß er genas und nichts
644 Schlimmes mehr hatte: das Kraut wuchs rötlich braun in

weißem Feld. Gâwân *fils du roi* Lôt, Bertûne von der Mutter her, behandelte sein saures Leiden mit einem Mittel, das ihm wirklich half, so daß ihm wohl wurde und süß, das wendete er fleißig bis zum Morgen an, damit es desto besser helfe. Doch war die Kur, die ihm da half, von solcher Art, daß all die Leute auf der Burg davon nichts erfuhren. Später sorgte er dafür, daß auch die Ritter alle und die Schar der Damen ihren Teil vom Glück bekamen, so daß ihre Leiden so gut wie ganz verschwanden.

Nun hört aber, wie der Knappe seine Sache machte,
den Gâwân ausgeschickt hatte, hin in das Land Löver,
nach Bems an der Korcâ: dort war der König Artûs und
seine Frau, die Königin, dazu viel Glanz von lichten
Damen und eine wahre Flut von Rittern des Hofs. Nun
hört auch, was der Knappe tut: Es war an einem Morgen
in der Frühe, da packte er die Sache an. Die Königin war
in der Kapelle, sie kniete dort und las den Psalter. Der
Knappe kniete vor ihr nieder und überreichte ihr die
Freudengabe: jenen Brief nahm sie aus seiner Hand. Die
Schrift, die sie darauf geschrieben fand, erkannte sie
gleich, noch ehe der Knappe, den sie da vor ihr knien sah, 645
ihr seinen Herrn nannte. Die Königin sprach zu dem
Brief: »Gesegnet sei die Hand, die dich schrieb! Nie war
ich ohne Sorgen seit dem Tag, da ich die Hand, von der
diese Schrift kommt, zum letztenmal sah.« Sie weinte
sehr und war dabei doch glücklich; zu dem Knappen
sprach sie dann: »Du bist Gâwâns Bursche.«

»Ja, meine Dame. Der läßt Euch versichern, daß er noch sei, was er immer war — auf seine Ergebenheit und seine Treue könnt Ihr Euch verlassen —, daß er aber sehr unglücklich werden müßte, wenn Ihr nicht seinem Glück aufhelfen wolltet. Er ist da in eine Sache hineingeraten, so schlimm wie keine je vorher: Es geht um alle seine Ehre. Meine Dame, weiter läßt er Euch sagen, daß er in edlen Freuden lebe, und erst so recht, wenn er von Eurer Treue kriege, worum er Euch bittet. Alles übrige könnt Ihr in dem Brief lesen, besser, als ich es zu sagen wüßte.«

Sie sprach: »Ich habe es schon verstanden, warum du zu mir gesandt bist. Ich will ihm den Gefallen tun und seinem Adel dort mit einem Heer von reizenden Damen zu Hilfe kommen; wahrlich, solange ich lebe, muß denen immer schon im voraus der Siegespreis gehören, wer sonst auch darum kämpfen mag. Nur für Parzivâls

Frau mache ich eine Ausnahme und für den Leib der Orgelûse, sonst kenne ich keine unter den Getauften, die
646 so edel wäre wie jene Damen. Seit Gâwân von Artûs fortritt, haben Sorge und Leid immerfort voller Haß mit Krachen auf mich eingeschlagen. Meljanz von Lîz hat mir gesagt, daß er ihn einmal während all der Zeit in Barbigoel getroffen habe. Wehe dir, Plimizoel«, sprach sie, »daß dich mein Auge sehen mußte! So viel Böses ist mir da geschehen! Cunnewâre de Lâlant habe ich seitdem nie mehr gesehen, meine süße, edle Freundin. Mit Reden brach man da der Tafelrunde viel von ihrem Adel ab. Viereinhalb Jahre und sechs Wochen ist es her, daß der edle Parzivâl vom Plimizoel fortritt nach dem Grâl. Damals ist auch Gâwân aufgebrochen nach Ascalûn, der edle Mann. Und dort geschah es auch, daß Jeschûte und Eckubâ von mir gingen. Großer Jammer nach all diesen edlen Leuten hat mich seither niemals wieder wahres Glück erleben lassen.«

Die Königin redete noch viel von ihrem Leid. Dann sprach sie zu dem Knappen: »Ich sage dir, was du tun mußt, folge mir: Geh heimlich wieder weg von mir und warte, bis die Sonne hoch am Himmel steht; dann nämlich wird das ganze Volk bei Hof versammelt sein, Rit-
647 ter und Knappen, alle die Edlen des Königs. Dann laß dein Pferd nur recht flott auf den Hof traben. Kümmere dich nicht darum, ob jemand seine Zügel nimmt oder nicht, sondern geh in größter Hast dahin, wo die edlen Ritter stehen. Die fragen dich dann, was dir zugestoßen ist: du mußt so reden und überhaupt so tun, als wäre Feuer im Dach. Sie werden es kaum mehr aushalten vor Neugier, was für Botschaft du wohl bringst. Wer könnte in einem solchen Fall denn Anstoß nehmen, wenn du dich auch etwas unfein durch die Menge drängelst bis zum rechten Herrn des Hauses? Er wird dir seinen Gruß darum doch nicht verweigern. Diesen Brief gib ihm in die Hand. Da wird er dann bald erfahren, was du auszurichten hast und was dein Herr von ihm wünscht. Er wird damit einverstanden sein und die Bitte erfüllen.

Noch mehr will ich dir raten: Du sollst auch mit mir sprechen, ich meine: öffentlich; da wo ich zusammen mit den anderen Damen dich anhöre und sehe, da mußt du deine Sache so gut du nur kannst vor uns vertreten, wenn du deinem Herrn wohlwillst. Sag mir aber: Wo ist Gâwân?«

Der Knappe sprach: »Das wird nicht geschehen, ich sage nicht, wo mein Herr ist. Er ist bei gutem Wohlsein, und da, seid so freundlich, soll er auch bleiben.«

Der Knappe war froh um ihren Rat; von der Königin ging er weg — ihr habt ja gehört, was sie empfahl —, und so, wie er sollte, kam er an, wenn man so sagen will. Gerade richtig um die Mitte des Vormittags ritt der 648
Knappe offen ohne Heimlichkeiten auf den Hof. Die Höflinge dort taxierten genau seine Kleider, wie es halt Knappen gerne tun. Auf beiden Seiten war das Pferd wund und zerstochen von den Sporen. Wie es ihm die Königin empfohlen hatte, sprang er eiligst vom Pferd. Um ihn herum entstand ein großes Gedränge. Mantel, Schwert und Sporen, dazu das Roß — das alles mochte bleiben, wo es lag und stand, er scherte sich darum recht wenig: Der Knappe rannte los und dahin, wo die edlen Ritter standen. Die fingen gleich zu fragen an, was denn passiert sei: sie wollten ein Abenteuer hören. Man sagt, es sei dort der Brauch gewesen, daß weder Frau noch Mann beim König aß, wenn nicht zuvor dem Hof sein Recht geschehen war: und dieses Recht verlangte ein Abenteuer, das mußte einigen Adel haben, damit es auch wirklich einem Abenteuer gleichsah.

Der Knappe sprach: »Ich sage euch nichts, mich drängt die Zeit, die ich nicht habe. Seid so freundlich, laßt mich gehen und sagt mir bitte, wo der König ist: mit dem muß ich zuerst sprechen. So leid es mir tut, ich bin in Eile. Ihr werdet schon erfahren, was für Neuigkeiten ich bringe. Gott gebe, daß ihr dann Hilfe habt und Klage für das Unglück.«

Der Knappe war so ganz und gar gefesselt von seinem 649
Auftrag, daß er sich gar nicht kümmerte um alles Schieben und Gedränge, bis er endlich vor den Augen des Königs stand. Der sprach ihn an mit einem Gruß. Der Knappe gab ihm jenen Brief. Was er da las, das rief dem Artûs laut ins Herz hinein. Nach Lachen und Weinen zugleich war ihm zumute. Er sprach: »Gesegnet sei der süße Tag, bei dessen Schein ich das vernommen habe: Wahre Nachricht ist zu mir gekommen von meinem edlen Schwestersohn. So wahr ich weiß, was Ritterehre fordert, aus Liebe zum Neffen und zum Genossen in der Tafelrunde, wenn je Treue in mir Macht gewann, will ich das tun, was Gâwân in seiner Botschaft von mir verlangt, wenn ich irgend kann.« Hin zum Knappen sprach er dann: »Jetzt sag mir, geht es Gâwân gut?«

»Ja, Herr, es kommt nur darauf an, ob Ihr es wollt: dann sind er und das Glück ein Paar.« So sprach der kluge Knappe. »Alle seine Ehre müßte er verlieren, wenn Ihr ihn im Stich ließet: Wer könnte in solch einer Lage glücklich sein? Wenn Ihr ihm aber Treue tut, so schießt sein Glück empor; hinaus zum Tor der Tränen wird der Kummer, den er im Herzen hatte, fortgejagt,
650 weil Ihr Gâwân nicht feig verraten habt. Sein Herz
wollte auch der Königin hier Ergebenheit zu Füßen legen. Ferner ist es sein Wunsch, daß die ganze Schar der Tafelrunde sich vor Augen halten möge, was er für sie getan hat. Treue möchten sie im Sinn behalten und sein Glück nicht untergehen lassen. Und so bittet er sie denn, sie möchten Euch zu der Reise raten.«

Alle die Edlen redeten da dem König zu. Artûs sprach: »Mein lieber Freund, trag diesen Brief zur Königin, laß sie darin lesen, damit auch ihr Mund diese Worte spreche, die uns freuen und betrüben. Wie nur der König Gramoflanz es wagen kann, meinem Fleisch und Blut mit derart frecher Arroganz gegenüberzutreten! Er glaubt wohl, mein Neffe Gâwân wäre nicht mehr als Cidegast, den er erschlug — und selbst der macht ihm noch eine Menge Kummer. Ich aber will ihm weit größeren Kummer machen, von mir soll er neue Sitten lernen!«

Da, wo der Knappe dann hinkam, wurde er freundlich empfangen. Er gab der Königin den Brief. Mancher gingen da die Augen über, als der süße Mund der Königin das alles vorlas, was dort geschrieben stand: Gâwâns Klagen und sein Bitten. Der Knappe aber ließ seine eigenen Talente auch nicht nutzlos verkommen: vor all den Damen vertrat er seine Sache, und seine Kunst war wohl angewendet.

651 Gâwâns Oheim, der gewaltige Artûs, setzte sich von ganzem Herzen bei den Rittern dafür ein, daß man die Reise täte. Auch Gynovêr, die Feine, ließ sich nicht lange bitten, bei den Damen für den Zug in Glanz und Prunk zu werben. Keie sprach in seinem Ärger: »Ob aber die Welt je einen Mann gesehen hat, der alles das wert wäre — wenn ich's überhaupt glauben könnte, ja dann von Gâwân aus Norwaege! ›Auf ihn! Da sitzt er, holt ihn doch!‹ so wird's dann heißen — dabei ist er werweißwo. Wenn der wieder einmal Lust kriegt umherzuspringen wie ein Eichhörnchen, dann kann es Euch leicht passieren, daß ihr mit leeren Händen dasteht!«

Der Knappe sprach zur Königin: »Meine Dame, ich muß jetzt eilig heim zu meinem Herrn; führt seine Sache so, daß es Euch Ehre macht.«

Zu einem von ihren Kämmerern sprach sie: »Du mußt dafür sorgen, daß dieser Knappe alles hat, was er braucht. Du sollst nach seinem Pferd sehen: vielleicht ist es von den Sporen wund; dann gib ihm ein anderes, und zwar das beste, das hier zu haben ist. Und wenn ihm sonst noch etwas Kummer macht, wenn er Geld braucht, um Schulden zu bezahlen, oder Kleider, das soll ihm alles zur Verfügung stehen.«

Sie sprach: »Und du sag dem Gâwân, daß ich ihm gern gehorsam bin in allem, was er von mir wünscht. Ich will für dich beim König Abschied nehmen. Auch er will deinem Herrn zu Diensten sein, das kannst du ihm ausrichten.«

Nun betrieb der König seine Reise. An diesem Tag 652
durfte sich der Adel der Tafelrunde zu seiner ganzen Größe recken. Das Glück des Hofs war aufgewacht, als sie erfuhren, daß Gâwân noch am Leben war. Es konnte niemand was dagegen haben, wenn man jetzt das Recht der Tafelrunde in aller Form beging: Der König aß an der Tafel gemeinsam mit allen, denen es zustand, weil sie in harten Kämpfen Ruhm erworben hatten. All den Rittern von der Tafelrunde hatte da die Botschaft etwas Gutes gebracht.

Jetzt soll — mit eurer Erlaubnis — der Knappe, von dem sie die Nachricht gehört haben, wieder heimkommen. Er brach zu rechter Zeit dort auf. Der Kämmerer der Königin gibt ihm noch Geld, ein Roß und neue Kleider. Glücklich ritt der Knappe davon; er hatte ja bei Artûs das erlangt, was der Sorge seines Herrn den Garaus machte. Er kam heim — nach wieviel Tagen? Das weiß ich nun wirklich nicht zu sagen — nach Schastel marveile. Das war Arnîve eine Lust, als ihr vom Torwächter die Nachricht kam, der Knappe sei mit einem schlimm abgehetzten Pferd wieder eingetroffen. Zu
ihm kam sie verstohlen; er war immer noch dort, wo 653
man ihn hereingelassen hatte. Sie fragte ihn nach seiner Fahrt und wohin er geritten sei.

Der Knappe sprach: »Da wird nichts draus. Meine Dame, ich kann es nicht wagen, Euch das zu erzählen; ich muß schweigen, ich habe es geschworen. Auch würde es, wenn ich meinen Eid mit Schwätzen bräche, meinen Herrn zornig machen: Er müßte mich für einen

Dummkopf halten. Meine Dame, fragt ihn selber.« Mit Fragen spielte sie ihn nun in viele Ecken. Der Knappe aber sprach nicht mehr als diese Worte: »Meine Dame, es ist zwecklos, mich noch weiter aufzuhalten, ich tu das, was mir der Eid befiehlt.«

Er ging dahin, wo er seinen Herrn fand. Der Turkoyte Flôrand und der Herzog von Gôwerzîn und die Herzogin von Lôgroys saßen da mit einer großen Schar von Damen. Der Knappe trat zu ihnen hin. Es erhob sich mein Herr Gâwân, er nahm den Knappen beiseite und begrüßte ihn herzlich. Er sprach: »Sag, mein lieber Freund, ist es Freude oder Not, oder was sonst bringst du mir mit vom Hof? Hast du den König angetroffen?«

Der Knappe sprach: »Ja, mein Herr, ich habe den König gesehen und seine Frau und viele edel glänzende
654 Gestalten. Sie lassen Euch sagen, daß sie Euch helfen wollen und daß sie kommen. Eure Botschaft hat man mit so großen Ehren empfangen, daß arm und reich sich freuten; denn ich ließ sie wissen, daß Ihr wohlauf seid und gesund. Es ist ein wahres Wunder, wieviel Volk ich da versammelt sah. Auch hat man Eurer Botschaft zu Ehren die von der Tafelrunde zu einem Mahl ordentlich einberufen. Wenn Ritterruhm je Kraft gewann, ich meine Kraft zum Adel, dann trägt Euer Ruhm weit und breit die Krone über aller andern Ruhm.« Er sagte ihm auch, wie es zuging, als er mit der Königin sprach, und wie sie ihm mit Treue riet. Und er berichtete von den Leuten des Hofes, von Rittern und Damen, daß er sie alle in Jôflanze sehen werde, noch vor dem Termin, da er seinen Kampf zu kämpfen hatte.

Gâwâns Sorgen zergingen ganz, er fand nichts anderes mehr in seinem Herzen als Glück. Den Knappen hieß er über die Sache schweigen. Alle seine Sorgen waren ihm abgenommen. Er ging wieder zu den Leuten und setzte sich hin. Und er war fröhlich da in seinem Haus die
655 ganze Zeit, bis der König Artûs mit seinem Heer geritten kam, um ihm zu helfen.

Jetzt hört von Glück und Leid berichten: Gâwân also war glücklich allezeit. Eines Morgens traf es sich, daß auf dem prächtigen Palas viele Ritter waren und Damen. In einer Fensternische zum Strom hinaus hatte er, abgesondert von den andern, Platz genommen. Da saß er und mit ihm Arnîve: die wußte seltsame Dinge, die behielt sie nicht bei sich.

Gâwân sprach zu der Königin: »Ach, meine liebe Dame, wenn ich Euch damit nur nicht zu sehr lästig wäre, dann wollte ich Euch jetzt nach manchen Dingen fragen; man hat mir verschwiegen, was es mit denen auf sich hat. Nur Eurer Hilfe habe ich es zu verdanken, daß ich lebe, noch dazu in solchen Freuden und in Herrlichkeit. Aller Mannesmut in meinem Herzen — wenn ich selber das so sagen darf — war ja von der Macht der edlen Herzogin in Eisen gelegt. Dank Eurer Hilfe ist nun meine Not gelindert. An der Liebe und an meinen Wunden wäre ich gestorben, wenn nicht Eure Treue mir geholfen und mich erlöst hätte von allen Fesseln: Euch verdanke ich den Leib. Nun sagt mir, segensreiche Frau, was es mit den Wundern, die hier sind und
waren, auf sich hat, warum und wie der weise Clin- 656
schor derart gewaltige Künste erlangen konnte: wenn Ihr nicht gewesen wärt, so hätte ich durch sie den Leib verloren.«

Es sprach die Dame, die so weise war in ihrem Herzen — nie hat Jugend so viel weiblichen Zauber in solches Alter mitgebracht —: »Mein Herr, dabei sind seine Wunder hier noch ziemlich kleine Wunderlein, ich meine: wenn man sie vergleicht mit den wirklich gewaltigen Wundern, die er anderswo in vielen Ländern hat. Wenn aber einer uns deswegen verächtlich machen will, dann sündigt der und richtet sonst gar nichts aus. Mein Herr, ich sage Euch, wie er's treibt: er hat schon manchem Volk das Leben sauer werden lassen. Sein Land heißt Terre de Lâbûr. Er stammt von einem Mann her, der auch viele Wunder konnte: Virgilîus aus Naples. Sein Nachkomme Clinschor machte es wie er. Câps war seine Hauptstadt. Hoch oben auf der Straße des Ruhms zog er seine Bahn, sein Ruhm war echt und gut: von dem Herzog Clinschor sprachen Weib und Mann. Doch dann stieß ihm ein Unglück zu, und zwar so: Ein edler Mann war in Sizilien König, der hieß Ibert. Iblis hieß seine Frau, die war so reizend schön wie sonst kein Leib, den man von einer Mutter Brust genommen hat. Clin-
schor war in ihren Dienst getreten, und eines Tages 657
belohnte sie ihn auch und gab ihm ihre Liebe. Dafür machte ihn der König verachtet. Wenn ich Euch nun sein Geheimnis sage, dann muß ich erst von Euch Dispens erbitten; denn es ist nicht recht schicklich, daß ich Euch erzähle, wie er zur Zauberei kam: Er kam dazu mit einem Schnitt, der machte Clinschor zum Kapaun.«

Da mußte Gâwân furchtbar lachen. Sie erzählte aber noch mehr. »Das war auf Kalot enbolot, da wurde er den Menschen zum Gespött, auf jener festen Burg. Ihn fand der König bei seiner Frau: Clinschor schlief in ihren Armen. Nicht gratis durfte er da warm gebettet liegen, er mußte ein Pfand dalassen: Königshände machten ihn eben zwischen den Beinen. Das war sein gutes Recht, so fand der Herr der Burg. Er beschnitt ihn so am Leib, daß der seitdem bei keiner Frau zu irgendwelchen Späßen taugt. Doch sind viele Menschen dadurch ins Unglück gekommen.

Es ist eine Stadt, die Persidâ heißt — nicht etwa, wie
man immer meint, das *Land Persia* —, wo das Zaubern
erfunden wurde. Dahin reiste er und holte dort die
658 Kunst; so kommt es, daß er nun alles fertigbringt, was
er will, mit höchster Meisterschaft in der Magie. Seit
er an seinem Leib geschändet wurde, wollte er nie mehr
einem Menschen, ob Mann oder Weib, irgend etwas
Gutes gönnen, all denen, meine ich, die Ehre haben.
Wenn er denen eine Freude nehmen kann, dann ist das
seinem Herzen eben das Rechte.

Ein König, der hieß Irôt, der fürchtete sich vor dieser
Gewalt; er war von Rosche Sabînes. Er machte dem
Clinschor das Angebot, daß der haben könnte, was er
wollte aus seinem, des Irôt, Besitz, wenn er ihm dafür
Frieden gäbe. Clinschor nahm von seiner Hand diesen
Berg — wie fest der ist, das sieht man ja — und, da er
schon mal beim Nehmen war, noch acht Meilen drum-
herum. Auf dem Berg errichtete dann Clinschor diese
prächtige Anlage, die Ihr seht. Von allem, aber auch
wirklich allem, was herrlich ist, gibt es hier oben starke
Wunder. Wenn man der Burg was Böses wollte, so wäre
hier oben für dreißig Jahre genug zu essen da und in
reicher Auswahl. Er hat auch Gewalt über alle, die zwi-
schen dem Firmament und den Grenzen der Erde woh-
nen, die von der bösen Art, doch ebenso honette, schöne
Gestalten, nur über die nicht, die Gott selber vor ihm
659 bewahren will. Mein Herr, an Euch hat sich die starke
Not gebrochen, und Ihr lebt immer noch: darum ist
jetzt Eurer Hand diese Burg von Clinschor geschenkt und
auch der Zirkel des Landes; er wird nie mehr Anspruch
darauf erheben. Das hat er öffentlich gesagt — und was
er spricht, das meint er ehrlich —, daß von seiner Seite
dem keine Fehde entstehen solle, der dieses Abenteuer
aushalte, der solle das alles als Geschenk behalten dürfen.

Viele von den Edlen, auf die er sein Auge geworfen hatte, Mädchen, Frauen und Männer aus der ganzen christlichen Welt, sind hier und somit Eure Leute. Etliche Heiden und Heidinnen wurden auch gezwungen, bei uns hier oben zu bleiben. Jetzt laßt sie alle heimkommen zu den Ihren, die Angst um uns erfahren haben. Heimweh macht mir das Herz gefrieren. Er, der die Sterne gezählt hat, möge Euch Mitleid lehren und uns in ein glückliches Leben führen.

Eine Mutter gebiert ihr Kind, und dieses Kind wird
Mutter seiner Mutter: Von dem Wasser kommt das Eis,
und mit Gewißheit — das ist gar nicht zu verhindern —
muß vom Eis auch wieder Wasser kommen. Wenn ich
den Gedanken auf mich selbst anwende, so weiß ich:
weil ich aus Freuden geboren bin, kann ich nicht für
immer ohne Freuden bleiben. So bringt, was selber 660
Frucht ist, wieder Frucht. Und Ihr müßt dazu helfen,
wenn Ihr ein Edelmann sein wollt. Es ist lange her, daß
mir mein Glück entfiel. Ein Kiel mit einem Segel geht
kühn dahin, doch noch schneller ist ein Mann, der vor-
wärtsgeht an Deck. Wenn Ihr dieses Gleichnis recht
versteht, so wird Euer Ruhm hoch und geschwind. Ihr
könnt unsre Freude laut machen, Freude nehmen wir mit
uns hinaus in alle die Länder, wo man nach uns trauert.

Früher einmal stand Freude genug in meiner Macht:
Ich war eine Frau, die eine Krone trug. Eine Krone trug
auch meine Tochter, schön stand sie da vor den Fürsten
ihres Landes. Wir beide hatten Macht und Adel. Mein
Herr, ich habe nie dazu geholfen, daß auch nur einem
einzigen Mann etwas Böses geschah. Frauen wie Männer
habe ich immer nach ihrem Recht behandelt. Man
mußte mich als rechte Herrin des Volkes ansehen und
achten: bei Gott, ich bin nie einem Mann ohne Respekt
begegnet. Nun soll jede Frau, die im Glück lebt, wenn
sie wahrhaft edel sein will, über gute Leute mit Güte
herrschen: Es kann ja sehr leicht sein, daß Leiden sie
heimsuchen und daß dann schon der kleinste und ge-
ringste ihrer Pagen ihr Glück, das in der Enge einge-
mauert ist, hinaus ins Freie führen könnte. Mein Herr,
ich habe lange hier gewartet: Nicht zu Fuß und nicht
geritten kam er her, der mich erkannt und aus meiner 661
Not befreit hätte.«

Da sprach mein Herr Gâwân: »Meine Dame, wenn ich mein Leben behalte, so wird man Euch noch glücklich sehen.«

Es traf sich so, daß an diesem Tag der Bertûne Artûs, der Sohn der klagenden Arnîve, mit seinem Heer ankam, von Treue zum Neffen und zum Gefolgsmann getrieben. Viele neue Banner sah Gâwân heranziehen und sah die Rotten das Feld bedecken: Sie kamen die Straße von Lôgroys daher mit vielen bunt bemalten Speeren. Dem Gâwân tat ihr Kommen wohl. Einer, der immer sehnsüchtig Ausschau halten muß, ob nicht sein Heer sich endlich sammelt, der wird leicht nachdenklich, wenn sich die Sache hinzieht, und er fängt an zu fürchten, das werde wohl nichts Rechtes werden mit der versprochenen Hilfe. Artûs brach dem Gâwân diesen Zweifel mitten durch: Da sah man sie kommen, und wie!

Gâwân verbarg es, er wollte nicht sehen lassen, daß seine lichten Augen weinen gelernt hatten: zu einer Zisterne hätten die beide da gar nicht getaugt, denn sie hielten das Wasser nicht. Vom Glück kam dieses Weinen, und Artûs war der, der es aufgehen ließ. Der hatte ihn von Kind auf erzogen, nichts war gelogen an der
662 Treue dieser beiden. In Treue ohne Winkelzüge stand einer für den andern ein, nie hat auch nur der kleinste Verrat sich eingemischt.

Arnîve merkte, daß er weinte. Sie sprach: »Mein Herr, Ihr solltet lieber jubeln mit freudigem Geschrei; mein Herr, das kommt uns allen doch zum Trost. Alle schmerzlichen Gedanken sollt Ihr mit Macht vertreiben. Hier kommt das Heer der Herzogin, Ihr könnt also ganz beruhigt und zuversichtlich sein.«

Lagergerät und Banner sahen Gâwân und Arnîve da auffahren auf dem Plan. Bei all denen war nur ein einziger Schild zu sehen: das Wappen darauf war so, daß Arnîve ihn erkannte, bei seinem Namen nannte sie den Herrn: »Isâjes, sein Marschall, der des Utepandragûn!« Den Schild trug aber ein anderer Bertûne, Maurîn mit den schönen Schenkeln nämlich, der Marschall der Königin. Arnîve hatte sehr wenig Neues von der Welt draußen erfahren: Utepandragûn und Isâjes waren beide gestorben, und Maurîn hatte seines Vaters Amt übernommen, das war sein gutes Recht.

Auf die weite Wiese der Landungsstelle gegenüber ritt die Hofschar. Die Knappen der Damen richteten
663 Quartiere her, die wohl für hohe Damen taugten: an einem flinken, klaren Bach. Dort sah man dann sehr bald viele schöne Zelte aufgeschlagen. Der König bekam ein eigenes Lager: da drüben steckte man viele weite

Zirkel ab für ihn und für die Ritter, die mit ihm gekommen waren. Die hatten, ohne lang zu fragen, eine breite Spur bei ihrem Zug getrampelt.

Gâwân schickte Bêne hinunter zu Plippalinôt, seinem Wirt, und ließ ausrichten, er solle Kähne und Fährschiffe sofort gut wegschließen, damit das Heer an diesem Tag nicht übersetzen könnte. Das Fräulein Bêne nahm aus Gâwâns Hand das erste und edelste von den kostbaren Dingen aus dem Laden des Kaufherrn: die ›Schwalbe‹, jene teure Harfe, die bis heute in England berühmt ist. Bêne ging mit Freuden fort.

Nun befahl mein Herr Gâwân, das äußere Tor zu schließen. Alt und jung hörten zu, als er sie dann bat mit Courtoisie: »Da drüben am Ufer bezieht ein großes Heer sein Lager; eine solche Streitmacht habe ich noch nie zu Land oder auf dem Meer heranziehen sehen mit so gewaltigen Scharen. Wenn die uns mit ihrer Macht heimsuchen, dann helft mir, ich will ihnen ritterliche Kämpfe bieten.«

Damit waren sie alle recht wohl einverstanden. Die 664
Herzogin, die hohe Dame, fragten sie, ob das ihr Heer sei. Die sprach: »Ihr müßt mir glauben: Ich kenne da weder Schild noch Mann. Vielleicht ist er, der mir auch früher schon viel Böses angetan hat, in mein Land eingefallen und hat vor Lôgroys gekämpft: Ich denke doch, daß er die Leute dort nicht wehrlos fand; bestimmt hatten sie Kampf genug für dieses Heer an den Schanzen und Breschen. Wenn wirklich er dort gekämpft hat voller Zorn, der König Gramoflanz, so darum, weil er für seinen Kranz Vergeltung haben wollte. Wer aber immer die dort sein mögen, sie haben ganz gewiß aufgereckte Speere sehen müssen und Ritter, die zur Tjost entschlossen waren.«

Ihr Mund log da sehr wenig. Wirklich hatte Artûs keine kleinen Verluste erleiden müssen, um die Straße vor Lôgroys zu gewinnen. Da wurden etliche Berteneisen in rechter Tjost vom Pferd geworfen. Artûs aber hatte sich nichts schenken lassen und ihnen alles, was sie ihm boten, mit guter Münze bezahlt. Beide Parteien hatten Schweres durchgemacht.

Da sah man die Streitmüden kommen, jene Männer, von denen man so oft erzählen hört, daß sie sich zu wehren wußten, wenn ihnen einer an den Kittel fuhr: Sie waren harte Burschen in der Schlacht. Auf beiden Seiten
ist der Schaden groß. Gârel und Gaherjêt, *roi* Meljanz de 665

Barbigoel und Jofreit *fils* Idoel, die sind gefangen worden von denen dort oben, bevor das Spiel ans Ende kam. Die andern nahmen dafür aus Lôgroys den *duc* Frîam de Vermendoys gefangen und den *comte* Ritschart de Nâvers. Der war keineswegs verschwenderisch mit Speeren, er brauchte immer nur *einen,* und wenn den seine Hand gegen einen Mann richtete, wer es auch war, so fiel der vor ihm nieder von der Macht der Tjost. Diesen berühmten Ritter nahm Artûs mit eigener Hand gefangen. Immer wieder ohne Aufhören schlug da Wucht auf Wucht: bei solchem Holzverbrauch kann sich ein Wald wohl roden. Viele, ungezählte Tjosten ließen da die Trümmer von Speeren hageln. Die edlen Bertûnen waren ebenso tapfer wie die andern in der Schlacht gegen das Heer der Herzogin. Auch die Nachhut des Artûs hatte keine Ruhe, an etwas anderes zu denken als an Krieg: sie wurden noch den ganzen Tag lang attackiert, bis sie dort anlangten, wo die große Flut des Heeres lag.

Es hätte doch mein Herr Gâwân der Herzogin ankündigen sollen, daß einer seiner Verbündeten in ihr Land kommen werde, dann hätte es keinen Kampf gegeben. Er wollte aber weder ihr noch sonst jemandem davon
666 reden, bevor sie es mit eigenen Augen sehen konnte.

Er traf nun seine Vorbereitungen, wie es ihm nötig schien, und rüstete sich für seinen Zug zu Artûs, dem Berteneisen; teure Zelte wollte er mitnehmen. Da konnte keiner behaupten, er hätte dafür büßen müssen, daß sein Herr ihn nicht kannte, denn die offene Hand des reichen Gâwân begann jetzt auszuteilen — es war, als wollte er nicht länger leben. Junker, Ritter, Damen empfingen da und sahen so großartige Geschenke, daß sie alle wie aus einem Mund sprachen, das sei die wahre Hilfe, die da zu ihnen gekommen sei. Man konnte auch viel Jubel hören. Da ließ der edle Mann starke Packtiere besorgen, für die Damen schöne Zelter und Rüstungen für alle die Ritter. Fußknechte in Eisen gewappnet waren bereit in großer Zahl. Und er ließ sich noch etwas einfallen: Mein Herr Gâwân wählte sich vier edle Ritter aus der Schar; einer sollte Kämmerer werden, der zweite Mundschenk, der dritte Truchseß, und der vierte sollte auch nicht nichts sein, sondern Marschall. Das trug er ihnen an. Die vier taten ihm gern den Gefallen.

667 Jetzt laßt Artûs in seinem Lager Ruhe finden. Alles blieb still, keine Begrüßung wurde ihnen zuteil an diesem Tag von Gâwân. Dem fiel der Verzicht nicht leicht.

Früh am Morgen aber machte er sich mit viel Lärm, Artûs meine ich, mit seinem Heer auf den Weg nach Jôflanze. Der Nachhut befahl er, sich zum Kampf bereit zu halten. Als die aber nicht angegriffen wurden, ritten sie auch fort auf der Spur des Heers.

Da nahm Gâwân seine vier Hofbeamten beiseite. Er wollte nicht länger warten, und er befahl dem Marschall, zum Plan von Jôflanze zu reiten: »Da will ich ein eigenes Lager haben. Du wirst das große Heer dort liegen sehen. Jetzt ist die Zeit reif, daß ich euch sagen muß, wer sein Herr ist, damit ihr ihn erkennt: Es ist mein Oheim Artûs; an seinem Hof, in seinem Haus bin ich von Kind an erzogen worden. Jetzt richtet mir meinen Zug dorthin so aus, daß er gediegen ist und prächtig: sie sollen schon einigen Staat zu sehen kriegen. Und laßt hier oben nichts davon verlauten, daß es des Artûs Heer ist und daß er meinetwegen gekommen ist.«

Sie machten alles so, wie er es ihnen befohlen hatte. Da bekam nun bald Plippalinôt zu tun. Auf Koggen und
Kähnen und Booten, selbst auf jenen Schiffen, die mit 668
Recht Schnecken heißen, mußten flinke Rotten hinüber, zu Pferd und auch zu Fuß, Knechte und Knappen und der Marschall selber auch. Dem Bertûnen wollten sie nach, die einen hier, die andern noch dort drüben — endlich ritten sie mit Gâwâns Marschall los auf der Spur des Heers. Sie hatten auch, das dürft ihr ruhig wissen, ein Zelt mitgenommen, das hatte einst Iblis aus Liebe dem Clinschor geschenkt, und so war das Geheimnis dieser beiden offenbar und ausgeschrien worden: Die zwei hatten eine Liebschaft miteinander. Man hatte damals keine Kosten gescheut: Nie schnitt eine Schere Stoff zu einem bessern Zelt — nur eines ausgenommen, das dem Isenhart gehörte. Das Zelt wurde dann bei Artûs, aber abseits von dessen Lager, auf dem Gras aufgeschlagen. Viele Zelte, so hat man mir erzählt, stellte man noch drumherum; das gab einen weiten Ring, es machte einen sehr herrschaftlichen Eindruck.

Bei Artûs hörte man davon, daß Gâwâns Marschall angekommen sei; der richte auf dem Feld ein Lager her. Und der edle Gâwân selber werde auch an diesem Tag erwartet. Das sprach sich schnell herum am ganzen Hof.

Der treue Gâwân ordnete seine Scharen, um fortzu- 669
ziehen von daheim. Mit viel Pracht vollführte er seine Reise — ich könnte euch viel Wunderbares davon berich-

ten. Eine Menge Lasttiere hatte er, die mußten Kirchen- und Hausrat tragen. Viele Pferde sah man in dem Zug gehen, denen waren Rüstungen aufgepackt, oben draufgebunden der Helm und viele gute Schilde dabei. Eine Menge schöner Kastilianer sah man neben den Saumtieren gehen. Ritter und Damen ritten hinten nach, und zwar recht eng beieinander, trotzdem war der Zug, wenn man ihn maß, eine gute Wegstrecke lang. Und da war noch eines, dafür war gesorgt: Gâwân hatte immer einen schönen Ritter einer lichten Dame beigegeben. Das wäre schön dumm gewesen, wenn sie nicht von Liebe gesprochen hätten! Der Turkoyte Flôrand wurde der Sangîve von Norwaege zum Kavalier bestimmt. Lyschoys, der auch kein Stubenhocker war, ritt neben der süßen Cundrîê. Mit Gâwân sollte seine Schwester Itonjê reiten. Für die Zeit der Reise wollten sich dann auch Arnîve und die Herzogin gern zu einem Paar zusammentun.

670 Nun, da hatte es sich so gefügt: Gâwâns Zelte waren so aufgestellt, daß man dahin durch des Artûs Heer ritt und durch sein ganzes Lager. Das sollte ein großes Schauspiel werden! Bevor all das Volk da durchritt, ließ Gâwân — aus edlem Anstand, aber auch um seine Pracht zu zeigen — die vorderste der Damen an des Artûs Zelten halten. Der Marschall mußte dann die Damen arrangieren: Ganz nahe neben jene erste ritt eine zweite Dame hin, und daneben kam wieder eine und so fort bis zur letzten. Da hielten sie nun alle in der Runde, weise Damen hier und junge, dumme Dinger dort. Jede hatte einen Ritter neben sich, der war ihr beigegeben als ihr Kavalier. Des Artûs weiten Ring sah man auf allen Seiten von Damen eingeschlossen.

Dann erst wurde Gâwân, der mit so viel Glück gesegnet
war, begrüßt, und zwar, so glaube ich, mit Liebe.
Arnîve, ihre Tochter und deren Kinder sind zugleich mit
Gâwân abgestiegen und auch die Herzogin von Lôgroys,
der Herzog von Gôwerzîn und der Turkoyte Flôrand.
Diesen Leuten, denen man ihren Adel ansah, ging Artûs
entgegen von seinem Pavillon, und er begrüßte sie
671 freundlich. Genauso machte es die Königin, seine Frau:
Sie umarmte Gâwâns Leib und alle, die bei ihm waren,
voller Freude, die kam von ihrer Treue. Überhaupt
gerieten da wohlgeratenen Damen viele Küsse.

Artûs sprach zu seinem Neffen: »Wer sind deine Gefährten?«

Gâwân sprach: »Ich sähe es gerne, wenn meine Herrin sie küssen wollte. Es wäre nicht freundlich, sie zu übergehen: die beiden sind adelig genug.«

Da bekam der Turkoyte Flôrand sofort seinen Kuß von Ginovêr, der Königin, und der Herzog von Gôwerzîn auch. Sie gingen dann ins Zelt zurück. Vielen schien es so, als wäre das weite Feld dort draußen voller Damen. Nicht als ein lahmer Würdegreis tat Artûs sprang kühn auf einen Kastilianer. An all diesen Damen — neben jeder ihr Ritter — ritt er entlang die ganze Runde. Und sehr höflich sprach des Artûs Mund dazu freundliche Begrüßungsworte. Gâwân hatte das so gewünscht, daß jene dort ruhig stehenblieben, bis er gemeinsam mit ihnen wieder fortritte. Sehr vornehm hatte er das arrangiert.

Artûs stieg ab vom Pferd und ging ins Zelt. Er setzte 672
sich nieder zu seinem Neffen — da lag er dann, dem Gâwân in den Ohren nämlich: der sollte sagen, wer die fünf Damen seien. Da hob mein Herr Gâwân an zu reden, von der Ältesten zuerst. So sprach er zu dem Bertûnen: »Ihr kennt vielleicht den Utepandragûn; nun, diese da ist seine Frau, Arnîve: Von den beiden ist Euer Leib hergekommen. Und so ist diese da *meine* Mutter, die Königin von Norwaege. Diese zwei sind meine Schwestern, seht sie nur an, wie schön sie sind, die Kinder.«

Da fing ein neues Küssen an. Freude und Jammer konnte jeder, der es anschauen wollte, sehen, so glücklich waren sie. Lachen konnte man so gut wie Weinen an ihren Mündern lesen: von großem Glück geschah ihnen das.

Artûs sprach zu Gâwân: »Lieber Neffe, jetzt habe ich aber noch nicht erfahren, wer wohl diese lichte fünfte Dame ist.«

Da sprach der feine Gâwân: »Es ist die Herzogin von Lôgroys; in ihrem Dienst bin ich hier. Man hat mir gesagt, Ihr habt sie heimgesucht. Jetzt laßt nur ohne
Scheu sehen, was Ihr da erbeutet habt. Ihr hättet aber, 673
sollte man meinen, eher Grund, einer armen Witwe was *Gutes* zu tun!«

Artûs sprach: »Gaherjêt, den Sohn deiner Mutterschwester, hat sie dort gefangen und Gârel, der sich schon oft im Gewühl als großer Kämpfer hervorgetan hat. Dieser furchtlose Mann wurde mir an meiner Seite weggenommen. In einer unserer Attacken waren wir bis an ihr Vorwerk durchgebrochen. Ah, was für Taten da der edle Meljanz von Lîz vollbrachte! Von denen dort oben — sie kämpften unter einem weißen Banner — wurde er gefangen weggeführt. Dieses Banner zeigte einen schwarzen Pfeil, der war aus Zobel, und Blut von einem Herzen ist darauf zu sehen: Trauer um einen Mann scheint es zu bedeuten. *Lirivoyn* war der *cri* dieser Leute, die unter der Fahne in die Schlacht ritten. Die haben denen dort oben den Sieg erkämpft. Mir ist auch noch mein Neffe Jofreit weggefangen worden, das tut mir weh. Ich hatte gestern selber die Nachhut übernommen; so kam es, daß ich nichts dagegen tun konnte, als mir dieses Unglück geschah.«

Der König hatte viel zu erzählen von seinen Verlusten.
Da sprach die Herzogin mit Höflichkeit: »Mein Herr, ich
kann Euch trösten; Ihr habt durchaus ehrenhaft gehan-
delt. Wir zwei hatten noch nie miteinander zu tun, da
war also keine Freundschaft zu brechen. Es ist allerdings
auch nicht so, daß ich auf irgendeine Weise an Euch
schuldig geworden wäre und die Verluste, die Ihr mir
674 etwa beigebracht habt, verdient hätte. Da Ihr mich
heimgesucht habt, und nicht ich Euch, so möge Gott
Euch die Erkenntnis schenken, daß Ihr verpflichtet seid,
meinen Schaden wiedergutzumachen. Wenn er, dem
Ihr mit Eurem Heer zu Hilfe kommen wolltet, mit mir
gekämpft hat — weiß man's? —, da hätte man mich
völlig wehrlos sehen können, seine Attacken finden
bei mir immer eine Blöße. Und wenn er wieder einmal
einen solchen Kampf von mir verlangt, dann wer-
den wir auch den zu einem guten Ende bringen ohne
Schwert.«

Zu Artûs sprach da Gâwân: »Was meint Ihr dazu, wenn wir dieses Feld noch mehr mit Rittern überdekken? Wir könnten das ja sehr leicht tun. Ich kann bei der Herzogin gewiß erreichen, daß Eure Leute freigelassen werden und daß ihre Ritter hierherkommen mit vielen neuen Speeren.«

»Damit bin ich einverstanden«, sprach Artûs.

Die Herzogin schickte Boten hin zu ihrem Haus und hieß die Edlen kommen. Ich glaube, daß es nie auf Erden eine schönere Heerschar gab.

Gâwân bat den König, ihn zu entlassen, er wollte seinen Zug in die Quartiere bringen. Die Bitte wurde ihm erfüllt. Alle, die man vorher mit ihm kommen sah, zogen mit ihm fort zu ihren Zelten. Sein Quartier war prächtig, eines Ritters würdig stand es da, sehr kostbar, nur an Mangel arm.

In sein Quartier kamen viele geritten, denen es von 675
Herzen leid getan hatte, daß er so lang fort war. Auch
Keye war jetzt von der Tjost am Plimizoel genesen. Der
musterte genau die Pracht, die Gâwân aufgeboten hatte;
er sprach: »Mit derart ambitiöser Nebenbuhlerei hat
Lôt, der Schwager meines Herrn, uns nicht geplagt — ein
eigenes Lager muß er haben, der hohe Herr!« Er hatte
es Gâwân noch nicht vergessen, daß der ihn damals nicht
gerächt hatte, als ihm sein rechter Arm zerbrach. »Gott
tut mit manchen Leuten Wunder. Wo hat Gâwân dieses
Rudel Damen hergenommen?« So sprach Keye mit
Sarkasmus.

Das war nicht schön von ihm, schließlich war jener
sein Freund. Der Treue freut sich an dem Glück, das sei-
nem Freund zuteil wird, der Verräter aber schreit Alarm,
sobald er sieht, daß seinem Freund was Liebes wider-
fährt. Heil lag an Gâwân und große Ehre. Ein Mensch,
der jetzt noch mehr verlangte, wo will der hin mit
Wünschen? Solche schwachen Seelen sind voller Haß
und neidischer Gier, dem edlen Starken dagegen tut es
wohl, wo seines Freundes Ehre siegreich dasteht, wenn
also die Schande aufs Haupt geschlagen ist und flüchtet.
Gâwân kannte keine Mißgunst, er hatte jene Treue, die
dem Starken eigen ist, und der geschah dort, wo man 676
ihn in Freuden sah, nichts Unrechtes.

Wie dann der von Norwaege sein Volk bewirtet hat, die Ritter und die Damen, wollt ihr wissen? Da an dem Kind des edlen Lôt konnten sie einmal sehen, Artûs und sein ganzes Haus, was ein wirklich reicher Herr ist. Sie sollen aber auch zur Ruhe kommen — nach dem Essen, versteht sich. Es ist ja nicht eben so, daß ich ihnen ihren Schlaf nicht gönnen wollte.

Am Morgen noch vor Tag kam ein Volk geritten, kriegerisch sahen sie aus. Das waren die Ritter der Herzogin, die da vollzählig erschienen. Den Helmschmuck sah man schimmern im Mondlicht, dort, wo Artûs und die Seinen ihr Lager hatten. Da zogen jene mitten durch und kamen auf die andere Seite, wo Gâwâns Heer mit seinem weiten Zeltring lag. Wer es mit der Kraft seines Arms zwingen kann, daß solche Scharen ihm zu Hilfe kommen, den darf man ruhig für einen großen Helden halten. Gâwân bat seinen Marschall, ihnen Platz für ihre Zelte anzuweisen. Der Marschall der Herzogin verteilte dann die Plätze für die einzelnen Lager. Da stellten die Edlen von Lôgroys viele prächtige Ringe hin. Gut bis in die Mitte des Vormittags hinein dauerte es, bis sie ihr Logis bezogen.

677 Neue Leiden kommen jetzt heran. Der ruhmreiche Artûs sandte seine Boten in die Stadt Rosche Sabîns. Dem König Gramoflanz ließ er eine Bitte überbringen. »Da es nun einmal nicht zu ändern ist und er auf seinen Kampf mit meinem Neffen nicht verzichten will, so soll mein Neffe ihm den Willen tun. Bitte ihn, möglichst bald zu uns zu kommen, da er, wie man gehört hat, mit aller Gewalt nicht davon ablassen will. Für jeden anderen Mann freilich wäre das, was er sich vorgenommen hat, zuviel.« Des Artûs Boten zogen fort.

Nun nahm mein Herr Gâwân Lischoys und Flôrand zu sich. Die bat er, sie möchten ihm jene Ritter aus Liebe zeigen, die von vielen Ländern hergekommen waren, der Herzogin Dienst zu Füßen zu legen in der Hoffnung auf edlen Lohn. Zu denen ritt er hin und begrüßte sie so freundlich, daß sie alle wie aus einem Mund sprachen, der edle Gâwân sei so recht ein Mann, wie er sein sollte, und habe Courtoisie am Leib. Dann ging er wieder fort von ihnen.

Was er nun tat, das sollte niemand wissen. Er ging in seine Waffenkammer. In die Rüstung schloß er jetzt den
678 Leib: ob wohl seine Wunden so gut verheilt waren, daß die Narben ihm nicht weh taten? Er wollte dem Leib Bewegung machen, weil gar so viele Männer und Frauen seinem Kampf zusehen sollten; und da würden Ritter ihn beobachten, die sehr wohl beurteilen konnten, ob man mit Recht den Preis des Tages seiner Heldenhand zuerkennen durfte. Einen Knappen hatte er gebeten, daß der ihm Gringuljete brächte. Mit verhängten Zügeln ließ er das Pferd galoppieren. Er wollte sich ein wenig movieren, damit er und sein Roß in die rechte Form kämen.

Kein Ritt, den er je unternahm, macht mir so weh wie dieser! Ganz alleine ritt der Herr Gâwân fort vom Lager und weit aufs Feld hinaus. Möge das Glück sich seiner annehmen!

Er sah einen Ritter halten am Wasser Sabîns, den dürfen wir getrost den Kiesel unter allen harten Männern nennen. Ein Hagelschlag war er in der Ritterschaft, Verrat kam seinem Herzen niemals nahe. Die große Schwachheit allerdings muß man seinem Leib nachrühmen, daß er nichts, was irgend Unruhm heißen könnte, keinen halben Finger groß und keine Spanne, aushalten konnte. Von diesem edlen Mann habt ihr vielleicht schon früher reden hören: Die Geschichte ist jetzt wieder an ihren rechten Stamm gekommen.

VIERZEHNTES BUCH

679 Wenn da mit Waffen eine Tjost geschieht von dem edlen Gâwân, dann fürchte ich für seine Ehre in dem Kampf so sehr wie nie zuvor. Auch um den andern sollte ich mich ängstigen, doch will ich das meine Sorge nicht sein lassen: Der war seinem Mann im Kampf ein Heer. Der Schmuck auf seinem Helm war aus dem Land der Heiden weit übers Meer geführt worden. Noch röter als ein Rubin war sein Waffenrock und ebenso die Kleider seines Pferds. Der Held war unterwegs, Abenteuer zu suchen: Sein Schild war überall durchstochen. Auch er hatte sich von dem Baum, den Gramoflanz bewachte, einen Kranz gebrochen; der leuchtete so schön, daß Gâwân erkannte, was für ein Zweig das war. Da fürchtete er Schande: Wenn es nämlich der König war, der da auf ihn wartete, und wenn der zum Kampf gegen ihn hinausgeritten war, dann mußte dieser Kampf hier und jetzt gekämpft werden, und sähe ihnen auch nicht eine einzige Dame dabei zu.

Aus Munsalvaesche stammten sie, die beiden Rösser, die nun losgelassen wurden. Die liefen gegeneinander zu einem gewaltigen Stechen: mit den Sporen wurden sie getrieben. Ganz grün mit lauter Klee und nicht mit Staub und Sand bedeckt lag da im Morgentau der Platz, wo diese Tjost geschah. Das tut mir weh, was diese beiden nun durchmachen müssen.

680 Genau richtig brachte jeder seinen Stoß: Tjostensöhne waren sie, der eine wie der andere. Wenig gewonnen, viel verloren hat derjenige von ihnen, der dort die Oberhand behält: Klug geworden muß er seinen Sieg beweinen. Ihrer beider Treue stand einander gegenüber, die hatte bei keinem von den zweien je in alten oder neuen Zeiten auch nur einen löchrigen Kratzer abbekommen.

Jetzt hört, wie diese Tjost geritten wurde: mit gewaltiger Attacke, doch so, daß keiner von den zweien sich dran freuen konnte. Ungeleugnete Verwandtschaft und dazu edle Freundesliebe zwischen Rittern war ja hier in einem Kampf mit sich selber aneinandergeraten, der wurde erbittert und mit scharfen Waffen geführt. Wer da für sich den Preis gewinnt, der muß dafür sein Glück als Geisel ins Gefängnis schicken zur Trauer.

Beide Hände brachten ihre Tjost so ins Ziel, daß der Cousin den Freund und der den andern niederwarf mitsamt dem Roß. Sogleich aber machten sie weiter. Die Schwerter waren ihre Schlegel und trieben gewaltige Keile hinein. Scherben von den Schilden und das Grün des Grases ergaben, je länger sie kämpften, eine immer glattere Mixtur. Sie mußten allzu lange warten, bis es sich endlich schied: Sie hatten früh am Morgen angefangen, und es griff keiner ein, sie auseinanderzubringen. Es war aber auch außer ihnen niemand da. 681

Wollt ihr vielleicht jetzt hören, wie es weitergeht, ich meine, wie zur selben Zeit des Artûs Boten beim König Gramoflanz ankamen und bei seinem Heer? Das war auf einem weiten Feld am Meer. Auf der einen Seite floß der Sabbîns, auf der anderen der Poynzaclîns. Die zwei Wasser wurden dort wie Seen so breit. Noch besser befestigt als mit Wasser war das Feld dort drüben: Rosche Sabbîns, die Hauptstadt, nahm mit Mauern und mit Gräben die vierte Kante ein und mit vielen Türmen, die hoch aufragten. Das Heer hatte auf dem Feld Quartier gemacht, eine gute Meile lang war das Lager und mehr als eine halbe Meile breit. Den Boten des Artûs begegnete eine Menge Ritter, die ihnen ganz unbekannt waren, dazu türkische Schützen, auch viele Fußknechte in Eisen und mit Lanzen. Den flatternden Zipfel dieses Aufzugs machten unter vielen Fahnen noch etliche andere große Scharen.

Von Posaunen erhob sich ein Gedröhne. Man sah nun, wie das ganze Heer in Bewegung geriet. Sie machten sich auf, nach Jôflanze zu ziehen, mit klingelndem Zaumzeug die Damen — der Zeltring des Königs Gramoflanz war rundum eingehegt mit edlen Frauen. Wenn 682
ich die Geschichte recht regieren will, muß ich euch jetzt sagen, wer alles da auf dem Gras sein Zelt aufgeschlagen und sich bei diesem Reichstag eingefunden hatte. Es ist ja doch wohl so, daß ihr das noch nicht wißt — so laßt es mich denn erzählen. Aus der Wasserfestung Punt

hatte ihm sein edler Mutterbruder, der König Brande-
lidelîn, sechshundert glänzende Damen zugebracht.
Jede von denen sah an ihrer Seite ihren *ami*: die waren
alle in Waffen, der Ritterschaft und der Ehre wegen.
Die edlen Punturteisen hatten sich mit Freuden dieser
Heerfahrt angeschlossen. Da war außerdem, das könnt
ihr mir ruhig glauben, der blitzende Bernout de Riviers;
sein Vater Nârant, der ein großer Herr gewesen war,
hatte ihm Uckerland hinterlassen. Jener brachte in Kog-
gen eine so strahlende Schar von Damen übers Meer, daß
alle im Lager sagen mußten, daß es wirklich ein glänzen-
der Anblick sei, und da war keiner, der etwas anderes
behauptet hätte. Zweihundert von ihnen, nämlich die
unverheirateten Mädchen, bildeten zusammen eine
eigene Schar — die übrigen zweihundert hatten Ehe-
männer dabei. Wenn ich genau hingeschaut habe, so
683 waren mit Bernout *fils de comte* Nârant fünfhundert
Ritter dorthingekommen, alle von bewährtem Adel und
Kämpfer, die jedem Feind gefährlich werden konn-
ten.

So wollte der König Gramoflanz im Zweikampf seine Blütenkrone rächen, daß es ja recht viele Leute sähen, wenn da der Sieger ausgerufen würde. Die Fürsten seines Reiches mit wohlgerüsteten Rittern und auch mit einem Heer von Damen waren gekommen. Schöne Menschen sah man dort.

Es kamen nun des Artûs Gesandte geritten. Hört, wie
die den König trafen. Ein dickes Polster aus Palmât lag
unter dem König; da wo er saß, war eine gesteppte Sei-
dendecke darübergebreitet. Mädchen, an denen Adel
strahlte und Heiterkeit, beschuhten den stolzen König
mit eisernen Stiefeln. Von einem Tuch aus Seidenbro-
kat, das breit war und lang und in Ecidemonîs gewebt,
glänzte kostbar Ehre, das fächelte hoch über ihm als
Sonnensegel an zwölf Schäften. Die Boten des Artûs
standen nun da. Zu ihm, der Herrenstolz in Fülle hatte,
sprachen sie diese Worte: »Mein Herr, uns hat Artus da
684 hergesandt, von dem alle wissen, daß er zu seiner Zeit
viel Ruhm erworben hat und Adel genug besaß. Den
wollt Ihr ihm schänden. Wie könnt Ihr denn auch nur
daran denken, seiner Schwester Sohn solchen Tort anzu-
tun? Wenn aber der edle Gâwân Euch mehr beleidigt
und gekränkt hätte, als er es wirklich tat, so könnte er
selbst dann mehr als jeder andere auf die Hilfe von der
Tafelrunde hoffen. Denn keiner von all denen, die auf

einen Platz an dieser Tafel Anspruch erheben, würde ihm die Kameradschaft verweigern.«

Der König sprach: »Ich habe es versprochen, und also wird meine Hand ohne Zittern diesen Kampf so führen, daß ich noch heute den Gâwân zu höchsten Ehren oder in die Schande jage. Man hat mir mit Wahrheit berichtet, Artûs sei mit einer bewaffneten Schar hier angekommen und seine Frau, die Königin. Die soll mir willkommen sein. Wenn die böse Herzogin ihn zu Unfreundlichkeiten gegen mich verleiten will, liebe Kinder, dann müßt ihr dazwischentreten. Es kann nun einmal nicht anders sein, als daß ich diesen Zweikampf führe. Ich habe so viele Ritter hier, daß Drohungen mich nicht schrecken. Was mir von eines einzigen Ritters Hand geschehen mag, die Not will ich gern aushalten. Wenn ich mich jetzt von dem abbringen ließe, was ich mir vorgenommen habe mit meinem Wort, so wollte ich eher
den Dienst um Liebe ganz aufgeben. Gott weiß, daß 685
jener es nur ihr, der ich mein Glück und mein Leben zu Füßen gelegt habe, verdankt; denn ich habe es sonst immer mit Verachtung abgelehnt, gegen einen einzelnen Mann zu kämpfen. Weil aber immerhin der edle Gâwân seinen Leib so tüchtig in Übung hält, freue ich mich auf den Kampf mit ihm. So gemein macht sich mein Heldentum — gegen derart schwache Kräfte habe ich noch nie gekämpft. Ich habe so gestritten, das sagen alle — wenn ihr es wünscht, erkundigt euch —, daß die Gegner nachher meiner Hand den Sieg zusprechen mußten. Ich habe niemals *einem* ein Haar gekrümmt. Es brauchen mich darum auch die Frauen nicht zu loben, wenn ich mir heute den Sieg hole. Es tut mir im Herzen wohl, daß ich erfahren habe, sie sei befreit, der dieser Kampf gewidmet sein soll. Dem weitberühmten Artûs, sagt man, gehören viele fremde Herrschaften: Vielleicht ist sie mit ihm hierhergekommen, für die ich, wenn sie es befiehlt, gehorsam Glück und Leiden tragen muß bis an den Tod? Wo könnte ich was Besseres gewinnen als dort, wo mir das Glück geschieht, daß sie so freundlich ist, meinen Dienst anzusehen?«

Bênê saß beim König und stützte ihm die herrscher- 686
lichen Arme. Sie blieb gelassen beim Gedanken an den Kampf. Sie hatte ja des Königs Heldentum schon oft am Werk gesehen, wenn er stritt, und also machte sie sich um ihn keine Sorgen. Hätte sie aber gewußt, daß Gâwân der Bruder ihrer Herrin war und daß alle diese

schlimmen Sachen auf ihren Herrn zielten, so hätte ihr das die frohe Laune verdorben. Sie war im Auftrag der jungen Königin Itonjê zum König gekommen und hatte ihm von ihr als Liebeszeichen ein Fingerringlein überbracht, und zwar jenes, das ihr berühmter Bruder vom anderen Ufer des Sabbîns geholt hatte. Bênê war auf dem Poynzaclîns in einem Nachen hergefahren. Und auch Neuigkeiten brachte sie ihm mit: »Von Schastel marveile ist meine Herrin abgereist mit einer Menge edler Damen.« Sie erinnerte ihn an all die Treue und die Ehre, die ihre Herrin ihm geschenkt hatte, mehr, als je ein Mann von einem edlen Kind empfing; sie beschwor ihn, er möge sich klarmachen, wie sehr sie um ihn leiden müsse, da sie alles andere ausgeschlagen habe, um ihm für Liebe ihren Dienst zu widmen.

Das machte den König froh und stolz. Und doch ist es nicht recht, wie er gegen Gâwân handelt. Wenn ich so für meine Schwester büßen müßte, dann wollte ich lieber keine Schwester haben.

687 Man trug ihm prächtige Dinge her, seine Rüstung damit zu schmücken, denen sah man an, daß sie viel Geld gekostet hatten. Keiner von allen, über denen je die Liebe ihre Geißel schwang und sie in Kämpfe trieb nach Frauenlohn, sei es Gahmuret oder Gâlôes oder der König Kyllikrates, hat wohl seinen Leib der Frauen wegen jemals schöner aufgeputzt. Von Ipopoticôn oder aus dem weiten Acratôn oder von Kalomidente oder von Agatyrsiente hat man niemals Phellelseide hergeführt, die besser gewesen wäre als jenes Stück, das man dort hernahm, den Ritter für den Kampf zu schmücken. Da küßte er das Ringlein, das Itonjê, die junge Königin, ihm aus Liebe geschickt hatte. Er wußte, daß er ihrer Treue trauen konnte: Wo ihn so harte Schläge treffen sollten, daß er sie allein nicht tragen könnte, da würde der Schild ihrer Liebe ihn schützen.

Der König war jetzt gerüstet. Zwölf adelige Mädchen auf schönen Zeltern gingen an ihr Werk. Wie auch nicht? Dafür war sie schließlich da, die Truppe in ihrem reinen Schimmer. Jede von ihnen hatte einen Schaft in der Hand, und daran war jener kostbare Seidenbrokat festgemacht, unter dem der König auf den Kampfplatz reiten wollte. Sie trugen das Schattendach über dem
688 Haupt des streitlüsternen Mannes. Zwei junge Damen, die allerdings nicht gar zu zart sein durften — auf ihnen nämlich lag ja außerdem der beste Glanz —,

ritten neben dem König und stützten ihm die starken Arme.

Da wurde jetzt nicht mehr lang verhandelt. Des Artûs Boten zogen fort und kamen auf ihrem Heimweg zu jenem Platz, wo Gâwân immer noch kämpfte. Das machte diesen Kindern angst wie nie zuvor, sie schrien laut, als sie ihn in seiner Bedrängnis sahen, ihre Treue befahl ihnen das. Es war schon fast soweit gekommen, daß der, der dort mit Gâwân kämpfte, den Sieg an sich genommen hätte. Dessen Kraft war so übermächtig, daß Gâwân, der doch ein tüchtiger Streiter war, beinah schon den Sieg verspielt hatte, als die Kinder ihn erkannten und in ihrem Schrecken mit Namen anriefen.

Dem andern, der ihm bis jetzt so reichlich Kampf
gegeben hatte, verging da alle Kampfeslust. Weit fort
warf seine Hand das Schwert. »Verflucht bin ich und
ohne Adel«, sprach weinend der Fremde. »Kein Segen
war an mir, daß meine Hand die Schande dieses Kampfes
erfahren mußte. Ganz verkehrt hat sie getan. Als ein
schuldiger Mann will ich mich ergeben. Hier ist mein
Unstern dazwischengetreten und hat mich mein Heil
nicht erkennen lassen. So sind denn die alten bösen 689
Zeichen auf meinen Waffen wieder einmal offenbar geworden,
als ich auf diesem Platz gegen den edlen Gâwân
kämpfte. Mich selber habe ich siegreich in den Staub
geworfen, meinem Unheil habe ich mich gestellt. Als
ich diesen Kampf begann, war ich von allem Glück verlassen.«

Gâwân hörte ihn und sah, wie sehr er klagte. Zu seinem Streitgenossen sprach er da: »Ach, mein Herr, wer seid Ihr? Ihr redet sehr gütig mit mir. Wären doch diese Worte nur früher gesagt worden, solange meine Kraft noch ungebrochen war! Dann hätte ich die Ehre behalten. So aber habt Ihr sie an Euch genommen. Ich wüßte gerne, wer Ihr seid und wo ich also meine Ehre wiederfinde, falls ich sie später einmal suche. In glücklicheren Tagen war keines Ritters Hand so stark, daß ich den Kampf mit ihr nicht ausgehalten hätte.«

»Cousin, als ergebenen Freund sollst du mich jetzt und immer erkennen: Ich bin dein Cousin Parzivâl.«

Gâwân sprach: »So war doch alles, was hier geschehen ist, recht und gut: krumm und dumm wird endlich grade. Hier haben zwei Herzen, die doch anders als einig gar nicht zu denken sind, in erbitterter Feindschaft ihre

Kraft sehen lassen. Deine Hand hat uns beide besiegt:
690 jetzt hast du zweimal Grund, es zu bereuen. Du hast dich selber überwunden, wenn du irgend Treue im Herzen trägst.«

Als diese Worte gesprochen waren, da konnte mein Herr Gâwân nicht länger aufrecht stehen, so geschwächt war er; er begann zu taumeln, ihm dröhnte der Kopf, und er stolperte nieder auf das Gras. Von den jungen Edelleuten des Artûs lief einer hin und faßte sein Haupt. Das zarte Kind band ihm den Helm ab und fächelte ihm mit einem weißen Hut aus Pfauenfedern Luft unter den Augen zu. Die Anstrengungen dieses Kindes verhalfen Gâwân zu neuen Kräften.

Aus beiden Heeren waren da Ritter in Scharen gekommen, die einen von da, die anderen von dort, zu ihren Plätzen diesseits und jenseits der Kampfbahn. Als Grenzpfosten hatte man große, schillernd bunte Baumstämme in die Erde getrieben. Das hatte Gramoflanz bezahlt, er war ja der Herausforderer. Hundert Stämme waren es, die blitzten und blinkten fein. Den Raum dazwischen sollte niemand betreten. Sie standen, so hat man mir erzählt, vierzigmal so weit auseinander, wie man für den Anlauf einer Tjost braucht, fünfzig auf jeder Seite, glänzend mit farbigen Blitzen. Dazwischen
691 sollte der Kampf stattfinden. Das Heer sollte draußen haltmachen, die einen von den andern so sicher wie durch eine Mauer oder einen tiefen Graben geschieden: Ein allgemeiner Friede sollte gelten, so hatten sie es einander in die Hand gelobt, Gâwân und Gramoflanz.

Bei jenem andern Zweikampf, der da ohne Forderung und Gelöbnis zustande gekommen war, hatten sich aus beiden Heeren viele Rotten eingefunden, die noch genug davon zu sehen bekamen, um sich ein Urteil zu bilden, wer die Ehre haben sollte. Die fragten sich auch, wer das sei, der da so ritterlich kämpfte, und wer der andere, dem seine Hiebe galten. Noch keines von den beiden Heeren hatte ja bis jetzt seinen Kämpfer in den Ring geschickt. Sie fanden das sehr sonderbar.

Als der Kampf zu Ende war auf der Blumenwiese, da kam der König Gramoflanz, der nun endlich Rache haben wollte für seinen Kranz. Er erfuhr, daß da so hart gekämpft worden war mit Schwertern, wie es noch keiner irgendwo gesehen hatte. Die so reichlich ausgeteilt hatten, waren einander doch gar nichts schuldig gewesen. Gramoflanz ritt aus seiner Schar hinein zu den erschöpften Streitern und klagte von Herzen über ihre Blessuren.

Gâwân war inzwischen wieder auf die Beine gekommen, ihm waren von der Anstrengung die Glieder lahm. Hier standen nun die zwei. Zusammen mit dem König war auch das Fräulein Bêne in den Ring geritten, wo der 692
Kampf stattgefunden hatte. Die sah Gâwân ganz entkräftet, den sie mehr verehrte als irgendeinen Mann sonst und der in ihren Augen die Krone höchster Herrlichkeit war. Mit einem Schrei, der nach innigem Jammer klang, sprang sie vom Pferd, mit den Armen umschlang sie ihn fest. Sie sprach: »Verflucht sei die Hand, die so schlimme Schläge auf Euren schimmernden Leib gemalt hat! Allen Männern war sein reiner Glanz wahrhaftig ein Spiegel schöner Mannheit!«

Sie ließ ihn sich niedersetzen auf das Gras. Wenig Tränen und Weinen behielt sie bei sich. Dann streichelte ihm das liebe Mädchen von den Augen Blut und Schweiß: ihm war in seiner Rüstung warm geworden.

Da sprach der König Gramoflanz: »Gâwân, mir tun deine Schmerzen leid, da nicht meine Hand sie dir angetan hat. Wenn du einverstanden bist, komm morgen wieder auf diesen Platz, um gegen mich zu kämpfen; so lange will ich warten. Denn wenn es jetzt und sofort sein müßte, wollte ich noch lieber gegen eine Frau antreten als gegen deinen erschöpften Leib. Was für Ehre wäre bei dir schon zu holen, da jeder sieht, daß du nicht bei Kräften bist? Ruh dich aus über Nacht, du wirst es morgen brauchen, wenn du geradestehen mußt für den König Lôt.«

Dem starken Parzivâl war aber nirgends Erschöpfung 693
anzusehen, und seine gesunde Farbe hatte nicht gelitten. Er hatte unterdessen seinen Helm abgebunden, da sah ihn nun der edle König. Den sprach er mit feinem Anstand an. »Mein Herr, wenn mein Cousin Gâwân Euch irgendwie beleidigt hat, dann laßt doch mich für ihn einstehen. Haltet Euch schadlos an mir, meine Arme sind noch stark genug. Es ist mein Recht und meine Pflicht, Euch mit dem Schwert daran zu hindern, daß Ihr ihm was Böses antut.«

Der Herr aus Rosche Sabbîns sprach: »Mein Herr, er wird mir morgen zahlen, was er schuldig ist. Es ist noch eine Rechnung offen für den Kranz: dessen Ehre muß wieder heil und edel werden, oder jener soll mich dorthin jagen, wo sich Schande unter meinen Füßen breitet.

Ihr mögt sonst ein großer Kriegsheld sein, doch dieser Kampf gehört Euch nicht.«

Da sprach Bênes süßer Mund zum König: »Ein treuloser Hund seid Ihr! In seiner Hand liegt Euer Herz: er ist Euer rechter Herr, dem Euer Herz da Krieg statt Treue geben will! Oder was meint Ihr denn, an wen Ihr Euch in Liebe gebunden habt? Dieser da ist es, dessen Gnade Eure Geliebte suchen muß bei allem Tun und Lassen! Euer eigener Mund spricht Euch das Urteil: Ihr habt die Liebe um ihr Recht betrogen. Wenn Ihr je geliebt habt, so war es die Liebe des Verräters!«

694 Gewaltiger Zorn hatte sich da Bahn gebrochen. Der König nahm Bêne beiseite. Er bat sie: »Meine Dame, sei mir nicht böse darum, daß dieser Kampf von mir gestritten wird. Bleib hier bei deinem Herrn: Sag Itonjê, seiner Schwester, daß ich in Treue ihr Ritter bin und ihr zu Ehren alles tun will, was ich kann.«

Als Bêne jetzt aus seinem Mund die volle Wahrheit erfuhr, daß ihr Herr, der dort auf dem Rasen kämpfen sollte, der Bruder ihrer Herrin war, da regte Jammer mächtig seine Ruder und fuhr eine schwere Ladung Herzleid in ihr Herz hinein: In ihrem Herzen war Treue daheim. Sie sprach: »Fort mit Euch, verfluchter Mann! Ihr habt Treue nie gekannt!«

Der König ritt weg und mit ihm alle die Seinen. Die Edelknaben des Artûs hatten die Pferde der zwei Ritter eingefangen. Die Rösser waren in ihrer Weise auch vom Kampf gezeichnet.

Gâwân und Parzivâl und Bêne, die leuchtend Schöne, ritten von da fort zu ihrem Heer. Parzivâl hatte sich mannhaft geschlagen und die Ehre des Kampfes gewonnen, doch so, daß alle sich freuten, als er zu ihnen kam. Alle, die ihn kommen sahen, priesen und lobten ihn sehr.

695 Und sogar noch mehr sage ich euch von ihm — ich will's jedenfalls versuchen —: Von diesem einen Mann sprachen in beiden Heeren die vernünftigen Leute nichts als Gutes, alle priesen sein Rittertum. Der dort den Ruhm an sich genommen hat, das ist — wenn ihr erlaubt — kein anderer als Parzivâl. Und leuchtend von Schönheit und Adel war er zudem; nie war ein Ritter besser geraten, das sagten Weib und Mann, als ihn Gâwân ins Lager brachte. Der behandelte ihn mit Aufmerksamkeit und ließ ihn neu einkleiden: Man brachte ihnen zwei gleiche Gewänder her, die waren selten kostbar. Überall

sprach es sich herum, daß Parzivâl angekommen war, von dessen großen Taten man schon so viel gehört hatte. Viele Fürsprecher hatte da sein Ruhm.

Gâwân sprach: »Wenn du vier Damen aus deiner Verwandtschaft und anderen schönen Damen einen Besuch machen willst, so ist es mir ein Vergnügen, dich zu begleiten.«

Da sagte Gahmurets Kind: »Wenn hier edle Damen
sind, so mußt du ihnen die peinliche Begegnung mit mir
ersparen. Mein Anblick kann wohl kaum erwünscht sein
bei all denen, die zuhörten, als man mich am Plimizoel
einen Verräter schimpfte. Da sei Gott vor, daß die Ehre 696
der Frauen so zu Schaden käme. Jenes besondere Heil,
das an edlen Frauen liegt, soll von mir niemals eine
Kränkung erfahren. Ich schäme mich noch zu arg, als
daß ich ihnen vor die Augen treten wollte.«

»Und trotzdem muß es sein«, sprach Gâwân. Er führte Parzivâl fort und dahin, wo vier Königinnen ihn küßten. Für die Herzogin war es eine Qual, daß sie den küssen mußte, der damals ihre Zärtlichkeiten verschmähte, als sie ihm Liebe anbot und ihr Land; das war ihr jetzt peinlich, und sie litt sehr. Vor Lôgroys hatte er damals gekämpft, und sie war ihm sogar noch ziemlich weit nachgeritten.

Parzivâl, den Schönen, plauderte man da mit leichter Konversation über alle drohenden Gefahren sicher hinweg, und schließlich war die Scham ganz aus seinem Herzen hinauskomplimentiert. Er verlor seine Schüchternheit und wurde fröhlich.

Gâwân, der gewissenhaft worthalten wollte, verbot dem Fräulein Bêne — und drohte ihrem süßen Mund mit seiner Ungnade —, Itonjê etwas davon zu sagen: »Daß mir der König Gramoflanz die Fehde angesagt hat wegen seines Kranzes und daß wir morgen zur rechten Zeit uns auf dem Kampfplatz treffen, davon darfst du meiner Schwester nichts erzählen, und laß sie auch dein Weinen ja nicht hören!«

Sie sprach: »Ich habe Grund genug, zu weinen und 697
immerfort meine Trauer auszuschreien. Ganz gleich
welcher von Euch beiden dort auf dem Feld liegenbleibt,
so ist es doch ein Unglück, das meiner Herrin nahegeht:
Auf dieser wie auf jener Seite trifft sie der tödliche Hieb.
Ich habe guten Grund, meine Herrin und mich selber
zu bejammern. Was hilft es denn, daß Ihr ihr Bruder
seid? Trotzdem zückt Ihr das Schwert gegen ihr Herz.«

Das Heer war wieder ganz im Lager einmarschiert. Gâwân und seinen Kameraden wurde das Essen aufgetragen. Mit der Herzogin sollte in Heiterkeit Parzivâl speisen. Natürlich wurde dabei nichts versäumt, was höflich ist: Gâwân legte ihr ans Herz, recht gut für ihn zu sorgen. Sie sprach: »Den, der nur Hohn für Damen hat, wollt Ihr neben mich setzen? Wie soll ich diesen Mann bedienen? Doch will ich mich um ihn kümmern, da Ihr es befehlt. Mir soll es gleichgültig sein, wenn er es als schlechten Scherz aufnimmt.«

Da sprach Gahmurets Sohn: »Meine Dame, Ihr tut mir unrecht. So klug kenne ich meinen Leib, daß er mit Hohn nie einer Frau zu nahe träte.«

Was man nur hatte, bot man auf in Menge. Mit großer Courtoisie wurde serviert. Mädchen, Frauen und Männer tafelten in Herrlichkeit. Bei alledem entgingen doch Itonjê nicht Bênes Augen, sie merkte, daß die heimlich
698 weinten. Da wurde auch sie selber ganz elend, ihr lieber Mund verschmähte alles Essen. Sie dachte: ›Was tut Bêne hier? Ich hatte sie doch fortgeschickt zu dem, der dort in seiner Brust mein Herz trägt — und trotzdem läßt es mich jetzt hier so angstvoll beben? Was habe ich verbrochen? Hat der König meinen Dienst und meine Liebe aufgekündigt? Was hätte aber auch sein treuer, starker Mut noch von mir zu erhoffen? Ich habe ja nichts behalten als meinen armen Leib. Auch den muß ich nun hingeben, wenn er mir in herzlicher Sehnsucht nach ihm stirbt.‹

Als man das Mahl beendet hatte, da war just Mittag vorbei. Artûs und seine Frau, die edle Gynovêr, die Königin, ritten mit Rittern und mit einer Rotte Damen dorthin, wo der Schöne saß inmitten eines Hofstaats von lauter adeligen Frauen. Ein großes Willkommen wurde Parzivâl zuteil: Mit eigenen Augen sah er sich viele feine Damen küssen. Artûs erwies ihm alle Ehren und wurde nicht müde, ihm zu danken, und sprach von seinem Ritteradel, der so hoch und lang und natürlich auch so breit sei, daß Parzivâl vor allen Männern Ruhm und Preis gebühre.

699 Der Wâleise sprach zu Artûs: »Mein Herr, als ich Euch das letztemal besuchte, da hat man mir ein großes Loch durch meine Ehre gerannt. Da bin ich so sehr an meinem Ruhm geplündert worden, daß mir kaum Ruhm mehr übrigblieb. Jetzt habe ich, mein Herr, von Euch gehört — ich denke doch, Ihr sagt mir das nicht bloß zum

Spott —, daß an mir wieder ein bißchen Ruhm zu sehen sei. Es fällt mir nicht gerade leicht, das anzunehmen, doch möchte ich es Euch gern glauben. Wenn es nur alle die andern auch glauben wollten, von denen ich damals in Schande fortging!«

Die da saßen, versicherten ihm, daß die Ehre seiner Hand über viele Länder reiche, so hohe Ehre habe sie gewonnen, daß seine Ehre ohne Makel sei.

Alle die Ritter der Herzogin kamen dann da her, wo der schöne Parzivâl bei Artûs saß. Der edle König ließ es sich nicht nehmen, sie im Haus des Gastgebers willkommen zu heißen. So klug und voller Courtoisie war Artûs, daß er, obwohl Gâwâns Zelt doch sehr viel Platz bot, auf freiem Feld davor seinen Sitz nahm. Die anderen setzten sich rundum am Ring. Lauter fremdes Volk hatte sich da zusammengefunden. Wer der und jener war und jeden Christen und Türken mit Namen vorzu-
stellen, das gäbe einen breiten Roman: Wer war da von 700
Clinschors Scharen? Wer waren jene starken Ritter, die schon so oft von Lôgroys ausgezogen waren, um für die Orgelûse zu kämpfen? Wen alles hatte Artûs mitgebracht? Wenn einer alle die Länder und die Häuser kennen und nennen und herzählen wollte, der hätte sich ein schweres Werk vorgenommen. Alle miteinander aber sagten sie, daß Parzivâl und niemand sonst mehr als jeder andere adeligen Glanz am Leib habe, so schön sei der, daß ihn die Frauen wohl liebhaben möchten. Und alles das, was man zum Ruhm braucht, das gebe ihm sein Rittertum, und nicht zu knapp.

Gahmurets Kind stand auf. Er sprach: »Alle, die hier sind, sollen stille sitzen und mir ein Ding gewinnen helfen, das ich mit Schmerzen vermisse. Geheimnisvoll und wunderhaft ist es zugegangen, als ich aus der Tafelrunde gestoßen wurde. Die einst dort meine Genossen waren, mögen mich wieder zu ihrem Freund annehmen und mir zu einem Platz in diesem Kreis verhelfen.« Was er verlangte, sagte Artûs ihm sogleich zu.

Da sprach er noch eine zweite Bitte aus — er war mit wenigen Männern beiseite getreten —, daß nämlich Gâwân ihm den Kampf schenken möge, den er am nächsten Morgen zu vereinbarter Stunde kämpfen sollte.
»Ich möchte gerne auf den warten, der da *roi* Gramoflanz 701
heißt. Von seinem Baum habe ich mir heute früh einen Kranz gebrochen in der Hoffnung, daß er mir Kampf dafür brächte. Um zu kämpfen, bin ich in sein Land ge-

kommen, nichts als Kampf will ich haben von seiner Hand. Cousin, ich konnte nicht leicht vermuten, daß ich *dich* hier träfe — das war das schlimmste Unglück, das mir je geschah. Ich glaubte, es wäre der König, der mich nicht lange warten ließe auf meinen Kampf. Cousin, laß mich doch gegen ihn antreten. Wenn es ihm denn bestimmt ist, die Ehre zu verlieren, so soll es durch meine Hand geschehen; die bringt ihm so viel Schaden, daß er wahrhaftig dran genug hat. Mein alter Platz an der Tafelrunde ist mir hier zurückgegeben worden. So darf ich, lieber Cousin, aus Kameradschaft diese Sache an mich nehmen. Bedenke auch, daß wir, wie jeder weiß, verwandt sind: Überlaß mir also diesen Kampf, da zeige ich dann Mannheit und Kraft.«

Da sprach mein Herr Gâwân: »Viele Verwandte und sogar einen Bruder habe ich hier beim König von Bretâne. Keinem von euch allen will ich es erlauben, an meiner Stelle zu kämpfen. Ich vertraue auf das Recht, das ist auf meiner Seite, und wenn dazu das Glück es fügt, so werde ich den Sieg behalten. Gott vergelt's dir, daß du dich für mich schlagen willst, doch ist das vorerst noch nicht nötig.«

702 Artûs hatte die Bitte mit angehört. Dem Disput machte er ein Ende und nötigte sie, wieder in der Runde Platz zu nehmen. Gâwâns Mundschenk war nicht faul: Adelige Buben mußten viele kostbare Pokale hertragen, golden waren die mit Edelsteinen. Der Mundschenk konnte nicht alleine die ganze Arbeit tun. Als man getrunken hatte, brachen die Leute alle auf und begaben sich zur Ruhe. Es wurde auch schon langsam Nacht.

Parzivâl richtete seine Sachen her: er sah seine ganze Rüstung durch, und wenn da irgendwo ein Riemen fehlte, so ließ er ihn ersetzen und alles aufs schönste polieren. Auch einen neuen Schild befahl er zu besorgen — der seine war außen und innen durchlöchert und zerschlagen —, und zwar einen, der auch etwas aushielte. Das alles mußten Knappen tun, die ihm völlig unbekannt waren, darunter etliche Franzosen. Um sein Streitroß, jenes, das der Tempelritter gegen ihn zur Tjost geritten hatte, kümmerte sich auch ein Knappe: Es wurde da so schön gestriegelt wie niemals mehr in seinem Leben. Da war es Nacht und Schlafenszeit geworden, Parzivâl schlief auch. Vor ihm lag seine Rüstung bereit.

703 Der König Gramoflanz aber konnte es nicht verwinden, daß an diesem Morgen ein fremder Mann für seinen

Kranz gekämpft hatte. Und seine Leute hatten es nicht gewagt und vermocht, das zu verhindern. Er machte sich bittere Vorwürfe, er sei zu spät gekommen. Was also tat der Held? Weil er viel Ehre zu verlieren hatte, stand beim ersten Tagesschimmer sein Roß gerüstet da und ebenso sein Leib. Ob hochmögende Frauen wohl auch was beigesteuert haben zu seinem Waffenschmuck? Der war auch so schon kostbar genug. Einem Mädchen zu Ehren machte er den Leib so prächtig, ihr diente er ohne Furcht. Alleine ritt er los und stellte sich auf die Wacht. Das machte dem König schwer zu schaffen, daß nicht sogleich der edle Gâwân sich auf dem Kampfplatz blicken ließ.

Da hatte sich auch in aller Heimlichkeit Parzivâl aufs freie Feld hinausgestohlen. Von einer Fahne hatte er den Schaft mitgenommen, das war ein starker Speer aus Angram, und er trug seine Rüstung. Der Held ritt ganz alleine hinaus zu den spiegligen Stämmen, wo der Zweikampf stattfinden sollte. Dort sah er den König halten.

Ehe einer von den beiden auch nur *ein* Wort zum ande- 704
ren gesprochen hätte, so heißt es, sei jedem schon ein Stich durch den Rand des Schilds gefahren, daß vor den Händen die Splitter aufspritzten im hohen Bogen durch die Luft. Im Tjostieren waren beide Meister und auch sonst im Kampf. Zerpflügt wurde der Tau auf der ganzen weiten Wiese, die Helme geklopft mit scharfen Eisen, die gut schnitten. Beide kämpften tapfer. Da wurde die Wiese zerstampft, der Tau überall niedergetreten. Mir tun sie leid, die roten Blumen und mehr noch die Helden, die da ohne Angst Schreckliches aushielten. Wem könnte so was auch gefallen oder nur gleichgültig sein, dem keiner von den beiden etwas Böses getan hat?

Jetzt machte sich auch der Herr Gâwân fertig zum schlimmen Geschäft des Kampfes. Es war mitten am Morgen, als es sich herumsprach, daß man da nirgends den kühnen Parzivâl finden konnte. Ob er vielleicht versuchte, die Sache gütlich beizulegen? Nun, es sieht nicht danach aus: Er kämpfte ebenso mannhaft wie sein Gegner, der auch nichts anderes im Sinn hatte als Kämpfen. Da stand die Sonne schon hoch.

Dem Gâwân sang ein Bischof die Messe. Da gab es ein 705
großes Gedränge von Leuten; Ritter und Damen sah man zu Pferd am Zeltring des Artûs, ehe man dort noch ausgesungen hatte. Der König Artûs für seinen Teil

blieb aber stehen, wo die Priester das Amt zelebrierten. Als das *Benedicat vos* vorüber war, da legte Gâwân seine Rüstung an. Seine eisernen Stiefel über schönen Beinen hatte der Stolze die Leute schon vorher sehen lassen. Dann begannen die Damen mit ihrem Weinen. Das ganze Heer zog hinaus, wo sie die Schwerter klingen hörten und wie man aus Helmen Feuer schlug und kraftvolle Hiebe.

Der König Gramoflanz blieb in seiner Weise seinem alten Brauch treu: Er hatte es immer mit Verachtung weit von sich gewiesen, mit nur einem Mann zu kämpfen — hier nun konnte er sich einbilden, daß er's gar mit sechsen zu tun hätte. Es war aber bloß Parzivâl allein, der da solche Ritterkünste sehen ließ. Der hat ihm eine Lektion erteilt, für die man ihn noch heute preist: Jener hat niemals wieder auf die Ehre Anspruch erhoben, zwei Männern zugleich die Stirn zu bieten, denn dort kriegt er nun von *einem* mehr Kampf, als er vertragen kann.

706 Die Heerschar war an beiden Seiten der weiten, grünen
Wiese aufgezogen, die einen an diesem, die anderen an
jenem Ende. Sie schauten diesem gefährlichen Spiel zu.
Sie hatten die Rösser stehenlassen, die tapferen Helden:
Nun stritten die Edlen zu Fuß auf der Erde einen harten
Kampf. Jeder konnte sehen, daß die nicht mit stumpfen
Klingen fochten. Hoch flogen immer wieder die Schwer-
★ ter aus den Händen der Recken empor: die wechselten
so die Schneiden.

Das war eine saure Steuer, die dem König Gramoflanz sein Kranz einbrachte. Aber auch der Cousin seiner Geliebten erlebte da nicht eben schöne Stunden. Auf diese Weise hatte der edle Parzivâl von der strahlend schönen Itonjê nur Schläge und hätte doch, wenn es mit rechten Dingen zugegangen wäre, von ihr im Gegenteil Wohltaten erwarten dürfen! Nach Ehre waren diese Ritter in ihrem Leben weit gereist, die mußten sie mit hartem Kampf einbringen: Der eine kämpfte, um dem Freund zu helfen, dem anderen hatte Liebe das befohlen, und ihr mußte er in allem gehorsam sein.

Jetzt kam mein Herr Gâwân dazu. Da war er schon
ganz nahe dran, den Sieg an sich zu nehmen, der stolze,
707 kühne Wâleise. Brandelidelîn von Punturteis und Ber-
nout de Riviers und Affinamus von Clitiers, mit bloßen
Häuptern ohne Helm ritten diese drei zu den Kämpfen-
den hinein. Artûs und Gâwân ritten von der anderen
Seite auf die Wiese, wo die erschöpften Streiter standen.

Die fünfe wurden schnell einig: sie wollten den Kampf scheiden. Dafür war nun eben die rechte Zeit gekommen, so dachte Gramoflanz, und das gab er auch offen zu: er sagte, daß dem, den man da bei ihm auf der Kampfbahn sah, der Sieg gehöre — und er war gewiß nicht der einzige, der so urteilte.

Da sprach der Sohn des König Lôt: »Herr König, ich will heute an Euch tun, wie Ihr gestern an mir getan habt mit der Bitte, ich möge mich ausruhen: Ruht Euch aus heute nacht, Ihr werdet es morgen nötig haben. Der Euch diesen Kampf geboten hat, der hat Euch nicht viel Kraft gelassen gegen meine Faust. Jetzt könnte ich es gut alleine mit Euch aufnehmen — leider aber tut Ihr es partout nicht unter zweien. Morgen will ich es alleine wagen, Gott mag dann zeigen, ob ich im Recht bin.«

Der König ritt fort zu den Seinen. Vorher gab er noch sein Wort, daß er am Morgen auf den Platz da reiten werde, um gegen Gâwân zu kämpfen.

Artûs sprach zu Parzivâl: »Lieber Neffe, jetzt ist es 708
doch nach deinem Kopf gegangen — ich meine: nachdem du erst um den Kampf batest mit wildem Mut und Gâwân es dir abschlug, so daß dein Mund in bitterliches Klagen ausbrach, hast du jetzt doch den Kampf mit dem, der da gewartet hat, gestritten, ob es uns freut oder nicht. Du hast dich als ein Dieb von uns geschlichen, wir hätten sonst nicht zugelassen, daß du die Hand nach diesem Kampf ausstrecktest. Trotzdem braucht Gâwân nun nicht böse auf dich zu sein, soviel Rühmens man auch um dich machen wird.«

Gâwân sprach: »Adel und Ehre, die mein Cousin hat, tun mir nicht weh. Selbst morgen kommt mir dieser Kampf ja noch zu früh, wenn es denn wirklich sein muß, daß ich es anpacke. Ich wünschte, der König erließe es mir, ich wollte es ihm hoch anrechnen, wenn er ein Einsehen hätte.«

Alle die Scharen des Heers ritten heim ins Lager. Da sah man schöne Damen und viele Männer im Schmuck der Waffen. Kein Heer hat jemals größere Wunder aufgeboten an schimmernder Pracht. Die von der Tafelrunde und die Leute der Herzogin ließen ihre Waffenröcke scheinen mit Seidenbrokat von Cynidunte, und auch von Pelpîunte hatte man Stoffe eingekauft: prächtig 709
leuchteten die Couvertüren. Parzivâl, der Schöne, wurde in beiden Heeren so gerühmt, daß die Seinen sich darüber freuen konnten. Die im Heer des Gramoflanz sagten,

daß gar nie und zu keiner Zeit ein so gewaltiger Ritter gewesen sei unter der Sonne. Von alledem, was da auf beiden Seiten vollbracht wurde, müsse er ganz allein die Ehre haben. Und doch haben sie nicht die geringste Ahnung, wer der ist, zu dessen Ruhm da jeder spricht.

Sie gaben Gramoflanz den Rat, er täte gut daran, wenn er zu Artûs schickte und ihm ausrichten ließe, er möge ja aufpassen, daß nicht wieder ein anderer aus seinem Heer gegen ihn zum Zweikampf käme; er solle ihm den Rechten senden, Gâwân, den Sohn des König Lôt, mit dem wolle er die Sache ausfechten.

Die Boten wurden fortgesandt. Es waren zwei kluge Knaben von bewährter Courtoisie. Der König sprach: »Ihr müßt da aufpassen, welcher unter all den glänzenden Damen euer höchstes Lob gebührt. Und haltet besonders Ausschau nach einer, bei der Bêne sitzen muß. Nehmt es genau in euren Sinn, wie jene Dame sich beträgt. Ob sie wohl heiter ist oder niedergeschlagen,
710 das sollt ihr unauffällig beobachten. An ihren Augen seht ihr es genau, wenn sie Sehnsucht leidet nach einem geliebten Mann. Seht zu, daß euch ja nichts dergleichen entgeht, und gebt meiner lieben Bêne das Schreiben und dazu diesen Ring: die weiß dann schon, für wen es bestimmt ist. Benehmt euch, wie es sich gehört, dann macht ihr es recht.«

Drüben auf der anderen Seite war jetzt dies passiert: Itonjê hatte dort erfahren, daß ihr Bruder und der liebste Mann, den je ein Mädchen in ihr Herz geschlossen hatte, gegeneinander kämpfen sollten und sich davon nicht abbringen ließen. Da sprengte wilder Jammer ihre Schüchternheit. Wenn hier einer ist, der von der Armen sagt: geschieht ihr recht, der tut das ohne meinen Rat. Das hat sie wirklich nicht verdient.

Ihre Mutter und dazu ihre Großmutter, die führten das Mädchen weg in ein kleines Zelt aus Seide. Arnîve schimpfte sie sehr für ihre Tränen und tadelte ihr schlechtes Benehmen. Da blieb ihr nichts anderes mehr übrig, und sie gestand nun frei heraus, was sie so lange vor ihnen verborgen hatte. Das adelige Mädchen sprach: »Soll mir jetzt meines Bruders Hand das Leben in meinem Herzen durchbohren? Man könnte doch meinen, daß er das gerne bleibenließe!«

711 Zu einem Edelknaben sprach Arnîve: »Geh, sag meinem Sohn, daß ich sofort mit ihm sprechen muß, und er soll es so einrichten, daß er allein ist.«

Der Knappe holte Artûs her. Arnîve hatte sich überlegt, sie wollte es den König hören lassen — vielleicht könnte er ja etwas dagegen tun —, um wen die reine Itonjê so sehr von Herzen litt.

Die Knaben vom König Gramoflanz sind inzwischen
eingetroffen und möchten den Artûs sprechen. An dem
freien Platz vor dem kleinen Zelt stiegen sie von ihren
Pferden. Da sah der eine Bêne sitzen und bei ihr eine
Dame, die mit Artûs sprach. »Nennt das die Herzogin
Ehre, wenn mein Bruder mir meinen Geliebten erschlägt,
nur weil sie in ihrem Leichtsinn es wünscht? Ein *Verbrechen*
könnte er es besser nennen. Was hat der König
ihm angetan? Er müßte ihn um meinetwillen schonen.
Wenn mein Bruder nicht ganz unsinnig geworden ist, so
weiß er, daß unser beider Liebe lauter ist ohne etwas
Trübes, und wenn er Treue im Leib hat, so wird es ihm
nachher leid tun, was seine Hand mir bereitet; denn ich
werde elend dem König nachsterben. Herr, so klage
ich vor Euch«, sprach zu Artûs das süße Mädchen. »Nun 712
überlegt Euch, ob Ihr mein Oheim sein wollt: Aus
Treue müßt Ihr diesen Kampf verhindern.«

Es sprach nun des Artûs kluger Mund: »Ach, meine liebe Nichte, wie schön an deiner Jugend hohe Liebe glänzt! Das muß ein saures Ende nehmen. Genauso ist es deiner Schwester Sûrdâmûr ergangen mit dem *empereur* der Griechen. Du liebes, schönes Mädchen, ich könnte diesen Kampf schon scheiden, wenn ich nur wüßte, ob es auch auf seiner Seite so ist, wie du sagst, ich meine, ob sein Herz und deines einig sind. Gramoflanz, des Irôt Kind, ist ein Mann aus Eisen, und darum wird der Kampf gekämpft werden — nur deine Liebe allein könnte dazwischentreten. Hat er denn dein schönes Bild schon einmal — bei Verwandten etwa — mit eigenen Augen gesehen?«

Sie sprach: »Nichts dergleichen ist geschehen, wir lieben einander blind. Er hat mir aber zum zärtlichen Gedenken und wie es üblich ist bei Liebenden viele kostbare Geschenke gesandt. Und er hat von meiner Hand auch etwas erhalten zum Zeichen wahrer Zärtlichkeit und um alles Schwanken fortzujagen. Der König kann mich nicht lassen, in seinem Herzen hat der Verrat nichts zu sagen.«

Das Edelfräulein Bêne kannte die beiden Knappen da 713
sehr wohl: vom König Gramoflanz sind ja diese Buben
zu Artûs geschickt worden. Sie sprach: »Wir können

hier kein Publikum brauchen. Wenn Ihr erlaubt, so sage ich den Leuten, die zwischen den Zeltschnüren herumstehen, sie sollen sich entfernen. Da meine Herrin solchen Aufruhr macht um ihren Geliebten, würde sonst die ganze Sache bald in aller Öffentlichkeit ausgeschrieen.«

Das Fräulein Bêne wurde also hinausgeschickt. Da drückte eines der Kinder ihr den Brief und den Ring in die Hand. Es war ihnen auch nicht entgangen, wie sehr die Dame, die ja ihre Herrin war, litt, und sie sagten, sie seien gekommen, um mit Artûs zu sprechen; ob sie so gut sein wolle, ihnen das zu erwirken. Sie sprach: »Stellt euch dort drüben hin und wartet, bis ich euch zu mir rufe.«

Von Bêne erfuhr dann das liebe Mädchen im Zelt, daß Boten des Gramoflanz angekommen waren und nach dem König Artûs fragten. »Ich hielt es nicht für angebracht, sie gleich herzuweisen in diese Runde. Wie käme ich dazu, solche Bosheit meiner Herrin anzutun und die beiden hier sehen zu lassen, wie sie weint.«

714 Artûs sprach: »Sind das die Knaben, die ich vorhin bei meiner Ankunft gesehen habe, als sie an diesen Ring ritten? Das sind zwei Kinder aus hohem Adel. Vielleicht sind sie gar fein genug und mit so reinen Absichten hergekommen, daß es nicht unpassend wäre, sie an unserer Beratung teilnehmen zu lassen? Mindestens einer wird ja so klug sein und die Liebe seines Herrn an meiner Nichte erkennen.«

Bêne sprach: »Von alledem weiß ich nichts. Aber, Herr, wenn Ihr erlaubt: Diesen Ring hat der König geschickt und diesen Brief. Als ich eben vor den Pavillon lief, gab ihn mir einer von den Buben. Da, Herrin, nehmt Ihr ihn.«

Da wurde der Brief viel geküßt, Itonjê drückte ihn an ihre Brust. Sie sagte: »Mein Herr, jetzt schaut nach, ob der König mir darin von Liebe spricht.«

Artûs nahm den Brief in seine Hand und fand darin aufgeschrieben, was der Mund des Gramoflanz, des Treuen — denn der verstand zu lieben —, gesprochen hatte. Artûs sah in dem Brief Liebe, die war so maßlos und absolut, wie er es, seit er denken konnte, noch nicht
erfahren hatte. Was da stand, das ließ allerdings auf
715 Liebe schließen: »Ich grüße die, der mein Gruß gilt, wo
immer ich mit meinen Taten mir ihren Gruß zu verdienen suche. Mein Fräulein, dich habe ich ganz tief in meinem Sinn, denn du bist der Trost, auf den ich ver-

traue. Deine Liebe und die meine geben einander nichts nach: das ist die Wurzel, aus der meine Seligkeit treibt. Auf deinen Trost vertraue ich mehr als auf alles, weil dein Herz treu ist gegen mich. Du bist Schloß und Riegel meiner Treue, und du machst alles Weh in meinem Herzen zunichte. Deine Liebe macht mich reich und mächtig, kein Mangel oder Makel bleibt an mir bestehen. Ich darf von deiner Güte sagen, daß sie fest und ewig steht wie der *Pôlus artanticus* und ihm gegenüber der *Tremuntân*: keiner von denen weicht von seinem Ort. Unsre Liebe muß in gleicher Treue bleiben, das eine kann vom anderen nicht lassen. Vergiß nicht, du edles Mädchen, all meine Leiden, die ich dir geklagt habe: laß nicht nach in deiner Güte gegen mich. Wenn dich je einer meiner Feinde von mir trennen will, so denke daran, wieviel Lohn die Liebe uns beiden zu geben vermag. Behüte deine Ehre vor Schaden — sie ist zugleich die Ehre *aller* edlen Damen — und laß mich dein Ritter sein: Was ich nur ersinnen kann, will ich dir zuliebetun.«

Artûs sprach: »Nichte, du hast recht, des Königs Grüße 716
sprechen es klar und deutlich aus. Was dieser Brief mir sagt, das ist ganz erstaunlich; dergleichen ist mir in Liebesdingen noch nicht vorgekommen. Du mußt ihn vor allem Bösen bewahren und er dich. Überlaßt ihr beiden jetzt die Sache mir: Ich will den Kampf verhindern. Du spare unterdessen deine Tränen. Nun aber sag — du warst doch dort in der Burg gefangen: wie ist es zugegangen, daß ihr euch ineinander verlieben konntet? Du mußt deinem Ritter aus dem Schatz der Liebe etwas geben, denn er dient nicht umsonst.«

Itonjê, des Artûs Nichte, sprach: »Sie ist hier, die uns zusammenbrachte. Keine von uns beiden hat je ein Wort davon lautwerden lassen. Wenn Ihr es wünscht, so macht sie, daß ich ihn sehe, dem mein Herz gehört.«

Artûs sprach: »Die zeige mir! Was in meiner Macht steht, will ich für ihn und für dich tun, damit alles so geschehe, wie ihr wünscht, und ihr beide glücklich werdet.«

Itonjê sprach: »Es ist Bêne. Und dann sind ja auch noch zwei von seinen Knappen hier. Vielleicht, wenn Euch mein Leben nicht ganz gleichgültig ist, könntet Ihr einen Versuch machen, ob der König mich sehen will, von dem all mein Glück abhängt.«

Artûs, aufmerksam und fein, wie er war, ging gleich 717
zu den Kindern dort draußen. Er sah sie und hieß sie

willkommen. Da sprach einer von den Buben zu ihm: »Mein Herr, der König Gramoflanz bittet Euch, Ihr möchtet zu den Abmachungen, die zwischen ihm und Gâwân getroffen wurden, Euer Wort hinzutun — zu Eurer eigenen Ehre —, damit sie so recht vollständig und fest werden. Herr, er bittet Euch weiter, daß kein anderer als Gâwân ihm den Kampf liefern möge. Euer Heer streckt sich so weit dahin — wenn er die alle niederringen sollte, das kann doch nicht recht sein! Niemandem sonst als Gâwân dürft Ihr erlauben hinzureiten, der ist es, der gefordert wurde.«

Der König sprach zu den Kindern: »Von diesem Vorwurf will ich uns befreien. Für meinen Neffen war es das schlimmste Unglück, daß er da nicht selber kämpfte. Der aber mit eurem Herrn focht, der ist ein Sieger von Geburt: Er ist Gahmurets Kind. Alle die in drei Heeren diesseits oder jenseits standen, haben nie von einem Helden auch nur gehört, der sich so mannhaft geschlagen hätte: Schiere Ehre ist seine Tat. Es ist mein Neffe Parzivâl. Ihr werdet ihn sehen, den Schönen in seinem Glanz.
718 Damit des Gâwân Ehrenwort nicht zu Schaden komme, will ich tun, was der König von mir verlangt.«

Artûs und Bêne und dazu die zwei Knappen ritten nun hierhin und dorthin im Lager. Er ließ vor den Kindern den Glanz so mancher Dame blitzen. Und sie bekamen auch viel Rauschen von wogendem Helmschmuck zu sehen. Noch heute bricht ein hoher Herr sich wenig ab von seiner Würde, wenn er mit andern Leuten freundlich umgeht wie mit seinesgleichen. Sie stiegen nirgends von den Pferden. Artûs zeigte die Edlen überall im Lager diesen Kindern. Die konnten da die ganze Herrlichkeit bestaunen an Rittern, Mädchen und Frauen, viele schöne Menschen waren dort. In drei Haufen lagerte das Heer, geteilt durch zwei Schneisen

Artûs ritt zusammen mit den Kindern weg vom Heer hinaus aufs freie Feld. Er sprach: »Bêne, liebes Mädchen, du hast gehört, was meiner Schwester Kind Itonjê mir geklagt hat. Mit kümmerlichen Kräften trägt sie ihren Kummer. Meine jungen Freunde, die hier halten, mögen so gütig sein und mir glauben: Gramoflanz hat den strah-
719 lenden Glanz der Itonjê fast ganz ausgelöscht. Jetzt helft mir, ihr zwei, und auch du, meine allerliebste Bêne, und macht, daß der König zu mir her reitet — das braucht ihn ja nicht zu hindern, morgen trotzdem seinen Kampf zu streiten: Meinen Neffen will ich selber hinausbegleiten

auf den Platz. Wenn der König mich heute in meinem Lager besucht, so wird er morgen desto besser gerüstet sein; denn hier wird Liebe ihm einen Schild schenken, gegen den sein Gegner machtlos ist: Mannesmut, den es zur Liebe hinzieht, wird dadurch erhöht und fürchterlich für alle Feinde. Der König soll auch Edelleute seines Hofs mitbringen. Ich will hier Versöhnung stiften zwischen ihm und der Herzogin. Nun, richtet das aus, liebe Freunde, wendet Sorgfalt und Takt an die Sache, das macht euch Ehre. — Hört aber weiter, was ich euch noch klagen muß. Was habe ich unglückseliger Mann dem König Gramoflanz zuleide getan, daß es ihm gleich wenig ausmacht, Kriegs- und Liebeshändel mit meiner Familie anzufangen? Jeder König sonst weiß mich doch, da ich seinesgleichen bin, mit Schonung zu behandeln. Will er es dem Bruder jenes Mädchens, das ihn liebt, mit Haß vergelten? Das ist doch ganz unsinnig! Feigen Verrat an der Liebe übt sein Herz, wenn es ihm solche Ideen eingibt.«

Der eine von den Buben sprach zum König: »Herr, 720
alles, was Euch Ärger macht, muß mein Herr vermeiden, wenn er Anstand hat. Euch ist aber gewiß bekannt, daß da alte Feindschaft ist, die meinem Herrn eher daheimzubleiben gebietet, als zu Euch hierherzureiten. Die Haltung der Herzogin ist nämlich immer noch wie früher: Sie hat ihm Frieden und Freundschaft aufgekündigt und ihn bei vielen Männern verklagt.«

»Er soll mit kleinem Gefolge kommen«, sprach Artûs, »ich will unterdessen einen Frieden für diesen Streit von der hohen Herzogin erlangen. Ich will ihm sicheres Geleit stellen: Bêâkurs, meiner Schwester Sohn, nimmt ihn dort auf halbem Weg in Empfang. Unter meinem Schutz also wird er reiten: er soll nicht meinen, daß man ihm nicht genügend Ehre tut. Adelige Leute wird er bei mir kennenlernen.«

Sie nahmen Abschied und zogen heim. Artûs blieb alleine auf dem Feld. Bêne und die zwei Büblein ritten nach Rosche Sabbîns hinein und zum andern Tor, da wo das Heer lagerte, wieder hinaus. Nun brach dem Gramoflanz der schönste Tag seines Lebens an, als Bêne und die Kinder ihm berichteten. Sein Herz sprach, daß die Geschichte, die sie ihm brachten, vom Glück eigens für ihn ausgedacht sein müsse.

Er sagte, er wolle gerne kommen. Dann wählte er zur 721
Begleitung drei Fürsten seines Landes, die ritten mit dem

König fort. Ebenso verfuhr sein Oheim, der König Brandelidelîn. Bernout de Riviers und Affinamus von Clîtiers, von denen nahm jeder nach seinem Gutdünken einen Gefährten mit auf die Reise. Zwölf waren es also im ganzen. Die Knappen, die ausersehen wurden mitzureiten, waren ohne Zahl, dazu kamen noch viele starke Schildknechte. Und was sie anhatten, die Ritter? Seidenbrokat, der prächtig blitzte von schwerem Gold. Des Königs Falkner ritten auch mit auf die Beiz.

Nun hatte Artûs nicht versäumt, das seine zu tun, und
hatte den schönen Bêâkurs dorthin bis zur Mitte des Wegs
entgegengeschickt dem König zum Geleit. Stracks
übers weite Feld — selbst mitten durch Teiche und Bäche,
wenn nur irgendwie die Passage möglich war — ritt der
König seinen Falken hinterher: Mehr der Liebe als dem
Wild galt dieser Eifer. Bêâkurs empfing ihn so, daß alles
722 glücklich und heiter verlief. Mit ihm sind mehr als fünf-
zig untadelige Knaben hergekommen, deren Adel präch-
tig glänzte: Herzöge und Grafenkinder, auch etliche
Königssöhne ritten mit in der Schar. Da sah man nun
die Kinder auf beiden Seiten einander einen großen
Empfang bereiten, keine Feindschaft war da zu bemer-
ken.

Bêâkurs trug lichten Glanz am Leib. Der König hatte keine Scheu zu fragen, und Bêne sagte ihm Bescheid, wer dieser glänzende Ritter war: »Es ist Bêâkurs, Lôts Kind.« Da dachte jener: ›Herz, jetzt finde mir die, die dem liebenswerten Ritter dort ähnlich sieht! Die ist wahrhaftig seine Schwester, die mir den Sperber und dazu den Hut — eine Arbeit aus Sinzester — geschickt hat. Wenn sie mir immer noch gut ist, wollte ich alle Schätze auf der Erde, und wäre die auch noch so weit, hingeben, um sie allein zu gewinnen. Nur treu muß sie es mit mir meinen. Um mich ihr zu ergeben, komme ich hierher. Sie hat mir immer so treu geholfen, daß ich ihr traue: sie wird mir gewiß alles geben, was einem Mann den Sinn noch adeliger macht und stolz.‹ Ihres schönen Bruders Hand nahm da die seine — an der lag auch viel Adelsschimmer.

723 Auch im Lager hatte Artûs Wort gehalten und einen Waffenstillstand von der Herzogin erlangt. Die hatte ja auch inzwischen mehr als genug Sühne und Wiedergutmachung bekommen für Cidegast, um den sie einst so sehr geklagt hatte. Ihr Haß war beinah ganz zugedeckt, sie selber dafür um so muntrer: in vielen Um-

armungen hatte Gâwân sie wachgeküßt. Das hatte ihren kriegerischen Zorn arg geschwächt.

Artûs, der Berteneyse, ließ da alle die feinen, glänzenden Damen kommen, sowohl Mädchen wie Frauen, nur schön mußten sie sein. Hundert dieser Edlen versammelte er in einem Zelt. Nichts Lieberes hätte ihr geschehen können, als den König zu sehen — ich spreche von Itonjê, die saß nämlich auch da. Es ist nicht so, daß sie nicht glücklich gewesen wäre, aber man sah es dem Blinken in ihren Augen an, daß Liebe sie zugleich mit Sehnsucht peinigte. Es saßen dort viele Ritter von leuchtender Schönheit, doch trug der Glanz des edlen Parzivâl die Krone über allen andern.

Gramoflanz ritt zu den Zeltschnüren hin. Der König, der keine Furcht kannte, führte schwere Pracht am Leib: ein Gewand aus Seidenbrokat, gewebt in Gampfassâsche, der starrte vor Gold und gleißte und glitzerte weithin.

Sie stiegen ab, die da gekommen sind. Viele von den 724
Kindern, die der König Gramoflanz mitgebracht hatte, liefen voraus durchs Gedränge in den Pavillon hinein. Seine Leibknappen bemühten sich mit Eifersucht, ihm freie Bahn zu schaffen hin zu der Königin der Berteneysen. Sein Oheim Brandelidelîn betrat vor dem König den Pavillon. Ginovêr begrüßte ihn mit einem Kuß, genauso wurde der König empfangen. Bernout und Affinamus sah man von der Königin geküßt.

Artûs sprach zu Gramoflanz: »Ehe Ihr Euch hinsetzt, schaut erst, ob unter diesen Damen eine ist, die Ihr liebt, und küßt sie. Hiermit erlaube ich euch beiden das.«

Welche von denen seine Geliebte war, das hatte ihm ein Brief gesagt, den er draußen vor dem Lager gelesen hatte, ich meine ihren Bruder, den hatte er dort gesehen und in ihm sie, die jetzt das Geheimnis ihrer edlen Liebe zu ihm vor allen Leuten kundtat. Die Augen des Gramoflanz erkannten sie, die ihn liebhatte. Sein Glück war groß und übervoll. Da Artûs es erlaubt hatte, daß sie einander über alle Feindschaft hinweg begrüßten und umarmten, küßte er Itonjê auf den Mund.

Der König Brandelidelîn nahm neben der Königin 725
Ginovêr Platz. Auch der König Gramoflanz setzte sich, und zwar zu der, die ihren lichten Schimmer mit Weinen begossen hatte — mehr hatte sie bis dahin nicht von ihm gewonnen. Da mußte er sie nun natürlich, wenn er nicht die bare Unschuld strafen wollte, anreden und ihr seinen

Dienst um Liebe anbieten. Und sie wußte auch, was sich gehört, und dankte ihm eifrig für sein Kommen. Keiner hat es gehört, was sie sonst redeten: Sie sahen einander bloß recht innig an. Wenn ich jetzt in Worte fassen soll, was sie einander wohl zu sagen hatten — den Fall muß ich erst gründlich studieren, bevor ich entscheide: war's nein oder ja?

Artûs sprach zu Brandelidelîn: »Ihr habt jetzt lange
genug mit meiner Frau geredet.« Und er führte den
unerschrockenen Helden ein kurzes Stück weit über den
freien Platz in ein kleineres Zelt. Gramoflanz blieb
sitzen, wo er saß — das war dem Artûs eben recht —, und
genauso die Herren seiner Begleitung. Die Damen lie-
ßen da ihre Schönheit leuchten, die Gesellschaft konnte
den Rittern nicht so schnell fad werden. Ihre Kurzweil
war so groß, daß noch heute jeder Mann sie sich gern
gefallen ließe, wenn er sich nach schweren Mühen ein
726 bißchen Freude gönnen wollte. Vor der Königin trug
man dann zu trinken auf. Als sie genug getrunken
hatten, die Ritter und alle die Damen, glänzten sie sogar
noch mehr und schöner als zuvor. Auch zu Artûs und
Brandelidelîn dort im Zelt brachte man etwas zu trinken.
Dann ging der Mundschenk wieder, und Artûs hob zu
sprechen an: »Herr König, nehmt einmal an, sie tun, was
sie vorhaben, und es geht so aus, daß Eurer Schwester
Sohn meiner Schwester Sohn totschlägt. Will er dann
weiter in Liebe um meine Nichte werben, um jenes
Mädchen also, das ihm jetzt dort drüben, wo wir die
beiden zurückgelassen haben, ihr Leid klagt? Wenn sie
dann noch bei Verstand ist, so kann sie ihm doch nim-
mermehr gut werden und ihm zum Lohn für seine ritter-
liche Tat nichts als Haß schenken, so daß der König, der
ja von ihr Liebe haben möchte, verzweifeln muß. Wo
Krieg der Liebe in die Parade fährt, kann ein treues Herz
niemals an sein Glück gelangen.«

Da sprach der König von Punturtoys zu Artûs, dem
Berteneysen: »Mein Herr, es sind die Kinder Eurer und
meiner Schwester, die miteinander Feindschaft haben.
Wir sind es ihnen schuldig, den Kampf zu verhindern.
So kann aus dieser Sache dann nichts andres werden, als
727 daß sie einander recht und von Herzen lieben. Zuerst
soll aber Eure Nichte Itonjê meinem Neffen befehlen,
um ihretwillen auf den Kampf zu verzichten, wenn ihm
etwas an ihrer Liebe liege. Auf diese Weise wird der
Kampf auf Leben und Tod ganz sicher verhindert. Und

außerdem sollt Ihr meinem Neffen Frieden bei der Herzogin erwirken.«

Artûs sprach: »Das will ich tun. Gâwân, meiner Schwester Sohn, hat sehr viel Macht über sie, und darum wird sie bestimmt nicht ungezogen sein, sondern an ihn und mich ihren Anspruch auf Rache abtreten. Tut Ihr nur auf Eurer Seite alles Nötige, die Sache gütlich zu regeln.«

»Ich tu's«, sprach Brandelidelîn. Die beiden gingen wieder hinein zu den andern. Da setzte sich der König von Punturtoys zu Ginovêr, der feinen Dame. Auf der andern Seite neben ihr saß Parzivâl. Der hatte auch sehr viel hellen Glanz am Leib und war der schönste Mann, den je ein Auge sah. Der König Artûs aber machte sich auf den Weg zu seinem Neffen Gâwân. Dem hatte man eben berichtet, daß *roi* Gramoflanz eingetroffen sei. Da hörte er auch schon, wie jemand sagte, Artûs steige vor dem Zelt vom Pferd, und er lief gleich hinaus zu ihm ins Freie.

Die beiden brachten es zustande, daß die Herzogin ja
sagte zu einem Friedensschluß. Dann und nur dann aber, 728
wenn ihr *ami* Gâwân ihr zuliebe auf den Kampf verzichtete, wollte auch sie Frieden schließen: Sie sei bereit, sich mit dem König zu versöhnen, wenn der seine Anschuldigungen gegen ihren Schwiegervater Lôt zurücknehme. Das ließ sie durch Artûs ausrichten.

Artûs der, kluge Edelmann, überbrachte diese Nachricht. Da mußte nun der König Gramoflanz die Sache mit dem Kranz vergessen, und alle Feindschaft, die er mit Lôt von Norwaege nur irgend haben konnte, zerging wie Schnee in der Sonne und rann lauter und harmlos dahin vor der lichten Itonjê. Das geschah, als er mit ihr zusammensaß: Allen ihren Bitten folgte er gerne.

Den Gâwân sah man dort kommen, begleitet von lauter glänzenden Herren — es ginge über meine Kraft, wenn ich Euch alle die Namen und Geschlechter hersagen sollte. Da wurde um der Liebe willen altes Leid aus dem Sinn getilgt. Die stolze Orgelûse mit den Edlen, die in ihrem Heer dienten, und dazu Clinschors Scharen — ein Teil davon, nicht alle — sah man mit Gâwân heranziehen.
Man hatte am Zelt des Artûs die Seitenteile unter 729
dem Dach abgenommen. Arnîve, die Gute, dazu Sangîve und Cundrîe, die hatte Artûs vorher zu dieser Sühnehandlung eingeladen. Wer da meint, das wäre eine kleine Angelegenheit gewesen, der soll nur tapfer

suchen, wo er eine große findet. Jofreit, Gâwâns Freund, führte an der Hand die strahlend schöne Herzogin unter das Dach des Pavillons. Die war courtois und einsichtig genug, den drei Königinnen den Vortritt zu lassen. Orgelûse bekam einen Kuß von Brandelidelîn, und sie küßte ihn auch zur Begrüßung. Gramoflanz trat dann zu ihr, um Frieden und Verzeihung zu empfangen. Ihr süßer Mund, der rote, küßte den König zum Zeichen der Versöhnung. Es kam sie dabei Lust zu weinen an; sie mußte nämlich an den Tod des Cidegast denken, und da überfiel sie — wie es einer rechten Frau halt leicht ergeht — noch einmal der alte Schmerz um ihn. Seid so gütig und gebt es zu: Das ist echte Treue.

Gâwân und Gramoflanz machten auch mit einem Kuß die Aussöhnung vollständig. Artûs gab dann Itonjê dem Gramoflanz in rechter Form zur Frau. Der hatte lange genug um sie gedient. Bêne war glücklich darüber, daß
730 es nun geschah. Einer, der ebenfalls aus Liebe zu ihr viel gelitten hatte, Lischoys, der Herzog von Gôwerzîn, bekam Cundrîê. Ins Unglück war er geraten, doch dann hatte er bei ihr edle Liebe gefunden. Dem Turkoiten Flôrand gab Artûs Sangîve in die Ehe. Sie war die Witwe des König Lôt. Der Fürst war auch sehr glücklich, daß er sie bekam — ein Geschenk des Königs, an das man wohl Liebe wenden durfte. Artûs teilte Damen aus mit generöser Hand, zum Schenken war ihm nichts zu teuer. Er hatte es aber vorher mit den Seinen im Rat besprochen.

Als nun diese Dinge abgemacht waren, da nahm die Herzogin das Wort und sagte, daß Gâwân um ihrer Liebe willen genügend ruhmreiche Taten vollbracht habe und daß sie ihn darum als den rechten Herrn über ihren Leib und ihr Land ansehe. Diese Rede traf die fremden Ritter, die ihr dienten, hart; sie hatten in der Hoffnung auf ihre Liebe schon viele Speere verstochen.

Gâwân und seine Freunde von der Tafelrunde, dazu Arnîve und die Herzogin und eine Menge glänzender Damen, auch der edle Parzivâl, Sangîve und Cundrîê verabschiedeten sich. Itonjê blieb bei Artûs. Jetzt soll
731 bloß keiner erzählen, da oder dort seien noch schönere Hochzeiten gefeiert worden als die, die da anhob. Ginovêr selber übernahm es, sich um Itonjê zu kümmern und um ihren *ami,* den hohen König, der mit Rittertaten schon viel Ehre gewonnen hatte; die Liebe der Itonjê hatte ihn dazu getrieben. Etliche von denen, die da zu

ihren Zelten ritten, hatten viel von hoher Liebe zu leiden. Eine genaue Schilderung dessen, was es zum Abendessen gab, dürfen wir uns hier sparen. Diejenigen da, die edle Liebe umtrieb, schätzten auch die Nacht mehr als den Tag.

Der König Gramoflanz schickte Boten nach Rosche Sabbîns zu den Seinen — sein Stolz ließ ihm keine Ruhe — und befahl, die müßten, koste es was es wolle, sofort das Lager am Meer abbrechen und noch vor Tagesanbruch mit dem ganzen Heer hier erscheinen. Und sein Marschall solle kommen, um das Feld in der rechten Ordnung abzustecken: »Und paßt ja auf, daß mein Lager recht großartig gerät, und die Fürsten sollen alle eigene Ringe haben!« Er hoffte nämlich einen möglichst prächtigen Eindruck zu machen. Die Boten ritten fort, da war es Nacht.

Man sah da viele Gestalten, die waren vom Gram gebeugt. Das kam von den Frauen; denn wem sein Dienst zu nichts zergeht, so daß er nie irgendeinen Lohn zu sehen kriegt, mit dem geht es hinab ins Unglück, da keine treue Frauenhand sich nach ihm ausstreckt, ihn zu halten.

Parzivâl nun dachte wieder an seine Frau in ihrer 732
lichten Schönheit und Mädchensüße. Was? Ob er nicht doch auch andere anschauen könnte, daß er vielleicht gar einer seinen Dienst anträgt für Liebe, kurz: ob er nicht ohne Treue Halt sucht? Nein, solche Liebe darf nicht zu ihm hinein! Große Treue hat sein männliches Herz und auch den Leib so gut bewacht, daß wahrhaftig nie eine zweite Frau über seine Liebe Macht gewann, nur die Königin allein, Condwîr âmûrs, *la belle fleur* in ihrer schönen Blüte.

Er dachte: ›Was alles hat die Liebe an mir getan, seit ich weiß, was Liebe ist! Und ich bin doch schon aus Liebe geboren — wie konnte das geschehen, daß Liebe mir so ganz verloren ist? Wenn ich mich nun weiter mühe um den Grâl, so läßt doch sie mich niemals los: immer halten ihre Arme mich keusch umschlossen, von der ich fortging — das ist viel zu lange her. Und wenn ich hier Freude und Herrlichkeit mit Augen ansehe, mein Herz aber empfindet dabei nichts als Jammer — die zwei Sachen gehen nicht zusammen. Von aller Heiterkeit und Ehre eines Fests teilt sich dem nichts mit, der es so feiert. — Das Glück soll mir weisen, wie ich's am besten mache.‹ Da lag seine Rüstung neben ihm bereit.

733 Und er dachte: ›Jetzt, da ich entbehren muß, was dem Glücklichen zu Gebote steht — Liebe nämlich, die gebeugten Sinnen mit Freude aufhilft, so daß sie wieder fröhlich werden —, da ich nun einmal dazu verdammt bin, so ist es mir gleichgültig, was weiter aus mir wird. Gott will nicht, daß ich auch nur ein bißchen glücklich werde. Gebannt bin ich und besessen von ihrer Liebe — stünde es anders um unsere Liebe, um meine und um ihre, so daß Trennung dran gebunden wäre und feindliches Auseinanderstreben, dann könnte ich leicht eine neue Liebe gewinnen. Nun hat mir aber ihre Liebe jede andere Liebe verschlossen und auch den Trost, aus dem irgend Freude entstehen könnte. So kann ich nie aus meinem Traurigsein hinaus. Das Glück möge denen Freude geben, die es nach wirklicher Freude verlangt: Gott gebe Freude allen diesen Scharen. Ich aber will aus diesen Freuden fort.‹

Er griff neben sich, wo seine Rüstung lag. Er hatte es schon oft gemacht, und darum fiel es ihm leicht, sie ganz alleine anzulegen. Jetzt will er hinaus in neue Leiden. Als der Freudenflüchtling seine Rüstung fertig angezogen hatte, sattelte er mit eigener Hand das Roß. Schild und Speer fand er bereit.

Am Morgen hörte man sie jammern, weil er fort war. Als er aufbrach, begann es eben zu tagen.

FÜNFZEHNTES BUCH

734 Viele von den Leuten, vor deren Nasen die Tür dieser Geschichte zugeschlagen wurde, hat das geärgert: nicht wenige haben nie erfahren, wie es ausgeht. Jetzt ist der Augenblick gekommen, da ich es nicht länger bei mir behalte, sondern euch mit wohlgesetzten Worten offenbare — denn meinem Mund ist es gegeben, den Roman zu binden und zu lösen —, wie der liebe und der schöne Anfortas heil wurde und gesund. Die Geschichte teilt uns mit, wie die Königin von Pelrapeire immer ein unschuldiges Herz bewahrte in fraulicher Güte, bis sie endlich belohnt wurde und eintreten durfte in ein hohes Glück. Das bringt Parzivâl zustande — sonst wäre ja alle meine Kunst umsunst.

Zuvor aber erzähle ich seine Mühen und Leiden. Alle die Kriegstaten, die seine Hand bisher vollbracht hat, sind bloß Kindereien gewesen. Könnte ich diese Geschichte jetzt noch rückgängig machen, ich wollte nicht leicht sein Leben dransetzen; selbst mir vergeht da der Leichtsinn. Nun, so will ich denn sein Schicksal seinem Herzen anheimgeben, das ist ein Stück vom Heil selber: da lagerte bei der Unschuld wilde Kraft, Feigheit war nie seine Sache. Es möge ihn unverwundbar machen, damit er jetzt sein Leben behalte. Denn es ist dahin geraten, wo sich ihm einer entgegenstellt auf seiner Heldenfahrt, der mehr als aller Krieg gewaltig ist.
735 Dieser Edelmann, von dem die Rede ist, war Heide und hatte von der Taufe nie etwas erfahren. Parzivâl ritt kühn auf einen großen Wald zu über eine Lichtung in der Wildnis. Da vor ihm stand ein Fremder, ein gewaltiger Heide. Wunderbar müßte es zugehen, wenn ich, der ich arm bin, euch diesen Reichtum schildern könnte, den der Heide an seiner Rüstung sehen ließ. Wenn ich auch schon mehr als genug von seinem Reichtum ge-

redet hätte, so könnte ich doch noch immer weiter davon sprechen, wollte ich von seiner Pracht nichts ungesagt sein lassen. Alles das zusammen, was dem Artûs untertan war in Bertâne und in England, könnte jene Steine nicht bezahlen, die in reinstem Adel blitzend auf des Helden Waffenrock lagen. Der war nun gewiß ein rares Stück, an dem Rubine und Chalzedone noch am wenigsten galten. Dieser Waffenrock leuchtete und blitzte. In einem Berg in Agremuntîn leben Salamander — die gehören zu den Schlangen —, und die webten in der Hitze des Feuers diesen Stoff. Die wirklich teuren Steine, die drauf lagen, waren teils dunkel, teils glitzernd, ich kann aber nicht sagen, wie sie hießen.

Den Helden trieb die Liebe um und das Verlangen 736
nach immer mehr Ehre: es waren auch fast immer
Frauen, die dem Heiden das alles, womit er seinen Leib
so kostbar schmückte, geschenkt hatten. In sein mann-
haftes Herz hinein hatte Liebe stolzen Mut geführt, wie
sie es eben macht mit denen, die nach Liebe jagen. Auf
dem Helm trug er ein Ecidemôn, das hatte er auch zum
Lohn für ruhmreiche Taten geschenkt bekommen. Die-
ses Tierlein hat an sich die Kraft, daß alle die giftigen
Würmer es nur zu riechen brauchen, und haben dann
keinen Tag mehr zu leben. Thopedissimonte und Assi-
garzîonte, Thasmê und Arabien — in diesen Ländern
kann man lang vergeblich suchen, um ein Stück Brokat
zu finden, wie es sein Roß als Decke trug. Der unge-
taufte Schöne kämpfte um Frauenlohn, darum war er so
prächtig gerüstet. Sein hohes Herz gebot ihm das, er
mußte nach edler Liebe streben.

Dieser kriegerische Knabe hatte in einem wilden
Hafen des Meeres vor dem Wald draußen Anker gewor-
fen. Ihm waren fünfundzwanzig Heere untertan, von
denen keines die Sprache eines anderen verstand. Das ist
aber nur natürlich bei einem solch gewaltigen Herrn:
Genau so viele verschiedene Länder waren es eben, die 737
seiner edlen Hand dienten. Es waren Mohren und andere
Türken, hellere und dunklere. Von überall her aus der
weiten Welt hatten sich in seiner Schar Leute eingefun-
den, viele wunderbare Waffen gab es zu bestaunen.

Dieser Mann aber war alleine von seinem Heer fortgeritten in den Wald, um sich — wo möglich bei einem Abenteuer — Bewegung zu machen. Sie haben sich einfach selber das Recht genommen, die Könige, was bleibt mir da andres übrig, als ihnen ihren Willen zu lassen?

Sie reiten also ganz allein und suchen Kampf und Ehre. Parzivâl allerdings hatte doch einen Gefährten bei sich: sein adeliger Mut verließ ihn nie, und mit dem zusammen tut er da solche Mannestaten, daß es die Frauen loben müssen, ich meine: wenn sie nicht von allen guten Geistern verlassen sind.

Hier wollen zwei einander an die Kehlen, die so keusch wie Lämmer waren und doch auch wahre Löwen an Wildheit. Ach, ist die Welt nicht weit genug, daß sie aneinander vorbeireiten konnten, die da stritten, obwohl doch keiner dem andern etwas schuldig war? Fürchten müßte ich um ihn, den ich in den Ring geschickt habe, hätte ich nicht auch dafür gesorgt, daß er nicht ohne Hoffnung bleiben muß: mag sein, daß ihn die Kraft des Grâls errettet, und auch die Liebe wird für ihn kämpfen. Diesen beiden war er untertan, ihnen diente er in Treue und Demut.

738 Meine Kunst verweigert mir die Gaben, die nötig wären, diesen Kampf im einzelnen und genau so, wie er ablief, zu erzählen. Es traf das Auge jedes der zwei Ritter wie ein Blitz, als es den anderen kommen sah. Beider Herzen frohlockten — ganz nah bei diesem Jauchzen stand ein großer Schmerz. Nichts Trübes war in ihrer Lauterkeit. Jeder trug in seiner Brust des andern Herz: Hier stand sich das Fremde ganz nahe.

Jetzt kann ich diesen Heiden nicht länger von dem Getauften zurückhalten und verhindern, daß sie einander wie Feinde begegnen. Das muß Fröhlichkeit in allen wirklich guten Frauenherzen zu Boden schlagen. Jeder von den beiden streckte grausamer Gefahr sein Leben hin, um den Leib der Geliebten zu ehren. Möge das Glück und nicht der Tod den Kampf beenden! Der Löwe wird bekanntlich von seiner Mutter tot geboren, und erst das Brüllen seines Vaters macht ihn dann lebendig. Jene zwei waren aus brüllendem Schlachtenlärm geboren, viele Tjosten hatten sie als die rechten Erben des Ruhms anerkannt. Kein Wunder also, daß sie sich so gut aufs Tjostieren verstanden und viel Aufwand treiben mußten mit immer neuen Speeren. Sie verhielten, um dann mit verhängten Zügeln anzurennen, sie faßten genau das Ziel ins Auge, damit die Attacke nicht fehlginge. Ganz perfekt machten sie es: festen Sitz
739 gefaßt im Sattel, und hinein in die Tjost auf scharf gesporntem Roß. Und so ging diese Tjost aus: beider Koller wurden zerfetzt von starken Speeren, die sich

nicht bogen; in Splittern stoben sie davon beim Anprall. Den Heiden erbitterte das sehr, daß dieser Mann vor ihm im Sattel blieb. Das war bis dahin nie der Brauch gewesen, wenn er mit Kampf an einen Mann geraten war. Ob sie denn keine Schwerter dabeihatten, wollt ihr wissen, als sie dort gegeneinander die Pferde rennen ließen? Aber ja doch, die waren scharf und breit. Und sie ließen da auch gleich ihre Künste sehen und Tapferkeit. Dem Tier Ecidemôn wurden viele Wunden geschlagen, der Helm, auf dem es saß, hatte guten Grund, sich zu beschweren. Die Rösser waren heiß vor Erschöpfung, in immer neuen Kehren und Wendungen wurden sie zur Attacke getrieben. Da sprangen beide Ritter aus den Sätteln, und nun klangen die Schwerter erst so recht. Der Heide gab dem Christen böse Hiebe. *Thasmê* war sein *cri*, wenn er aber *Thabronit* schrie, so riß es ihn immer einen Schritt vorwärts. Der Getaufte wußte sich zu wehren, so oft sie auch aufeinanderprallten in wendigen Manövern. Ihr Kampf war da so heftig geworden,
daß ich jetzt nicht länger dazu schweigen kann: treu, wie 740
ich bin, muß ich ihren Kampf bejammern, da *ein* Leben und *ein* Blut einander so erbarmungslos bekriegt. Sie waren doch desselben Mannes Kinder, reinste Treue war der Boden, dem sie entwuchsen.

Die Liebe ging dem Heiden über alles, darum wurde ihm im Kampf das Herz so weit. Ruhm wollte er gewinnen für die Königin Secundille, die ihm das Land Tribalibôt geschenkt hatte. Sie war sein Schild in der Not. Der Heide wurde immer stärker. Was soll ich jetzt mit dem Getauften machen? Solange er sich nicht auf seine Liebe besinnt, ist es ganz unmöglich, daß er sich rettet; dann kann er in dem Kampf nichts anderes erbeuten als ein Sterben von des Heiden Hand. Jetzt mußt du helfen, Grâl, mit deinen Kräften und du, Condwîr âmûrs, du lichte Schöne: Euer Ritter ist hier in Gefahr, größer als je zuvor ist seine Not.

Hoch schwang der Heide sein Schwert, und oft trafen seine Schläge Parzivâl mit solcher Wucht, daß er in die Knie ging. Wenn man sagt, daß sie da kämpften, ist das gewiß nicht übertrieben ausgedrückt, fraglich ist bloß, ob man von den beiden so reden darf, als wären es zwei, da sie doch nicht mehr als einer waren. Mein Bruder und ich, das ist ein und derselbe Leib, und genauso ist es bei einem Mann und seiner Frau, wenn beide was Rechtes taugen.

741 Der Heide traf den Getauften mit harten Schlägen. Sein Schild war aus einem Holz gemacht, das Aspindê hieß. Das ist unbrennbar, und es fault auch nicht. Sie muß ihn wirklich geliebt haben, die ihm diesen Schild schenkte, da könnt ihr sicher sein. Viele Steine, Türkise, Crissoprasse, Smaragde und Rubine, alle von erlesenem Feuer, waren rundherum in den Falz des Buckels eingearbeitet. Von denen strahlte Reichtum und Ehre. Auf dem Buckelhaus mitten drauf prangte ein Stein, den will ich euch nennen: *Antrax* war sein Name dort, bei uns kennt man ihn als Karfunkel. Das reine Tier Ecidemôn, das ihn begleitete, hatte er zum Wappenzeichen von der Frau bekommen, der er sich ganz ergeben hatte: Das war die Königin Secundille, die hatte ihm dies Wappen zugedacht.

Da stritt nun die lauterste Treue, dort kämpfte große Treue treu. Aus Liebe setzten beide das Leben ein, Zweikampf sollte ihre Sache entscheiden. Fremde Zeugen brauchten sie dazu nicht — jeder von den beiden nahm die eigene Hand zum Bürgen.

Der Getaufte vertraute fest auf Gott seit jenem Tag, da er Abschied von Trevrizent nahm. Der hatte ihm damals mit solcher Liebe zugeredet, er solle sich um Hilfe an den wenden, der im Leid fröhliches Gelingen zu
742 schenken weiß. Der Heide aber hatte halt sehr starke Muskeln. Immer wenn er *Thabronit* schrie — da war nämlich die Königin Secundille daheim, das ist vor dem Gebirge Kaukasas —, so gewann er frische Zuversicht, den zu besiegen, dem es bis an diesen Tag erspart geblieben war, derart schwere Schläge einzustecken. Die Niederlage kannte er nur von fern; er hatte nie etwas mit ihr zu tun gehabt, es sei denn, daß die andern sie sich bei ihm holten.

Die Arme schwangen sie mit Kunst: feurige Blitze sprangen aus den Helmen, von ihren Schwertern biß ein schneidender Wind. Jetzt gnade Gott Gahmurets Brut! Der Wunsch kommt beiden zugute, dem Getauften und dem Heiden, die aber auch wieder nur einer sind — das habe ich euch schon erklärt. Das würden auch sie einsehen, wenn sie einander besser kennenlernten, so wollten sie gewiß nicht länger derart hohe Einsätze riskieren. Es ging ja in dem Kampf immerhin um Glück und Seligkeit und Ehre. Wer da auch den Sieg erringt, der hat, wenn er nicht die Liebe zwischen Verwandten und also Treue überhaupt verachtet, alles Glück, das unter Menschen möglich ist, verloren und Herzensleid erworben, das nimmer aufhört. Was zögerst du, Parzivâl, dich der reinen Lichten zu erinnern, ich meine deine Frau! Willst du denn nicht am Leben bleiben?

Zwei treue Verbündete hatte der Heide bei sich, und 743
denen verdankte er das meiste von seiner überlegenen Kraft: Erstens war da seine Liebe, die unverlierbar in seinem Herzen lag, und zweitens die Steine mit ihren reinen, edlen Potenzen, die seinen Mut mit Siegesmacht erfüllten und seine Kräfte steigerten. Es quält mich zu sehen, wie den Getauften das Kämpfen und Rennen ermattet, und dazu die gewaltigen Hiebe!

Wenn es denn so ist, daß Condwîr âmûrs ihm nicht helfen kann und der Grâl auch nicht, so bliebe dir jetzt, du edler Parzivâl, höchstens noch die eine Hoffnung: daß es den strahlend schönen, süßen Knaben nicht bestimmt sein darf, so jung schon Waisen zu sein. Kardeiz und Loherangrîn, diese beiden trug seine Frau lebendig in ihrem Schoß, als er ihren Leib zum letztenmal umfing. Kinder, die in rechter Keuschheit empfangen wurden, sind eines Mannes größtes Glück, so sage ich.

Der Getaufte wurde jetzt stärker. Er dachte nämlich — und das war bestimmt nicht zu früh — an seine Frau, die Königin, und ihre edle Liebe, die er im Spiel der Schwerter gewonnen hatte, wo von Schlägen aus den Helmen Feuer sprang, vor Pelrapeire, im Kampf mit Clâmidê.
Das *Thabronit* und das *Thasmê* des Heiden, die wurden 744
jetzt mit Gegenruf vergolten: Parzivâl ließ seinen *cri* erschallen, und der war *Pelrapeire*. Condwîr âmûrs war zur rechten Zeit gekommen, um über vier Königreiche hinweg ihn mit der Kraft der Liebe zu beschirmen. Da sprangen von des Heiden Schild Späne, von denen jeder, schätze ich, hundert Barren Silber wert war. Das starke Schwert von Gaheviez traf mit einem gewaltigen Hieb den Helm des Heiden und zersprang: der mächtige, kühne Herr aus dem Orient ging da ganz fromm in die Knie. Gott wollte es nicht länger dulden, daß Parzivâls Hand mit Leichenraub umging. Er hatte ja einst dieses Schwert, mit dem Recht kindlicher Dummheit, Ithêr abgenommen.

Der Heide, der bis dahin noch nie gewankt hatte unter einem Schwerthieb, schnellte empor mit Kraft. Es ist noch nichts entschieden, beider Urteil liegt noch in der Hand des Höchsten. Die möge sie vor dem Tod bewahren!

Großartig war auch des Heiden Sinn. Er sprach mit Courtoisie, und zwar auf französisch, das seinem Heidenmund geläufig war: »Ich sehe wohl, du Starker, daß du
745 auch ohne Schwert den Kampf zu Ende brächtest. Welchen Ruhm aber sollte ich dann an dir gewinnen? Steh still und sag mir, du starker Held, wer du bist. Du hättest wahrlich meinen Ruhm, den ich schon lange besitze, für dich behalten, wäre dir nicht das Schwert zersprungen. Laß uns für eine Weile Frieden halten, bis sich unsere Glieder etwas ausgeruht haben.«

Sie setzten sich nieder auf das Gras. Tapferkeit und Eleganz hatten beide am Leib, und beide waren grade recht an Jahren, die ein Ritter haben soll, nicht zu alt und nicht zu jung.

Der Heide sagte zum Getauften: »Glaub mir, Held, ich habe meiner Lebtag noch keinen gesehen, dem die Krone aller Ehren, die ein Mann mit Waffen erwerben kann, besser zu Gesicht stünde. Nun sei so freundlich, Held, und sag mir deinen Namen und woher du kommst. Dann bin ich nicht umsonst hierher gefahren.«

Da sprach der Sohn der Herzeloyde: »Wenn einer meint, ich müßte das tun, weil ich mich fürchte, so kann er sich die Bitte sparen. Ich lasse mich nicht wie ein Besiegter dazu zwingen.«

Der Heide von Thasmê sprach: »So will ich mich zuerst nennen und meine eigene Ehre beugen. Ich bin Feirefîz Anschevîn. Viele Länder bringen meiner Hand Tribut, so gewaltig bin ich.«

746 Als er ausgeredet hatte, sprach Parzivâl zu dem Heiden: »Von welchem Land her nennt Ihr Euch Anschevîn? Anschouwe ist *mein* Erbe, Burgen, Land und Städte! Mein Herr, laßt Euch von mir bitten und sucht Euch einen andern Namen. Hätte ich wirklich mein Land verloren und die edle Stadt Bêalzenân — die hättet Ihr mir mit Gewalt *rauben* müssen! Wenn einer von uns beiden ein Anschevîn ist, so bin ich es, und zwar von meinem Vater her. Allerdings hat man mir versichert, es gebe da einen unerschrockenen Helden, der wohne im Heidenland und dessen Rittertum habe ihm Liebe und Ehre erworben, die könne ihm keiner streitig machen. Der, so sagen sie, sei mein Bruder, und er gilt dort als ein großer Mann.«

Noch einmal sprach dann Parzivâl und sagte: »Mein Herr, wenn ich Euer Gesicht und die rechten Zeichen darin sehen könnte, so würdet Ihr sehr schnell von mir erfahren, wie man ihn mir geschildert hat. Mein Herr, tut mir den Gefallen und entblößt Euer Haupt. Ihr könnt mir ruhig vertrauen: Meine Hand wird sich keine Feindseligkeit erlauben, ehe ihr nicht den Helm wieder aufgebunden habt.«

Da sprach der heidnische Mann: »Vor deinen Waffen 747
hab ich nicht viel zu befürchten. Stünde ich auch ganz nackt da, denn ich habe ja mein Schwert, so müßtest du doch unterliegen, da dein Schwert zersprungen ist. Alle deine Kampfeskünste können dich nicht vor dem Tod bewahren, wenn ich nicht aus freiem Willen bereit bin, dich zu verschonen. Ehe du mich anpacken könntest, um mit mir zu ringen, spränge meine Klinge durch das Eisen in dein Fell.«

Der starke, mutige Heide tat dann etwas, was ihn als wahren Mann erwies: »Dieses Schwert soll keinem von uns beiden gehören« — weit fort in die Wildnis warf es kühn der furchtlose Ritter. Er sprach: »Wenn dann hier das Kämpfen weitergehen soll, so müssen die Chancen gleich stehen.« Dann sprach der gewaltige Feirefîz: »Held, jetzt strenge deine Courtoisie an: Wenn du wirklich einen Bruder hättest, so sag mir, wie der aussehen soll. Woran erkennst du sein Gesicht, wie hat man ihn dir geschildert?«

Da sprach der Herzeloyde Kind: »Wie ein beschriebenes Stück Pergament, schwarz und weiß durcheinander, so hat mir Eckubâ gesagt.«

Der Heide sprach: »Der bin ich.«

Die beiden hielten sich nun nicht mehr viel mit Reden
auf, jeder entblößte auf der Stelle und sofort das Haupt 748
von Helm und Hersenier. Da fand Parzivâl einen edlen Schatz, kein lieberer Anblick war ihm je widerfahren. Beim ersten Hinschauen kannte er den Heiden, denn der trug im Gesicht die Elsternzeichen. Mit einem Kuß taten Parzivâl und Feirefîz alle Feindschaft ab. Liebe stand den beiden auch viel besser als Erbitterung und Haß. Treue und Liebe hatte ihren Kampf entschieden.

Der Heide sprach da voller Glück: »Wie schön, daß ich dich sehen darf, das Kind des edlen Gahmuret. Alle meine Götter will ich dafür preisen. Meine Göttin Jûnô mag sich freuen über so viel Ehre. Meinem gewaltigen Gott Jupiter verdanke ich dieses Glück. Gott und Göttin, eure Macht will ich immer lieben. Gepriesen sei der Schimmer des Planeten, in dessen Zeichen meine Ritterfahrt stand, da sie mich hin zu dir geführt hat, du fürch-

terlich Lieber, daß ich erschrocken bin vor deiner Hand.
Gepriesen sei die Luft und der Tau, der heute morgen auf
mich fiel. Der Zauber deiner Courtoisie schließt dir alle
749 Herzen in Liebe auf. Selig die Frauen, die dich sehen
dürfen, denn ihnen ist ein großes Glück geschehen.«

»Ihr redet schön, ich wollte gern noch schöner reden, wenn ich es könnte, und zwar ohne Galle. Leider weiß ich nichts zu sagen, was Euren königlichen Ruhm noch steigern könnte mit Worten. Gott kennt aber meinen guten Willen. Herz und Augen mögen sich noch so sehr bemühen, sie sind gebannt von Eurem Glanz und können immer bloß nachplappern, was der spricht. Daß mich aber niemals eines Ritters Hand so arg in Bedrängnis brachte wie Eure, das weiß ich ganz gewiß.« So sprach der aus Kanvoleiz.

Da sagte der reiche Feirefîz: »Jupiter hat sich angestrengt, als er dich schuf, du edler Held. Du mußt aber aufhören, mich zu ihrzen: wir sind doch *eines* Vaters Kinder.« Mit brüderlicher Liebe bat er ihn, er möge ihm das Ihr und Euch erlassen und ihn duzen.

Das schien Parzivâl nicht recht. Der sprach: »Bruder, Ihr seid an Macht und Herrlichkeit dem Bâruc gleich und dazu auch noch älter als ich. Meine Jugend und meine Armut sollen sich vor solch unbescheidenem Leichtsinn in acht nehmen. Wenn ich Euch mit Du anreden wollte, das wäre gegen alle gute Sitte.«

750 Der von Trîbalibot pries jetzt noch mit langen Reden
seinen Gott Jupiter, und auch seiner Göttin Jûnô erwies
er hohe Ehren, weil sie es mit Wind und Wetter so weise
eingerichtet hatte, daß er mit seinem ganzen Heer gerade
dort vor Anker und an Land gegangen war, wo sie einander begegnen mußten.

Sie setzten sich noch einmal nieder. Es konnte da nicht ausbleiben, daß sie einander noch weiter nach Kräften Ehre antaten. Da sprach nun wieder der Heide: »Ich will dir zwei große Reiche überlassen, die sollen dir auf immer gehören. Mein Vater und der deine hat sie einst gewonnen, nachdem der König Isenhart gestorben war: Zazamanc und Azagouc. Wer auf seine Tapferkeit vertraute, wurde nie betrogen — nur mich hat er verlassen und zum Waisenkind gemacht. Was ich an meinem Vater zu rächen habe, ist noch nicht vergessen. Seine Frau, die mich gebar, sehnte sich, als sie seine Liebe verloren hatte, aus Liebe nach ihm in den Tod. Trotzdem möchte ich diesen Mann gern kennenlernen. Man hat mir versichert, daß es nie einen besseren Ritter gegeben hat. Um ihn zu finden, habe ich diese Reise mit großem Aufwand unternommen.«

Da sprach Parzivâl zu ihm: »Mir geht es genauso, 751
auch ich habe ihn nie gesehen. Man sagt mir von ihm große Dinge — an vielen Orten erzählt man mir das —, daß er ein großer Streiter war und sich darauf verstand, seinen Ruhm immer weiter auszustrecken und seinen Adel zu heben. Kein Makel ist an ihm. Den Frauen war er ganz ergeben: Und wenn sie wußten, was Treue fordert, so betrogen sie ihn nicht um seinen Lohn. Er besaß das, was dem Christentum die edelste Tugend war und ist: unwandelbare Treue. Er verachtete alle verräterischen Dinge. Unbeirrbar wies sein Herz ihm den geraden Weg. So haben sie ihn mir geschildert, die diesen Mann kannten. Ich glaube, daß Ihr ihn, dem Ihr so gern begegnen möchtet, wenn er noch am Leben wäre, auch loben müßtet, denn zur Ehre zog es ihn hin. Seiner Ritterpflicht gehorsam war der Frauen Augenstern, und so konnte ihn der König Ipomidôn zur Tjost stellen. Diese Tjost geschah vor Baldac: Da wurde sein edles Leben der Liebe zu Ehren hingeschlachtet. Wir haben unser beider Vater in einer rechten Tjost verloren.«

»Ach, das tut weh! Wie könnte mir da je wieder gut 752
werden!« sprach der Heide. »So ist mein Vater wirklich tot? Ich habe guten Grund, von Unglück zu reden, und doch steht großes Glück vor meinen Augen. Ich habe hier mein Glück zugleich verloren und gewonnen. Wenn ich die Wahrheit fassen will, so muß ich sagen, daß wir zusammen, mein Vater und du und ich, ein und dasselbe Wesen waren, bloß in der Erscheinung drei. Man braucht sich ja nur anzusehen, wie die klugen Leute die Verwandtschaftsgrade zählen: Zwischen dem Vater und den Kindern rechnen die keinen — nur so kommt man aufs richtige Ergebnis. Mit dir selber hast du hier gekämpft. Der mir gegenüberstand, als ich in den Ring geritten kam, das war ich. Mich selber hätte ich gern totgeschlagen. Als du so tapfer kämpftest, da hast du dich meiner Haut gewehrt. Jupiter, schreib dies Wunder auf: Deine Kraft hat uns beigestanden und uns vor dem Tod bewahrt.«

Er lachte, und darunter lag doch stilles Weinen. Aus seinen heidnischen Augen tropfte Wasser: es war ganz so, als wollten sie ihn in der Taufe zum Christen adeln. Die Taufe gießt Treue in die Seelen. Darum ist unsre

Religion, der Neue Bund, nach Christus benannt, denn in Christus hat die Treue Gestalt angenommen.

753 Der Heide sprach, wie ihr jetzt von mir hört: »Wir wollen nicht länger hier sitzen bleiben. Reit mit mir ein kleines Stück. Sie sollen an Land gehen und Quartier machen, damit du dich an ihrem Anblick freust: Aus dem Meer lasse ich das gewaltigste Heer anmarschieren, dem Jûnô je Wind in die Segel blies, das ist die Wahrheit ohne prahlerischen Schwindel. Ich werde dir viele adelige Leute zeigen, die mir dienen. Dahin sollst du mit mir reiten.«

Parzivâl sprach zu ihm: »Habt Ihr soviel Macht über Eure Ritter, daß sie ruhig den ganzen Tag lang auf Euch warten oder gar noch länger, bis Ihr wiederkommt?«

Der Heide sprach: »Das versteht sich. Wenn ich auch ein halbes Jahr lang ausbliebe, so würden sie sich halt gedulden, die großen Herren genauso wie die kleinen. Keiner würde es wagen, sich wegzurühren. Zu essen haben sie auf den Schiffen dort im Hafen recht anständig. Weder Roß noch Mann braucht an Land zu gehen, höchstens bis zur Quelle oder in die frische Luft aufs freie Feld hinaus.«

Parzivâl sprach zu seinem Bruder: »So sollt Ihr mit
mir Glanz von adeligen Damen anschauen gehen und
große Herrlichkeit und viele feine ritterliche Herren,
die alle zu Eurer edlen Verwandtschaft gehören: Artûs,
754 der Berteneyse, und die Edlen seines Hauses haben nicht
weit von hier ihr Lager aufgeschlagen; heute bin ich von
da fortgeritten. Es ist ein großes Heer von Schönen, wir
werden reizende Damen dort sehen.«

Als der Heide was von Frauen hörte — die waren nun einmal sein Ein und Alles —, da sprach er gleich: »Da reite mit mir hin! Außerdem aber muß ich dich noch etwas fragen, sag mir: Begegnen wir auch unseren Verwandten bei Artûs? Von seinem Königtum hab ich gehört, ihm sei viel Ehre untertan und er lebe wie ein wahrhaft hoher Herr.«

Da sagte es Parzivâl noch einmal: »Wir werden glänzende Damen sehen. Du wirst nicht enttäuscht werden, wenn wir dorthin reiten. Wir treffen da unsre väterliche Verwandtschaft, lauter Leute aus unserem Geschlecht. Etliche darunter sind von gekröntem Adel.«

Da wollte nun keiner länger sitzen bleiben. Parzivâl war noch so aufmerksam, seines Bruders Schwert zu holen, das steckte er dem edlen Helden in die Scheide.

Krieg und Feindschaft zwischen ihnen war abgetan, als gute Freunde ritten sie davon.

Noch ehe sie bei Artûs eintrafen, war Nachricht von
ihnen dorthingelangt. An diesem Tag hatte man im 755
ganzen Heer über nichts anderes gesprochen als darüber, wie bedauerlich es doch sei, daß der edle Parzivâl so von ihnen weggeritten war. Artûs hatte im Rat mit den Seinen beschlossen, daß er da bis zum achten Tag bleiben und auf Parzivâl warten werde. So lange wollte er von diesem Ort nicht fortreiten. Das Heer des Gramoflanz war auch hierhergezogen. Dem hatte man viele weite Plätze abgesteckt mit prächtigen Zelten drauf. Stolzen, adeligen Herren richtete man da ihr Logis. Man hätte den vier Bräuten unmöglich noch mehr Pracht und Festesfreuden bieten können.

Von Schastel marveile her kam da ein Mann geritten. Der erzählte, sie hätten vom Ausguck der Burg, in der Säule also, einen Kampf gesehen. Alles was je mit Schwertern vollbracht worden sei, »das ist gar nichts, verglichen mit diesem Kampf«, so sagte er. Vor Gâwân berichtete er das, der saß bei Artûs im Zelt. Viele Ritter waren dort, die werweißten, was für Kämpfer das wohl gewesen sein mochten. Der König Artûs aber sprach sogleich: »Die eine Hälfte jenes Treffens kenne ich: die kämpfte mein Neffe aus Kanvoleiz, der heute früh fortgeritten ist.«

Da ritten auch schon die zwei her. Helme und Schilde 756
verkündeten großen Kriegsruhm, sie waren von Schwertern arg zerhauen. Sie verstanden ihr Handwerk, die beiden, die einander so kriegerische Zeichen auf die Schilde gemalt hatten. Ja, auch beim Kämpfen braucht es Kunst!

Sie ritten am Ring des Artûs vorbei. Alle Augen wandten sich zu ihnen hin und besonders zu dem Heiden: der kam auch wirklich prächtig daher.

Schön mit Zelten übersät war dieses Feld. Die zwei steuerten auf das Herrenzelt zu an Gâwâns Ring. Was? Ob nicht endlich einer ihnen zu verstehen geben will, daß sie willkommen sind? Ja, das will ich doch meinen! Gâwân kam ihnen nachgelaufen; er hatte nämlich, als er bei Artûs saß, gesehen, daß sie zu seinem Zelt hin ritten. Da empfing er sie mit Herzlichkeit. Sie hatten immer noch den Harnisch an. Gâwân in seiner feinen, aufmerksamen Art befahl sogleich, sie von der Rüstung zu befreien. Das Tier Ecidemôn hatte sein Teil abbe-

kommen in dem Kampf. Auch das Kursît, das der Heide
trug, war schwer verwundet von Schwertstreichen. Es
war ein Saranthasmê, darin eingewirkt viele kostbare
Steine. Darunter schimmerte der Waffenrock hervor,
757 samtiger, schneefarbener Flor mit Bildern drin. Teure
Steine waren drüber hin gestreut, und zwar immer zwei
einander gegenüber. Salamanderschlangen hatten diesen
Stoff im Feuer gewebt. Auf gut Glück mit leichten
Händen gab sie Liebe, Land und Leib, und auch diese
Kostbarkeiten hatte ihm die Frau geschenkt, der er gern
gehorsam war in guten und in bösen Zeiten: das war die
Königin Secundille. Ihr Herz hatte es befohlen, und
darum schenkte sie ihm alle Herrlichkeit, die ihr zu
Füßen lag. Sein hoher Ruhm hatte ihre Liebe erobert.

Gâwân befahl seinen Leuten, gut auf diese schönen Sachen aufzupassen, daß niemand sie in Unordnung brächte oder gar etwas davon, sei es Kursît, Helm oder Schild, abhanden käme. Für eine arme Frau wäre schon der Waffenrock allein viel zu teuer gewesen. Es waren aber die Steine an allen vier Stücken gleich kostbar. Edle Liebe weiß ihren Mann zu schmücken, wenn beim guten Willen auch Vermögen ist — neben andern Talenten, die zu feiner Lebensart gehören. Der stolze, gewaltige Feirefîz scheute keine jener Mühen, mit denen ein Ritter Frauen gütig stimmen kann. Darum war auch jene eine nicht geizig mit Lohn.

758 Die Rüstung wurde ihnen abgenommen. Da schauten sich alle den buntgescheckten Mann an, die ein Wunder zu schätzen wußten, und die konnten da mit eigenen Augen sehen, daß Feirefîz wahrhaft fremde Zeichen am Leib trug. Gâwân sprach zu Parzivâl: »Lieber Cousin, stelle mir deinen Freund vor. Er ist eine so glänzende Erscheinung, wie ich noch keine gesehen habe.«

Parzivâl sprach zum Herrn dieses Zelts: »Wenn ich mit dir verwandt bin, dann ist er's auch. Dafür verbürgt sich Gahmuret. Es ist der König von Zazamanc. Dort hat mein Vater einst in ruhmreichem Kampf Belakâne gewonnen, und die gebar diesen Ritter hier.«

Da küßte Gâwân den Heiden viele Male. Der gewaltige Feirefîz war überall am Leib schwarz-weiß gefärbt, nur sein Mund ließ — auf einer Hälfte jedenfalls — auch rote Farbe sehen. Man brachte für die beiden Kleider aus Samt, denen sah man an, daß sie sehr kostbar waren. Aus Gâwâns Schatz hatte man sie geholt. Da kamen auch leuchtend schöne Damen. Die Herzogin ließ Cundrîê und Sangîve den Vortritt beim Küssen; erst nachher küßten ihn dann sie und Arnîve. Feirefîz freute sich sehr, so glänzenden Damen zu begegnen. Ich glaube, da wurde ihm warm ums Herz.

Gâwân sprach zu Parzivâl: »Cousin, von deinen jüng- 759
sten Strapazen erzählt mir dein Helm und auch der Schild. Man hat euch beiden in einem Kampf übel mitgespielt, dir und auch deinem Bruder. Von wem habt ihr euch so viel Schlimmes geholt?«

»Einen härteren Kampf hat man noch nie gesehen«, sprach Parzivâl. »Meines Bruders Hand hat mich in großer Not zur Gegenwehr gezwungen. Sich wehren ist ein probates Mittel gegen den Tod. Beim Schlag auf diesen fremd-vertrauten Herrn hier zersprang mein starkes Schwert. Da zeigte er, wie wenig Furcht er hat, und warf seines fort. Seine einzige Angst war nämlich die, sich an mir zu versündigen, obwohl wir da noch gar nicht angefangen hatten, unsere Verwandtschaft auszuzählen. Jetzt habe ich Frieden und Freundschaft von ihm und will es ihm mit meinem Dienst danken.«

Gâwân sprach: »Man hat mir schon von einem wilden Kampf berichtet. Auf Schastel marveile kann man alles sehen, was sechs Meilen in der Runde geschieht: das erscheint in der Säule oben auf meinem Turm. Da sprach mein Oheim Artûs gleich, der dort so gestritten hatte, das müssest du gewesen sein, unser Cousin von Kingrivâls. Du hast die wahre Geschichte selber hergebracht, doch hat man dir auch ohne das den Kampf zugetraut. Jetzt glaub mir, was ich dir sage: Acht Tage
lang hätten sie auf dich gewartet; so lange sollte ein 760
prächtiges Hochzeitsfest gefeiert werden. Es tut mir leid, daß ihr zwei gegeneinander kämpfen mußtet. Ihr sollt euch nun bei mir erholen. Immerhin, nachdem ihr im Streit aneinandergeraten seid, kennt einer den andern desto besser. So tut denn jetzt wie Brüder, der Krieg ist abgeschafft.«

Gâwân befahl das Abendessen früher als sonst, weil sein Cousin aus Thasmê, Feirefîz Anschevîn, ja immer noch nüchtern war, und genauso dessen Bruder. Dicke und große Polster legte man aus in einer weiten Runde. Allerlei Steppdecken, aus Palmât und nicht gerade schäbig, wurden dann über die Polster gebreitet, die Schauseite obendrauf war kostbare Phellelseide, breite, lange Bahnen Tuch. Es waren die Schätze Clinschôrs, die da aufgeboten wurden. Dann stellte man noch eine

Rückenlehne auf — ich sage nur, was ich gehört habe —, auf allen vier Seiten, je zwei einander gegenüber und aus Phellelseide, eine sehr luxuriöse Sache. Da hinein kamen weiche Federkissen, die wurden mit Steppdecken abgedeckt, darüber die Seide auf Stecken. Der Ring umschloß ein Feld, so riesig, daß sechs Zelte hineingepaßt hätten, und zwar mitsamt dem Raum, den jedes brauchte, um bequem die Schnüre auszustrecken — ich merke schon: der Aufwand wird mir unvernünftig groß,
761 wenn ich dem Roman den Zügel schießen lasse.

Nun schickte mein Herr Gâwân einen Boten zu Artûs, der dem Hof verkünden sollte, wer da angekommen war: Jener mächtige heidnische König sei bei ihm, den die Heidin Eckubâ am Plimizoel so hoch gepriesen hatte. Jofreit *fils* Idoel war der Bote, der das Artûs sagte, und er machte ihm damit eine große Freude. Jofreit bat ihn noch, er möge früh zu Abend essen und dann mit Rittern und mit einer Schar von Damen das seine beitragen zum Glanz des Fests, er solle mit der ganzen Pracht seines Hofs kommen und helfen, des stolzen Gahmuret Kind recht würdig und in Ehren zu empfangen.

»Alles, was Adel hat, bringe ich mit«, sagte der Berteneyse.

Jofreit sprach: »Er hat so viel Courtoisie, daß ihr euch alle darauf freuen könnt, ihn zu sehen. Wahre Wunderdinge könnt ihr an ihm bestaunen. In großem Reichtum kommt er daher. Seine Rüstung könnte kein Mensch auf Erden bezahlen, keines Herrschers Hand ist so gewaltig, daß sie es vermöchte. Wollte einer selbst Löver, Bertâne, England dafür geben, dazu noch alles zwischen Paris und Wissant, so hätte er noch lange nicht genügend Geld beisammen.«

762 Jofreit war nun wieder zu Gâwân zurückgekommen. Von ihm hatte Artûs erfahren, wie er es anstellen sollte, wenn es ihm gefiele, seinen heidnischen Neffen zu begrüßen. An Gâwâns Tafel wies man dann mit feiner Distinktion den Gästen ihre Plätze zu. Die Leute der Herzogin und darunter auch die Ritter von fürstlichem Rang saßen zur Rechten Gâwâns. Auf der anderen Seite speisten in Herrlichkeit die Ritter aus Clinschôrs Reich. Den Damen wies man in der Reihe Gâwân gegenüber ihre Plätze an. Dort saßen also Clinschôrs Damen: viele von denen waren leuchtend schön. Feirefîz und Parzivâl saßen mitten unter den Damen; da konnte man viel Glanz beisammen sehen.

Der Turkoyte Flôrand und Sangîve, die Edle, und der Herzog von Gôwerzîn und Cundrîê, seine Frau, saßen einander gegenüber. Mir scheint, Gâwân und Jofreit wollten ihre alte Freundschaft in Ehren halten, denn die beiden aßen miteinander. Die Herzogin, umblitzt von
Schönheit, leistete der Königin Arnîve bei Tisch Gesell- 763
schaft. Die zwei ließen es an Freundlichkeit nicht fehlen, sie bedienten einander überaus zuvorkommend. Direkt neben Gâwân saß seine Großmutter und einen Platz weiter außen dann Orgelûse.

Was so recht bäurisch ist und ungezogen, sah man schleunigst aus dem Ring verschwinden. Man trug mit feinen Sitten den Rittern und allen den Damen die Speisen auf: Courtoisie triumphierte. Der gewaltige Feirefîz sprach zu seinem Bruder Parzivâl: »Jupiter hat es gut mit mir gemeint, als er mich zu meinem Glück auf diese Reise schickte. Seine Treue hat mich hierhergeführt, wo ich meine edlen Verwandten sehe. Jetzt kann ich erst so recht meinen Vater, den ich verloren habe, nach Gebühr preisen: er ist einem wahrhaft ruhmreichen Stamm entsprossen.«

Der Wâleise sprach: »Ihr werdet hier noch Leute kennenlernen, die wirklich Euer Lob verdienen: bei Artûs, unserem Hauptmann, sind viele mannhafte Ritter. Sobald das Mahl zu Ende geht, dauert es nicht mehr lang, so machen Euch die Edlen, deren Taten man überall rühmt, ihre Aufwartung. Von denen, die zusammen die Macht der Tafelrunde sind, sitzen hier nur drei Ritter:
Der Gastgeber und Jofreit; ich selber bin in meinen 764
Kämpfen hin und wieder auch nicht ohne Ehre geblieben — so forderten sie mich denn auf, der Gesellschaft beizutreten, und ich habe ihnen den Willen getan.«

Man nahm die Tischdecken ab vor all den Damen und Rittern. Das war ganz recht so, denn man hatte fertiggegessen. Gâwân, der Gastgeber, blieb nicht länger sitzen. Er sprach die Herzogin an und seine Großmutter und bat sie, Sangîve, die zuerst, und die sanfte Cundrîê bei der Hand zu nehmen und mit ihnen dorthin zu gehen, wo der gescheckte Heide saß, und ihm Gesellschaft zu leisten. Feirefîz Anschevîn sah diese Damen kommen und stand auf vor ihnen. Genauso tat sein Bruder Parzivâl. Die lichte Herzogin nahm Feirefîz bei der Hand. Alle die Damen und Ritter, die sie vor sich stehen sah, bat sie, sie möchten sich doch wieder setzen. Da kam Artûs unter großem Schall mit den Seinen dahergeritten.

Posaunen und Pauken und Flöten und Schalmeien waren
zu hören: Mit Gedröhne rückte der Sohn der Arnîve an.
765 Sehr festlich und heiter ging es zu und vornehm, das
mußte der Heide zugeben.

So ritt Artûs zu Gâwâns Zeltring. Er hatte seine Frau dabei und viele strahlend schöne Gestalten, Ritter und Damen. Der Heide konnte sehen, daß es auch da junge Leute gab, die schönen Glanz am Leib hatten. Da war der König Gramoflanz, er war ja immer noch des Artûs Gast. Und seine Geliebte Itonjê, die Süße, die den Verrat nicht kannte, ritt auch mit in dem Zug.

Jetzt stiegen die Ritter der Tafelrunde von den Pferden und ebenso alle die schönen Damen. Ginovêr ließ Itonjê den Vortritt, die durfte zuerst ihren heidnischen Cousin küssen. Dann trat sie selber zu ihm hin und begrüßte Feirefîz mit einem Kuß. Artûs und Gramoflanz hießen dann mit Liebe und Freude den Heiden willkommen. Die beiden waren sehr aufmerksam zu ihm und versicherten, sie wollten ihm gern jeden Wunsch erfüllen. Auch noch andere aus seiner Verwandtschaft sagten ihm viele Freundlichkeiten. Feirefîz Anschevîn war da zu lauter guten Freunden gekommen, das merkte er sehr schnell.

766 Frauen und Männer und auch so manches schöne Mädchen nahmen Platz. Wenn er es darauf anlegte, so konnte da ein Ritter leicht süße Worte finden auf süßen Mündern. Er mußte es bloß verstehen, wie man um Liebe wirbt, so waren viele von den leuchtend schönen Damen, die da saßen, liebend gern geneigt, ihn zu erhören. Gute Frauen haben es noch nie übelgenommen, wenn ein edler Mann zu ihnen flehte; es steht ihnen ja frei, ob sie verweigern oder gewähren wollen. Wenn der Acker des Glücks seinem Herrn etwas einbringen soll, so kann das nur mit Hilfe der wahren Liebe geschehen: die muß ihm den Zins bezahlen. So geht es halt zu bei adeligen Leuten, anders habe ich's noch nie gesehen. Dort also saß Dienst beim Lohn. Es ist eine Melodie, die nach Treue klingt, wenn einer von der Geliebten Worte vernimmt, die dem Geliebten Hoffnung machen.

Artûs setzte sich zu Feirefîz. Keiner von den beiden scheute sich da vor Fragen und antwortete immer mit Freundlichkeit und grad heraus, wie es sich gehört. Artûs sprach: »Dafür lobe ich Gott, daß er uns diese Ehre zuteil werden ließ, dich bei uns zu sehen. Nie ist ein Mann aus der heidnischen Welt in christlichen Ländern geritten, dem ich lieber gefällig wäre mit allem, was in meiner Macht steht; gern wollte ich dir geben, was du nur wünschen kannst.«

Feirefîz sprach zu Artûs: »Alle meine Not ist auf Grund 767
gelaufen, als mir die Göttin Jûnô Winde schickte, die mich in diese Reiche des Westens trieben. Du benimmst dich so recht wie ein Mann, dessen Adel man weit und breit kennt. Wenn du der bist, der Artûs heißt, so trägst du einen weitberühmten Namen.«

Artûs sprach: »Es ehrt ihn selber am meisten, wenn jemand mich vor dir oder vor anderen gepriesen hat, denn nur seine eigene Courtoisie kann ihm das eingegeben haben: solcher Ruhm ist nicht so sehr meinem Verdienst als vielmehr seiner Wohlerzogenheit zu danken. Ich heiße Artûs und hätte gern erfahren, wie es zuging, daß du in diese Länder gekommen bist. Hat dich deine Geliebte hinausgeschickt? Die muß wirklich sehr liebenswert sein, wenn du so weite Ritterfahrten unternimmst. Wenn sie dich nicht um den Lohn betrügt, dann muß der Frauendienst überhaupt an Glanz gewinnen. Und jeder Kavalier würde es seine Geliebte büßen lassen, wenn ein Mann wie du unbelohnt bliebe.«

»Davon kann keine Rede sein«, sprach der Heide.
»Du sollst jetzt aber auch hören, wie ich hierhergekom- 768
men bin. Ich führe eine so gewaltige Heeresmacht an, daß die Verteidiger von Troja mitsamt den Belagerern weichen müßten aus meiner Bahn, wenn auch alle, die damals in einem der beiden Heere standen, noch lebten und sich zusammentäten, gegen mich zu kämpfen — sie könnten doch den Sieg nicht gewinnen und müßten sich geschlagen geben von mir und den Meinen. Ich habe es mit vielen Mühen und Plagen in ritterlichen Kämpfen erreicht, daß die Königin Secundille sich endlich meiner erbarmte. Was sie wünscht, das ist mein Wille. Nach der Ordnung, die sie mir gegeben hat, lebe ich: Sie befahl mir, immer freigebig auszuteilen und gute Ritter an mich zu ziehen; so sollte ich es halten ihr zu Ehren. Und so ist es denn auch geschehen: Viele Ritter unter dem Schild gehören zu meinem Haus, Leute von bewährtem Adel. Dafür habe ich von ihr Liebe zum Lohn. Ich trage ein Ecidemôn im Wappen, wie sie es mir befahl. Wenn ich seitdem irgendwo in Gefahr geriet, so brauchte ich nur an sie zu denken, und sofort kam ihre Liebe mir zu Hilfe. Auf die kann ich noch mehr Vertrauen setzen als auf meinen Gott Jupiter.«

769 Artûs sprach: »Du bist ein rechter Sohn deines Vaters Gahmuret, meines Cousins, das hast du von ihm, daß du im Dienst einer Frau so weite Fahrten unternimmst. Ich will dir aber von einem Dienst berichten, wie er nicht leicht auf Erden sonst dem schönen Leib einer Frau zuliebe geleistet wurde. Ich rede von der Herzogin, die hier sitzt. Um ihre Liebe zu gewinnen, hat man viel Wald gerodet, ihre Liebe hat das Glück vieler guter Ritter ruiniert und sie um Stolz und Herrlichkeit gebracht.«

Er erzählte ihm dann die Geschichte ihrer Kriege, er berichtete auch von Clinschors Rittern, die da um sie herum saßen, und von den zwei Kämpfen, die sein Bruder Parzivâl auf der weiten Wiese von Jôflanze bestanden hatte. »Und was er sonst noch durchgemacht hat an all den Orten, wo er nichts andres mehr zu tun wußte, als den Leib dranzusetzen, das soll er dir selber sagen. Er sucht einen hohen Fund: All sein Streben geht nach dem Grâl. Von euch beiden wünsche ich mir, daß ihr mir erzählt, welche Leute und Länder ihr auf euren Kriegsfahrten kennengelernt habt.«

Der Heide sprach: »Ich nenne die, die mich mit Rit-
770 tern auf diesem Zug begleiten müssen. Es sind: Der König Papirîs von Trogodjente und der Graf Behantîns von Kalomidente, der Herzog Farjelastis von Affricke und der König Liddamus von Agrippe, der König Tridanz von Tinodonte und der König Amaspartîns von Schipeljonte, der Herzog Lippidîns von Agremuntîn und der König Milôn von Nomadjentesîn, von Assigarzîonte der Graf Gabarîns und von Rivigitas der König Translapîns, von Hiberborticôn der Graf Filones und von Centriûn der König Killicrates, der Graf Lysander von Ipopotiticôn und der Herzog Tiridê von Elixodjôn, von Orastegentesîn der König Thôarîs und von Satarchjonte der Herzog Alamîs, der König Amincas von Sotofeititôn und der Herzog von Duscontemedôn, von Arabien der König Zarôastêr und der Graf Possizonjus von Thilêr, der Herzog Sennes von Narjoclîn und der Graf Edissôn von Lanzesardîn, von Janfûse der Graf Fristines und von Atropfagente der Herzog Meiones, von Nourjente der Herzog Archeinor und von Panfatis der Graf Astor, die von Azagouc und Zazamanc und von Gampfassâsche der König Jetakranc, der Graf Jûrâns von Blemunzîn und der Herzog Affinamus von Amantasîn.

771 Ein Ding hat mich immer gekränkt in meiner Ehre: daß es nämlich hieß bei mir daheim, kein Ritter könne

je Gahmuret Anschevîn übertreffen, keiner von allen, die je ein Roß zwischen die Schenkel nahmen. So beschloß ich denn, und das habe ich auch durchgehalten, so lange durch die Welt zu reisen, bis ich den endlich fände; ich habe in der Zeit viel Kampf gesehen. Mit einem starken Heer aus meinen zwei Ländern fuhr ich aufs Meer hinaus. Mein Herz hatte Lust auf Rittertaten. Alle Länder, die mir mächtig und reich genug waren, zwang ich unter meine Hand, so trieb ich es bis ganz weit fort in der Fremde. Da schenkten mir zwei gewaltige Königinnen, Olimpîe und Clauditte, ihre Liebe, Secundille ist jetzt die dritte. Den Frauen zuliebe habe ich große Taten vollbracht. Erst heute habe ich erfahren, daß mein Vater Gahmuret tot ist. Jetzt soll mein Bruder erzählen, welche Gefahren er durchlitten hat.«

Da sprach der edle Parzivâl: »Seit ich fortging vom
Grâl, hat meine Hand mit Kampf im Gedränge und auf
weiter Flur allerlei Rittertaten vorgeführt und manchen
Stolzen, bei dem das nie der Brauch gewesen war, knien
gelehrt. Die will ich Euch hier nennen: Von Lirivoyn 772
den König Schirnîel und von Avendroyn seinen Bruder
Mirabel, den König Serabil von Rozokarz und den König
Piblesûn von Lorneparz, von Sirnegunz den König
Senilgorz und von Villegarunz Strangedorz, von Mirne-
talle den Grafen Rogedâl und von Pleyedunze Laudunâl,
den König Oniprîz von Itolac und den König Zyrolan
von Semblidac, von Jeroplîs den Herzog Jerneganz und
von Zambrôn den Grafen Plineschanz, von Tutelêunz
den Grafen Longefiez und von Privegarz den Herzog
Marangliez, von Pictacôn den Herzog Strennolas und
von Lampregûn den Grafen Parfoyas, von Ascalûn den
König Vergulaht und von Pranzîle den Grafen Bogu-
daht, Postefar von Laudundrehte und den Herzog Leide-
brôn von Redundzehte, von Leterbe Collevâl und Jove-
dast von Arl, ein Provenzale, von Tripparûn den Grafen
Karfodyas. Das sind die aus den verschiedenen Turnie-
ren da und dort, als ich unterwegs war, nach dem Grâl zu
suchen. Wenn ich die Orte, wo ich kämpfte, alle nennen
sollte, da müßten wir lang irregehen; ich weiß es selber
nicht und muß deswegen davon schweigen. Was ich aber
erfahren habe, scheint mir, habe ich alles aufgezählt.«

Der Heide war von Herzen froh, daß es so stand um 773
seines Bruders Ehre, daß seine Hand so viel Adel und
Herrlichkeit erkämpft hatte. Dafür dankte er ihm sehr,
er selber hatte ja auch davon Ehre.

Unterdessen hatte Gâwân befohlen, des Heiden schöne
Rüstung in den Ring zu tragen — sie sollten aber so tun,
als wär's von ungefähr. Da konnten sie nun wirklich von
großen Dingen reden, Ritter und Damen, die schauten
ihn alle an, den Waffenrock und Schild und Kursît. Der
Helm war — um das mindeste davon zu sagen — nicht zu
eng und nicht zu weit. Alle in der Versammlung lobten
die seltenen edlen Steine, die da eingearbeitet waren.
Es braucht mich jetzt aber keiner zu fragen, von welcher
Art und wie sie wohl gewesen sind, die leichten Steine
und die schweren. Das könnten Eraclîus — oder Ercules,
wenn man so will — euch besser erklären und der Grieche
Alexander und dann noch ein anderer, der weise Picta-
goras nämlich, der Astronom war und ganz ohne Zweifel
derart klug, daß niemand seit Adam es ihm in den Wis-
senschaften gleichtun konnte. Ja, der wußte von den
774 Steinen was Rechtes zu sagen! Die Damen flüsterten da
miteinander, wer die Frau auch sei, die seinen Leib mit
alledem so herrlich gemacht habe, das wäre wirklich
eine Schande, wenn er ihnen untreu geworden wäre.
Trotzdem war doch manche so sehr von ihm angezogen,
daß sie sich seinen Dienst gern hätte gefallen lassen — ich
glaube, weil er so fremd aussah.

Gramoflanz, Artûs und Parzivâl und dazu Gâwân, der
Gastgeber, die vier gingen etwas beiseite. Den Damen
gab man den reichen Feirefîz in die Obhut. Artûs wollte
ein großes Fest ausrichten, das unbedingt schon nächsten
Morgen auf dem Feld anheben sollte, seinem Neffen
Feirefîz zur Begrüßung. »Legt Ernst und Eifer in die
Sache, und wendet alle Klugheit an, damit er mit uns an
der Tafelrunde Platz nimmt.« Da versprach ihm jeder
von ihnen, sie würden es schon richtig dahin bringen,
wenn es ihm nicht zuwider wäre. Und Feirefîz, der hohe
Herr, erklärte, er werde gern mit ihnen Kameradschaft
halten. Das ganze Volk lief dann, nachdem man den
Wein gereicht hatte, auseinander, alle gingen zur Ruhe.
Da erlebten viele ein großes Glück, am nächsten Morgen
nämlich, oder, wenn ich das so sagen darf: Als der ruhm-
reich süße Tag erschien.

775 Den Sohn des Utepandragûn, Artûs also, sah man da
so tun: Er suchte unter seinen Schätzen nach einer präch-
tigen Tafelrunde, ein Stück Drîanthasmê nahm er dazu
her. Ihr habt früher einmal gehört, wie man auf dem
Plan am Plimizoel eine solche Tafel machte. Nach
ihrem Vorbild schneiderte man jetzt diese, schön rund

und so in allen Dingen, daß sie Herrlichkeit und Reichtum sehen ließ. Rund nahm man auch den Ring der Sitzplätze auf tauig grünem Gras, mit einer halben Turnierbahn Abstand von der Tafel, die einsam in der Mitte stand — nicht um als Tisch zu dienen, sondern nur des Namens wegen. Ein schlechter Mann hätte da gewiß seinen Unwert peinlich fühlen müssen, wenn er unter all den Edlen dort Platz genommen hätte: Mit Sünden hätte da sein Mund das Brot verzehrt.

Der Ring wurde in der heiteren Nacht abgesteckt; alles wurde vorbereitet, um die Sache ja recht großartig zu gestalten. Einem armen König hätte es mit gutem Grund angst werden können, wenn er einen derart prächtigen Ring gesehen hätte, wie er sich da am Vormittag den Augen bot. Gramoflanz und Gâwân hatten die Kosten dafür übernommen. Artûs war in diesem Land nur Gast, und doch ließ auch er einiges Geld aufgehen.

Es ist noch selten Nacht geworden, ohne daß hinterher
nach ihrer Art die Sonne endlich wieder einen Tag her-
beigeschafft hätte. Haargenau dies geschah auch dort:
Er glänzte ihnen süß und hell und heiter. Da strichen
viele Ritter ihr Haar schön glatt, darauf kamen Blumen-
kränzlein. Und viele Damen stellten nicht nur keine 776
Schminke auf dem Teint zur Schau, sondern auch noch
rote Münder, wenn's wahr ist, was Kyôt sagt. Ritter
und Damen trugen Kleider aus mehr als nur *einem* Land,
die Hauben der verheirateten Frauen je nach Landesart
niedrig oder hoch. Volk aus fernen Gegenden der Welt
war da versammelt, und alle hatten ihre besonderen
Sitten und Trachten. Eine Dame ohne Kavalier durfte
es nicht wagen, bei der Tafelrunde zu erscheinen, das
war ganz ausgeschlossen. Hatte sie aber von einem
Ritter Dienst gegen Lohn angenommen und ihm den
Lohn mit ihrem Wort garantiert, so ritt sie an den Ring
der Tafelrunde. Die anderen mußten es eben bleiben-
lassen und in ihren Zelten sitzen.

Als Artûs die Messe gehört hatte, sah man Gramoflanz
daherkommen und den Herzog von Gôwerzîn und Flô-
rand, seinen Freund. Die drei trugen einer nach dem
andern den Wunsch vor, man möge sie zur Tafel zulas-
sen. Artûs erfüllte ihnen sogleich die Bitte. Sollte eine 777
oder einer euch nun fragen, wer wohl der mächtigste und
reichste Herrscher war in irgendeinem Land der Welt,
der je an der Tafelrunde Platz genommen hat, so könnt

ihr gar nichts Besseres tun, als denen zu erklären, das sei Feirefîz Anschevîn gewesen, und damit ist dann das Thema auch schon fertig abgehandelt.

Sie zogen dem Festplatz zu in Pracht und Herrlichkeit. So manche Dame wurde derart attackiert, daß sie, hätte man vergessen, die Sattelriemen richtig nachzuzurren, gar noch heruntergefallen wäre. Viele großartige Fahnen sah man von allen Seiten kommen. In der ganzen weiten Runde um die Tafelgesellschaft herum gab es Turniergetümmel. Es herrschte aber Courtoisie: es ritt keiner in den Ring hinein. Das Feld davor war groß genug, so daß sie die Pferde galoppieren lassen konnten und sich rottenweise keilen und solche Reiterkünste zeigen, daß es die Frauen mit Vergnügen sahen.

Schließlich kamen sie zu ihren Plätzen, und da speisten die Edlen. Kämmerer, Truchsessen, Mundschenken hatten dafür zu sorgen, daß man sie mit feinem Anstand bediente. Ich glaube auch, daß sie genug zu essen be-
778 kamen. Manche Dame, die da neben ihrem *ami* saß, hatte Ehre eingeheimst. Viele nämlich hatten im Dienst der Ihren, weil das liebende Herz sie trieb, Großes geleistet. Feirefîz und Parzivâl waren angenehm beschäftigt mit Prüfen und Wählen unter jenen Damen oder diesen. Man hat nie sonst auf einem Acker oder einer Wiese so viel helle Haut und rote Münder beieinander gesehen, wie man sie in dieser Runde fand. Eitel Glück bot sich dem Heiden dar.

Gesegnet sei der Tag, der nun seinen Lauf nimmt! Ehre sei der süßen Botschaft, die sie sagte und die man da aus ihrem Mund vernahm! Man sah eine junge Dame kommen, ihre Kleider auserlesen und schön geschnitten, kostbar nach französischer Mode. Ihr Umhang aus prächtigem Samt noch schwärzer als ein türkischer Rappe. Arabisches Gold darauf sorgte für hellen Glanz, schön eingewebt in den Stoff waren viele Turteltäublein, Wahrzeichen des Grâls. Mit viel neugieriger Erwartung bestaunte man sie diesmal — aber nun laßt sie erst einmal herantraben. Ihr Kopfputz war hoch und strahlend weiß. Mit etlichen dichten Schleiern war ihr Antlitz verhängt, die nichts davon hervorblinken ließen.
779 Ziemlich schnell, doch immer sanft im Trab ritt sie ihr Pferd, als sie dort übers Feld herkam. Ihr Zaum, ihr Sattel und ihr Zelter, das alles war von königlicher Pracht und ohne Zweifel kostbar. Man ließ sie sogleich in den Ring reiten. Die Kluge war nicht dumm, sie ritt

an dem Ring entlang. Man wies sie dahin, wo Artûs saß,
und sie versäumte nicht, ihn zu begrüßen. Auf franzö-
sisch trug sie vor, was sie zu sagen hatte; sie sprach, man
möge alten Haß und Feindschaft gegen sie vergessen und
ihre Botschaft anhören. Den König und die Königin bat
sie um Beistand, sie möchten sich ihr Anliegen zu eigen
machen. Sie wandte sich dann gleich ab von ihnen und
dahin, wo sie Parzivâl sitzen sah, nicht weit von des
Artûs Platz. Und sie beeilte sich, flugs vom Pferd zu
springen auf das Gras. In schöner Demut, denn sie
wußte wohl, was sich gehört, fiel sie nieder zu Parzivâls
Füßen und flehte weinend um seinen Gruß, er möchte
doch von seinem Zorn gegen sie lassen und ihr, sei's auch
ohne Kuß, verzeihen. Artûs und Feirefîz setzten sich
auch mit Eifer dafür ein. Parzivâl war ihr tatsächlich
feind; weil aber seine Verwandten ihn baten, sollte alles
Böse vergessen sein, das sicherte er zu mit seinem Wort. 780
Die Edle — »die Schöne« kann man nicht gut sagen —
sprang eilig auf: sie verneigte sich vor jenen und sagte
ihnen Dank, daß sie ihr Verzeihung für große Schuld
erwirkt hatten. Mit ihrer Hand wickelte sie den Kopf-
putz ab — nennt es Haube oder Schleier, sie warf es alles
auf die Erde vor die Festgesellschaft hin. Cundrîe la sur-
ziere erkannten sie da alle gleich und auch das Grâlswap-
pen, das sie trug, das wurde sehr bestaunt. In ihrer
Gestalt war sie noch ganz die alte, so wie sie damals am
Plimizoel viele Männer und Frauen gesehen hatten. Ihr
Gesicht ist euch bereits geschildert worden, darin stan-
den immer noch die gleichen Augen, gelb wie ein Topas,
und lange Zähne. Veilchenblau wie Färberwaid war der
Schimmer ihrer Lippen. Sie hatte damals Lust gehabt,
sich recht großartig aufzuputzen, nur darum trug sie auf
dem Plan am Plimizoel den teuren Hut, sie hatte ihn
sonst nicht nötig: Die Sonne hätte ihr gewiß nichts
Böses getan — die konnte mit ihren sengenden Blitzen
dem Teint der Dame schon der vielen Haare wegen nicht
gefährlich werden.

Sie trat mit feinem Anstand hin und sprach, wie jeder
dort sogleich erkannte, von hohen Dingen. Und so fing 781
sie ihre Rede an: »Wohl dir, Sohn des Gahmuret, Gott
will dir jetzt gnädig werden. Ich rede von dem, den
Herzeloyde gebar, aber auch Feirefîz mit der bunten
Haut muß mir willkommen sein, schon um meiner Her-
rin Secundille willen, und weil sein Rittertum von kind-
licher Jugend an viel hohe Herrlichkeit erkämpft hat.«

Zu Parzivâl sprach sie dann: »Gelassen sollst du dein Glück genießen. Wohl dir, ein hohes Ding wird dir zuteil, du Krone menschlichen Heils. Das Epitafium ist gelesen: du sollst der Herr des Grâls sein. Condwîr âmûrs, deine Frau, und dein Sohn Loherangrîn sind beide mit dir dahin berufen. Als du das Land Brôbarz verließest, da trug sie in ihrem Leib zwei lebendige Söhne. Kardeiz wird, auch ohne den Grâl, ein großer Herr dort sein. Selbst dann, wenn du sonst gar kein Glück erleben dürftest, als daß dein Mund, der Wahrheit spricht, den Edlen, Lieben nun anredet und die Frage deines Mundes den König Anfortas nun erlöst, großes Unglück, jämmerliches Leiden fortjagt — wo hätte jemals einer gleiches Glück erfahren?«

782 Sieben Sterne nannte sie dann, und zwar bei ihren heidnischen Namen, die waren dem mächtigen, edlen Feirefîz vertraut, der da schwarz und weiß vor ihr saß. Sie sprach: »Nun schau, Parzivâl: Der höchste der Planeten, *Zvâl,* und der schnelle *Almustri, Almaret,* der strahlende *Samsi,* die alle zeigen dir Glück an. Der fünfte heißt *Alligafir* und der sechste *Alkitêr,* und der uns am nächsten ist, heißt *Alkamêr.* Ich sage dir das nicht aus einem Traum: Sie sind die Zügel des Firmaments und hemmen seinen kühnen Lauf; in ewiger Feindschaft widerstreben sie seinem Gang. Das Unglück hat in deinem Haus jetzt keine Stätte mehr. Alles, was die Kreise der Planeten in sich schließen und was ihr Licht bescheint, ist dir zum Ziel aufgesteckt, danach zu fassen und es zu gewinnen. Dein Schmerz über das Verlorene wird zunichte werden. Bloß die nimmersatte Gier allein, von der läßt er nichts an dich kommen, der Grâl und die Macht des Grâls, die wollen nichts zu schaffen haben mit dem Verrat. Du hast in jungen Jahren Leid zu dir genommen und es bei dir großwerden lassen, es hat dich um das Glück, das dir bestimmt ist, betrogen. Du hast der Seele Frieden erkämpft und in Leiden ausgehalten bis zu dem Tag, da der Leib Freude finden soll.«

783 Parzivâl mißfiel ihre Botschaft nicht im geringsten. Vor Glück floß aus seinen Augen Wasser, Quell des Herzens. Da sprach er: »Meine Dame, wenn ich zu diesen Dingen, von denen Ihr so geredet habt, wirklich vor Gott berufen bin, so daß meinem sündigen Leib, meinen Kindern, die ich etwa habe, und auch meiner Frau dies alles zuteil wird, dann hat Gott wohl an mir getan. Was aber die Schuld betrifft, die Ihr mir sühnen wollt — das

macht Eure Treue, daß Ihr dazu fähig seid. Es ist ja doch so: Hätte ich nicht zuerst wirklich falsch gehandelt, so wärt Ihr nicht mit solchem Haß über mich hergefallen. Damals war es mir halt nicht zum Heil bestimmt. Jetzt bringt Ihr mir etwas so Großes, daß mein Trauern damit ein Ende nimmt. Die Wahrheit sagt mir Euer Gewand. Als ich in Munsalvaesche war bei dem traurigen Anfortas, da sah ich auf all den Schilden, die an der Wand hingen, die gleichen Zeichen aufgemalt wie die auf Eurem Kleid: viele Turteltauben tragt Ihr da. Meine Dame, nun sagt, wann oder wie ich in mein Glück gelangen soll, und laßt es mich nicht lang entbehren.«

Da sprach sie: »Mein lieber Herr, ein Mann soll dein Gefährte sein. Den wähle dir, und laß mich dich dann führen. Du sollst Hilfe bringen, also zögere nicht lang.«

Überall in der Runde erfuhr man es: »Cundrîe la sur- 784
ziere ist gekommen«, und was ihre Botschaft zu bedeuten hatte. Orgelûse weinte vor Glückseligkeit, daß die Frage Parzivâls die Marter von Anfortas treiben sollte. Der ruhmesgewaltige Artûs sprach zu Cundrîe mit Courtoisie: »Meine Dame, reitet hin, Euch auszuruhen. Befehlt selbst, was für Euer Wohlergehen zu tun ist.«

Sie sprach: »Ist Arnîve hier? Wenn die sich um mich kümmert, will ich so lange ihr Gast sein, bis mein Herr bereit ist abzureisen. Ist sie befreit aus der Gefangenschaft, so erlaubt, daß ich sie sehe und die andern Damen, die viele Jahre Gefangenschaft erduldet haben von Clinschors Bosheit.«

Zwei Ritter hoben sie aufs Pferd. Zu Arnîve ritt die edle Jungfrau.

Jetzt war es auch Zeit, daß man da mit dem Essen fertig wurde. Parzivâl saß neben seinem Bruder; den bat er, ihn zu begleiten. Feirefîz wollte ihm gern den Gefallen tun, mit ihm nach Munsalvaesche zu reiten. Als die Zeit dafür gekommen war, standen alle auf in der
Runde. Als großer Herr tat Feirefîz: Er fragte den 785
König Gramoflanz, ob die Liebe zwischen ihm und seiner Cousine echt und wahr sei; er solle das vor aller Augen beweisen, indem er ihm einen Gefallen täte. »Helft Ihr und mein Cousin Gâwân mir bei den Königen und Fürsten, die wir hier haben, und bei den Baronen und allen armen Rittern, daß keiner von ihnen abreise, ehe er nicht meine Schätze angesehen hat. Es wäre eine Schande, wenn es mir hier zustieße, daß ich ohne auszuteilen diesen Ort verlassen müßte. Was hier an fahren-

den Leuten ist, die alle sollen Geschenke von mir kriegen. Artûs, nun will ich dich bitten, meine Sache den großen Herren vorzutragen, damit sie meine Gaben nicht verschmähen, und verbürge dich bei ihnen dafür, daß sie vor schändlichem Schund sicher sind. Es soll so großartig ausgeteilt werden, wie sie es noch nie gesehen haben. Und gib mir Boten zum Hafen, von den Schiffen dort sollen die Präsente kommen.«

Da versprachen sie dem Heiden, sie wollten nicht fortreiten von dem Feld, ehe vier Tage vergangen wären. Der Heide wurde fröhlich, so hat man mir erzählt. Artûs gab ihm kluge Boten, die er zum Hafen senden sollte. Feirefîz, das Kind des Gahmuret, nahm Tinte und Pergament. An Zeichen, die für Echtheit bürgten, ging der Schrift nichts ab. Ich glaube nicht, daß je ein anderes Dokument solche Werte in Bewegung setzte.

786 Die Boten machten sich schließlich auf die Reise. Parzivâl fing nun zu reden an, er sprach auf französisch zu ihnen allen davon, daß, wie Trevrizent dort weiter vorn schon gesagt hat, niemand und zu keiner Zeit den Grâl erstreiten könne als der, den Gott dazu berufen hat. Das wurde in der ganzen Welt bekannt, daß es unmöglich sei, ihn durch Kampf zu gewinnen. Da gaben viele Leute alles Streben und Studieren nach dem Grâl auf und warfen die Sache hin; darum ist er bis heute verborgen geblieben.

Parzivâl und Feirefîz machten die Frauen mit Inbrunst jammern. Das ließen sie sich nicht nehmen: Sie ritten zu den vier Scharen im Lager und verabschiedeten sich bei allen Leuten. Dann brachen die zwei mit Freuden auf, gut gerüstet für Kämpfe, die ihnen etwa begegnen könnten. Am dritten Tag wurden aus des Heiden Heer Geschenke nach Jôflanze gebracht, wie sie die Welt noch nicht gesehen hat. Alle die Könige, die da etwas geschenkt bekamen, deren Länder waren ihre Sorgen los. Jeder Mann empfing, seiner Würde angemessen, solche Kostbarkeiten, wie er sie nie auch nur gesehen hatte, und alle die Frauen Präsente aus Trîande und Nourîent. Wie das Heer hier auseinanderlief, davon weiß ich nichts zu sagen: Cundrî und die zwei, sie ritten hin.

SECHZEHNTES BUCH

787 Anfortas und die Seinen
hatten noch großen Jammer zu erdulden. Sie erlösten
ihn nicht aus seiner Qual, das machte ihre Treue: Oft
bat er sie um den Tod, und der wäre auch schnell über ihn
gekommen, wenn sie ihn nicht immer wieder den Grâl
hätten anschauen lassen und die Kraft des Grâls. Der
Herr sprach zu seinen Rittern: »Ich weiß gewiß, daß
meine Marter euch erbarmen müßte, wenn wirklich
Treue euer Tun bestimmte. Wie lange soll das noch so
mit mir dauern? Wenn ihr Recht verlangt vor Gott,
so werdet ihr für diese Schuld an mir bezahlen müssen.
Ich war euch in allem immer gern zu Willen seit der
Zeit, da ich zum erstenmal die Rüstung trug. Ich habe
es genug gebüßt, wenn mir einmal Schande zugestoßen
ist — die freilich keiner von euch mit angesehen hat. So
wahr ihr keine Verräter seid, erlöst mich! Das schuldet
ihr dem Adel des Helms und dem Recht des Schilds. Ihr
habt es selber oft gesehen — es könnte höchstens sein, daß
ihr aus Scham euch nicht erinnern wollt —, wie ich jene
beiden ohne feiges Zögern dahin trug, wo ritterliche
Taten zu verrichten waren. Ich habe Berg und Tal
durchmessen mit vielen Tjosten und mein Schwert spie-
len lassen, daß die Feinde so wenig Freude an mir hatten
788 wie ich von euch Dank dafür. Ich, der aus dem Glück
verbannt ist, werde euch ganz allein als Kläger gegen-
übertreten, wenn am Ende Gericht gehalten wird: Dann
geht es mit euch allen dem Abgrund zu — laßt mich also
lieber von euch fort. Meine Schmerzen müßten euch
erbarmen. Ihr habt es gesehen und auch davon erzählen
hören, wie dieses Unglück über mich gekommen ist.
Wie könnte ich euch so zum Herren taugen? Allzu bald
werdet ihr erleben müssen, daß eure Seelen abgetan
werden meinetwegen. Wie könnt ihr nur an mir so
handeln!«

Sie hätten ihn von seinem Leiden erlöst, wäre ihnen nicht Hilfe verheißen gewesen, ich meine die, von der dort vorne Trevrizent erzählt hat, wie er es auf dem Grâl geschrieben fand. Sie hofften ein zweitesmal auf jenen Mann, dem da bei ihnen all sein Glück zerrann, und erwarteten die Stunde des Helfens, die Frage aus seinem Mund.

Der König nahm sich immer wieder vor, ganz fest die Augen blind zu machen — vier Tage lang hielt er das einmal aus. So trug man ihn dann zum Grâl hin, da zwang ihn, ob er wollte oder nicht, die Krankheit, daß er die Augen aufschlug. So mußte er wider Willen leben bleiben und nicht sterben.

Mit solchen Künsten brachten sie ihn durch bis an den 789
Tag, da Parzivâl und der gescheckte Feirefîz in Freuden nach Munsalvaesche geritten kamen. Jetzt hatte die Zeit so lange hingewartet, daß Mars und Jupiter wieder mit feindlicher Wut auf ihrer Bahn dort angekommen waren — so war er ihnen immer ganz wehrlos ausgeliefert —, wo das Ziel war und der Anfang ihres Laufs. Das tat dem Anfortas an seiner Wunde weh, so groß war die Qual, daß Mädchen und Ritter immerfort den Lärm von seinem Wehgeschrei hörten, und Blicke des Jammers ließ er vor ihnen aus den Augen blitzen. Seiner Wunde war nicht mehr zu helfen, sie konnten ihm keine Hilfe bringen. Und doch, sagt die Geschichte, sollte jetzt die wahre Hilfe zu ihm kommen. Herzensjammer luden sie sich auf.

Immer wenn die scharfe, saure Not ihm diese argen Qualen schickte, wandte man Mittel an, die Luft angenehm zu machen und den Geruch von der Wunde zu bekämpfen. Vor ihm auf dem Teppich lagen Spezereien und Zerebinthenbalsam, Späne von Duftholz und aromatische Essenzen. Die Luft zu bessern, hatte man auch Theriak hingelegt und teures Ambra, die rochen angenehm. Wo man hintrat auf den Teppich, überall lag 790
unter ihren Füßen eine Häckselstreu von Kardamom und Nelken und Muskat, ihrer süßen Düfte wegen: Immer wenn jemand darauf trat, so drosch er Duft aus gegen den sauren Geruch. Sein Feuer war *lignum alôê* — das habe ich euch schon gesagt.

Das Gestell des Betts war aus Vipernhorn gemacht. Damit er Ruhe habe vor dem Gift, hatte man viel fein gemahlenes Gewürz über die Polster gestreut. Durchgesteppt, nicht bloß genäht war da, wo er lehnte, der

Seidenbrokat aus Nourîente, und aus Palmât war seine
Matratze. Noch mehr Herrlichkeit verliehen diesem
Spannbett all die edlen Steine — andere als edle fand man
daran nicht. Bespannt war das Bett mit Gurten aus Sala-
mander, aus diesem Material waren die Bänder unter
seinem Polster. Sehr wenig Freude wurde ihm be-
schert — prächtig war sein Bett, wohin man schaute.
Niemand soll da widersprechen und sagen, er habe
irgendwo ein besseres gesehen. Es war auserlesen und
kostbar, das machten die besonderen Kräfte, die edlen
Steinen eigen sind. Hört zu, wenn ich euch nun genau
791 alle ihre Namen sage: Karfunkel und Silenîtes, Balax und
Gagâtromes, Onyx und Chalzedon, Coralîs und Bestîôn,
Unjô und Optallîes, Cerâuns und Epistîtes, Jerachîtes und
Eljotrôpîâ, Panthers und Antrodrâgmâ, Prasem und
Saddâ, Emathîtes und Djonisîâ, Achat und Celidôn, Sar-
donîs und Calcofôn, Karneol und Jaspis, Echîtes und
Irîs, Gagâtes und Ligûrîus, Abestô und Cegôlitus, Galac-
tîdâ und Jacinctus, Orîtes und Enîdrus, Absist und Ala-
bandâ, Crisolecter und Hîennîâ, Smaragd und Magnet,
Saphir und Pirrîtes. Hier oder dort standen auch Türkise
und Lipparêâ, Chrysolithe, Rubine, Paleise und Sardîne,
Adamas und Crissoprassîs, Melochîtes und Dîadochîs,
792 Pêanîtes und Mêdus, Beryll und Topas. Die alle konnten
einem Herzen Lebenskraft und edlen Mut einflößen.
Zum Glücklichmachen und als Arznei taugten alle die
Steine, jeder nach seiner Eigenart. Große Kräfte konnte
einer von ihnen gewinnen, wenn er es richtig anfing und
sich auf die Kunst verstand. Damit mußten sie Anfortas
durchbringen, in dem das Herz all dieser Leute schlug.
Jammer hatten sie von ihm in Fülle. Doch jetzt wird
man hören, wie er Glück erfährt. In Terre de salvaesche
ist der angekommen von Jôflanze her, dem sein Leid zer-
ronnen ist, ich meine Parzivâl, und mit ihm war sein
Bruder da und eine junge Dame. Man hat mir nicht
genau gesagt, wie weit es war bis an ihr Ziel.

Da wären sie nun in einen Kampf geraten, hätte nicht Cundrîe, die sie führte, das Übel abgewendet. Sie ritten nämlich auf einen Grenzposten zu. Da wollten gleich gegen sie viele gut berittene Templeisen fertig gerüstet losstürmen. Die waren aber fein genug, um zu erkennen, sobald sie sahen, wer die Fremden führte, daß ihnen da Freude erscheinen sollte. Der Hauptmann des Trupps sah dort vom Mantel der Cundrîe viele Turteltauben glitzern, da sprach er: »Unser Leid hat ein Ende. Zu-

sammen mit dem Wappenbild des Grâls kommt hier der zu uns, nach dem wir uns all die Zeit gesehnt haben, seit 793
wir in des Jammers Schlinge gefangen wurden. Haltet ein, es naht große Freude.«

Feirefîz Anschevîn rief, als dies geschah, seinen Bruder Parzivâl zu den Waffen und stürmte vorwärts in den Kampf. Cundrîe griff ihm in die Zügel und hielt seine Tjost auf. Es sprach die struppige Jungfrau gleich zu Parzivâl, ihrem Herrn: »Die Schilde und Fahnen müßtet Ihr doch leicht erkennen. Dort stehen Euch keine anderen als des Grâls Leute gegenüber, und die sind Euch mit ganzer Treue ergeben.«

Da sagte der vornehme Heide: »So soll der Kampf geschieden sein.«

Parzivâl bat Cundrîe, auf den Weg zu jenen hinüber zu reiten. Die tat das und erzählte ihnen, welche Freude ihnen gekommen war. Was es da an Templeisen gab, die stiegen alle von den Pferden nieder auf das Gras. Viele Helme wurden sogleich abgebunden. Zu Fuß gingen sie Parzivâl empfangen: Wie einen Segen nahmen sie seinen Gruß entgegen. Sie hießen auch Feirefîz willkommen, den Schwarzen und Weißen. Nach Munsalvaesche ritt man hinauf. Lauter Weinen sah man und doch nichts als Freude.

Sie trafen dort oben Leute ohne Zahl, viele wunderbar 794
schöne alte Ritter, edle Kinder, eine Menge Knappen. Die traurige Gesellschaft hatte guten Grund, sich über den Besuch zu freuen. Feirefîz Anschevîn und Parzivâl, die beiden wurden vor dem Palas am Aufgang schön empfangen. In den Palas ging man dann.

Dort lagen, so lebten die alle Tage, hundert große, kreisrunde Teppiche, auf jedem ein Federbett, darüber eine lange Decke aus Samt. Wenn die beiden Verstand zeigen wollten, so konnten sie an irgendeinem von den Plätzen so lange niedersitzen, bis man ihnen die Rüstung abnahm. Und wirklich kam auch schon ein Page her, der ihnen zwei ganz gleiche herrliche Gewänder brachte. Sie setzten sich, die Ritter alle, die da waren. Viele kostbare Trinkschalen aus Gold und nicht aus Glas trug man vor sie hin. Feirefîz und Parzivâl tranken etwas und gingen von da weg zu Anfortas, dem traurigen Mann.

Ihr habt ja bereits erfahren, daß der lehnend ruhte und kaum jemals sitzen konnte und wie prächtig sein Bett
war. Diese zwei begrüßte da Anfortas freudig und doch 795

in großen Qualen. Er sprach: »Mit Schmerzen habe ich gewartet auf den Tag, da ich vielleicht von Eurer Hilfe froh werde. Als Ihr das letztemal von mir gegangen seid, da war die Sache so geraten, daß man Euch, wenn Treue Euer Handeln leitet, nicht anders als in Jammer finden konnte. Wenn Ihr je Ehre gewonnen habt, dann setzt Euch dafür ein bei den Rittern und Mädchen hier, daß sie mir erlauben mögen zu sterben. Wenn Ihr der seid, der Parzivâl heißt, so macht, daß ich den Grâl nicht sehen muß sieben Nächte und acht Tage lang. Da bin ich dann all meinen Jammer los. Es ist mir verboten, Euch auf das andere aufmerksam zu machen: wohl Euch, wenn man nachher sagen kann, daß Ihr zu helfen wißt. Euer Freund ist hier ein Fremder. Es ist mir nicht recht, daß er da vor mir stehen muß. Laßt ihn doch gehen, er soll es sich bequem machen.«

Weinend sprach da Parzivâl: »Sagt mir, wo man den Grâl hier aufbewahrt. Wenn Gottes Güte an mir triumphieren möchte, so wird das ganze Volk es nun erfahren.« Und in jene Richtung wandte er sich und fiel dreimal auf die Knie, der Trinität zu Ehren. Er bat, es möge ihm geholfen werden, dem traurigen Mann, aus seiner Herzensqual. Er stand auf und sprach nun diese Worte: »Oheim, was tut dir weh?« Der aus dem Mund des hei-
796 ligen Silvester einen Stier vom Tod lebendig fortgehen hieß und der Lazarus gebot, aufzustehen aus dem Grab, ebender half, daß Anfortas heil wurde und ganz gesund. Jener Schimmer, den die Franzosen *fleur* nennen, erschien auf seiner Haut. Parzivâls Schönheit war neben seiner ein windiges Ding und die des Absalon, Davids Kind, und Vergulahts von Ascalûn und aller jener, bei denen Schönheit in der Familie lag, auch die, die man an Gahmuret rühmte, als man ihn so liebenswert herrlich in Kanvoleiz Einzug halten sah — keines Mannes Schönheit war der gleich, die dem Anfortas von seiner Krankheit blieb. Viele Künste kann Gott ohne Ende.

Da schritt man dann zur Königswahl. Sie wählten keinen anderen als den, den ihnen die Schrift auf dem Grâl zum Herrn bestimmt hatte: Ohne Zögern erkannten sie Parzivâl als König und als Herrn dort an. Ich glaube, soweit ich etwas davon verstehe, nicht, daß man noch anderswo zwei Männer finden könnte, die so viel Macht und Reichtum hatten wie Parzivâl und Feirefîz. Ergebensten Dienst versprachen viele Ritter ihrem Herrn und seinem Gast.

Wie oft sie übernachtet hat auf ihrer Reise — ich spreche von Condwîr âmûrs, die da in Freuden nach Munsalvaesche unterwegs war —, weiß ich nicht. Sie 797
hatte schon im voraus die Wahrheit erfahren: Es war eine Botschaft zu ihr gekommen, ihre Not sei zu Ende, ihr Jammer gestillt. Der Herzog Kyôt und noch andere edle Männer waren mit ihr nach Terre de salvaesche aufgebrochen und in den Wald gelangt, wo die Tjost einst Segramors aus dem Sattel hob und wo der Schnee mit Blut ihr Bild annahm. Da sollte Parzivâl sie abholen. Der wollte sich die Reise gern gefallen lassen. Das alles sagte ihm ein Tempelherr: »Viele Ritter voller Courtoisie haben, wie es sich gehört, der Königin das Geleit gegeben.«

Parzivâl war so aufmerksam, daß er noch Ritter aus der Grâlsschar mitnahm und Trevrizent besuchen ritt. Der wurde von Herzen froh, als er vernahm, wie des Anfortas Sache ausgegangen war, daß er nicht sterben mußte an der Speerwunde und daß ihm die Frage Frieden gebracht hatte. Da sprach er: »Bei Gott stehen viele verborgene Dinge. Wer hätte je mit ihm zu Rat gesessen, wer wüßte zu sagen, wo seine Kraft aufhört? Das ganze Volk der Engel kann ihr Ende niemals finden. Gott ist Mensch und seines Vaters Wort, Gott ist Vater und Sohn, große Werke der Treue vermag sein Geist.«

Zu Parzivâl sprach Trevrizent: »Ein größeres Wunder ist kaum je geschehen. Ihr habt es Gott abgetrotzt, daß 798
seine ewige Trinität es nach Eurem Willen gefügt hat. Ich habe damals gelogen vom Grâl, um Euch listig abzulenken, als ich erzählte, wie es sich mit ihm verhielte. * Befehlt, wie ich die Sünde büßen soll, ich werde Euch von nun an immer gehorsam sein, Schwestersohn und Herr. Daß die verbannten Geister und mit ihnen die Fülle göttlicher Macht beim Grâl so lange geblieben wären, so habt Ihr nach alledem, was ich Euch darüber erzählte, glauben müssen, bis sie genug auf Gottes Gnade gewartet hätten. Gott ist aber in seinem Willen ganz unwandelbar, und also ist er ihnen, von denen ich behauptet habe, sie könnten Versöhnung finden, feind für alle Zeit. Wer von ihm Lohn erhofft, muß jenen Geistern Krieg ansagen. Auf ewig sind sie verloren, sie haben sich ihr Unglück selber so bestimmt. Es tat mir halt leid, daß Ihr Euch nutzlos schinden wolltet, es war ja doch noch ohne Beispiel, daß irgend jemand irgendwann den Grâl durch Kampf gewonnen hätte. Ich hätte Euch gerne davon

abgebracht. Jetzt ist es aber anders mit Euch ausgegangen. Ein hohes Ding habt Ihr gewonnen — kehrt nun Euren Sinn zur Demut hin!«

799 Parzivâl sprach zu seinem Oheim: »Ich will sie sehen, die ich fünf Jahre lang nicht gesehen habe. Als wir beieinander waren, hatte ich sie lieb und habe sie immerfort liebbehalten. Ja, gewiß doch, ich will auch in Zukunft gerne deinen Rat, solange uns der Tod nicht auseinanderreißt: Du hast mir einmal in großer Not geraten. Es zieht mich hin zu meiner Frau, die, so hat man mir berichtet, auf ihrem Weg zu mir an einen Ort unweit des Plimizoel gelangt ist.« Und er bat Trevrizent, er möge ihn entlassen. Da befahl der gute Mann ihn Gott.

Parzivâl ritt noch in der Nacht los; seine Begleiter kannten sich gut aus in diesem Wald. Als es tagte, fand er einen lieben Fund: Viele Zelte sah er dort stehen. Aus dem Land Brôbarz, hat man mir gesagt, waren dort viele Fahnen aufgesteckt, eine Menge Schilde hatte man ihnen hinterdrein geführt: Die Fürsten seines Landes lagerten hier. Parzivâl fragte, wo die Königin selber denn wohne, sie hatte ja doch wohl ihren eigenen Ring. Man zeigte ihm ihr Lager, das war ein rechter Herrenring, von lauter Zelten in der Runde ganz umschlossen.

Nun war der Herzog Kyôt von Katalanien am Morgen
800 früh aufgestanden, da kamen jene angeritten. Des Tages Schimmer war noch grau. Trotzdem erkannte Kyôt dort das Wappen des Grâls bei diesen Leuten: Alle führten sie die Turteltaube. Da ging ein Seufzen durch seinen alten Leib, weil seine Frau, die keusche Schoysîâne, ihn dort auf Munsalvaesche reich an Glück gemacht hatte; sie starb dann an Sigûnes Geburt. Kyôt ging auf Parzivâl zu, ihn und die Seinen begrüßte er freundlich. Er schickte einen Edelknaben zum Marschall der Königin und bat ihn, für die Ritter alle, die er da halten sah, gut zu sorgen. Jenen aber nahm er bei der Hand und führte ihn zum Kammerzelt der Königin, das man da klein aus Buckram stehen fand. Da nahm man ihm sein ganzes Eisenzeug ab — die Königin weiß von alledem noch nichts.

Loherangrîn und Kardeiz fand Parzivâl bei ihr liegen — jetzt sollte endlich das Glück an ihm zur Herrschaft kommen — in einem großen, hohen Zelt, das hier und dort und wo man auch hinsah voll belegt mit schönen Damen war. Weg zog Kyôt die Bettdecke, die Königin

bat er aufzuwachen und fröhlich zu sein. Sie schlug die
Augen auf und sah ihren Mann. Sie hatte nichts an als
das Hemd. Die Bettdecke warf sie sich über, aus dem 801
Bett auf den Teppich sprang Cundwîr âmûrs, die Lichte.
Und Parzivâl umarmte sie, sie küßten einander, hat man
mir versichert.

Sie sprach: »Das Glück hat dich mir hergeschickt, du lieber Schatz.« Sie begrüßte ihn mit Freuden. »Ich müßte dir böse sein, ich kann es nicht. Gesegnet sei die Zeit und der Tag, der mir diese Umarmung geschenkt hat, die macht alles Traurigsein verschwinden. Ich habe, was mein Herz verlangt, Unglück muß mit leeren Händen von mir fort.«

Jetzt erwachten auch die zwei Kleinen, Kardeiz und Loherangrîn, die lagen ganz nackt im aufgedeckten Bett. Parzivâl wurde nicht müde, sie immer wieder mit Liebe zu küssen. Kyôt bewies viel Taktgefühl, und er befahl, die Knaben fortzubringen. Er zögerte auch nicht, den Damen allen zu sagen, daß sie das Zelt verlassen sollten. Das taten sie, nachdem sie erst noch ihren Herrn, der so lange weggewesen war, begrüßt hatten. Kyôt überließ dann voller Courtoisie der Königin die Sorge für ihren Mann. Die ganze Schar der jungen Damen führte er hinaus. Da war es noch früh am Morgen — Kämmerer ließen die Zeltwände herab.

Wenn einst Blut und Schnee ihm alle vernünftigen 802
Sinne geraubt und ihn ganz einsam gemacht hatten —
auf ebendieser Wiese hatte er das liegen sehen —, so ließ
ihn nun Condwîr âmûrs seine Verluste verschmerzen;
was sie dazu brauchte, hatte sie bei sich. Nirgends hatte
in der Zeit sein Leib liebe Hilfe angenommen gegen die
Not der Liebe, obwohl ihm doch viele vornehme Frauen
Liebe angetragen hatten. Ich glaube, ihm wurde die
Zeit nicht lang bis an den hohen Vormittag.

Aus dem Lager von überall her kamen die Leute geritten, um sie zu sehen, die Templeisen, und sie recht zu mustern. Die trugen schön geschmückte Helme und waren ordentlich ramponiert, die Schilde von Tjosten bös durchritten und außerdem auch noch von Schwertern zerhackt. Jeder trug ein Kursît aus orientalischer Seide oder aus Samt. An den Beinen waren sie noch gepanzert, die übrige Rüstung hatten sie abgelegt.

Jetzt muß aber Schluß sein mit dem Schlafen. Der König und die Königin standen auf. Ein Priester sang die Messe. In dem Zeltkreis gab es ein großes Gedränge von all den ritterlichen Kämpfern, die einst Clâmidê die Stirn geboten hatten. Als das *Benedicat vos* gesprochen war, begrüßten Parzivâl seine Vasallen, viele gewaltige Ritter, die ihm in edler Treue anhingen.

803 Die Bahnen an den Seiten des Zelts nahm man ab. Der König sprach: »Welcher von den beiden ist der Knabe, der König sein soll über euer Land?« All den Fürsten verkündete er dann dies: »Wâls und Norgâls, Kanvoleiz und Kyngrivâls sollen ihm nach seinem Recht gehören, dazu Anschouwe und Bêalzenân. Wenn er dereinst ein Mann geworden ist, so helft ihm dahin als gute Freunde. Gahmuret hieß mein Vater, der hat es mir als rechtes Erbe hinterlassen. Mit dem Segen Gottes habe ich den Grâl geerbt. Jetzt empfangt an dieser Stätte eure Lehen von meinem Kind und laßt mich eure Treue sehen.«

Mit gutem Willen wurde das getan. Viele Fahnen sah man dort heranziehen. Da gaben zwei kleine Hände viele weite Stücke Land zu Lehen. Dann wurde Kardeiz gekrönt. Der sollte später auch wirklich Kanvoleiz in seine Gewalt bringen und sonst noch viel von dem, was Gahmuret gehörte.

Am Plimizoel auf einer Wiese wurden Sitze aufge-
stellt in einer weiten Runde, dahin rief man sie zu Tisch.
Mit einiger Eile wurde gegessen. Das Heer machte sich
fertig heimzureisen: Die Zelte brach man alle ab. Mit
804 dem jungen König zogen sie heim. Eine Menge junger
Damen und ihre übrigen Leute mußten sich da von der
Königin trennen, das ging nicht ohne Jammern ab.
Dann taten sich Loherangrîn und seine Mutter, die
Schöne, mit den Templeisen zusammen und ritten fort,
nach Munsalvaesche zog es sie hin.

»In diesem Wald bin ich einmal«, sprach Parzivâl, »an eine Klause gekommen, da mitten durch sprang flink ein klarer Quell. Wenn ihr sie wißt, so weist mich hin.«

Seine Gefährten sagten ihm, sie wüßten eine: »Da lebt eine Jungfrau, die tut nichts anderes als klagen über dem Sarkophag des Geliebten. Sie ist eine Arche alles wahrhaft Guten. Unser Weg führt ganz in ihrer Nähe vorbei. Man findet sie kaum jemals ohne Jammer.«

Der König sprach: »Wir werden sie besuchen.« Da versicherten sie ihm, sie seien damit einverstanden.

Sie ritten immer weiter ohne Aufenthalt und fanden spät, es war schon Abend, Sigûne auf den Knien liegend tot. Da sah die Königin nun die schlimme Gewalt des

Jammers. Sie brachen durch die Wand der Klause zu ihr
hinein. Parzivâl befahl, das tat er seiner Cousine zuliebe,
den Stein über der Gruft wegzuheben. Da schimmerte
Schîanatulander ohne Fäulnis balsamschön. Man legte
sie, die ihm, als sie noch lebte, jungfräuliche Liebe 805
schenkte, ganz nahe zu ihm hinein, dann schlossen sie
das Grab.

Condwîr âmûrs klagte sehr um ihres Vaterbruders Tochter, so hat man mir berichtet; mit großer Trauer fühlte sie den Verlust, denn Schoysîâne, die Mutter der toten Jungfrau, hatte sie bei sich als Kind erzogen, darum ließ Freude sie im Stich. Jene war die Mutterschwester Parzivâls — wenn der Provenzale in seiner Quelle die Wahrheit las. Der andere Kyôt, der Herzog, wußte wenig vom Tod seiner Tochter; er hatte jetzt den König Kardeiz zu erziehen.

Sie ist nicht krumm so wie der Bogen, diese Geschichte,
sondern wahr und gerade. So taten sie denn nach Schul-
digkeit der Reise ihren Willen und ritten in der Dunkel-
heit nach Munsalvaesche. Dort hatte Feirefîz auf sie
gewartet und ohne Langeweile seine Stunden hinge-
bracht. Viele Kerzen hatte man angezündet, es war grade
so, als stünde der ganze Wald in Flammen. Ein Tem-
pelherr aus Patrigalt ritt gerüstet neben der Königin.
Der Hof war weit und breit: In vielen Scharen standen
dort die Ritter. Die alle begrüßten die Königin und den
Herrn und seinen Sohn. Da trug man Loherangrîn zu
seinem Vaterbruder Feirafîz hin. Wie der dastand, so
schwarz-weiß, wollte der Bub ihn nirgends küssen — 806
edle Kinder sind gern ängstlich, sagt man. Da mußte
der Heide lachen.

Da verlief sich dann die Menge auf dem Hof, ich meine: als die Königin vom Pferd gestiegen war. Das Glück, das sie mitbrachte, als sie dort einzog, kam ihnen allen zugute. Man führte sie dorthin, wo eine edle Schar von lauter leuchtend schönen Damen war. Feirefîz und Anfortas, die beiden standen mit Courtoisie neben den Damen an den Stufen. Repanse de schoye und Garschiloye von Grünland, dazu Flôrîe von Lunel, lichte Augen und einen feinen Teint hatten die und den schönen Adel junger Mädchen. Da stand schwank und schlank wie eine Gerte ein Mädchen, dem an Schönheit und an Tugenden nichts fehlte. Sie war die Tochter des Jernîs von Ryl, so sagte man, und hieß Ampflîse. Aus Tenabroc, ist mir versichert worden, war Clârischanze, die da stand, ein ganz reizendes Mädchen, dessen strahlende Erscheinung nichts, und wäre es auch nur so schmal wie ihre Ameisentaille, zu wünschen übrig ließ.

Feirefîz trat zu der Herrin hin. Die Königin bat ihn,
er möge sie küssen. Sie küßte dann auch Anfortas, sie
807 war glücklich über seine Erlösung. Feirefîz führte sie
an der Hand zur Mutterschwester des Burgherrn hin, zu
Repanse de schoye. Da gab es nun viel zu küssen. Ihr
Mund war auch ohne das schon vorher ganz rot gewesen,
und da mußte er jetzt all die Küsse über sich ergehen
lassen — ach, das tut weh, es ist mir arg, daß ich solche
Plagen nicht leiden darf, ich meine: an ihrer Stelle; sie
war ja müd bei ihnen angekommen.

Junge Damen führten ihre Herrin fort. Die Ritter in dem Palas blieben da. Der war mit Kerzen, die schön hell brannten, gut versorgt. Da wurde nun alles vornehm zugerichtet für den Grâl. Immer wenn man den Grâl den Leuten vortrug, so tat man das nicht des bloßen Schauspiels wegen, es mußte schon ein festlicher Anlaß sein. Weil sie auf Hilfe hofften, als sie an jenem Abend so ganz und gar unglücklich waren wegen des blutigen Speereisens, darum wurde damals der Grâl hergetragen, um Treue einzufordern also: Parzivâl aber ließ sie in ihren Leiden. Jetzt wird er mit Freuden hergetragen, all ihr Leid ist von ihnen fortgenommen.

Sobald die Königin ihre Reisekleider ausgezogen und
ihre Haube aufgebunden hatte, kam sie hinzu, das war
ihr gutes Recht. Feirefîz empfing sie an einer von den
808 Türen. Nun, das stand ohne allen Zweifel fest, daß
keiner je zu einer Zeit von einer schöneren Frau gehört
hat oder geredet. Und auch was sie anhatte: Auf ihrem
Leib trug sie orientalische Seide, gewirkt von Künstler-
hand in der Art, wie Sârant sie einst mit viel Raffine-
ment in der Stadt Thasmê erfand. Feirefîz Anschevîn
führte sie, von der sich lichter Schein ergoß, herein und
mitten durch den Saal. Drei große Feuer hatte man
brennen, des Feuers Duft war *lignum alôê*. Vierzig Tep-
piche lagen dort, noch mehr Sitzplätze als an jenem Tag,
da Parzivâl zum erstenmal den Grâl vorübertragen sah.
Ein Sitz war vor allen andern herrlich: da sollten Feirefîz
und Anfortas zusammen mit dem Hausherrn sitzen.

Jetzt gingen sie mit fein gelernter Eleganz an ihre Arbeit, alle, die dort ein Amt übernommen hatten, wenn der Grâl Einzug halten sollte. Ihr habt es schon bei früherer Gelegenheit in aller Breite erzählen hören, wie

man ihn vor Anfortas hintrug. Genau so sieht man jetzt die Leute tun vor des edlen Gahmuret Sohn und auch vor dem Kind des Tampenteire. Junge Damen lassen nun nicht länger auf sich warten: In allem so, wie es die Regel verlangte, kamen sie, fünfundzwanzig an der
Zahl. Der Glanz der ersten in der Schar schien dem Hei- 809
den hell und ihr Haar lockig, die aber danach kamen, immer noch schöner und ihrer aller Kleider kostbar. Süß und reizend liebenswert war der Anblick aller dieser Mädchen. Nach ihnen allen kam die strahlende Repanse de schoye, jene Jungfrau, von der allein, so hat man mir gesagt, der Grâl sich tragen ließ und von sonst keiner. Viel reines Wesen war bei ihrem Herzen, Blütenschimmer war ihr Teint.

Wenn ich euch die ganze Zeremonie vom ersten bis zum letzten berichte, wie viele Diener da Wasser reichten und was an Tischen man vor sie setzte — das waren nämlich noch mehr als beim letztenmal, da ich euch davon erzählte — und wie alles unfeine Benehmen aus dem Palas wich und von den Servierwagen, die man da auffahren ließ mit kostbaren Goldgefäßen drauf, und wie die Ritter saßen — das würde ein gar zu langes Gereime. Ich will flink zu kurzem Werke gehen. Mit Courtoisie nahm man vor dem Grâl wilde und zahme Speisen, der eine Met, der andre Wein, wie es jedem eben einfiel, Maulbeerwein oder Sinôpel oder Claret. *Le fils du roi*
Gahmuret hatte es in Pelrapeire seinerzeit ganz anders 810
angetroffen, als er dorthinkam.

Der Heide fragte, wie das zugehe, daß die leeren goldenen Näpfe voll wurden, wenn man sie vom Tisch hinstreckte, das Wunder hätte er gern gesehen. Da sprach der schöne Anfortas, der ihm bei Tisch Gesellschaft leistete: »Mein Herr, seht Ihr ihn denn nicht vor Euch liegen, den Grâl?«

Da sprach der bunt gescheckte Heide: »Ich sehe nichts als ein Stück Achmardî; das hat meine liebe Dame zu uns her getragen, die dort mit der Krone vor uns steht. Ihr Blitzen dringt mir ins Herz hinein. Ich habe geglaubt, mein Leib wäre so stark, daß nie ein Mädchen oder eine Frau mein ganzes Glück an sich reißen könnte. Alle edle Liebe, die ich früher etwa empfangen habe, widersteht mir jetzt. Unart ist mir in die Art gefahren, daß ich mich mit meiner Not an Euch wende, da ich Euch doch noch nie einen Gefallen getan habe. Was hilft mir nun alle meine Herrlichkeit und all die Rittertaten, die ich für

Frauen vollbracht habe, was hilft's, wenn meine Hand vielleicht auch einmal etwas hergeschenkt hat, wenn ich so in Qualen leben soll? Jupiter, du starker Gott, warum hast du mich hierhergebracht in diese Leiden!«

Übermaß an Liebe im Verein mit der Auszehrung, die
sein Glück befallen hatte, machte ihn ganz bleich, ich
811 meine: an den weißen Stellen. Cundwîr âmûrs, Inbe-
griff leuchtender Schönheit, fand jetzt beinah ihres-
gleichen, so rein strahlte der Teint jenes Mädchens. Da
fing sich in der Schlinge ihrer Liebe Feirefîz, der edle
Gast. Von seiner ersten Liebschaft blieb keine Spur, er
wollte davon nichts mehr wissen. Was half da Secun-
dille ihre Liebe und ihr Land Trîbalibôt? Der strengen
Gewalt eines Mädchens war er ganz und gar ausgeliefert:
Clauditte und Olimpîâ und alle andern anderswo in der
Welt, die ihm für seinen Dienst Lohn gegeben und ihn
in hohen Ehren gehalten hatten, deren aller Liebe er-
schien nun Gahmurets Sohn aus Zazamanc schäbig.

Da sah der schöne Anfortas, daß seinem Tischgenossen wirklich elend war. Die glänzend weißen Flecken alle waren ganz bleich geworden, Noblesse und Stolz und Heiterkeit an ihm verfiel. Da sprach er: »Mein Herr, es tut mir leid, wenn meine Schwester Euch einen Schmerz antut, den vorher noch nie ein Mann von ihr erlitten hat. Nie ist ein Ritter in ihrem Dienst auf Abenteuer ausgeritten, und so hat auch keiner von ihr jemals Lohn erhalten. Sie mußte bei mir großen Jammer aushalten. Das hat auch ihrem Teint ein bißchen geschadet, daß sie so wenig Glück erfahren durfte. Euer Bruder ist der Sohn ihrer Schwester: Der hat es in der Hand, Euch da bei ihr zu helfen.

812 »Wenn das Mädchen Eure Schwester ist«, sprach Feire-
fîz Anschevîn, »die dort, die auf dem bloßen Haar die
Krone trägt, dann ratet mir, wie ich ihre Liebe gewinne.
Zu ihr hin zieht es mein ganzes Herz. Wenn ich je Ehre
mit dem Speer errungen habe — ach, wäre das nur in
ihrem Dienst geschehen, und wollte sie danach den Lohn
bemessen, den sie mir gäbe! Fünf Stiche gibt es beim
Turnier, die alle hat meine Hand getan: Der eine ist der
in der Schar, *Traverse* nenne ich den zweiten, der dritte
ist der aus dem Stand; der gute Stich, das ist der in der
rechten Tjost, die habe ich mit Macht geritten und mir
schließlich den Verfolgerstich auch nicht entgehen lassen.
Seit mein erster Schild mich deckte, ist dies heute das
größte meiner Leiden. Vor Agremuntîn ritt ich zum

Stechen gegen einen Feuerritter. Wäre nicht mein Kursît aus Salamander gewesen und dazu mein Schild aus Aspindê, so hätte ich verbrennen müssen von der Tjost. Und überall sonst noch, wo ich Ruhm gewann, indem ich das Leben riskierte — ach, hätte doch Eure Schwester mich dorthin gesandt! Ich wollte mich von ihr in immer neue Kämpfe schicken lassen. Meinem Gott Jupiter werde ich die Freundschaft aufsagen, wenn er mich nicht von meinem Jammer befreit.«

Ihr beider Vater hieß Frimutel: Im Gesicht und an der 813
Haut glich Anfortas seiner Schwester. Der Heide sah immerfort sie an und dann oft auch wieder ihn. Soviel Speisen man auch hertrug oder hin, so aß sein Mund doch nichts davon: Er saß aber da, als ob er äße.

Anfortas sprach zu Parzivâl: »Herr, Euer Bruder hat den Grâl, glaube ich, noch nicht gesehen.« Und Feirefîz gestand jetzt dem Hausherrn, daß er nicht das geringste vom Grâl gesehen habe. Das fanden alle die Ritter zum Staunen.

Die Sache kam auch Titurel zu Ohren, dem lahmen Alten in seinem Bett. Der sprach: »Wenn es ein heidnischer Mann ist, so braucht er's gar nicht zu versuchen, ob seine Augen ohne die Kraft der Taufe es zustande bringen, gemeinsam mit den Leuten hier den Grâl anzuschauen: Dornverhau sperrt ihm den Weg.« Das ließ er denen im Palas ausrichten. Da sagten der Wirt und Anfortas, Feirefîz möge doch achtgeben, wovon das ganze Volk hier lebe. Davon aber seien die Augen eines jeden Heiden ausgeschlossen. Sie baten ihn, die Taufe anzunehmen und so ein unendlich wertvolles Gut zu gewinnen.

»Wenn ich mich euch zuliebe taufen lasse, hilft mir die 814
Taufe in der Liebe?« sprach der Heide, Gahmurets Kind. »Alle Gewalt, die ich bisher von Krieg und Liebe auszuhalten hatte, war bloß ein windiges Ding. Es sei kurz oder lang, seit mein erster Schild mich deckte, so hab ich doch in all der Zeit nie schlimmere Schläge einstecken müssen. Die feine Art verlangt, daß ich mit meiner Liebe heimlichtue — mein Herz kann sie aber nun einmal nicht verstecken.«

»Wen meinst du?« sprach Parzivâl.

»Nun, das strahlend schöne Mädchen da, die Schwester meines Nachbarn hier bei Tisch. Wenn du mir hilfst, daß ich sie kriege, so lasse ich sie große Dinge sehen, und weite Länder werden ihr dienen.«

»Wenn du bereit bist, dich taufen zu lassen«, sprach der Herr, »dann darfst du um ihre Liebe werben. — Jetzt kann ich dich mit Anstand duzen: Wir sind beinah gleich an Macht und Herrlichkeit, bei mir steht ja die Wunderkraft des Grâls.«

»Bring uns zueinander, Bruder«, sprach Feirefîz Anschevîn, »mich und deine Mutterschwester. Wenn die Taufe ein Ding ist, das man mit Kampf gewinnt, dann schaff mich nur schnell hin, und laß mich um meine Dame dienen. Die Melodie hab ich immer schon gern gehört, wenn zur Tjost die Speertrümmer tanzten und die Schwerter auf den Helmen klangen.«

815 Der Hausherr mußte laut lachen, als er das hörte, und Anfortas noch mehr. »Da du so brav die Taufe nehmen willst«, sprach der Herr, »werde ich dich an die Dame bringen, aber erst mußt du *richtig* getauft sein. Du mußt ihr zuliebe deinem Gott Jupiter die Gefolgschaft aufsagen und Secundille verlassen. Morgen früh gebe ich dir das rechte Mittel, das du brauchst für dein Geschäft.«

Anfortas hatte sich früher, vor seiner Verwundung, weit in der Welt berühmt gemacht mit Rittertaten aus Liebe. In seinem Herzen war Adel und Freigebigkeit, und seine Hand erstritt viel Ehre. Da saßen also vor dem Grâl drei der allerbesten Ritter beieinander, die damals überhaupt einen Schild zu führen verstanden; sie brauchten die Gefahr nicht zu fürchten.

Wenn ihr einverstanden seid: Sie haben dort nun reichlich zu Ende gegessen. Mit feinen Sitten trug man von ihnen allen die Tische fort und die Tischdecken. Alle die jungen Fräulein, die da dienten, verneigten sich. Feirefîz Anschevîn sah sie davongehen. Das machte ihn traurig. Seines Herzens Fessel trug den Grâl hinaus. Parzivâl entließ die Leute.

816 Wie die Herrin selber hinging und wie man alles dann so richtete, daß er ein gutes Bett bekam, in dem er trotzdem unbequem vor Liebe lag, wie die ganze Grâlsgesellschaft in Freuden ihre Leiden ausschlief, davon wäre lang zu reden. Ich will euch lieber sagen, was bei Tag geschah. Als der am Morgen hell erschienen war, beschlossen Parzivâl und Anfortas, der gute Mann, die Sache zu Ende zu bringen. Sie bestellten den von Zazamanc, den die Liebe gepackt hielt, in den Tempel vor den Grâl. Er hatte auch den Tempelrittern, den Klugen, befohlen, sich zur selben Zeit dort einzufinden. Knappen, Ritter, eine große Menge hatte sich da aufgestellt.

Jetzt ging der Heide hinein. Das Taufbecken war ein Rubin, von Jaspis und kreisrund der Stufensockel, auf dem er stand: Titurel hatte es für schweres Geld so machen lassen.

Da sprach Parzivâl zu seinem Bruder: »Wenn du meine Mutterschwester haben willst, mußt du dich von allen deinen Göttern um ihretwillen lossagen und immer gern bereit sein, den bösen Feind des höchsten Gottes zu bekämpfen, und treu seine Gebote achten.«

»Alles, was hilft, daß ich das Mädchen kriege«, sprach 817
der Heide, »soll geschehen und sich mit Wahrheit an mir zeigen.«

Das Taufbecken wurde ein bißchen gegen den Grâl hin geneigt. Da wurde es mit einem Mal voll Wasser, nicht zu warm und nicht zu kalt. Da stand ein grauer Priester, der war alt und hatte schon viele Kindlein aus dem Heidentum und da hinein gestoßen. Der sprach: »Ihr sollt glauben, und so dem Teufel Eure Seele entreißen, an den höchsten, einzigen Gott, dessen Dreifaltigkeit ihm ungeteilt und ganz gleich eigen ist. Gott ist Mensch und seines Vaters Wort, weil er Vater ist und Kind — die sind von ganz gleich hohem Wesen und einig mit dem Geist in *einer* Majestät —, darum jagt dies Wasser mit der vollen Kraft der drei von Euch das Heidnische fort und mit der Macht der Trinität. Im Wasser ließ der sich taufen, nach dessen Bild Adam Gestalt empfing. Vom Wasser haben die Bäume Saft und Kraft. Wasser läßt alle Geschöpfe gedeihen, alles, was Kreatur heißt. Mit dem Wasser sieht der Mensch. Wasser gibt auch vielen Seelen jenen Glanz, der so hell ist, daß die Engel ihn nicht überstrahlen.«

Feirefîz sprach zu dem Priester: »Wenn es mir gegen 818
meine Leiden hilft, glaube ich, was Ihr verlangt. Ihre Liebe soll mich belohnen, und so tu ich gerne seinen Willen. Bruder, zu dem Gott, den deine Mutterschwester hat, will ich mich bekennen und zu ihr — so strengen Zwang hat mir noch nie jemand angetan —: Allen meinen Göttern ist jetzt abgeschworen. Und Secundille muß entsagen, so sehr es sie auch ehrt, wie sie an mir gehandelt hat. In deiner Mutterschwester Gottes Namen laß mich taufen.«

So fing man es denn an mit ihm nach Christenbrauch und sprach über ihn den Taufsegen. Als der Heide die Taufe empfangen und man ihm das Taufkleid angezogen hatte — mit Ungeduld ließ er es über sich ergehen —, durfte er endlich zu dem Mädchen: Man gab ihm Frimutels Kind. Den Grâl zu sehen, war er blind gewesen, solange nicht die Taufe auf ihm lag. Jetzt aber bot der Grâl vor ihm sich seinen Blicken dar.

Nachdem die Taufzeremonie beendet war, sah man
am Grâl eine Schrift: Wenn die Hand Gottes einen Tem-
pelritter fremden Leuten zum Herrn gebe, so solle der
sie davor warnen, nach seinem Namen oder seiner Art
zu fragen, und er solle jeden zu seinem Recht kommen
819 lassen. Sobald jemand ihn frage, dürften sie ihn nicht
länger bei sich behalten. Weil der liebe Anfortas sich so
lange in bösen Leiden quälen mußte und die Frage lange
Zeit nicht zu ihm kommen wollte, sind sie nun immer-
fort sehr empfindlich gegen alles Fragen. Die Ritter von
der Grâlsgesellschaft wollen keine Fragen hören.

Der getaufte Feirafîz bemühte sich sehr um seinen Schwager und bat ihn, er möge mit ihm fortreisen. Er, Feirefîz, werde ihm ganz gewiß nichts von allen Kostbarkeiten seines Schatzes verweigern.

Da brachte ihn mit höflichen Worten Anfortas von
seinem Verlangen ab: »Ich will nicht, daß mein Ent-
schluß, ganz in Gottes Dienst zu leben, verkommt. Die
Krone des Grâls ist ein sehr hohes Gut. Die habe ich,
selbstherrlich, wie ich war, verloren — jetzt habe ich
mich zur Demut bestimmt. Reichtum und Macht und
die Liebe der Frauen, das liegt mir fern. Ihr nehmt eine
edle Frau von hier mit Euch fort. Die schenkt Euch einen
reinen Leib, dem Ihr zu dienen habt, und ist in allem so,
wie eine rechte Frau sein soll. Die Pflichten meines Or-
dens hier werde ich nicht versäumen: Ich will viele Tjo-
sten reiten und kämpfen im Dienst des Grâls. Den
Frauen zu Gefallen aber kämpfe ich nie wieder: Eine
820 Frau hat mir einst Schlimmes zugefügt. Dennoch wird
man niemals Feindschaft gegen die Frauen bei mir fin-
den: Von ihnen kommt dem rechten Mann ein hohes
Glück, wenn auch ich selber wenig davon genossen
habe.«

Eindringlich bat da Feirefîz Anfortas, er möge doch seiner Schwester zu Ehren mit ihm reiten. Der schlug sich tapfer mit Neinsagen. Feirefîz Anschevîn bat dann, man solle Loherangrîn mit ihm reisen lassen. Doch da war dessen Mutter vor, und auch der König Parzivâl sprach: »Mein Sohn ist für den Grâl bestimmt. Seinem Dienst wird er sich widmen, wenn Gott ihn zu rechten Sinnen kommen läßt.«

In Heiterkeit und mit allerlei Kurzweil brachte Feirefîz dort elf Tage zu, am zwölften ritt er von da fort. Dahin, wo sein Heer lag, wollte der hohe Herr seine Frau bringen. Da kam Parzivâl ein Trauern an aus Treue, diese Worte taten ihm weh. Er hielt Rat mit den Seinen, dann befahl er, daß eine große Schar von Rittern ihn bis vor den Wald begleite. Anfortas, der schöne Held, ritt mit ihm und gab ihm die *conduite*. Viele Mädchen dort ließen Tränen freien Lauf.

Sie mußten sich den Weg neu bahnen zum Wald hin- 821
aus gegen Carcobrâ zu. Dahin schickte der schöne Anfortas dem, der dort Burggraf war, eine Botschaft: Er möge sich daran erinnern lassen, wenn er je von seiner Hand Herrlichkeit und Reichtum empfangen habe, jetzt solle er es mit Dienst vergelten und ihm zuliebe seine Treue glänzend machen; er solle ihm seinen Schwager und dessen Frau, seine Schwester, durch den Wald Laeprisîn zu dem weiten wilden Hafen führen. Nun war es auch Zeit zum Abschiednehmen: Sie durften nicht weiter dort hinaus. Cundrî la surziere nahm man mit, die Botschaft auszurichten. Abschied von dem großen Herrn nahmen alle Tempelritter. Da ritt er hin, der Feine.

Der Burggraf dann versäumte nicht zu tun, was ihm Cundrîe auftrug. Der reiche Feirefîz wurde mit großen Ehren empfangen. Er brauchte sich da nicht zu langweilen, denn man reiste sogleich weiter. Zu seiner *conduite* war viel Adel aufgeboten. Ich weiß nicht, wie viele Länder man durchquerte bis nach Jôflanze auf das Feld.
Dort trafen sie noch ein paar Leute an. Da fragte sie 822
Feirefîz gleich, wo denn das Heer geblieben sei. Jeder war heim in sein Land gezogen auf vertrauten Straßen. Artûs war unterwegs nach Schamilôt. Der aus Trîbalibôt beschloß da, unverzüglich zu seinem Heer zu reiten, das im Hafen lag. Sie waren recht niedergeschlagen, weil ihr Herr sie alleingelassen hatte. Sein Kommen machte viele brave Ritter wieder froh und stark. Der Burggraf von Carcobrâ und all die Seinen wurden jetzt mit herrlichen Geschenken heimgeschickt. Cundrî erfuhr dort große Neuigkeiten. Es waren Boten aus der Heimat zu dem Heer gekommen: Secundille hatte der Tod aus der Welt geschafft. Repanse de schoye konnte sich nun erst so recht von Herzen an der Reise freuen. Später, in Indien, gebar sie einen Sohn, der Johann hieß; den *Priester* Johann hieß man ihn. Nach ihm ließ man dort auch allen späteren Königen den Namen. Mit seinem Brief

und Siegel machte Feirefîz im ganzen Land Indien be-
823 kannt, wie man in der Observanz der Christen lebt. Die
war da vorher nicht sehr stark. — Wir hier nennen es
Indien, bei denen dort heißt es Trîbalibôt. — Feirefîz
schickte Cundrî zurück zu seinem Bruder auf Munsal-
vaesche. Die sollte da berichten, wie es ihm ergangen
war und von Secundilles Tod. Darüber freute sich
Anfortas, weil seine Schwester unangefochten Herrin
über so viele weite Länder war.

Es ist euch schon berichtet worden, wie es zuging mit den fünf Kindern Frimutels, daß die edle Leute waren und wie zwei von ihnen zu Tode kamen. Da ist zum ersten Schoysîâne, die vor Gottes Augen ohne Falsch war. Herzeloyde hieß die zweite, sie hatte Verrat aus ihrem Herzen verbannt. Seinem Schwert und ritterlichem Leben hatte Trevrizent entsagt, um in süßer Gottesliebe ewige Güter zu gewinnen. Der edle, leuchtend schöne Anfortas war ein rechter Mann und dabei keusch wie ein Lamm. Seinem Orden treu, ritt er viele Tjosten für den Grâl, niemals den Frauen zu Gefallen.

Loherangrîn wuchs zu einem starken Mann heran. Wenn an ihm etwa Feigheit war, so hatte die sich tief verkrochen. Als er zu ritterlichen Sinnen kam, erkämpfte er im Dienst des Grâls viel Ehre.

824 Wollt ihr jetzt hören, wie es weitergeht? Da herrschte über ein Land eine Dame, an der war nichts von Schlechtigkeit zu finden. Viel Herrlichkeit und hohen Adel hatte sie als Erbe. Die rechte Keuschheit war in allem, was sie tat, sie konnte gar nicht anders: Die Gier in allen ihren Formen, die sonst die Menschen umtreibt, konnte bei ihr nicht gedeihen. Eine Menge Edler warb um sie, etliche darunter Könige und auch Fürsten, die ihr ebenbürtig waren. Ihre fromme Demut war so groß, daß sie von keinem etwas wissen wollte. Viele Grafen ihres Landes wurden ihr darum böse. Warum nur wollte sie sich sträuben, einen zum Mann zu nehmen, der ihr doch edel genug zum Herrn war? Sie hatte aber ihre Dinge dem Willen Gottes anheimgegeben, mochte sie sich noch so schlimme Feinde damit machen. Viele Leute ließen sie ihre Unschuld büßen.

Sie lud die großen Herren des Landes zu einem Hoftag. Auch aus fernen Ländern kamen viele Gesandte angereist. Da schwor sie, keinen Mann zu nehmen — bloß wenn Gott ihr einen bestimmte, dessen Werben wollte sie gern ehren und preisen.

Sie war Fürstin in Brabant. Von Munsalvaesche her war der Mann geschickt, den der Schwan ihr brachte und den Gott ihr zugedacht hatte. In Antwerpen zog man 825
ihn ans Ufer. Sie hatte wahrlich nicht zu klagen über ihn. Tadellos war er in allen Dingen: Wo immer man mit ihm zu tun bekam, ganz gleich in welchem Land, mußte man ihn für einzig schön und stark erkennen. Ein Mann von Eleganz, gelehrt in feinen Künsten und so recht treu: Es reute ihn beim Schenken keinen Pulsschlag lang. Keinen Faden Böses trug der Mann am Leib.

Des Landes Herrin empfing ihn mit Ehren. Jetzt hört, wie er zu reden anfing. Die großen und die kleinen Herren des Landes hörten zu, alle Winkel waren voll von Leuten. Da sprach er: »Frau Herzogin, wenn ich Herr in diesem Land hier werde, so gebe ich dafür etwas auf, was genausoviel wert ist. Hört, was ich nun von Euch verlange: Fragt mich niemals, wer ich sei, nur dann kann ich bei Euch bleiben. In dem Augenblick, da Ihr die Frage wollt, wählt Ihr die Liebe an mir ab. Wenn Ihr Euch nicht warnen laßt, so bin doch ich gewarnt von Gott, der weiß, was ich dann tue.«

Sie gab als Sicherheit ihr Ehrenwort — das Ehrenwort einer Frau —, das sollte später schwach werden durch die Schuld der Liebe. Sie wollte ihm gehorsam sein und niemals, was immer er von ihr verlangte, sein Gebot mißachten, solange Gott sie bei Sinnen ließe. In dieser 826
Nacht spürte sein Leib ihre Liebe; da wurde er Fürst in Brabant. Die Hochzeit wurde mit Pracht gefeiert. Viele Herren empfingen von seiner Hand ihr Lehen, das ihnen zustand. Als guter Richter sprach er Recht. Er kämpfte auch oft als Ritter und behielt mit Kraft den Sieg.

Dem Paar wurden schöne Kinder geboren. Es sind in Brabant noch viele Leute am Leben, die es ganz genau wissen, wie es zuging mit den beiden, von ihrer Begrüßung, von seinem Abschied, daß ihn ihre Frage aus dem Land trieb und wie lange er da lebte. Er ging auch nicht gerne von da weg. Nun brachte ihm sein Freund, der Schwan, wieder jenen kleinen, hübschen Kahn. Ein Schwert, ein Horn, einen Ring, diese Kostbarkeiten ließ er als Andenken dort. Da fuhr Loherangrîn hin. Wenn wir der Quelle nicht untreu werden, war er Parzivâls Sohn. Er reiste auf dem Wasser und auf Wegen heim in die Herrschaft des Grâls.

Wie verlor diese tugendhafte Frau den edlen Freund und seinen geliebten Leib? Er hatte sie damals doch gewarnt vor dem Fragen, als er aus dem Meer vor sie hintrat. Hier nun sollte besser Ereck weiterreden; der verstand es, mit Worten solche Vergehen zu strafen.

827 Wenn der Magister Christian von Troys diese Geschichte mit Willkür behandelt, dann hat Kyôt ganz recht, sich zu empören: Er hat uns die wahre Geschichte treu überliefert. Die Sache kommt, in der Fassung des Provenzalen, dann an ihr rechtes Ende, wenn er berichtet, wie das Kind der Herzeloyde den Grâl gewann, der ihm bestimmt war, nachdem Anfortas ihn verwirkt hatte. Aus der Provence haben wir in den deutschen Ländern die richtige Geschichte bekommen und auch das Ende, auf das diese Abenteuer zielen. Ich, Wolfram von Eschenbach, will jetzt nichts dazudichten, sondern bloß das sagen, was dort jener Meister sprach. Seine Kinder, sein hochadeliges Haus habe ich euch vorgestellt, ich meine Parzivâls. Ihn selber habe ich dorthingeschafft, wo schließlich doch das Glück ihn haben wollte.

Wenn einer sein Leben so endet, daß nicht die arme Seele Gott verlorengeht, drangegeben für die Schuld des Leibs, und wenn der, ohne sich gemein zu machen, dabei die Gunst der Welt behalten kann — das ist der Mühe wert. Edle Frauen mit Verstand werden mich noch mehr in Ehren halten — falls es überhaupt eine geben sollte, die mir wohlwill —, weil ich diese Geschichte zu Ende erzählt habe. Und wenn das einer Frau zuliebe geschehen ist, so schuldet die mir dafür ein paar Worte, aber süße.

ANMERKUNGEN

✦

Es ist dem Übersetzer, schon allein deswegen, weil er nicht gelehrt genug dafür wäre, unmöglich, alles oder auch nur den größeren Teil dessen in Anmerkungen zu kommentieren und zu erklären, was man mit guten Gründen für erklärungsbedürftig, einer Erklärung wert und einer Erklärung zugänglich halten kann. Er selber hat in Zweifelsfällen häufig die Kommentare von *Ernst Martin* (Wolframs von Eschenbach Parzival und Titurel. Zweiter Teil. Halle an der Saale 1903. Reprint: Wissenschaftliche Buchgesellschaft, Darmstadt 1976) und *Marta Marti* (in: Wolfram von Eschenbach, Parzival und Titurel. Hrsg. von Karl Bartsch. 4. Auflage. 3 Bde. Leipzig 1927–1932), ausnahmsweise hin und wieder auch neuere Literatur zu verschiedenen Spezialproblemen konsultiert.

S. 9, V. 2,3
Das Feuer verschwindet nicht, wie manche Übersetzer glauben machen, *im Brunnen,* etwa so wie der Wolf bei den Sieben Geißlein, denn *brunne* heißt nicht wirklich »Brunnen«, sondern »sprudelndes, plätscherndes, *lebendiges* Wasser«, »Quellwasser« also, im Gegensatz etwa zu dem Wasser, das in einer Zisterne »liegt«. Natürlich wäre der Einwand berechtigt, daß die »Brandung« — in der Welt der *Dinge* — noch weiter von jener Quelle entfernt sei als der Brunnen. Mir scheint aber, daß man es hier mit einem jener Wolframschen Vexierbilder zu tun hat, die sich nicht gern fangen lassen. Für *uns* »verschwindet« Feuer im Brunnen tatsächlich ganz und gar und ohne jeden Widerstand, weil uns die Verwandtschaft der Wörter »brennen« und »Brunnen« nicht mehr ohne weiteres evident ist. Auf mittelhochdeutsch stehen die beiden Wörter einander schon deswegen sehr viel näher, weil das intransitive Verb *brinnen* stark flektiert

wird und weil also das Partizip Perfekt »gebrunnen« lautet, nicht »gebrannt«.

S. 10, V. 2,22 ff.
... *als sie ins Holz fuhr mit den Schnaken* — jene fabelhafte Kuh nämlich, so vermuten die Gelehrten, die im Januar beim Angeln festfror und die, als sie sich endlich selbst vom Eis schaffte, ihren Schwanz dortlassen mußte.

S. 25, V. 32,14 ff., und anderswo
Die Ritter tragen an ihrer Rüstung oder auch, so muß man aus dieser Stelle hier schließen, an der Lanze »Kleinode«, »Kostbarkeiten« in den Kampf, die ihnen die Geliebte oder Angebetete geschenkt hat. Es sind dies wohl Schmuck- bzw. Kleidungsstücke aus wertvollen Materialien; jedenfalls scheint wichtig zu sein, daß es etwas ist, was den Körper der Frau berührt hat, wie etwa das Verhalten von Obilôt (375,10 ff.) lehrt; Gahmuret trägt gar die seidene Unterwäsche seiner Frau (101,9 ff.) in die Schlacht. Solche magisch-erotischen Embleme scheinen aber außerdem auch noch dem Zweck zu dienen, daß sie die Großzügigkeit, die edle Verschwendungslust, den Reichtum, der sich, von keinerlei Geiz gehemmt, vergießt, demonstrieren: Diese Kostbarkeiten werden ja nicht bewahrt, gehortet, sondern entweder — wie Obilôts Ärmel an Gâwâns Schild — im Kampf zerstört oder aber, wie hier, sozusagen mit aggressiver Generosität verschenkt, wenn sie nämlich zusammen mit der Lanzenspitze in den Schild des Feindes gerammt werden; der aber, so deute ich diesen Brauch, darf sich nicht weniger generös zeigen als der Gegner, und darum muß er die Trophäe einem seiner Knappen schenken, nämlich dem, der als ein Herold vor ihm läuft und seinen Namen, vielleicht auch seinen Ruhm ausschreit.

S. 38, V. 58,16, und passim
Das mhd. und frz. Wort *âventiure,* unser »Abenteuer«, bedeutet, lateinisch-etymologisch begriffen, »das, was auf einen zukommt«, meint also etwas, das einem zufällig begegnet, oder das Zufällige, den Zufall überhaupt; im engeren Sinn das, was *einem Ritter* begegnet, wenn er, »um etwas zu erleben«, wie man so sagt, hinauszieht. Das Wort bezeichnet aber nicht allein das *Geschehnis,* das Abenteuer, sondern dann auch die Erzählung davon, die *Geschichte* oder das literarische Werk, das von solchen

Abenteuern handelt, und die *Gattung* derartiger Werke. Wolfram benutzt das Wort auch, wenn er ganz speziell von derjenigen Geschichte spricht, der er seinen Stoff oder bestimmte Informationen verdankt, also der des Chrestien oder/bzw. des famosen Provenzalen Kyôt; er meint dann etwas wie »Quelle« oder »Vorlage«. Schließlich kann und muß man sich oft die Aventiure als Person vorstellen, als eine adelige Dame und Domina von Rittern, die, wenn diese Ritter zugleich Dichter sind, Züge einer Art Muse der höfischen Epik annehmen kann.

S. 48, V. 72,13
Ob hier wirklich Ritter gemeint sind, die ein Kreuz an der Kleidung tragen, die also einem Ritterorden angehören oder sich zur Kriegs-Wallfahrt nach Jerusalem verpflichtet haben, scheint nach Lage der Überlieferung unsicher. Die Kommentatoren sehen sich in ihrem Zweifel durch die Tatsache bestätigt, daß es Kreuzfahrern verboten war, sich an Turnierkämpfen zu beteiligen. Es wird ein Wort vermutet, das *arme, landlose* Ritter, »Krautritter« eher als Kreuzritter bezeichnen könnte. Freilich: Vielleicht beschenkt Gahmuret die Kreuzfahrer ja eben deshalb, weil sie ihres Gelübdes wegen nicht kämpfen und also auf die Chance verzichtet haben, selber Beute zu machen.

S. 86, V. 140,17
Ich verstehe die sonderbare Redeweise so: Wenn Sigûne sagt, der Name des Helden sei »rehte enmitten durch«, so interpretiert sie das französische *Perceval* (aus *percer* »durchfurchen«, »einfurchen«, und *val* »Tal«, »tiefer Einschnitt«) als einen sprechenden Namen, der, wenn man ihn auf deutsch radebrechend in Analogie etwa zu »Schlagetot« nachbilden wollte, »Furche-Tal« lauten könnte, und ihr bitterer Kommentar dazu meint etwas in der Art: Das ist ein richtiger Mittendurch-Name, ein Name, der so recht zu einem brutalen Mittendurch — durchs Herz der Mutter nämlich —, wie du es bist, paßt.

S. 86, V. 141,16
Jene Luxus-Hundeleine, von der Wolfram im *Titurel* erzählt, war sehr kostbar, nicht allein der vielen Edelsteine wegen, sondern auch weil ein Ritterroman darauf geschrieben war, den Sigûne gerade las, als der Hund ihr entlief. Sie befahl ihrem Liebhaber, die flüchtige Lek-

türe wieder einzufangen. Auf seiner Verfolgungsjagd begegnete Schîanatulander dem Orilus und wurde von ihm getötet.

S. 92, V. 151,27
Beim Schwören faßt man den Stab des Richters oder das Szepter des Herrn an; dem Schwörenden wird der Stab hingehalten oder, wie man sagt, »ein Eid gestabt«.

S. 150, V. 257,23 ff.
Das frz. Schimpfwort *vilân,* mit dem Wolfram hier kalauert und das sich in den romanischen Sprachen und im Englischen bis heute erhalten hat, ist ein Abkömmling des lat. *villanus,* das denjenigen bezeichnet, der zur »villa«, dem Domänengut eines Adeligen, »gehört«, einen hörigen Bauern also, in verschiedene Varianten des Bösen gewendet, dann einen gemeinen, ordinären Kerl, Schuft, Lümmel, auch Deppen, einen »Proleten« eben oder, wie man ziemlich genau übersetzend, aber leider nur bairisch schimpfen könnte, einen »gescherten Bauern«, dem alles das, wodurch adelige, bessere Leute sich auszeichnen, abgeht.

S. 156, V. 270,20
Wer diese Leute sind, das scheint niemand zu wissen. Man hat eine Anspielung auf einen verschollenen Ritterroman vermutet. Für wahrscheinlicher halte ich es, daß Wolfram hier wirklichen Personen ein Denkmal gesetzt hat.

S. 164, V. 281,30
»Luder« heißt eigentlich, und in der Jägersprache noch heute, »Aas«; in der Falknerei heißt so speziell jenes Stückchen Fleisch, das der Vogel zur Belohnung bekommt, wenn er zu seinem Herrn zurückkehrt.

S. 232, V. 403,19
Freilich, so könnte man einwenden, welche Burg hätte auch je so sonderbar heißen können, da doch Wolfram das Wort, das er hier verwendet *(ertstift)* und das sonst nirgends in der mhd. Literatur auftaucht, wohl eben erst erfunden hat?

S. 264, V. 460,25 f.
Der »Psalter« hat seinen Namen von den biblischen Psalmen, er enthält aber auch andere fromme Texte, die

in der Liturgie oder in monastischen oder privaten Andachtsübungen verwendet werden. Der Psalter hat dann die Funktion eines Universal-Gebetbuchs, ja eines rituellen Handbuchs, ähnlich etwa dem katholischen »Schott«. Da die Liturgie vom Lauf des Kirchenjahres abhängig ist, kann und muß ein derartiges Buch auch in irgendeiner Weise einen Kalender enthalten.

S. 324, V. 572,2f.
mit bluote gaber solhen guoz/daz Gâwân mohte vaste stên. Andere Übersetzer stellen (mit Marta Marti) den logischen Zusammenhang ganz anders dar, etwa in diesem Sinn: »Er vergoß einen solchen Schwall Blut, daß G. *Ursache hatte,* festen Tritt zu fassen«, daß er festen Tritt fassen *mußte* (um nicht weggespült zu werden). Ich bezweifle an sich nicht, daß das Wort *mügen* die hier unterstellte Bedeutung haben kann, und die Meinung des Satzes überhaupt ist, glaube ich, so Wolfram durchaus zuzutrauen, gerade deswegen, weil die Sache nicht so logisch ist, wie sie zu sein scheint, weil vielmehr hier eine ironische Lust am inneren Widerspruch regiert: Denn mochte G. auch alle Ursache der Welt haben, sich fest hinzustellen, so hatte er doch auf dem spiegelglatten Boden beim besten Willen nicht die Möglichkeit dazu. Trotzdem neige ich — sowohl von der frappanten Einfachheit der Interpretation wie auch vom Reiz des Fremdartigen angezogen — zu der Lösung, die Martin (mit Verweis auf *Schiller,* Tell, 4,3: ». . . hinanzuklimmen an den glatten Wänden, wo er sich anleimt mit dem eignen Blut . . .«) vorgeschlagen hat: »Er vergoß einen solchen Schwall Blut, daß G. (jetzt) festen Tritt zu fassen *vermochte«* (denn, so jedenfalls in der Vorstellung: Blut *klebt*).

S. 395, V. 706,10
Es ist gewiß eine sonderbare Vorstellung, aber Wolfram drückt sich hier, scheint mir, ganz unmißverständlich aus: Die Helden werfen während des Kampfes ihre Schwerter hoch in die Luft und fangen sie dann wieder auf (ähnlich 542,13). Es scheint sich um ein Kabinettstückchen zu handeln, das nicht allein die Geschicklichkeit, sondern auch die souveräne Todesverachtung dessen demonstriert, der sich so in spielerischer Weise für einen Augenblick wehrlos macht. Derartiges ist der Phantasie unserer Zeit nicht so fremd, wie man glauben

möchte: Der Anblick des Messer- oder Revolverhelden, der seine Waffe blitzschnell von einer Hand in die andere und wieder zurück wandern läßt, ist jedem Kinogänger vertraut; auch in Faustkampfszenen des Actionfilms läßt sich viel Vergleichbares finden.

S. 400, V. 715,16f.
Der *Pôlus artanticus* scheint ein verballhornter *Pôlus antarcticus* zu sein und somit das südliche symmetrische Gegenstück zum *Tremuntân,* dem unwandelbar stabilen Polarstern. Daß Wolfram von den Sternen des Südens nicht leicht wirklich etwas wissen konnte, braucht uns nicht zu stören, denn die Annahme, es gebe einen solchen südlichen Polarstern, wird ja nicht aus irgendwelchen, wären es auch irreführende, Beobachtungen und Erfahrungen, sondern aus der Theorie hergeleitet.

S. 444, V. 798,2ff.
Diese reichlich verwirrende Rede des theologisch gebildeten Trevrizent, die in einem Ton daherkommt, als würden jetzt alle noch verbliebenen Unklarheiten beseitigt, hat schon viele gelehrte Köpfe beschäftigt. Er habe, sagt er, damals am Karfreitag die Sache mit den neutralen Engeln lügenhaft dargestellt (vgl. 471,23ff.), *um P. zu entmutigen.* Sicher, er hat sich bemüht, P. den Grâl auszureden, und er hat, wenn man so will, in diesem Zusammenhang eine »Unwahrheit« gesagt, freilich eine andere und keine *Lüge,* nämlich, daß niemand den Grâl »erjagen« könne (468,10ff.) — aber das ist doch so offensichtlich etwas anderes, daß sich der Gedanke aufdrängt: Warum lügt er *jetzt*? Die Frage nach dem Schicksal der verbannten Geister hat ja doch mit der anderen, ob und auf welche Weise P. den Grâl gewinnen kann oder nicht, gar nichts zu tun oder höchstens ganz unspezifisch, wenn man nämlich das Problem auf die Ebene des Allgemeinen verlagert und so tut, als ginge es in aller Abstraktheit darum, ob und wie Gottes Verzeihung und Gnade zu erlangen wäre. Selbst wenn T. damals angenommen hätte, P.'s Fall (den er zu jenem Zeitpunkt noch gar nicht eigentlich kannte — daß P. in Munsalvaesche die Frage versäumt hatte, erfuhr er erst nach dem Essen [488, 16ff.]) und der jener Engel seien auch nur irgendwie vergleichbar, wie hätte er jemals hoffen können, mit der Lüge, sie könnten vielleicht erlöst werden, P. zu *entmutigen,* ihn »abzuleiten«?

Die Begründung für T.'s »Lüge« macht für mich, wie ich es auch betrachte, einfach keinen rechten Sinn; es scheint hier eine »Verschiebung« vorzuliegen. Und nicht nur das: Das Dementi selber, das eine der Ketzerei verdächtige Meinung ins orthodox reine bringt, klingt, so wie die Dinge in diesem Stadium der Geschichte liegen und aus T.'s Mund, etwas hilflos rechthaberisch, ja lächerlich, und jedenfalls weniger glaubwürdig als das, was da als Zwecklüge hingestellt wird. Denn T. ist ja doch selber der Meinung, P. habe den Grâl Gott »abgetrotzt« (798,2), entgegen aller menschlich-vernünftigen Erwartung, Gottes wunderhafte Güte sei eben unbegreiflich und unberechenbar; und trotzdem fühlt sich T. dazu berechtigt, im Ton eherner Wahrheit nun zu lehren, daß aber jenen Geistern auf gar keinen Fall verziehen worden sei, daß sie auf immer und ewig verdammt seien. Woher weiß er das denn, oder, um mit seinen eigenen Worten (797,25) zu reden: Wer kennt das Ende von Gottes Kraft?

Mag Wolfram auch mit Hilfe T.'s hier der offiziellen Lehre ein Zugeständnis machen und sich gegen den Vorwurf, er verbreite ketzerisches Gedankengut, absichern, so bleibt doch in den Unstimmigkeiten, die das orthodoxe Dementi umgeben, ob man sie nun als Fehlleistung oder als bewußt gesetzte Zeichen des Widerstands deutet, jene undogmatische Menschenfreundlichkeit, die auch die Struktur der Parzival-Geschichte im großen regiert, lebendig und wirksam.

BRIEF DES ÜBERSETZERS AN DEN LEKTOR

✦

Ich verstehe schon, daß Ihnen da unwohl ist, aber mir auch. Sehr vieles von dem, was Sie für schlecht halten, ist leider nicht Schlamperei, sondern Prinzip, und was Ihnen »gesucht« klingt, ist meistens bloß — in aller Bescheidenheit — gefunden. Ich kann durchaus verstehen, weshalb die Übersetzung auf Sie oft provozierend seltsam oder wohl eher verschroben wirkt. Aber Wolfram ist nun einmal nicht Neuschwanstein, und ich will's nicht ändern. Ich fürchte, die Übersetzung, die Sie sich wünschen, gibt es bereits im Buchhandel, und zwar bei Reclam. Dort werden Sie alles, wirklich alles, vermieden finden, was Sie irgend irritieren könnte. ¶ Natürlich kann man sich dran stoßen oder ärgern, wenn Knappen in den Saal »laufen« und nicht, wie Sie sich das leichter vorstellen oder schicklicher finden, »gehen«. Aber bloß deswegen sollen sie nicht laufen, die Kinder, wenn der Dichter sie doch laufen läßt? Eher noch, als sie zum Gehen anzuhalten, wollte ich wie Thomas Mann, der diese Szene neben hundert anderen Details für seinen *Erwählten* gestohlen hat, sie *springen* machen und gar noch »die Füße kreuzweise setzen« dabei. ¶ Wenn Wolfram behauptet, daß etwas verschwinde »wie Tau von der Sonne«, dann sagt er eben nicht »wie Tau an der Sonne« — das kann Ihnen und jedem Leser gefallen oder nicht, er oder sie soll aber nicht glauben, die Präposition *von* hieße *an*. ¶ Wenn ich schreibe »der generöse Held«, so hat das seinen Grund nicht etwa darin, daß ich nicht wüßte, was »generös« bedeutet, sondern schlicht im Text, wo *milte* steht, und das heißt eben ziemlich genau »generös«. Das ist für Sie und möglicherweise auch für andere Leser, die ungern etwas anderes geschrieben finden, als sie erwartet hatten, irritierend, weil wirklich in diesem Zusammenhang Reichtümer bloß zur Schau gestellt und nicht hergeschenkt werden, macht aber dennoch präzisen Sinn, weil in Wolframs Denken und für die Leute im Mittelalter überhaupt die beiden Dinge zusammengehören, weil — in der Ideologie — Reichtum erst dadurch »sinnvoll« wird, daß er zum Herschenken befähigt. ¶ Es wäre natürlich gar keine Kunst, den einen oder anderen sonderbaren Tempuswechsel, der Ihnen unangenehm auffällt, und die vielen anderen, an denen Sie sich vielleicht noch stoßen werden, zu beseitigen, aber Wolfram macht sie — dergleichen könnte ich gar nicht erfinden. ¶ Wenn ich schreibe, daß da einer »den Sieg *behält*«, so nicht deswegen, weil ich krampfhaft nach einem originellen Ausdruck gesucht hätte, und natürlich noch weniger, weil ich so unbeholfen wäre, daß mir die eingeführte Phrase »den Sieg *davontragen*«, die Sie wie selbstverständlich für einzig richtig halten, nicht zur Verfügung stünde, sondern weil Wolfram mit der Vorstellung des Festhaltens, des Fürsichbehaltens und eben nicht mit der des Forttragens arbeitet und weil die Erfahrung lehrt, daß Wolfram tatsächlich immer, ja zwanghaft, mit *Vorstellungen* arbeitet und nicht bloß Phrasen klappern läßt. ¶ Ich bin keineswegs überzeugt davon, daß »konfus« am Anfang des Prologs die beste aller Lösungen bietet, aber die unbestreitbare Tatsache, daß konfus »heute vorwiegend auf geistigen Zustand angewendet« wird, ist doch kein Hindernis, sondern war eben einer der Gründe dafür, dieses Wort für geeignet zu halten, weil in der Kombination »konfus gemustert« etwas ähnliches wie jene Vermischung von sagen wir mal Schneiderei und Moralität stattfindet, welche hier den mittelhochdeutschen Text kennzeichnet und die Ihnen, wenn es mir noch besser gelungen wäre, Ihnen die Stelle verständlich zu machen, wohl nicht bloß unfreiwillig komisch, sondern erst so recht abstrus erscheinen müßte. ¶ Die Satzstellung am Ende des Prologs ist sonderbar, das bemerken Sie, da Sie das übrige nicht bemerken, ganz richtig. Was aber werden Sie erst sagen, wenn Sie später im Text einmal Sätzen wie dem begegnen werden: »Nicht als ein lahmer Würdegreis tat Artûs sprang kühn auf einen Kastilianer«? Darf man denn eine Konstruktion *apokoinu* oder andere stilistische Kunststückchen — der hohen Schule der Rhetorik entsprungen und von Wolfram sorgsam verwildert — nicht hin und wieder mal nachmachen? Selbst Schiller erlaubt sich eine solche Fügung: »Was sein Pfeil erreicht, das ist seine Beute, was da kreucht und fleugt.«

Sicher, ich kann mir schon vorstellen, daß auch andere Leser daran Anstoß nehmen und wie Sie das unvertraut Geformte für ungeformt oder schlampig geformt halten werden; vermutlich wird es sogar welche geben, die mit kultivierter Empörung entdecken, daß es auf der Gralsburg keinen »fröhlichen Lärm zu sehen« gibt, aber wenn ich solche Risiken um jeden Preis hätte vermeiden wollen, dann hätte ich diese Übersetzung oder überhaupt eine neue Parzival-Übersetzung nicht zu machen brauchen. ¶ Wenn Sie sagen, das Verb »bringen« in dem Satz »Treue und Ehre brachte er ohne Scharte bis an seinen Tod« *passe* nicht, so verstehe ich durchaus, was Sie meinen; trotzdem ist das kein falscher Gebrauch des Verbs, sondern es ist der gleiche Gebrauch wie etwa in dem Satz »er brachte das Paket bis an die Tür«. Jene *Vorstellung* freilich ist seltsam, ja, wenn Sie so wollen, verschroben, oder nennen Sie's meinetwegen unfreiwillig komisch — aber das alles ist sie mittelhochdeutsch wie neuhochdeutsch, und Zeitgenossen des Dichters, beispielsweise Gottfried von Straßburg, haben schon vor knapp achthundert Jahren Wolframs kapriziöse Sprachkunst kritisiert und wie Sie für wirr gehalten. ¶ Natürlich könnte man statt des zweifellos seltsam klingenden »der Dame brachten ihre Augen hohen Schmerz« auch einfach sagen »der Dame tat es sehr weh, als sie ihn sah« oder, wie einer schriftstellert, »Als sie ihn erblickte, erfüllte brennende Sehnsucht ihr Herz«, aber warum soll man? Und: Was hat das noch mit Wolframs Text zu tun? ¶ Apropos Augen: »Ist Gott an seiner Hilfe blind« klingt auch für mich zwar nicht altertümlich, allerdings sehr wohl befremdlich. Das Ärgernis wäre leicht zu beseitigen, wenn man die konkrete Vorstellung Wolframs aus dem Weg räumen wollte. Aber das ist nicht mein Amt und wo möglich noch weniger Ihres. ¶ Mein Amt ist es auch nicht, das, was auf mittelhochdeutsch lapidar oder sogar hölzern gesagt wird und was Ihnen dann auf neuhochdeutsch unbeholfen übersetzt erscheint, mit gehörigen Phrasen herauszuputzen und so gewissermaßen gesellschaftsfähig zu machen: Wenn etwa Parzival zu Trevrizent sagt: »Ich bin ein Mann, der Sünde hat«, so soll er nur ruhig so sagen und nicht: »Ich bin ein sündenbeladener Mensch«. ¶ Der Ausdruck »sich ausgeben« mag *Ihnen* unbekannt sein — das ist keine Schande —, es ist auch, wie überall, da es beim Übersetzen schlicht nichts Vollkommenes gibt, leicht möglich, daß Ihnen oder mir eine bessere Lösung einfällt, aber Sie reizen mich, wenn Sie kurzerhand behaupten, *die deutsche Sprache* kenne ihn nicht, da er doch für Lessing und Goethe gut genug deutsch war. ¶ Ihre Annahme, daß ein mittelalterlicher »Tambour« kein Tamburin schlage, erscheint mir willkürlich, die Vorstellung, daß er eine *Trommel* hoch in Luft wirft, aus praktischen Gründen problematisch. ¶ Einen Akkusativ und Dativ »jemand« zu bilden, das erlaubt mit Recht auch der Duden, und die Form ist, wenn man denn partout urteilen will, sogar die sprachgeschichtlich richtige, was mich freilich nicht hindert, dort, wo ich, um eine rhythmische Laune zu befriedigen, eine unbetonte Silbe mehr brauche, und auch anderswo pronominal zu flektieren. Dagegen würde ich nur sehr ungern Ihren Dativ »am Hofe« und möchte unter gar keinen Umständen den »aus dem ganzen Reiche« in meiner Übersetzung sehen, zumal die zusätzliche Silbe im zweiten, einem geradezu scheußlichen Fall überhaupt keinen rhythmischen Vorteil mit sich bringt und im ersten ihn mit einem Hiatus erkauft. ¶ Was die Sache mit der Konsequenz angeht, so habe ich, nicht zuletzt aus Faulheit, ich gebe es zu, Namen in der Regel so geschrieben, wie Lachmann sie, den von ihm bevorzugten Handschriften folgend, in den Text gesetzt hat. In einzelnen Fällen habe ich aber geographische Namen modernisiert. Mein Herz hängt nicht im mindesten an dieser Lösung, aber es war die beste, die mir nach langem Hinundherprobieren eingefallen ist. Formale Konsequenz ist da einfach nicht vernünftig. Es scheint mir verschmockt, Regensburg als *Regenspurc* oder Trüdingen als *Truhendingen* vorzustellen, aber ebenso unmöglich wäre es, wenn auch aus anderen Gründen, *Bertâne* Britannien oder Die Bretagne zu nennen. Der schicke Hut der Cundrîe stammt bei mir weder aus *Lunders* noch aus London, sondern aus Londres. Ich will mich nicht in den Streit der gelehrten Meinungen mengen und es lieber unentschieden lassen, ob der *Wâleise* ein Valois, ein Waliser oder vielleicht gar ein Walliser ist. Das Land *Katelange,* das vermutlich jene Gebiete nördlich und südlich der Pyrenäen umfaßt, in denen katalanisch gesprochen wird, heißt bei mir Katalanien. Daß die Mohren mal so, mal aber auch Neger genannt werden, ist sicher inkonsequent — bloß sehe ich nicht, weshalb in solchen Dingen Konsequenz angestrebt werden sollte.

Es ist nun nicht so, daß ich etwa der Meinung wäre, alles das, was Sie kritisieren, sei in Wirklichkeit so gut, daß es nicht mehr verbessert werden könnte. Es gibt durchaus einige Stellen, bei denen ich *Ihr* Unbehagen teile oder wo es mir doch nicht ganz unberechtigt erscheint. Das sind allerdings, das will ich offen sagen, relativ wenige. Und es sind, wenn ich die Linie Ihrer Bearbeitung nicht ganz und gar verkenne, noch sehr viel weniger, als man auf den ersten Blick meinen könnte; denn Sie haben ja wohl, vermutlich resigniert achselzuckend, etliches vorerst unkritisiert gelassen, was Sie doch unmöglich gutheißen können, so etwa den Ausdruck »den Leib verlieren« oder »die hat man nie verschnitten« oder »ich weiß nicht, in welchem Land man mich sehen wird« usf.

Ich fürchte, es wird nicht leicht werden, zu einer halbwegs gedeihlichen Zusammenarbeit zu kommen. Verstehen Sie mich recht: Falls es uns beiden wirklich nicht erspart bleiben sollte, die Sache gemeinsam zu Ende zu führen, will ich mich gern bemühen, von Ihnen zum Besten des Buchs noch etwas mehr zu lernen als bloß, welche Wörter man korrekterweise zusammen oder getrennt schreibt; ich glaube nur, daß eine Art von Xenophobie Sie keineswegs besonders hellsichtig macht, und Ihre Kritik zeigt, scheint mir, in vielen Fällen lediglich, daß ganz unberechtigte Erwartungen davon, wie ein mittelalterlicher Ritterroman klingen muß, enttäuscht wurden.

Nördlingen, im Herbst 1992 Peter Knecht

INHALTSVERZEICHNIS

✦

Der PARZIVAL Wolframs von Eschenbach ist im April 1993 als einhundertster Band der ANDEREN BIBLIOTHEK im Eichborn Verlag, Frankfurt/Main, erschienen.

Die Prosa-Übersetzung aus dem Mittelhochdeutschen stammt von Peter Knecht. Sie folgt dem Text von Karl Lachmanns Edition der Werke *Wolframs von Eschenbach* in der 6. Auflage, die 1926 in Berlin und Leipzig erschienen ist. Die Verszählung, die im vorliegenden Band am Rand notiert wird, ist die der Lachmannschen Ausgabe. Elisabeth Schmid hat den Übersetzer in philologischen Fragen beraten.

Das Einbandpapier zeigt einen Ausschnitt aus einem der *Sechs Knoten* von Albrecht Dürer.

Dieses Buch wurde in der Buchdruckerei Greno in Nördlingen von Helmut Benninger, Walter Beutel, Heinrich Buser, Andreas Krazius und Helmut Popp aus der Borgis Bembo Bold Monotype gesetzt, in Blei gegossen, korrigiert und umbrochen — gedruckt in tiefem Moosgrün und rötlichem Gold von Walter Görner auf einer Condor-Schnellpresse. Das holz- und säurefreie mattgeglättete 80 g/qm Bücherpapier stammt aus der Papierfabrik Niefern. Den Einband besorgte die Buchbinderei G. Lachenmaier in Reutlingen.

1. bis 9. Tausend, April 1993. Einmalige, limitierte Ausgabe im Buchdruck vom Bleisatz.

ISBN 3-8218-4100-1. Printed in Germany.

Von jedem Band der ANDEREN BIBLIOTHEK gibt es eine Vorzugsausgabe mit den Nummern 1–999.